CURSO DE
DIREITO CONSTITUCIONAL

PATRÍCIA FONTES MARÇAL

CURSO DE DIREITO CONSTITUCIONAL

GZ
EDITORA
Rio de Janeiro
2019

1ª edição – 2019

CIP – Brasil. Catalogação-na-fonte.
Sindicato Nacional dos Editores de Livros, RJ.

M262c

Marçal, Patrícia Fontes
Curso de direito constitucional / Patrícia Fontes Marçal. - 1. ed. - Rio de Janeiro: LMJ Mundo Jurídico, 2019.
675 p.; 24 cm.

Inclui bibliografia e índice
ISBN 978-85-9524-065-0

1. Direito constitucional - Brasil. I. Título.

19-57327

CDU: 342(81)

contato@editoragz.com.br
www.editoragz.com.br
Av. Erasmo Braga, 299 – sala 202 – 2º andar – Castelo – RJ
CEP: 20020-000 – Rio de Janeiro – RJ
Tels.: (0XX21) 2240-1406 / 2240-1416 – Fax: (0XX21) 2240-1511

Impresso no Brasil
Printed in Brazil

Ao meu esposo, Ely Marçal, pelo companheirismo, amor e amizade que compartilhamos nessa parceria de vida.

Aos meus filhos, Pedro, Fernando e Fábio, e ao meu enteado, Roggero, por serem continuidade dos valores transmitidos pela construção de suas subjetividades.

Dedico ainda ao meu neto Felipe, que veio ao mundo neste ano para me dar muita alegria!

Aos meus pais por serem os responsáveis por minha existência

Às minhas noras Letícia e Laura por fazerem parte dessa caminhada!

A meus irmãos e irmãs que a despeito de nossas diferenças sempre estivemos torcendo uns pelos outros!

Agradeço a todos aqueles que um dia cruzaram meu caminho, pelos louros e dessabores da caminhada da vida.

Agradeço a meus colegas de trabalho, que nesse longo caminho de vida me enriqueceram em trocas, das quais pude depreender meu saber, e aos alunos, que são a fonte de inspiração do meu trabalho.

PREFÁCIO

Fui incumbida de prefaciar esta obra da estimada professora Dra. Patrícia Fontes Marçal, o que, antes de tudo, insta ressaltar que é um privilégio, pois a leitura do presente livro é muito agradável, apesar de extensa, o texto é fluido, a pesquisa bibliográfica e jurisprudencial é séria e muito rica.

Trata-se de uma abordagem consistente e substancial, o que não poderia ser diferente em virtude da formação acadêmica da Patrícia, humanista e comprometida com a proteção a dignidade humana, transcendendo as limitadas dimensões do Direito.

Sendo autora de vasta literatura jurídica, esse trabalho, sem dúvida, é fruto da sua maturidade acadêmica, na medida em que pontua e analisa os artigos da Constituição Federal de 1988 de forma didática, tornando-se já em sua segunda edição apoio indispensável ao estudante e ao pesquisador.

Na medida em que ela abraça a difícil missão de desenvolver todo o conteúdo de Direito Constitucional, demonstra conhecimento amplíssimo e multidisciplinar do fenômeno jurídico. Trata-se de estudo bem fundamentado, com minuciosa e detalhada divisão dos temas tratados.

Detentora de grande capacidade, experiência, inteligência e cultura, Marçal alia a teoria à prática na medida em que analisa os institutos como, por exemplo, o Habeas Corpus, de um viés histórico até a sua aplicabilidade, trazendo, inclusive, modelos de petição que podem auxiliar sobremaneira o operador do direito. Ainda, esquematiza os principais aspectos da temática abordada.

Pode-se destacar, também, a relevância desse trabalho a quem se prepara para concursos públicos em geral, porque condensa toda a matéria de forma didática, por meio de organogramas.

Eu, que sou professora de Direito Constitucional há muitos anos, indico esta obra para todos os meus alunos, por considerá-la indispensável, inspiradora e que prioriza os grandes debates da atualidade como quando a autora se debruça sobre os direitos e princípios fundamentais e o controle de constitucionalidade, ou quando faz uma analise do artigo 226, contextualizando o surgimento do divorcio em nosso pais, fazendo um cotejo inclusive com o Código Civil, sem esquecer de analisar importantes legislações como a chamada Lei Maria da Penha, o Estatuto da Criança e do Adolescente, o Estatuto do Deficiente, do Idoso.

Ao finalizar, convido a todos e a todas a procederem a leitura de obra tão valorosa, lembrando o poeta espanhol Antonio Machado: "Caminhante, não há caminho. Faz-se o caminho ao andar."

Nina Disconzi
Professora Doutora da Universidade Federal de Santa Maria, RS.

APRESENTAÇÃO

Sempre que aparece um novo livro de Direito Constitucional se reacende em mim a esperança de que represente um sinal de novos tempos e costumes na vida social de nosso amado Brasil. Não foi à toa que a primeira cadeira de direito constitucional no mundo surge com o descortino ímpar da Revolução Francesa – francesa porque ocorreu lá, mas foi uma revolução no mundo de então e com vivas influências até hoje.

Com efeito, temos tido constitucionalistas que se voltam mais ao passado que ao presente, que se reportam aos textos e esquecendo os contextos como querendo escapar do inescapável determinismo histórico-social. Todavia e ainda pior, é percebermos, por aqui, muitos juristas, muitos constitucionalistas querendo desconstruir ou contornar a História, os valores e as bases da formação jurídica chegando alguns a renegarem, na prática da vida, suas próprias doutrinas que até há pouco eram festejadas. Tudo em função de ideologias que pretendem travar a história. São as luzes da verdade, da autenticidade desnudando a incoerência pessoal-doutrinária.

Aqui não posso deixar de invocar o ensino do grande constitucionalista português J. J. Canotilho versando acerca da história do Direito constitucional leciona "não é apenas nem fundamentalmente a história do texto; mas também, e, sobretudo, a história do contexto"[1].

Este livro da Professora Patrícia Marçal, que ora apresento com um misto de prazer e esperança, é obra da professora que é, sobretudo, educadora. Vale notar que educador é um conceito mais amplo e se refere a alguém comprometido com a formação integral do ser humano e com a sua interação com a família e a sociedade; já professor é quem instrui, quem faz alguém aprender alguma matéria. O educador é o professor que vai além e busca meios e modos para promover a formação e a transformação do seu aluno. E quando publica seus ensinos pode transformar, também, a sociedade.

A propósito, a educação é formação humana infinda, vai além das salas de aulas; jamais a educação de alguém estará completada. O homem virtuoso, o bom cidadão da Paideia (a formação integral do homem grego na virtude política, ou seja, do cidadão pleno que é a base de excelência da vida pública) precisa ter acesso à boa formação e à segura informação constitucional.

Esta magnifica obra da amiga e colega de tantos anos de docência jurídica me traz esperança sim, porque sei sua vocação social e humanística, porque conheço seu ideal de justiça social. Aliás, essa devia ser a vocação e o ideal de todo homem do Direito que vive em coerência com sua formação profissional e educação. O desvio desse eixo ético-profissional há de ser por conta da nossa deseducação jurídica que provém da ignorância ou da desatenção com o fato de que os cursos jurídicos formam um poder inteiro do estado (o Judiciário); lá se estuda, também, a lei, que é a matéria prima de outro Poder do estado (o Poder Legislativo).

---

1 CANOTILHO, J. J. *Direito Constitucional*, Coimbra: Almedina, 1991.

Como se vê, a educação jurídica perpassa e traveja toda a construção de qualquer estado de direito, sobretudo o que se intitula democrático. De resto, são os cursos jurídicos que formam (ou deformam) os engenheiros, os arquitetos, os médicos que constroem, que dão forma e conteúdo e que saram os males que adoecem o Estado e a seus entes constitutivos (os três poderes). E quando morre o estado, a nação, o povo se reorganiza e a partir de outra constituição, constitui outro estado. Como se percebe, a formação jurídica é diferenciada de outras formações profissionais!

E assim este esforço cientifico e metodológico da Professora Patrícia Fontes Marçal, ilustre constitucionalista, se faz extremamente necessário e muito oportuno ao mundo jurídico, mormente nestes tempos politicamente sombrios. Todavia pode ser muito útil, também, para a sociedade civil em geral, como bom manual da melhor cidadania, até porque é bem acessível ao leigo interessado.

Um cidadão, um eleitor bem-educado e consciente não só de seus direitos, mas principalmente dos seus deveres para com sua comunidade política. É que a democracia sem educação produz um eleitorado ignorante e reduz-se a um logro das instruções e processos democráticos. Um povo com, pelo menos, menor índice deseducação cívica está sempre mais habilitado a se defender dos inimigos internos. Sucede que, segundo Montesquieu in "O espírito das leis[2], "é uma experiência eterna que todo homem que tem poder é levado a dele abusar: ele o faz até que encontre limites." Dizia o filósofo grego Heráclito (535 aC – 475 aC): "O povo deve lutar pela sua lei como pelas suas muralhas."[3]

A professora Patrícia Fontes Marçal, que além de livros de direito constitucional e um interessante "Estudo do Preâmbulo da Constituição Federal", possui obras também no Direito trabalhista, agora nos brinda com esta obra por todos os títulos tecnicamente valiosa e socialmente prestimosa. Trata-se de obra de folego em que se esquadrinha o texto magno num painel temático bastante didático que permite acesso direcionado à área de interesse.

Fio em que a presente, que ora tenho a prazer de apresentar, se coroará de êxito feliz e muito haverá de contribuir na orientação da cidadania ativa de que tanto carecemos.

Brasília, agosto de 2016

Luiz Otavio Amaral
Advogado

2 MONTESQUIEU. O espírito das Leis, 2001. p. 74.

3 Extraídos do volume PréSocráticos da Coleção Os Pensadores Nova Cultural Tradução de José Cavalcante de Souza D) HERÁCLITO DE ÉFESO Disponível em http://www.consciencia.org/fragmentos_presocraticos.shtml acesso em 14.10.2017

SUMÁRIO

1

INTRODUÇÃO

Este livro visa oferecer ao leitor – seja jurista, cidadão ou qualquer pessoa interessada no ramo da ciência jurídica – um conhecimento teórico e prático, acerca das funções do Direito Constitucional para a sociedade contemporânea por meio do estudo aprofundado de nossa atual Constituição Federal e suas atualizações.

De acordo com Paulino Jacques[1] a Constituição é um produto da evolução política do Estado, uma conquista do Direito. O Estado antigo, entendido este como um aparelho de organização social, já apresentava, embora de modo rudimentar, os lineamentos fundamentais – território, população e governo. Era denominada "cidade". Ela organizava-se segundo os princípios e normas da Religião, Moral e Direito, mais ou menos informes, porque os antigos não distinguiam muito umas de outros. A tradição e o costume, que se apresentavam quase como desígnios dos deuses, era a fonte mais pura daqueles princípios e normas. Por vezes, reformadores como Minos (Creta), 1320 a.C.; Licurgo (Esparta), 898 a.C.; Sólon (Atenas), 593 a.C.; e Filolau (Tebas), 890 a.C., subvertiam a tradição e o costume, instituindo novos princípios e normas, que regulavam a vida política, social, econômica, religiosa e moral da Cidade. Ao conjunto dessas tradições, costumes, princípios e normas, que regiam a vida da cidade, é que os antigos denominavam Constituição.

Por isso, dizia Sócrates, que ela "era a alma dos Estados". A Constituição dava à cidade a sua estrutura política e animava-lhe a organização. Um Estado sem Constituição era um Estado sem alma. Para Aristóteles, a Constituição limitava a ordenar os poderes do Estado; conceito científico, revelando que o Estado antigo não reconhecia os direitos individuais.

Cartago e Roma não tiveram noção diferente de Constituição. Sob o governo monárquico, republicano ou imperial, eram as tradições e os costumes, com bases religiosas e morais, que estruturavam o Estado. Por isso, dizia Catão, o Censor, que a Constituição "não era obra de um homem, nem de um tempo", mas, de muitos homens e de vários tempos; o que revela a noção de universalidade, e não de unidade, que eles tinham do Código Político.

O Estado medieval (450-1450), todo ele inspirado e baseado na filosofia cristã, de respeito à pessoa e à ordem legal, instituída pelos príncipes,

---

1 JACQUES, Paulino. *Curso de Direito Constitucional.* Rio De Janeiro: Forense, 1983. p. 6.

em nome de Deus, rompeu com as tradições e os costumes pagãos e organizou-se segundo os princípios e normas do direito natural de origem divina. Era uma evolução apreciável que se manifestava no sistema de organizar os "principados" feudais, que substituíam as "Cidades" antigas. Os Estados começavam a crescer em território, população e governo, fazendo-se sentir a necessidade de se unificarem os princípios e normas que os estruturavam.

Na Alemanha e na França, ao tempo de Carlos Magno (800), abundavam as *leges fundamentales vel capitulaciones,* pactos entre o rei e as hostes. Em 1100, Henrique I, outorgando a Pequena Carta, para manter-se no poder usurpado, comprometia-se a respeitar as leis de Eduardo, o Confessor, a abolir os maus costumes, a não deixar vagos os benefícios eclesiásticos e a não lançar mais impostos feudais irregulares. Em 1215, os barões obrigaram João Sem-Terra a assinar a Magna *Charta* como consequência da derrota que sofrera de Filipe Augusto, rei da França, na batalha de Bouvines, em virtude da qual a Inglaterra perdeu quase todas as suas possessões na França. Essa carta foi o primeiro esboço de uma Constituição escrita, embora disforme; dispunha sobre os "direitos adquiridos", o "julgamento e a punição mediante lei anterior", "o direito de devolução" e a "imposição de tributo mediante consulta aos barões". Entre os francos e os germanos desse tempo, também surgiram instituições políticas menos universais que as Cartas Inglesas. Eram os barões e os bispos que, com sua autoridade local, limitavam o poder dos reis ou príncipes. Eis o característico fundamental do Estado medievo: limitação do poder real pela amplitude de *potestas* das autoridades locais, com os baronatos e os bispados "O poder se esfacelava entre as mãos dos senhores", como diz Duverger. Daí, a Constituição, para os medievos, ser "um instrumento de governo conforme a justiça". Era a moral cristã cunhando a atividade política com o signo da justiça.

O Estado moderno (1450-1788) foi uma tremenda reação ao "municipalismo", que os barões e os bispos haviam ensejado, quando os príncipes deram apoio aos burgueses em sua luta contra os feudos. Após as efêmeras repúblicas itálicas (Florença, Veneza, Gênova, Pisa) e a Confederação Helvética, o poder absoluto dos reis se estabeleceu. Carlos V (1500-1558), na Espanha; Francisco I (1494-1547), na França; Frederico o Grande (1722-1786), na Alemanha; Catarina II (1729-1796), na Rússia; e Luiz XIV (1643-1715), novamente na França, caracterizaram a evolução do Estado absolutista até o *l'Etat c'est moi.* Mas, mesmo aí, a Constituição não era a vontade do rei, porque ele exercia o poder de acordo com "as leis fundamentais do reino" – hereditariedade monárquica, inalienabilidade do domínio real e consentimento do povo para a imposição dos tributos. Ademais, era assessorado pelos secretários ou ministros e os Estados Gerais.

A Inglaterra, contudo, não se deixou contaminar pelo mal do absolutismo, porque prosseguiu na sua lenta, mas progressiva evolução constitucional com a *Pétition of Rights* (Carlos I, 1628), o *Habeas Corpus Act*

(Carlos II, 1679), o *Bill of Rights* (Guilherme III, 1689) e os *Act of Settlement* (Guilherme III, 1701), que vieram estabelecer as bases na sua monarquia hereditária, constitucional e representativa. O *Instrument of Government,* que Cromwell havia outorgado, em 1653, apesar de apresentar o caráter de uma Constituição escrita, não logrou impor-se ao consenso da nação.

O Estado moderno era a "nação", em contraposição ao medievo, que fora o "feudo" e o antigo a "Cidade".

A Revolução Americana de 1776 inaugurou o Estado contemporâneo, de direito e liberal (O Estado-pessoa), de acordo com as doutrinas de Locke, Montesquieu e Rousseau. Surgiram, então, as primeiras Constituições escritas típicas, como "partes distintas de um corpo de leis, regendo a organização política dos Estados", no conceito clássico. A Revolução Francesa de 1789, informada pelos mesmos princípios filosóficos da Revolução Americana, ensejou também o surto de novas Constituições escritas, como "documentos que definem e regulamentam as instituições políticas". Não houve reações, nem napoleônicas nem legitimistas, capazes de revogar a conquista da Constituição escrita, que caracteriza, por assim dizer, o Estado contemporâneo.

A Inglaterra, não obstante, continuou com o seu sistema costumeiro, embora reconheça a universalização do "documento em que se estabelecem as regras que regem a composição e os métodos das instituições de governo e os princípios gerais aplicáveis a suas relações com os cidadãos". O próprio Eire, a Irlanda do Sul, tem sua Constituição escrita e os Domínios, os seus Estatutos, também escritos, outorgados pelo Reio. Apesar de tudo, os ingleses permanecem entendendo que a Constituição não é um simples "documento", nem a parte de um corpo, porém um conjunto de instituições que regulam a organização política do Estado.

Com o 1° pós-guerra (1919), modificou-se a técnica constitucional. Surgiram as Constituições analíticas ou regulamentares que incluem em seus preceitos matéria de outros ramos do Direito. Isso acontecia com as Constituições francesas de 1791, 1793 e 1795, que tinham centenas de artigos.

Segundo Munro, três são as causas do crescimento do volume das Constituições: a) aumento das funções do Estado, exigindo novos princípios e normas; b) desconfiança do povo na sabedoria e integridade dos legisladores ordinários; c) insatisfação do povo com a construção jurisprudencial. A Constituição de Weimar, de 1919, com 181 artigos e a Mexicana, de 1917, com 152 artigos, são os modelos. Demais, abandonaram a liberal-democracia, para instituírem a social-democracia. As inovações não eram apenas de forma, porém também de fundo, revelando as novas tendências do Direito Constitucional. Daí Carl Schmitt definir a Constituição como "a forma das formas e a norma das normas", em seu conceito absoluto, tomada ela como um todo. E Kelsen considerá-la "o mais alto grau jurídico-positivo".

As Constituições do 1° pós-guerra não estruturavam apenas a ordem política e civil, como faziam os Estatutos anteriores, mas também a ordem social e econômica; nisso estava a sua principal distinção, como observa Schmitt. As Constituições apareciam acrescidas de novos títulos, capítulos, seções e artigos, como as da Rússia, Áustria, Polônia, Letônia, Lituânia, Estônia, Dantzig, Tcheco-Eslováquia, Iugoslávia, Romênia e Grécia. Eram verdadeiros códigos políticos e não simples estatutos fundamentais como aconteciam antes. Mesmo as Cartas totalitárias, do fim do 1° pós-guerra, como a da Itália mussolínica (1926, não codificada), a da Rússia stalínica (1936, Codificada), e a do Brasil getuliano (1937), não fugiram ao sinal dos tempos: estruturavam a ordem social e econômica. Como notava J. Barthélemy, foi a desconfiança do Estado para com seus representantes que levou os constituintes a pormenorizarem as Constituições, limitando-lhes o arbítrio.

O 2° pós-guerra não mudou a técnica constitucional do 1° pós-guerra; estabeleceu princípios e normas que melhor regulam a ordem social e econômica, ao mesmo tempo em que a ordem política e civil. As Constituições da França (1946), Brasil (1946), Itália (1947), China (1947), Índia (1948), Indonésia (1949) e Alemanha Ocidental (1940) além das Constituições totalitárias das Repúblicas comunistas (Bulgária, Romênia, Iugoslávia, Tcheco – Eslováquia, Hungria, Alemanha Oriental e Polônia), baseadas na da Rússia de 1936, bem o demonstram.

Todas essas Constituições são analíticas ou regulamentares, contendo centenas de artigos, entre as quais várias disposições sobre os chamados direitos econômicos e sociais dos indivíduos. Cada vez mais se acentua aquele escopo fundamental das Constituições contemporâneas – instituir e assegurar a ordem político-jurídica, concomitantemente com a ordem econômico-social – garantindo os direitos civis e políticos dos indivíduos juntamente com os direitos econômicos e sociais. É que o Direito Público está invadindo, de modo avassalador, os domínios do Direito Privado, porque os interesses sociais sobrelevam os particulares.

Como observa Pontes de Miranda, o Direito Público, principalmente o Direito Constitucional, tornou-se o "invasor de todos os domínios jurídicos". A Constituição neste 2° pós-guerra é um código político, contendo os princípios e normas que definem e organizam os poderes do Estado, estabelecendo-lhe e limitando-lhe as atribuições, bem como declara e asseguram os direitos civis, políticos, econômicos e sociais dos jurisdicionados.

Três são as principais doutrinas que procuram determinar a natureza jurídica da Constituição. A de Locke, para quem era "um pacto entre o povo e o rei"; a de Rousseau, para quem não passava de "um contrato social, firmado pelos indivíduos entre si"; e a Barthélemy *et* Duez, para quem revela "uma suprema declaração unilateral de vontade do povo". A doutrina de Locke, exposta no *Treatise of Civil Government,* fundava-se no empirismo baconiano, refletindo o pensamento de uma época, e com essa passou. A doutrina de Rousseau, desenvolvida no Contrato Social, assentava no racionalismo individualista, que sucumbiu no 1° pós-guerra (1919), ensejando o advento da democracia social cristã, cujas bases foram assentadas por Ozaman e Leão XII, no século passado. A doutrina de Barthélemy *et* Duez, estabelecida no *Traté Élémentaire de Droit Constitutionnel,* encontra apoio na moderna concepção sociológica de povo, "um agregado de grupo sociais, politicamente organizado", sustentada por Hauriou, Renard e Gurvitch, entre outros. Atende à verdadeira natureza da Lex Máxima e ao papel do povo no Estado hodierno. A Constituição é a suprema declaração da vontade popular, manifestada por intermédio dos legítimos representantes e mandatários do povo, que são os membros das Assembleias Constituintes

1.1. CONCEITO DE DIREITO CONSTITUCIONAL

De acordo com Kildare Gonçalves Carvalho[2]

> o Direito Constitucional refere-se à estruturação do poder político, seus contornos jurídicos. Limites de sua atuação, e aos direitos humanos fundamentais. O Direito Constitucional não existe sem o poder, pressuposto da existência do político. Trata-se, contudo, do poder juridicamente vinculado ao Direito o que dá sentido e constitui objeto do Direito Constitucional. Por isso é que o estudo do Direito Constitucional envolve o conhecimento do Estado Democrático de Direito, seus paradigmas e problemas.

Para Cretella Jr.[3] o direito constitucional é o ramo do direito público interno que tem como objeto a forma e a estrutura do Estado, os sistemas de governo, a organização, o funcionamento, as atribuições e as relações entre seus órgãos superiores, o Poder Legislativo e o Poder Executivo e, por fim, a participação ativa do povo, no governo, cuja importância é cada vez mais acentuada, nos modernos Estados de direito.

Para Paulo Bonavides[4],

> Publicistas acorrentados a uma velha imagem de Pellegrini-Rossi costumam ver no Direito Constitucional o tronco do qual derivam todos os ramos do Direito Positivo. Admite o autor que sem o estudo da matéria constitucional ficaria o Direito Público ininteligível, tanto quando o Direito Privado sem o Direito Civil. Não vai, assim, exagero quando se diz que o alargamento, em cada esfera da vida social, do âmbito de ação do Estado acarreta considerável aumento da im-

2 CARVALHO, Kildare Gonçalves. *Direito Constitucional.* 11ª ed. Belo Horizonte: Del Rey 2005 p. 1

3 CRETELL JR, J. *Elementos de Direito Constitucional.* 3ª ed. São Paulo: RT, 2000 p. 15

4 BONAVIDES, Paulo. *Curso de Direito Constitucional.* 8ª ed. São Paulo: Malheiros, 1998 p. 21

portância do Direito Constitucional nos estudos jurídicos. Em seu conceito clássico, de inspiração liberal o Direito Constitucional tem basicamente por objeto determinar "a forma de Estado", a forma de governo e o reconhecimento dos direitos individuais. Finalmente o Direito Constitucional pode definir-se como o ordenamento supremo do Estado.

Segundo Canotilho[5]

> o movimento constitucional gerador da Constituição em sentido moderno tem várias raízes localizadas em horizontes temporais diacrônicos e em espaços históricos geográficos e culturais diferenciados. Em termos rigorosos, não há um constitucionalismo, mas vários constitucionalismos (o constitucionalismo inglês, o constitucionalismo americano, o constitucionalismo francês). Será preferível dizer que existem diversos movimentos constitucionais com corações nacionais, mas também com alguns momentos de aproximação entre si, fornecendo uma complexa tessitura histórico-cultural. E dizemos ser mais rigorosos falar de vários movimentos constitucionais do que de vários constitucionalismos, porque isso permite recortar desde já uma noção básica de constitucionalismo. Constitucionalismo é a teoria (ou ideologia) que ergue o princípio do governo limitado indispensável à garantia dos direitos em dimensão estruturante da organização político-social de uma comunidade. Nesse sentido, o constitucionalismo moderno representará uma técnica específica de limitação do poder com fins garantidos. O conceito de constitucionalismo transporta, assim, a um claro juizo de valor. É, no fundo, uma teoria normativa da política, tal como a teoria da democracia ou a teoria do liberalismo.

A luz de José Afonso da Silva[6],

> O Direito Constitucional pertence ao setor do Direito Público, distingue-se dos demais ramos do Direito Público pela natureza específica de seu objeto e pelos princípios peculiares que o informam. Configura-se como Direito Público fundamental por referir-se diretamente à organização e funcionamento do Estado, à articulação de seus elementos primários e ao estabelecimento das bases da estrutura política. "Suas normas constituem uma ordem" em que repousam a harmonia e a vida do grupo, porque estabelece equilíbrio entre seus elementos e na qual todas as demais disciplinas jurídicas centram seu ponto de apoio. Daí que o Direito Constitucional se manifesta com tronco do qual se separam os demais ramos do Direito, que nele se encontram suas *têtes de chapitre*. Finalmente relata o autor que o Direito Constitucional é um ramo do Direito Público que expõe, interpreta e sistematiza os princípios e normas fundamentais do Estado. Como esses princípios e normas fundamentais compõem o conteúdo das constituições (Direito Constitucional objetivo), pode-se afirmar como faz Pinto Ferreira, que o Direito Constitucional é a ciência positiva das constituições.

---

5 CANOTILHO, J.J. *Direito Constitucional a Teoria da Constituição.* 7ª ed. Coimbra: Almedina , 2003 p. 51

6 SILVA, José Afonso. *Curso de Direito Constitucional Positivo.* 9ª ed. São Paulo: Malheiros, 1992. p. 35

Ainda segue o autor ao afirmar que

> a palavra constituição é empregada com vários significados tais como: a) conjunto dos elementos essenciais de alguma coisa; b) temperamento, compleição do corpo humano; c) organização, formação: a constituição de uma assembleia, a constituição de uma comissão; d) o ato de estabelecer juridicamente: a constituição de dote, de renda, de uma sociedade anônima; e) conjunto de normas que regem uma corporação uma instituição: a constituição de uma propriedade; f) a lei fundamental de um Estado.

Paulino Jacques[7] quanto ao tema disserta que:

> Direito Constitucional é o ramo do Direito Público que estuda os princípios e normas estruturadas do Estado e garantidoras dos direitos e liberdades individuais. Estrutura o Estado, enumerando os poderes políticos e delimitando-lhes as atribuições; e garante os direitos e liberdades dos indivíduos, assegurando-lhes o exercício. O Direito Constitucional é um superdireito, não só porque emana, como direito positivo, do Poder Constituinte, o "superpoder do Estado", mas também porque domina os demais ramos do Direito. Como direito positivo, plasmado na Constituição, ele se origina do Poder Constituinte, exercido pelas Assembleias Constituintes, que representam o povo, com mandato especial e expresso para elaborarem a Lex Máxima. Como direito costumeiro, ele encontra origem nas tradições e costumes políticos dos povos civilizados. O seu desenvolvimento é mais acelerado que o de qualquer outro ramo do direito, e isso porque sofre mais de perto os efeitos das mutações na vida social. Sendo, por assim dizer, a roupagem da sociedade, variando esta em seus fundamentos e estrutura, há de mudar aquela. A Constituição, portanto, é um produto da evolução política do Estado, uma conquista do Direito.

Barroso dispõe que:

> O vocábulo direito presta-se a acepções amplas e variadas, designando um conjunto heterogêneo de situações e possibilidades. Para os fins aqui visados é de proveito demarcar três sentidos que, embora diversos, integram-se para produzir um conjunto harmonioso. Direito, assim, pode significar: (i) um domínio científico, isto é, o conjunto ordenado de conhecimentos acerca de determinado objeto: a *ciência do Direito;* (ii) as normas jurídicas vigentes em determinado momento e lugar; o *direito positivo;* (iii) as posições jurídicas individuais ou coletivas instituídas pelo ordenamento e a exigibilidade de sua proteção: *os direitos subjetivos.* O direito constitucional se amolda sem embaraços a essa classificação conceitual.[8]

---

7 JACQUES, Paulino. *Curso de Direito Constitucional.* 9ª ed. Rio De Janeiro: Forense, 1983. p. 1

8 BARROSO, Luís Roberto. *Curso de Direito Constitucional Contemporâneo.* São Paulo: Saraiva, 2009. p. 46.

Ainda sobre o tema Uadi Lammêgo Bulos[9],

> A terminologia Direito Constitucional formalizou-se no fim do século XVIII, precisamente em 26 de setembro de 1791, quando a Assembleia Constituinte francesa determinou às faculdades de Direito que ministrassem aulas sobre a Constituição da França. A Faculdade de Direito de Paris foi à primeira faculdade a incluir a disciplina Direito Constitucional em sua grade curricular em 1834. No ano de 1797, a escola italiana, capitaneada por Pellegrino Rossi, Di Luzzo e Compagnoni, disseminou o uso da expressão. Adota-se a terminologia Direito Constitucional para designar um Direito Público fundamental, um Direito do Estado por excelência. Direito do Estado por excelência enquanto forma qualificada de nos referirmos ao próprio Direito Público, isto é, um complexo de relações que têm como protagonista a organização estatal. Direito Constitucional é a ciência encarregada de estudar a Teoria das Constituições e o ordenamento positivo dos Estados. Enfim é a parcela detalhada da ordem jurídica que compreende a ordenação sistemática e racional de um conjunto de normas supremas encarregada de organizar a estrutura do Estado e delimitar as relações de poder.

Jorge Miranda[10] afirma que

> o Direito Constitucional é a parcela da ordem jurídica que rege o próprio Estado enquanto comunidade e enquanto poder. É o conjunto de normas (disposições e princípios) que recortam o contexto jurídico correspondente à comunidade política como um todo e aí situam os indivíduos e os grupos uns em face dos outros e frente ao Estado-poder e que, ao mesmo tempo, definem a titularidade do poder, os modos de formação e manifestação da vontade política, os órgãos de que esta carece e os atos em que se concretiza. Chama-se também de Direito Político, por essas serem normas que se reportam direta e imediatamente ao Estado, que constituem o estatuto jurídico do Estado ou do político, que exprimem um particular enlace da instância política e da instância jurídica das relações entre os homens. A Constituição é tanto Constituição Política quanto Constituição Social, não se cinge à ordenação estatal (em sentido estrito).

Para Walber de Moura Agra [11]

> O Constitucionalismo significa que as condutas sociais devem ser determinadas por normas e o ápice da escala normativa reside nas normas constitucionais. A lei fundamental foi tomada como dogma, o que levou alguns governantes, como Napoleão Bonaparte, a ver nela um texto imutável, sacralizado, que deveria ser distribuído gratuitamente para que toda a população conhecesse os seus

9 BULOS, Uadi Lammêgo. *Curso de Direito Constitucional.* São Paulo: Saraiva, 2007. p. 2.

10 MIRANDA, Jorge. *Teoria do Estado e da Constituição*. Rio De Janeiro: Forense, 2007. p. 2.

11 AGRA, Walber de Moura. *Curso de Direito Constitucional.* 2ª ed. Rio De Janeiro: Forense, 2007. p. 19

> direitos e deveres e pudesse fiscalizar o cumprimento de suas prerrogativas. As primeiras constituições foram consideradas liberais, abrangendo direitos civis e políticos, pois a sua concretização era apenas formal, sem oferecer nenhum mecanismo para a real efetivação dos preceitos constitucionais. Eram constituições burguesas porque os direitos ofertados apenas poderiam ser usufruídos pela burguesia, que tinha os meios materiais para realizá-los. As demais classes sociais não tinham acesso a tais prerrogativas porque o Estado não garantia a sua eficácia.

Segue Manoel Jorge e Silva Neto[12]

> Que todo objeto possui uma constituição a revelar a sua forma específica e particular. Assim, diz-se que a bola é redonda; a cadeira é macia ou dura; a parede é lisa ou áspera. Em verdade, ao analisarmos a constituição objeto, estamos, por igual, decompondo a sua estrutura, o seu ser. Esse o sentido amplíssimo do vocábulo constituição. Em sua concepção jurídica, todavia, a constituição é a forma específica e inimitável assumida pela entidade estatal.

Como se depreende das achegas teóricas o Direito Constitucional é um ramo do Direito Público que expõe, interpreta e sistematiza os princípios e normas fundamentais do Estado; é a ciência positiva das constituições; tem por objeto a constituição política do Estado, cabendo a ele o estudo sistemático das normas que integram a constituição. O Direito Constitucional abrange as várias disciplinas conforme José Afonso da Silva: Direito Constitucional Positivo que é o que tem por objeto o estudo dos princípios e normas de uma constituição concreta, de um Estado determinado; compreende a interpretação, sistematização e crítica das normas jurídico-constitucionais desse Estado, configuradas na constituição vigente, nos seus legados históricos e sua conexão com a realidade sócio-cultural; Direito Constitucional Comparado que é o estudo teórico das normas jurídico-constitucionais positivas (não necessariamente vigentes) de vários Estados, preocupando-se em destacar as singularidades e os contrastes entre eles ou entre grupo deles; Direito Constitucional Geral que delineia uma série de princípios, de conceitos e de instituições que se acham em vários direitos positivos ou em grupos deles para classificá-los e sistematizá-los numa visão unitária; é uma ciência que visa generalizar os princípios teóricos do Direito Constitucional particular e, ao mesmo tempo, constatar pontos de contato e independência do Direito Constitucional Positivo dos vários Estados que adotam formas semelhantes do Governo.

Para José Celso de Mello Filho[13] a "Constituição é o *nomen juris* que se dá ao complexo de regras que dispõem sobre a organização do Estado, a

---

12 SILVA NETO, Manoel Jorge. *Direito Constitucional. Tomo I. Teoria da Constituição. Controle de constitucionalidade.* Rio De Janeiro: Lumen Iuris, 2004. p. 33

13 MELLO FILHO, José Celso de. *Constituição Federal Anotada.* 2ª ed. São Paulo: Saraiva, 1986.

origem e o exercício do Poder, a discriminação das competências estatais e a proclamação das liberdades públicas".

"Carta Constitucional deriva de um ato arbitrário e ilegítimo, de inspiração autoritária, que se traduz na outorga".

José Afonso da Silva[14], já citado, indicando a diversidade dos vários sentidos da palavra constituição, define que "a Constituição do Estado, considerada sua lei fundamental, seria, então, a organização dos seus elementos essenciais; um sistema de normas jurídicas, escritas ou costumeiras, que regula a forma do Estado, a forma de seu governo, o modo de aquisição e o exercício do poder, o estabelecimento de seus órgãos".

Para Lenza[15] ao citar Canotilho assevera que vários constitucionalismos, como o inglês, o americano e o francês, preferindo falar em "movimentos constitucionais". Em seguida, define o constitucionalismo como uma "teoria (ou ideologia) que ergue o primeiro do governo limitado indispensável à garantia dos direitos em dimensão estruturante da organização político-social de uma comunidade".

> Nesse sentido, o constitucionalismo moderno representa uma técnica específica de limitação do poder com fins garantísticos. Segue dizendo que o conceito de constitucionalismo transporta, assim, um claro juízo de valor. É, no fundo, uma teoria normativa da política, tal como a teoria da democracia ou a teoria do liberalismo.

1.2. CONSTITUIÇÃO. SENTIDOS

1.2.1. SENTIDO SOCIOLÓGICO

Ferdinand Lassale[16] em seu livro defendeu

> Que uma Constituição só seria legítima se representasse o efetivo poder social, refletindo as forças sociais que constituem o poder. Caso isso não ocorresse, ela seria ilegítima, caracterizando-se como uma simples "folha de papel". Segundo o autor a Constituição seria uma somatória de fatores reais do poder dentro de uma sociedade. A Constituição tem necessidade de ser o reflexo das forças sociais que estruturam o poder, sob pena de encontrar-se apenas uma "folha de papel". Assim, se inexistir coincidência entre o documento escrito e as forças determinantes do poder, não estaremos diante de uma Constituição.

---

14 SILVA, José Afonso. *Curso de Direito Constitucional Positivo.* 9ª ed. São Paulo: Malheiros, 1992. p. 35

15 LENZA, Pedro. *Direito Constitucional esquematizado*. 14ª ed. São Paulo: Saraiva, 2010. p. 49.

16 LASSALE, Ferdinand. *A essência da Constituição.* 6ª ed. Rio de Janeiro: Lumen Iuris, 2001.

1.2.2. SENTIDO POLÍTICO

Para Carl Schimitt[17],

> A Constituição é um produto de certa decisão política, a decisão política do titular do poder constituinte. Constituição é algo que emana de um ato de poder soberano. O ato de um poder soberano, fazendo-se prevalecente, determina a estrutura mínima do Estado, ou seja, as regras que definem a titularidade do poder, a forma de seu exercício, os direitos individuais etc., dando lugar à Constituição em sentido próprio.

1.2.3. SENTIDO JURÍDICO OU FORMAL

Segundo Lenza[18] apud Hans Kelsen[19]

> é o representante desse sentido conceitual alocando a Constituição no mundo do dever ser e não no mundo do ser: caracterizando-a como fruto da vontade racional do homem e não das leis naturais. Traduzindo o pensamento de Kelsen, José Afonso da Silva observa que a Constituição é considerada norma pura, puro dever-ser, sem qualquer pretensão a fundamentação sociológica, política ou filosófica. A concepção de Kelsen torna a palavra Constituição em dois sentidos: no lógico-jurídico e no jurídico-positivo. De acordo com o primeiro, Constituição significa norma fundamental hipotética, cuja função é servir de fundamento lógico transcendental da validade da Constituição jurídico-positiva, que equivale à norma positiva suprema, conjunto de normas que regula a criação de outras normas, lei nacional no seu mais alto grau.

1.2.4. CONSTITUIÇÃO BRASILEIRA

Segundo José Afonso da Silva já citado a Constituição é o conjunto de normas que se situa num plano hierarquicamente superior a outras normas. Nesse sentido, pouca valia tem o conteúdo, sendo preponderante a formalização (em posição hierárquica superior) desse conjunto de normas.

Conclui-se, portanto, a luz de Pedro Lenza[20]

> Que a Constituição deve trazer em si os elementos integrantes (componentes ou constitutivos) do Estado que são: a) soberania; b) finalidade; c) povo; d) território. Nossa atual Constituição Federal apresenta a seguinte classificação: rígida, formal, escrita, legal, dogmática, promulgada (democrática, popular), analítica.

---

17 SCHMITT, Carl. *Teoría de la Constitución*. Tradução de Alfredo Gallego Anabitarte. Madrid: Revista de Drecho Privado, 1932.

18 LENZA, Pedro. *Direito Constitucional Esquematizado.* 13 ed. São Paulo: Saraiva. 2009. p. 25 a 28.

19 KELSEN, Hans. *Teoria Pura do Direito*. Trad. João Baptista Machado. 3ª ed. Coimbra: Armênio Amado, 1974.

20 LENZA, Pedro. *Direito Constitucional Esquematizado.* 12ª ed. 2008, p. 21

> O Objeto é aquele que visa estabelecer a estrutura do Estado, a organização de seus órgãos, o modo de aquisição do poder e a forma de seu exercício, limites de sua atuação, assegurar os direitos e garantias dos indivíduos, fixar o regime político e disciplinar os fins socioeconômicos do Estado, bem como os fundamentos dos direitos econômicos, sociais e culturais.

No que diz respeito ao conteúdo da Constituição ele tem uma variação de acordo com as mutações da sociedade no espaço e no tempo, mas deve conter sempre as ferramentas fundamentais do Estado, devendo integrar os anseios das instituições econômicas, jurídicas, políticas e sociais de forma a formar uma unidade com uma finalidade em comum.

José Afonso da Silva[21]:

> I. Os Elementos, por sua generalidade, revelam em sua estrutura normativa as seguintes categorias: a) elementos orgânicos: que se contêm nas normas que regulam a estrutura do Estado e do poder; b) limitativos: que se manifestam nas normas que consubstanciam o elenco dos direitos e garantias fundamentais; limitam a ação dos poderes estatais e dão a tônica do Estado de Direito (individuais e suas garantias, de nacionalidade, políticos); c) sócio-ideológicos: consubstanciados nas normas sócio-ideológicas, que revelam a caráter de compromisso das constituições modernas entre o Estado individualista e o social intervencionista; d) de estabilização constitucional: consagrados nas normas destinadas a assegurar a solução dos conflitos constitucionais, a defesa da constituição, do Estado e das instituições democráticas; e) formais de aplicabilidade: são os que se acham consubstanciados nas normas que estatuem regras de aplicação das constituições, assim, o preâmbulo, o dispositivo que contém as cláusulas de promulgação e as disposições transitórias, assim, as normas definidoras dos direitos e garantias fundamentais têm aplicação imediata.

O Art. 1° da Constituição Federal estabelece que:

A República Federativa do Brasil, formada pela união indissolúvel dos Estados e Municípios e do Distrito Federal, constitui-se em Estado Democrático de Direito e tem como fundamentos:

> I – a soberania;
> II – a cidadania
> III – a dignidade da pessoa humana;
> IV – os valores sociais do trabalho e da livre iniciativa;
> V – o pluralismo político.
> Parágrafo único. Todo o poder emana do povo, que o exerce por meio de representantes eleitos ou diretamente, nos termos desta Constituição.

21 SILVA, José Afonso. *Curso de Direito Constitucional Positivo.* 9ª Ed. SÃO PAULO: Malheiros. 1992, p. 46

Conforme o Supremo Tribunal Federal[22]

> República (do latim *res publica* = coisa pública) é a forma de governo na qual o chefe de Estado, normalmente designado presidente da República, é eleito pelos cidadãos, na maioria dos casos pelo voto livre e secreto, ou por seus representantes, para exercer o cargo por um período determinado. Dependendo do sistema de governo, se presidencialista ou parlamentarista, pode acumular a função de chefe de Estado com a de chefe do governo (executivo).
> Na filosofia política ocidental, o conceito de república está associado ao de democracia, regime de governo em que o poder de tomar importantes decisões políticas é do próprio povo, que o exerce diretamente, pelo voto, ou indiretamente, por meio de representantes eleitos. Pelo conceito moderno, democracia é "o governo do povo, pelo povo e para o povo".
> A primeira república autônoma – sem estar sob a direção de um regime monárquico – de que se tem notícia foi a romana, fundada no Século V a.C., em contraposição à monarquia. O primeiro conceito de república foi criado pelo filósofo grego Platão, que viveu em Atenas entre os anos de 428 e 347 a.C. Em sua obra "Diálogos", Platão conceitua o termo como uma ciência política fundamentada na justiça e nas leis, para formar a estrutura de um Estado bem constituído.
> Na Idade Média (476 d.C. a 1492 d.C.), houve diversas administrações com regime republicano. As mais famosas foram as italianas e, depois, a holandesa, cada uma com suas características próprias, mas tendo em comum o fato de não serem monarquias.
> No século XVII, houve um caso exemplar de governo republicano na Inglaterra, na época de Oliver Cromwell. Mas foi a Revolução Francesa de 1789 que deu grande impulso ao republicanismo moderno, propiciando a proclamação da República da França, em 1792. Esta, entretanto, ainda não viera para ficar, pois foi frustrada, em seguida, pelo Império de Napoleão Bonaparte e pela restauração da monarquia.
> Somente entre 1848 e 1851 a França pôde viver um novo, porém ainda passageiro, período republicano. Trata-se da II República que, entretanto, não encontrou sustentação suficiente na sociedade para se manter. Finalmente, em 1871, o regime republicano veio para ficar. A chamada III República francesa firmou-se como sinônimo de progresso social, com a universalização do ensino, a instituição do ensino laico obrigatório e outras reformas.

A palavra Federativa vem do latim foederare, o que pertence a uma federação. E a palavra federação significa foederatione que é a união política entre estados ou províncias que devem possuir autonomia mas que se associam a um governo central sobre forma de se manter uma integralidade. Esta é a forma de Estado adotada no Brasil. Não temos portanto, uma relação território e o centro do poder, caso fosse assim seria chamado de Estado Unitário, o que não é conveniente. Mas se o território coexiste com mais de um centro de poder, chamamos de Estado Federado, que é o caso do Brasil.

22 Supremo Tribunal Federal. Disponível em http://www.stf.jus.br/portal/cms/verNoticiaDetalhe.asp?idConteudo=165760 acessado em 13.10.2017

O Presidencialismo é um regime político onde o chefe do governo é o Presidente da República. Conforme o artigo 2º da Constituição os três poderes devem-se manter autônomos e independentes entre si. Assim dispõe: "São Poderes da União, independentes e harmônicos entre si, o Legislativo, o Executivo e o Judiciário".

Compreende o sistema de governo adotado pelo Brasil, no qual o Presidente da República acumula as funções de chefe de Estado e chefe de governo, sendo eleito pelo povo, direta ou indiretamente, por tempo determinado e não havendo possibilidade de destituição pelo Parlamento – a não ser em raras situações que possam culminar com um processo de *impeachment* como o que ocorreu recentemente com a Presidenta eleita democraticamente Dilma Roussef.

O Brasil é um Estado Federado, pois em nosso território coexistem, lado a lado, mais de um poder político, emanados de diferentes entidades federativas (o residente de um Município, por exemplo, sofre incidência de um poder central – União; de um poder regional – Estado; e de um poder local – Município).

Os entes que integram nossa Federação são a União, os Estados, o Distrito Federal e os Municípios. Nossa federação não obedece ao modelo típico dessa modalidade de Estado, que teve seu berço nos Estados Unidos da América. A regra no Estado Federado é a existência de apenas dois poderes políticos: a União e os Estados. Na nossa federação, como se vê, os Municípios também são entes federativos, por isso também chamada de federação de três níveis.

Ao se formar o Estado Federal Brasileiro com a república em 1891 tal se deu através de uma força centrífuga (do centro para a periferia), ou seja, a União, que detinha o poder de forma centralizada, disseminou-o pelas diversas unidades federadas (estados e municípios), descentralizando, dessa forma, o poder, passando de Estado Unitário a Estado Federado.

Diversa, portanto, do sistema federativo tradicional, em que os diversos entes federados que detêm grande margem de autonomia abrem mão desta em favor da União. Aqui temos um movimento centrípeto, ou seja, de fora para dentro, pois a União, que anteriormente não detinha poderes passa a tê-los por concessão das unidades federadas. Por isso, nesse tipo de federação os estados detêm, em regra, uma maior autonomia que no sistema federado centrífugo (adotado pelo Brasil). Exemplo de sistema federativo centrípeto é o Estado Norte Americano.

Em face da forma como foi originado nosso sistema federativo, a federação brasileira é marcadamente centralizada. As principais competências materiais e legislativas foram outorgadas constitucionalmente à União.

A esse respeito, Celso Ribeiro Bastos[23] afirma que "o Estado brasileiro na nova Constituição ganha níveis de centralização superiores à maioria dos Estados que se consideram unitários e que, pela via de uma descentraliza-

23 BASTOS, Celso Ribeiro. *Curso de Direito Constitucional*. 20ª ed. São Paulo: Saraiva. 2010. p. 293

ção por regiões ou províncias, conseguem um nível de transferência das competências tanto legislativas quanto de execução muito superior àquele alcançado pelo Estado brasileiro".

Todos os entes federativos são autônomos, nos termos da Constituição Federal. A legitimidade da atuação de cada ente está delimitada pela Carta Magna e nenhum deles tem supremacia sobre o outro. Não há que falar em soberania da União e autonomia dos demais entes. A União, como entidade política de Direito Público Interno, integrante da nossa federação, é dotada apenas de autonomia, como os demais. Tanto isso é verdade que, caso a União atue além de sua competência constitucionalmente delineada, seu ato estará inquinado de inconstitucionalidade, por invasão de competência de algum outro ente.

Também é equivocado falar em hierarquia e em relação de subordinação entre os entes federados. Os Municípios não são subordinados à União e aos Estados, tampouco estes são subordinados à União. O que há é uma definição constitucional das competências de cada ente federativo, a chamada "repartição de competências", que representa a garantia maior de um Estado Federado.

Porém, não podemos olvidar que, em hipóteses excepcionais, a Carta Política admite a intervenção da União nos Estados, no Distrito Federal e nos Municípios localizados em Territórios (CF, artigos. 34 e 35), bem assim do Estado nos Municípios localizados em seu território (CF, art. 35).

A principal característica do Estado Federado é a descentralização política (e não desconcentração), marcada pela convivência coordenada, num mesmo território, de diferentes entidades políticas autônomas, distribuídas regionalmente, a chamada repartição de competências e a existência do chamado controle de constitucionalidade.

No Brasil podemos falar em descentralização política constitucional, pois é estabelecida na própria Carta. A forma federativa de Estado constitui, nos termos do art. 60, § 4°, I, da Constituição Federal, cláusula pétrea. É, portanto, matéria insuscetível de abolição pelo poder constituinte derivado. Significa dizer que o poder constituinte derivado não poderá transformar o Estado Brasileiro em um Estado Unitário. E mais, garante também que a autonomia dos entes federativos nos termos estabelecidos pelo constituinte originário. Significa dizer que qualquer reforma constitucional tendente a abolir ou enfraquecer a autonomia de algum dos entes federativos, quebrando o equilíbrio estabelecido na Carta Magna, será de flagrante inconstitucionalidade. Por exemplo, seriam inconstitucionais, por atentar contra a forma federativa de Estado, as seguintes emendas à Constituição: que transferisse aos Estados-membros todas as competências legislativas dos Municípios; que transferisse aos Estados-membros a competência para a elaboração da Lei Orgânica dos Municípios de seus territórios; que transferisse à União a competência para a elaboração da Lei Orgânica do Distrito

Federal; que transferisse à União a competência para a livre nomeação dos Governadores de Estado etc.

A autonomia conferida aos Estados, ao Distrito Federal e aos Municípios não lhes possibilita a instituição de forma de governo, regime de governo e sistema eleitoral distintos daqueles vigentes no modelo federal. Não há, portanto, possibilidade de que um Estado brasileiro venha a adotar a monarquia como forma de governo, o parlamentarismo como regime de governo, tampouco um sistema eleitoral distinto daqueles estabelecidos pela Constituição Federal (majoritário e proporcional).

A participação de todos os entes federativos na formação da vontade nacional não é característica da nossa Federação. Isso porque, os Municípios, embora sejam entes integrantes da federação, não têm qualquer participação na formulação da vontade nacional do Estado brasileiro. Já os Estados-membros e o Distrito Federal participam da formação da vontade central, seja por meio do Senado Federal (que representa os Estados e o Distrito Federal), seja por meio da legitimação para apresentar proposta de emenda à Constituição Federal, nos termos do art. 60, III, da Carta Política.

O Brasil é o nome do nosso país. Formada pela união indissolúvel dos Estados, Municípios e Distrito Federal – impede a secessão (separação).

Sendo o sistema federativo uma cláusula pétrea, não há possibilidade de secessão, portanto, inexiste a possibilidade jurídica de desmembramento de parte do território nacional para a criação de um novo Estado. Portanto, nossa federação é do tipo indissolúvel.

A indissolubilidade decorre de vedação expressa do art. 1° da Constituição Federal (união indissolúvel, reza o texto), bem assim do art. 34, I, que confere poderes de intervenção à União para manter a integridade nacional.

O Estado Democrático de Direito reúne os princípios do Estado Democrático e do Estado de Direito, não como simples reunião formal dos respectivos elementos, revela um conceito novo que os supera, na medida em que incorpora um componente revolucionário de transformação do *status quo.*

Estado de Direito e suas características básicas são: a submissão do império a lei, a divisão de poderes e a garantia dos direitos individuais.

Estado Social de Direito é a transformação do Estado de Direito, na qual o qualitativo social refere-se à correção do individualismo clássico liberal pela afirmação dos chamados direitos sociais e realização de objetivos de justiça social; caracterizam-se no propósito de compatibilizar, em um mesmo sistema, seus elementos é o capitalismo, como forma de produção e a consecução do bem-estar social geral, servindo de base ao neocapitalismo.

Segundo José Afonso da Silva já citado anteriormente.

> O Estado Democrático: se funda no princípio da soberania popular, que impõe a participação efetiva e operante do povo na coisa pública, participação que não

> se exaure na simples formação das instituições representativas que constituem em estágio da evolução do Estado Democrático, mas não o seu completo desenvolvimento; visa, assim, a realizar o princípio democrático como garantia real dos direitos fundamentais da pessoa humana.

A caracterização do Estado Democrático de Direito não significa apenas unir formalmente os conceitos de Estado de Democrático e Estado de Direito; consiste na criação de um conceito novo, levando em conta os conceitos dos elementos componentes, mas superando-os na medida em que incorpora um componente revolucionário de transformação do *status quo;* é um tipo de Estado que tende a realizar a síntese do processo contraditório do mundo contemporâneo, superando o Estado capitalista para configurar um Estado promotor de justiça social que o personalismo e monismo político das democracias populares sob o influxo do socialismo real não foram capazes de construir; a CF de 1988 apenas abre as perspectivas de realização social profunda pela prática dos direitos sociais que ela inscreve e pelo exercício dos instrumentos que oferece à cidadania e que possibilita concretizar as exigências de um Estado de justiça social, fundado na dignidade da pessoa humana.

Os Direitos de quarta geração além de garantir outros direitos e garantias, incluem a garantia a um meio ambiente equilibrado, a uma melhor qualidade de vida, proteção à biodiversidade e bioprospeção e contra a biopirataria, podemos citar, ainda, o direito à propriedade intelectual e à propriedade intelectual coletiva (que protege a cultura de dada comunidade).

José Afonso da Silva[24]

> A lei no Estado Democrático de Direito: o princípio da legalidade é também um princípio basilar desse Estado; é da essência do seu conceito subordinar-se à Constituição e fundar-se na legalidade democrática; se sujeita ao império da lei, mas da lei que realize o princípio da igualdade e da justiça não pela sua generalidade, mas pela busca da equalização das condições dos socialmente desiguais. Os Princípios são uma tarefa do Estado Democrático de Direito em que sedimenta o princípio da constitucionalidade; o princípio democrático; o princípio do sistema de direitos fundamentais; da justiça sócia; da igualdade; da divisão de poderes; da legalidade e da segurança jurídica. Sua tarefa fundamental consiste em superar as desigualdades sociais e regionais e instaurar um regime democrático que realize a justiça social.

Em um Estado Democrático de Direito, todos se subjugam à observância da lei. Assim impera o Princípio da Legalidade, em defesa da Democracia, consagrando o princípio de que "ninguém é obrigado a fazer ou deixar de fazer alguma coisa, senão em virtude de lei" (art. 5°, inc. II).

---

24 idem

Estado Democrático de Direito também significa aquele em que a sociedade organiza seu governo segundo os princípios da democracia, garantido por leis superiores, entre os quais aquele que diz que "todo o poder emana do povo e em seu nome será exercido". E tem como fundamentos:

> I. A **soberania** que é a propriedade que tem o Estado de exercer seu poder supremo, sobrepondo-se a todos, observadas as limitações legais e constitucionais. É o poder supremo de um Estado ou a ele atribuído pelo povo (a quem o poder pertence, originariamente) constituído em nação. Assim, a soberania nacional provém da soberania do povo e se manifesta inclusive para fora de seu território, mediante sua capacidade jurídica de se impor perante a comunidade internacional, contraindo obrigações externas, ou evitando interferência estrangeira interna, dentro de suas fronteiras. As competências constitucionais dos Poderes Legislativo (que cria as leis), Executivo (que administra a aplicação dessas leis) e Judiciário (controlando a eficácia das leis) fazem definição ao termo governo, que é englobado pela soberania. Tal teoria da divisão do exercício do poder nasceu com a obra de Montesquieu, O espírito das leis, como uma necessidade intrínseca de impedir a tirania típica (por parte dos governantes) que caracterizou, sobremaneira, os Estados absolutistas do passado. Então, podemos também dizer que soberania é a capacidade de dar ordens incontrastáveis, sob pena de sanção. Daí então dizer-se que o conceito de soberania passa também pelo conceito de sanção.
>
> ***II. Cidadania*** na qual os direitos políticos, ou de cidadania, resumem o conjunto de direitos que regulam a forma de intervenção popular no governo. Em outras palavras, são aqueles formados pelo conjunto de preceitos constitucionais que proporcionam ao cidadão sua participação na vida pública do país, realizando, em última análise, o disposto no parágrafo único do art. 1° da Constituição Federal, que prescreve que "todo o poder emana do povo, que o exerce por meio de representantes eleitos ou diretamente, nos termos desta Constituição".

Aduz Silva, desse modo, os direitos políticos compreendem os institutos constitucionais relativos ao direito de sufrágio, aos sistemas eleitorais, às hipóteses de perda e suspensão dos direitos políticos e às regras de inelegibilidade. Somente são considerados cidadãos os que detiverem e gozarem plenamente os direitos políticos.

O núcleo fundamental dos direitos políticos consubstancia-se no direito de votar e ser votado, ou seja, capacidade eleitoral ativa (capacidade de votar) e passiva (direito de ser votado). Destarte, observamos que os direitos políticos são um conjunto de normas que asseguram o direito subjetivo de participação na vida política e nos órgãos governamentais, garantindo, assim, a participação do povo no poder de denominação política da nação, por meio das diversas modalidades de sufrágio efetivando-se, desse modo, a soberania.

> ***III. Dignidade da pessoa humana*** que é o direito a dignidade que vem expressa em diversos momentos na Constituição Federal, garantindo os direitos mínimos inerentes à personalidade. A dignidade é um valor espiritual e moral intrínseco

ao indivíduo, assim é que, observado os lindes legais que definem os padrões morais de uma sociedade, a toda pessoa são garantidos direitos fundamentais capazes de possibilitar uma existência digna. E esta proteção refere-se aos demais indivíduos da sociedade e ao próprio Estado.

Os limites da atuação individual e estatal são traçados pela própria Constituição, somente podendo haver limitações desses direitos em situações excepcionalíssimas, mas sempre em observância aos valores mínimos que merecem todas as pessoas enquanto seres humanos.

IV. Os valores sociais da livre iniciativa e do trabalho coadunam-se com a estrutura da ordem social e econômica adotada pelo Brasil que fundamenta no sistema capitalista sem, contudo, se esquecer da função social da propriedade, e na valorização do trabalho, pois, é por meio do trabalho que o homem garante sua subsistência e dignidade, além de ser a mola mestra impulsionadora do crescimento do país. Em face da sua importância a Constituição prevê, em diversas passagens, a liberdade, o respeito e a dignidade ao trabalhador, v.g., os artigos. 5°, XIII; 6°, 7°, 8°; 194-204. A garantia de proteção ao trabalho não engloba somente o trabalhador que labora de carteira assinada, mas também o autônomo e o empregador, este enquanto empreendedor do crescimento nacional.

***V. O pluralismo político* nada mais é do que a existência de vários partidos que possam gozar dos mesmos direitos e poder exercer o poder político igualmente.**

Todo poder emana do povo que o exerce por seus representantes eleitos ou diretamente nos termos desta constituição (parágrafo único, artigo 1°, CF). O povo é o conjunto de pessoas unidas ao Estado pelo vínculo jurídico da nacionalidade. O povo é, no caso do Brasil, os brasileiros natos e os naturalizados (CF, art. 12).

No estado democrático de direito todo poder emana do povo e o seu exercício pode se dar por meio do escrutínio secreto, que se dá por eleições livres e periódicas. Mas, há também possibilidade de um projeto de lei ser proposto pela população. É a chamada iniciativa popular, segundo a qual o projeto de lei pode ser apresentado à Câmara dos Deputados, desde que subscrito por, no mínimo, um por cento do eleitorado nacional, distribuído pelo menos por cinco Estados, com não menos de três décimos por cento dos eleitores de cada um deles (§ 2° do artigo 61, CF). Logo, é correto afirmar que a Constituição brasileira adota o regime da democracia representativa e por outro lado ela também prevê alguns mecanismos de participação direta da população na gestão e no controle da coisa pública.

O artigo 2° da Constituição Federal elenca o "princípio da separação dos Poderes" para a garantia do Estado Democrático, assim diz: "São Poderes da União, independentes e harmônicos entre si, o Legislativo, o Executivo e o Judiciário".

Prossegue o artigo 3° com a constituição dos objetivos fundamentais da República Federativa do Brasil que são: I – construir uma sociedade livre, justa e solidária; II – garantir o desenvolvimento nacional; III – erradicar a pobreza e a marginalização e reduzir as desigualdades sociais e regionais; IV – promover o bem de todos, sem preconceitos de origem, raça, sexo, cor idade e quaisquer outras formas de discriminação. Sem esses objetivos fica inviável a concretização do Estado Democrático de direito onde se deve construir uma sociedade livre, sem preconceitos, sem pobreza com a promoção do bem estar de todos da sociedade brasileira.

Finaliza o artigo 4° com os princípios que regem as relações internacionais, que são: I – independência nacional; II – prevalência dos direitos humanos; III – autodeterminação dos povos; IV – não-intervenção; V- igualdade entre os Estados; VI – defesa da paz; VII – solução pacífica dos conflitos; VIII – repúdio ao terrorismo e ao racismo; IX – cooperação entre os povos para o progresso da humanidade; X – concessão de asilo político.

É muito importante o Brasil manter boas relações na ordem internacional e por isso a Constituição Federal veio consagrar estes princípios como norteadores desta relação.

O parágrafo único do artigo 4° vem revelar a importância de uma integração econômica, política, social e cultural dos povos da América Latina, visando à formação de uma comunidade latino-americana de nações.

Foi então criado o Mercosul (em português: *Mercado Comum do Sul,* castelhano: *Mercado Común del Sur,* Mercosur) que significa a União Aduaneira (livre comércio intrazona e política comercial comum) de cinco países da América do Sul. Em sua formação original, o bloco era composto por quatro países: Argentina, Brasil, Paraguai e Uruguai. Desde 2006[25], a Venezuela depende de aprovação dos congressos nacionais para que sua entrada seja aprovada.

As discussões para a constituição de um mercado econômico regional para a América Latina remontam ao tratado que estabeleceu a Associação Latino-Americana de Livre Comércio (ALALC) desde a década de 1960. Esse organismo foi sucedido pela Associação Latino-Americana de Integração na década de 1980. À época, a Argentina e o Brasil fizeram progressos na matéria, assinando a Declaração de Iguaçu (1985), que estabelecia uma comissão bilateral, à qual se seguiram uma série de acordos comerciais no

25 Em 2012, a diplomacia brasileira sofreu duras censuras pela entrada da Venezuela no Mercosul, que, segundo os críticos, teria constituído ilícito internacional. Supostamente, teria sido violado o Protocolo de adesão da Venezuela ao bloco, que exigia cinco instrumentos de ratificação para sua entrada em vigor, o que, na prática, não aconteceu. A adesão da Venezuela, sem a anuência definitiva do Paraguai, teria violado, ainda, a normativa regional que prevê a entrada de novos membros no bloco por decisão unânime dos Estados-parte do Mercosul. Essas críticas, contudo, não resistem a análise jurídica mais profunda. Disponível em: <http://www.scielo.org.mx/scielo.php?script=sci_arttext&pid=S1870-46542015000100018>. Acesso em: 12 jun. 2017.

ano seguinte. O Tratado de Integração, Cooperação e Desenvolvimento, assinado entre ambos os países em 1988, fixou como meta o estabelecimento de um mercado comum, ao qual outros países latino-americanos poderiam se unir.

Com a adesão do Paraguai e do Uruguai, os quatro países se tornaram signatários do Tratado de Assunção (1991), que estabelecia o Mercado Comum do Sul, uma aliança comercial visando a dinamizar a economia regional, movimentando entre si mercadorias, pessoas, força de trabalho e capitais. Inicialmente foi estabelecida uma zona de livre-comércio, em que os países signatários não tributariam ou restringiriam as importações um do outro. A partir de 1 de janeiro de 1995, essa zona converteu-se em união aduaneira, na qual todos os signatários poderiam cobrar as mesmas quotas nas importações dos demais países (Tarifa Externa Comum). No ano seguinte, a Bolívia e o Chile adquiriram o status de associados. O Chile encontra-se em processo de aquisição do status de associado pleno depois de resolver alguns problemas territoriais com a Argentina. Outras nações latino-americanas manifestaram interesse em entrar para o grupo, mas, até o momento, somente a Venezuela levou adiante sua candidatura. Embora sua incorporação ao Mercosul ainda dependa da aprovação dos congressos nacionais do bloco.

Em 2004, entrou em vigor o Protocolo de Olivos (2002), que criou o Tribunal Arbitral Permanente de Revisão do Mercosul, com sede na cidade de Assunção (Paraguai). Uma das fontes de insegurança jurídica nesse bloco de integração era a falta de um tribunal permanente.

Muitos sulamericanos veem o Mercosul como uma arma contra a influência dos Estados Unidos na região, tanto na forma da Área de Livre Comércio das Américas quanto na de tratados bilaterais. Uma prova disso é a criação da Universidade do Mercosul, a Universidade Federal de Integração Latino-Americana, Unila[26], localizada em Foz de Iguaçu, Paraná, que prioriza a integração regional no modelo de educação.

26 A Unila, instalada provisoriamente no Parque Tecnológico Itaipu (PTI), em Foz do Iguaçu, iniciou suas atividades acadêmicas ainda em 2010, no dia 16 de agosto. Na ocasião, a universidade já tinha cerca de 200 alunos oriundos do Brasil, Paraguai, Uruguai e Argentina, subdivididos em seis cursos de graduação.

2

TEORIA GERAL DO ESTADO E CIÊNCIA POLÍTICA

Carvalho[1], admite que a *Teoria Geral do Estado* é a ciência teórica, especulativa, que se propõe a estudar o Estado em si mesmo, no que tem de essencial e permanente no tempo. Trata-se de uma ciência enciclopédica, pois se utiliza de conhecimentos da Sociologia, da História, da Economia, da Matemática (teoria dos jogos), dentre outras ciências.

Como salienta Kildare Gonçalves Carvalho[2]

> Uma ciência de síntese, pois, como pensa Gorppali, que prefere chamá-la de Doutrina do Estado (segundo ele, não há teoria que não seja senão geral). Enquanto resume e integra em uma síntese superior, os princípios fundamentais de várias ciências sociais jurídicas e políticas, as quais têm por objeto o Estado considerado em relação a determinados momentos históricos, estuda o Estado de um ponto de vista unitário na sua evolução, na sua organização, nas suas funções e nas suas formas mais típicas, com a intenção de determinar suas leis formativas, seus fundamentos e seus fins. Compreende a Teoria Geral do Estado três partes distintas: a) teoria sociológica do Estado, que estuda a gênese e evolução do Estado; b) a teoria jurídica do Estado, que trata da organização e personificação do Estado; c) teoria justificativa do Estado, que cuida dos fundamentos e fins do Estado.
> A Ciência política tem por fim o estudo do poder político e por consequência as instituições políticas como instrumento deste poder sob todos os seus aspectos, sua organização e seu funcionamento.

Para se compreender a Ciência política é cediço conhecer e identificar alguns conceitos:

> a) Fato político, onde todo acontecimento ligado à instituição, existência e exercício do Poder Político;
> b) Relação política em que aquela posição se encontra em vários elementos relacionados com a organização, exercício e objetivos do Poder Político de que se deduzem determinados resultados.

2.1. ESTADO

A palavra "Estado" provém do latim *status,* surgido na Renascença, significando a estrutura política vigente na sociedade. Foi utilizado pela primeira vez por Nicolau Maquiavel, no seu livro "O Príncipe".

---

1 CARVALHO, Kildare Gonçalves. *Direito Constitucional Didático.* 6.ed. Belo Horizonte: Del Rey, 1999. p. 26.

2 idem

O Estado é entendido como o detentor do monopólio da força física, com uma estrutura de poder organizada para garantir o cumprimento dos seus objetivos e fornecer as normas legais que garantam as relações na sociedade. Trata-se de uma entidade jurídico-social, constituída pelo povo, sob um governo soberano, estabelecida e dentro de um espaço territorial delimitado.

Na Antiguidade romana, a palavra Estado denominava situação ou condição de uma coisa ou pessoa. Assim eram utilizados: a) status civitatis, para classificar indivíduos em romano e estrangeiro, segundo sua posição na sociedade política; b) status libertatis, para classificar o indivíduo em livres, libertas e escravos, atendendo o grau de autonomia pessoal; c) status familiae para classificámos em sui juris e alieni juris, capazes ou incapazes de exercer direitos.

Ainda Kildare[3],

> *Na Idade Média o "Estado" era os estamentos, corpos sociais segundo rígida hierarquia, que seriam posteriormente o clero, a nobreza e o povo. O terceiro Estado (burguesia) foi mencionado na Revolução Francesa. Ainda antes do aparecimento histórico do Estado, houve sociedades pré-estatais como a família patriarcal, o clã (divisão exógama de uma tribo, cujos membros são aparentados uns com os outros por meio de laço comum, ou a posse comum de totem, ou a moradia em território comum); a tribo que composta de clãs é o grupo social simples, cujos membros têm um governo único e agem em conjunto para certos propósitos, como a guerra.*

Por sua vez Agraassume três os elementos do Estado.

a) **Soberania**[4] que, em sentido amplo significa poder, a autoridade em última instância, em uma sociedade política. A ideia de soberania está intimamente ligada em sua origem à força, no sentido de legitimação.

Niccola Mateucci fornece-nos a evolução histórico-política da soberania. Na antiguidade e na Idade Média, eram utilizados termos diversos tais como: *summa potestas, summum imperium, maiestas-plenitudo potestatis* (doutrinas teocráticas), soberano. Na Idade Média a palavra "soberano" muda profundamente o seu significado para designar apenas uma posição de proeminência, isto é, a posição daquele que era superior num bem-definido sistema hierárquico: por isso até os barões eram soberanos em sua baronias. Com a chegada da moderna teoria da soberania, a reviravolta é total: o novo rei é soberano à medida que faz a lei e, consequentemente, não é por ela limitado, encontra-se *supra legem.*

---

3 idem

4 SANTOS, Marcelo Fausto Figueiredo. *Teoria Geral do Estado.* 3ª Ed. São Paulo: Atlas. 2009.

A grande mudança consiste no fato de que o direito que antes era dado, agora é criado. Antes era buscado e pensado na Justiça substancial, agora é fabricado com base na racionalidade técnica e na adequação aos objetivos. A doutrina da soberania foi elaborada na França no final do século XVII e início do XVIII, na luta da Monarquia contra o Papado e as forças feudais. Visava construir bases sólidas para afirmar e reafirmar a autoridade real contra tais forças;

b) território que é o elemento geográfico do Estado, base delimitada de autoridade, instrumento de poder com vistas a dirigir o grupo social. É a base física. É formado pelo solo, subsolo, espaço aéreo, águas territoriais e plataforma continental, prolongamento do solo coberto pelo mar. Os limites de delimitação do território são denominados fronteiras, que podem ser naturais ou convencionais.

É a base física sobre a qual incide o ordenamento jurídico, constituindo-se na sua aderência espacial, na qual os cidadãos tecem suas relações sociais, constroem suas estruturas políticas e fixam os objetivos comuns da coletividade. Não pode existir Estado sem território[5].

Conforme Agra já citado:

> A importância de se definir a extensão do território de um país reside no fato de que, dentro dos limites traçados, só haverá a incidência do seu ordenamento jurídico, agasalhando, assim, o princípio da territorialidade. O espaço territorial não se limita à superfície, abrangendo também o espaço aéreo e o subsolo pertinente. As limitações do território são realizadas pelas fronteiras com outros países pelo mar. Pertence ao território do país o mar territorial, variando de doze a duzentas milhas (Dec.Lei n° 1.098/70) náuticas da zona econômica exclusiva, e as plataformas continentais, que são parte da crosta terrestres que foi coberta pelo mar.

Quanto ao espaço aéreo a matéria é regulada pelo Código Brasileiro do Ar (Decreto-lei n° 32/66; Decreto-lei n° 34/67). No plano internacional, várias convenções e acordos incidem sobre o tema, regulando aspectos da aviação civil e militar, tráfego aéreo, nacionalidade das aeronaves, segurança[6] etc..

Persiste Agra

c) Povo que é o conjunto de cidadãos subordinados ao mesmo ordenamento jurídico, atingindo-os até mesmo quando eles estiverem no exterior. Não existe nenhum Estado sem o elemento humano que o integre. Cada Estado possui um único povo, podendo pertencer a uma ou a várias nações, como exemplo os países cujo povo é formado por mais de uma

5 AGRA, Walber de Moura. *Curso de Direito Constitucional*. 2ª Ed, Rio de Janeiro: Forense, 2007

6 FIGUEIREDO, Marcelo. *Teoria Geral do Estado.* 2ª ed. São Paulo: Atlas, 2007 p. 36.

nação podemos mencionar a Rússia e a China. O conceito de povo difere do conceito de nação. Na nação é o povo com determinadas características comuns, como a religião, a língua, a cultura, os laços históricos, a etnia etc. fazendo parte de uma realidade sociológica. O povo é o elemento biológico componente do Estado, sem necessitar de qualquer característica que una seus integrantes.

População se refere a todos os habitantes de um país, incluindo os estrangeiros. Apesar do estrangeiro não pertencer ao povo de um determinado Estado, entretanto durante sua estada, estão submetidos ao ordenamento jurídico vigente no país. O povo é o elemento pessoal do Estado. Para se determinar a nacionalidade de um povo utilizam-se dois critérios: a) *jus soli,* considera o lugar de nascimento como determinante; b) *jus sanguinis* considera-se a nacionalidade dos pais independente em que país nasceu o indivíduo. A nacionalidade pode ser: 1) primária (de origem ou originária); 2) secundária (adquirida). A Constituição Federal atual disciplina acerca da nacionalidade a partir do artigo 12 e seguintes da Constituição Federal

2.1.1. TEORIAS SOCIOLÓGICAS DO ESTADO

A luz de Kildare Gonçalvez Carvalho, já citado anteriormente quanto a teoria sociológica do Estado:

> Esta teoria considera o Estado como uma construção social que se qualifica pelas propriedades do seu poder. Jellinek menciona que o Estado deve ser investigado como construção social e como instituição jurídica, formulando conceitos sociológicos e jurídicos do Estado. No primeiro sentido, considera o Estado como a unidade de associação dotada originariamente de poder de dominação e formada por homens fixados num território. Na ordem jurídica concebe o Estado que já se mostra como sujeito de direitos, ao qual atribui personalidade jurídica, como a corporação formada por um povo, dotada de poder de mando originário e fixada num determinado território, isto é, a corporação territorial dotada de um poder de mando originário.

Do ponto de vista sociológico, busca-se investigar a realidade social ou grupal do Estado, o fenômeno desta convivência organizada que consiste no Estado, sob o domínio de um ou de alguns. Desse modo, as teorias sociológicas giram em torno do mando, poder ou dominação no agrupamento humano, que é o Estado, e que se revela como fenômeno de poder, um fato que se dá no âmbito objetivo do social. As teorias sociológicas são objetivas, pois estudam o Estado como um fato real e objetivo, exterior aos homens, que se situam no mundo exterior independentemente dos indivíduos São chamadas ainda de teorias realistas, porque dão pouca ou nenhuma importância aos aspectos da soberania e da personalidade jurídica, noções tidas até mesmo como metafísicas no confronto com elas. Teorias:

a) O Estado como fato de convivência; enquanto fenômeno social é um fato ou uma relação de fatos consistentes em que os homens estão sujeitos a um mesmo poder jurídico. É uma forma particular de submissão, a uma só vontade, de todas as vontades formadas por uma variedade de elementos sociais estabelecidos num território determinado;

b) O Estado como fato de dominação; sendo um grupo humano fixado num território, onde os mais fortes impõem sua vontade aos mais fracos. O Estado é a força material, a dualidade de governantes e governados. Revela-se na detenção de poder por um grupo mais forte, cujo limite é apenas a solidariedade social ou dependência recíproca entre os homens, que é a regra de direito ou o direito objetivo;

c) O Estado como dualidade de governantes e governados; em qualquer grupo social, seja menos, seja maior, primitivo ou evoluído, efêmero ou duradouro, surge a distinção entre governantes e governados;

d) O Estado como Instituição; é a instituição que concebe o Estado como um substrato social não constitui uma categoria elaborada pelo direito, mas é um fenômeno social que se verifica à margem da ordem jurídica, apesar de posteriormente reconhecê-la.[7]

2.1.2. TEORIAS DEONTOLÓGICAS

Deontologia é conhecida como a teoria do dever. O inglês Jeremy Bentham foi quem criou o termo em 1834, Kant[8] também tratou do tema quando ressalta que para agir temos que dar a ação um valor moral. A deontologia portanto é um conjunto de princípios e regras.

Segundo Reis Monteiro[9]:

> Do ponto de vista etimológico, o termo deontologia deriva do grego "deonta" (dever) e "logos" (razão). Este conceito foi introduzido por Jeremy Bentham em 1834 (Baptista, 2011), tendo hoje do seu lado a expressão "Ética Profissional". Estas duas são um "código de princípios e deveres (com os correspondentes direitos) que se impõem a uma profissão e que ela se impõe a si própria, inspirada nos seus valores fundamentais"

7 Idem p. 39

8 KANT, Immanuel. *A Metafísica dos Costumes*. Trad. Edson Bini. São Paulo: Edipro, 2003.

9 Reis Monteiro, A. *Deontologia das Profissões da Educação*. Coimbra: Edições Almedina. 2005

2.1.3. TEORIAS JURÍDICAS

Para Baracho[10]

> A preocupação com uma teoria jurídica pura, desprovida de toda ideologia política e dos elementos de ciência natural, assentada na legalidade específica do seu objeto, é uma constante em Kelsen. Nesse seu intento elevou a Jurisprudência a uma ciência genuína, com explicações não das tendências necessárias à formação do direito, mas aquelas dirigidas exclusivamente ao seu conhecimento, com objetividade e exatidão. Sua teoria é tida como desenvolvimento de aspectos já examinados pela ciência jurídica positivista do século X IX . Kelsen marca o apogeu da corrente do positivismo jurídico,
>
> [...]O Direito é uma ordem normativa que pertence como tal, à categoria ontológica do dever ser, idéia que com todas as conseqüências chega ao postulado da pureza metódica.
>
> [...] Como teoria jurídica positivista, a Teoria Pura do Direito parte do pressuposto de que nenhuma ordem jurídica positiva pode ser considerada como não conforme à norma fundamental, isto é, como não válida. Toda ordem de coerção globalmente eficaz, é uma ordem normativa objetivamente válida, na qual a interpretação só é possível sob a condição de se pressupor uma norma fundamental por força da qual o sentido subjetivo dos atos criadores de Direito o são também seu sentido objetivo

2.1.4. TEORIAS POLÍTICAS

Ainda Kildare[11] já citado:

> Estas teorias consideram o Estado como uma forma da vida política, caracterizada por seu poder de dominação, destacando-se as teorias do Estado como soberania, regime, decisão e personificação da nação.

Teorias:

a) O Estado como soberania neste caso o fundamental é o poder político supremo e soberano. O Estado é o poder por antonomásia. É o poder de ordenar em última instância;

b) O Estado como empresa política é a cooperação planificada, num fazer comum que os homens se propõem empreender para alcançar um fim. A empresa é constituída pela conduta dos governantes, que formulam o programa que irão seguir, pela conduta dos governados que a cumprem, e pela luta pelo poder;

10 BARACHO, José Alfredo de Oliveira. *Aspectos da Teoria de Kelsen*. Publicado na Revista da Faculdade de Direito da UFMG. Disponível em file:///C:/Users/user/Downloads/823-1539-2-PB.pdf acessado em 14.10.2017

11 idem

c) O Estado como decisão formulada por Carl Schmitt é a teoria do decisionismo surgiu como reação ao racionalismo, que pretendia reduzir o Estado e seu dinamismo político em categorias fixas e antecipadas em um complexo normativo. O Estado não é estático, mas dinâmico, impõe uma ordem;

d) O Estado como personificação da nação e para isto a nação precisa estar organizada. O Estado é a nação juridicamente organizada. A nação é o elemento constitutivo do Estado enquanto com ele se identifica.

2.2. GOVERNO

Conforme afirmaAgraGoverno é o instrumento que possibilita aos Estados tomarem suas próprias decisões políticas, escolhendo livremente os seus destinos. É a consequência inexorável da autodeterminação dos povos.

O Governo tem caráter transitório, podendo sofrer um hiato na sua continuidade, representando uma determinada parcela da sociedade que toma o poder por determinado lapso temporal.

Governo é o aparelho administrativo do Estado, organizado em todos os níveis, que, munido de autoridade subordina as pessoas e as entidades localizadas em seu território.

3

CLASSIFICAÇÃO DAS CONSTITUIÇÕES

São inúmeras as classificações das Constituições que oferece a doutrina, dentre elas encontramos:

3.1. QUANTO AO CONTEÚDO

Agra[1]

Nessa classificação verificamos que quanto ao conteúdo a Constituição pode ser:

a) Material, significa que as normas constitucionais que tratam das matérias mais importantes que realmente merecem estar disciplinadas na Carta Magna, segundo a ótica burguesa. São normas que, pela sua essência, representam a base do ordenamento jurídico, enquanto as demais normas constitucionais não cumprem esse papel, mas apenas formalmente estão contidas na Constituição, não pela importância do seu conteúdo. A Lei Maior representa a organização político-jurídica fundamental, formada por normas relativas à forma de Estado, forma de governo, sistema de governo, regime político, representação política, definição dos órgãos de poder e limitação da sua ação. A Constituição material se diferencia da Constituição formal por seu conteúdo, enquanto esta se diferencia das demais normas jurídicas por ser oriunda do Poder Constituinte e pelos procedimentos necessários para sua reforma. Um conjunto de normas substancialmente constitucionais, escritas ou costumeiras que podem vir ou não codificadas em um texto exaustivo;

b) Formal é aquela que não trata dos assuntos especificados na parte material da Lei Maior. Seu conteúdo pode versar sobre qualquer matéria. A melhor forma de reconhecer uma norma formalmente constitucional é pelo critério da exclusão: o que não for materialmente constitucional será definido como formalmente constitucional. O conteúdo de suas normas não tem importância para a estrutura política da sociedade que respalde a sua regulamentação em nível constitucional. Embasam- -se na sua acepção de norma jurídica, tentando vislumbrar os traços que a diferenciam dos demais dispositivos jurídicos. Não há uma análise de conteúdo, mas do procedimento pelo qual as normas adentraram no ordenamento jurídico, garantindo sua validade. São os documentos escritos e solenes oriundos da manifestação constituinte originária.

---

1 ibidem

3.2. QUANTO À ORIGEM

Na classificação das Constituições quanto à origem podemos delimitar em:

a) Constituição Promulgada são denominadas carta democrática, populares ou votadas pois a feitura da Carta Política ocorre com a participação popular, escolhendo os mandatários que atuarão no processo constituinte. Originam-se da participação popular: O povo, como eleitor participativo no processo democrático. Citamos como exemplo de Constituições brasileiras promulgadas a Constituição dos anos de 1891, 1934, 1946 e 1988;

b) Constituição Outorgada é aquela originada de uma decisão política autoritária, pela vontade de um déspota ocupante do governo, como foi a Carta Magna Brasileira de 1824, outorgada pelos mandos de D. Pedro I. Neste tipo de Constituição não participação popular, o debate constitucional soçobra diante da imposição da vontade de poucos. Espelha a vontade do dono do poder. Deriva de uma concessão do governante sela ele rei, imperador, presidente, representante de uma junta governativa, ditador, líder carismático, isto é, de personalidade que titulariam o poder constituinte originário. Inexiste qualquer participação popular;

c) Constituição pactuada[2] é aquela que exprime um compromisso instável de duas forças políticas rivais: a realeza absoluta debilitada, de uma parte, e a nobreza e a burguesia, em franco progresso, doutra. Surge então como termo dessa relação de equilíbrio a forma institucional da monarquia limitada. (...) Foram igualmente formas de Constituição pactuada diversos documentos constitucionais ingleses, como o Bill of Rights, de 1969, e o Act of Settlement, de 1701, bem como as Constituições da Espanha de 1845 e 1876, a da Grécia de 1844 e a da Bulgária, de 1879

d) Constituição Cesarista é formada por dois mecanismos distintos de participação popular o plebiscito e o referendo. Não são outorgadas, nem democráticas. Como exemplo a Carta Chilena por influência de Pinochet, e a Constituição Bonapartistas e textos constitucionais referendados de *New Hampshire* em 1784 e de Massachusetts de 1780.

3.3. QUANTO À FORMA

Nesse quesito a Constituição pode ser classificada em:

a) Constituição costumeira ou não escrita ou também chamada de consuetudinária, embasada em costumes, normas que provêm não de um processo legislativo, mas são geradas de condutas reiteradas com a convicção de sal obrigatoriedade. É utilizada pela *Common Law* da Inglaterra. As

---

2 BONAVIDES, Paulo. Curso de Direito Constitucional. 19ª ed. São Paulo: Malheiros Editores LTDA, 2006, p, 90.

normas não vêm grafadas de modo único, sistemático, codificado e exaustivo num documento formal e solene;

b) Constituição instrumental ou escrita é toda aquela constituição que se consubstancia em um documento escrito. É típica de países romano-germânicos, onde predominam os textos normativos. Sendo escritas, servem para resguardar o princípio da legalidade. É aquela cujas normas vêm prescritas de modo sistemático e codificado em documentos solenes. As Constituições brasileiras de 1891, 1934, 1937, 1946, 1967 e1988.

3.4. QUANTO À ESTABILIDADE OU PROCESSO DE MUDANÇA

Nessa distribuição podemos citar:

a) Constituição rígida que é aquela que exige um procedimento mais dificultoso para a sua modificação do que é exigido para as normas infraconstitucionais. Depende de um processo solene e complicado para que haja uma mudança, este processo é bem específico e rigoroso. Geralmente as constituições escritas são rígidas;

b) Constituição flexível[3] é aquela cujas normas podem ser reformadas pelo mesmo *quorum* exigido para a modificação de uma norma infraconstitucional. Trata-se de Constituições que não possuem supremacia jurídica. A cada momento podem sofrer modificações, expandidas, contraídas sem processo formal complexo, solene, demorado e dificultoso. O órgão competente para modificá-las é o legislativo ordinário;

c) Constituição transitoriamente flexível[4] é aquela suscetível de reforma, com base no mesmo rito das leis comuns, mas apenas por determinado período, ultrapassado este período o documento constitucional passa a ser rígido. O binômio rigidez/flexibilidade apresenta-se de modo alternado;

d) Constituição semi-rígida ou semi-flexível[5] é considerada aquela em que uma parte pode ser modificada por um procedimento rígido e outra parte pode ser modificada por um procedimento mais facilitado. Normalmente o procedimento de modificação rígido serve para alterar a Constituição material e o procedimento flexível para modificar a Constituição formal. A Constituição brasileira de 1824 foi um modelo deste tipo de Constituição;

e) Constituição Imutável[6] é aquela Constituição que não é passível de sofrer qualquer tipo de reforma, não podendo ser alterada. Perpetua-se no tempo. Também conhecida como granítica, permanente ou intocável é a que pretendem ser eterna. Como exemplo a Carta espanhola de 1976 e a italiana de 1848;

3 AGRA, Walber de Moura. Curso de Direito Constitucional. 2ª Ed. p.36

4 idem

5 idem

6 idem

f) Constituição fixa ou silenciosa[7] trata-se da Constituição que somente pode ser alterada por um novo Poder Constituinte. Não foi formulado por ela nenhum mecanismo para sua reforma, nem através de Emenda, nem através de revisão, chegando algumas delas a vedar a utilização do Poder Reformador. Somente pode ser modificada por um poder de competência idêntico àquele que as criou. O órgão competente para reformulá-la é o constituinte originário. Não consagra de modo expresso, o procedimento para sua reforma. Atualmente só possui valor histórico. Como exemplo a Constituição da Itália e a Carta espanhola de 1876.

3.5. QUANTO À EXTENSÃO

A Constituição dentre outras classificações também pode ser considerada:

a) Constituição Sintética onde o texto normatiza apenas a estruturação dos poderes componentes do Estado e declara os direitos fundamentais. Existe em países que tenham uma estabilidade sócio-político-econômica, à título de exemplo temos a Constituição americana de 1787, com 7 artigos e 27 Emendas. São as compactas, concisas, enxutas, sucinta. Nela a matéria constitucional vem predisposta de modo breve e resumida, sem o predomínio de pleonasmo, repetições inúteis ou construções prolixas. São qualificadas como Constituições negativas porquanto construtoras das liberdades-impedimentos, pois limita o arbítrio do Poder Público. Existe uma diferença entre uma Constituição sintética e pequena Constituição nesta os italianos chama de Constituição passageira, que é criada para reger provisoriamente os poderes do Estado, a exemplo da Lei Constitucional portuguesa de ° 3/74 que instituiu um ordenamento provisório para reger a vida dos lusitanos;

b) Constituição Analítica[8] é aquela cujo texto normatiza vários aspectos da vida social, como a economia, a vida familiar, o meio ambiente, a seguridade social. São Constituições típicas de países com alta densidade de instabilidade na vida social: assim tenta-se suplantar essa instabilidade sociológica com uma pretensa estabilidade jurídica. A Carta Magna brasileira de 1988 com 250 artigos. São amplas.

3.6. QUANTO AO MODO DE ELABORAÇÃO

A Constituição classifica-se como:

a) Constituição dogmática que é a Constituição que sintetiza as ideias vigentes em uma determinada sociedade agasalhando os valores predo-

---

7 Ibidem. p. 37

8 ibidem

minantes de uma situação histórica. Ela se apresenta de forma escrita e sistematizada, formulada por um órgão constituinte;

b) Constituição histórica é formada pela evolução dos fatores históricos. Originam-se das tradições, dos usos e costumes, da religião, da geografia, das relações políticas e econômicas. Nelas identifica-se o titular do poder constituinte, cujo exercício ocorre de modo difuso. A comunidade cria o texto constitucional com base num processo lento de sedimentação consuetudinário. Diz-se que são obras anônimas.

3.7. QUANTO À ESSÊNCIA

Conforme Bulos[9]quanto à essência as seguintes classificações:

a) Constituição normativa seria aquela adaptada ao fato social. Além de juridicamente válida, estaria em total consonância com o processo político;

b) Constituição semântica encontra-se submetida ao Poder Público prevalecente. Trata-se de um documento formal criado para beneficiar os detentores do poder de fato, que dispõem de meios para coagir os governados. As Cartas brasileiras que adéquam a esta classificação foram as de 1937, 1967 e a EC n° 1/69;

c) Constituição Nominal nela o processo político não se adapta às suas normas, embora conserve sua estrutura, um caráter educativo, com vistas ao futuro da sociedade. Seriam constituições prospectivas, voltadas para um dia serem realizadas na prática, mas, enquanto não realizarem todo o seu programa, continuaria a desarmonia entre os pressupostos formais nelas insculpidos e a sua aplicabilidade. As Cartas Magnas brasileiras dos anos de 1891, 1934, 1946 e a de 1988 foram e são nominais.

3.8. QUANTO À SISTEMATIZAÇÃO

Ainda Bulo[10]s quanto a sistematização as Constituições se classificam em:

a) Constituições Unitárias são aquelas que também podem ser chamadas de unitextuais, reduzidas ou codificadas e que a sistematização das matérias se apresentam num instrumento único e exaustivo de todo o seu conteúdo. Os assuntos não se repartem em documentos normativos variados – concentram-se num só. Exemplo: as Constituições brasileiras;

b) Constituições variadas, pluritextuais ou não codificadas neste diapasão classificam-se aquelas que se compõem de normas jurídicas espalhadas em diversos documentos legais. Como exemplo as Cartas da Bélgica de 1830 e da França de 1975.

9 BULOS, Uadi Lamêgo. *Curso de Direito Constitucional.* 4ª Ed. SÃO PAULO: Saraiva. 2009, p. 43

10 Idem, p.43.

3.9. QUANTO À IDEOLOGIA

Classificam-se em:

a) **Constituição ortodoxa** que é aquela elaborada com base num pensamento ideológico único e centralizada. Exemplo a Constituição Soviética de 1923, 1936 e 1977;

b) **Constituição eclética** é uma Constituição de ideologias diversas, dos embates de pensamentos, mas que se acabam conciliando. Participa do sentido compromissó- rio de constituição a exemplo a Constituição portuguesa de 1976.

3.10. CLASSIFICAÇÃO DA CONSTITUIÇÃO BRASILEIRA

A Constituição brasileira quanto à origem é **democrática, ou seja, promulgada, no período de sua criação ocorreu uma intensa participação popular. Quanto à essência é nominal** tendo em vista a busca da eliminação das desequiparações entre as condições de vida dos homens. Quanto à sistematização é **unitária**, pois suas matérias foram dispostas num instrumento único. Quanto à ideologia, ela é **eclética** uma vez que advém de um complexo de ideologias e interesses antagônicos que se conciliaram ao término dos trabalhos constituintes. Quanto à extensão, é **analítica** é longa, pleonástica, amplíssima, detalhista, minuciosa e dirigente. Quanto ao conteúdo é **formal,** pois nela existem procedimentos expressos para a sua reforma, seja mediante revisão (ADCT artigo 3°), ou seja, por intermédio de Emenda. Quanto à forma é **escrita, pois** seu texto está grafado num documento solene, formal, único e exaustivo de assuntos nela disciplinados. Quanto ao processo de mudança é **rígido**, rigorosa a sua mudança.

3.11. ELEMENTOS MÍNIMO-IRREDUTÍVEIS DAS CONSTITUIÇÕES

Elementos mínimo-irredutíveis das Constituições são itens imprescindíveis à configuração dos textos constitucionais. São eles:

a) **Orgânicos ou dogmáticos** que organização o Estado brasileiro e a estrutura do poder, fixando o sistema de competência dos órgãos, instituições e autoridades públicas. Também se reportam às normas relativas à tributação e ao orçamento, como por exemplo, os artigos 18 a 43, 44 a 135; 142 a 144 e, 145 a 169 todos da Constituição Federal.

b) **Entes polifacéticos** significam que o todo orgânico abriga matérias as mais diversas. Elaboradas como documentos unitários e sistematizados formam um todo orgânico;

c) **Limitativos, pois** freia o poder estatal perante os cidadãos, evitando o arbítrio, o abuso de autoridade, o desrespeito aos direitos e garantias fundamentais, como exemplo citou o artigo 5°, I a LXXVII; 14 a 17 da Constituição Federal;

d) Sócio-ideológico assinala os fins sociais e econômicos do Estado, refletindo os anseios por uma sociedade mais justa, com distribuição equânime da renda, suprimindo os privilégios injustificados. São de cunho ideológico-programático, revelando o conteúdo social das constituições contemporâneas, como exemplo os artigos 6° a 11; 170 a 232 da Constituição Federal;

e) Estabilização constitucional consubstancia nas normas constitucionais destinadas a assegurar a solução de conflitos constitucionais destinadas a assegurar a solução de conflitos constitucionais, a defesa da constituição, do Estado e das Instituições democráticas. Constituem instrumento de defesa do Estado e buscam garantir a paz social, como exemplo artigo 102, I, a da Constituição Federal (ação de inconsti- tucionalidade);

f) Formais de aplicabilidade encontram-se nas normas que estabelecem regras de aplicação das constituições a exemplo o preâmbulo.

3.12. HETEROCONSTITUIÇÕES

Conforme Jorge Miranda[11] as Heteroconstituições são aquelas Constituições decretadas de fora do Estado que irão reger. Por exemplo, o acordo celebrado em Zurique (Suíça), nos anos de 1960, travados entre a Grã-Bretanha, a Grécia e a Turquia.

Uma heteroconstituição ou uma constituição que passe de comunidade pré-estatal para o Estado, tem por título, desde o instante da aquisição da soberania, não a autoridade que a elaborou, mas sim a soberania do novo Estado. Até a independência transfere-se para a ordem jurídica local, investida de poder constituinte. Verifica-se uma verdadeira novação do ato constituinte ou uma deslocação da regra de reconhecimento. Corresponde à constituição em sentido instrumental, se liga à primitiva fonte, não o valor vinculativo das normas.

11 MIRANDA, Jorge. *Manual de Direito Constitucional*, II, 5ª Ed, Coimbra: Almedina, 2003.

4

CONSTITUIÇÃO FEDERAL E SEUS PRINCÍPIOS

4.1. PRINCÍPIO DA RIGIDEZ CONSTITUCIONAL

A rigidez constitucional é importante para que não haja incidência de reformas constitucionais inoportunas, assegurando a estabilidade da constituição. Ao dificultar a realização de revisões e emendas constitucionais, o princípio da rigidez resguarda os direitos e garantias fundamentais, mantendo estruturas e competências com vistas à defesa da ordem jurídica.

Para manter suas metas estes princípios exteriorizam-se mediante três graus de rigidez:

a) **máximo** (constituições super-rígidas) são aquelas que o grau de rigidez é máximo, ou seja, o procedimento par serem reformadas é rigoroso. A rigidez excede o comum, tem como exemplo a Constituição americana de 1787;

b) médio (constituições rígidas) não são muito rígidas nem pouco rígidas, o ***quorum*** para sem modificada procura conciliar os requisitos de progresso com os de estabilidade, funcionando como válvulas de segurança, mas sem impedir reformas, como exemplo a atual Carta Magna brasileira;

c) mínimo, são constituições pouco rígidas, apesar de seu processo de alteração ser solene, formal e complexo é bem mais brando do que aquele exigido pelas duas modalidades anteriores, como exemplo a Constituição da antiga União Soviética, para sua reforma necessária se fazia apenas 2/3 dos votos do Soviet Supremo. Estas cartas não se confundem com as cartas flexíveis. Nas flexíveis até uma lei ordinária pode revogar normas constitucionais.

4.2. PRINCÍPIO DA SUPREMACIA CONSTITUCIONAL

Segundo Bulos[1] o princípio da supremacia constitucional tem seu significado de superioridade, hegemonia.É o vínculo de subordinação dos atos públicos e privados à constituição de um Estado. A Constituição é soberana dentro do ordenamento jurídico por isto todas as demais leis e atos normativos a ela devem adequar-se

1 idem

4.2.1. PRINCÍPIO DA SUPREMACIA FORMAL DA CONSTITUIÇÃO

Ainda segundo o autor[2] citado o princípio da supremacia formal da constitucional significa a particular relação de superioridade em que se encontram submetidos os atos públicos e privados de um ordenamento. É da essência da rigidez da Constituição a supremacia formal das constituições. Ela qualifica as normas constitucionais como hegemônicas e preeminentes.

4.2.2. PRINCÍPIO DA SUPREMACIA MATERIAL DA CONSTITUIÇÃO

A Supremacia Material ou consubstancial é a que decorre da consciência constitucional. Pela Supremacia material o verdadeiro acatamento à superioridade dos preceitos constitucionais depende da realização prática da constituição (eficácia social ou efetividade).

Somente interessa a realização objetiva dos preceitos constitucionais. Pouco importa se existem ou não procedimentos técnico-formais a serem observados para se elaborar as leis infraconstitucionais ou se reformular a própria carta magna.

4.1.2. PRINCÍPIO DA SUPREMACIA CONSTITUCIONAL E DA FORÇA NORMATIVA DA CONSTITUIÇÃO

Para **Bulos[3]** a FORÇA NORMATIVA É A ENERGIA VITAL QUE LHE CONFERE EFETIVIDADE OU EFICÁCIA SOCIAL. É UM PRINCÍPIO IMPLÍCITO NA CONSTITUIÇÃO FEDERAL. POR SEU INTERMÉDIO AS NORMAS SUPREMAS DO ESTADO SE CONCRETIZAM, REGULANDO, NO PLANO DA VIDA, AS RELAÇÕES SOCIAIS, POLÍTICAS E ECONÔMICAS DE ACORDO COM O AMADURECIMENTO DA CONSCIÊNCIA CONSTITUCIONAL.

4.1.3. PRINCÍPIO DA ADEQUAÇÃO OU DA SIMETRIA

Os atos legislativos, administrativos e jurisdicionais, do mesmo modo que os privados devem ser simétricos com relação ao texto maior. Com efeito, devem adequar-se à superioridade das normas constitucionais, porque a Constituição é a lei máxima do Estado. Todos os órgãos estão vinculados a ela.

4.1.4. PRINCÍPIO DA HIERARQUIA

Os atos públicos e privados submetem-se à gradação do ordenamento jurídico em suas diversas camadas. Hans Kelsen formulou o discurso lógico-

---

2 idem

3 ibidem

-jurídico mais completo a respeito da posição hierárquica das normas jurídicas. O ordenamento normativo é uma estrutura escalonada, formada de diferentes níveis. No ápice desta estrutura, encontra-se a Constituição Federal, que condiciona toda a produção normativa do Estado. Existe um vínculo de dependência em que a validade da norma de escalão se menor condiciona à norma de escalão maior;

4.1.5. PRINCÍPIO DA RAZOABILIDADE

Os atos públicos e privados devem ser praticados com base nos fins estatuídos, à luz da racionalidade, do bom senso, da lógica, do sentimento de justiça e da prudência.

4.1.6. PRINCÍPIO DA DEFESA DA CONSTITUIÇÃO

No momento que a supremacia constitucional confere superioridade hierárquica às normas constitucionais, torna-se responsável pela guarda da constituição, não permitindo que emendas constitucionais, leis complementares, leis ordinárias, leis delegadas, medidas provisórias, decretos legislativos e resoluções sobreponham-se à sua magnitude. Portanto, a supremacia é consectária à ideia de controle de constitucionalidade.

4.1.7. PRINCÍPIO DA FORÇA NORMATIVA DA CONSTITUIÇÃO

As normas constitucionais possuem uma forma interna que influencia o entendimento das leis comuns e dos atos públicos e privados. Integram a ordem fundamental, material e aberta da comunidade: ordem fundamental porque são supremas; ordem material, porque todos devem respeitar o conteúdo delas; e ordem aberta, pois disciplinam as relações sociais, e, ao mesmo tempo, são influenciadas pela própria sociedade. Neste contexto que aparece a força normativa da constituição.[4]

---

4 BULOS, Uadi Lammêgo. *Curso de Direito Constitucional.* São Paulo: Saraiva, 2007. p. 53.

5

CONSTITUIÇÕES BRASILEIRAS

5.1. CONSTITUIÇÃO DE 1824: CONSTITUIÇÃO MONÁRQUICA

Conforme José Afonso da Silva[1], o sistema estruturado pela Constituição Política do Império do Brasil de 25.03.1824. Declara de início, que o Império do Brasil é a associação política de todos os cidadãos, brasileiros, que formam uma nação livre e independente que não admite, com qualquer outro, laço de união ou federação, que se oponha à sua independência.

As características da Constituição Imperial são:

a) O território do Império foi dividido em províncias, nas quais foram transformadas as capitanias então existentes;

b) Seu governo era monárquico hereditário, constitucional e representativo;

c) O princípio da divisão e harmonia dos poderes políticas foi adotado como "princípio conservador dos direitos dos cidadãos, e o mais seguro meio de fazer efetivas as garantias que a Constituição oferece". Os poderes era: Poder Executivo, Poder Legislativo, Poder Judiciário e o Poder Moderador;

d) O Poder Moderador considerado a chave de toda a organização política, era exercido privativamente pelo Imperador, como chefe Supremo da Nação e seu primeiro representante, para que incessantemente velasse sobre a manutenção da independência, equilíbrio e harmonia dos demais poderes políticos;

e) No aparelho do governo central, dois órgãos concorriam para reforçar a ação do poder soberano: o Senado e o Conselho de Estado. Aquele essencialmente conservador funcionava como órgão de reação contra os movimentos liberais da Câmara dos Deputados. O Conselho de Estado era um órgão consultivo, que tinha enormes atribuições: aconselhava o Imperador nas medidas administrativas e políticas, era o supremo intérprete da Constituição.

As ideias chaves da Constituição de 1824 foram:

a) Uma Constituição é tão mais eficiente quanto maior for sua duração. A Constituição de 1824 foi a de mais longa vigência das que teve o Brasil. Ao ser revogada pelo Governo Republicano, em 1889, depois de 65 anos, era a

---

1 SILVA, José Afonso. *Curso de Direito Constitucional Positivo.* 9- Ed. SÃO PAULO: MALHEIROS 1992 p. 72

segunda Constituição escrita mais antiga do mundo, superada, apenas, pela dos EUA;

b) Sua plasticidade – e mais, sua adaptabilidade às condições políticas, econômicas e culturais da época – estão fartamente documentadas;

c) A Constituição não só autorizava o parlamentarismo, como, na prática, o vedava. Esse foi, entretanto, mais uma lenta conquista do espírito público do que um resultado do direito escrito;

d) Estabelecendo uma vigorosa centralização política e administrativa, vinha a Carta de 1824 atender ao preceito quanto ao exemplo da América Espanhola, fracionada em razão dos particularismos locais, criados a partir da administração colonial;

e) Uma das particularidades da Constituição de 1824 foi a do Poder Moderador, que impulsionava a Monarquia no caminho de seu papel ativo, em contraste com o poder passivo das monarquias parlamentares;

f) O Regime imperial assistiu, no entanto, a uma permanente falsificação da vontade do eleitorado, através de uma maciça e permanente intervenção do Poder Executivo[2]

5.2. CONSTITUIÇÃO DE 1891. CONSTITUIÇÃO REPUBLICANA

A Constituição da República dos Estados Unidos do Brasil fora promulgada no dia 24 de fevereiro de 1891. Estabeleceu que a Nação Brasileira adotasse como forma de governo a República Federativa e constituía-se, por união perpétua e indissolúvel das suas antigas províncias, em Estados Unidos do Brasil. Cada uma as províncias formara um Estado e o antigo Município neutro se transformara no Distrito Federal, que continuou a ser a capital da União.

Características da Constituição Republicana:

a) Perfilhou-se o regime representativo;

b) Presidencialismo à moda norte-americana;

c) Rompeu com a divisão quadripartita vigente no Império, de inspiração de Benjamim Constant, para agasalhar a doutrina tripartita de Montesquieu, estabelecendo como órgãos de soberania nacional o Poder Legislativo, o Executivo e o Judiciário, harmônicos e independentes entre si. Extinguiu-se o Poder Moderador;

d) Firmara a autonomia dos Estados;

e) Previra a autonomia municipal;

f) Elegeu-se como Presidente da República Deodoro da Fonseca e como Vice-Presidente Floriano Peixoto;

g) Concluída a eleição convertera-se a Constituinte em Congresso, separando-se em Câmara e Senado.

2 *Constituições Brasileiras*. Volume I. 1824. 2ª ed. Brasília: Senado Federal, 2001.

O sistema constitucional implantado enfraqueceu o poder central e reacendeu os poderes regionais e locais, adormecidos sob o guante do mecanismo unitário e centralizador do Império. O Governo federal não seria capaz de sustentar-se, se não se escorasse nos poderes estaduais.

O Poder dos governadores sustentava-se no coronelismo, fenômeno em que se transmudaram a fragmentação e a disseminação do poder durante a colônia, contido no Império pelo Poder Moderador. O fenômeno do coronelismo tem suas leis próprias e funciona na base da coerção da força e da lei oral, bem como de favores e obrigações. O coronel é aquele que protege, socorre, homizia e sustenta materialmente os seus agregados; por sua vez, exige deles a vida, a obediência e a fidelidade. É por isso que o coronelismo significa força política e força militar.

O coronelismo fora o poder real e efetivo, a despeito das normas constitucionais traçarem esquemas formais da organização nacional com teoria de divisão de poderes e tudo. A relação de forças dos coronéis elegia os governadores, os deputados e senadores. Os governadores impunham o Presidente da República. Nesse jogo, os deputados e senadores dependiam da liderança dos governadores. Tudo isso forma uma constituição material em desconsonância com o esquema normativo da Constituição então vigente e tão bem estruturada formalmente.

Ideias Chaves da Constituição Republicana:

a) Os positivistas pretendiam que o Governo implantado a partir de 1889 fosse "ditatorial e não parlamentar", mas divididos em diretrizes e correntes nitidamente diferenciadas, não conseguiram que fosse implantada a "ditadura republicana" pelo projeto que se inspirou nas Cartas dos EUA, Argentina e Suíça e foi polido por Rui Barbosa;

b) A elaboração da primeira Constituição Republicana foi abreviada por temor dos atos de arbítrio e desatino administrativo do Marechal Deodoro da Fonseca, de clara inépcia política a despeito de seu valor pessoal como soldado e de sua prioridade inatacável;

c) A Constituição de 1891 estabeleceu um regime presidencialista do tipo norte-americano: O Poder Executivo não poderia dissolver a Câmara dos Deputados e nem era obrigado a escolher Ministros da confiança desta. Essa era a diferença fundamental entre a Constituição escrita de 1891 e a Constituição viva de 1824; A partir de 1910, Rui desfraldou a bandeira de revisão da Carta de 1891, sugerindo, entre outros pontos, a unificação da legislação processual, a unificação da Magistratura e garantias efetivas a esta, restrições ao estado de sítio e autorização do veto parcial. O movimento revisionista visava maior democratização e liberalização das instituições. Por ironia da História, a única reforma, de 1926, veio dar mais vigor aos poderes incontrastados do Chefe da Nação, no sentido oposto ao do reformador;

d) A mentira eleitoral das eleições a bico-de-pena, agravadas pelas degolas na apuração pelo Congresso, as intervenções federais com base no art. 6° da Constituição e a alternância de paulistas e mineiros na Presidência da República, na chamada política do café-com-leite, concorreram para o desencanto gral com respeito às instituições criadas em 1891.[3]

e) A partir de 1910, Rui desfraldou a bandeira de revisão da Carta de 1891, sugerindo, entre outros pontos, a unificação da legislação processual, a unificação da Magistratura e garantias efetivas a ela, restrições ao estado de sítio e autorização do veto parcial. O movimento revisionista visava maior democratização e liberalização das instituições. Por ironia da História, a única reforma, de 1926, veio dar mais vigor aos poderes incontrastados do Chefe da Nação, no sentido oposto ao do reformador;

5.3. CONSTITUIÇÃO DE 1934

Conforme José Afonso da Silva[4] a nova Constituição era tão bem estruturada como a primeira. Trouxera conteúdo novo. Mantivera a anterior, porém, os princípios formais fundamentais: a república, a federação, a divisão de poderes (Legislativo, Executivo e Judiciário, independentes e coordenados entre si), o presidencialismo, o regime representativo.

Características da Constituição de 1934:

a) Ampliou os poderes da União;

b) Dispôs sobre os poderes concorrentes entre a União e Estados;

c) Discriminou, com mais, rigor, as rendas tributárias entre União, Estados e Municípios outorgando a estes uma base econômica em que se assentasse a autonomia que lhes assegurava;

d) Aumentou os poderes do Executivo. Rompeu como bicameralismo rígido, atribuindo o exercício do Poder Legislativo apenas à Câmara dos Deputados, transformando o Senado Federal em órgão de colaboração desta;

e) Definiu os direitos políticos e o sistema eleitoral, admitindo o voto feminino. Criou a Justiça eleitoral, como órgão do Poder Judiciário;

f) Adotou a representação política tradicional, a representação corporativa de influência fascista. Instituiu, ao lado do Ministério Público e do Tribunal de Contas, os Conselhos Técnicos, como órgãos de cooperação nas atividades governamentais;

g) Ao lado da Declaração dos Direitos e garantias individuais, inscreveu um título sobre a ordem econômica e social e outro sobre a família, a edu-

3 *Constituições Brasileiras*. Volume II. 1891. Brasília: Senado Federal, 2001.

4 SILVA, José Afonso. *Curso de Direito Constitucional Positivo*. 9ª ed. São Paulo: Malheiros, 1992. p. 75.

cação e a cultura, com normas quas todas programáticas, sob a influência da Constituição alemã de Weimar;

h) Regulou os problemas de segurança nacional e estatuiu princípios sobre o funcionamento público, enfim um documento de compromisso entre o liberalismo e o intervencionismo.

Ideias Chaves da Constituição de 1934:

a) As ideias que governaram os espíritos dos homens com influência nos trabalhos constituintes de 1933 eram, de um lado, o binômio da propaganda da Revolução de 1930 – justiça e representação; de outro, a constitucionalização do País, cobrada por uma revolução de 1932, derrotada, mas cuja força espiritual iria marcar, de forma indelével, a política nacional;

b) Do ponto de vista formal, inspiraram-se os estadistas de então na Constituição de Weimar, de 1919, e na Constituição republicana espanhola de 1931;

c) O anteprojeto de 1933 adotava o unicameralismo, a eleição indireta do Presidente da República, um Conselho Supremo, a unidade do processo judiciário e, em parte, da Magistratura; tratava da liberdade sindical e da expropriação do latifúndio, da assistência aos pobres e do salário mínimo, instituía uma Justiça Eleitoral;

d) Um dos pontos cruciais da discussão constitucional, que viria a se refletir no anteprojeto e na futura Constituição, era o da Federação. O projeto aumentava consideravelmente os casos de intervenção federal, proclamava incumbir a cada Estado prover, a expensas próprias, as necessidades de seu governo e administração, golpeava de morte os impostos interestaduais e intermunicipais, procurava coibir, em suma, os excessos do ultrafederalismo e buscava fortalecer a União, submetendo-lhes as polícias militares, organizadas pelos Estados à revelia do Poder Central, que sobre elas nenhuma autoridade exercia;

e) Não vingou, na Constituição, o unicameralismo previsto no anteprojeto, mas se deu ao Senado a função de Poder Coordenador, atribuída antes ao Conselho Supremo projetado. Ao Senado incumbiria promover a coordenação dos poderes federais entre si, manter a continuidade administrativa, velar pela Constituição e colaborar na feitura das leis. Competência curiosa, do Senado, reminiscência, talvez, da ideia do Poder Moderador, consistia em fiscalizar a legalidade dos regulamentos expedidos pelo Poder Executivo, suspendendo a execução dos dispositivos ilegais, função política, mas, também, jurisdicional.[5]

5 *Constituições Brasileiras*. Volume III. 1934. Brasília: Senado Federal, 2001

5.4. CONSTITUIÇÃO DE 1937

A Constituição dos Estados Unidos do Brasil de 1937 teve como principais preocupações:

a) Fortalecer o poder executivo, a exemplo do que ocorria em quase todos os outros países, julgando-se o chefe do governo em dificuldades para combater pronta e eficientemente as agitações internas; atribuir ao Poder Executivo uma intervenção mais direta e eficaz na elaboração das leis, cabendo-lhe, em princípio, a iniciativa e, em certos casos, podendo expedir decretos-leis;

b) Reduzir o papel do parlamento nacional, em sua função legislativa, não somente quanto à sua atividade e funcionamento, mas ainda quanto à própria elaboração da lei; eliminar as causas determinantes das lutas e dissídios de partidos, reformando o processo representativo, não somente na eleição do parlamento, como principalmente em matéria de sucessão presidencial;

c) Conferir ao Estado a função de orientador e coordenador da economia nacional, declarando, entretanto, ser predominante o papel da iniciativa individual e reconhecendo o poder de criação, de organização e de invenção do indivíduo;

d) Reconhecer e assegurar os direitos e liberdades, de segurança e de propriedade do indivíduo, acentuando, porém, que devem ser exercidos nos limites do bem público;

e) A nacionalização de certas atividades e fontes de riqueza, proteção ao trabalho nacional, defesa dos interesses nacionais.

As ideias Chaves no corpo da Carta de 1937 são:

a) Um grande obstáculo ao estudo da Constituição de 1937 é o desprezo que lhe devotam os juristas e cientistas políticos. Algumas obras de circunstâncias, editadas, ao tempo, pelo Departamento de Imprensa e Propaganda da ditadura de Vargas, dirigem encômios irrestritos à Carta. A maior parte dos textos, contudo, deplora seu caráter antidemocrático, sua outorga, contrária ao sentimento nacional, a tentativa de transplantar, para o País, o modelo fascista europeu;

b) Para Pontes de Miranda, autor do melhor texto de interpretação da Carta, eram a coordenação, entregue ao Presidente, da atividade dos órgãos representativos, a possibilidade de indicação, pelo Chefe do Poder Executivo, de um dos candidatos ao cargo, a eleição indireta dos representantes dos Estados-membros na Câmara Federal e a eliminação do princípio da separação e independência dos poderes;

c) Segundo Francisco Campos, não se pode atribuir à Constituição de 1937 os males que tenham resultado para o País, com o regime de Vargas; se a Carta tivesse vigorado, segundo ele, teria certamente constituído importante limitação ao exercício do poder. Principal autor do texto da Constituição, Campos afirmou, em 1945, que ela era um documento "que não poderia invocar em seu favor o teste da experiência", pois permanecera "em suspenso desde o dia de sua outorga";

d) Muitas vezes se disse que a Constituição brasileira de 10 de novembro de 1937 teve como modelo a Constituição polonesa, promulgada em abril de 1935. O principal ponto de aproximação entre as Cartas é o modo pelo qual, sem disfarces é ressalta¬da a proeminência do Poder Executivo;

e) Mas semelhanças, que nunca foram salientadas, aproximam a Constituição Federal de 1937 da Constituição Estadual do Rio Grande do Sul, de 14 de julho de 1891. Os dois textos adotam a mesma posição quanto à prevalência do Executivo, à redução do papel das Assembleias na elaboração das leis e à escolha do vice-presidente.[6]

5.5. A CONSTITUIÇÃO DE 1946

Terminada a Segunda Guerra Mundial, de que o Brasil participou ao lado dos Aliados contra as ditaduras nazi-fascistas, logo começaram os movimentos no sentido de redemocratização do país: manifesto dos mineiros, entrevista de José Américo de Almeida etc. Havia, também, no mundo do após-guerra, extraordinária recomposição dos princípios constitucionais, com reformulação de constituições existentes ou promulgação de outras (Itália, França, Alemanha, Iugoslávia, Polônia, e tantas outras) que influenciaram à reconstitucionalização do Brasil.

Instalou-se a Assembleia Constituinte no dia 2 de fevereiro de 1946. Nela estavam representadas várias correntes de opinião: direita conservadora, centro-democrático, progressistas, socialistas e comunistas, predominando a opinião conservadora. Em 18 de setembro de 1946 promulgou-se a nova Constituição da República dos Estados Unidos do Brasil, que ao contrário das outras foi elaborada com base em um projeto preordenado, em que se oferecesse à discussão da Assembleia Constituinte. Serviu-se, para sua formação, das Constituições de 1891 e 1934. Voltaram-se as fontes formais do passado, que nem sempre estiveram conformes com a história real, o que constituiu o maior erro daquela Carta Magna, que nasceu de costas para o futuro, fitando saudosamente os regimes anteriores, que provocaram mal. Talvez isso explique o fato de não ter conseguido realizar-se plenamente. Mas, assim mesmo, não deixou de cumprir sua tarefa de redemocratização, propiciando condições para o desenvolvimento do país durante os vinte anos que regeu.

---

6 *Constituições Brasileiras*. Volume IV. 1937. Brasília: Senado Federal, 2001

Sob sua égide, sucederam-se crises políticas e conflitos constitucionais de poderes, que se avultaram logo após o primeiro período governamental quando se elegeu Getúlio Vargas com um programa social e econômico que inquietou as forças conservadoras, que acabaram provocando formidável crise e que culminou com o suicídio do chefe de governo.

As ideias chaves da Constituição de 1946 foram:

a) Nenhum anteprojeto serviu de base aos trabalhos da Constituinte de 1946 que se processaram, assim, diferentemente dos de 1890 e 1933;

b) O texto, que foi promulgado no dia 18 de setembro de 1946, caracterizou-se pela tendência restauradora das linhas de 1891, com as inovações aproveitáveis de 1934 – disposições de proteção aos trabalhadores, à ordem econômica, à educação, à família;

c) A República sacrificara os Municípios, restringindo-lhes a autonomia e desfavorecendo-os na discriminação das rendas públicas. Os Constituintes de 1946, para modificar esse quadro, deram aos Municípios, entre outros benefícios, todos os Impostos de Indústrias e Profissões, uma quota em partes iguais no rateio de 10% do Imposto de Renda, excluídas as capitais;

d) O que mais contribuiu para a aproximação dos textos das Constituições de 1934 e 1946 foi a coincidência dos fatores políticos que inspiraram a elaboração das Cartas, orientadas, nos dos momentos, por uma reação contra os exageros do presidencialismo da República Velha ou contra as tendências ditatoriais que modelaram a Constituição de 1937;

e) Os textos constitucionais não faziam mais que reunir, tanto em 1934 como em 1946, o que já vinha expresso na legislação e, sobretudo, no Código de 1932, que tem, na evolução de nosso Direito Eleitoral, a função de uma espécie de marco revolucionário;

f) As reformas essenciais do Código Eleitoral de 1932 foram o regime de partidos, o voto secreto, a representação proporcional, a instituição das suplências, a criação da Justiça Eleitoral para todas as fases do processo de eleições. A Constituição de 1934, que serviu de modelo para a Carta de 1946, incorporou em seu texto todas essas medidas.[7]

5.6. CONSTITUIÇÃO DE 1967

Conforme verbera José Afonso da Silva[8], domina o poder um Comando Militar Revolucionário, que efetua prisões políticas de todos quantos seguiram o Presidente deposto ou simplesmente com ele simpatizavam, ou com as ideias da esquerda, ou apenas protestavam contra o autoritarismo implantado.

7 *Constituições Brasileiras*. Volume V. 1946. Brasília: Senado Federal, 2001.

8 Idem, p. 79.

Expediu-se um Ato Institucional em 9 de abril de 1964, mantendo a ordem constitucional vigorante, mas impôs várias cassações de mandatos e suspensões de direitos políticos. Elegeu-se o Presidente o Marechal Humberto de Alencar Castello Branco, para um período complementar de três anos. Governou com base no ato institucional referido e em atos complementares.

Nova crise culminou com o AI 2, de 27 de outubro de 1965, e outros atos complementares. Vieram ainda o AI 3 e 4. Este regulando o procedimento a ser obedecido pelo Congresso Nacional, para votar nova Constituição, cujo projeto o governo apresentou. A 24 de janeiro de 1967 fora ela promulga, o que veio resumir as alterações institucionais operadas na Constituição de 1946, que findava após sofrer 21 emendas regularmente aprovadas pelo Congresso Nacional com base em seu art. 217, e o impacto de quatro atos institucionais e trinta e sete atos complementares, que tornaram incompulsáveis o Direito Constitucional positivo então vigente.

Esta Constituição entrou em vigor em 24 de janeiro de 1967, quando assumiu a Presidência o Marechal Arthur da Costa e Silva, sofrendo grande influência da Carta de 1937, cujas características básicas assimilaram. São elas:

a) Preocupou-se fundamentalmente com a segurança nacional;

b) Deu mais poderes à União e ao Presidente da República;

c) Reformulou o sistema tributário nacional e a discriminação de rendas, ampliando a técnica do federalismo cooperativo, consistente na participação de uma entidade na receita de outra, com acentuada centralização;

d) Atualizou o sistema financeiro orçamentário, propiciando a técnica do orçamento-programa e os programas plurianuais de investimento;

e) Instituiu normas de política fiscal, tendo em vista o desenvolvimento e o combate à inflação;

f) Reduziu a autonomia individual, permitindo suspensão de direitos e de garantias constitucionais, no que se revela mais autoritária do que as anteriores, salvo a de 1937;

g) Foi menos intervencionista do que a de 1946, mas limitou o direito de propriedade, autorizando a desapropriação mediante pagamento de indenização por título da dívida pública, para fins de reforma agrária;

h) Definiu com mais eficácia os direitos dos trabalhadores.

Durou pouco porque logo a seguir veio o AI 5, de 13 dezembro de 1968, que rompeu com a ordem constitucional, ao qual se seguiram mais uma dezena e muitos atos complementares e decretos-leis, até que insidiosa moléstia impossibilitara o Presidente Costa e Silva de continuar no Governo. É declarado temporariamente impedido do exercício da Presidência pelo AI 12, de 31 de agosto de 1969, que atribuiu o exercício do Poder Executivo aos Ministros da Marinha de Guerra, do Exército e da Aeronáutica Militar, que completaram o preparo de novo texto constitucional, afinal promulgado em

17 de outubro de 1969, como EC n° 1 à Constituição do Brasil, para entrar em vigor em 30 de outubro de 1969.

Para muitos se trata de nova Constituição. Para outros doutrinadores não passava de uma emenda à Constituição do Brasil. A emenda só serviu como mecanismo de outorga, uma vez que verdadeiramente se promulgou teto integralmente reformulado, a começar pela denominação que se lhe deu: Constituição da República Federativa do Brasil, enquanto a de 1967 se chamava apenas Constituição do Brasil.

Em 27.11.85 a EC n° 26 convoca a Assembleia Nacional Constituinte para elaborar a nova Constituição que substituiria a que estava em vigor.

Ideias Chaves da Constituição de 1967:

a) No Brasil sempre se lutou, desde a independência, por uma federação, mas o maior obstáculo a essa divisão é ainda o grande sentimento da unidade nacional, vincada pela tradição, pela língua, pela religião, pelo direito;

b) Nosso regime é caracterizado por um duplo movimento de centralização política da União no sistema federal e do Poder Executivo dentro do governo da União;

c) Na redução das prerrogativas dos Estados, na limitação dos seus poderes de organização, na sua maior submissão a um planejamento global, regional e setorial da União, iniciou-se uma involução do processo histórico de nosso federalismo;

d) O fortalecimento do Executivo na Constituição de 1967 proveio da ampliação de seu poder de iniciativa das leis, da limitação de tempo para aprovação, pelo Congresso, dos projetos do Governo, na delegação legislativa, na restrição a emendas aos projetos governamentais, e na faculdade, dada ao Presidente, de expedir decretos-leis;

e) Com um capítulo especial intitulado "Do Sistema Tributário", a Constituição de 1967 repete, em grande parte, a Emenda n° 18 à Carta de 1946. Nesse sistema, aos Estados e Municípios compete apenas decretar impostos sobre transmissão, direitos reais e direitos à aquisição de imóveis, sobre circulação de mercadorias, sobre a propriedade urbana e sobre serviços de qualquer natureza. Todos os demais impostos são de competência federal, embora Estados e Municípios participem do produto da arrecadação de muitos deles.[34]

5.7. CONSTITUIÇÃO DE 1988

A luta pela normalização democrática e pela conquista do Estado de Direito Democrático começara assim que se instalou o golpe de 1964 e especialmente o AI 5, que foi o instrumento mais autoritário da história política do Brasil. O povo emprestou a Tancredo Neves todo o apoio para a execução de seu programa de construção da Nova República, a partir da derrota das forças autoritárias que dominaram o país durante vinte anos (1964 a 1984). Com a morte de Tancredo Neves assume o Governo José Sarney que deu sequência as promessas democráticas. Nomeou a Comissão para os debates sobre os temas constitucionais. Finalmente, estabeleceu que a Constituição fosse promulgada depois da aprovação de seu texto, em dois turnos de discussão e votação, pela maioria absoluta dos membros da Assembleia Nacional Constituinte. Assim se fez. A 15 de outubro de 1988 foi promulgada a Constituição da Republica Federativa do Brasil contendo nove títulos que cuidam:

a) Dos Princípios fundamentais;

b) Dos Direitos e garantias fundamentais;

c) Da Organização do Estado;

d) Da Organização dos Poderes: Poder Executivo, Poder Legislativo e Poder Judiciário com a manutenção do sistema Presidencialista;

e) Da Defesa do Estado e das Instituições Democráticas;

f) Da Tributação e do Orçamento;

g) Da Ordem Econômica e Financeira;

h) Da Ordem Social;

i) Das Disposições Gerais;

j) Ato das Disposições Transitórias

As ideias Chaves da Constituição Federal de 1988 são:

a) O princípio da legalidade é reafirmado pela Constituição de 1988, como fundamento da ordem jurídica. É fonte de direitos e deveres e limite ao poder do Estado e à autonomia da vontade;

b) A medida provisória – cópia literal do artigo 77, segunda parte, da Constituição italiana – não revoga lei anterior sobre a matéria. Suspende-lhe a vigência, na expectativa da deliberação definitiva do congresso;

c) O princípio da Supremacia da lei, que se opõe ao arbítrio da autoridade, consolida o estado de direito. Dele resulta o conceito de direitos públicos subjetivos oponíveis ao Estado, a que deve se submeter as leis que ele próprio estabelece;

d) A Constituição de 1988 buscou na Constituição portuguesa a figura da constitucionalidade por omissão, mediante ação direta de competência do Supremo Tribunal Federal. E, ainda, o mandado de injunção, sempre que a falta de norma regula- mentadora torne inviável o exercício dos direitos e liberdades constitucionais e das prerrogativas inerentes à nacionalidade, à soberania e à cidadania;

e) É marcante, na nova Constituição, a presença do povo e a valorização da cidadania e da soberania popular.[9]

9 Constituições Brasileiras. Volume VII 1988. Brasília: Senado Federal, 2001

6

REPÚBLICA FEDERATIVA DO BRASIL

A palavra "país" se refere aos aspectos físicos, o habitat, ao território. É a unidade geográfica. O Brasil inicialmente teve o nome de Monte Pascoal, depois Terra de Santa Cruz e por fim Brasil pela árvore do pau Brasil que existia em nossas florestas, e pela cor de brasa.

Conforme o entendimento de Chimenti[1] e outros:

> O Estado é a pessoa jurídica que tem como elementos básicos soberania, o povo (elemento humano), o território (base) e o governo (poder condutor); é a sociedade politicamente organiada dentro de determinado espaço físico e que tem por fim o bem-estar de todos.

O Estado só se torna Estado quando adquire sua independência como a que aconteceu com o Brasil em 1822, se libertando de ser colônia de Portugal.

Características da República Federativa do Brasil:

A luz de Silva[2]

a) A República Federativa do Brasil é o nome do Estado brasileiro;

b) O nome do país é Brasil;

c) A forma de Estado é Federativa. A forma de Estado é o modo de exercício do poder político em função do território. O Federalismo nasceu com a Constituição americana de 1787. É a união das coletividades políticas autônomas. Denomina-se federação ou Estado Federal. O Brasil assumiu a forma de Estado federal em 1889, com a proclamação da República. A federação consiste na união de coletividades regionais autônomas que a doutrina chama de Estados Federados, Estados-membros ou simplesmente Estados. Temos também os Territórios e o Distrito Federal, e, no sistema brasileiro temos também os Municípios. O Estado Federal é o todo, dotado de personalidade jurídica de Direito Público internacional. A União é a entidade federal formada pela reunião das partes componentes constituindo pessoa jurídica de Direito Público interno, autônoma em relação aos Estados e a que cabe exercer as prerrogativas de soberania do Estado brasileiro. Os Estados-membros são entidades federativas componentes, dotadas de autonomia e também de personalidade jurídica de Direito Público Interno;

---

1 CHIMENTI, Ricardo Cunho, CAPEZ, Fernando, ROSA, Márcio F. Elias et SANTOS Marisa. *Curso de Direito Constitucional*. São Paulo: Saraiva. 4ª Ed. 2007, p. 180.

2 Ibidem

d) A forma de Governo é República (res *publica* = coisa pública). O termo República tem sido empregado no sentido de forma de governo contraposta à monarquia. O Princípio Republicano insculpido no artigo 1° da Constituição Federal instaura a República. Trata-se de um princípio fundamental para a ordem constitucional;

e) Sistema de Governo não se confunde com forma de governo. O sistema de governo diz respeito ao modo como se relacionam os poderes, especialmente o Legislativo e o Executivo que dão origem aos sistemas parlamentarista, presidencialista e dire- torial. No Brasil o sistema de Governo é Presidencialista;

f) Pátria representa o sentimento cívico.

7

PREÂMBULO DA CONSTITUIÇÃO FEDERAL

Em meu livro intitulado Estudo Comparado do Preâmbulo da Constituição Federal[1], *objeto* do meu trabalho de mestrado, identifico que o preâmbulo possui uma relevância que é identificada em quase todas as Cartas Magnas tanto nacional como estrangeiras. Então se todas as Cartas Políticas o possuem em seu corpo, por que não dar a saliência merecida?

O preâmbulo é o texto que antecede a Constituição Federal e nele estão implícitos os princípios de uma sociedade. Um tanto mais extenso do que o das Constituições anteriores, o preâmbulo da Constituição de 1988 contém uma série de princípios implícitos que informa os valores presentes na Carta, sejam eles referentes à ordem interna ou às relações internacionais. Não se reveste de caráter normativo e sua função é servir de instrumento à interpretação dos dispositivos inseridos na Carta Política. Nessas condições, não é lícito interpretar qualquer norma constitucional em desacordo com o preâmbulo.

Alguns autores entendem que o Preâmbulo é lei; outros que não é lei, mas integra o corpo constitucional; uns entendem que, sendo parte integrante da Constituição, está acima das leis ordinárias.

No Brasil todas as Constituições tiveram preâmbulos. O texto preambular possui duas partes, uma que cuida de firmar a legitimidade formal, deixando claro que o texto a ser aprovado resulta de representantes do povo, reunidos em Assembleia Constituinte para instituir no País um Estado novo democrático de direito. E, a segunda parte define os objetivos a serem perseguidos pelo Estado brasileiro.

Do latim *prolambulus* (que vai adiante ou que precede) entende-se o exórdito ou a parte preliminar de uma lei em que as explica ou se justifica a sua promulgação. Indicam palavras explicativas, que antecedem o texto da lei, mostrando-se uma introdução ao teor dela. Neste caso o preâmbulo pode servir de elemento interpretativo da lei, que se mostra obscura ou duvidosa.

Pode ser definido como um documento de intenções do diploma, e consiste em uma certidão de origem e legitimidade do novo texto e uma proclamação de princípios, demonstrando a ruptura com o ordenamento constitucional anterior e o surgimento jurídico de um novo Estado.

Para alguns doutrinadores o preâmbulo faz do legislador constituinte uma sumária profissão de fé aos princípios implícitos como os da liberda-

1 MARÇAL, Patrícia Fontes. *Estudo Comparado do Preâmbulo da Constituição Federal.* Rio de Janeiro: Forense, 2001

de, da justiça e do regime democrático, da laicidade, mesmo invocando a proteção de Deus, como forma de demonstração da religiosidade popular, nada, além disso.

Paulo Bonavides[2] ressalta que ao avaliar o sentimento político com o sentimento religioso verifica que os preâmbulos se assemelham mais a textos de literatura moral, religiosa ou filosófica, do que as verdadeiras leis portadoras de normas jurídicas vinculantes.

7.1. PRINCÍPIOS IMPLÍCITOS DO PREÂMBULO

7.1.1. PRINCÍPIO DA HIERARQUIA E SUPREMACIA

A Constituição na escala hierárquica das leis é a *Lex Suprema,* nenhuma outra lei pode contrariá-la, sendo, pois necessário o controle de constitucionalidade. Os Estados estão submetidos aos princípios da supremacia da Carta Política.

Esse princípio impõe severas sanções pela desatenção de qualquer outro princípio.

O princípio da Hierarquia e Supremacia mantém a ordem constitucional, a observância da organização de um povo e demonstra o respeito à Carta Política, fruto dos anseios de uma Nação constituídos a partir de uma Assembleia Nacional Constituinte.

A Constituição é a base do direito público e o preâmbulo estando inserido no corpo dela está acima de todas as leis, não podendo qualquer princípio implícito ser violado.

7.1.2. PRINCÍPIO DA DEMOCRACIA

A Constituição Federal não se refere somente à democracia, mas principalmente ao Estado Democrático de direito.

Para Canotilho[3], a chamada teoria pluralista da democracia oriunda dos Estados Unidos, pretende ser uma autocompreensão das democracias ocidentais. O seu teorema fundamental é o processo de formação da vontade democrática que não se assenta nem no indivíduo abstrato da teoria liberal, mas sim em grupos definidos por meio da frequência de interações sociais. As decisões estaduais constituiriam os inputs veiculados das ideias, interesses e exigências dos grupos.

---

2 BONAVIDES, Paulo. *Direito Constitucional.* 8ª ed. Rio de Janeiro: Forense, 1988. p. 243.

3 CANOTILHO, Joaquim José Gomes. *Direito Constitucional e Teoria da Constituição.* Coimbra: Almedina, 1999. p. 281.

7.1.3. PRINCÍPIO DO LIBERALISMO

No liberalismo substitui-se o governo dos homens pelo governo das leis. O Governo passa a ser subordinado às leis. Surge a partir daí a ideia de separação de poderes, entendia-se que só o poder detém o poder.

O princípio garante que nenhum poder abuse de sua autonomia porque, consequentemente, cada um estará limitando o outro no que diz respeito a seus objetivos, o que é justo e justificável para que não ocorram abusos como os que aconteciam quando o Estado era o próprio Rei *(Etat c'est moi).*

7.1.4. PRINCÍPIO DA IGUALDADE

Para Pontes de Miranda[4], existem três concepções sobre a razão de ser da democracia: a) a que nela vê a forma de Estado que mais eficazmente assegura a liberdade dos cidadãos; b) a que dela espera a mais completa realização da igualdade; c) a que põe o acento na fraternidade, reúne as duas ou lhes empresta conteúdo afetivo, que não consegue polarizar as tendências políticas. Discute-se se a liberdade ou igualdade pode dar o princípio moral justificador da democracia. Ou se, alguma delas, efetivamente, a justifica ou se a democracia constitui tão só a denominação da maioria votante.

A igualdade formal trata das Constituições de cada país de forma a atenuar as desigualdades acentuadas. A Carta Política procurou desfazer o desnivelamento radical ocorrido, em alguns momentos, entre o capital e o trabalho.

O Princípio foi erradicado com o objetivo outrora de evitar o desnivelamento entre a classe operária e um nobre, propiciando um tratamento mais favorável a um ou a outro. A igualdade formal consiste no direito de todo cidadão não ser desigualado pela lei senão em consonância com os critérios albergados ou ao menos não vedados pelo ordenamento constitucional.

7.1.5. PRINCÍPIO DO FEDERALISMO

Federação é uma forma de Estado, um sistema de composição de forças, interesses e objetivos que podem variar no tempo e no espaço, de acordo com as características, as necessidades e os sentimentos de cada povo. É por isso que a Federação norte-americana difere da Argentina; a venezuelana da austríaca etc. Debalde delas alguém conseguirá extrair todos os traços comuns.[5]

A federação é uma associação, uma união institucional de Estados, que dá lugar a um novo Estado (Estado Federal), diverso dos que dele participam (Estados-membros).

---

4 PONTES MIRANDA, Francisco Cavalcanti. *Comentários à Constituição de 1967 com a Emenda n° 1/69.* Rio de Janeiro: Forense, 1987.

5 CARAZZA, Roque Antonio. *Curso de Direito Constitucional Tributário.* 13ª ed. São Paulo: Malheiros, 1999. p. 30.

Nela, os Estados-federados, sem perderem suas personalidades despem-se de algumas tantas prerrogativas, em benefício da União de Estados. A mais relevante é a soberania.

7.1.6. PRINCÍPIO DA LEGALIDADE

O Princípio da legalidade esculpido no artigo 5º, inciso II, da Constituição Federal "ninguém será obrigado a fazer ou deixar de fazer alguma coisa senão em virtude de lei".

Afirma Bastos que :

> O princípio estabelece diretrizes para diferenciar o Estado Constitucional e o absolutista, este último antes da Revolução Francesa. Com o princípio, cessa o privilégio da vontade caprichosa do detentor do poder em benefício da lei que se presume ser a expressão da vontade coletiva.
>
> O princípio não tutela um bem da vida, mas assegura, ao particular, a prerrogativa de repelir as injunções que lhe sejam impostas por outra via que não seja a da lei.
>
> A lei é a expressão da vontade geral e trata-se de um ato normativo primário por excelência. A Constituição é chamada a lei das leis, é o conjunto de normas que, além de criar juridicamente o Estado, apontando quem detém seus poderes e o modo pelo qual deve exercitá-los, indica a posição que as pessoas ocupam, diante deste mesmo Estado. Nos países de Constituição rígida, como no Brasil, ela é a fonte das leis: ato normativo que pode impor direitos e deveres à pessoa.

7.1.7. PRINCÍPIO DA LAICIDADE

O laicismo é antes de tudo uma doutrina de dissociação. Tem origem na grande corrente liberal, nascida com a renascença, mas cujas primeiras manifestações remontam aos legistas da Idade Média e que parecem ter-se incorporado ao mundo moderno. Sua irresistível arremetida exerceu-se primeiramente contra a sociedade feudal, para nela fazer renascer a distinção, praticamente quase esquecida na Idade Média, mal-elaborada ainda na Renascença, entre a sociedade civil e a sociedade religiosa. Ela afirmava, então, uma laicidade do Estado, destacando assim uma verdade essencial do cristianismo, mas unindo-a a um erro fundamental. Visava também dissociar a ciência positiva da metafísica e da teologia para deixar-lhe atingir suas próprias dimensões.

A posição laicista nega toda repercussão ao cristianismo e à Igreja, todo poder doutrinal em matéria social: a seus olhos, a esfera das coisas temporais não tem qualquer relação com a religião de Cristo, ou pelo menos, tem com ela uma relação longínqua e abstrata, por alguns princípios muito gerais, de forma que qualquer consistência individual poderia sozinha interpretar as situações à luz desses princípios.

Antes do princípio da Laicidade o Estado fazia à Igreja exigências que esta não fazia ao Estado.

Por este princípio indica-se que o Estado é leigo e não religioso. O direito não se separa da moral e da religião, pois se queres saber o que é o direito indagais o que é o homem. O Estado passa a ser leigo, entretanto não abandona a ideia do homem como um ser religioso. Este princípio indica um ecumenismo no preâmbulo.

7.1.8. PRINCÍPIO DA DEMOCRACIA SOCIAL

Este princípio garante ao indivíduo um lugar onde poderá, junto com sua família, garantir uma moradia e outros direitos.

O pressuposto fundamental está no bem-estar comum que é atingido em todos os campos com a menor presença possível do Estado. É um fato que, na prática, algumas vezes, encontra obstáculos. Isso seria o ideal, mas mantém as relações humanas pacíficas, muitas vezes se faz necessária a intervenção Estatal.

Sua máxime está na expressão *laissez-faire, laissez -passer, le monde va de lui-même* (deixai fazer, deixai passar, o mundo caminha por si só).

O importante no Estado democrático de direito é que o indivíduo seja livre e que pouco recorra ao Estado. O que se espera do Estado é que organize o exército para proteção contras forças externas, que assegure a boa convivência internamente mediante política e Judiciário incumbidos de aplicar as leis civis e as leis penais. Saúde, educação, previdência e seguro social deverão ser da atividade civil pregando-se o Estado absenteísta. Quanto menos Estado melhor, enfim o Estado é um mal necessário.

A democracia é o governo do povo, pelo povo e para o povo.

7.1.9. PRINCÍPIO DO CONTROLE DE CONSTITUCIONALIDADE

O sistema de Constituições rígidas assenta uma distinção primacial entre poder constituinte e poderes constituídos. Disso resulta a superioridade da lei constitucional, obra do poder constituinte, sobre a lei ordinária, simples ato do poder constituído, um poder inferior, de competência limitada pela Constituição.

O controle de Constitucionalidade das leis ora se apresenta como controle formal, ora insere características de um controle material. O Controle formal confere ao órgão que o exerce a competência de examinar se as leis foram elaboradas em conformidade com a Constituição, se houve correta observância das formas estatuídas, se a regra normativa não fere uma competência deferida constitucionalmente a um dos poderes. O controle material incide sobre o conteúdo da norma; por esse controle, a interpretação constitucional toma amplitude desconhecida na hermenêutica clássica, fazendo assim apreensivo o ânimo de quanto suspeitam que, por intermédio dessa via, a vontade do juiz constitucional se substitua a vontade do Parlamento e do Governo, gerando um superpoder.

8

ATO DAS DISPOSIÇÕES CONSTITUCIONAIS TRANSITÓRIAS

O ADCT (Ato das Disposições Constitucionais Transitórias) tem natureza de norma constitucional e poderá, portanto, trazer exceções às regras colocadas no corpo constitucional.

Na Constituição Federal temos no artigo 7°, inciso XIX "licença paternidade, nos termos fixados em lei". Entretanto, o artigo 10, § 1° dispõe que: "Até que a lei venha a disciplinar o disposto no artigo 7°, XIX, da Constituição Federal, o prazo para a licença-paternidade a que se refere o inciso é de cinco dias". Observe que nem a Constituição, tampouco a ADCT expressaram a partir de quando. Do nascimento? Quando o empregado decidir? Quando o empregador decidir? Costumeiramente está se concedendo a licença paternidade a partir do nascimento, pelo prazo de cinco dias.

A ADCT, por sua vez, veio para suprir algumas lacunas do corpo da Constituição Federal que previam leis que, sabiam ser morosas, para a garantia de direitos proeminentes e comprometeria o Estado Democrático de Direito caso não fossem efetivados imediatamente.

9

PODER CONSTITUINTE

Poder Constituinte é o poder de elaborar ou atualizar uma Constituição. O Poder Constituinte é a manifestação soberana da suprema vontade política de um povo, social e juridicamente organizado.

O titular do Poder Constituinte atualmente é o povo. O parágrafo único, do artigo 1° da Constituição Federal estabelece que: "Todo o poder emana do povo, que o exerce por meio de representantes eleitos ou diretamente, nos termos desta Constituição".

9.1. ESPÉCIES DE PODER CONSTITUINTE

9.1.1. PODER CONSTITUINTE ORIGINÁRIO

Também chamado de:

a) inicial ou inaugural, uma vez que instaura uma nova ordem jurídica rompendo com a ordem anterior;

b) autônomo, estrutura uma nova Constituição que será determinada autonomamente, por quem exerce o poder constituinte originário;

c) ilimitado juridicamente, não há limites impostos por uma Carta anterior;

d) incondicionado e soberano, não se submete a ordens anteriores. O Poder Constituinte Originário estabelece um novo Estado, organizando-o e criando os poderes destinados a reger os interesses de uma comunidade.

O Poder Constituinte é permanente, pois não desaparece com a realização de sua obra, ou seja, com a elaboração de uma nova Constituição. A sua titularidade só se esgota mediante uma nova Assembleia Nacional Constituinte ou um ato revolucionário.

9.1.2. PODER CONSTITUINTE DERIVADO

Também denominado instituído, constituído, secundário, de segundo grau. Está inserido na própria Constituição, pois decorre de uma regra jurídica de autenticidade constitucional e, portanto, conhece limitações constitucionais expressas e implícitas do texto constitucional as quais não poderá contrariar.

Ao contrário do Poder Constituinte Originário é ilimitado e o Poder Constituinte Derivado deve obedecer às regras impostas pelo primeiro.

9.1.2.1. ESPÉCIES DO PODER CONSTITUINTE DERIVADO

O Poder Constituinte Derivado se subdivide em:

a) Poder Constituinte Derivado Reformador, denominado de competência reformadora, que consiste na possibilidade de alterar-se o texto constitucional respeitando-se a regulamentação especial prevista na Constituição Federal e será exercitado por determinados órgãos com caráter representativo. As Emendas Constitucionais (artigo 59, I e 60 da CF/88) são as manifestações do poder constituinte reformador. Ou seja, o Poder Constituinte originário permitiu a reforma de sua Constituição, mas obedecidos alguns limites como o quorum qualificado de três quintos, em cada casa, em dois turnos de votação para aprovação das emendas (art. 60, § 2°, CF/88).

b) Poder Constituinte Derivado Decorrente, é a possibilidade que os Estados-membros têm em virtude de sua autonomia político-administrativa, de se auto-organi- zarem por meio de suas respectivas Constituições estaduais, sempre respeitando as regras limitativas estabelecidas pela Constituição Federal. Então, como sua competência está atrelada à estrutura das Constituições dos Estados-membros deverá possuir capacidade para: a) auto-organização (art. 25, caput CF/88); b) autogoverno (artigos 27, 28 e 125 CF/88); c) auto-administração (artigo 18 e 25 à 28 CF/88);

c) Poder Constituinte Derivado Revisor é fruto do trabalho de criação do Poder Constituinte Originário, estando a ele vinculado. O artigo 3° da ADCT estabelece que: "A revisão constitucional será realizada após cinco anos, contados da promulgação da Constituição, pelo voto da maioria absoluta dos membros do Congresso Nacional, em sessão unicameral". Como essa revisão já ocorreu conforme estabeleceu o próprio dispositivo cinco anos após a promulgação da Constituição Federal que ocorreu em 15 de outubro de 1988, não mais será possível nova manifestação de revisão em razão da eficácia exaurida e a aplicabilidade esgotada da aludida regra.

A capacidade de auto-organização prevista no artigo 25, caput, CF/88 dispõe que: "Os Estados organizam-se e regem-se pelas Constituições e leis que adotarem, observados os princípios desta Constituição".

Os Princípios Constitucionais previstos dentre outros são:

a) Princípios constitucionais sensíveis. Essa terminologia é adotada por Pontes de Miranda, também chamados de princípios apontados ou enumerados. Ou seja, os Estados deverão, ao elaborarem suas Constituições, observar os limites fixados no artigo 34, VII da CF/88, sob pena de ser declarada a inconstitucionalidade federal o Estado;

b) Princípios constitucionais estabelecidos (organizatórios). Segundo Bulos são aqueles que limitam, vedam, ou proíbem a ação indiscriminada do Poder Constituinte Decorrente. Por isso mesmo, funcionam como balizas reguladoras da capacidade de auto-organização dos Estados, podem ser extraídos da interpretação do conjunto de normas centrais, dispersas no Texto Supremo de 1988, que tratam, por exemplo, da repartição de competência do sistema tributário nacional, da organização dos Poderes, dos direitos políticos, da nacionalidade, dos direitos e garantias individuais, dos direitos sociais, da ordem econômica, da educação, da saúde, do desporto, da família, da cultura etc. O autor divide em três tipos:

1) **limites explícitos vedatórios** que proíbem os Estados de praticar atos ou procedimento contrários ao fixado pelo Poder Constituinte Originário (art. 19, 35 CF/88);

2) **limites explícitos mandatórios**, são restrições à liberdade de organização (artigo 18, § 4°. 29, 31 da CF/88);

3) limites decorrentes que decorrem de disposições expressas (necessidade de observância do princípio republicano, art. 1°, caput CF/88);

c) Princípios Constitucionais Extensíveis são aqueles que integram a estrutura da federação brasileira, relacionando-se, por exemplo, com a forma de investidura em cargos eletivos (art. 77 CF/88), o processo legislativo (art. 59 e seguintes CF/88)[42]

O exercício do poder constituinte derivado decorrente foi concedido às Assembleias Legislativas, conforme estabelece o art. 11, caput, do ADCT: "Cada Assembleia Legislativa com poderes constituintes, elaborará a Constituição do Estado, no prazo de um ano, contado da promulgação da Constituição Federa, obedecidos os princípios desta".

9.2. ORGANOGRAMA

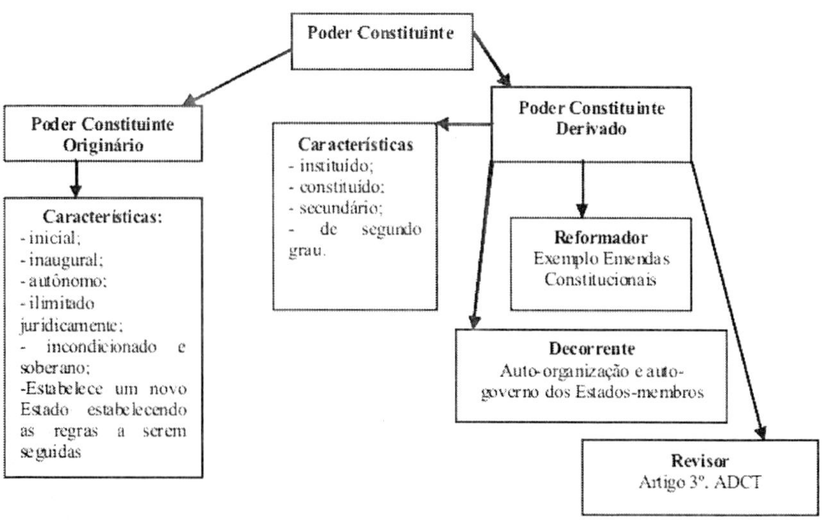

10

DIREITO INTERTEMPORAL

10.1. RECEPÇÃO

As normas que foram incompatíveis com a nova Carta Política deverão ser revogadas, por ausência de serem recepcionadas. Ou seja, as normas que não contrariarem a nova ordem Constitucional serão recepcionadas. O Código Tributário Nacional – Lei n° 5.172/66 – foi elaborado com um quórum de lei ordinária, ou seja, maioria relativa, entretanto foi recepcionado pela nova ordem como Lei Complementar, uma vez que o preceituado nos artigos 146, I, II e III da Constituição Federal só poderão ser alterados por Lei Complementar.

A Recepção é um processo abreviado de criação de normas jurídicas, pelo qual a nova Constituição adota as leis já existentes, se com ela compatíveis, dando-lhes validade e evitando o trabalho de se elaborar toda a legislação infraconstitucional novamente. Ocorre em dois planos:

a) Plano Formal quanto ao tipo de lei ou norma jurídica; é automática e imediata, sendo prontamente adaptada ao novo tipo normativo exigido pela nova Constituição. Ex.: se era decreto-lei, continuará com esse nome, mas será aplicada com força de lei ordinária ou complementar;

b) Plano Material quanto à matéria da qual cuida a lei; poderá haver ou não recepção, de acordo com a admissão de vigência da norma anterior em face da atual Constituição. Neste caso é cediço que as normas são recebidas por prazo certo em razão de seu caráter precário.

Jurisprudência

RE 229096 / RS – RIO GRANDE DO SUL RECURSO EXTRAORDINÁRIO Relator (a): Min. ILMAR GALVÃO Julgamento: 16/08/2007 Órgão Julgador: Tribunal Pleno
DJe-065 DIVULG 10-04-2008 PUBLIC 11-04-2008
EMENT VOL-02314-05 PP-00985
RECTE: CENTRAL RIOGRANDENSE DE AGROINSUMOS LTDA
ADVDOS: GUSTAVO NYGAARD E OUTROS
RECDO: ESTADO DO RIO GRANDE DO SUL
ADVDOS: PGE-RS – CARLOS HENRIQUE KAIPPER E OUTROS Ementa
EMENTA: DIREITO TRIBUTÁRIO. RECEPÇÃO PELA CONSTITUIÇÃO DA REPÚBLICA DE 1988 DO ACORDO GERAL DE TARIFAS E COMÉRCIO. ISENÇÃO DE TRIBUTO ESTADUAL PREVISTA EM TRATADO INTERNACIONAL FIRMADO PELA REPÚBLICA FEDERATIVA DO BRASIL. ARTIGO 151, INCISO III, DA CONSTITUIÇÃO DA REPÚBLICA. ARTIGO 98 DO CÓDIGO TRIBUTÁRIO NACIONAL. NÃO CARACTERIZAÇÃO DE ISENÇÃO HETERÔNOMA. RECURSO EXTRAORDINÁRIO

CONHECIDO E PROVIDO. 1. A isenção de tributos estaduais prevista no Acordo Geral de Tarifas e Comércio para as mercadorias importadas dos países signatários quando o similar nacional tiver o mesmo benefício foi recepcionada pela Constituição da República de 1988. 2. O artigo 98 do Código Tributário Nacional "possui caráter nacional, com eficácia para a União, os Estados e os Municípios" (voto do eminente Ministro Ilmar Galvão). 3. No direito internacional apenas a República Federativa do Brasil tem competência para firmar tratados (art. 52, § 2°, da Constituição da República), dela não dispondo a União, os Estados- -membros ou os Municípios. O Presidente da República não subscreve tratados como Chefe de Governo, mas como Chefe de Estado, o que descaracteriza a existência de uma isenção heterônoma, vedada pelo art. 151, inc. III, da Constituição. 4. Recurso extraordinário conhecido e provido.

10.2. REPRISTINAÇÃO

O Fenômeno da Repristinação consiste no restabelecimento de vigência de uma lei revogada pela revogação da lei que a tinha revogado. A repristinação poderá ocorrer somente em casos que estejam expressos, não existindo a possibilidade de repristinação automática. Nem a CF poderá repristinar automaticamente uma lei.

Por exemplo, a lei "A" é revogada pela lei "B"; advém a lei "C", que revoga a lei "B", então diz que a lei "A" volta a viger. O fenômeno da repristinação muito ocorre em casos de Ação Direta de Inconstitucionalidade (Adin) de uma lei. Sendo a Adin julgada procedente, revoga-se a lei inconstitucional e restabelece a lei que fora revogada.

A Repristinação é a restauração de lei revogada. Salvo disposição em contrário, a lei revogada não se restaura por ter a lei revogadora perdido a vigência. A repristinação só é admitida se for expressa.

Se a lei revogadora for considerada inconstitucional, ela é nula, inexistente e nenhum dos seus efeitos são considerados. Portanto, não houve a revogação da lei anterior, pelo que a declaração de inconstitucionalidade conduz à repristinação da norma jurídica revogada.

A Constituição tem efeitos imediatos, mas não retroativos, a não ser que expressamente os preveja. Essa orientação visa preservar a segurança jurídica das relações havidas sob a ordem constitucional anterior.

Jurisprudência

ADI 3647 / MA – MARANHÃO AÇÃO DIRETA DE INCONSTITUCIONALIDADE
Relator (a): Min. JOAQUIM BARBOSA Julgamento: 17/09/2007 Órgão Julgador: Tribunal Pleno
Dje-088. DIVULG 15-05-2008 PUBLIC 16-05-2008 EMENT VOL-02319-02 PP-00406
REQTE. (S): PARTIDO DO MOVIMENTO DEMOCRÁTICO BRASILEIRO – PMDB ADV. (A/S): MARCOS ALESSANDRO COUTINHO PASSOS LOBO E OUTRO (A/S)
REQDO. (A/S): ASSEMBLEIA LEGISLATIVA DO ESTADO DO MARANHÃO

Ementa

EMENTA: CONSTITUCIONAL. AÇÃO DIRETA DE INCONSTITUCIONALIDADE. CONSTITUIÇÃO DO ESTADO DO MARANHÃO. IMPEDIMENTO OU AFASTAMENTO DE GOVERNADOR OU VICE-GOVERNADOR. OFENSA AOS ARTIGOS 79 E 83 DA CONSTITUIÇÃO FEDERAL. IMPOSSIBILIDADE DE "ACEFALIA" NO ÂMBITO DO PODER EXERCUTIVO. PRECEDENTES. AÇÃO DIRETA JULGADA PROCEDENTE. A ausência do Presidente da República do país ou a ausência do Governador do Estado do território estadual ou do país é uma causa temporária que impossibilita o cumprimento, pelo Chefe do Poder Executivo, dos deveres e responsabilidades inerentes ao cargo. Desse modo, para que não haja acefalia no âmbito do Poder Executivo, o presidente da República ou o Governador do Estado deve ser devidamente substituído pelo vice-presidente ou vice-governador, respectivamente. Inconstituciona- lidade do § 5° do art. 59 da Constituição do Estado do Maranhão, com a redação dada pela Emenda Constitucional Estadual 48/2005. Em decorrência do princípio da simetria, a Constituição Estadual deve estabelecer sanção para o afastamento do Governador ou do Vice-Governador do Estado sem a devida licença da Assembleia Legislativa. Inconstitucionalidade do parágrafo único do artigo 62 da Constituição maranhense, com a redação dada pela Emenda Constitucional Estadual 48/2005. Repristinação da norma anterior que foi revogada pelo dispositivo declarado inconstitucional. Ação direta de inconstitucionalidade julgada procedente.

10.3. DESCONSTITUCIONALIZAÇÃO

Conforme salienta Pedro Lenza[1], trata-se do fenômeno do qual as normas da Constituição anterior, desde que compatíveis com a nova ordem, permanecem em vigor, mas com o status de lei infraconstitucional. Ou seja, as normas da Constituição anterior são recepcionadas com o *status* de norma infraconstitucional pela nova ordem.

A Desconstitucionalização ocorre quando matérias tratadas pela Constituição anterior não hajam sido tratadas na nova e nesta nova Constituição não se encontra nada que seja obstáculo àqueles artigos existentes na anterior. Nessas condições, os artigos da Constituição substituída permaneceriam em vigência sob a forma de lei ordinária. No Brasil, prevalece a ideia de que para haver a desconstitucionalização necessitaria de previsão expressa na nova Constituição.

Jorge Miranda[2] destaca que dispositivos da Constituição anterior também podem ser recepcionados pela nova ordem constitucional como lei infraconstitucional. Chamada de Desconstitucionalização, que deve estar prevista expressamente na nova Constituição, não podendo fundar-se em mera concepção teórica ou doutrinária. A matéria, antes constitucional, so*fre uma queda de hierarquia e passa a vale como lei infraconstitucional.*

1 LENZA, Pedro. *Direito Constitucional Esquematizado*. 9ª ed. São Paulo: Método, 2005 p. 72.

2 MIRANDA, Jorge. *Teoria do Estado e da Constituição*. Rio de Janeiro: Forense, 2007. p.460.

10.3. VACATIO CONSTITUTIONIS

A *VACATIO LEGIS* é o prazo que intermedia a publicação da norma e a possibilidade de produção de seus efeitos jurídicos. No âmbito interno a eficácia normativa produz seus efeitos depois de quarenta e cinco dias da publicação da norma. Na órbita internacional se inicia três meses posteriores à publicação da norma (LICC artigo 1°, § 1°). O objetivo da vacatio legis é proporcionar, com este espaço de tempo, o conhecimento da nova ordem para a população e proporcionar um melhor preparo para a execução dessas normas.

A vacatio constitucional ocorre no intervalo temporal entre a publicação da nova Constituição e a possibilidade de produção dos seus efeitos. Ao longo desta lacuna para que não haja anomia, ausência de disposição normativa a Constituição anterior continuará vigente e gerando seus efeitos. Até que a nova ordem tenha eficácia, a ordem anterior continuará a normatizar as relações sociais.

Jurisprudência

> HC 91560 / RJ – RIO DE JANEIRO HABEAS CORPUS Relator (a): Min. RICARDO LEWANDOWSKI
> Julgamento: 30/10/2007
> Órgão Julgador: Primeira Turma
> DJe-147 DIVULG 22-11-2007 PUBLIC 23-11-2007 DJ 23-11-2007 PP-00080 EMENT VOL-02300-03 PP-00618 RJSP v. 55, n. 361, 2007, p. 173-175
> PACTE. (S): ALEXANDRE MENDES DA SILVA OU ALEXANDER MENDES DA SILVA
> IMPTE. (S): FLAVIO JORGE MARTINS E OUTRO(A/S)
> COATOR (A/S)(ES): SUPERIOR TRIBUNAL DE JUSTIÇA
> Ementa
> EMENTA: PENAL. PROCESSUAL PENAL. HABEAS CORPUS. ASSOCIAÇÃO PARA O TRÁFICO. ART. 14 DA LEI 6.368/76. LEI 10.409/2002. RITO PROCESSUAL. DEFESA PRÉVIA. *VACATIO LEGIS.* ART. 2° DO CÓDIGO DE PROCESSO PENAL. NULIDADE. INOCORRÊN- CIA. ORDEM DENEGADA. I – As normas processuais têm aplicação imediata a partir da entrada em vigor da norma. II – Atos processuais, todavia, praticados segundo o rito vigente durante o período de *vacatio legis* da lei nova são plenamente válidos. Inteligência do art. 2° do Código de Processo Penal. III – Inexigibilidade, no caso, de observância do art. 38 da Lei 10.409/2002, pois a regra não vigia à época da prática do ato judicial. IV – Ordem denegada.

10.4. REVOGAÇÃO

Revogação da lei significa a cessação (finalização) da sua vigência formal. A revogação acontece por meio de outra lei e compreende tanto a ab-rogação (revogação total) como a derrogação (revogação parcial). O costume não revoga nem derroga a lei. O desuso tampouco.

Não se pode, entretanto, confundir a vigência (formal) de uma lei com sua validade – esta última consiste na sua compatibilidade com a Constituição e com o Direito internacional. Uma lei para entrar em vigor (para ter vigência) basta ser aprovada pelo Parlamento, sancionada e publicada no Diário Oficial. Uma vez publicada e, passado o período de vacância, caso exista, inicia sua vigência. Não havendo nenhuma vacância (vacatio) a ser observada, a lei começa a ter vigência de forma imediata (assim que publicada).

Mas nem toda lei vigente é válida. O modelo do Estado constitucional e democrático de Direito, que é garantista, rompe com o velho esquema do positivismo clássico e passa a distinguir a vigência da validade. Somente pode ser válida a lei (vigente) que conta com compatibilidade vertical com a Constituição (ou seja: a lei que atende às exigências formais e materiais decorrentes da Magna Carta) bem como com o Direito internacional (que goza de status supra-legal – cf. voto do Min. Gilmar Mendes – STF, RE 466.343-SP, rel. Min. Cezar Peluso).

O provecto positivismo clássico (positivismo legalista) confundia os planos da vigência e da validade. Dizia-se que lei vigente é lei válida, desde que tenha seguido o procedimento formal da sua elaboração. Não se aceitava, nesse tempo, a complexidade do sistema constitucional e democrático de direito, que conta com uma pluralidade de fontes normativas hierarquicamente distintas (Constituição, Direito internacional e Direito infraconstitucional). As normas que condicionam a produção do Direito não são só formais (maneira de aprovação de uma lei, competência para editá-la etc.), senão também e, sobretudo substanciais (princípio da igualdade, da intervenção mínima, preponderância dos direitos fundamentais, respeito ao núcleo essencial de cada direito etc.).

De acordo com a lógica positivista clássica *(Kelsen, Hart etc.), l*ei vigente é lei válida e, mesmo quando incompatível com a Constituição, ela continuaria válida até que fosse revogada por outra lei. O esquema positivista clássico não transcendia o plano da legalidade (e da revogação). Confundia-se invalidade com revogação da lei e concebia-se uma presunção de validade de todas as leis vigentes. Não se reconhecia a tríplice dimensão do Direito, composto de normas constitucionais, internacionais e infraconstitucionais. Pouca relevância se dava para os limites (substanciais) relacionados com o próprio conteúdo da produção do Direito.

A revogação de uma lei, diante de tudo quanto foi exposto, é instituto coligado com o plano da "legalidade" e da "vigência". Ou seja, acontece no plano formal e quando uma nova lei afasta a aplicação da anterior. A revogação, como se vê, exige uma sucessão de leis (sendo certo que a posterior revoga a anterior expressamente ou quanto com ela é incompatível). A declaração de invalidade de uma lei, que não se confunde com sua revogação, é instituto vinculado com o plano da "constitucionalidade", ou seja, deriva de uma relação (antinomia ou incoerência) entre a lei e a Constituição ou entre a lei e o Direito internacional e relaciona-se com o plano do conteúdo substancial desta lei.

Quando a inconstitucionalidade ocorre de forma concentrada (numa ação direta de inconstitucionalidade, por exemplo) ou se se trata de discussão de uma lei em tese, pelo Pleno do Supremo Tribunal Federal, fala-se em eficácia erga omnes. Quando a invalidade é declarada (só) em relação a um caso concreto, por força do controle difuso de constitucionalidade, a sua eficácia é apenas inter partes. Uma vez declarada inválida uma lei pelo Pleno (em ação concentrada ou quando ela é discutida em tese, no sistema difuso), já não pode ser aplicada. A lei declarada inválida, nesse caso, continua vigente (formalmente), até que o Senado a retire do ordenamento jurídico (CF, art. 52, X), mas não tem nenhuma validade (ou seja: já não pode ter nenhuma aplicação concreta).

Jurisprudência

ADI-QO 1445 / DF – DISTRITO FEDERAL QUESTÃO DE ORDEM NA AÇÃO DIRETA DE INCONSTITUCIONALIDADE Relator (a): Min. CELSO DE MELLO Julgamento: 03/11/2004 Órgão Julgador: Tribunal Pleno
DJ 29-04-2005 PP-00008 EMENT VOL-02189-02 PP-00213 LEXSTF v. 27, n. 318, 2005,
p. 40-44 RTJ VOL-00194-02 PP-00476
REQTE. : PARTIDO DOS TRABALHADORES – PT E OUTRO
Ementa
E M E N T A: AÇÃO DIRETA DE INCONSTITUCIONALIDADE – QUESTÃO DE ORDEM – IMPUGNAÇÃO A MEDIDA PROVISÓRIA QUE SE CONVERTEU EM LEI – LEI DE CONVERSÃO POSTERIORMENTE REVOGADA POR OUTRO DIPLOMA LEGISLATIVO – PRE- JUDICIALIDADE DA AÇÃO DIRETA. – A revogação superveniente do ato estatal impugnado faz instaurar situação de prejudicialidade que provoca a extinção anômala do processo de fiscalização abstrata de constitucionalidade, eis que a ab-rogação do diploma normativo questionado opera, quanto a este, a sua exclusão do sistema de direito positivo, causando, desse modo, a perda ulterior de objeto da própria ação direta, independentemente da ocorrência, ou não, de efeitos residuais concretos. Precedentes.
RE-AgR-ED-EDv-AgR 524139 / SP – SÃO PAULO AG. REG. NOS EMB.DIV. NOS EMB. DECL. NO AG. REG. NO RECURSO EXTRAORDINÁRIO Relator (a): Min. RICARDO LEWANDOWSKI
Julgamento: 14/05/2008
Órgão Julgador: Tribunal Pleno
DJe-102 DIVULG 05-06-2008 PUBLIC 06-06-2008 EMENT VOL-02322-03 PP-00416 AGTE. (S): MAUBERTEC ENGENHARIA E PROJETOS LTDA AGDO. (A/S): UNIÃO
Ementa
EMENTA: AGRAVO REGIMENTAL NOS EMBARGOS DE DIVERGÊNCIA NOS EMBARGOS DE DECLARAÇÃO NOS EMBARGOS DE DECLARAÇÃO NO AGRAVO REGIMENTAL

NO RECURSO EXTRAORDINÁRIO. PROCESSUAL CIVIL. LEI 8.950/94. ART. 335, §§ 2° E 3°, DO RISTF. DERROGAÇÃO. RECURSO PROTELATÓRIO. MULTA. AGRAVO IMPROVI- DO. I – A jurisprudência desta Corte firmou-se no sentido de que o art. 511 do Código de Processo Civil, com a redação dada pela Lei 8.950/94, derrogou o disposto no art. 335, §§ 2° e 3°, do RISTF. II – Recurso que possui nítido caráter protelatório. III – Aplicação de multa. IV – Agravo regimental improvido.

11

HERMENÊUTICA CONSTITUCIONAL

A Supremacia normativa da Constituição é um fator que não se faz presente em qualquer outro ramo do Direito, não podendo ser ignorado na elaboração dos instrumentais adequados à interpretação da Constituição. Para André Ramos Tavares[1], a atividade do intérprete por força desse dado, deverá ser sempre comedida, porque suas intervenções despertam uma sensibilidade muito maior do que nos demais ramos do Direito. A presença de um grande número de normas descritas em termos abstratos vale dizer, com grande incompletude significativa, abre ao intérprete um amplo espectro de possibilidades. O conteúdo mínimo comum das Constituições denota a importância de que o documento se reveste para a sociedade, vigorando como norma máxima não apenas por apelos formais e sim, antes de tudo, pelo significado profundo que adquire no mundo social.

Para o autor, a linguagem empregada constitucionalmente merece abordagem mais detida, porque diversos são os pontos de contato entre o tema da linguagem e o da interpretação na seara constitucional. Em primeiro lugar é preciso analisar o papel e a importância da linguagem na teoria da interpretação jurídica. Em segundo, é preciso constatar que há proximidade entre a linguagem comum e a linguagem constitucional, importando saber qual é exatamente essa proximidade. Por fim, existem particularidades linguísticas da Constituição, como os conceitos abertos, que demandam estudo próprio.

Para Jorge Miranda[2], há sempre que interpretar a Constituição como há sempre que interpretar a lei. Apenas por meio dessa tarefa se passa da leitura política, ideológica ou simplesmente empírica para a leitura jurídica do texto constitucional, seja ele qual for. Só por intermédio dela, a partir da letra, mas sem se parar na letra, se encontra a norma ou o sentido da norma. Não é possível aplicação sem interpretação, tal como esta só faz pleno sentido posta ao serviço da aplicação.

O conceito de hermenêutica se diferencia do conceito de interpretação. Aquele é o estudo científico da interpretação, com um método e um objeto previamente definidos e este é a busca pelo verdadeiro alcance da lei, almejando os meios que concretizem o objetivo traçado na norma.

1 TAVARES, André Ramos. *Curso de Direito Constitucional.* São Paulo: Saraiva, 2002. p. 72.

2 MIRANDA, Jorge. *Teoria do Estado e da Constituição.* Rio de Janeiro: Forense, 2007. p. 448.

A hermenêutica é a ciência que fornece os subsídios teóricos para que os operadores jurídicos exerçam a interpretação constitucional. A interpretação é imprescindível para o operador jurídico, principalmente, porque as normas são elaboradas de forma abstrata, geral e impessoal. As normas são abstratas porque são tipos mentais que devem corresponder à realidade do cotidiano, sem uma tipificação totalmente fechada; são gerais porque devem se enquadrar numa infinidade de casos que possam ocorrer, e são impessoais porque são realizadas para a generalidade dos cidadãos.

Existem vários métodos interpretativos que podem ser usados pelo operador para realizar a concretização das normas constitucionais. Eles podem ser classificados em métodos tradicionais, presentes no texto das normas, como a interpretação gramatical, histórica, sistemática, teleológica e em métodos não convencionais.

A hermenêutica Constitucional[3] objetiva o estudo das técnicas de interpretação da Constituição, fornecendo os princípios basilares segundo o qual os operadores do Direito devem apreender o sentido das normas constitucionais. Difere-se de interpretação constitucional porque esta consiste apenas no desvendar pragmático do significado da norma, com vistas à sua específica aplicação em caso concreto. Interpreta não é senão conhecer a consistência de algo, as razões do seu aparecimento e as causas da sua elaboração.

A hermenêutica constitucional é uma ciência que objetiva o estudo e a sistematização dos processos determinantes do sentido e do alcance das normas constitucionais.

A afirmativa *IN CLARIS CESSAT INTERPRETATION* demonstra, segundo alguns autores, não haver necessidade de interpretação quando a norma é "clara". É o que diz o brocardo latino: *"in claris cessat inter- pretatio"* (dispensa-se a interpretação quanto o texto é claro), que, apesar de sua veste latina, não é de origem romana. Os Romanos, com a sua visão profunda em matéria jurídica, não desconheciam a permanente necessidade dos trabalhos exegéticos, ainda que simples fossem os textos legislativos; haja vista a afirmação de Ulpiano: *"quamvis sit manifestissimum edictum praetoris, attamen non est negligenda interpretatio eius"* (embora claríssimo o edito do pretor, contudo não se deve descurar da sua interpretação – Digesto, liv. 25, tit. 4, frag. 1. § 11).

---

3 ZIMMERMANN, Augusto. *Curso de direito Constitucional.* 3ª ed. Rio de Janeiro: Lumen Iuris, 2004. p. 165.

11.1. MÉTODOS CLÁSSICOS DE INTERPRETAÇÃO

Os métodos clássicos de interpretação constitucional são:

a) Interpretação literal que é a interpretação consistente em analisar a norma de forma restrita, verificando apenas o valor do seu sentido, buscando sua exatidão e fidelidade;

b) Interpretação gramatical, alguns autores também chamam de literal que é a que toma por base a semântica das palavras e sua função gramatical. Esse método de interpretação tem significativa importância para o aprimoramento da redação das normas. Busca aferir o significado literal da norma jurídica a partir de um meio de interpretação que realize o exame das palavras e das proposições apresentadas. O Juiz Black, da Suprema Corte Americana, foi um dos principais defensores da interpretação literal, advogando um literalismo estrito na aplicação da norma constitucional pelos magistrados. Os juristas norte-americanos que são adeptos desta teoria são chamados de interpretativistas, por defenderem a tese de que os juízes devem apenas cumprir o que a norma constitucional, de forma clara e explícita, determina;

c) Interpretação histórica que se baseia na investigação dos antecedentes fáticos que deram ensejo à norma. Por meio deste método buscará traçar o contexto histórico da proposição legislativa. Na esfera constitucional, aqueles que prioritariamente postulam a aplicação deste método hermêutico almejam perfazer uma correta análise da norma, mediante a prévia verificação do contexto histórico de criação da Lei Maior;

d) Interpretação lógica que resulta de uma interpretação baseada em métodos lógicos, como a presunção, a indução e a dedução. É aquela que sobre examinar a lei em conexidade com as demais leis, investiga-lhe também as condições e os fundamentos de sua origem e elaboração, de modo a determinar a *ratio* ou *mens* do legislador. Busca, portanto reconstruir o pensamento ou intenção de quem legislou de modo a alcançar depois a precisa vontade da lei. Este método é sintetizado pela locução "intenção do legislador", que pode ser compreendida como uma entidade objetiva que reduz a interpretação lógica a duas interrogações básicas: que quis alcançar o legislador? Que se pretendeu modificar com respeito à situação jurídica antecedente? A primeira pergunta se responde pela conexão da lei com as demais, assim como por meio dos subsídios históricos de sua elaboração tais como a fundamentação do projeto, os debates, as publicações oficiais, as discussões pela imprensa, assim como a *occasio legis* (motivo da lei). A segunda pergunta exige a determinação da *ratio legis,* a determinação do alcance da lei;

e) Interpretação lógico-sistemática que toma como vetor o sistema no qual o texto normativo está inserido e procura estabelecer a concatenação entre este e os demais elementos componentes. As normas passam a ser verificadas em face do contexto no qual elas estão inseridas. Trata-se de se analisar o meio legislativo específico em que se coloca a norma na busca da harmonização do seu conteúdo com as demais estabelecidas na legislação. O texto é interpretado como um todo lógico e harmônico. A interpretação da Constituição deve ser feita de modo a se permitir que as normas constitucionais sejam compatíveis entre si;

f) Interpretação sociológica (teleológico) que tem a finalidade de adaptar a lei às necessidades sociais, concebendo o direito como um processo de interação constante com a sociedade. Toda norma jurídica é um instrumento que a sociedade utiliza para o alcance de determinados objetivos. A Constituição fica sendo observada como uma construção plástica e dinâmica, cujo texto deve estar permanentemente vitalizado pelos influxos das realidades sociais, e que vão pedir à observação dos fatos presentes e aos dados estatísticos o sentido dos textos constitucionais. Este tipo de interpretação permite a alteração da *ratio legis,* possibilitando ao intérprete conferir um novo sentido à norma, contrapondo-se ao sentido original dela e otimizando o cumprimento de sua finalidade. Esse tipo de interpretação, ao extrair o fundamento racional em que se descansa a norma legal, superando uma visão extremamente pobre da realidade tal como conferida pela mera interpretação gramatical, permite, sem evidentemente violar o conteúdo semântico do texto legal, uma aplicação evolutiva com atualização do sentido da norma no que condizente ao contexto histórico no qual se insere. O seu cumprimento histórico-concreto permite-lhe afirmar-se como direito. Privilegia-se a substância em detrimento da forma, a finalidade em detrimento do meio com o qual se busca atingi-la. Este método é também chamado de interpretação evolutiva ou progressiva, porque se trata de uma interpretação mais livre, disposta a adaptar o conteúdo da norma às novas exigências da sociedade;

g) Interpretação restritiva ocorre quando a lei possui palavras que ampliam a vontade da lei e cabe à interpretação reduzir esse alcance. Quando o intérprete restringe o sentido da norma ou limita sua incidência, concluindo que o legislador escreveu mais do que realmente pretendia dizer ("*plus scripsit quam voluit*"), e assim o intérprete elimina a amplitude das palavras. Por exemplo, a lei diz "descendente", quando na realidade queria dizer "filho". A mesma norma da Lei do Inquilinato, acima mencionada, serve também para modelo de uma interpretação restritiva, no caso do "nu-proprietário", isto é, daquele que tem apenas a nua-propriedade, mas não o direito de uso e gozo do prédio; este não poderia pedir o mesmo modelo para seu uso.

h) Interpretação extensiva quando a lei carece de amplitude, ou seja, diz menos do que deveria dizer, devendo o intérprete verificar quais são os reais limites da norma. Quando o intérprete conclui que o alcance da norma é mais amplo do que indicam os seus termos. Nesse caso, diz-se que o legislador escreveu menos do que queria dizer ("*minus scripsit quam voluit*"), e o intérprete, alargando o campo de incidência da norma, aplica-la-á a determinadas situações não previstas expressamente em sua letra, mas que nela se encontram, virtualmente, incluídas. Às vezes, o legislador, ao exprimir seu pensamento, pode formular para um caso singular um conceito que deve valer para toda uma categoria ou usar um elemento que designa espécie, quando queria aludir ao gênero. Por exemplo, a lei diz "filho", quando na realidade queria dizer "descendente". Ou ainda, a Lei do Inquilinato dispõe que: "o proprietário tem direito de pedir o prédio para seu uso"; a interpretação que conclui por incluir o "usufrutuário" entre os que podem pedir o prédio para uso próprio, por entender que a intenção da lei é a de abranger também aquele que tem sobre o prédio um direito real de usufruto, é uma interpretação extensiva.

Para Paulo Bonavides[4] a hermenêutica esposada pelas teorias tradicionais sempre esteve para o reconhecimento da vontade contida em toda norma jurídica. Ao intérprete caberia tão-somente o labor intelectivo de revelar tal vontade, eixo dessas teorias. Tanto poderia ser a vontade da norma como a vontade subjetiva do legislador. Na teoria geral do direito, o campo se reparte, pois, entre subjetivistas e objetivistas, emprenhados ambos em resolver aquilo que se lhes afigura ao problema capital da interpretação: o de saber se deve prevalecer na operação interpretativa à vontade do legislador histórico ou à vontade objetiva ou convertida em "vontade" de que já se fez menção.

Para o autor, o constitucionalismo clássico se manifestou obviamente em favor da escola objetivista, que melhor se amolda à sustentação do princípio constitucional e democrático, à ordem jurídica estabelecida pelo liberalismo e à sua concepção do Estado de Direito.

11.2. INTERPRETAÇÃO QUANTO A ORIGEM

A interpretação quanto à origem se clássica em: a) interpretação judicial que é aquela realizada pelos juízes nas suas decisões, com força obrigatória para as partes a que se destina; b) interpretação autêntica ou legal que é a realizada pelo próprio legislador, por meio de outra lei chamada de interpretativa; c) interpretação doutrinária ou científica que é aquela que realizam os operadores jurídicos, nos mais variados atos processuais, como em pareceres, petições etc.

4 BONAVIDES, Paulo. *Curso de Direito Constitucional*. 8ª ed. São Paulo: Malheiros, 1998. p. 423.

11.3. A TÓPICA DE THEODOR VIEHWEG

Viehweg segue o modelo de ideias de Edward Levi. Para Edward Levi, as leis devem seguir um raciocínio caso-a-caso. O Direito configura-se com um sistema aberto e não fechado. Para Viehweg, as normas jurídicas estariam em constante mutação. O mérito fundamental de Viehweg não é ter construído uma teoria, mas sim ter descoberto um campo para a investigação

A tópica é capaz de contribuir para o resgate da discussão sobre justiça a partir do caso concreto. Revela-se eficaz na história do pensamento jurídico. Entretanto como ponto negativo vê o caráter ingênuo de linguagem. Os conceitos que se expressam através da linguagem natural não são perfeitos do ponto de vista da sistematicidade.

A tópica é uma técnica de hermenêutica que tem como ponto inicial a definição do problema jurídico. Diante do problema apresentado, o método tópico busca soluções, tomando como pontos de partida lugares comuns, que não são necessariamente postulados jurídicos. Segundo Viehweg, os lugares comuns são encontrados pela experiência, variando de acordo com as diferentes perspectivas sócio-político-jurídicas. Portanto, não se trata de uma técnica a priori (ou seja, formulada previamente), mas se constitui paulatinamente diante do caso concreto.

A tópica deve ser compreendida no quadro das consequências advindas da reação ao positivismo jurídico clássico e no clima de inteira descrença quanto a uma restauração jusnaturalista, como a que se intentou na Alemanha ao fim da década de quarenta, após as feridas abertas na consciência do Ocidente pela tragédia da Segunda Grande Guerra.

No campo constitucional a importância da tópica é decisiva na medida em que produz uma reorientação básica da doutrina. Mas corre ela o grave risco de tomar na esfera do Direito Constitucional uma dimensão metodológica cujos reflexos, impelida a teoria aos últimos efeitos, seria ruinoso para a normatividade da Constituição.

11.4. A METÓDICA ESTRUTURANTE FRIEDRICH MULLER

Para Muller o direito pode ser concebido como a expressão racional da política, obtido com a racionalização do poder e da violência, ou, por outras palavras, o direito é a normatização da força.

Assim, o fenômeno jurídico sofre uma constante interpenetração com a realidade social, em uma simbiose que Rudolf Smend chamou de processo de integração.

O método estruturante pode ser caracterizado por dois requisitos: necessidade de que as decisões jurídicas sejam consentâneas com o direito vigente e de que sejam proferidas de acordo com um processo previamente estipulado.

A metódica estruturante de Muller é formada dos seguintes elementos:

a) O programa normativo, que representa sua parte analítica, o elemento linguístico que compõe a norma;

b) O âmbito normativo, as interferências provocadas pela realidade social na norma;

c) Decisão, ou seja, a solução do problema concreto apresentado, dentro dos parâmetros jurídicos.

A proposta de Muller é superar a redução do direito à norma, realizada pelo positivismo, e o voluntarismo da tópica de Viehweg, que não dispõe de soluções predeterminadas para os casos concretos.

O método de Muller é concretista. Tem sua base medular ou inspiração maior na tópica, a que ele faz alguns reparos, modificando-a em diversos pontos para poder chegar aos resultados da metodologia proposta.

Compreende a norma jurídica como algo mais que o texto de uma regra normativa. De modo que a interpretação ou concretização de uma norma transcende a interpretação do texto, ao contrário, portanto do que acontece com os processos hermenêuticos tradicionais no campo jurídico.

11.5. PRINCÍPIOS DE HERMENÊUTICA CONSTITUCIONAL

São os seguintes princípios hermenêuticos que facilitam o processo interpretativo da Constituição Federal segundo Zimmermann[5], são eles:

a) Princípio da Supremacia da Constituição segundo o qual postula que a Lei Fundamental do Estado se encontra na parte mais elevada do ordenamento jurídico, de modo que nenhuma norma pode contraria as suas disposições normativas, sob pena de nulidade da norma inconstitucional. As normas jurídicas se filiam ao preceito da Constituição, reconhecendo-se o fenômeno hierárquico do ordenamento jurídico piramidal. Neste caso, a norma constitucional é superior em qualquer ocasião, requerendo-se a repelência da norma inconstitucional. Afinal, a interpretação do ordenamento jurídico deve-se primeiro ser feita à luz do texto constitucional que dispõe das principais normas jurídicas reguladoras do Estado;

Jurisprudência

> MS 25668 / DF – DISTRITO FEDERAL MANDADO DE SEGURANÇA Relator (a): Min. CELSO DE MELLO
> Julgamento: 23/03/2006 Órgão Julgador: Tribunal Pleno
> DJ 04-08-2006 PP-00027 EMENT VOL-02240-03 PP-00410 RCJ v. 20, n. 129, 2006, p. 55-66

5 ZIMMERMANN, Augusto. *Teoria Geral do Federalismo Democrático*. Rio de Janeiro: Editora Lumen Juris, 1999, p.47

IMPTE. (S): ALEXANDER FORBES BRASIL CORRETORA DE SEGUROS LTDA
IMPDO. (A/S): PRESIDENTE DA COMISSÃO PARLAMENTAR MISTA DE INQUÉRITO – CPMI DOS
CORREIOS
Ementa
E M E N T A: COMISSÃO PARLAMENTAR DE INQUÉRITO – QUEBRA DE SIGILO BANCÁRIO, FISCAL E TELEFÔNICO – AUSÊNCIA DE INDICAÇÃO DE FATOS CONCRETOS – FUNDAMENTAÇÃO GENÉRICA – INADMISSIBILIDADE – CONTROLE JURISDICIONAL – POSSIBILIDADE – CON- SEQUENTE INVALIDAÇÃO DO ATO DE «DISCLOSURE» – INOCORRÊNCIA, EM TAL HIPÓTESE, DE TRANSGRESSÃO AO POSTULADO DA SEPARAÇÃO DE PODERES – MANDADO DE SEGURANÇA DEFERIDO. A QUEBRA DE SIGILO – QUE SE APÓIA EM FUNDAMENTOS GENÉRICOS E QUE NÃO INDICA FATOS CONCRETOS E PRECISOS REFERENTES À PESSOA SOB INVESTIGAÇÃO – CONSTITUI ATO EIVADO DE NULIDADE. – A quebra do sigilo inerente aos registros bancários, fiscais e telefônicos, por traduzir medida de caráter excepcional, revela-se incompatível com o ordenamento constitucional, quando fundada em deliberações emanadas de CPI cujo suporte decisório apóia-se em formulações genéricas, destituídas da necessária e específica indicação de causa provável, que se qualifica como pressuposto legitimador da ruptura, por parte do Estado, da esfera de intimidade a todos garantida pela Constituição da República. Precedentes. Doutrina. O CONTROLE JURISDICIONAL DE ABUSOS PRATICADOS POR COMISSÃO PARLAMENTAR DE INQUÉRITO NÃO OFENDE O PRINCÍPIO DA SEPARAÇÃO DE PODERES. – O Supremo Tribunal Federal, quando intervém para assegurar as franquias constitucionais e para garantir a integridade e a supremacia da Constituição, neutralizando, desse modo, abusos cometidos por Comissão Parlamentar de Inquérito, desempenha, de maneira plenamente legítima, as atribuições que lhe conferiu a própria Carta da República. O regular exercício da função jurisdicional, nesse contexto, porque vocacionado a fazer prevalecer a autoridade da Constituição, não transgride o princípio da separação de poderes. Doutrina. Precedentes.

b) Princípio da Unidade da Constituição, ou seja, o postulado da unidade da Constituição define que as normas constitucionais devam ser interpretadas de modo a se evitar qualquer tipo de contradição entre si. Este princípio obriga o intérprete a considerar a Constituição na sua globalidade e a procurar harmonizar os espaços de tensão existentes entre as normas constitucionais a concretizar. Através da visão da Unidade fica consagrada a importância da interdependência entre as normas constitucionais, tomando-se em íntima conexão com os princípios inseridos no texto constitucional. É preciso que o intérprete perfaça a análise dos preceitos e princípios constitucionais estabelecidos até se alcançar a vontade unitária da Constituição;

c) Princípio da Imperatividade ou da Máxima Efetividade da Norma Constitucional que sinaliza como sendo imperativa a norma constitucional de ordem pública e emanada pela vontade popular, o intérprete sempre lhe deve conferir o máximo de efetividade no momento de sua aplicação;

Jurisprudência

AI-AgR 555806 / MG – MINAS GERAIS AG. REG. NO AGRAVO DE INSTRUMENTO
Relator (a): Min. EROS GRAU Julgamento: 01/04/2008 Órgão Julgador: Segunda Turma
DJe-070 DIVULG 17-04-2008 PUBLIC 18-04-2008 EMENT VOL-02315-07 PP-01533
AGTE. (S): AQUILES CHAVES DE MENDONÇA E OUTRO (A/S)
AGDO. (A/S): BANCO ABN AMRO REAL S/A E OUTRO (A/S)
Ementa
EMENTA: AGRAVO REGIMENTAL NO AGRAVO DE INSTRUMENTO. AÇÃO RESCISÓRIA. MATÉRIA CONSTITUCIONAL. INAPLICABILIDADE DA SÚMULA 343. 2. Inaplicabilidade da Súmula 343 em matéria constitucional, sob pena de infringência à força normativa da Constituição e ao princípio da máxima efetividade da norma constitucional. Precedente do Plenário. Agravo regimental a que se nega provimento.

d) Princípio da Simetria Constitucional é existente apenas nos Estados Federais, postula que haja uma relação simétrica entre as normas jurídicas da Constituição Federal e as regras estabelecidas nas Constituições Estaduais. No sistema federativo, ainda que os Estados-Membros possuam capacidade de auto-organização, esta se encontra sujeita aos limites estabelecidos pela Constituição Federal, por este princípio os Estados-Membros se organizam segundo o mesmo modelo constitucional estabelecido para a União. Adquirem a obrigação de respeitarem os mesmos princípios básicos determinados para o direito federal. Com esse princípio as unidades Federativas devem estruturar seus governos de acordo com o princípio da Separação de poderes;

Jurisprudência

AÇÃO DIRETA DE INCONSTITUCIONALIDADE Relator (a): Min. RICARDO LEWANDOWSKI Julgamento: 13/02/2008 Órgão Julgador: Tribunal Pleno
DJe-055 DIVULG 27-03-2008 PUBLIC 28-03-2008
EMENT VOL-02312-01 PP-00035
REQTE: GOVERNADOR DO ESTADO DO RIO DE JANEIRO
REQDO: ASSEMBLEIA LEGISLATIVA DO ESTADO DO RIO DE JANEIRO
Ementa
EMENTA: AÇÃO DIRETA DE INCONSTITUCIONALIDADE. EMENDA CONSTITUCIONAL 2/1991 DO ESTADO DO RIO DE JANEIRO, QUE DISPÔS SOBRE REGIME JURÍDICO DOS SERVIDORES MILITARES. PROJETO DE INICIATIVA DA ASSEMBLEIA LEGISLATIVA. IMPOSSIBILIDADE. VIOLAÇÃO À RESERVA DE INICIATIVA DO CHEFE DO PODER EXECUTIVO. AÇÃO JULGADA PROCEDENTE. 1. À luz do princípio da simetria, a jurisprudência desta Suprema Corte é pacífica ao afirmar que, no tocante ao regime jurídico dos servidores militares estaduais, a iniciativa de lei é reservada ao Chefe do Poder Executivo local, por força do artigo 61, § 1°, II, f, da Constituição. 2. Ação direta julgada procedente para

declarar a inconstitucionalidade da Emenda Constitucional 2/91 da Constituição do Estado do Rio de Janeiro.

e) Princípio da Presunção de constitucionalidade das Normas Infraconstitucionais onde se postula a presunção relativa de constitucionalidade das normas jurídicas infraconstitucionais até que o controle judicial entenda pelo contrário. Trata-se de uma presunção que é *iuris tantum* na medida em que a norma infraconstitucional possui eficácia jurídica até o advento de prova em contrário. Este princípio é um postulado democrático, porque mantém estreita ligação com a ideia de representação popular no Parlamento. Afinal, as leis preparadas pelo Congresso, ao menos em tese, manifestam a vontade soberana do povo, sendo apenas indiretamente manifestada pelos representantes políticos. Daí a ideia de que o Poder Judiciário somente declare a inconstitucionalidade das leis, ou pelo menos só o devendo fazer, quando é fora de toda dúvida razoável a incompatibilidade vertical verificada entre o ato normativo e a Constituição de onde haure seu fundamento de validade.

Jurisprudência

ADI 1419 / DF – DISTRITO FEDERAL AÇÃO DIRETA DE INCONSTITUCIONALIDADE
Relator (a): Min. CELSO DE MELLO Julgamento: 24/04/1996 Órgão Julgador: Tribunal Pleno
DJ 07-12-2006 PP-00034 EMENT VOL-02259-01 PP-00087
RT v. 96, n. 859, 2007, p. 155-162
REQTE. : PARTIDO LIBERAL – PL
REQDO. : PRESIDENTE DA REPÚBLICA
REQDO. : CONGRESSO NACIONAL
Ementa
E M E N T A: AÇÃO DIRETA DE INCONSTITUCIONALIDADE – LEI N° 9.264/96, QUE DISPÕE SOBRE A REORGANIZAÇÃO DA CARREIRA POLICIAL CIVIL DO DISTRITO FEDERAL E FIXA A REMUNERAÇÃO DE SEUS CARGOS – ALEGADA OFENSA AO PRINCÍPIO DA IRREDUTIBILIDADE DOS VENCIMENTOS, À GARANTIA DA INTANGIBILIDADE DAS SITUAÇÕES JURÍDICAS CONSOLIDADAS E AO POSTULADO DA ISONOMIA – JUÍZO DE CONSTITUCIONALIDADE DEPENDENTE DA PRÉVIA ANÁLISE DE ATOS ESTATAIS INFRACONSTITUCIONAIS – IMPOSSIBILIDADE DE REALIZAÇÃO DESSE COTEJO EM SEDE DE CONTROLE NORMATIVO ABSTRATO – AÇÃO DIRETA NÃO CONHECIDA. – Não se legitima a instauração do processo de fiscalização normativa abstrata sempre que o juízo de constitucionalidade depender, para efeito de sua formulação, de prévio confronto entre o ato estatal questionado e o conteúdo de outras normas jurídicas infraconstitucionais editadas pelo Poder Público. A ação direta não pode ser degradada em sua condição jurídica de instrumento básico de defesa objetiva da ordem normativa inscrita na Constituição. A válida e adequada utilização desse meio processual exige que o exame "in abstracto" do ato estatal impugnado seja realizado, exclusivamente, à luz do texto constitucional. A inconstitucionalidade deve transparecer, diretamente, do próprio texto do ato estatal impugnado. A prolação desse juízo

> de desvalor não pode nem deve depender, para efeito de controle normativo abstrato, da prévia análise do diploma estatal objeto da ação direta, examinado em face de outras espécies jurídicas revestidas de caráter meramente infraconstitucional. Precedentes.

11.6. FONTES DE INTERPRETAÇÃO CONSTITUCIONAL

O estudo das fontes de interpretação Constitucional almeja saber quem interpretará a norma jurídica. O Poder Legislativo o faz quando elabora uma lei Complementar à Constituição, ou quando estabelece regras para as suas futuras interpretações. De igual modo o Poder Judiciário quando emite uma decisão judicial.

Os Tipos de Interpretação podem ser classificados em:

a) **Interpretação autêntica** que é aquela que ocorre quanto o legislador constitucional interpreta as normas constitucionais por ele mesmo elaboradas. É realizada pelo próprio agente formador da norma constitucional. Nesta interpretação, o legislador constituinte busca extrair o verdadeiro significado da norma jurídica revelando-nos o âmbito de sua atuação;

b) Interpretação Político-Legislativa que representa o processo pelo qual o legislador ordinário, ao elaborar uma determinada norma jurídica fica obrigado à interpretação das regras constitucionais sob pena da mesma se revelar passível de anulação pelo Poder Judiciário. O Poder Legislativo não poderá ignorar os termos imperativos da Constituição escrita, tornando-se absolutamente inválida toda e qualquer produção de regras jurídicas inconstitucionais;

c) Interpretação doutrinária se realiza pelos estudiosos do Direito Constitucional. Qualquer escrito, artigo ou livro sendo escrito por um constitucionalista é sempre uma obra de interpretação doutrinária na medida em que são interpretados os princípios e normas esculpidos na Constituição Federal;

d) Interpretação Judicial é aquela emanada pelos magistrados que tem a tarefa, pre- cípua, de aplicar a legislação vigente. Desta interpretação surgem algumas decisões de efeitos práticos e definitivos, para todas as pessoas submetidas ao processo ju- risdicional, ou mesmo para a sociedade como um todo, como no caso de controle judicial da norma constitucional *in abstracto,* ocorrido através da ação de inconsti- tucionalidade.

11.7. JURISPRUDÊNCIA

11.7.1. INTERPRETAÇÃO LÓGICA

Para a interpretação lógica, o intérprete deverá buscar o significado que permita resolver contradições entre termos em uma norma jurídica, chegando a um significado coerente. Não se admitirá o uso do termo com significados diferentes. Sendo assim, segue a jurisprudência colacionada que embasada a fundamentação:

> RHC 56754 / RS – RIO GRANDE DO SUL RECURSO EM HABEAS CORPUS Relator (a): Min. MOREIRA ALVES
> Julgamento: 12/12/1978
> Órgão Julgador: DJ 16-03-1979 PP VOL-01124-01 PP-00087
> RECORRENTE: WALTER NEVES FERREIRA
> RECORRIDO: TRIBUNAL DE JUSTIÇA DO RIO GRANDE DO SUL
> Ementa
> "Habeas corpus". Aplicação, a prefeito nomeado, das normas do Decreto-Lei 201/67 relativas a infrações penais (art. 1.). Peculato de uso. Alegação de falta de justa causa. Com referencia as infrações penais previstas no art. 1. do Decreto-Lei 201/67, não importa a natureza da investidura do prefeito (se decorrente de eleição ou de nomeação), mas, sim, o exercício das funções, o que e igual em ambos os casos, inexistindo qualquer razão para a distinção – que o citado Decreto-Lei não faz e a interpretação lógica repele – entre prefeito eleito e prefeito nomeado. Este pode, portanto, ser sujeito ativo do peculato de uso descrito nesse Diploma Legal. Inexistência de falta de justa causa, uma vez que a denuncia descreve fatos que, em tese, configuram o crime de peculato de uso, não sendo o *"habeas corpus"* meio idôneo para o exame aprofundado da prova. Recurso ordinário a que se nega provimento.

11.7.2. INTERPRETAÇÃO GRAMATICAL

A interpretação gramatical permite desvendar o significado da norma, ou seja, enfrenta dificuldades léxicas em que, algumas vezes, o sentido da palavra requer vários significados que devem ser esclarecidos no sentido da frase. Assim traduz a jurisprudência abaixo.

> AOS 191 / PE – PERNAMBUCO AÇÃO ORIGINÁRIA Relator (a): Min. MARCO AURÉLIO Julgamento: 20/04/1994
> Órgão Julgador: Tribunal Pleno DJ 17-06-1994 PP-15706 EMENT VOL-01749-01 PP-0000
> AUTOR: HUGO DE BRITO MACHADO
> RÉU: JOAO ANTONIO DESIDERIO DE OLIVEIRA
> Ementa
> AÇÃO PENAL PÚBLICA CONDICIONADA – INÉRCIA DO MINISTÉRIO PÚBLICO – LEGITIMAÇÃO DO OFENDIDO. De inicio, o ofendido e o maior interessado na preservação da própria honra. O fato sinaliza no sentido da reflexão sobre a legitimidade concorrente. Uma vez verificada a inércia do Ministério Público, deixando de atuar nos prazos fixados nos artigos 40, par 1., da Lei n. 5.250/67 e 46 do Código de Processo Penal – de dez e quinze dias respectivamente – abre-se oportunidade a propositura da ação subsidiaria da pública, pelo ofendido. IMUNIDADE – RESPOSTA – EXPRESSÕES OFENSIVAS IRROGADAS NA DISCUSSÃO DA CAUSA. De um lado há de se desprezar a interpretação simplesmente gramatical do disposto no inciso I do artigo 142 do Código Penal, entendendo-se albergadas pela imunidade situações reveladoras de defesa em processos que tramitam na fase administrativa. A razão de ser do preceito esta na necessida-

de de viabilizar-se a defesa do cidadão. Descabe afastá-lo quando os termos tomados como ofensivos são lançados em processo de investigação em trânsito no Ministério Público. De outro, afigura-se acertada a conclusão sobre a impertinência do preceito quando, a apresentação da peca, segue-se o envio de copias a terceiros, ficando exorbitada a área restrita a defesa. PRESCRIÇÃO – DECADENCIA – CRIME DE IMPRENSA. Sendo o Direito uma ciência, os institutos, as expressões e os vocábulos possuem sentido próprio, sendo que a segurança na atuação cientifica não prescinde da correta utilização dos termos que lhe são próprios. A orgânicidade que norteia o Direito direciona no sentido de tomar-se o prazo do caput do artigo 41 da Lei n. 5.250/67 como relativo a prescrição – o de dois anos – e o previsto no par 1. do citado artigo, a revelar a decadência, fulminando, o decurso do primeiro, a ação exercitável e do segundo, o próprio direito em si. Constatado que entre a publicação tida como ofensiva e a representação encaminhada ao Ministério público não transcorreu o lapso de tempo superior a três meses, não há como pronunciar a decadência. para exercício do direito na via subsidiaria, considera-se, como termo inicial, a data em que configurada a inércia do Ministério Público.

11.7.3. INTERPRETAÇÃO AUTÊNTICA

Quanto à interpretação autêntica, ela ocorre quando o próprio Órgão que é responsável pela edição da norma edita outra norma com função meramente interpretativa, ou seja, revela o sentido da norma que editou como é possível verificar na seguinte citação:

ADI-MC 605 / DF – DISTRITO FEDERAL MEDIDA CAUTELAR NA AÇÃO DIRETA DE INCONSTITUCIONALIDADE
Relator (a): Min. CELSO DE MELLO
Julgamento: 23/10/1991
Órgão Julgador: TRIBUNAL PLENO
DJ 05-03-1993 PP-02897 EMENT VOL-01694-02 PP-00252
Ementa
AÇÃO DIRETA DE INCONSTITUCIONALIDADE – MEDIDA PROVISORIA DE CARÁTER INTERPRE- TATIVO – LEIS INTERPRETATIVAS – A QUESTÃO DA INTERPRETAÇÃO DE LEIS DE CONVERSAO POR MEDIDA PROVISORIA – PRINCÍPIO DA IRRETROATIVIDADE – CARÁTER RELATIVO – LEIS INTERPRETATIVAS E APLICAÇÃO RETROATIVA – REITERAÇÃO DE MEDIDA PROVISORIA SOBRE MATÉRIA APRECIADA E REJEITADA PELO CONGRESSO NACIONAL – PLAUSIBILIDADE JURÍDICA – AUSÊNCIA DO "PERICULUM IN MORA" – INDEFERIMENTO DA CAUTELAR. – E PLAUSÍVEL, EM FACE DO ORDENAMENTO CONSTITUCIONAL BRASILEIRO, O RECONHECIMENTO DA ADMISSIBILIDADE DAS LEIS INTERPRETATIVAS, QUE CONFIGURAM INSTRUMENTO JURIDICAMENTE IDONEO DE VEICULAÇÃO DA DENOMINADA INTERPRETAÇÃO AUTENTICA. – AS LEIS INTERPRETATIVAS – DESDE QUE RECONHECIDA A SUA EXISTÊNCIA EM NOSSO SISTEMA DE DIREITO POSITIVO – NÃO TRADUZEM USURPAÇÃO DAS ATRIBUIÇÕES INSTITUCIONAIS DO JUDICIARIO E, EM CONSEQUENCIA, NÃO OFENDEM O POSTULADO FUNDAMENTAL DE A DIVISAO FUNCIONAL DO PODER. – MESMO AS LEIS INTERPRETATIVAS EXPOEM-SE AO EXAME E A INTERPRETAÇÃO DOS JUIZES E TRIBUNAIS. NÃO SE REVELAM, ASSIM, ESPÉCIES

NORMATIVAS IMUNES AO CONTROLE JURISDICIONAL. – A QUESTÃO DA INTERPRETAÇÃO DE LEIS DE CONVERSAO POR MEDIDA PROVISORIA EDITADA PELO PRESIDENTE DA REPUBLICA. – O PRINCÍPIO DA IRRETROATIVIDADE "SOMENTE" CONDICIONA A ATIVIDADE JURÍDICA DO ESTADO NAS HIPÓTESES EXPRESSAMENTE PREVISTAS PELA CONSTITUIÇÃO, EM ORDEM A INIBIR A AÇÃO DO PODER PÚBLICO EVENTUALMENTE CONFIGURADORA DE RESTRIÇÃO GRAVOSA (A) AO "STATUS LIBERTATIS" DA PESSOA (CF, ART. 5. XL), (B) AO "STATUS SUBJEC- TIONAIS" DO CONTRIBUINTE EM MATÉRIA TRIBUTARIA (CF, ART. 150, III, "A") E (C) A "SEGURANÇA" JURÍDICA NO DOMÍNIO DAS RELAÇÕES SOCIAIS (CF, ART. 5., XXXVI). – NA MEDIDA EM QUE A RETROPROJEÇÃO NORMATIVA DA LEI "NÃO" GERE E "NEM" PRODUZA OS GRAVAMES REFERIDOS, NADA IMPEDE QUE O ESTADO EDITE E PRESCREVA ATOS NORMATIVOS COM EFEITO RETROATIVO. – AS LEIS, EM FACE DO CARÁTER PROSPECTIVO DE QUE SE REVESTEM, DEVEM, "ORDINARIAMENTE", DISPOR PARA O FUTURO. O SISTEMA JURÍDICO- CONSTITUCIONAL BRASILEIRO, CONTUDO, "NÃO". ASSENTOU, COMO POSTULADO ABSOLUTO, INCONDICIONAL E INDERROGAVEL, O PRINCÍPIO DA IRRETROATIVIDADE. – A QUESTÃO DA RETROATIVIDADE DAS LEIS INTERPRETATIVAS.

11.7.4 INTERPRETAÇÃO TELEOLÓGICA

A interpretação Teleológica é um método de interpretação que visa à finalidade da norma. Ao se interpretar a norma, devem-se observar os aspectos econômicos, sociais e o bem comum. Assim veremos na jurisprudência acostada:

HC 87794 / BA – BAHIA HABEAS CORPUS Relator (a): Min. MARCO AURÉLIO Julgamento: 14/11/2006 Órgão Julgador: Primeira Turma
DJ 02-02-2007 PP-00114 EMENT VOL-02262-04 PP-00810 LEXSTF v. 29, n. 339, 2007, p. 430-438 PACTE. (S): GEOVÂNIO GOMES DE LIMA IMPTE. (S): TAURINO ARAÚJO
COATOR (A/S)(ES) : PRESIDENTE DO SUPERIOR TRIBUNAL DE JUSTIÇA Ementa HABEAS CORPUS – VERBETE N° 691 DA SÚMULA DO SUPREMO – SUPLANTAÇÃO. Uma vez julgado pelo Superior Tribunal de Justiça o *habeas* no qual indeferida a inicial, vindo à balha, no Supremo, nova medida, fica suplantada a discussão no tocante ao Verbete n° 691 da Súmula da Corte Maior. HABEAS CORPUS – OBJETO. O tema versado na impetração deve ter merecido enfrentamento no Superior Tribunal de Justiça, sendo que o silêncio a respeito, no acórdão proferido, apenas deixa de surtir efeitos no campo da concessão da ordem de ofício. PRISÃO PREVENTIVA – ORDEM PÚBLICA – SUBJETIVISMO. A busca da proteção da ordem pública há de estar calcada em fatos concretos, descabendo potencializar o subjetivismo e, a mercê de capacidade intuitiva, imaginar dados passíveis de acontecer como são exemplos a indignação da opinião pública, a preservação da sociedade e a provável vingança de parentes da vítima. PRISÃO PREVENTIVA – ORDEM PÚBLICA – REPERCUSSÕES DO DELITO. A ordem pública a ser preservada concerne ao futuro, mostrando-se impertinente, sob pena de colocação do princípio da não-culpabilidade em segundo plano, empolgar violência ocorrida considerado o delito. PRISÃO PREVENTIVA – CRIME HEDIONDO – RELAXAMENTO. A interpretação teleológica da Lei n° 8.072/90 é conducente

a concluir-se pela possibilidade de relaxamento da prisão preventiva. PRISÃO PREVENTIVA – INSTRUÇÃO CRIMINAL. A viabilidade da instrução criminal, sob o ângulo da custódia preventiva, pressupõe ato concreto que a revele, ante a postura do acusado, em risco.

11.7.5. INTERPRETAÇÃO EXTENSIVA

Quanto à interpretação extensiva, o intérprete amplia o sentido da norma, pois ela diz menos do que gostaria e, para isso, deve ampliar o sentido ou seu alcance.

HC 92417 / RJ – RIO DE JANEIRO HABEAS CORPUS Relator (a): Min. EROS GRAU Julgamento: 11/12/2007 Órgão Julgador: Segunda Turma
DJe-036 DIVULG 28-02-2008 PUBLIC 29-02-2008 EMENT VOL-02309-02. PP-00308 PACTE. (S): CLEUSA RIBEIRO DA SILVA
PACTE. (S): ROSA MARILIM RAMIRES MACHADO OU ROSA MARILIN RAMIRES MACHADO IMPTE. (S): WADYSON CAMEL
COATOR (A/S) (ES): RELATOR DO HABEAS CORPUS N° 88139 DO SUPERIOR TRIBUNAL DE JUSTIÇA
EMENTA: HABEAS CORPUS. PENAL. CONDENAÇÃO POR TRÁFICO DE ENTORPECENTES. APELAÇÃO DA ACUSAÇÃO PARA AUMENTAR A PENA. JULGAMENTO PENDENTE. LIVRAMENTO CONDICIONAL. REQUISITOS. CONCESSÃO. 1. Pacientes condenadas a 6 (seis) anos de reclusão, em regime integralmente fechado, pela prática dos crimes de trático e associação para o tráfico de entorpecentes. 2. Recurso de apelação do Ministério Público, objetivando ao aumento da pena, pendente de julgamento há mais de dois anos. Pacientes presas preventivamente há mais de três anos. 3. Transcurso de prazo suficiente à concessão da progressão de regime e da liberdade condicional. 4. Exceção à aplicação da Súmula 691/STF, face à existência de flagrante constrangimento ilegal. 5. Interpretação extensiva da Súmula 716 do Supremo Tribunal Federal no sentido de conceder liberdade condicional às pacientes. Ordem concedida.

11.7.6. INTERPRETAÇÃO RESTRITIVA

No que tange à interpretação restritiva, vemos que é o contrário da extensiva, pois a norma disse mais do que queria dizer. Nesse caso o intérprete faz uma interpretação restritiva para seu alcance, dando uma interpretação menos ampla à norma jurídica.

RE 170784 / MG – MINAS GERAIS RECURSO EXTRAORDINÁRIO Relator (a): Min. MARCO AURÉLIO Relator (a) p/ Acórdão: Min. NELSON JOBIM Julgamento: 14/03/2006 Órgão Julgador: Segunda Turma
DJ 04-08-2006 PP-00078 EMENT VOL-02240-04 PP-00658
RB v. 18, n. 515, 2006, p. 36-38
LEXSTF v. 28, n. 333, 2006, p. 250-260
RDDT n. 133, 2006, p. 176-180
RET v. 9, n. 51, 2006, p. 90-97
RECTE: TRANSPORTADORA MENEZES LTDA E OUTRO

RECDO: MUNICIPIO DE POCOS DE CALDAS
Ementa
EMENTA: CONSTITUCIONAL. TRIBUTÁRIO. ISS. IMUNIDADE. Serviços de transporte de minerais. CF, art. 155, § 3°. Normas constitucionais concessivas de benefício. Interpretação Restritiva. Recurso improvido.

11.7.7. INTERPRETAÇÃO DOUTRINÁRIA

A interpretação doutrinária – como o próprio nome já diz – é uma interpretação científica feita por um doutrinador que elabora pesquisas e que apresenta um significado especial para a norma.

RE 68506 / SP – SÃO PAULO RECURSO EXTRAORDINÁRIO Relator (a): Min. LUIS GALLOTTI
Julgamento: 18/11/1969
Órgão Julgador: PRIMEIRA TURMA
DJ 08-05-1970 RTJ VOL-05460-
Ementa
RECURSO EXTRAORDINÁRIO DA ALINEA A. OPTAR POR UMA DE DUAS INTERPRETAÇÕES DOUTRINÁRIAS DA LEI NÃO E NEGAR VIGENCIA A ESTA OU CONTRARIAR-LHE A LETRA. RECURSO EXTRAORDINÁRIO NÃO CONHECIDO. VALOR DA CAUSA, PARA EFEITO DE ALÇADA: DEVE SER CONSIDERADO O SALARIO MINIMO DA ÉPOCA EM QUE A AÇÃO E PROPOSTA E NÃO O DAQUELA EM QUE A SENTENÇA FOR PROFERIDA. RECURSO EXTRAORDINÁRIO CONHECIDO E PROVIDO.

12

EFICÁCIA DAS NORMAS CONSTITUCIONAIS

Ocorre a eficácia das normas constitucionais quando elas produzem efeitos na seara fática, no fenômeno da subsunção, em que os mandamentos saem da teorização abstrata e incidem no fato concreto. Para valorar a preponderância da Constituição, como norma mais importante do ordenamento jurídico, torna-se necessário analisar o seu grau de eficácia concretiva.

A eficácia é a capacidade que as normas têm para produzir efeitos jurídicos. Quando a norma realiza os seus efeitos de acordo com a finalidade para a qual foi criada alcançando os objetivos previstos pelo legislador, denominamos eficácia social, igualmente chamada de efetividade.

A vigência de uma norma é pressuposto lógico para sua aplicabilidade. Mas nem sempre só a vigência é o suficiente para que a norma tenha eficácia.

Conforme os efeitos imediatos que produzem no mundo jurídico as normas constitucionais podem ser:

a) Eficácia plena ocorre quando as normas constitucionais são autoaplicáveis e costumam ser denominadas completas ou autoexecutáveis *(self-executing provisions).* Elas não necessitam de qualquer outra norma para terem aplicabilidade como exemplo pode citar o artigo 5°, XI da CF: "*a casa é o asilo inviolável do indivíduo, ninguém nela podendo penetrar sem consentimento do morador, salvo em caso de flagrante delito ou desastre, ou para prestar socorro ou, durante o dia, por determinação judicial*". São denominadas normas supereficazes ou com eficácia absoluta e também têm aplicabilidade imediata, mas podem ser abolidas por emenda constitucional. As normas de eficácia plena e aplicabilidade direta, imediata e integral são aquelas em que no momento em que entra em vigor estão aptas a produzirem efeitos, independentemente de norma integrativa;

Jurisprudência

> AI-AgR 618986 / SP – SÃO PAULO AG. REG. NO AGRAVO DE INSTRUMENTO Relator (a): Min. RICARDO LEWANDOWSKI Julgamento: 13/05/2008 Órgão Julgador: Primeira Turma
> DJe-102 DIVULG 05-06-2008 PUBLIC 06-06-2008
> EMENT VOL-02322-06 PP-01097
> AGTE. (S): AGUEDA RAGHIANTE E OUTRO(A/S)
> AGDO. (A/S): ESTADO DE SÃO PAULO

> EMENTA: CONSTITUCIONAL. SERVIDOR PÚBLICO. DIREITO DE GREVE. ALEGADA VIOLAÇÃO AO ART. 37, VII. PRECEITO CONSTITUCIONAL DE EFICÁCIA CONTIDA. NECESSIDADE DE NORMA INFRACONSTITUCIONAL. OFENSA REFLEXA. AGRAVO IMPROVIDO. I – O preceito constitucional que garante o exercício de greve aos servidores públicos é de eficácia contida, de acordo com jurisprudência consolidada desta Corte. II – A eficácia plena do preceito constitucional demanda a existência de norma infraconstitucional que regulamente os efeitos e a forma de exercício deste direito. III – A ausência de lei não conduz a conclusão de que a Administração Pública deveria considerar justificadas as faltas, a ofensa ao texto constitucional, se ocorrente, seria meramente reflexa. IV – Agravo regimental improvido.

b) Eficácia reduzida ou limitada. Muitos preceitos constitucionais estão descritos: "nos termos da lei", "na forma da lei", "a lei disporá", "a lei regulará", enfim, evidenciando não ter aplicabilidade imediata. São as chamadas normas constitucionais de eficácia limitada, ou incompleta, ou não bastantes em si, ou de eficácia relativa, ou de integração complementável ou ainda de aplicabilidade mediata e reduzida e de aplicabilidade diferida. Não são, portanto, autoaplicáveis *(not-self executing provisions);* pois dependem de norma complementar ou ordinária para gerar efeitos. São também chamadas de normas de eficácia mediata ou indireta. Mesmo as normas de eficácia limitada geram alguns efeitos jurídicos negativos imediatos, pois vinculam o legislador infraconstitucional aos seus comandos (efeitos impeditivos de deliberação em sentido contrário ao da norma constitucional) e paralisam as normas precedentes com elas incompatíveis (efeitos paralisantes). Enfim, são aquelas normas constitucionais que, de imediato, no momento da promulgação da Constituição, não têm o condão de produzir todos os seus efeitos, precisando de uma lei integrativa infraconstitucional;

Jurisprudência

> RE-AgR 400320 / PE – PERNAMBUCO AG. REG. NO RECURSO EXTRAORDINÁRIO
> Relator (a): Min. CARLOS BRITTO Julgamento: 28/11/2006 Órgão Julgador: Primeira Turma
> DJ 02-02-2007 PP-00111. EMENT VOL-02262-08 PP-01577 RT v. 96, n. 861, 2007, p. 120-122
> AGTE. (S): SECOM AQUICULTURA COMÉRCIO E INDÚSTRIA S/A AGDO. (A/S): UNIÃO
> Ementa
> EMENTA: CONSTITUCIONAL. TRIBUTÁRIO. AGRAVO REGIMENTAL. RECURSO EXTRAORDINÁRIO. PROGRAMA DE INTEGRAÇÃO SOCIAL – PIS. MEDIDA PROVISÓRIA N° 1.212/95 E SUAS REEDIÇÕES. Esta excelsa Corte, antes da Emenda Constitucional n° 32/2001, já se havia manifestado pela idoneidade da medida provisória para versar sobre matéria tributária, dado que a Constituição Republicana confere a essa espécie normativa força de lei (ADI 1.417-MC e ADI 1.667-MC). Noutro giro, as medidas provisórias (ainda de acordo com o entendimento anterior à referida emenda constitucional) tinham sua eficácia limitada a

> trinta dias, caso não fossem nesse prazo convertidas em lei (parágrafo único do art. 62 da CF). Daí que necessitavam elas de reedição por meio de nova medida provisória, dentro do seu prazo de validade (RE 232.896, Relato Ministro Carlos Velloso). De resto, era também assente no STF o entendimento de que o prazo de noventa dias a que se refere o § 6° do art. 195 da Lei das Leis tinha por termo inicial a data de publicação da primeira medida provisória (RE 197.790, Relator Ministro Ilmar Galvão, e ADI 1.135, Redator para o acórdão Ministro Sepúlveda Pertence). Ressalva do ponto de vista do Relator. Agravo regimental desprovido.

c) **Eficácia contida**, esta norma constitucional também chamada de redutível, de integração restringível, é aquela que traz em seu conteúdo a previsão (cláusula de redutibilidade) de que uma legislação infraconstitucional pode restringir o alcance da norma constitucional com autorização própria, a exemplo do artigo 9°, § 1° da CF: *"A lei definirá os serviços ou atividades essenciais e disporá sobre o atendimento das necessidades inadiáveis da comunidade"*, a norma constitucional autoriza a lei infraconstitucional a definir os serviços essenciais e, quanto a eles, restringir o direito de greve. Enquanto o legislador não produzir a norma restritiva, a norma de eficácia contida terá aplicabilidade imediata conforme dispõe o § 1° do artigo 5° da Constituição Federal: "As *normas definidoras dos direitos e garantias fundamentais têm aplicação imediata"*. Também chamadas de prospectivas, têm aplicabilidade direta e imediata, mas possivelmente não integral. A norma infraconstitucional poderá reduzir a sua abrangência. Como exemplo veja o artigo 136, § 1° da CF: *"O decreto que instituir o estado de defesa determinará o tempo de sua duração, especificará as áreas a serem abrangidas e indicará, nos termos e limites da lei, as medidas coercitivas a vigorarem, dentro as seguintes [...]"*. Ainda o artigo 139 da CF: *"Na vigência do estado de sítio decretado com fundamento no artigo 137, I só* poderão ser tomadas contra as pessoas as seguintes medidas". *Muitas normas* constitucionais são construídas com palavras polissêmicas (termos vagos), como bons costumes, segurança pública, interesse social etc. A definição deste conteúdo fica a cargo do Poder Legislativo, que o fará em sintonia com as condições socioeconômicas. Essas normas se situam entre as normas de eficácia limitada e eficácia plena. Parte do seu texto produz eficácia imediata, mas podem sofrer uma redução;

Jurisprudência

> AI-AgR 618986 / SP – SÃO PAULO AG. REG. NO AGRAVO DE INSTRUMENTO Relator (a): Min. RICARDO LEWANDOWSKI Julgamento: 13/05/2008 Órgão Julgador: Primeira Turma
> DJe-102 DIVULG 05-06-2008 PUBLIC 06-06-2008
> EMENT VOL-02322-06 PP-01097
> AGTE. (S): AGUEDA RAGHIANTE E OUTRO(A/S)
> AGDO. (A/S): ESTADO DE SÃO PAULO

Ementa
EMENTA: CONSTITUCIONAL. SERVIDOR PÚBLICO. DIREITO DE GREVE. ALEGADA VIOLAÇÃO AO ART. 37, VII. PRECEITO CONSTITUCIONAL DE EFICÁCIA CONTIDA. NECESSIDADE DE NORMA INFRACONSTITUCIONAL. OFENSA REFLEXA. AGRAVO IMPROVIDO. I – O preceito constitucional que garante o exercício de greve aos servidores públicos é de eficácia contida, de acordo com jurisprudência consolidada desta Corte. II – A eficácia plena do preceito constitucional demanda a existência de norma infraconstitucional que regulamente os efeitos e a forma de exercício deste direito. III – A ausência de lei não conduz a conclusão de que a Administração Pública deveria considerar justificadas as faltas, a ofensa ao texto constitucional, se ocorrente, seria meramente reflexa. IV – Agravo regimental improvido.

d) Eficácia exaurida e aplicabilidade esgotada. Esta eficácia é sugerida por Uadi Lammêgo Bulos[1], que assevera serem aquelas normas que já extinguiram a produção de seus efeitos, por isso, estão esgotadas, dissipadas ou desvanecidas, condicionando assim sua aplicabilidade. Como exemplo cita o Ato das Disposições Constitucionais Transitórias (ADCT) artigo 3°: *"a revisão constitucional será realizada após cinco anos, contados da promulgação da Constituição pelo voto da maioria absoluta dos membros do Congresso Nacional, em sessão unicameral".* Esta revisão já ocorreu de modo que a aplicabilidade foi exaurida;

Jurisprudência

ADI-MC 1100 / RJ – RIO DE JANEIRO MEDIDA CAUTELAR NA AÇÃO DIRETA DE INCONSTITU-
CIONALIDADE Relator (a): Min. MOREIRA ALVES
Julgamento: 11/11/1994
Órgão Julgador: TRIBUNAL PLENO
DJ 24-02-1995 PP-03675 EMENT VOL-01776-01 PP-00047
Ementa
EMENTA: – Ação direta de inconstitucionalidade. Pedido de liminar. Artigo 11 do ADCT da Constituição do Estado do Rio de Janeiro, na redação dada pela Emenda Constitucional n. 5/92. – Ocorrência, no caso, da relevância jurídica da fundamentação em que se baseia a arguição de inconstitucionalidade. – Já estando exaurida, porém, a eficácia do dispositivo impugnado, não tem, por isso, objeto a suspensão liminar da eficácia dele, por ter essa suspensão, quando deferida, eficácia *"ex nunc".* Pedido de liminar que não se conhece

e) Normas Programáticas são aquelas que podem ser: i) de **princípio instituidor ou institutivo** (orgânico/organizativo), que é aquela norma que traz um início de estruturação de uma entidade, exemplo o artigo 18, § 2° da CF: *"Os Territórios Federais integram a União, e sua criação, transfor-*

1 BULOS, Uadi Lamêgo. *Constituição Federal anotada.* São Paulo: Saraiva, 2000.

mação em Estado ou reintegração ao Estado de origem serão reguladas em lei complementar". Observa-se que será necessária a criação da Lei Complementar para disciplinar a criação de território. Essa norma de princípio institutivo pode ser impositiva, quando determina ao legislador a edição da lei integradora ex vi do artigo 88 da CF: *"A lei disporá sobre a criação e extinção de Ministérios e órgãos da Administração pública"* ou ii) **programáticas,** que estabelecem um programa a ser desenvolvido pelo Estado, mediante a regulamentação, pelo legislador ordinário do direito nela previsto, ex vi do artigo 7°, XI: *"participação nos lucros, ou resultados, desvinculada da remuneração e, excepcionalmente, participação na gestão da empresa, conforme definido em lei".* São normas de aplicação diferida (para o futuro) que se limitam a enunciar comandos-valores. As linhas diretoras devem ser seguidas pelo Poder Público são também chamadas de normas diretórias ou diretivas, desde sua vigência devem ser observadas pelo legislador ordinário e pelo intérprete. Estas normas traçam planos, metas ou objetivos que devem ser alcançados. Para que tenham eficácia, necessário se faz que o Poder Executivo, o Poder Judiciário e o Poder Legislativo obedeçam a elas, tomando atitudes necessárias para a consecução dos fins nelas previstos;

Jurisprudência

RE-AgR 271286 / RS – RIO GRANDE DO SUL AG. REG. NO RECURSO EXTRAORDINÁRIO Relator (a): Min. CELSO DE MELLO Julgamento: 12/09/2000 Órgão Julgador: Segunda Turma

DJ 24-11-2000 PP-00101 EMENT VOL-02013-07 PP-01409 AGTE. : MUNICÍPIO DE PORTO ALEGRE AGDA. : DINÁ ROSA VIEIRA

Ementa

E M E N T A: PACIENTE COM HIV/AIDS – PESSOA DESTITUÍDA DE RECURSOS FINANCEIROS – DIREITO À VIDA E À SAÚDE – FORNECIMENTO GRATUITO DE MEDICAMENTOS – DEVER CONSTITUCIONAL DO PODER PÚBLICO (CF, ARTS. 5°, CAPUT, E 196) – PRECEDENTES (STF) – RECURSO DE AGRAVO IMPROVIDO. O DIREITO À SAÚDE REPRESENTA CONSEQUÊNCIA CONSTITUCIONAL INDISSOCIÁVEL DO DIREITO À VIDA. – O direito público subjetivo à saúde representa prerrogativa jurídica indisponível assegurada à generalidade das pessoas pela própria Constituição da República (art. 196). Traduz bem jurídico constitucionalmente tutelado, por cuja integridade deve velar, de maneira responsável, o Poder Público, a quem incumbe formular – e implementar – políticas sociais e econômicas idôneas que visem a garantir, aos cidadãos, inclusive àqueles portadores do vírus HIV, o acesso universal e igualitário à assistência farmacêutica e médico-hospitalar. – O direito à saúde – além de qualificar-se como direito fundamental que assiste a todas as pessoas – representa consequência constitucional indissociável do direito à vida. O Poder Público, qualquer que seja a esfera institucional de sua atuação no plano da organização federativa brasileira, não pode mostrar-se indiferente ao problema da saúde da população, sob pena de incidir, ainda que por censurável omissão, em grave comportamento inconstitucional. A INTERPRETAÇÃO DA NORMA PROGRAMÁTICA NÃO PODE TRANSFORMÁ- LA EM PROMESSA CONSTITUCIONAL INCONSEQUENTE. – O caráter programático da regra inscrita no art. 196 da Carta Política – que tem por destinatários todos os entes políticos que compõem, no plano institucional, a organização federativa do Estado brasileiro – não pode converter-se em promessa constitucional inconsequente, sob pena de o Poder Público, fraudando justas expectativas nele depositadas pela coletividade, substituir, de maneira ilegítima, o cumprimento de seu impostergável dever, por um gesto irresponsável de infidelidade governamental ao que determina a própria Lei Fundamental do Estado. DISTRIBUIÇÃO GRATUITA DE MEDICAMENTOS A PESSOAS CARENTES. – O reconhecimento judicial da validade jurídica de programas de distribuição gratuita de medicamentos a pessoas carentes, inclusive àquelas portadoras do vírus HIV/AIDS, dá efetividade a preceitos fundamentais da Constituição da República (arts. 5°, caput, e 196) e representa, na concreção do seu alcance, um gesto reverente e solidário de apreço à vida e à saúde das pessoas, especialmente daquelas que nada têm e nada possuem, a não ser a consciência de sua própria humanidade e de sua essencial dignidade. Precedentes do STF.

13

SÚMULAS VINCULANTES

SÚMULA (*DE SUMMULA)* expressa o diminutivo, o resumo ou a menor parte de summa, que significa soma. A soma é a jurisprudência, no sentido do Civil Law (precedentes reiterados de um tribunal para casos iguais). A súmula vinculante é a mínima parte da jurisprudência dominante da Suprema Corte que prende ou amarra a obediência dos juízes e tribunais (vinculum = laço, atilho, liame). O termo vinculante provém da expressão latina que marca a Chiesa di San Pietro in Vincoli, mandada erigir por Leão I Magno, no século V, para abrigar parte das correntes que prendiam São Pedro na Prisão Mamertina.

A súmula vinculante destina-se à reconciliação dos juízes e à pacificação da jurisprudência

A emenda constitucional 45 de 8 de dezembro de 2004, acrescentou ao artigo 103 da Constituição Federal o artigo 103-A que trata da chamada súmula vinculante.

> O Supremo Tribunal Federal poderá, de ofício ou por provocação mediante decisão de dois terços dos seus membros, após reiteradas decisões sobre matéria constitucional aprovar súmula que, a partir de sal publicação na imprensa oficial, terá efeito vinculante em relação aos demais órgãos do Poder Judiciário e à administração pública direta e indireta, nas esferas federal, estadual e municipal, bem como proceder à sua revisão ou cancelamento, na forma estabelecida em lei.

O §1° estabelece que:

> [...] a súmula terá por objetivo a validade, a interpretação e a eficácia de normas determinadas, acerca das quais haja controvérsia atual entre órgãos judiciários ou entre esses e a administração pública que acarrete grave insegurança jurídica e relevante multiplicação de processos sobre questão idêntica.

O §2° assegura que

> Sem prejuízo do que vier a ser estabelecido em lei, a aprovação, revisão ou cancelamento de súmula poderá ser provocada por aqueles que podem propor a ação direta de inconstitucionalidade.

§3° verbera que:

Do ato administrativo ou decisão judicial que contrariar a súmula aplicável ou que indevidamente a aplicar, caberá reclamação ao Supremo

Tribunal Federal que, julgando-a procedente, anulará o ato administrativo ou cassará a decisão judicial reclamada, e determinará que outra seja proferida com ou sem a aplicação da súmula, conforme o caso.

13.1. ORIGEM DA SÚMULA VINCULANTE

A origem mais remota e primária da súmula vinculante está no artigo 2° do Decreto 6.142, de 10 de março de 1876. Na época o Supremo Tribunal de Justiça interpretava as leis civis, comerciais e criminais que geravam controvérsias, e esta interpretação assumia força de lei. A criação do atual direito sumular brasileiro é atribuída ao Ministro Victor Nunes Leal, em 1963.

A Súmula Vinculante foi posta junto dos assentos decisivos, emanados da Casa d'el Rei, da Casa da Suplicação ou Mesa Grande, da antiga monarquia absoluta de Portugal, que não cuidavam do direito das partes no particular de cada uma delas, mas sim da "inteligência geral e perpétua da lei" em benefício comum. Aqueles assentos continham a interpretação da lei que os desembargadores deviam cumprir, sob pena de suspensão do cargo até o perdão do Rei, e procuravam transmitir o estilo da Corte aplicado ao costume do povo, o mais livre possível do utrumque jus, que eram os institutos romanos e visigóticos (ramo dos godos do Ocidente, que surgiu na região do Danúbio, no século IV, e que conquistou Roma, a Gália e parte da Espanha até ser submetido aos árabes em 711). Às Relações do Porto, Goa, Bahia e Rio de Janeiro foram atribuídos o privilégio de proferir assentos. Pela Lei da Boa Razão só os assentos da Casa da Suplicação ficavam tendo autoridade, mas havia a possibilidade de os assentos das Relações subalternas adquirirem valor autêntico, desde que fossem confirmados pela Casa da Suplicação[1].

A função dos assentos do Reino de Portugal foi de compor, pela interpretação, normas com valor de lei, aceitas segundo a boa razão, o beneplácito do Rei e o costume do povo.

Desde o século XIV, os reis de Portugal tiveram a necessidade de construir ordenações próprias, do que sucederam as Ordenações Afonsinas, Manoelinas e Filipinas. As normas eram expedidas, sem publicação, e direcionadas aos seus executores. As Ordenações Manuelinas foram o primeiro código do mundo a contar com difusão impressa.

As Ordenações Afonsinas, constituídas de coletânea de leis, são formadas de cinco livros, à semelhança dos Decretais de Gregório IX, datam do meado século XV, reinado de Afonso V, e mandavam aplicar, em sua omissão, o Direito Romano ou o Direito Canônico. Pelas Ordenações Manuelinas feitas, em primeira edição, no ano de 1514, com versão definitiva em 1521,

1 SILVA, Nuno J. Espinosa Gomes da. *História do direito português.* 2ª ed. Lisboa: Fundação Calouste Gul- benkian. p. 360-365.

foi determinado que quando os desembargadores tivessem dúvida sobre o entendimento de alguma Ordenação deviam submetê-la à Mesa Grande e dar a sentença conforme o entendimento desta. O entendimento que fosse tomado seria colocado no pelourinho para não se pôr mais em dúvida. As Ordenações Filipinas, ficaram prontas no reinado de Felipe I, que as sancionou em 1591, mas foram impressas e mandadas observar, em 1603, no reinado de Felipe II. Algumas de suas normas vigeram no Brasil até o advento do Código Civil de 1916. Nessas Ordenações, ficou escrito que os desembargadores que ficassem em dúvida sobre sua interpretação deviam apresentá-la ao Regedor para que este a submetesse à Mesa Grande. A interpretação obtida seria escrita no livro da Relação para que não houvesse mais dúvida. Caso os desembargadores da Mesa Grande mantivessem a hesitação, caberia ao Regedor dar conhecimento ao Rei, para que ele dispusesse a respeito. Os desembargadores que interpretassem de outra maneira as Ordenações ou dessem sentenças em algum feito, tendo dúvida no seu entendimento, sem ir ao Regedor para que a Mesa Grande a desfizesse, seria suspenso de suas funções até a mercê do Rei. Além da necessidade da codificação, era preciso dar-se interpretação segundo o estilo da Corte e o costume do povo.

Segundo a Lei da Boa Razão, de 1769, editada pelo Marquês de Pombal, por ordem de Dom José I, os assentos destinavam-se a precaver, com sábias providências, as interpretações abusivas que ofendiam a majestade das leis, desautorizavam a reputação dos magistrados e tornavam perplexa a justiça dos litigantes, de forma que o sossego público não pudesse ser conservado no Direito e nos bens dos vassalos. Os raciocínios frívolos e os sofismas praticados pelos advogados seriam punidos com multa e suspensão dos graus, e aos advogados que emprestassem o nome para violação das leis seria imposto degredo para Angola.

13.2. A SÚMULA NOS ESTADOS UNIDOS DA AMÉRICA E INGLATERRA

Os Estados Unidos e a Inglaterra têm modelos bem distintos de respeito aos precedentes dos tribunais. São estes construídos, mediante a contribuição dos juízes, nas instâncias inferiores, até alcançar quietude na jurisprudência das instâncias mais elevadas. Logo, é instituto democrático, aberto, ao contrário dos assentos impositivos que procuravam transmitir o estilo da Corte. Produzem-se os leading cases. Daí advém o stare decisis et non quieta movere. Significa manter-se a jurisprudência firmada e não se mexer no que está pacificado. A jurisprudência é adotada por simples remissão aos cases, p. ex., Mahnich v. Southern S. S. Co. A remissão ao case significa a adoção dos fundamentos e da conclusão do aresto, sem necessidade de indicação de número, nome de relator, data de julgamento e de publicação, repertório etc., nem de repetição dos argumentos que formaram o precedente como acontece no Brasil[2].

Na efetivação do binding precedent, valoriza-se o fato de ter sido decorrente de uma série de casos, não tendo sido produto de caso isolado. Consideram-se os pesos dos votos divergentes e as circunstâncias da decisão. Na sobrevida do binding precedent podem ocorrer o dissent, o distinguishing e o overruling. Os membros do tribunal podem discordar da aplicação do binding precedent. Pela autoridade, a influência, a cultura de quem discorda ou dos que discordam, o dissent (dissentimento) de hoje pode vir a ser o stare decisis de amanhã. O distinguishing não é, propriamente, variação, mas indagação à ratio decidendi (razão pela qual se decidiu) do precedente tomado como paradigma para saber-se de sua identidade com a espécie submetida a julgamento. O overruling é o reconhecimento da falência do precedente, pelo tribunal que o produziu, ou pelo tribunal superior. Repugna aos juízes ingleses.

Em seu estudo da stare decisis, Edward D. R. adverte que, no Common Law, a doutrina é essencial para prestigiar a estabilidade e permitir o desenvolvimento de um sistema consistente e coerente[3]. O stare decisis preserva a continuidade, manifesta respeito pelo passado, assegura igualdade de tratamento aos litigantes em idêntica situação, poupa os juízes da tarefa de reexaminar as regras de direito a cada caso subsequente e assegura determinada medida de previsibilidade à aplicação da lei. Citando Henry Campbell Black, em seu Law of judicial precedent, tem o precedente como paradigma quando as suas circunstâncias, mediante análise aguda, repetem-se no caso em julgamento. O stare decisis foi esvaziado com a elaboração das leis à proporção que se reduzia o espaço para os precedentes.

Edward D. Re considera o peso de cada precedente segundo o fato de ser isolado ou em série de decisões bem fundamentadas. Admite a possibilidade de ter sido corroído por outras decisões que restringiram sua aplicação. Verifica se as alterações dos costumes o tornaram obsoleto. Levanta o grau de autoridade com que a Corte se manifestou, incluindo o valor de votos divergentes. Cita Allen, autor de Law in the making, considerando a hipótese de um julgamento errôneo, simplesmente porque a parte sucumbente deixa de recorrer, geralmente pela boa razão de que não pode mais arcar com os ônus do litígio. Os tribunais perdem quando os advogados e o público começam a admitir que nada do que foi dito em sentenças anteriores tem valor para a controvérsia atual, disse o Justice Roberts no caso Mahnich v. Southern S.S. Co., acrescentando que, naquela hipótese, a dis-

2 BENETI, Sidnei Agostinho. *O processo na Suprema Corte dos Estados Unidos.* O Judiciário e a Constituição. São Paulo: Saraiva, 1994. p. 291-294

3 RE, Edward D. Tradução de Ellen Gracie Northfleet. *Revista de Processo,* v. 73, p. 52

posição do tribunal em revogar decisões consideradas errôneas "tende a colocar as sentenças desse tribunal na mesma classe que uma passagem ferroviária restrita, que serve apenas para esse dia e esse trem".

Agrada à doutrina, torna-se reconfortante ver um tribunal disposto a admitir francamente o seu erro. É melhor revogar, expressamente, a decisão, do que pretender segui-la e ainda criar distinções sutis toda vez que surgir o princípio geral aí envolvido.

O sistema do Common Law, contemporaneamente, toma em consideração a política legislativa expressa ou implícita na multidão de leis existentes, pois, como disse o juiz Holmes, da Suprema Corte americana, os juízes legislam e precisam fazê-lo, desde que o façam intersticialmente. Por isso Edward D. Re ensina a prevalência da política legislativa sobre o precedente jurisprudencial, levando em conta que, com a extensão das leis sobre quase todos os ramos do Direito, tanto público como privado, não se pode mais pressupor que o ponto de partida seja um precedente judicial. Acrescenta que, no sistema tripartite de governo, o tribunal deve ser fiel aos propósitos da política legislativa.

Por causa da relevante e, quem sabe, derrogatória política legislativa, Erwin Griswold denunciou o que ele chamou de "avanço aos saltos e queimando etapas". Para ele, a primeira decisão é destilada da linguagem da Constituição, mas a próxima interpretação é tirada da última decisão. As palavras da Constituição podem ficar tão distantes que serão virtualmente ignoradas, ao ponto de se exclamar que há uma sociedade livre, em que todas as coisas são feitas e em que o governo deixa as pessoas em paz. Tais caricaturas de Constituição não serão exercício apropriado do Poder Judiciário. O Presidente Stone, da Suprema Corte americana, proclamou que não é função daquele Tribunal desatender a vontade do Congresso, no exercício de seus poderes constitucionais, e que a Suprema Corte tinha plena liberdade de alterar a lei, desde que se manifestasse fora da solução adotada pelo Tribunal.

Bernard Schwartz[4] reconheceu que, se no passado existia um "Governo dos Juízes", a partir de Roosevelt o papel da Corte Suprema Federal, que era exercido, amplamente, no controle de constitucionalidade das leis, alterou-se profundamente, admitindo a revogação específica de um grande número de decisões anteriores, algumas das quais eram centenárias na consagração pelo direito americano. Cita o Juiz Brandeis, no caso Burnet v. Coronado Oil & Gas Co., segundo o qual a Corte curva-se às leis da experiência e à força do melhor raciocínio, reconhecendo que o processo de ensaio e erro, tão produtivo nas Ciências Físicas, é também apropriado na função judicial. Pelo

4 SCHWARTZ, Bernard. *Direito Constitucional Americano.* Rio de Janeiro: Forense, 1966. p. 198-201.

stare decisis, na Inglaterra, o Parlamento tem liberdade para elaborar uma lei e corrigir o erro judiciário da interpretação de outra lei.

REQUISITOS PARA A EDIÇÃO DA SÚMULA VINCULANTE

a) A súmula deve emanar do Supremo Tribunal Federal, único órgão competente para a edição;

b) O objeto da súmula vinculante deve ser a validade, a interpretação e a eficácia de normas determinadas, que envolvam matéria constitucional;

c) A súmula vinculante pode ser editada de ofício pelo Supremo, ou por provocação de qualquer dos legitimados para a ação direta de inconstitucionalidade, ou seja: Presidente da República, Mesa da Câmara dos Deputados, Mesa do Senado Federal, Governadores de Estado ou do Distrito Federal, Mesas das Assembleias Legislativas, Procurador-Geral da República, partido político com representação no Congresso Nacional, Conselho Federal da Ordem dos Advogados do Brasil e confederações sindicais ou entidades de classe de âmbito nacional;

d) Controvérsia atual entre os órgãos judiciários ou entre esses e a administração pública que acarrete grave insegurança jurídica;

e) Relevante multiplicação de processos sobre questão idêntica;

f) Decisão favorável de pelo menos 2/3 dos ministros do Supremo. Não existe previsão, no corpo deste artigo, de nenhum tipo de punição ao magistrado que não utilizar as súmulas. Muito embora esta ausência de previsão legal, o magistrado recalcitrante poderá ser punido administrativamente, visto que, em assim agindo, estará causando tumulto processual.

O procedimento da reclamação perante o Supremo Tribunal Federal possui previsão constitucional, legal e regimental. A Constituição Federal de 1988, no seu artigo 102, I, "I", dispõe sobre o processo e julgamento, em instância originária, da reclamação para a preservação da competência do respectivo tribunal e para a garantia da autoridade de suas decisões. A previsão legal está disposta na Lei n° 8.038 de 28 de maio de 1990, nos artigos 13 *usque* 18.

Assim também o Diário da Justiça, Seção I, 2 fev. 2004, p.97, medida cautelar – Recl. n° 2.523-3/SP- Rel. Min. Celso de Mello: "assiste plena legitimidade ativa, em sede de reclamação, àquele- particular ou não- que venha a ser afetado, em sua esfera jurídica, por decisões de outros magistrados ou Tribunais que se revelem contrárias ao entendimento fixado, em caráter vinculante, pelo Supremo Tribunal Federal, no julgamento dos processos objetivos de controle normativo abstrato instaurado mediante ajuizamento, quer de ação direta de inconstitucionalidade, quer de ação declaratória de constitucionalidade."

Resta claro que a legitimidade para a reclamação é ampla.

13.4. SÚMULAS VINCULANTES DO SUPREMO TRIBUNAL FEDERAL

SÚMULA VINCULANTE 1

Ofende a garantia constitucional do ato jurídico perfeito a decisão que, sem ponderar as circunstâncias do caso concreto, desconsidera a validez e a eficácia de acordo constante de termo de adesão instituído pela Lei Complementar nº 110/2001.

SÚMULA VINCULANTE 2

É inconstitucional a lei ou ato normativo estadual ou distrital que disponha sobre sistemas de consórcios e sorteios, inclusive bingos e loterias.

SÚMULA VINCULANTE 3

Nos processos perante o Tribunal de Contas da União asseguram-se o contraditório e a ampla defesa quando da decisão puder resultar anulação ou revogação de ato administrativo que beneficie o interessado, excetuada a apreciação da legalidade do ato de concessão inicial de aposentadoria, reforma e pensão.

SÚMULA VINCULANTE 4

Salvo nos casos previstos na Constituição, o salário mínimo não pode ser usado como indexador de base de cálculo de vantagem de servidor público ou de empregado, nem ser substituído por decisão judicial.

SÚMULA VINCULANTE 5

A falta de defesa técnica por advogado no processo administrativo disciplinar não ofende a Constituição.

SÚMULA VINCULANTE 6

Não viola a Constituição o estabelecimento de remuneração inferior ao salário mínimo para as praças prestadoras de serviço militar inicial.

SÚMULA VINCULANTE 7

A norma do § 3º do artigo 192 da Constituição, revogada pela Emenda Constitucional nº 40/2003, que limitava a taxa de juros reais a 12% ao ano, tinha sua aplicação condicionada à edição de lei complementar.

SÚMULA VINCULANTE 8

São inconstitucionais o parágrafo único do artigo 5º do Decreto-Lei nº 1.569/1977 e os artigos 45 e 46 da Lei nº 8.212/1991, que tratam de prescrição e decadência de crédito tributário.

SÚMULA VINCULANTE 9

O disposto no artigo 127 da Lei nº 7.210/1984 (Lei de Execução Penal) foi recebido pela ordem constitucional vigente, e não se lhe aplica o limite temporal previsto no caput do artigo 58.

SÚMULA VINCULANTE 10

Viola a cláusula de reserva de plenário (CF, artigo 97) a decisão de órgão fracionário de Tribunal que embora não declare expressamente a inconstitucionalidade de lei ou ato normativo do poder público, afasta sua incidência, no todo ou em parte.

SÚMULA VINCULANTE 11

Só é lícito o uso de algemas em casos de resistência e de fundado receio de fuga ou de perigo à integridade física própria ou alheia, por parte do preso ou de terceiros, justificada a excepcionalidade por escrito, sob pena de responsabilidade disciplinar, civil e penal do agente ou da autoridade e de nulidade da prisão ou do ato processual a que se refere, sem prejuízo da responsabilidade civil do Estado.

SÚMULA VINCULANTE 12

A cobrança de taxa de matrícula nas universidades públicas viola o disposto no art. 206, IV, da Constituição Federal.

SÚMULA VINCULANTE 13

A nomeação de cônjuge, companheiro ou parente em linha reta, colateral ou por afinidade, até o terceiro grau, inclusive, da autoridade nomeante ou de servidor da mesma pessoa jurídica investido em cargo de direção, chefia ou assessoramento, para o exercício de cargo em comissão ou de confiança ou, ainda, de função gratificada na administração pública direta e indireta em qualquer dos Poderes da União, dos Estados, do Distrito Federal e dos Municípios, compreendido o ajuste mediante designações recíprocas, viola a Constituição Federal.

SÚMULA VINCULANTE 14

É direito do defensor, no interesse do representado, ter acesso amplo aos elementos de prova que, já documentados em procedimento investigatório realizado por órgão com competência de polícia judiciária, digam respeito ao exercício do direito de defesa.

SÚMULA VINCULANTE 15

O cálculo de gratificações e outras vantagens do servidor público não incide sobre o abono utilizado para se atingir o salário mínimo.

SÚMULA VINCULANTE 16

Os artigos 7º, IV, e 39, § 3º (redação da EC 19/98), da Constituição, referem-se ao total da remuneração percebida pelo servidor público.

SÚMULA VINCULANTE 17

Durante o período previsto no parágrafo 1º do artigo 100 da Constituição, não incidem juros de mora sobre os precatórios que nele sejam pagos.

SÚMULA VINCULANTE 18

A dissolução da sociedade ou do vínculo conjugal, no curso do mandato, não afasta a inelegibilidade prevista no § 7º do artigo 14 da Constituição Federal.

SÚMULA VINCULANTE 19

A taxa cobrada exclusivamente em razão dos serviços públicos de coleta, remoção e tratamento ou destinação de lixo ou resíduos provenientes de imóveis, não viola o artigo 145, II, da Constituição Federal.

SÚMULA VINCULANTE 20

A Gratificação de Desempenho de Atividade Técnico-Administrativa – GDATA, instituída pela Lei nº 10.404/2002, deve ser deferida aos inativos nos valores correspondentes a 37,5 (trinta e sete vírgula cinco) pontos no período de fevereiro a maio de 2002 e, nos termos do artigo 5º, parágrafo único, da Lei nº 10.404/2002, no período de junho de 2002 até a conclusão dos efeitos do último ciclo de avaliação a que se refere o artigo 1º da Medida Provisória no 198/2004, a partir da qual passa a ser de 60 (sessenta) pontos.

SÚMULA VINCULANTE 21
É inconstitucional a exigência de depósito ou arrolamento prévios de dinheiro ou bens para admissibilidade de recurso administrativo.

SÚMULA VINCULANTE 22
A Justiça do Trabalho é competente para processar e julgar as ações de indenização por danos morais e patrimoniais decorrentes de acidente de trabalho propostas por empregado contra empregador, inclusive aquelas que ainda não possuíam sentença de mérito em primeiro grau quando da promulgação da Emenda Constitucional nº 45/04.

SÚMULA VINCULANTE 23
A Justiça do Trabalho é competente para processar e julgar ação possessória ajuizada em decorrência do exercício do direito de greve pelos trabalhadores da iniciativa privada.

SÚMULA VINCULANTE 24
Não se tipifica crime material contra a ordem tributária, previsto no art. 1º, incisos I a IV, da Lei nº 8.137/90, antes do lançamento definitivo do tributo.

SÚMULA VINCULANTE 25
É ilícita a prisão civil de depositário infiel, qualquer que seja a modalidade do depósito.

SÚMULA VINCULANTE 26
Para efeito de progressão de regime no cumprimento de pena por crime hediondo, ou equiparado, o juízo da execução observará a inconstitucionalidade do art. 2º da Lei n. 8.072, de 25 de julho de 1990, sem prejuízo de avaliar se o condenado preenche, ou não, os requisitos objetivos e subjetivos do benefício, podendo determinar, para tal fim, de modo fundamentado, a realização de exame criminológico.

SÚMULA VINCULANTE 27
Compete à Justiça estadual julgar causas entre consumidor e concessionária de serviço público de telefonia, quando a ANATEL não seja litisconsorte passiva necessária, assistente, nem opoente.

SÚMULA VINCULANTE 28
É inconstitucional a exigência de depósito prévio como requisito de admissibilidade de ação judicial na qual se pretenda discutir a exigibilidade de crédito tributário.

SÚMULA VINCULANTE 29
É constitucional a adoção, no cálculo do valor de taxa, de um ou mais elementos da base de cálculo própria de determinado imposto, desde que não haja integral identidade entre uma base e outra.

SÚMULA VINCULANTE 30
(A Súmula Vinculante 30 está pendente de publicação)

SÚMULA VINCULANTE 31
É inconstitucional a incidência do Imposto sobre Serviços de Qualquer Natureza – ISS sobre operações de locação de bens móveis.

SÚMULA VINCULANTE 32
O ICMS não incide sobre alienação de salvados de sinistro pelas seguradoras.

SÚMULA VINCULANTE 33
Aplicam-se ao servidor público, no que couber, as regras do regime geral da previdência social sobre aposentadoria especial de que trata o artigo 40, § 4º, inciso III da Constituição Federal, até a edição de lei complementar específica.

SÚMULA VINCULANTE 34
A Gratificação de Desempenho de Atividade de Seguridade Social e do Trabalho – GDASST, instituída pela Lei 10.483/2002, deve ser estendida aos inativos no valor correspondente a 60 (sessenta) pontos, desde o advento da Medida Provisória 198/2004, convertida na Lei 10.971/2004, quando tais inativos façam jus à paridade constitucional (EC 20/1998, 41/2003 e 47/2005).

SÚMULA VINCULANTE 35
A homologação da transação penal prevista no artigo 76 da Lei 9.099/1995 não faz coisa julgada material e, descumpridas suas cláusulas, retoma-se a situação anterior, possibilitando-se ao Ministério Público a continuidade da persecução penal mediante oferecimento de denúncia ou requisição de inquérito policial.

SÚMULA VINCULANTE 36
Compete à Justiça Federal comum processar e julgar civil denunciado pelos crimes de falsificação e de uso de documento falso quando se tratar de falsificação da Caderneta de Inscrição e Registro (CIR) ou de Carteira de Habilitação de Amador (CHA), ainda que expedidas pela Marinha do Brasil.

SÚMULA VINCULANTE 37
Não cabe ao Poder Judiciário, que não tem função legislativa, aumentar vencimentos de servidores públicos sob o fundamento de isonomia.

SÚMULA VINCULANTE 38
É competente o Município para fixar o horário de funcionamento de estabelecimento comercial.

SÚMULA VINCULANTE 39
Compete privativamente à União legislar sobre vencimentos dos membros das polícias civil e militar e do corpo de bombeiros militar do Distrito Federal.

SÚMULA VINCULANTE 40
A contribuição confederativa de que trata o art. 8º, IV, da Constituição Federal, só é exigível dos filiados ao sindicato respectivo.

SÚMULA VINCULANTE 41
O serviço de iluminação pública não pode ser remunerado mediante taxa.

SÚMULA VINCULANTE 42
É inconstitucional a vinculação do reajuste de vencimentos de servidores estaduais ou municipais a índices federais de correção monetária.

SÚMULA VINCULANTE 43
É inconstitucional toda modalidade de provimento que propicie ao servidor investir-se, sem prévia aprovação em concurso público destinado ao seu provimento, em cargo que não integra a carreira na qual anteriormente investido.

SÚMULA VINCULANTE 44
Só por lei se pode sujeitar a exame psicotécnico a habilitação de candidato a cargo público.

SÚMULA VINCULANTE 45
A competência constitucional do Tribunal do Júri prevalece sobre o foro por prerrogativa de função estabelecido exclusivamente pela constituição estadual.

SÚMULA VINCULANTE 46
A definição dos crimes de responsabilidade e o estabelecimento das respectivas normas de processo e julgamento são da competência legislativa privativa da União.

SÚMULA VINCULANTE 47
Os honorários advocatícios incluídos na condenação ou destacados do montante principal devido ao credor consubstanciam verba de natureza alimentar cuja satisfação ocorrerá com a expedição de precatório ou requisição de pequeno valor, observada ordem especial restrita aos créditos dessa natureza.

SÚMULA VINCULANTE 48
Na entrada de mercadoria importada do exterior, é legítima a cobrança do ICMS por ocasião do desembaraço aduaneiro.

SÚMULA VINCULANTE 49
Ofende o princípio da livre concorrência lei municipal que impede a instalação de estabelecimentos comerciais do mesmo ramo em determinada área.

SÚMULA VINCULANTE 50
Norma legal que altera o prazo de recolhimento de obrigação tributária não se sujeita ao princípio da anterioridade.

SÚMULA VINCULANTE 51
O reajuste de 28,86%, concedido aos servidores militares pelas Leis 8622/1993 e 8627/1993, estende-se aos servidores civis do poder executivo, observadas as eventuais compensações decorrentes dos reajustes diferenciados concedidos pelos mesmos diplomas legais.

SÚMULA VINCULANTE 52
Ainda quando alugado a terceiros, permanece imune ao IPTU o imóvel pertencente a qualquer das entidades referidas pelo art. 150, VI, "c", da Constituição

Federal, desde que o valor dos aluguéis seja aplicado nas atividades para as quais tais entidades foram constituídas.

SÚMULA VINCULANTE 53
A competência da Justiça do Trabalho prevista no art. 114, VIII, da Constituição Federal alcança a execução de ofício das contribuições previdenciárias relativas ao objeto da condenação constante das sentenças que proferir e acordos por ela homologados.

SÚMULA VINCULANTE 54
A medida provisória não apreciada pelo congresso nacional podia, até a Emenda Constitucional 32/2001, ser reeditada dentro do seu prazo de eficácia de trinta dias, mantidos os efeitos de lei desde a primeira edição.

SÚMULA VINCULANTE 55
O direito ao auxílio-alimentação não se estende aos servidores inativos.

SÚMULA VINCULANTE 56
A falta de estabelecimento penal adequado não autoriza a manutenção do condenado em regime prisional mais gravoso, devendo-se observar, nessa hipótese, os parâmetros fixados no RE 641.320/RS.

Um dos exemplos da Súmula vinculante e sua importância é que ao aprovar, por unanimidade, a súmula vinculante que regula o uso de algemas no país, a medida proibiu a utilização das algemas durante operações policiais e julgamentos – Súmula Vinculante n,º 11.

A regra terá que ser respeitada tanto por juízes quanto pelas polícias. Segundo o presidente do STF, a súmula vinculante vale para qualquer ação que envolva o uso de algemas. A exceção fica somente para casos específicos, em que um suspeito represente risco à sociedade.

Os ministros do Supremo anularam por unanimidade uma decisão judicial que condenou um réu usando algemas durante julgamento. Antônio Sérgio da Silva foi condenado pelo Tribunal do Júri de Laranjal Paulista (SP) a 13 anos de prisão pelo crime de homicídio triplamente qualificado. Os advogados haviam alegado que o réu ficou algemado durante o julgamento, o que teria prejudicado sua defesa.

Todos os ministros do STF seguiram o voto do relator da matéria, Marco Aurélio Mello, que se posicionou favoravelmente a realização de um novo julgamento para Antônio Silva, dessa vez sem o uso de algemas no acusado. Embora o Supremo tenha analisado um caso isolado, os ministros decidiram estender a decisão para os demais tribunais brasileiros.

O presidente nacional da Ordem dos Advogados do Brasil (OAB), considera que a aprovação da súmula vinculante honra o Estado Democrático de Direito no Brasil.

A decisão do Supremo Tribunal Federal de aprovar uma súmula vinculante disciplinando em definitivo o uso de algema durante as operações policiais, o que a partir de agora somente ocorrerá em casos excepcionais, põe um ponto final na sua utilização apenas com intuito de constranger, condenar moralmente ou espetacularizar o ato de prisão.

Jurisprudência

> Rcl-AgR 3979 / DF – DISTRITO FEDERAL AG. REG. NA RECLAMAÇÃO Relator (a): Min. GILMAR MENDES
> Julgamento: 03/05/2006 Órgão Julgador: Tribunal Pleno
> DJ 02-06-2006 PP-00005 EMENT VOL-02235-01 PP-00107
> LEXSTF v. 28, n. 332, 2006, p. 262-266 RB v. 18, n. 514, 2006, p. 35-36 RDDP n. 41, 2006, p. 179-181 AGTE. (S): ESTADO DA BAHIA
> AGDO. (A/S): SUPERIOR TRIBUNAL DE JUSTIÇA (MEDIDA CAUTELAR (N° 9.949)
> INTDO. (A/S): SHELL BRASIL LTDA
> Ementa
> EMENTA: Agravo regimental em reclamação. 2. Súmulas vinculantes. Natureza constitucional específica (art. 103-A, § 3°, da CF) que as distingue das demais súmulas da Corte (art. 8° da EC 45/04). 3. Súmulas 634 e 635 do STF. Natureza simplesmente processual, não constitucional. Ausência de vinculação ou subordinação por parte do Superior Tribunal de Justiça. 4. Agravo regimental a que se nega provimento

Verifica-se a preocupação do Supremo Tribunal Federal, uma vez autorizados constitucionalmente que, de ofício ou por provocação, depois de reiteradas decisões sobre matéria constitucional, editar enunciado de súmula que, a partir de sua publicação na imprensa oficial, terá efeito vinculante em relação aos demais órgãos do Poder Judiciário e à administração pública direta e indireta, nas esferas federal, estadual e municipal, bem como proceder à sua revisão ou cancelamento, na forma prevista nesta Lei. Entretanto, o que disciplina a norma exposta na lei n° 11.417/2006 esbarra no princípio da autonomia do magistrado de poder julgar suas demandas de acordo com suas convicções.

14

PRINCÍPIOS CONSTITUCIONAIS FUNDAMENTAIS

Conforme Augusto Zimmermann[1], os princípios constitucionais são aqueles que conferem sistematicidade à Constituição escrita, facilitando a sua compreensão e minimizando aparentes contradições existentes na redação do Texto Constitucional. Porque, para a verificação da lógica inteireza do ordenamento jurídico, esses princípios atuam como autêntica força catalizadora, servindo como critério de interpretação das normas constitucionais, na medida em que dispõem acerca de valores considerados como fundamentais pelo legislador constituinte.

Os princípios constitucionais são especialmente importantes para a hermenêutica constitucional, porque se traduzem em autênticos valores fundamentais a serem devidamente compreendidos pelo intérprete da Constituição, quando da aplicação das demais normas constitucionais e infraconstitucionais. Os princípios constitucionais representam o fio-condutor da hermenêutica jurídica, dirigindo o trabalho do intérprete em consonância com os valores e interesses por eles abrigados.

Os princípios constitucionais devem ser utilizados para a elucidação dos chamados *HARD CASES*, isto é, aqueles casos de difícil solução, em que é necessário perfazer a ponderação de normas constitucionais ou acusar possível abuso de direito de uma das partes. Entretanto, há casos judiciais concretos em que os próprios princípios constitucionais entram em conflito.

Para Dworkin, os princípios ocupam importantíssimo papel no ordenamento jurídico. Por meio da interpretação principiológica até mesmo questões políticas podem ser alvo de decisões judiciais, sem que se fira a teoria da representação popular.[2]

Os princípios servem para implementar uma feição sistêmica ao conjunto de normas que formam a Constituição. Eles representam um norte para o intérprete que busca o sentido e o alcance das normas e formam o núcleo basilar do ordenamento jurídico. Igualmente, têm a função de integração do Texto Constitucional, suprimindo aparentes lacunas existentes.

---

1 ZIMMERMANN, Augusto. *Curso de direito Constitucional.* 3ª ed. Rio de Janeiro: Lumen Iuris, 2004. p. 222.

2 Apud AGRA, Walber de Moura. *Curso de Direito Constitucional.* 2ª ed. Rio De Janeiro: Forense, 2007. p. 81.

Também possuem os princípios força normativa das regras jurídicas, como quaisquer outras normas contidas na Constituição, e as cominações que lhes forem contrárias devem ser declaradas inconstitucionais. Os princípios fundamentais funcionam como elemento de conexão entre a realidade social e o texto Constitucional, impedindo a proliferação de aparentes lacunas ou de antinomias, evitando que o choque entre a realidade fática e a realidade jurídica prejudique a eficácia das normas.

14.1. PRINCÍPIOS, REGRAS E NORMAS

As diferenças entre Regras e Princípios podem ser elencadas desta forma:

a) As regras não têm elevado teor abstrato, são previamente moldadas para casos específicos. As regras, por sua vez, definem e circunscrevem os casos determinados onde se dará a sua aplicação. O seu espaço de adequação aos fatos sociais é pré-determinado pelo legislador. As regras possuem um conteúdo preciso. As regras nos fornecem o critério de nossas ações, dizendo como devemos ou não devemos nos comportar, como podemos agir em situações específicas, de acordo com a estipulação prevista no seu conteúdo. As regras podem ser observadas e aplicadas mecanicamente. As características mais proeminentes das regras, são:

1. Têm um uso específico e determinado;
2. Não dispõem de função hermenêutica;
3. Sua natureza jurídica é predominante;
4. Não exercem função na estrutura sistêmica da Constituição;
5. Não permitem contato com a realidade social.

b) Enquanto os princípios definem valores que serão aplicados de uma forma genérica. Já os princípios são de conteúdo mais abstrato. Os princípios na dizem como os cidadãos devem se comportar de forma direta, apenas fornecem critérios para o posicionamento em situações *a priori* indeterminadas. Os princípios não podem ser observados e aplicados mecanicamente diante de cada caso específico e deve ser mensurada a carga valorativa presente em seu conteúdo. Suas características são:

1. Têm função hermenêutica, sinalizando como as regras constitucionais devem ser aplicadas;
2. Enseja um vínculo de ligação com as diversas normas do ordenamento jurídico proporcionando uma feição de conjunto ao todo constitucional;
3. Funcionam no processo integrativo, colmatando as lacunas diante de um caso concreto;
4. Possuem uma natureza político-jurídica;
5. Permitem maior adequação com a realidade social, que sofre constantes alterações.

Para Canotilho[3] existem diversos critérios para distinguir as regras dos princípios, inclusive, servindo-se, também, de ideias de outros conceituados juristas. Destacou:

> 1) O grau de abstração, dizendo que os princípios apresentam elevado grau de abstração, enquanto as regras têm reduzida abstração;
> 2) O grau de determinabilidade, assegurando que nos casos concretos os princípios, por serem vagos e indeterminados, necessitam de mediação, do legislador ou do juiz, para serem concretizados, enquanto que as regras podem ser aplicadas diretamente;
> 3) O caráter de fundamentalidade no sistema das fontes do direito, de vez que ocupam o papel ou função de fundamento no ordenamento jurídico ou importância que detêm, com posição de supremacia na escala hierárquica;
> 4) A "proximidade" da ideia de direito, destacando que os princípios seriam standards que estariam radicados nas exigências da "justiça", ou, na "ideia de direito", enquanto as regras poderiam apresentar conteúdo "meramente funcional";
> 5) A natureza normogenética, de vez que os princípios situam-se como fundamento para as regras.

Ainda para autor é necessário que se esclareça duas questões fundamentais para uma boa distinção entre os dois tipos de normas, ou seja, "saber qual a função dos princípios" e saber se entre elas existe, além de uma diferença de graus, ainda uma diferença qualitativa. Assegurou que os princípios são qualitativamente distintos das regras, apontando diversos aspectos dessa distinção, dos quais podemos destacar:

1) Uma regra é ou não é cumprida, um princípio possui vários graus de concretização, variando em razão de condicionalismos fáticos e jurídicos;

2) Os princípios podem coexistir, apesar de serem antinômicos, as regras em conflito excluem-se. Aqueles permitem "balanceamento de valores e interesses", as regras exigem o tudo ou nada;

3) Os princípios podem envolver problemas de validade e de peso, as regras só enfrentam questão de validade.

As Normas jurídicas, por sua vez, são discursos heterológicos, decisórios, estruturalmente ambíguos, que instauram uma metacomplementariedade entre orador e ouvinte e que, tendo por quaestio um conflito decisório, o solucionam na medida em que lhe põem um fim.

A norma do seu enunciado, formulação ou disposição, pois, enquanto a norma é sentido ou significado adstrito a qualquer disposição (ou a um fragmento de disposição, combinação de disposições, combinações de fragmentos de disposições), a disposição é a parte de um texto ainda a interpretar.

---

3 CANOTILHO, J.J.Gomes. *Direito Constitucional e Teoria da Constituição.* 7ª ed. Coimbra: Almedina, 2003.

A "escola do direito", a do pós-positivismo aponta as principais contribuições dessa nova corrente, na qual a teoria de Alexy[4] está incluída:

1) Dá aos princípios valor normativo que com isso derruba as teorias positivistas que relegavam os princípios a um plano secundário, subsidiário. "Tanto as regras como os princípios também são normas, porquanto, ambos se formulam através de expressões deônticas fundamentais, como mandamento, permissão e proibição";

2) Reabilitação da razão prática: buscam-se procedimentos (regras de argumentação) que possam dar respostas racionais aos hardcases (colisão de princípios), repelindo, assim, as teorias decisionistas do direito e a discricionariedade postulada pelo positivismo jurídico; e, ainda, enfatiza a importância da pretensão de correção no raciocínio jurídico;

3)Aproxima a teoria moral à teoria do direito – reabilitação da axiologia dos Direitos Fundamentais. "A teoria dos princípios oferece um ponto de partida adequado para atacar as teses positivistas de separação entre Direito e moral" [5] e "a positivação dos direitos fundamentais constituem uma abertura do sistema jurídico frente ao sistema da moral, abertura que é razoável e que pode ser atingida por meios racionais".

4) Dá relevância crucial à dimensão argumentativa na compreensão do funcionamento do direito.

14.2. CRITÉRIOS TRADICIONAIS PARA A DISTINÇÃO ENTRE REGRAS E PRINCÍPIOS

A distinção entre regras e princípios, de acordo com Alexy, é de extrema importância, pois constitui a base da fundamentação jusfundamental e é um ponto importante para a solução dos problemas centrais da dogmática dos direitos fundamentais. Sem essa distinção, não pode existir uma teoria adequada dos limites, nem uma teoria satisfatória da colisão e tampouco uma teoria suficiente acerca do papel traçado pelos direitos fundamentais no sistema jurídico. Além do mais, essa distinção constitui um ponto de partida para responder à pergunta acerca da possibilidade e dos limites da racionalidade no âmbito dos direitos fundamentais.

Por todas essas razões, Alexy considera que a distinção entre regras e princípios é um dos pilares fundamentais do edifício da teoria dos direitos fundamentais. Essa distinção não é nova, mas o que realmente há é uma desconcertante variedade de distinção. A delimitação frente a outras coisas, como os valores, é obscura; a terminologia é vacilante. Na verdade, a

---

4 ALEXY, Robert. *Constitucionalismo Discursivo.* 2ª ed. Porto Alegre: Livraria do Advogado, 2008.

5 _____________. 2008.

doutrina tradicional não contrapõe regras e princípios, mas norma e princípio ou norma e máxima. Para Alexy, regras e princípios são subespécies de normas. Ambos são normas porque dizem o que deve ser (estão num plano deontológico e podem ter o vetor de ordem, permissão ou proibição). Assim, a distinção entre regras e princípios é uma distinção entre dois tipos de normas. Antes de propor sua distinção, Alexy[6] colheu os critérios mais comuns dessa distinção proposta pelas teorias tradicionais e assim resumiu: "A generalidade é o mais frequentemente utilizado". Segundo esse critério, os princípios são normas que possuem um grau de generalidade mais alto que as regras. Exemplo de princípio: liberdade religiosa. Exemplo de regra: "todo preso tem direito a converter outros presos".

Há ainda outros critérios que discutem a determinabilidade dos casos de aplicação; a forma da gênese; segundo este último critério, discute-se, por exemplo, a distinção entre normas criadas e normas desenvolvidas, o caráter explícito do conteúdo valorativo, a referência Paideia do direito ou a uma lei jurídica suprema e a importância para o ordenamento jurídico.

Além do mais, as regras e os princípios diferenciam-se se são fundamentos de regras ou se são as próprias regras, ou se tratam de normas de comportamento ou normas de argumentação. Partindo dessas distinções, Alexy elabora três teses totalmente diferentes sobre a distinção entre regras e princípios. Senão vejamos:

1) Tese de que essa distinção se faz em vão: segundo essa tese, a distinção entre regras e princípios é inútil porque há uma pluralidade de similitudes e diferenças, analogias e dessemelhanças que se encontram dentro da classe de normas que impossibilita a divisão em apenas duas classes. Essa primeira tese, rodeada de ceticismo, entende que nenhum daqueles critérios unilaterais, em razão da sua própria diversidade, serve para fundamentar tal distinção;

2) Tese da distinção somente de grau: os seguidores dessa tese sustentam que o grau de generalidade é o critério decisivo. Para Alexy, essa é uma tese frágil.

3) Tese da distinção não só de grau, mas também qualitativa: segundo Alexy, essa é a tese correta, que deve substituir as demais teses. Para ele, esse é um critério que pode distinguir com toda precisão regras e princípios.

4) Distinção proposta por Alexy: os princípios como comando de otimização: para Alexy, o ponto decisivo para a distinção entre regras e princípios é que princípios são normas que ordenam que algo seja realizado na maior medida possível, dentro das possibilidades jurídicas e reais existentes.

---

6 _____________. 2008

Por isso, os princípios são mandados de otimização, que estão caracterizados pelo fato de que podem ser cumpridos em diferentes graus e que a medida devida de seu cumprimento não só depende das possibilidades reais como também das jurídicas. O âmbito do juridicamente possível é determinado pelos princípios e regras opostas. Por outro lado, as regras são normas que só podem ser cumpridas ou não. Se uma regra é válida, então há de fazer exatamente o que ela exige, sem mais nem menos. Por isso, as regras contêm determinações (definitivas) no âmbito do fático e juridicamente possível. Por essa distinção, alguns autores chegam à conclusão que, enquanto é possível utilizar o método subsuntivo para a aplicação de uma regra, esse método será inadequado para a aplicação de um princípio, daí a necessidade de outros métodos hermenêuticos para aplicação dos princípios.

Isso significa que a diferença entre regras e princípios é qualitativa e não de grau. E, por fim, Alexy conclui que toda norma é ou bem uma regra ou um princípio. "Nota-se, pois, que a distinção reside na própria estrutura dos comandos normativos e não somente na sua extensão ou generalidade das proposições de dever-ser".

O diferente caráter de regras e princípios é que, uma primeira propriedade importante que resulta do que até aqui foi dito é o diferente caráter prima facie das regras e princípios.

Os princípios ordenam que algo deva ser realizado na maior medida possível, tendo em conta as possibilidades jurídicas e fáticas. Portanto, não constituem mandados definitivos, mas só prima facie. Do fato de que um princípio valha para um caso não se infere que o que o princípio exige para esse caso valha como resultado definitivo. Os princípios apresentam razões que podem ser desprezadas por outras razões opostas. O princípio não determina como há de se resolver a relação entre uma razão e sua oposta.

Totalmente distinto é o caso das regras. Como as regras exigem que se faça exatamente o que nelas se ordena, contêm uma determinação no âmbito das possibilidades jurídicas e fáticas. Essa determinação pode fracassar por impossibilidade jurídica ou fática, o que pode conduzir à sua invalidez; mas se tal não é o caso, vale, então, definitivamente o que a regra disse.

Por isso, poderia pensar-se que todos os princípios têm um mesmo caráter e todas as regras um mesmo caráter definitivo. Esse modelo, que é defendido por Dworkin[7], é criticado por Alexy, por ser demasiado simples. É assim que Alexy constrói sua teoria, incluindo no modelo tudo-ou-nada das regras a possibilidade de introduzir uma cláusula de exceção. Quando isso sucede, a regra perde seu caráter definitivo para a decisão do caso. A introdução de uma cláusula de exceção pode ocorrer sobre a base de um princípio. E, contra o que pensa Dworkin, as cláusulas de exceção introdu-

7 DWORKIN, Donald. *Uma Questão de Principio*. São Paulo: Martins Fontes. 2000

zíveis nas regras sobre a base de princípios nem sequer são teoricamente enumeráveis.

Nunca se pode estar seguro de que, em um novo caso, não haja que introduzir uma nova cláusula de exceção; lembrando que é possível que o próprio sistema possa proibir a limitação das regras mediante a introdução de cláusulas de exceção (ex.: direito penal, em que é proibida a interpretação restritiva ou redução teleológica). Nos casos em que é possível introduzir cláusulas de exceção, a regra vai perder seu caráter definitivo. Mas o caráter que adquirem, pela perda do caráter definitivo, é totalmente distinto do caráter dos princípios.

O caráter dos princípios pode reforçar-se introduzindo uma carga de argumentação em favor de determinados princípios ou determinados tipos de princípios. Mas o caráter das regras, que se apoia no fato de uma disposição já tomada autoritativamente ou transmitida, é algo basicamente diferente e essencialmente mais forte.

As regras e os princípios são razões de tipos diferentes. Os princípios são sempre razões, já as regras, a menos que se haja estabelecido uma exceção, são razões definitivas. Alexy considera que as normas são razões para ações e que regras e princípios são razões para normas. Um dos critérios clássicos da distinção entre regras e princípios qualifica os princípios como razões (fundamento) para as regras e só para elas. Se esse critério for correto, os princípios não podem ser razões imediatas para juízos concretos do dever-ser. Os princípios são razões para as regras e as regras razões para juízos concretos de dever-ser (normas individuais). No entanto, essa é uma visão bem simplista ou até mesmo incorreta. Também as regras podem ser razões para as regras e os princípios podem ser razões para juízos concretos do dever-ser.

14.3. COLISÕES DE PRINCÍPIOS E CONFLITOS DE REGRAS

A distinção entre regras e princípios se mostra de maneira mais clara nas colisões de princípios e nos conflitos de regras. É certo que pode ocorrer que duas normas (princípios ou regras) aplicadas independentemente conduzam a resultados incompatíveis, ou seja, pode haver dois juízos de dever-ser contraditórios. Mas a diferença está na forma como solucionar o conflito.

14.4. O CONFLITO DE REGRAS

Um conflito entre regras só pode ser solucionado introduzindo em uma de suas regras uma cláusula de exceção que elimina o conflito ou declarando inválida, pelo menos, uma das regras. Exemplos: 1. É proibido abandonar a sala antes que soem os sinos. 2. Deve-se abandonar a sala em caso de alarme de incêndio. Se, todavia, não houver soado o sinal de saída e se for dado o alarme de incêndio, essas regras conduzem a juízos concretos de dever-ser contraditórios entre si. E esse conflito é solucionado acrescentando uma cláusula de exceção na primeira regra para o caso de alarme de incêndio. Se não for possível introduzir uma cláusula de exceção, pelo menos uma das regras tem que ser declarada inválida e, com isso, eliminada do ordenamento jurídico. O conflito de regras se opera no nível da validade jurídica, que não comporta graus; uma norma vale ou não vale juridicamente. Quando uma regra vale e é aplicável a um caso, significa que vale também sua consequência jurídica. Nesse caso, na escolha de qual regra deve ser eliminada, devem-se utilizar regras de solução de conflitos tais como lex posterior derogat legi priori e lex specialis derogat legi generali[8], mas também é possível proceder de acordo com a importância das regras em conflito. O que é necessário ressaltar é que a decisão sobre o conflito de regras é uma decisão acerca da validez.

14.5. COLISÃO DE PRINCÍPIOS

É possível que em um mesmo sistema jurídico constitucional tenhamos princípios que se encontrem em rota de colisão com outros. Esse entendimento de que o conflito entre princípios, por se situar na esfera do seu peso ou valor (e não no plano da sua validade) deve ser solucionado sem que se tenha de alijar um ou outro dos princípios em choque, mas, simplesmente, pelo reconhecimento de que diante daquele caso concreto um deles merece ser mais considerado (não significando que em outra situação não se possa entender de modo diverso) é dominante, na atualidade.

É certo que os princípios constitucionais devem conviver de forma harmônica, no entanto, algumas vezes, quando aplicados simultaneamente, tornam-se antagônicos e de difícil compatibilidade.

Quando tal acontece, a única forma existente para compatibilizar o exercício simultâneo de dois princípios constitucionais é o sacrifício (provisório) de um em benefício do outro. Para adequar um princípio ao outro deverá haver o mínimo possível de restrição e, sempre, salvaguardando a essência dos direitos constitucionais envolvidos na questão sob pena da decisão se tornar ilegítima.

Os princípios possuem uma dimensão que não é própria das regras jurídicas: a dimensão do peso ou importância. Assim, quando se entrecruzam vários princípios, quem há de resolver o conflito deve levar em conta o peso relativo de cada um deles.

A decisão deverá se revestir de elementos harmonizadores entre os dois princípios tensionados, evitando-se a simples eliminação de um dos direitos colidentes.

8 Lei posterior derroga lei anterior e lei especial derroga lei geral.

É faculdade do julgador formular a solução mais adequada ao caso concreto, com a observância das normas específicas ao caso, aqui incluídos, logicamente, regras e princípios, e procurando manter a integridade dos direitos fundamentais conflitantes.

É oferecido ao aplicador o princípio da proporcionalidade, capaz de indicar, em cada caso concreto, a solução mais adequada, porque é a mais suave e a mais vantajosa, oferecendo maior proteção com o menor sacrifício. Ou seja, em todo conflito prévio à aplicação do direito, deverão ser sopesados, proporcionalmente, os valores em jogo, em busca da solução que melhor recomponha os direitos lesados ou ameaçados.

As colisões de princípios devem ser solucionadas de maneira totalmente distinta. Quando dois princípios estão em colisão, um dos dois princípios tem que ceder ante o outro. Mas isso não significa declarar inválido o princípio desprezado nem que no princípio desprezado haja que ser introduzida uma cláusula de exceção. O que vai determinar qual o princípio que deve ceder serão as circunstâncias. Isso quer dizer que, nos casos concretos, os princípios têm diferentes pesos e que prevalece o princípio com maior peso. Enquanto o conflito de regras se resolve na dimensão da validade, a colisão de princípios – considerando que só podem colidir princípios válidos – tem lugar mais além da validade, resolve-se na dimensão do peso. Exemplos da solução de colisões de princípios oferecem-nos as numerosas ponderações de bens realizadas pelo Tribunal Constitucional. Na ponderação entre dois princípios, de mesma categoria abstrata, deve-se observar qual dos princípios possui maior peso no caso concreto. Essa relação de tensão não pode ser solucionada no sentido de dar uma prioridade absoluta a um dos princípios garantidos pelo Estado. Assim, o "conflito" deve ser solucionado por meio de uma ponderação dos interesses opostos, ou seja, uma ponderação de qual dos interesses, abstratamente do mesmo nível, possui maior peso diante das circunstâncias do caso concreto.

Os dois princípios conduzem a uma contradição. Isso significa que cada um deles limita a possibilidade jurídica do cumprimento do outro. Essa situação não é solucionada declarando que um de ambos os princípios é inválido e deve ser eliminado do sistema jurídico. Tampouco se soluciona introduzindo uma cláusula de exceção em um dos princípios de forma tal que em todos os casos futuros esse princípio tenha que ser considerado como uma regra satisfeita ou não.

A solução da colisão consiste em, tendo em conta as circunstâncias do caso, estabelecer entre os princípios uma relação de precedência condicionada. A determinação da relação de precedência condicionada consiste em, tomando em conta o caso, indicar as condições segundo as quais um princípio precede ao outro. E, segundo outras condições, a questão da precedência pode ser solucionada inversamente. Essa lei significa que não há uma relação entre dois princípios de mesma categoria que seja uma relação de precedência incondicionada abstrata, absoluta; dizer o contrário significaria elaborar uma lista de princípios que sempre prevaleceriam sobre outros. Na verdade, não há uma hierarquia formal abstrata entre os princípios; a prevalência de um sobre o outro vai depender das circunstâncias jurídicas e fáticas do caso concreto. Por isso, Alexy diz que só pode existir relação condicionada, ou concreta, relativa; e a questão decisiva é quais condições, qual o princípio deve prevalecer e qual deve ceder.

Na verdade não se fala em precedência de um princípio, interesse, pretensão, direito ou de algum outro objeto similar; mas se mencionam condições, segundo as quais se produz uma lesão de um direito fundamental. A lei de ponderação pode assim ser resumida: as condições segundo as quais um princípio precede a outro constituem o suposto de fato de uma regra que expressa a consequência jurídica do princípio precedente.

Essa lei reflete o caráter dos princípios como mandados de otimização entre os quais, primeiro, não existem relações absolutas de precedência e que, segundo, se referem a ações e situações que não são quantificáveis. Ao mesmo tempo, constituem a base para diminuir a força às objeções que resultam da proximidade da teoria dos princípios com a teoria dos valores.

Há alguns passos a serem seguidos para se fazer a ponderação e é por isso que a teoria de Alexy é procedimental: (i) primeiro se investigam e identificam os princípios (valores, direitos, interesses) em conflito, e quanto mais elementos forem trazidos mais corretamente poderá ser o resultado final da ponderação; (ii) segundo, atribui-se o peso ou importância que lhes corresponda, conforme as circunstâncias do caso concreto; e (iii) por fim, decide-se sobre a prevalência de um deles sobre o outro (ou outros).

O resultado da ponderação é a decisão em si, a solução corretamente argumentada conforme o critério de que, quanto maior seja o grau de prejuízo do princípio que há de retroceder, maior há de ser a importância do cumprimento do princípio que prevalece. Devemos sempre lembrar, antes de iniciar qualquer ponderação, que nenhum princípio deve ser inválido e nenhum tem precedência absoluta sobre o outro. Mas pode ser formulada uma regra de procedência geral ou básica quando se determina em quais circunstâncias especiais um princípio deve ceder ao outro; é uma cláusula ceteris paribus que permite estabelecer exceções.

15

PRINCÍPIOS CONSTITUCIONAIS

Paulo Bonavides[1] admite dois tipos de princípios. São eles: a) os princípios abertos, que são aqueles princípios da Constituição tais como a dignidade da pessoa humana, a liberdade, a igualdade, o Estado Democrático de Direito, o Estado Social, a democracia e a separação dos Poderes. São considerados assim uma vez que os princípios constitucionais ostentam uma singularidade em razão de terem sido estabelecidos ou recepcionados pela Constituição São elementos do Direito Positivo, sem embargo de sua estrutura lógica e posto que não sejam também normas. São, contudo direito atual vigente; b) Princípios informativos.

Os princípios gerais são os constitucionais.

15.1. PRINCÍPIO DA IGUALDADE

O inciso I, do artigo 5° da CF vaticina que: "homens e mulheres são iguais em direitos e obrigações, nos termos desta Constituição".

Com esse dispositivo constitucional o que se veta são as diferenciações arbitrárias, as discriminações absurdas, pois o tratamento desigual dos casos desiguais, na medida em que se desigualam é exigência tradicional do próprio conceito de Justiça, pois o que realmente protege são certas finalidades, somente se tendo por lesado o princípio constitucional quando o elemento discrimina- dor não se encontra a serviço de uma finalidade acolhida pelo direito.

A igualdade se configura como uma eficácia transcendente de modo que toda situação de desigualdade persistente à entrada em vigor da norma constitucional deve ser considerada não recepcionada, se não demonstrar compatibilidade com os valores que a constituição, como norma suprema, proclama.

O princípio da igualdade consagrado na Constituição opera em dois planos distintos. De uma parte, frente ao legislador ou ao próprio executivo, na edição, respectivamente, de leis, atos normativos e medidas provisórias, impedindo que possam criar tratamentos abusivamente diferenciados a pessoas que se encontram em situações idênticas. Em outro plano na obrigatoriedade ao intérprete, basicamente, a autoridade pública, de aplicar a lei e atos normativos de maneira igualitária, sem estabelecimento de diferenciações em razão de sexo, religião, convicções filosóficas ou políticas, raça, classe social.

Entretanto não deve o jurista buscar a aparente igualdade formal, consagrada no liberalismo clássico, mas a igualdade material na medida em que a lei deverá

---

1 Idem p. 242

tratar igualmente os iguais e desigualmente os desiguais, na medida de suas desigualdades. Em busca da igualdade substancial de especial interesse para o Direito é a distinção da igualdade perante a norma e na norma (tomando-se aqui em sentido restrito, como sinônimo de regra ou preceito). No primeiro caso, tem-se tratamento igual se o paradigma é respeitado, imparcialmente, pelo aplicador (quer dizer, a própria norma é o parâmetro de igualdade, efetivamente atuado). O segundo é mais problemático: será possível determinar se uma norma é, *em si, igualitária? Aristóteles*[2]*, que concebeu os seguintes significados:*

a) Igualdade numérica ou absoluta (tudo igual para todos): seria a distribuição de benefícios e ônus em partes idênticas a todos, criticável do ponto de vista da inverificabilidade. Não há notícia de sociedade que não tenha efetuado alguma espécie de discriminação (nem de normas que assim não procedam: portanto, toda regra de distribuição seria desigualitária). Mas essa concepção tem alguma relação com a promessa feita nas declarações de direitos fundamentais, que, pelo menos em aparência, atribuiriam-nos equanimemente a todos;

b) Igualdade *proporcional* (ou *proporcional-quantitativa:* a cada qual e de cada qual segundo certas características de grau variável): é a atribuição de benefícios maiores aos mais necessitados e ônus progressivos aos mais aquinhoados. A aplicação deste princípio depende da existência de uma regra de distribuição, cujo critério de materialização mais ou menos intensa a determine. Mas, nesse caso, toda norma geral seria igualitária, por conter na hipótese elemento descritivo que serve de pauta à intensidade da distribuição;

c) Igualdade *proporcional pelo mérito* (a cada qual segundo seu merecimento): é uma variante da anterior, mas se tomando como característica decisiva o mérito individual relativo. O problema está na subjetividade da avaliação do mérito pessoal (é mais fácil determinar o valor relativo de coisas do que de pessoas), a reclamar a intermediação de critérios definidores, com o que, mais uma vez se reduz este caso ao da igualdade proporcional geral;

d) Igualdade *pelas partes iguais* ou *proporcional-qualitativa* (o igual aos iguais e o desigual aos desiguais): se tomado nessa pureza, resultaria, de novo, em que toda norma fosse igualitária, pois atribui ou exige conforme o atributo que designa como relevante, para identificar semelhança ou diferença;

O princípio ora em exame aduz que homens e mulheres são iguais nos termos desta Constituição. Com isto justificando o artigo 40, III, a da Constituição Federal que aduz: *"sessenta anos de idade e trinta e cinco de contribuições, se homem e cinquenta e cinco anos de idade e trinta de contribuição, se mulher".*

---

2 ARISTÓTELES, *Ética a Nicômaco*, São Paulo: Nova Cultural. 1991.

Em alguns momentos a Constituição Federal mantém a regra da isonomia material como no artigo 5°, XXXIII: *"não haverá juízo ou tribunal de exceção"*, ainda o inciso XLI: *"a lei punirá qualquer discriminação atentatória dos direitos e liberdades fundamentais"*.

Em outras situações, como o caso do artigo 40 citado o próprio Diploma Maior, estabelece as desigualdades. Nesses casos alguns doutrinadores chamam de discriminações positivas ou affirmatives actions na medida em que o constituinte buscou proteger certos grupos que, a seu entender, mereceriam tratamento diverso. Podemos chamar de medidas de compensação com o fito de concretizar uma igualdade de oportunidade com os demais indivíduos que não sofreram as mesmas espécies de restrições

A vexatio quaestio é saber até que ponto a desigualdade não gera inconstitucionalidade. Essa é a questão para o intérprete da lei ao caso concreto.

Jurisprudência

HC 93391 / RJ – RIO DE JANEIRO HABEAS CORPUS Relator (a): Min. CEZAR PELUSO Julgamento: 15/04/2008 Órgão Julgador: Segunda Turma
Dje-083. DIVULG 08-05-2008 PUBLIC 09-05-2008 EMENT VOL.-02318-03. PP-00452 PACTE. (S): FERNANDO DE MIRANDA IGGNÁCIO IMPTE. (S): JOÃO COSTA RIBEIRO FILHO COATOR (A/S) (ES): SUPERIOR TRIBUNAL DE JUSTIÇA
Ementa
EMENTAS: 1. PRISÃO PREVENTIVA. Cumprimento. Definição do local. Transferência determinada para estabelecimento mais curial. Competência do juízo da causa. Aplicação de Regime Disciplinar Diferenciado – RDD. Audiência prévia do Ministério Público e da defesa. Desnecessidade. Ilegalidade não caracterizada. Inteligência da Res. n° 557 do Conselho da Justiça Federal e do art. 86, § 3°, da LEP. É da competência do juízo da causa penal definir o estabelecimento penitenciário mais curial ao cumprimento de prisão preventiva. 2. PRISÃO ESPECIAL. Advogado. Prisão preventiva. Cumprimento. Estabelecimento com cela individual, higiene regular e condições de impedir contato com presos comuns. Suficiência. Falta, ademais, de contestação do paciente. Interpretação do art. 7°, V, da Lei n° 8.906/94 – Estatuto da Advocacia, à luz do princípio da igualdade. Constrangimento ilegal não caracterizado. HC denegado. Precedentes. Atende à prerrogativa profissional do advogado ser recolhido preso, antes de sentença transitada em julgado, em cela individual, dotada de condições regulares de higiene, com instalações sanitárias satisfatórias, sem possibilidade de contato com presos comuns.

15.2. PRINCÍPIO DA LEGALIDADE

O preceituado no artigo 5°, inciso II da Constituição está insculpido que: *"ninguém será obrigado a fazer ou deixar de fazer alguma coisa senão em virtude de lei"*.

Esse princípio surgiu com o Estado de Direito, opondo-se a toda e qualquer forma de poder autoritário, antidemocrático.

O cidadão pode fazer tudo o que a lei não proíbe, vigorando o princípio da autonomia da vontade. Já a Administração Pública só poderá fazer o que a lei permitir ou determinar, chama-se "princípio da legalidade restrita".

A legalidade se reveste de conteúdo político quando significa o elo condutor para a realização da soberania popular, refletindo a vontade da população ao servir como instrumento para o fortalecimento do regime democrático. O seu sentido político é que ela possibilita ao povo participar das decisões estatais porque elege os mandatários que farão as estruturas normativas da sociedade. Se as leis são elaboradas pelo Poder Legislativo, e ele é composto por deputados eleitos pelo povo, então, indiretamente, é o povo que decide as normas que deverá seguir.

Jurisprudência

> RE-Ag R 502271 / RS – RIO GRANDE DO SUL AG. REG. NO RECURSO EXTRAORDINÁRIO Relator (a): Min. ELLEN GRACIE Julgamento: 10/06/2008
> Órgão Julgador: Segunda Turma
> Dje-117. DIVULG 26-06-2008 PUBLIC 27-06-2008
> EMENT VOL-02325-06. PP-01192
> AGTE. (S): JOSÉ CESAR DE LIMA PASSOS ME
> AGDO. (A/S): MINISTÉRIO PÚBLICO DO ESTADO DO RIO GRANDE DO SUL Ementa DIREITO PROCESSUAL PENAL. AGRAVO REGIMENTAL. MANDADO DE SEGURANÇA EM MATÉRIA PENAL. QUESTAO DE FUNDO JÁ PACIFICADA IMPROVIMENTO. 1. Agravo regimental contra decisão que deu provimento a recurso extraordinário, cassando sentença concessiva de mandado de segurança. 2. O Ministério Público estadual apontou a violação ao princípio da legalidade e ao disposto no art. 195, III, da Magna Carta. 3. Houve violação ao disposto no art. 195, inciso III, da Constituição da República, matéria especificamente impugnada quando dos embargos de declaração interpostos pelo MPF. Não se cuida de ofensa oblíqua ou reflexa à norma constitucional, mas afronta direta. 4. Não cabe acolher a arguição de in- tempestividade do recurso extraordinário. Não cabe revolver a questão da tempestividade (ou não) dos embargos de declaração, matéria decidida pela Turma Recursal, sem qualquer insurreição por parte do ora agravante. 5. Esta Corte já teve oportunidade de apreciar a questão de fundo, concluindo no mesmo sentido da ausência de possibilidade de exploração de máquinas de "caça-níqueis" (ADI 3.060/GO, rel. Min. Sepúlveda Pertence, Pleno, DJ 01.06.2007). 6. Agravo regimental improvido.

15.3. PRINCÍPIO DA LEGALIDADE PENAL

O artigo 5°, inciso XXXIX, da Constituição Federal discorre que: *"não há crime sem lei anterior que o defina, nem pena sem prévia cominação legal".* Um crime pode ser definido como uma conduta típica e antijurídica, cujo pressuposto da pena é a culpabilidade.

15.4. PRINCÍPIO DA DIVISÃO DOS PODERES

Paulo Bonavides[3] assevera que este é um princípio geral do Direito Constitucional que a Constituição inscreve como um dos princípios fundamentais que ela adota. Consta de seu artigo 2° que *"são poderes da União, independentes e harmônicos entre si, o Legislativo, o Executivo e o Judiciário".*

Para o autor Poder Legislativo, Poder Executivo e Poder Judiciário são expressões com duplo sentido. Exprimem, há um tempo, as funções legislativas, executiva e jurisdicional e indicam os respectivos órgãos, conforme descrição e discriminação estabelecidas no título da organização dos poderes.

Jurisprudência

ADI 3046 / SP – SÃO PAULO AÇÃO DIRETA DE INCONSTITUCIONALIDADE Relator (a): Min. SEPÚLVEDA PERTENCE Julgamento: 15/04/2004 Órgão Julgador: Tribunal Pleno

DJ 28-05-2004 PP-00492 EMENT VOL-02153-03 PP-00017 RTJ VOL-00191-02 PP-00510

REQTE. (S): GOVERNADOR DO ESTADO DE SÃO PAULO

REQDO. (A/S): ASSEMBLEIA LEGISLATIVA DO ESTADO DE SÃO PAULO

Ementa

EMENTA: I. Ação direta de inconstitucionalidade (CF, art. 102, I, a) e representação por in- constitucionalidade estadual (CF, art. 125, § 2°). A eventual reprodução ou imitação, na Constituição do Estado-membro, de princípio ou regras constitucionais federais não impede a arguição imediata perante o Supremo Tribunal da incompatibilidade direta da lei local com a Constituição da República; ao contrário, a propositura aqui da ação direta é que bloqueia o curso simultâneo no Tribunal de Justiça de representação lastreada no desrespeito, pelo mesmo ato normativo, de normas constitucionais locais: precedentes. II. Separação e independência dos Poderes: pesos e contrapesos: imperatividade, no ponto, do modelo federal. 1. Sem embargo de diversidade de modelos concretos, o princípio da divisão dos poderes, no Estado de Direito, tem sido sempre concebido como instrumento da recíproca limitação deles em favor das liberdades clássicas: daí constituir em traço marcante de todas as suas formulações positivas os "pesos e contrapesos" adotados. 2. A fiscalização legislativa da ação administrativa do Poder Executivo é um dos contrapesos da Constituição Federal à separação e independência dos Poderes: cuida-se, porém, de interferência que só a Constituição da República pode legitimar. 3. Do relevo primacial dos "pesos e contrapesos" no paradigma de divisão dos poderes, segue-se que à norma infraconstitucional – aí incluída, em relação à Federal, a constituição dos Estados-membros -, não é dado criar novas interferências de um Poder na órbita de outro que não derive explícita ou implicitamente de regra ou princípio da Lei Fundamental da República. 4. O poder de fiscalização legislativa da ação administrativa do Poder Executivo é outorgado aos órgãos coletivos de cada câ-

3 Idem p. 97

mara do Congresso Nacional, no plano federal, e da Assembleia Legislativa, no dos Estados; nunca, aos seus membros individualmente, salvo, é claro, quando atuem em representação (ou presentação) de sua Casa ou comissão. III. Interpretação conforme a Constituição: técnica de controle de constitucionalidade que encontra o limite de sua utilização no raio das possibilidades hermenêuticas de extrair do texto uma significação normativa harmônica com a Constituição.

15.5. PRINCÍPIO DA LIBERDADE DE LOCOMOÇÃO

O preceituado no artigo 5°, inciso XV reza que: "é livre a locomoção no território nacional em tempo de paz, podendo qualquer pessoa, nos termos da lei, nele entrar, permanecer ou dele sair com seus bens".

Tal princípio possibilita tanto a circulação dos cidadãos, como a entrada e a saída dos seus bens. O direito de liberdade abrange o direito de circulação de bens.

A liberdade de locomoção é um dos núcleos do princípio da liberdade. Em constituições denominadas dirigentes, em que o Estado intervém de modo mais frequente na sociedade, principalmente nos meios produtivos para garantir direitos sociais à população, pode haver restrições à circulação de ativos econômicos com vistas a atingir objetivos fixados pelo governo, sem que haja um cerceamento do direito, porque todo direito individual deve ceder diante dos interesses sociais.

Jurisprudência

HC 84179 / SP – SÃO PAULO HABEAS CORPUS Relator (a): Min. ELLEN GRACIE
Julgamento: 14/09/2004 Órgão Julgador: Segunda Turma
DJ 03-12-2004 PP-00050
EMENT VOL-02175-02 PP-00273
LEXSTF v. 27, n. 315, 2005, p. 352-357
PACTE. (S): JOSÉ LUIS GONÇALVES
IMPTE. (S): JOSÉ LUIS GONÇALVES
COATOR (A/S)(ES) : SUPERIOR TRIBUNAL DE JUSTIÇA
Ementa
HABEAS CORPUS. ATO ADMINISTRATIVO. DETECTOR DE METAIS INSTALADO NO PRÉDIO DO FORO. 1. Medida de segurança, consistente em portal eletrônico (detector de metais) não configura entrave ao exercício profissional da advocacia. E nem constitui ameaça à liberdade de locomoção. 2. HC não conhecido.

15.6. PRINCÍPIO DA LIBERDADE PROFISSIONAL

O artigo 5°, XIII da Constituição Federal assegura que: *"é livre o exercício de qualquer trabalho, ofício ou profissão, atendidas as qualificações profissionais que a lei estabelecer".*

O cidadão pode escolher qualquer profissão, desde que atendidas às qualificações necessárias ao exercício dela. Este princípio é considerado como um direito individual, de primeira dimensão, que se concretiza com a simples abstenção do Estado em criar empecilhos para os cidadãos escolherem a profissão que mais se adequar a suas aptidões.

Este princípio encontra respaldo no princípio da liberdade e na livre iniciativa, que é um dos fundamentos da República Federativa do Brasil.

Jurisprudência

RE 201819 / RJ – RIO DE JANEIRO RECURSO EXTRAORDINÁRIO Relator (a): Min. ELLEN GRACIE Relator (a) p/ Acórdão: Min. GILMAR MENDES Julgamento: 11/10/2005 Órgão Julgador: Segunda Turma
DJ 27-10-2006 PP-00064
EMENT VOL-02253-04 PP-00577
RECTE: UNIÃO BRASILEIRA DE COMPOSITORES – UBC
RECDO: ARTHUR RODRIGUES VILLARINHO
Ementa
EMENTA: SOCIEDADE CIVIL SEM FINS LUCRATIVOS. UNIÃO BRASILEIRA DE COMPOSITORES. EXCLUSÃO DE SÓCIO SEM GARANTIA DA AMPLA DEFESA E DO CONTRADITÓRIO. EFICÁCIA DOS DIREITOS FUNDAMENTAIS NAS RELAÇÕES PRIVADAS. RECURSO DESPROVIDO. I. EFICÁCIA DOS DIREITOS FUNDAMENTAIS NAS RELAÇÕES PRIVADAS. As violações a direitos fundamentais não ocorrem somente no âmbito das relações entre o cidadão e o Estado, mas igualmente nas relações travadas entre pessoas físicas e jurídicas de direito privado. Assim, os direitos fundamentais assegurados pela Constituição vinculam diretamente não apenas os poderes públicos, estando direcionados também à proteção dos particulares em face dos poderes privados. II. OS PRINCÍPIOS CONSTITUCIONAIS COMO LIMITES À AUTONOMIA PRIVADA DAS ASSOCIAÇÕES. A ordem jurídico-constitucional brasileira não conferiu a qualquer associação civil a possibilidade de agir à revelia dos princípios inscritos nas leis e, em especial, dos postulados que têm por fundamento direto o próprio texto da Constituição da República, notadamente em tema de proteção às liberdades e garantias fundamentais. O espaço de autonomia privada garantido pela Constituição às associações não está imune à incidência dos princípios constitucionais que asseguram o respeito aos direitos funda – mentais de seus associados. A autonomia privada, que encontra claras limitações de ordem jurídica, não pode ser exercida em detrimento ou com desrespeito aos direitos e garantias de terceiros, especialmente aqueles positivados em sede constitucional, pois a autonomia da vontade não confere aos particulares, no domínio de sua incidência e atuação, o poder de transgredir ou de ignorar as restrições postas e definidas pela própria Constituição, cuja eficácia e força normativa também se impõem, aos particulares, no âmbito de suas relações privadas, em tema de liberdades fundamentais. III. SOCIEDADE CIVIL SEM FINS LUCRATIVOS. ENTIDADE QUE INTEGRA ESPAÇO PÚBLICO, AINDA QUE NÃO-ESTATAL. ATIVIDADE DE CARÁTER PÚBLICO. EXCLUSÃO DE SÓCIO SEM GARANTIA DO DEVIDO PROCESSO LEGAL.APLICA- ÇÃO DIRETA DOS DIREITOS FUNDAMENTAIS À AMPLA DEFESA E AO CONTRADITÓRIO. As associações privadas que exercem função predominante em determinado âmbito econômico e/ou social, mantendo seus associados em relações de dependência econômica e/ou social, integram o que se pode denominar de espaço público, ainda que não-estatal. A União Brasileira de Compositores – UBC, sociedade civil sem fins

lucrativos, integra a estrutura do ECAD e, portanto, assume posição privilegiada para determinar a extensão do gozo e fruição dos direitos autorais de seus associados. A exclusão de sócio do quadro social da UBC, sem qualquer garantia de ampla defesa, do contraditório, ou do devido processo constitucional, onera consideravelmente o recorrido, o qual tica impossibilitado de perceber os direitos autorais relativos à execução de suas obras. A vedação das garantias constitucionais do devido processo legal acaba por restringir a própria liberdade de exercício profissional do sócio. O caráter público da atividade exercida pela sociedade e a dependência do vínculo associativo para o exercício profissional de seus sócios legitimam, no caso concreto, a aplicação direta dos direitos fundamentais concernentes ao devido processo legal, ao contraditório e à ampla defesa (art. 5°, LIV e LV, CF/88). IV. RECURSO EXTRAORDINÁRIO DESPROVIDO.

15.7. PRINCÍPIO DA LIBERDADE DO PENSAMENTO OU DE EXPRESSÃO

Consta no artigo 5°, inciso IV, da CF que: *"é* livre a manifestação do pensamento, sendo vedado o anonimato".

O preceituado no artigo 5°, inciso XIV da Constituição Federal vaticina que: "é assegurado a todos o acesso á informação e resguardado o sigilo da fonte, quando necessário ao exercício profissional".

O corolário básico do regime democrático é a possibilidade de os cidadãos se expressarem de acordo com o seu pensamento e as suas convicções. Isso também se mostra essencial para que a população possa formar sua opinião e se posicionar nas decisões políticas tomadas pela sociedade.

O cerceamento da liberdade de expressão viola o Estado Democrático de Direito que tem como um dos pilares a expressão, o pensamento. Cada um pode pensar com liberdade.

Uma vez garantida a liberdade de pensamento e a sua comunicação, a Constituição também ampara, inexoravelmente, a livre expressão da atividade intelectual, artística, científica e de comunicação, independentemente de censura ou licença. Censura é o policiamento ideológico do pensamento, proibindo-se qualquer manifestação que não esteja dentro da opção ideológica escolhida pelo governo.

Jurisprudência

HC 82424 / RS – RIO GRANDE DO SUL HABEAS CORPUS Relator (a): Min. MOREIRA ALVES Relator (a) p/ Acórdão: Min. MAURÍCIO CORRÊA Julgamento: 17/09/2003 Órgão Julgador: Tribunal Pleno

DJ 19-03-2004 PP-00017 EMENT VOL-02144-03 PP-00524 PACTE: SIEGFRIED ELLWANGER IMPTES: WERNER CANTALÍCIO JOÃO BECKER COATOR: SUPERIOR TRIBUNAL DE JUSTIÇA

Ementa

EMENTA: HABEAS-CORPUS. PUBLICAÇÃO DE LIVROS: ANTI-SEMITISMO. RACISMO. CRIME IMPRESCRITÍVEL. CONCEITUAÇÃO. ABRANGÊNCIA

CONSTITUCIONAL. LIBERDADE DE EXPRESSÃO. LIMITES. ORDEM DENEGADA. 1. Escrever, editar, divulgar e comerciar livros "fazendo apologia de ideias preconceituosas e discriminatórias" contra a comunidade judaica (Lei 7716/89, artigo 20, na redação dada pela Lei 8081/90) constitui crime de racismo sujeito às cláusulas de inafiançabilidade e imprescritibilidade (CF, artigo 5°, XLII). 2. Aplicação do princípio da prescritibilidade geral dos crimes: se os judeus não são uma raça, segue-se que contra eles não pode haver discriminação capaz de ensejar a exceção constitucional de imprescritibilidade. Inconsistência da premissa. 3. Raça humana. Subdivisão. Inexistência. Com a definição e o mapeamento do genoma humano, cientificamente não existem distinções entre os homens, seja pela segmentação da pele, formato dos olhos, altura, pêlos ou por quaisquer outras características físicas, visto que todos se qualificam como espécie humana. Não há diferenças biológicas entre os seres humanos. Na essência são todos iguais. 4. Raça e racismo. A divisão dos seres humanos em raças resulta de um processo de conteúdo meramente político-social. Desse pressuposto origina-se o racismo que, por sua vez, gera a discriminação e o preconceito segregacionista. 5. Fundamento do núcleo do pensamento do nacional-socialismo de que os judeus e os arianos formam raças distintas. Os primeiros seriam raça inferior, nefasta e infecta, características suficientes para justificar a segregação e o extermínio: inconciabilidade com os padrões éticos e morais definidos na Carta Política do Brasil e do mundo contemporâneo, sob os quais se ergue e se harmoniza o estado democrático. Estigmas que por si só evidenciam crime de racismo. Concepção atentatória dos princípios nos quais se erige e se organiza a sociedade humana, baseada na respeitabilidade e dignidade do ser humano e de sua pacífica convivência no meio social. Condutas e evocações aéticas e imorais que implicam repulsiva ação estatal por se revestirem de densa intole- rabilidade, de sorte a afrontar o ordenamento infraconstitucional e constitucional do País. 6. Adesão do Brasil a tratados e acordos multilaterais, que energicamente repudiam quaisquer discriminações raciais, aí compreendidas as distinções entre os homens por restrições ou preferências oriundas de raça, cor, credo, descendência ou origem nacional ou étnica, inspiradas na pretensa superioridade de um povo sobre outro, de que são exemplos a xenofobia, "negrofobia", "islamafobia" e o anti-semitismo. 7. A Constituição Federal de 1988 impôs aos agentes de delitos dessa natureza, pela gravidade e repulsividade da ofensa, a cláusula de imprescritibilidade, para que fique *ad perpetuam rei memoriam,* verberado o repúdio e a abjeção da sociedade nacional à sua prática. 8. Racismo. Abrangência. Compatibilização dos conceitos etimológicos, etnológicos, sociológicos, antropológicos ou biológicos, de modo a construir a definição jurídico-constitucional do termo. Interpretação teleológica e sistêmica da Constituição Federal, conjugando fatores e circunstâncias históricas, políticas e sociais que regeram sua formação e aplicação, a fim de obter-se o real sentido e alcance da norma. 9. Direito comparado. A exemplo do Brasil as legislações de países organizados sob a égide do estado moderno de direito democrático igualmente adotam em seu ordenamento legal punições para delitos que estimulem e propaguem segregação racial. Manifestações da Suprema Corte Norte-Americana, da Câmara dos Lordes da Inglaterra e da Corte de Apelação da Califórnia nos Estados Unidos que consagraram entendimento que aplicam sanções àqueles que transgridem as regras de boa convivência social com grupos humanos que simbolizem a prática de racismo. 10. A edição e publicação de obras escritas veiculando ideias anti-semitas, que buscam resgatar e dar credibilidade à concepção racial definida pelo regime nazista, negadoras e subversoras de fatos históricos incontroversos como o holocausto, consubstanciadas na pretensa inferioridade e desqualificação do povo judeu, equivalem à incitação ao discrímen com acentuado conteúdo racista, reforçadas pelas consequências históricas dos atos em que se baseiam. 11. Explícita conduta do agente responsável pelo agravo revelador de manifesto dolo, baseada na equivocada premissa de que os judeus não só são uma raça, mas, mais do que isso, um segmento racial atávica e geneticamente menor e pernicioso. 12. Discriminação que, no caso, se evidencia como deliberada e dirigida especificamente aos judeus, que configura ato ilícito de prática de racismo, com as consequências gravosas que o acompanham. 13. Liberdade de expressão. Garantia constitucional que não se tem como absoluta. Limites morais e jurídicos. O direito à livre expressão não pode abrigar, em sua abrangência, manifestações de conteúdo imoral que implicam ilicitude penal. 14. As liberdades públicas não são incondicionais, por isso devem ser exercidas de maneira harmônica, observados os limites definidos na própria Constituição Federal (CF, artigo 5°, § 2°, primeira parte). O preceito fundamental de liberdade de expressão não consagra o "direito à incitação ao racismo", dado que um direito individual não pode constituir-se em salvaguarda de condutas ilícitas, como sucede com os delitos contra a honra. Prevalência dos princípios da dignidade da pessoa humana e da igualdade jurídica. 15. "Existe um nexo estreito entre a imprescritibilidade, este tempo jurídico que se escoa sem encontrar termo, e a memória, apelo do passado à disposição dos vivos, triunfo da lembrança sobre o esquecimento". No estado de direito democrático devem ser intransigentemente respeitados os princípios que garantem a prevalência dos direitos humanos. Jamais podem se apagar da memória dos povos que se pretendam justos os atos repulsivos do passado que permitiram e incentivaram o ódio entre iguais por motivos raciais de torpeza inominável. 16. A ausência de prescrição nos crimes de racismo justifica-se como alerta grave para as gerações de hoje e de amanhã, para que se impeçam a reinstauração de velhos e ultrapassados conceitos que a consciência jurídica e histórica não mais admite. Ordem denegada.

15.8. PRINCÍPIO DA INAFASTABILIDADE DE JURISDIÇÃO OU UNIVERSALIDADE DE JURISDIÇÃO OU PRINCÍPIO DO ACESSO AO PODER JUDICIÁRIO

O artigo 5°, XXXV, da Constituição Federal assevera que: *"a lei não excluirá da apreciação do poder judiciário, lesão ou ameaça a direito"*.

Esse princípio significa que os casos de ameaça de lesão ou lesão a direitos apenas podem ser julgados por um único ente estatal, qual seja, o Poder Judiciário.

Esse princípio permite que todo cidadão que tenha um direito seu lesioando ou ameaçado, possa recorrer às vias judiciais para garantir a sua defesa. Facilitar o acesso da população ao Judiciário que se mostra benéfico para a sociedade porque os litígios deixam de ser solucionados pela lei do mais forte e passam a ser decididos com normas preestabelecidas que garantem uma isonomia ás partes litigantes. Para essa garantia a esse princípio o Estado deve prestar assistência gratuita aos que comprovarem insuficiência de recursos para contratar um defensor.

Jurisprudência

RE-AgR 343866 / RJ – RIO DE JANEIRO AG. REG. NO RECURSO EXTRAORDINÁRIO
Relator (a): Min. ELLEN GRACIE Julgamento: 31/05/2005 Órgão Julgador: Segunda Turma
DJ 24-06-2005 PP-00060
EMENT VOL-02197-3 PP-00448
AGTE. (S): MUNICÍPIO DO RIO DE JANEIRO
AGDO. (A/S): URCA IMOBILIÁRIA DO RIO DE JANEIRO S/A
Ementa
RECURSO EXTRAORDINÁRIO. ATO DE TOMBAMENTO. NULIDADE. 1. Baseou-se o Tribunal *a quo* no postulado da inafastabilidade da jurisdição, previsto no art. 5°, XXXV, da Carta Magna, que permite ao Poder Judiciário verificar a existência dos motivos alegados pela Administração para apreciar lesão a direito individual da parte. 2. E tal fundamento deixou de ser impugnado nas razões do extraordinário, pois se restringiu o agravante a assinalar que o Tribunal *a quo* exerceu o controle de mérito do ato administrativo, em contrariedade ao princípio da separação de poderes, o que, efetivamente, não se confunde com a garantia do acesso à justiça. Aplicável, portanto, à espécie a Súmula STF n° 283, a inviabilizar o conhecimento do apelo extremo. 3. Agravo regimental improvido.

15.9. PRINCÍPIO DA IRRETROATIVIDADE MITIGADA

A Constituição Federal no seu artigo 5°, inciso XL aduz que: *"a lei penal não retroagirá, salvo para beneficiar o réu".*

O Art. 5°, XXXVI, CF: *"a lei não prejudicará o direito adquirido, o ato jurídico perfeito e a coisa julgada".*

Esse princípio é um preceito de política jurídica, preservando os atos realizados sob a normatização das leis vigentes e reforçando a segurança jurídica do sistema. Qualquer outro caso pode ser atingido pelas leis que tenham efeito retroativo, afora a proteção ao direito adquirido, à coisa julgada, ao ato jurídico perfeito e à irretroatividade das leis penais.

O direito adquirido é aquele que já incorporou definitivamente em nossa esfera de disponibilidade, sendo amparado pelo princípio da inviolabilidade pelo que passou. A expectativa de direito não pode ser confundida com o direito adquirido, pois nesse caso o direito ainda não se incorporou ao patrimônio individual. A expectativa de direito incorporar-se-á ao patrimônio ido cidadão dentro de certo tempo se a mesma legislação continuar em vigor, porque, se houver mudanças, não haverá a sua aquisição.

Ato jurídico perfeito é aquele que foi realizado segundo os mandamentos da legislação em vigor ao tempo da sua feitura. A única exceção é se houver mácula de nulidade ou anulabilidade.

Assim, uma vez fechado um contrato, segundo as normatizações em vigor, ausente cláusula de nulidade ou de anulabilidade, o ato estará protegido de modificações.

Coisa julgada é a decisão judicial que não pode mais ser modificada, seja porque houve a perda do prazo para a interposição recursal, seja porque não existe mais possibilidade de recurso.

Jurisprudência

> RE-AgR 319254 / CE – CEARÁ AG. REG. NO RECURSO EXTRAORDINÁRIO Relator (a): Min. EROS GRAU
> Julgamento: 13/05/2008 Órgão Julgador: Segunda Turma
> DJe-102 DIVULG 05-06-2008 PUBLIC 06-06-2008
> EMENT VOL-02322-01 PP-00109
> AGTE. (S): CEARÁ MOTOR S/A E OUTRO (A/S)
> AGDO. (A/S): UNIÃO
> Ementa
> EMENTA: AGRAVO REGIMENTAL NO RECURSO EXTRAORDINÁRIO. CONTRIBUIÇÃO SOCIAL SOBRE O LUCRO. LEI N. 7.689/88. CONSTITUCIONALIDADE. 1. O Supremo Tribunal Federal fixou entendimento no sentido da constitucionalidade da contribuição social sobre o lucro instituída pela Lei n. 7.689/88, ressalvando apenas a inconstitucionalidade do artigo 8° da referida lei, por ofensa ao princípio da irretroatividade. Precedentes. Agravo regimental a que se nega provimento.

15.10. PRINCÍPIO DO DEVIDO PROCESSO LEGAL *(DUE PROCESSO OFLAW)*

O artigo 5°, inciso LIV da Constituição Federal afirma que: *"ninguém será privada da liberdade ou de seus bens sem o devido processo legal"*.

O surgimento do presente princípio ocorreu com o nascimento da Magna Charta Libertatum de 1215, em que o Rei João Sem Terra, em virtude da derrota em um confronto bélico, outorgou alguns direitos aos nobres ingleses. Afirmava que *"ninguém pode ser processado não mediante um processo regular pelos seus pares ou em harmonia com a lei do país"*.

O due process of law, terminologia provindo do processo inglês, significa que, para um cidadão sofrer o alcance de uma norma, seja em processo judicial seja em processo administrativo, torna-se necessário que o parâmetro da legalidade seja obedecido. O devido processo legal ampara o contraditório e a ampla defesa. Ele se divide no devido processo legal material e no devido processo legal procedimental.

O devido processo legal substancial tem a finalidade de proteção do conteúdo material dos direitos fundamentais. Por intermédio de uma construção jurisprudencial, fundamentando-se em critérios de razoabilidade, constitui-se em proteção contra o acinte arbitrário e irracional contra os *direitos fundamentais.* O que de diferencial tem o devido processo legal material do devido processo legal formal é que a incidência deste ocorre na aplicação da lei, ou seja, no modo como a lei é aplicada, ao passo que aquele incide no conteúdo da norma, não como ela é aplicada, mas no seu teor, verificando se o seu direcionamento segue os parâmetros estabelecidos pela Constituição. O primeiro pode ser utilizado mesmo sem a aplicação da norma; o segundo somente pode ser utilizado quando a norma for aplicada.

Jurisprudência

MS-AgR 26732 / DF – DISTRITO FEDERAL AG. REG. NO MANDADO DE SEGURANÇA Relator (a): Min. CÁRMEN LÚCIA Julgamento: 25/06/2008 Órgão Julgador: Tribunal Pleno

DJe-152 DIVULG 14-08-2008 PUBLIC 15-08-2008 EMENT VOL-02328-02 PP-00263 AGTE. (S): LEOPOLDINA MARIA COLARES DE ARAÚJO AGTE. (S): DENIS COLARES DE ARAÚJO

ADV.(A/S): MIRIAM RIBEIRO RODRIGUES DE MELLO E OUTRO (A/S)

AGDO. (A/S): TRIBUNAL DE CONTAS DA UNIÃO (TC N° 00047020023)

Ementa

EMENTA: MANDADO DE SEGURANÇA. TRIBUNAL DE CONTAS DA UNIÃO. JULGAMENTO DE RECURSO DE RECONSIDERAÇÃO. INTIMAÇÃO PESSOAL DA DATA DA SESSÃO. DESNECESSIDADE. 1. Não se faz necessária a notificação prévia e pessoal da data em que será realizada a sessão de julgamento de recurso de reconsideração pelo Tribunal de Contas da União. Ausência de ofensa aos princípios da ampla defesa e do devido processo legal quando a pauta de julgamentos é publicada no Diário Oficial da União. 2. O pedido de sustentação oral pode ser feito, conforme autoriza o art. 168 do Regimento Interno do Tribunal de Contas da União, até quatro horas antes da sessão. Para tanto, é necessário que os interessados no julgamento acompanhem o andamento do processo e as publicações feitas no Diário Oficial da União. 3. Agravo regimental ao qual se nega provimento.

15.11. PRINCÍPIO DO CONTRADITÓRIO E DA AMPLA DEFESA

O preceituado no artigo 5°, inciso LV afirma que: *"aos litigantes, em processo judicial ou administrativo, e aos acusados em geral são assegurados o contraditório e ampla defesa, com os meios e recursos a ela inerentes".*

O contraditório tem como requisito a participação das partes na formação das lides processuais, assegurando sua eficiência apenas se for possibilitada aos componentes da relação, atuação na inteireza dos procedimentos. Se o cidadão não tem a oportunidade de defesa, está se estiolando o princípio da isonomia porque houve oportunidade para a acusação, impedindo que todos sejam iguais perante a lei e, igualmente, obstacula-se que a verdade real possa ser concretizada. O objetivo principal é propiciar ao cidadão ampla defesa, ensejando a possibilidade de exaurimento de todos os meios de prova nos momentos processuais que foram colocados à sua disposição. A ampla defesa permite ao cidadão se contrapor às acusações que lhe foram imputadas, permitindo-lhe provar sua inocência.

Jurisprudência

HC 91945 / SP – SÃO PAULO HABEAS CORPUS Relator (a): Min. ELLEN GRACIE
Julgamento: 24/06/2008 Órgão Julgador: Segunda Turma
DJe-152 DIVULG 14-08-2008 PUBLIC 15-08-2008
EMENT VOL-02328-02. PP-00416
PACTE. (S): LEANDRO CÉSAR FERREIRA
IMPTE. (S): DPE-SP – DANIELA SOLLBERGER CEMBRANELLI
COATOR (A/S) (ES): SUPERIOR TRIBUNAL DE JUSTIÇA
Ementa

DIREITO PROCESSUAL PENAL. HABEAS CORPUS. PENA DE DESERÇÃO. ART. 595, CPP. NÃO-RECEPÇÃO PELA CF/88. OBRIGATORIEDADE DA APRECIAÇÃO DA APELAÇÃO. CONCESSÃO DA ORDEM. 1. A questão de direito em debate neste writ consiste na vigência (ou não) da regra contida no art. 595, do Código de Processo Penal, ou seja, a declaração de deserção da apelação quando o réu foge após a interposição do recurso. 2. A previsão de pressuposto recursal relacionado à exigência da prisão do condenado para poder apelar (CPP, art. 594), na atualidade, se revela violadora dos princípios constitucionais do devido processo legal, do contraditório e da ampla defesa (CF, art. 5° LIV e LV), eis que somente se admite a prisão cautelar quando houver a presença dos pressupostos e condições da prisão preventiva (CPP, art. 312). 3. O mesmo raciocínio é válido na leitura interpretativa do art. 595, do Código de Processo Penal, eis que se reconhecida a inconstitucionalidade da exigência de recolhimento do condenado à prisão para poder apelar, também o será a norma que repute a fuga como causa para a deserção da apelação anteriormente interposta. A fuga, assim, seria um pressuposto negativo de admissibilidade do recurso. 4. Não há mais legitimidade na restrição à interposição de apelação criminal consistente na obrigatoriedade do recolhimento à prisão em razão de sentença condenatória e na deserção na eventualidade de fuga do condenado após a interposição da apelação. 5. Ordem concedida.

15.12. PRINCÍPIO DO JUIZ NATURAL

O artigo 5°, inciso LIII da CF estabelece que: *"ninguém será processado nem sentenciado senão pela autoridade competente"*.

O conteúdo jurídico do princípio pode ser resumido na inarredável necessidade de predeterminação do juízo competente, quer para o processo, quer para o julgamento, proibindo-se qualquer forma de designação de tribunais para casos determinados. O princípio é um desdobramento da regra da igualdade. Pedro Lenza aduz que o que se veda é a designação ou criação, por deliberação legislativa ou outra, de tribunal (de exceção) para julgar, por meio de processo (civil, penal ou administrativo), determinado caso, tenha ele já ocorrido ou não, irrelevante a já existência de tribunal, não abrangendo na aludida proibição a justiça especializada, nem tampouco tribunais de ética, como o da OAB, cujas decisões administrativas (disciplinares) poderão ser revistas pelo Judiciário.

Jurisprudência

RE 463560 / SC – SANTA CATARINA RECURSO EXTRAORDINÁRIO Relator (a): Min. JOAQUIM BARBOSA
Julgamento: 29/04/2008 Órgão Julgador: Segunda Turma
DJe-112 DIVULG 19-06-2008 PUBLIC 20-06-2008 EMENT VOL-02324-04 PP-00868
RECTE. (S): MINISTÉRIO PÚBLICO DO ESTADO DE SANTA CATARINA RECDO. (A/S): GOLBERI MAURO DA LUZ
Ementa
EMENTA: RECURSO EXTRAORDINÁRIO. ALEGADA VIOLAÇÃO AO PRINCÍPIO DO JUIZ NATURAL. INOCORRÊNCIA. JULGAMENTO DE HABEAS CORPUS IMPETRADO CONTRA DECISÃO DE JUIZADO ESPECIAL. COMPETÊNCIA DA TURMA RECURSAL. LEGITIMIDADE CONSTITUCIONAL E LEGAL. RECURSO CONHECIDO E DESPROVIDO. 1. Os Juizados Especiais e as Turmas Recursais foram instituídos, no Estado de Santa Catarina, por Lei Complementar Estadual, anteriormente à edição da Lei n° 9.099/95. Assim, a posterior exigência, por este último diploma legal, de lei estadual para a criação de juizados e turmas recursais nos Estados, já estava atendida no Estado de Santa Catarina. 2. O fato de a Lei Complementar Estadual prever apenas competência cível para as Turmas de Recursos não torna ilegítima a Resolução do Tribunal de Justiça que declara a existência da competência também em matéria criminal. Observância dos princípios norteadores da Lei dos Juizados e da Constituição. 3. O princípio do juiz natural veda a instituição de tribunais e juízos de exceção e impõe que as causas sejam julgadas pelo órgão jurisdicional previamente determinado, a partir de critérios constitucionais de repartição da competência. Caso em que o *habeas corpus* de origem foi impetrado, perante a Turma de Recursos, dez anos depois da declaração da sua competência em matéria criminal pela Resolução do Tribunal de Justiça considerada ilegítima pelo Recorrente. 4. O fato de a Resolução prever a competência em matéria recursal das Turmas de Recursos não exclui sua competência para o julgamento de *habeas corpus* impetrado contra decisões dos juizados especiais criminais, como consequência lógica. Precedente. 5. Ademais, no caso em análise, o writ é claro substitutivo do recurso de apelação, não havendo razoabilidade em excluí-lo do alcance do art. 82 da Lei n° 9.099/95. 6. Recurso conhecido e desprovido.

15.13. PRINCÍPIO DA PUBLICIDADE PROCESSUAL

O artigo 5°, inciso LX verbera que: *"a lei só poderá restringir a publicidade dos atos processuais quando a defesa da intimidade ou o interesse social o exigirem".*

Nesta esteira de pensamento, o constituinte originário dispôs no art. 5°, XXXIII, da Carta Republicana o direito de certidão, o qual assegura ao indivíduo o direito de receber dos órgãos públicos informações de seu interesse particular, ou de interesse coletivo ou geral, que serão prestadas no prazo da lei, sob pena de responsabilidade, ressalvadas aquelas cujo sigilo seja imprescindível à segurança da sociedade e do Estado.

Por força do princípio da publicidade, devem ser abertos os canais de acesso à informação para que os clientes e usuários da Administração

Pública possam dela se servir da melhor forma, ressalvados os casos e hipóteses em que a própria Constituição confere o caráter sigiloso. Da obediência ao princípio da publicidade deriva a noção de oficialidade da divulgação.

Jurisprudência

AI-AgR 576329 / DF – DISTRITO FEDERAL AG. REG. NO AGRAVO DE INSTRUMENTO Relator (a): Min. CEZAR PELUSO Julgamento: 12/09/2006 Órgão Julgador: Segunda Turma
DJ 06-10-2006 PP-00060
EMENT VOL-02250-09 PP-01762
AGTE. (S): DISTRITO FEDERAL
AGDO. (A/S): MARIA DE FÁTIMA GUIMARÃES VIANA
Ementa
EMENTAS: 1. RECURSO. Extraordinário. Inadmissibilidade. Convocação pela ordem de classificação. Omissão do nome dos candidatos ou número de inscrição. Princípio da Publicidade. Ofensa. Jurisprudência assentada. Ausência de razões novas. Decisão mantida. Agravo regimental improvido. Nega-se provimento a agravo regimental tendente a impugnar, sem razões novas, decisão fundada em jurisprudência assente na Corte

15.14. PRINCÍPIO DA CELERIDADE

O preceituado no artigo 5°, inciso LXXVIII da Constituição Federal verbera que: "a todos, no âmbito judicial e administrativo, são assegurados a razoável duração do processo e os meios e garantias a celeridade de sua tramitação".

Esses meios devem ser inquestionavelmente oferecidos pelas leis processuais, de modo que a reforma infraconstitucional fica umbelicalmente ligada à constitucional, derivando de ordem expressa da Emenda n° 45/2004. Trata-se, portanto, de fazer com que a legislação processual ofereça soluções hábeis à desburocratização e simplificação do processo, para garantia da celeridade de sua tramitação.

Jurisprudência

HC 92453 / RN – RIO GRANDE DO NORTE HABEAS CORPUS Relator (a): Min. EROS GRAU Julgamento: 12/02/2008 Órgão Julgador: Segunda Turma
DJe-074 DIVULG 24-04-2008 PUBLIC 25-04-2008 EMENT VOL-02316-05 PP-01072
PACTE. (S): LEOMAR DE OLIVEIRA FORTE IMPTE. (S): FRANCISCO ALEXANDRE DE PAIVA FORTE COATOR (A/S) (ES): SUPERIOR TRIBUNAL DE JUSTIÇA
Ementa
EMENTA: HABEAS CORPUS. PROCESSUAL PENAL. PRISÃO PREVENTIVA. JULGAMENTO CÉLERE (CONSTITUIÇÃO DO BRASIL, ARTIGO 5°, INCISO LXXVIII). EXCESSO DE PRAZO DA INSTRUÇÃO CRIMINAL. RAZOABILIDADE. A Constituição do Brasil determina que "a todos, no âmbito judicial e administrativo, são assegurados a razoável duração do processo e os meios que garantam a celeridade

de sua tramitação". Não obstante, o excesso de prazo na instrução criminal não resulta de simples operação aritmética. Complexidade do processo, retardamento injustificado, atos procrastinatórios da defesa e o número de réus envolvidos são fatores que, analisados em conjunto ou separadamente, indicam ser, ou não, razoável o prazo para o encerramento da instrução criminal. O Poder Judiciário foi diligente. A complexidade do processo --- em que são apurados crimes praticados por quadrilha especializada em roubo a bancos — e a quantidade de réus envolvidos justificaram, no caso, a dilação do prazo para o encerramento da instrução criminal. Ordem denegada.

15.15. PRINCÍPIO DE PRESUNÇÃO DE INOCÊNCIA

O artigo 5°, inciso LVII da CF vaticina que: *"ninguém será considerado culpado até o trânsito em julgado de sentença penal condenatória".*

Tendo a nossa Lei Fundamental disposto acerca do princípio em comento, o ordenamento jurídico infraconstitucional, em especial o processual penal, está obrigado a absorver regras que permitam encontrar um equilíbrio saudável entre o interesse punitivo estatal e o direito de liberdade, dando-lhe efetividade.

Com efeito, o sistema normativo constitucional, através de seus preceitos, exerce notória influência sobre os demais ramos do Direito. Essa influência destaca-se no âmbito processual penal que trata do conflito existente entre o *jus puniendi* do Estado, q*ue é* o seu titular absoluto, e o jus li- bertatis do cidadão, bem intangível, não podendo ser considerado objeto da lide, reputado o maior de todos os bens jurídicos afetos à pessoa humana.

Efetivamente, o plano social prevê punição para aqueles indivíduos que desenvolve comportamento violador de normas de condutas socialmente predispostas a manter o imprescindível equilíbrio entre os membros da comunidade. Foi assim que o Estado criou mecanismos regulamentares da atuação estatal que propiciam na esfera criminal, a detectação da existência do ilícito penal, com a respectiva criação de limites à liberdade individual, com a aplicação de sanção que implicara no cerceamento do direito de locomoção. Agindo, assim, como guardião do interesse coletivo e do próprio indivíduo, já que o Direito existe, para dar ao homem garantias, sendo este a fonte e objetivo daquele.

A materialização do direito-dever estatal de punir, todavia, deve ser compatibilizado com os preceitos fundamentais que tutelam o direito de liberdade, vez que de suma relevância para a coletividade, constituindo-se em garantia para cada cidadão, o respeito aos preceitos oriundos do texto constitucional e que mantém pertinência com o processo penal. Ou seja, este direito-dever, não constitui uma prerrogativa que propicie utilização desmesurada, haja vista que o parâmetro a ser observado é a regra da legalidade: o Estado não pode atuar senão dentro dos limites fixados pelas normas legislativas.

O respeito ao vetor da legalidade assume particular relevo no âmbito criminal, posto que somente será possível testar a legalidade da pretensão estatal quando ocorrer lesão à regra de direito material previamente disposta ao cometimento do ilícito penal. A imposição de pena, por outro lado, exige que seja resguardado ao suposto autor da infração penal garantias mínimas que lhe permitam adequadamente resistir à pretensão estatal em comento, de modo a que a sua liberdade não seja cerceada abrupta e despoticamente.

Jurisprudência

> RE-AgR 559135 / DF – DISTRITO FEDERAL AG. REG. NO RECURSO EXTRAORDINÁRIO
> Relator (a): Min. RICARDO LEWANDOWSKI Julgamento: 20/05/2008 Órgão Julgador: Primeira Turma
> DJe-107 DIVULG 12-06-2008 PUBLIC 13-06-2008
> EMENT VOL-02323-06 PP-01131
> AGTE. (S): DISTRITO FEDERAL
> ADV.(A/S): PGDF – DENILSON FONSECA GONÇALVES
> AGDO. (A/S): PAULO ADRIANO TEIXEIRA DE ANDRADE
> ADV.(A/S): ALÍPIO BESERRA CAMELO E OUTRO(A/S)
> Ementa
> EMENTA: CONSTITUCIONAL. ADMINISTRATIVO. CONCURSO PÚBLICO. POLÍCIA MILITAR. CANDIDATO. ELIMINAÇÃO. INVESTIGAÇÃO SOCIAL. ART. 5°, LVII, DA CF. VIOLAÇÃO. I – Viola o princípio constitucional da presunção da inocência, previsto no art. 5°, LVII, da Constituição Federal, a exclusão de candidato de concurso público que responde a inquérito ou ação penal sem trânsito em julgado da sentença condenatória. Precedentes. II – Agravo regimental improvido.

15.16. PRINCÍPIO DA GRATUIDADE

O artigo 5°, inciso LXXIV da CF consagra que: *"o Estado prestará assistência jurídica integral e gratuita aos que comprovarem insuficiência de recursos".*

Ainda o inciso LXXVI do artigo 5° da CF: *"são gratuitos para o reconhecidamente pobres, na forma da lei: a) registro civil de nascimento; b) a certidão de óbito".*

Segue o inciso LXXVII, do artigo 5° da CF: *"são gratuitas as ações de habeas corpus e habeas data, e, na forma da lei, os atos necessários ao exercício da cidadania".*

A Lei 1.060/50 dispõe acerca da gratuidade da Justiça. De acordo com a dicção do artigo 4° do referido diploma legal, basta a afirmação de que não possui condições de arcar com custas e honorários, sem prejuízo próprio e de sua família, na própria petição inicial ou em seu pedido, a qualquer momento do processo, para a concessão do benefício, pelo que nos bastamos do texto da lei,

> Art. 4° A parte gozará dos benefícios da assistência judiciária, mediante simples afirmação, na própria petição inicial, de que não está em condições de pagar as custas do processo e os honorários de advogado, sem prejuízo próprio ou de sua família.§ 1° Presume-se pobre, até prova em contrário, quem afirmar essa condição nos termos da lei, sob pena de pagamento até o décuplo das custas judiciais.

Ou seja, nos termos da lei, apresentado o pedido de gratuidade e acompanhado de declaração de pobreza, há presunção legal que, a teor do artigo 5° do mesmo diploma analisado, o juiz deve prontamente deferir os benefícios ao seu requerente (cumprindo-se a presunção do art. 4° acima), excetuando-se o caso em que há elementos nos autos que comprovem a falta de verdade no pedido de gratuidade, caso em que o juiz deve indeferir o pedido.

A lei citada foi revogada pelo Noco Código de Processo Civil de 2016 que prevê no artigo 98 o seguinte: A pessoa natural ou jurídica, brasileira ou estrangeira, com insuficiência de recursos para pagar as custas, as despesas processuais e os honorários advocatícios tem direito à gratuidade da justiça, na forma da lei.

Ainda o dispositivo constitucional, artigo 5º, inciso LXXIV aduz que: O Estado prestará assistência jurídica integral e gratuita aos que comprovarem insuficiência de recursos.

Entender de outra forma seria impedir os mais humildes de ter acesso à Justiça, garantia maior dos cidadãos no Estado de Direito, corolário do princípio constitucional da inafastabilidade da jurisdição, artigo 5°, inciso XXXV da Constituição de 1988.

Veja-se que as normas legais mencionadas não exigem que os requerentes da assistência judiciária sejam miseráveis para recebê-la, sob a forma de isenção de custas, bastando que comprovem a insuficiência de recursos para custear o processo ou, como reza a norma constitucional, que não estão em condições de pagar custas do processo sem prejuízo próprio ou de sua família, bem como as normas de concessão do benefício não vedam tal benesse a quem o requeira por intermédio de advogados particulares.

Ora, como já afirmado, decorre da letra expressa que se presumem pobres, até prova em contrário, quem afirmar essa condição nos termos da lei.

Jurisprudência

> AI-ED 646099 / RJ – RIO DE JANEIRO EMB.DECL. NO AGRAVO DE INSTRUMENTO Relator (a): Min. GILMAR MENDES Julgamento: 11/03/2008 Órgão Julgador: Segunda Turma

DJe-070 DIVULG 17-04-2008 PUBLIC 18-04-2008 EMENT VOL-02315-11 PP-02295
EMBTE. (S): INDÚSTRIA CATAGUASES DE PAPEL LTDA EMBDO. (A/S): NELITE MOREIRA
Ementa
EMENTA: Embargos de declaração em agravo de instrumento. 2. Decisão monocrática do relator. Embargos de declaração recebidos como agravo regimental. 3. Assistência judiciária gratuita. Pessoa jurídica. Comprovação de impossibilidade de arcar com as despesas inerentes ao exercício da jurisdição. Necessidade. Precedente. 4. Pressupostos da gratuidade de justiça. Preenchimento. Ofensa reflexa à Constituição Federal. Precedente. 5. Artigo 93, IX, da Constituição. Ofensa não configurada. Acórdão devidamente fundamentado. 6. Agravo regimental a que se nega provimento.

15.17. PRINCÍPIO DA RAZOABILIDADE

O princípio da razoabilidade não se encontra expressamente previsto sob esta epígrafe na Constituição de 1988. Isso, contudo, não permite que se infira estar esse princípio afastado do sistema constitucional pátrio, posto se pode auferi-lo implicitamente de alguns dispositivos, bem como do histórico de sua elaboração.

Em sua face processual, enquanto princípio do devido processo legal, encontra-se positivado no capítulo de direitos e garantias individuais, no artigo 5o., inciso LIV. Nessa mesma esfera, tocante à processualística penal da qual é oriundo, o inciso XXXIX do citado artigo expõe a ideia central do "nullum crimen, nulla poena, sine lege"[4].

É, contudo, enquanto princípio conformador de direito material que a ausência de disposição expressa do princípio da razoabilidade é mais sentida. O apego desmedido ao Princípio da Separação dos Poderes tem lhe imposto barreiras a um desenvolvimento mais explícito.

O princípio da "proporcionalidade razoável" consagrado enquanto princípio constitucional geral e explícito de tributação, traduzido na norma que impede a tributação com efeitos de confisco (artigo 150, IV). É vedado ao Poder Público tributar patrimônio de modo a impossibilitar sua manutenção pelo particular ou inviabilizar o uso econômico a que se destine, ressalvadas as exceções constitucionalmente previstas.

Jurisprudência

ADI-MC 2677 / DF – DISTRITO FEDERAL MEDIDA CAUTELAR NA AÇÃO DIRETA DE INCONSTI- TUCIONALIDADE Relator (a): Min. MAURÍCIO CORRÊA Julgamento: 26/06/2002 Órgão Julgador: Tribunal Pleno

4 Não pode haver crime, nem pena que não resultem de uma lei prévia, escrita, estrita e certa

DJ 07-11-2003 PP-00082 EMENT VOL-02131-03 PP-00476 REQTES: PARTIDO TRABALHISTA BRASILEIRO – PTB E OUTROS REQDO: PRESIDENTE DA REPÚBLICA REQDO: CONGRESSO NACIONAL
Ementa
EMENTA: AÇÃO DIRETA DE INCONSTITUCIONALIDADE. MEDIDA CAUTELAR. ARTIGO 45, § 1°, I, DA LEI 9.096, DE 19.09.95. PROPAGANDA PARTIDÁRIA. PARTICIPAÇÃO DE PESSOA FILIADA A PARTIDO DIVERSO DO RESPONSÁVEL PELO PROGRAMA. VEDAÇÃO. LEGITIMIDADE. CAUTELAR INDEFERIDA. 1. A propaganda partidária destina-se à difusão de princípios ideológicos, atividades e programas dos partidos políticos, caracterizando-se desvio de sua real finalidade a participação de pessoas de outro partido no evento em que veiculada. 2. O acesso ao rádio e à televisão, sem custo para os partidos, dá-se às expensas do erário e deve ocorrer na forma que dispuser a lei, consoante disposição expressa na Carta Federal (artigo 17, § 3°). A vedação legal impugnada apresenta-se em harmonia com os princípios da razoabilidade, da isonomia e da finalidade. Ausência de *fumus boni iuris e periculum in mora.* Medida cautelar indeferida.

15.18. PRINCÍPIO DA PROPORCIONALIDADE

O princípio da proporcionalidade insere-se na estrutura normativa da Constituição, junto aos demais princípios gerais norteadores da interpretação das regras constitucionais e infraconsti- tucionais. Uma vez que uma visão sistemática da Constituição permite-nos auferir sua existência de forma implícita, deverá guiar o magistrado na interpretação e o legislador na elaboração de normas hierarquicamente inferiores, não obstante não se encontrar explicitamente delineado.

O princípio em estudo apresenta-se como uma das ideias fundantes da Constituição, com função de complementaridade em relação ao princípio da reserva legal (artigo 5o., II). Esta afirmação deve-se ao fato de que a ação do Poder Público deve ser conforme a lei formal e que esta deve ter como parâmetro a proporcionalidade, pois o legislador não está liberto de limites quando elabora as normas, mormente quando elas tendem a reduzir a esfera de algum direito fundamental. Uma vez que o princípio da legalidade tem como um de seus aspectos complementares e essenciais à sua efetiva observação o princípio da inafastabilidade do controle jurisdicional (artigo 5o., XXXV), mister é notar que este se aplica a qualquer ato praticado pelo poder público que seja considerado por aquele a quem prejudica como desproporcional ao objetivo almejado.

Conectam-se também ao princípio ora abordado, regendo sua aplicação, o princípio republicano (artigo 1o., caput), o princípio da cidadania (artigo1°, II) e o princípio da dignidade da pessoa humana (artigo 1o., III). Os direitos e garantias individuais que deles decorrem (artigo 5o.) representam formas para o particular se defender sempre que sofrer ou se achar ameaçado de sofrer lesão de algum direito por abuso de poder ou ilegalidade praticada por agentes públicos. Os institutos do habeas corpus (artigo 5o.,

LXVIII), mandado de segurança (artigo 5o. LXIX), habeas data (artigo 5o., LXII), assim como o direito de petição (artigo 5o., XXXIV, a), constituem subsídios de proteção do cidadão face ao poder público.

Ao afirmar que todo homem possui uma esfera intangível de direitos, decorrentes somente de sua existência enquanto ser da espécie humana, a Constituição garantiu que devam todos os cidadãos ser tratados de forma equitativa, o que pressupõe, para além da igualdade formal, tratamento diferenciado buscando adequar a lei às necessidades e peculiaridades de cada um. O princípio da proporcionalidade tem, portanto, papel indispensável na consecução de um dos principais objetivos do Estado brasileiro, qual seja, "reduzir as desigualdades sociais e regionais", consoante letra do artigo 3o., III, de nossa magna Carta. A proporcionalidade é, por conseguinte, ideia ínsita à concepção de estado democrático de Direito (CRFB/88, artigo 1o., caput).

O princípio da proporcionalidade encontra-se concretizado em diversas normas de nossa Constituição, conforme ilustração que se segue.

Em relação aos direitos e garantias individuais, no inciso V do artigo 5o., que constitucionaliza o direito de resposta proporcional ao agravo. Em sede de Direito Penal, ao garantir a individualização das penas (artigo 5o., XLVI, caput), está implicitamente garantido que estas serão proporcionais ao delito cometido. Quanto aos sociais, observar o que dispõe os incisos IV e V do artigo 7o., em que se explicita que o valor do salário mínimo deve ser compatível com um poder aquisitivo digno, e que o piso salarial deve ser proporcional à espécie de trabalho realizado.

Na organização do Estado, a proporcionalidade está presente dentre os requisitos necessários à decretação de intervenção, uma vez que sua decretação depende do agravo cometido, conforme se observa a partir da análise do § 3o. do artigo 36, que exclui a intervenção por considerá-la desarrazoada nas ocasiões ali explicitadas. Sua existência é ainda prevista no tocante à composição da Câmara dos Deputados (artigo 45, caput e §1o.), ao disciplinar dever esta ser realizada em razão da população.

No âmbito administrativo, o princípio em pauta deve reger a contratação temporária de funcionários, a qual deve obedecer ao critério da necessidade (artigo 37, IX e XXI), assim como a aposentadoria dos servidores públicos, proporcional ao tempo de serviço (artigo 40, III, c e d).

Em relação à utilização do erário público, em caso de irregularidade nas contas, aplicar-se-á, sem prejuízo de outras sanções, multa proporcional ao dano causado, consoante artigo 71, VIII.

Na atuação do Ministério Público, o inciso II do artigo 129 assegura a tomada de medidas necessárias (proporcionais) destinadas a garantir o respeito dos direitos constitucionais pelos Poderes Públicos e serviços de relevância pública. O inciso IX deste mesmo artigo reza ser função do Ministério Público o exercício de outras atividades que sejam compatíveis com sua finalidade, juízo esse que se encontra gerido pelo princípio em voga.

Em face do Sistema Tributário, entende-se que a Constituição consagrou a proporcionalidade quando, por exemplo, proibiu a tributação com efeito de confisco (artigo 150, IV), pois a carga tributária não pode ser onerosa a ponto de ocasionar ao particular sua perda. As alíquotas dos tributos devam, sempre que possível, ser proporcionais à capacidade econômica do contribuinte (artigo 145, §1o.).

Nos termos "valorização" e "justiça" incutidas no caput do artigo 170 encontram-se im butida a noção de proporcionalidade no âmbito dos princípios gerais da ordem econômica. Ainda dentro do Título VII, o tema ora em análise encontra-se delineado nos artigos 173, caput e § 3o., 4o. e 5o; 144, § 1o.; 175, IV.

Uma vez abordados alguns exemplos de elaboração de normas que com maior clareza mostraram a presença do princípio em estudo na Constituição de 1988, cumpre lembrar que, em se tratando de princípio geral de direito, não está adstrito a atuar nas esferas acima elencadas. Ao revés, norteia a hermenêutica da Constituição em sua totalidade e, logo, permeia a interpretação de cada uma de suas normas.

A inobservância ou lesão a princípio é a mais grave das inconstitucionalidades, uma vez que sem princípio não há ordem constitucional e sem ordem constitucional não há democracia nem Estado de Direito. Portanto, o princípio da proporcionalidade é direito positivo e garantia de respeito aos direitos fundamentais, fluindo do espírito do §2o. do artigo 5o., o qual, consoante palavras do eminente professor Paulo Bonavides, "abrange a parte não-escrita ou não expressa dos direitos e garantias da Constituição, a saber, aqueles direitos e garantias cujo fundamento decorre da natureza do regime, da essência impostergável do Estado de Direito e dos princípios que este consagra e que fazem inviolável da unidade da Constituição."

Jurisprudência

ADI 1800 / DF – DISTRITO FEDERAL AÇÃO DIRETA DE INCONSTITUCIONALIDADE Relator (a): Min. NELSON JOBIM Relator (a) p/ Acórdão: Min. RICARDO LEWANDOWSKI (ART.38,IV,b,DO RISTF)
Julgamento: 11/06/2007 Órgão Julgador: Tribunal Pleno
DJe-112 DIVULG 27-09-2007 PUBLIC 28-09-2007 DJ 28-09-2007 PP-00026 EMENT VOL-02291-01 PP-00113
REQTE: ASSOCIAÇÃO DOS NOTÁRIOS E REGISTRADORES DO BRASIL – ANOREG/BR REQDO: PRESIDENTE DA REPÚBLICA REQDO: CONGRESSO NACIONAL
Ementa
EMENTA: CONSTITUCIONAL. ATIVIDADE NOTARIAL. NATUREZA. LEI 9.534/97. REGISTROS PÚBLICOS. ATOS RELACIONADOS AO EXERCÍCIO DA CIDADANIA. GRATUIDADE. PRINCÍPIO DA PROPORCIONALIDADE. VIOLAÇÃO NÃO OBSERVADA. PRECEDENTES. IMPROCEDÊNCIA DA AÇÃO. I – A atividade desenvolvida pelos titulares das serventias de notas e registros, embora seja análoga à atividade empresarial, sujeita-se a um regime de direito público. II – Não

ofende o princípio da proporcionalidade lei que isenta os "reconhecidamente pobres" do pagamento dos emolumentos devidos pela expedição de registro civil de nascimento e de óbito, bem como a primeira certidão respectiva. III – Precedentes. IV – Ação julgada improcedente.

15.19. PRINCÍPIO DA ANTERIORIDADE PENAL

O preceituado no artigo 5°, inciso XXXIX da CF aduz que: *"não há crime sem lei anterior que o defina, nem pena sem prévia cominação legal".*

Trata-se de uma garantia constitucional do direito individual do cidadão perante o poder punitivo do Estado. Estabelece que o delito e a pena respectiva serão considerados exclusivamente nos termos da lei vigente ao tempo da prática do crime.

Para que uma ação ou omissão seja tida como crime, é preciso que a norma seja anterior ao fato. Por ele, não há crime nem pena sem lei prévia. Tem como exceção as situações em que há favorecimento do réu: se lei posterior descaracterizar uma conduta criminosa como tal, ou cominar-lhe pena mais branda, esta será aplicada, e não a vigente ao tempo do fato.

Jurisprudência

AI-AgR 596079 / PR – PARANÁ AG. REG. NO AGRAVO DE INSTRUMENTO Relator (a): Min. CELSO DE MELLO Julgamento: 18/03/2008 Órgão Julgador: Segunda Turma

DJe-102 DIVULG 05-06-2008 PUBLIC 06-06-2008 EMENT VOL-02322-06 PP-01064

AGTE. (S): EMPRESA JORNALÍSTICA FOLHA DE LONDRINA S/A AGDO. (A/S): INSTITUTO NACIONAL DO SEGURO SOCIAL – INSS AGDO. (A/S): CAIXA ECONÔMICA FEDERAL – CEF AGDO. (A/S): UNIÃO

Ementa

E M E N T A: AGRAVO DE INSTRUMENTO – CONTRIBUIÇÕES SOCIAIS INSTITUÍDAS PELA LEI COMPLEMENTAR N° 110/2001 – LEGITIMIDADE CONSTITUCIONAL DE SUA CRIAÇÃO – SUBMISSÃO AO POSTULADO DA ANTERIORIDADE GERAL (CF, ART. 149, "CAPUT", C/C O ART. 150, III, "B") – INAPLICABILIDADE, A TAIS EXAÇÕES TRIBUTÁRIAS, DO PRINCÍPIO DA ANTERIORIDADE MITIGADA (CF, ART. 195, § 6°) – RECURSO DE AGRAVO IMPROVIDO. – As contribuições sociais criadas pela Lei Complementar n° 110/2001 subsumem-se, quanto à sua precisa natureza jurídica, ao conceito de "contribuições sociais gerais" (ADI 2.556-MC/DF), achando-se submetidas, por isso mesmo, ao princípio da anterioridade geral, que, previsto no art. 149, "caput", da Carta Política, qualifica-se como expressiva garantia constitucional, de ordem tributária, instituída em favor dos contribuintes. Precedentes. MULTA – DESCABIMENTO – INOCORRÊNCIA DE COMPORTAMENTO PROCESSUAL MALICIOSO. – A mera interposição de recurso não basta, só por si, para autorizar a formulação, contra a parte recorrente, de um juízo de transgressão ao postulado da lealdade processual. Não se presume o caráter malicioso, procrastinatório ou fraudulento da conduta processual da parte que recorre, salvo se se demonstrar, quanto a ela, de modo inequívoco, que houve abuso do direito de recorrer. Comprovação inexistente na espécie.

16

DIREITOS FUNDAMENTAIS

Para Walber de Moura Agra[1], as várias dimensões dos direitos fundamentais contidos na Constituição acentuam o caráter pluralista que marcou a positivação dos direitos. Não pode ser imputada ao legislador constituinte de 1988 a preponderância de uma dimensão em detrimento de outra, até mesmo porque a composição de forças que formou a Assembleia Nacional Constituinte era extremamente heterogênea. Cada dimensão marca um aprimoramento da anterior, formando uma aglutinação das prerrogativas concretizadas. Até o momento foram formuladas quatro dimensões de direito, são elas:

a) Direitos de Primeira Dimensão ou Direitos de Primeira Geração que são também chamados de direitos de resistência, de defesa e direitos negativos. São denominados dessa forma porque se concretizam com a abstenção do Estado em realizar certas condutas. Assim, o direito à liberdade é garantido desde que os entes estatais não coloquem empecilhos no deslocamento dos cidadãos. Estão compreendidos nessa dimensão os direitos civis, políticos e de liberdade. Eles marcam a afirmação do indivíduo frente à prepotência do absolutismo estatal, preservando a esfera de autonomia privada do cidadão;

b) Direitos de Segunda Geração esses direitos são os direitos sociais, culturais e econômicos, destinados às coletividades. Têm o objetivo de dar um caráter de universalidade às prerrogativas fundamentais dos cidadãos. Essa dimensão criou as garantias constitucionais. Exigem para sua concretização, atividades do Estado no sentido de atender às necessidades da população. O Governo não mais poderia adotar uma postura inerte, esperando que a "mão invisível" do mercado possibilitasse a construção de um Estado de bem-estar social. Tornou-se inevitável a atuação estatal para suprir as demandas mais urgentes da sociedade. Eles produzem uma simbiose entre o Estado e a sociedade, propiciando que a igualdade saia da esfera formal e adentre na esfera material, garantindo direitos a todos, principalmente àquela parte da população que é carente de recursos;

c) Direitos de Terceira Geração têm como principal vetor o direito à fraternidade de direitos do gênero humano. São exemplos típicos de prerrogativas de terceira dimensão: direito ao desenvolvimento, à paz, ao meio ambiente equilibrado, ao patrimônio histórico, artístico e cultural, à auto-

1 Idem p. 120

determinação dos povos, à solidariedade, ao desenvolvimento, à proteção dos consumidores, direitos dos hipossuficientes, à preservação da intimidade etc. Também denominados direitos pós-materiais. Na seara do direito internacional, incidem nas relações entre os Estados, estimulando relações de coordenação, em que a ajuda e a cooperação dos países mais ricos aos países mais pobres seja estimulada. Nesse caso os sujeitos da relação dos direitos não são mais os cidadãos ou o cidadão-Estado, a titularidade passa a ser difusa, coletiva, transindividual. O destinatário é o homem em termos de gênero humano, enfocado sob um prisma coletivo. Se o destinatário é coletivo, a responsabilidade para a sua concretização também é coletiva, não dependendo apenas da atuação estatal para assegurar a todos a consecução desses direitos. O cidadão tem especial participação na sua efetivação. Esses direitos ultrapassam os limites territoriais do país, podendo-se falar na globalização desses direitos, como condição para sua realização fática;

d) Direitos de Quarta Geração esses direitos ainda estão em fase de construção teórica. Essa dimensão tem o objetivo de integrar o cidadão nas decisões políticas tomadas pelos entes governamentais, intensificando o grau de democracia. Podemos identificar como prerrogativas, dessa dimensão os direitos à informação, à participação política, à democracia participativa etc. Esses direitos têm a finalidade de propiciar uma democracia substancial, em que os cidadãos possam votar e contribuir ativamente para a resolução dos problemas cotidianos. Podem ser citados a participação política efetiva; a garantia de institutos da democracia participativa; a liberdade ampla de informação, a pluralidade de informação; o aprimoramento do regime democrático; a liberdade de mudança de sexo etc.

e) Direitos de Quinta Dimensão são caracterizados como direitos pós-materiais e pós-democráticos em que se busca analisar as implicações éticas decorrentes das pesquisas científicas, principalmente nas áreas de medicina e biologia. São direitos da bioética, ou seja, da ética da vida, fazendo com que os primados humanos direcionem as pesquisas científicas, respeitando a dignidade da pessoa humana e do equilíbrio do ecossistema. Representa uma reflexão sistemática a respeito das intervenções do homem sobre os seres vivos, analisando como eles podem ser manipulados por intervenções científicas, com o objetivo de procurar parâmetros éticos e normativos que possam disciplinar a conduta humana e mensurar suas con- sequências para o equilíbrio ambiental. Eles são direitos de uma sociedade de bem-estar pós-industrial, que conseguiu concretizar os direitos políticos, os materiais, os inerentes ao patrimônio comum da humanidade (paz, desenvolvimento, meio ambiente) e que agora assume os desafios do terceiro milênio, principalmente os inerentes ao progresso científico e as necessidades da construção de uma ética que valorize a essência de cada ser humano.

Jurisprudência

MS 22164 / SP – SÃO PAULO MANDADO DE SEGURANÇA Relator (a): Min. CELSO DE MELLO
Julgamento: 30/10/1995
Órgão Julgador: TRIBUNAL PLENO
DJ 17-11-1995 PP-39206 EMENT VOL-01809-05 PP-01155
Ementa
EMENTA: REFORMA AGRARIA – IMÓVEL RURAL SITUADO NO PANTANAL MATO-GROSSENSE – DESAPROPRIAÇÃO-SANÇÃO (CF, ART. 184) – POSSIBILIDADE – FALTA DE NOTIFICAÇÃO PESSOAL E PREVIA DO PROPRIETARIO RURAL QUANTO A REALIZAÇÃO DA VISTORIA (LEI N. 8.629/93, ART. 2., PAR. 2.) – OFENSA AO POSTULADO DO DUE PROCESS OF LAW (CF, ART. 5., LIV) – NULIDADE RADICAL DA DECLARAÇÃO EXPROPRIATORIA – MANDADO DE SEGURANÇA DEFERIDO. REFORMA AGRARIA E DEVIDO PROCESSO LEGAL. – O POSTULADO CONSTITUCIONAL DO DUE PROCESS OF LAW, EM SUA DESTINAÇÃO JURÍDICA, TAMBÉM ESTA VOCACIONADO A PROTEÇÃO DA PROPRIEDADE. NINGUEM SERÁ PRIVADO DE SEUS BENS SEM O DEVIDO PROCESSO LEGAL (CF, ART. 5., LIV). A UNIÃO FEDERAL – MESMO TRATANDO-SE DE EXECUÇÃO E IMPLEMENTAÇÃO DO PROGRAMA DE REFORMA AGRARIA – NÃO ESTA DISPENSADA DA OBRIGAÇÃO DE RESPEITAR, NO DESEMPENHO DE SUA ATIVIDADE DE EXPROPRIAÇÃO, POR INTERESSE SOCIAL, OS PRINCÍPIOS CONSTITUCIONAIS QUE, EM TEMA DE PROPRIEDADE, PROTEGEM AS PESSOAS CONTRA A EVENTUAL EXPANSAO ARBITRARIA DO PODER ESTATAL. A CLÁUSULA DE GARANTIA DOMINIAL QUE EMERGE DO SISTEMA CONSAGRADO PELA CONSTITUIÇÃO DA REPUBLICA TEM POR OBJETIVO IMPEDIR O INJUSTO SACRIFICIO DO DIREITO DE PROPRIEDADE. FUNÇÃO SOCIAL DA PROPRIEDADE E VISTORIA EFETUADA PELO INCRA. A VISTORIA EFETIVADA COM FUNDAMENTO NO ART. 2., PAR. 2. , DA LEI N. 8.629/93 TEM POR FINALIDADE ESPECIFICA VIABILIZAR O LEVANTAMENTO TECNICO DE DADOS E INFORMAÇÕES SOBRE O IMÓVEL RURAL, PERMITINDO A UNIÃO FEDERAL – QUE ATUA POR INTERMEDIO DO INCRA – CONSTATAR SE A PROPRIEDADE REALIZA, OU NÃO, A FUNÇÃO SOCIAL QUE LHE E INERENTE. O ORDENAMENTO POSITIVO DETERMINA QUE ESSA VISTORIA SEJA PRECEDIDA DE NOTIFICAÇÃO REGULAR AO PROPRIETARIO, EM FACE DA POSSIBILIDADE DE O IMÓVEL RURAL QUE LHE PERTENCE – QUANDO ESTE NÃO ESTIVER CUMPRINDO A SUA FUNÇÃO SOCIAL – VIR A CONSTITUIR OBJETO DE DECLARAÇÃO EXPROPRIATORIA, PARA FINS DE REFORMA AGRARIA. NOTIFICAÇÃO PREVIA E PESSOAL DA VISTORIA. A NOTIFICAÇÃO A QUE SE REFERE O ART. 2. , PAR. 2, DA LEI N. 8.629/93, PARA QUE SE REPUTE VALIDA E POSSA CONSEQUENTEMENTE LEGITIMA EVENTUAL DECLARAÇÃO EXPROPRIATORIA PARA FINS DE REFORMA AGRARIA, HÁ DE SER EFETIVADA EM MOMENTO ANTERIOR AO DA REALIZAÇÃO DA VISTORIA. ESSA NOTIFICAÇÃO PREVIA SOMENTE CONSIDERAR-SE-A REGULAR, QUANDO COMPROVADAMENTE REALIZADA NA PESSOA DO PROPRIETARIO DO IMÓVEL RURAL, OU QUANDO EFETIVADA MEDIANTE CARTA COM AVISO DE RECEPÇÃO FIRMADO POR SEU DES- TINATARIO OU POR AQUELE QUE DISPONHA DE PODERES PARA RECEBER A COMUNICAÇÃO POSTAL EM NOME DO PROPRIETARIO RURAL, OU, AINDA, QUANDO PROCEDIDA NA PESSOA DE REPRESENTANTE LEGAL OU DE PROCURADOR REGULARMENTE CONSTITUIDO PELO DOMINUS. O DESCUMPRIMENTO DESSA FORMALIDADE ESSENCIAL, DITADA PELA NECESSIDADE DE GARANTIR AO PROPRIETARIO A

OBSERVANCIA DA CLÁUSULA CONSTITUCIONAL DO DEVIDO PROCESSO LEGAL, IMPORTA EM VÍCIO RADICAL. QUE CONFIGURA DEFEITO INSUPE- RAVEL, APTO A PROJETAR-SE SOBRE TODAS AS FASES SUBSEQUENTES DO PROCEDIMENTO DE EXPROPRIAÇÃO, CONTAMINANDO-AS, POR EFEITO DE REPERCUSSAO CAUSAL, DE MANEIRA IRREMISSIVEL, GERANDO, EM CONSEQUENCIA, POR AUSÊNCIA DE BASE JURÍDICA IDONEA, A PROPRIA INVALIDAÇÃO DO DECRETO PRESIDENCIAL CONSUBSTANCIADOR DE DECLARAÇÃO EXPROPRIATORIA. PANTANAL MATO-GROSSENSE (CF, ART. 225, PAR. 4.) – POSSIBILIDADE JURÍDICA DE EXPROPRIAÇÃO DE IMÓVEIS RURAIS NELE SITUADOS, PARA FINS DE REFORMA AGRARIA. – A NORMA INSCRITA NO ART. 225, PARAGRAFO 4., DA CONSTITUIÇÃO NÃO ATUA, EM TESE, COMO IMPEDIMENTO JURÍDICO A EFETIVAÇÃO, PELA UNIÃO FEDERAL, DE ATIVIDADE EXPROPRIATORIA DESTINADA A PROMOVER E A EXECUTAR PROJETOS DE REFORMA AGRARIA NAS AREAS REFERIDAS NESSE PRECEITO CONSTITUCIONAL, NOTADAMENTE NOS IMÓVEIS RURAIS SITUADOS NO PANTANAL MATO-GROSSENSE. A PROPRIA CONSTITUIÇÃO DA REPUBLICA, AO IMPOR AO PODER PUBLICOO DEVER DE FAZER RESPEITAR A INTEGRIDADE DO PATRIMÔNIO AMBIENTAL, NÃO O INIBE, QUANDO NECESSARIA A INTERVENÇÃO ESTATAL NA ESFERAL DOMINIAL PRIVADA, DE PROMOVER A DESAPROPRIAÇÃO DE IMÓVEIS RURAIS PARA FINS DE REFORMA AGRARIA, ESPECIALMENTE PORQUE UM DOS INSTRUMENTOS DE REALIZAÇÃO DA FUNÇÃO SOCIAL DA PROPRIEDADE CONSISTE, PRECISAMENTE, NA SUBMISSAO DO DOMÍNIO A NECESSIDADE DE O SEU TITULAR UTILIZAR ADEQUADAMENTE OS RECURSOS NATURAIS DISPONIVEIS E DE FAZER PRESERVAR O EQUILIBRIO DO MEIO AMBIENTE (CF, ART. 186, II), SOB PENA DE, EM DESCUMPRINDO ESSES ENCARGOS, EXPOR-SE A DESAPROPRIAÇÃO-SANÇÃO AQUE SE REFERE O ART. 184 DA LEI FUNDAMENTAL. A QUESTÃO DO DIREITO AO MEIO AMBIENTE ECOLOGICAMENTE EQUILIBRADO – DIREITO DE TERCEIRA GERAÇÃO – PRINCÍPIO DA SOLIDARIEDADE. – O DIREITO A INTEGRIDADE DO MEIO AMBIENTE – TIPICO DIREITO DE TERCEIRA GERAÇÃO – CONSTITUI PRERROGATIVA JURÍDICA DE TITULARIDADE COLETIVA, REFLETINDO, DENTRO DO PROCESSO DE AFIRMAÇÃO DOS DIREITOS HUMANOS, A EXPRESSAO SIGNIFICATIVA DE UM PODER ATRIBUIDO, NÃO AO INDIVIDUO IDENTIFICADO EM SUA SINGULARIDADE, MAS, NUM SENTIDO VERDADEIRAMENTE MAIS ABRANGENTE, A PROPRIA COLETIVIDADE SOCIAL. ENQUANTO OS DIREITOS DE PRIMEIRA GERAÇÃO (DIREITOS CIVIS E POLITICOS) – QUE COMPREENDEM AS LIBERDADES CLASSICAS, NEGATIVAS OU FORMAIS – REALCAM O PRINCÍPIO DA LIBERDADE E OS DIREITOS DE SEGUNDA GERAÇÃO (DIREITOS ECONOMICOS, SOCIAIS E CULTURAIS) – QUE SE IDENTIFICA COM AS LIBERDADES POSITIVAS, REAIS OU CONCRETAS – ACENTUAM O PRINCÍPIO DA IGUALDADE, OS DIREITOS DE TERCEIRA GERAÇÃO, QUE MATERIALIZAM PODERES DE TITULARIDADE COLETIVA ATRIBUIDOS GENERICAMENTE A TODAS AS FORMAÇÕES SOCIAIS, CONSAGRAM O PRINCÍPIO DA SOLIDARIEDADE E CONSTITUEM UM MOMENTO IMPORTANTE NO PROCESSO DE DESENVOLVIMENTO, EXPANSAO E RECONHECIMENTO DOS DIREITOS HUMANOS, CARACTERIZADOS, ENQUANTO VALORES FUNDAMENTAIS INDISPONIVEIS, PELA NOTA DE UMA ESSENCIAL INEXAURIBILIDADE. CONSIDERAÇÕES DOUTRINÁRIAS.

ADI-MC 3540 / DF – DISTRITO FEDERAL MEDIDA CAUTELAR NA AÇÃO DIRETA DE INCONSTI- TUCIONALIDADE Relator (a): Min. CELSO DE MELLO Julgamento: 01/09/2005 Órgão Julgador: Tribunal Pleno
DJ 03-02-2006 PP-00014 EMENT VOL-02219-03 PP-00528 Parte(s)

REQTE. (S): PROCURADOR-GERAL DA REPÚBLICA e outros REQDO. (A/S): PRESIDENTE DA REPÚBLICA

Ementa

MEIO AMBIENTE – DIREITO À PRESERVAÇÃO DE SUA INTEGRIDADE (CF, ART. 225) – PRERROGATIVA QUALIFICADA POR SEU CARÁTER DE METAINDIVIDUALIDADE – DIREITO DE TERCEIRA GERAÇÃO (OU DE NOVÍSSIMA DIMENSÃO) QUE CONSAGRA O POSTULADO DA SOLIDARIEDADE – NECESSIDADE DE IMPEDIR QUE A TRANSGRESSÃO A ESSE DIREITO FAÇA IRROMPER, NO SEIO DA COLETIVIDADE, CONFLITOS INTERGENERACIONAIS – ESPAÇOS TERRITORIAIS ESPECIALMENTE PROTEGIDOS (CF, ART. 225, § 1°, III) – ALTERAÇÃO E SUPRESSÃO DO REGIME JURÍDICO A ELES PERTINENTE – MEDIDAS SUJEITAS AO PRINCÍPIO CONSTITUCIONAL DA RESERVA DE LEI – SUPRESSÃO DE VEGETAÇÃO EM ÁREA DE PRESERVAÇÃO PERMANENTE – POSSIBILIDADE DE A ADMINISTRAÇÃO PÚBLICA, CUMPRIDAS AS EXIGÊNCIAS LEGAIS, AUTORIZAR, LICENCIAR OU PERMITIR OBRAS E/OU ATIVIDADES NOS ESPAÇOS TERRITORIAIS PROTEGIDOS, DESDE QUE RESPEITADA, QUANTO A ESTES, A INTEGRIDADE DOS ATRIBUTOS JUSTIFICADORES DO REGIME DE PROTEÇÃO ESPECIAL – RELAÇÕES ENTRE ECONOMIA (CF, ART. 3°, II, C/C O ART. 170, VI) E ECOLOGIA (CF, ART. 225) – COLISÃO DE DIREITOS FUNDAMENTAIS – CRITÉRIOS DE SUPERAÇÃO DESSE ESTADO DE TENSÃO ENTRE VALORES CONSTITUCIONAIS RELEVANTES – OS DIREITOS BÁSICOS DA PESSOA HUMANA E AS SUCESSIVAS GERAÇÕES (FASES OU DIMENSÕES) DE DIREITOS (RTJ 164/158, 160-161) – A QUESTÃO DA PRECEDÊNCIA DO DIREITO À PRESERVAÇÃO DO MEIO AMBIENTE: UMA LIMITAÇÃO CONSTITUCIONAL EXPLÍCITA À ATIVIDADE ECONÔMICA (CF, ART. 170, VI) – DECISÃO NÃO REFERENDADA – CONSEQUENTE INDEFERIMENTO DO PEDIDO DE MEDIDA CAUTELAR. A PRESERVAÇÃO DA INTEGRIDADE DO MEIO AMBIENTE: EXPRESSÃO CONSTITUCIONAL DE UM DIREITO FUNDAMENTAL QUE ASSISTE À GENERALIDADE DAS PESSOAS. – Todos têm direito ao meio ambiente ecologicamente equilibrado. Trata-se de um típico direito de terceira geração (ou de novíssima dimensão), que assiste a todo o gênero humano (RTJ 158/205-206). Incumbe, ao Estado e à própria coletividade, a especial obrigação de defender e preservar, em benefício das presentes e futuras gerações, esse direito de titularidade coletiva e de caráter transindividual (RTJ 164/158-161). O adimplemento desse encargo, que é irrenunciável, representa a garantia de que não se instaurarão, no seio da coletividade, os graves conflitos intergeneracionais marcados pelo desrespeito ao dever de solidariedade, que a todos se impõe, na proteção desse bem essencial de uso comum das pessoas em geral. Doutrina. A ATIVIDADE ECONÔMICA NÃO PODE SER EXERCIDA EM DESARMONIA COM OS PRINCÍPIOS DESTINADOS A TORNAR EFETIVA A PROTEÇÃO AO MEIO AMBIENTE. – A incolumidade do meio ambiente não pode ser comprometida por interesses empresariais nem ficar dependente de motivações de índole meramente econômica, ainda mais se tiver presente que a atividade econômica, considerada a disciplina constitucional que a rege, está subordinada, dentre outros princípios gerais, àquele que privilegia a "defesa do meio ambiente" (CF, art. 170, VI), que traduz conceito amplo e abrangente das noções de meio ambiente natural, de meio ambiente cultural, de meio ambiente artificial (espaço urbano) e de meio ambiente laboral. Doutrina. Os instrumentos jurídicos de caráter legal e de natureza constitucional objetivam viabilizar a tutela efetiva do meio ambiente, para que não se alterem as propriedades e os atributos que lhe são inerentes, o que provocaria inaceitável comprometimento da saúde, segurança, cultura, trabalho e bem-estar da população, além de causar graves danos ecológicos ao patrimônio ambiental, considerado este em seu aspecto físico ou natural. A QUESTÃO DO DESENVOLVIMENTO NACIONAL (CF, ART. 3°, II) E A NECESSIDADE DE PRESERVAÇÃO DA INTEGRIDADE DO MEIO AMBIENTE (CF, ART. 225): O PRINCÍPIO DO DESENVOLVIMENTO SUSTENTÁVEL COMO FATOR DE OBTENÇÃO DO JUSTO EQUILÍBRIO ENTRE AS EXIGÊNCIAS DA ECONOMIA E AS DA ECOLOGIA. – O princípio do desenvolvimento sustentável, além de impregnado de caráter eminentemente constitucional, encontra suporte legitimador em compromissos internacionais assumidos pelo Estado brasileiro e representa fator de obtenção do justo equilíbrio entre as exigências da economia e as da ecologia, subordinada, no entanto, a invocação desse postulado, quando ocorrente situação de conflito entre valores constitucionais relevantes, a uma condição inafastável, cuja observância não comprometa nem esvazie o conteúdo essencial de um dos mais significativos direitos fundamentais: o direito à preservação do meio ambiente, que traduz bem de uso comum da generalidade das pessoas, a ser resguardado em favor das presentes e futuras gerações. O ART. 4° DO CÓDIGO FLORESTAL E A MEDIDA PROVISÓRIA N° 2.166-67/2001: UM AVANÇO EXPRESSIVO NA TUTELA DAS ÁREAS DE PRESERVAÇÃO PERMANENTE. – A Medida Provisória n° 2.166-67, de 24/08/2001, na parte em que introduziu significativas alterações no art. 4o do Código Florestal, longe de comprometer os valores constitucionais consagrados no art. 225 da Lei Fundamental, estabeleceu, ao contrário, mecanismos que permitem um real controle, pelo Estado, das atividades desenvolvidas no âmbito das áreas de preservação permanente, em ordem a impedir ações predatórias e lesivas ao patrimônio ambiental, cuja situação de maior vulnerabilidade reclama proteção mais intensa, agora propiciada, de modo adequado e compatível com o texto constitucional, pelo diploma normativo em questão. – Somente a alteração e a supressão do regime jurídico pertinente aos espaços territoriais especialmente protegidos qualificam-se, por efeito da cláusula inscrita no art. 225, § 1°, III, da Constituição, como matérias sujeitas ao princípio da reserva legal. – É lícito ao Poder Público – qualquer que seja a dimensão institucional em que se posicione na estrutura federativa (União, Estados-membros, Distrito Federal e Municípios) – autorizar, licenciar ou permitir a execução de obras e/ou a realização de serviços no âmbito dos espaços territoriais especialmente protegidos, desde que, além de observadas as restrições, limitações e exigências abstratamente estabelecidas em lei, não resulte comprometida a integridade dos atributos que justificaram, quanto a tais territórios, a instituição de regime jurídico de proteção especial (CF, art. 225, § 1°, III).

16.1. DIFERENÇAS ENTRE DIREITOS E GARANTIAS FUNDAMENTAIS

O artigo 5° Constitucional assevera acerca dos Direitos e Garantias Fundamentais. Os direitos são bens e vantagens prescritos na norma constitucional, enquanto as garantias são os instrumentos através dos quais se assegura o exercício dos aludidos direitos (preventivamente) ou prontamente os repara, casos violados.

Os remédios constitucionais são espécies do gênero garantia.

Características dos Direitos Fundamentais, segundo Pedro Lenza[2]:

a) Historicidade tendo em vista o caráter histórico, nascendo com o Cristianismo passando por diversas revoluções até os dias atuais;

b) Universalidade destina-se, de modo indiscriminado, a todos os seres humanos. É geral;

c) Limitabilidade uma vez que os direitos fundamentais não são absolutos (relatividade), havendo no caso concreto confronto, conflito de interesses. A solução estará prescrita na própria Carta Política ou estará na mão do intérprete definir qual direito aplicável ao caso concreto;

d) Concorrência pode ser exercida cumulativamente (direito de informação e direito de opinião);

e) Irrenunciabilidade quando ocorre o não-exercício, mas não pode ocorrer a renúncia dos direitos fundamentais, eles são irrenunciáveis;

f) Inalienabilidade ao ser conferido a todos, são indisponíveis não podendo ser alienados, pois não possuem conteúdo econômico-patrimonial;

g)Imprescritibilidade trata-se de um instituto jurídico que somente atinge coarctan- do, a exigibilidade dos direitos de caráter patrimonial, não a exigibilidade dos direitos personalíssimos, ainda que não individualistas.

16.2. DIREITOS INDIVIDUAIS

16.2.1. DIREITO À VIDA

O disposto no artigo 5°, caput da CF admite que:

> Todos são iguais perante a lei, sem distinção de qualquer natureza se garantido aos brasileiros e aos estrangeiros residentes no País a inviolabilidade do direito à vida, à liberdade, à igualdade, à segurança e à propriedade, nos termos seguintes.

Todos têm o direito à vida, com isto resguarda-se com a proibição da pena de morte, de não ter a vida cerceada artificialmente etc. Termos bons hospitais públicos para garantia da saúde e da própria vida é imprescindível para a garantia deste direito.

A lei garante o direito à vida desde o nascituro, inclusive a grande discussão do feto anencéfalo, que é aquele que nasce com insuficiência do encéfalo. Os bebês anencéfalos, embora não tenham cérebro, ou boa parte dele, têm o tronco cerebral funcionando. O tronco cerebral é constituído principalmente pelo bulbo, que é um alongamento da medula espinhal. Controla importantes funções do nosso organismo, entre elas: a respiração, o ritmo dos batimentos cardíacos e certos atos reflexos (como a deglutição, o vômito, a tosse e o piscar dos olhos).

2 Idem p. 518

Muitas questões são discutidas em consequência do direito à vida, como o aborto, a eutanásia.

A vida é o primeiro direito, portanto, lutamos tanto por um meio ambiente mais equilibrado porque sabemos que a devastação do ambiente causará dano à vida.

Enfim, são várias as questões que se entrelaçam na garantia do direito à vida e estão sendo juridicamente avaliadas na medida dos surgimentos das implicações que envolvem este nosso maior bem que é a vida.

Jurisprudência

> ADPF-QO 54 / DF – DISTRITO FEDERAL QUESTÃO DE ORDEM NA ARGUIÇÃO DE DESCUMPRI- MENTO DE PRECEITO FUNDAMENTAL Relator (a): Min. MARCO AURÉLIO Julgamento: 27/04/2005 Órgão Julgador: Tribunal Pleno
>
> DJe-092 DIVULG 30-08-2007 PUBLIC 31-08-2007 DJ 31-08-2007 PP-00029 EMENT VOL-02287-01 PP-00021
>
> ARGTE. (S): CONFEDERAÇÃO NACIONAL DOS TRABALHADORES NA SAÚDE – CNTS ADV.(A/S): LUÍS ROBERTO BARROSO E OUTRO(A/S)
>
> Ementa
>
> ADPF – ADEQUAÇÃO – INTERRUPÇÃO DA GRAVIDEZ – FETO ANENCÉFALO – POLÍTICA JUDICIÁRIA – MACROPROCESSO. Tanto quanto possível, há de ser dada sequência a processo objetivo, chegando-se, de imediato, a pronunciamento do Supremo Tribunal Federal. Em jogo valores consagrados na Lei Fundamental – como o são os da dignidade da pessoa humana, da saúde, da liberdade e autonomia da manifestação da vontade e da legalidade -, considerados a interrupção da gravidez de feto anencéfalo e os enfoques diversificados sobre a configuração do crime de aborto, adequada surge a arguição de descumprimento de preceito fundamental. ADPF – LIMINAR – ANENCEFALIA – INTERRUPÇÃO DA GRAVIDEZ – GLOSA PENAL – PROCESSOS EM CURSO – SUSPENSÃO. Pendente de julgamento a arguição de descumprimento de preceito fundamental, processos criminais em curso, em face da interrupção da gravidez no caso de anencefalia, devem ficar suspensos até o crivo final do Supremo Tribunal Federal. ADPF – LIMINAR – ANENCEFALIA – INTERRUPÇÃO DA GRAVIDEZ – GLOSA PENAL – AFASTAMENTO – MITIGAÇÃO. Na dicção da ilustrada maioria, entendimento em relação ao qual guardo reserva, não prevalece, em arguição de descumprimento de preceito fundamental, liminar no sentido de afastar a glosa penal relativamente àqueles que venham a participar da interrupção da gravidez no caso de anencefalia.

16.3. PROIBIÇÃO DA TORTURA

O artigo 5°, inciso III da Constituição Federal redige que: *"ninguém será submetido à tortura nem a tratamento desumano ou degradante"*.

A Lei de n 9.455/97 define sobre os crimes de tortura. Reza o artigo 1° da citada lei:

> Constitui crime de tortura:
>
> I – constranger alguém com emprego de violência ou grave ameaça, causando-lhe sofrimento físico ou mental:

a) com o fim de obter informação, declaração ou confissão da vítima ou de terceira pessoa;
b) para provocar ação ou omissão de natureza criminosa;
c) em razão de discriminação racial ou religiosa;

O preceituado veio dispor sobre a proibição de torturar que é inaceitável principalmente no Estado Democrático de Direito.

Jurisprudência

HC 89639 / SP – SÃO PAULO HABEAS CORPUS Relator (a): Min. ELLEN GRACIE
Julgamento: 24/06/2008 Órgão Julgador: Segunda Turma
DJe-152 DIVULG 14-08-2008 PUBLIC 15-08-2008
EMENT VOL-02328-02 PP-00313
PACTE. (S): JOSÉ MANOEL LOPES
IMPTE. (S): RÉGIS BERALDINELLE RENZI
COATOR (A/S)(ES): SUPERIOR TRIBUNAL DE JUSTIÇA
Ementa
DIREITO PROCESSUAL PENAL E DIREITO PENAL. HABEAS CORPUS. INÉPCIA DA DENÚNCIA. FALTA DE JUSTA CAUSA. FALSIDADE IDEOLÓGICA. TERMOS DE DECLARAÇÕES E AUTO DE INTERROGATÓRIO. DENEGAÇÃO. 1. A denúncia oferecida contra o paciente e outros co-réus descreve vários fatos relacionados às possíveis práticas de tortura no interior das dependências do distrito policial, bem como possíveis crimes de falsidade ideológica para encobrir as torturas. 2. Da narração contida na denúncia pode-se extrair que o paciente foi co-autor do crime de tortura e de falsidade ideológica relativamente às declarações prestadas no inquérito policial instaurado para apurar eventuais práticas de tortura nas dependências do distrito policial, além da falsidade ideológica referente ao auto de qualificação e interrogatório. 3. O paciente, além de ter concorrido para as práticas de tortura, posteriormente tentou encobrir os ilícitos praticados, mediante a alteração de fatos juridicamente relevantes nos termos de declarações e interrogatório lavrados na delegacia de polícia. 4. A respeito da alegação de falta de justa causa para a deflagração da ação penal, a matéria envolve a valoração de elementos de prova. 5. A conduta do paciente foi suficientemente individualizada, ao menos para o fim de se concluir no sentido do juízo positivo de admissibilidade da imputação feita na denúncia. 6. A descrição dos fatos cumpriu, rigorosamente, o comando normativo contido no art. 41, do Código de Processo Penal, tendo sido descrita a conduta do paciente de modo individualizado, estabelecendo-se a correlação entre sua conduta e a imputação da prática dos crimes de falsidade ideológica. 7. *Habeas corpus* denegado.

16.4. DIREITO À LIBERDADE DE CONSCIÊNCIA, CRENÇA E CULTO

O artigo 5°, inciso VI a VIII todos da Constituição asseveram que:

VI – é inviolável a liberdade de consciência e de crença, sendo assegurado o livre exercício dos cultos religiosos e garantida, na forma da lei, a proteção aos locais de culto e as suas liturgias;

> VII – é assegurada, nos termos da lei, a prestação de assistência religiosa nas entidades civis e militares de internação coletiva.
> VIII – ninguém será privado de direitos por motivo de crença religiosa ou de convicção filosófica ou política, salvo se as invocar para eximir-se de obrigação legal a todos impostas e recusar-se a cumprir prestação alternativa, fixada em lei.

A Lei n.º 16/2001 determina, no seu artigo 1° a Liberdade de consciência, de religião e de culto.

A liberdade de consciência, de religião e de culto é inviolável e garantida a todos em conformidade com a Constituição, a Declaração Universal dos Direitos do Homem, o direito internacional aplicável e a presente lei.

Jurisprudência

> RE 92916 / PR – PARANÁ RECURSO EXTRAORDINÁRIO Relator (a): Min. ANTONIO NEDER
> Julgamento: 19/05/1981
> Órgão Julgador: PRIMEIRA TURMA
> DJ 26-06-1981. PP-06307 EMENT VOL-01218-02 PP-00391 RTJ VOL-00100-01. PP-00329
> Ementa
> 1. SUSPENSÃO CONDICIONAL DA PENA. SUAS CONDIÇÕES. CASO EM QUE SE PROIBIU O BENEFICIARIO DE FREQUENTAR, AUXILIAR OU DESENVOLVER CULTOS RELIGIOSOS QUE FOREM CELEBRADOS EM RESIDENCIAS OU EM LOCAIS QUE NÃO SEJAM ESPECIFICAMENTE
> DESTINADO AO CULTO. TRATA-SE DE CONDIÇÃO QUE E CONTRARIA AO PRINCÍPIO INSCRITO NO PARAGRAFO 5, DO ART. 153, DA CONSTITUIÇÃO, SOBRE A LIBERDADE RELIGIOSA. A JUSTIÇA DEVE ESTIMULAR NO CRIMINOSO, NOTADAMENTE O PRIMARIO E RECUPERAVEL, A PRATICA DA RELIGIAO, POR CAUSA DO SEU CONTEUDO PEDAGOGICO, NADA IMPORTANDO O LOCAL. 2. SUSPENSÃO CONDICIONAL DA PENA. CASO EM QUE SE IMPÕE A BENEFICIARIA A OBRIGAÇÃO DE PESSOALMENTE CARREGAR, PARA O EDIFICIO DA CADEIA PÚBLICA LOCAL, UMAS TANTAS LATAS DAGUA. E OBRIGAÇÃO QUE NÃO SE HARMONIZA COM A FINALIDADE QUE A DOUTRINA CONFERE AO SURSIS, VISTO QUE, POR SER HUMILHANTE, PODE HUMILHAR E INDIGNAR A BENEFICIARIA. 3. RECURSO EXTRAORDINÁRIO DO MINISTÉRIO PÚBLICO LOCAL INTERPOSTO AO ACÓRDÃO QUE APROVOU AS DESCRITAS CONDIÇÕES. 4. SEU PROVIMENTO PARA CANCELAR, NO CASO, UMA OBRIGAÇÃO E OUTRA.

16.5. DIREITO À LIBERDADE DE ATIVIDADE INTELECTUAL, ARTÍSTICA, CIENTÍFICA OU DE COMUNICAÇÃO E INDENIZAÇÃO EM CASO DE DANO

O artigo 5° incisos IX e X ambos da Constituição declaram que:

> IX- é livre a expressão da atividade intelectual, artística, científica e de comunicação, independentemente de censura ou licença». «X – são invioláveis a intimidade, a vida privada, a honra e a imagem das pessoas; assegurado o direito a indenização pelo dano material ou moral decorrente de sua violação.

Reza os incisos que, é livre a expressão da atividade intelectual, artística, científica e de comunicação, independentemente de censura ou licença. Entretanto, a lei federal deverá regular as diversões e espetáculos públicos, cabendo ao poder Público informar sobre a natureza deles, as faixas etárias a que não se recomendem locais e horários em que sua apresentação se mostre inadequada.

Qualquer violação ao preceituado será assegurado o direito a indenização pelo dano material ou moral decorrente.

Jurisprudência

> RE 221239 / SP – SÃO PAULO RECURSO EXTRAORDINÁRIO Relator (a): Min. ELLEN GRACIE Julgamento: 25/05/2004 Órgão Julgador: Segunda Turma
> DJ 06-08-2004 PP-00061 EMENT VOL-02158-03 PP-00597 RTJ VOL-00193-01 PP-00406 RECTE: EDITORA GLOBO S/A
> ADVDOS: LUIZ DE CAMARGO ARANHA NETO E OUTROS RECDO: ESTADO DE SÃO PAULO
> Ementa
> CONSTITUCIONAL. TRIBUTÁRIO. IMUNIDADE. ART. 150, VI, "D" DA CF/88. "ÁLBUM DE FIGURINHAS". ADMISSIBILIDADE. 1. A imunidade tributária sobre livros, jornais, periódicos e o papel destinado à sua impressão tem por escopo evitar embaraços ao exercício da liberdade de expressão intelectual, artística, científica e de comunicação, bem como facilitar o acesso da população à cultura, à informação e à educação. 2. O Constituinte, ao instituir esta benesse, não fez ressalvas quanto ao valor artístico ou didático, à relevância das informações divulgadas ou à qualidade cultural de uma publicação. 3. Não cabe ao aplicador da norma constitucional em tela afastar este benefício fiscal instituído para proteger direito tão importante ao exercício da democracia, por força de um juízo subjetivo acerca da qualidade cultural ou do valor pedagógico de uma publicação destinada ao público infanto-juvenil. 4. Recurso extraordinário conhecido e provido.

16.6. DIREITO À INVIOLABILIDADE DOMICILIAR

O preceituado no artigo 5°, inciso XI admite que:

> [...] o casa é o asilo inviolável do indivíduo, ninguém nela podendo penetrar sem consentimento do morador, salvo em caso de flagrante delito ou desastre, ou para prestar socorro, ou, durante o dia, por determinação judicial.

A moradia de um cidadão é inviolável. Só pode entrar se o proprietário permitir caso contrário somente com ordem judicial e durante o dia, ou em caso de flagrante delito ou desastre para evitar maiores sequelas.

O critério que se tem entendido para dia seria o horário das 6h até 18h.

Jurisprudência

RE 86926 / PR – PARANA RECURSO EXTRAORDINÁRIO Relator (a): Min. CORDEIRO GUERRA
Julgamento: 04/10/1977
Órgão Julgador: SEGUNDA TURMA
DJ 21-10-1977
RTJ VOL-00084-01 PP-00302
Ementa
A CASA E O ASILO INVIOLAVEL DO INDIVIDUO, POREM NÃO PODE SER TRANSFORMADA EM GARANTIA DE IMPUNIBILIDADE DE CRIMES QUE EM SEU INTERIOR SE PRATICAM. OS AGENTES POLICIAIS PODEM SER TESTEMUNHAS, E SÃO PRESUMIDAMENTE IDONEOS POR EXERCEREM FUNÇÃO PÚBLICA DE RELEVANTE INTERESSE SOCIAL. RE CRIMINAL QUE SE NÃO CONHECE.

16.7. DIREITO AO SIGILO DE CORRESPONDÊNCIA E COMUNICAÇÕES

preceituado no artigo 5°, inciso XII da Carta Maior estabelece que:

> [...] é inviolável o sigilo da correspondência e das comunicações telegráficas, de dados e das comunicações telefônicas, salvo, no último caso, por ordem judicial, nas hipóteses e na forma que a lei estabelecer para fins de inves-tigação criminal ou instrução processual penal.

O sigilo de correspondência, o sigilo das comunicações telegráficas, o sigilo bancário, o sigilo fiscal, o sigilo das comunicações telefônicas são invioláveis. Somente por ordem judicial podem ser violadas e, ainda nas hipóteses de Estado de Sítio e Estado de Defesa.

Jurisprudência

RE 418416 / SC – SANTA CATARINA RECURSO EXTRAORDINÁRIO Relator (a): Min. SEPÚLVEDA PERTENCE
Julgamento: 10/05/2006 Órgão Julgador: Tribunal Pleno
DJ 19-12-2006 PP-00037 EMENT VOL-02261-06 PP-01233 RECTE. (S): LUCIANO HANG
ADV.(A/S): ANTONIO NABOR AREIAS BULHÕES E OUTRO(A/S)
RECDO. (A/S): MINISTÉRIO PÚBLICO FEDERAL
Ementa
EMENTA: I. Decisão judicial: fundamentação: alegação de omissão de análise de teses relevantes da Defesa: recurso extraordinário: descabimento. Além da falta do indispensável prequestionamento (Súmulas 282 e 356), não há violação dos art. 5°, LIV e LV, nem do art. 93, IX, da Constituição, que não exige o exame pormenorizado de cada uma das alegações ou provas apresentadas pelas partes, nem que sejam corretos os fundamentos da decisão; exige, apenas, que a decisão esteja motivada, e a sentença e o acórdão recorrido não descumpriram esse requisito (v.g., RE 140.370, 1- T., 20.4.93, Pertence, DJ 21.5.93; AI 242.237 – AgR,

1- T., 27.6.00, Pertence, DJ 22.9.00). II. Quebra de sigilo bancário: prejudicadas as alegações referentes ao decreto que a determinou, dado que a sentença e o acórdão não se referiram a qualquer prova resultante da quebra do sigilo bancário, tanto mais que, dado o deferimento parcial de mandado de segurança, houve a devolução da documentação respectiva. III. Decreto de busca e apreensão: validade. 1. Decreto específico, que somente permitiu que as autoridades encarregadas da diligência selecionassem objetos, dentre aqueles especificados na decisão e na sede das duas empresas nela indicadas, e que fossem "interessantes à investigação" que, no caso, tinha pertinência com a prática do crime pelo qual foi efetivamente condenado o recorrente. 2. Ademais não se demonstrou que as instâncias de mérito tenham invocado prova não contida no objeto da medida judicial, nem tenham valorado qualquer dado resultante da extensão dos efeitos da decisão determinante da busca e apreensão, para que a Receita Federal e a "Fiscalização do INSS" também tivessem acesso aos documentos apreendidos, para fins de investigação e cooperação na persecução criminal, "observado o sigilo imposto ao feito". IV – Proteção constitucional ao sigilo das comunicações de dados – art. 5°, XVII, da CF: ausência de violação, no caso. 1. Impertinência à hipótese da invocação da AP 307 (Pleno, 13.12.94, Galvão, DJU 13.10.95), em que a tese da inviolabilidade absoluta de dados de computador não pode ser tomada como consagrada pelo Colegiado, dada a interferência, naquele caso, de outra razão suficiente para a exclusão da prova questionada – o ter sido o microcomputador apreendido sem ordem judicial e a consequente ofensa da garantia da inviolabilidade do domicílio da empresa – este segundo fundamento bastante, sim, aceito por votação unânime, à luz do art. 5°, XI, da Lei Fundamental. 2. Na espécie, ao contrário, não se questiona que a apreensão dos computadores da empresa do recorrente se fez regularmente, na conformidade e em cumprimento de mandado judicial. 3. Não há violação do art. 5°. XII, da Constituição que, conforme se acentuou na sentença, não se aplica ao caso, pois não houve "quebra de sigilo das comunicações de dados (interceptação das comunicações), mas sim apreensão de base física na qual se encontravam os dados, mediante prévia e fundamentada decisão judicial". 4. A proteção a que se refere o art.5°, XII, da Constituição, é da comunicação 'de dados' e não dos 'dados em si mesmos', ainda quando armazenados em computador. (cf. voto no MS 21.729, Pleno, 5.10.95, red. Néri da Silveira – RTJ 179/225, 270). V – Prescrição pela pena concretizada: declaração, de ofício, da prescrição da pretensão punitiva do fato quanto ao delito de frustração de direito assegurado por lei trabalhista (C. Penal, arts. 203; 107, IV; 109, VI; 110, § 2° e 114, II; e Súmula 497 do Supremo Tribunal).

16.8. DIREITO À LIBERDADE DE PROFISSÃO

O artigo 5°, inciso XIII da CF verbera que: *"é livre o exercício de qualquer trabalho, ofício ou profissão, atendidas as qualificações que a lei estabelecer".*

Trata-se de uma norma constitucional onde a lei infraconstitucional pode limitar o seu alcance, fixando condições ou requisitos para o exercício da profissão. Como ocorre com o exame da Ordem dos Advogados do Brasil (Lei n° 8.906/94) onde um dos requisitos para que o bacharel em direito se torne advogado é realizar o exame determinado legalmente.

Jurisprudência

> ADI 395 / SP – SÃO PAULO AÇÃO DIRETA DE INCONSTITUCIONALIDADE Relator (a): Min. CÁRMEN LÚCIA Julgamento: 17/05/2007 Órgão Julgador: Tribunal Pleno
> DJe-082 DIVULG 16-08-2007 PUBLIC 17-08-2007 DJ 17-08-2007 PP-00022. EMENT VOL-02285-01 PP-00052 RDDT n. 145, 2007, p. 181-185 RT v. 96, n. 866, 2007, p. 101-106
> REQTE. CONSELHO FEDERAL DA ORDEM DOS ADVOGADOS DO BRASIL
> ADV.: OPHIR FILGUEIRAS CAVALCANTE
> REQDO: ASSEMBLEIA LEGISLATIVA DO ESTADO DE SÃO PAULO
> Ementa
> EMENTA: AÇÃO DIRETA DE INCONSTITUCIONALIDADE. ART. 163, § 7°, DA CONSTITUIÇÃO DE SÃO PAULO: INOCORRÊNCIA DE SANÇÕES POLÍTICAS. AUSÊNCIA DE AFRONTA AO ART. 5°, INC. XIII, DA CONSTITUIÇÃO DA REPÚBLICA. 1. A retenção da mercadoria, até a comprovação da posse legítima daquele que a transporta, não constitui coação imposta em desrespeito ao princípio do devido processo legal tributário. 2. Ao garantir o livre exercício de qualquer trabalho, ofício ou profissão, o art. 5°, inc. XIII, da Constituição da República não o faz de forma absoluta, pelo que a observância dos recolhimentos tributários no desempenho dessas atividades impõe-se legal e legitimamente. 3. A hipótese de retenção temporária de mercadorias prevista no art. 163, § 7°, da Constituição de São Paulo, é providência para a fiscalização do cumprimento da legislação tributária nesse território e consubstancia exercício do poder de polícia da Administração Pública Fazendária, estabelecida legalmente para os casos de ilícito tributário. Inexiste, por isso mesmo, a alegada coação indireta do contribuinte para satisfazer débitos com a Fazenda Pública. 4. Ação Direta de Inconstitucionalidade julgada improcedente.

16.9. DIREITO À LIBERDADE DE INFORMAÇÃO

Os incisos XIV e XXXIII do artigo 5°, ambos da Constituição Federal, enfatizam que:

> XIV- é assegurado a todos o acesso à informação e resguardado o sigilo da fonte, quando necessário ao exercício profissional.
> [...]
> XXXIII – todos têm direito a receber dos órgãos públicos informações de seu interesse particular, ou de interesse coletivo ou geral, que serão prestadas no prazo da lei, sob pena de responsabilidade, ressalvadas aquelas cujo sigilo seja imprescindível à segurança da sociedade e do Estado.

Com o advento do Estado Democrático de Direito todos têm acesso a suas informações, obviamente limitada àquelas que correm em segredo de justiça, inclusive caso seja obstaculariza- do a este direito caberá o *Habeas data* como remédio constitucional para garantia à liberdade de informação.

Jurisprudência

HC 90232 / AM – AMAZONAS HABEAS CORPUS Relator (a): Min. SEPÚLVEDA PERTENCE Julgamento: 18/12/2006 Órgão Julgador: Primeira Turma
DJ 02-03-2007 PP-00038 EMENT VOL-02266-04 PP-00720 LEXSTF v. 29, n. 340, 2007, p. 469-480
PACTE. (S): SANDOVAL CARDOSO FREITAS OU SANDOVAL FERNANDO CARDOSO DE FREITAS OU SANDOVAL CARDOSO DE FREITAS IMPTE. (S): DÉLIO LINS E SILVA E OUTRO (A/S)
COATOR (A/S)(ES) : RELATOR DO HABEAS CORPUS N° 71330 DO SUPERIOR TRIBUNAL DE JUSTIÇA
Ementa
EMENTA: I. Habeas corpus: inviabilidade: incidência da Súmula 691 ("Não compete ao Supremo Tribunal Federal conhecer de "habeas corpus" impetrado contra decisão do Relator que, em "habeas corpus" requerido a Tribunal Superior, indefere a liminar"). II. Inquérito policial: inoponibilidade ao advogado do indiciado do direito de vista dos autos do inquérito policial. 1. Inaplicabilidade da garantia constitucional do contraditório e da ampla defesa ao inquérito policial, que não é processo, porque não destinado a decidir litígio algum, ainda que na esfera administrativa; existência, não obstante, de direitos fundamentais do indiciado no curso do inquérito, entre os quais o de fazer-se assistir por advogado, o de não se incriminar e o de manter-se em silêncio. 2. Do plexo de direitos dos quais é titular o indiciado – interessado primário no procedimento administrativo do inquérito policial -, é corolário e instrumento a prerrogativa do advogado de acesso aos autos respectivos, explicitamente outorgada pelo Estatuto da Advocacia (L. 8906/94, art. 7°, XIV), da qual – ao contrário do que previu em hipóteses assemelhadas – não se excluíram os inquéritos que correm em sigilo: a irrestrita amplitude do preceito legal resolve em favor da prerrogativa do defensor o eventual conflito dela com os interesses do sigilo das investigações, de modo a fazer impertinente o apelo ao princípio da proporcionalidade. 3. A oponibilidade ao defensor constituído esvaziaria uma garantia constitucional do indiciado (CF, art. 5°, LXIII), que lhe assegura, quando preso, e pelo menos lhe faculta, quando solto, a assistência técnica do advogado, que este não lhe poderá prestar se lhe é sonegado o acesso aos autos do inquérito sobre o objeto do qual haja o investigado de prestar declarações. 4. O direito do indiciado, por seu advogado, tem por objeto as informações já introduzidas nos autos do inquérito, não as relativas à decretação e às vicissitudes da execução de diligências em curso (cf. L. 9296, atinente às inter- ceptações telefônicas, de possível extensão a outras diligências); dispõe, em consequência a autoridade policial de meios legítimos para obviar inconvenientes que o conhecimento pelo indiciado e seu defensor dos autos do inquérito policial possa acarretar à eflcácia do procedimento investigatório. 5. Habeas corpus de ofício deferido, para que aos advogados constituídos pelo paciente se faculte a consulta aos autos do inquérito policial e a obtenção de cópias pertinentes, com as ressalvas mencionadas.

16.10. DIREITO DE REUNIÃO

O artigo 5°, inciso XVI da Constituição Federal verbera que:

> [...] todos podem reunir-se pacificamente, sem armas, em locais abertos ao público, independentemente de autorização, desde que não frustrem outra reunião anteriormente convocada para o mesmo local, sendo apenas exigido prévio aviso à autoridade competente.

Como estabelece o preceituado acostado garante-se o direito de reunião de forma pacífica, sem armas e em locais abertos ao público. Ou seja, todos podem fazer suas manifestações desde que seja pacífica. Esse direito, inclusive, pode ser exercido sem autorização prévio do Poder Público, desde que não frustre outra reunião anteriormente convocada para o mesmo local – neste caso exige-se prévio aviso à autoridade competente para que não haja obstáculos ao direito garantido constitucionalmente.

Jurisprudência

> ADI 1969 / DF – DISTRITO FEDERAL AÇÃO DIRETA DE INCONSTITUCIONALIDADE Relator (a): Min. RICARDO LEWANDOWSKI Julgamento: 28/06/2007 Órgão Julgador: Tribunal Pleno
> DJe-092 DIVULG 30-08-2007 PUBLIC 31-08-2007 DJ 31-08-2007 PP-00029. EMENT VOL-02287-02 PP-00362 LEXSTF v. 29, n. 345, 2007, p. 63-88 REQTE: PARTIDO DOS TRABALHADORES – PT
> REQTE: CONFEDERAÇÃO NACIONAL DOS TRABALHADORES NA AGRICULTURA – CONTAG REQTE: CONFEDERAÇÃO NACIONAL DOS TRABALHADORES EM EDUCAÇÃO – CNTE REQTE: CENTRAL ÚNICA DOS TRABALHADORES REQDO: GOVERNADOR DO DISTRITO FEDERAL
> Ementa
> EMENTA: AÇÃO DIRETA DE INCONSTITUCIONALIDADE. DECRETO 20.098/99, DO DISTRITO FEDERAL. LIBERDADE DE REUNIÃO E DE MANIFESTAÇÃO PÚBLICA. LIMITAÇÕES. OFENSA AO ART. 5°, XVI, DA CONSTITUIÇÃO FEDERAL. I. A liberdade de reunião e de associação para fins lícitos constitui uma das mais importantes conquistas da civilização, enquanto fundamento das modernas democracias políticas. II. A restrição ao direito de reunião estabelecida pelo Decreto distrital 20.098/99, a toda evidência, mostra-se inadequada, desnecessária e desproporcional quando confrontada com a vontade da Constituição (Wille zur Verfassung). III. Ação direta julgada procedente para declarar a inconstitucionalidade do Decreto distrital 20.098/99.

16.11. DIREITO DE ASSOCIAÇÃO

Assenta o artigo 5°, incisos XVII, XVIII, XIX, XX e XXI, senão vejamos:

> XVII – é plena a liberdade de associação para fins lícitos, vedada a de caráter para- militar.
> XVIII – a criação de associações e, na forma da lei, a de cooperativas independem de autorização, sendo vedada a interferência estatal em seu funcionamento.
> XIX – as associações só poderão ser compulsoriamente dissolvidas ou ter suas atividades suspensas por decisão judicial, exigindo-se, no primeiro caso, o trânsito em julgado.

XX – ninguém poderá ser compelido a associar-se ou a permanecer associado.
XXI – as entidades associativas, quando expressamente autorizadas, têm legitimidade para representar seus filiados judicial ou extrajudicialmente.

A liberdade de associação para fins lícitos, vedada a de caráter militar é plena. Ninguém poderá ser compelido a se associar e mesmo associado é livre para decidir se permanece associado ou não mais.

A única forma de dissolver a associação já constituída será por meio de decisão judicial transitada em julgado em caso de finalidade ilícita da associação. Também a suspensão das atividades será dada por intermédio de decisão judicial, não sendo necessário aguardar o trânsito em julgado podendo implementá-la a partir de provimentos antecipatórios ou cautelares.

As entidades associativas, quando expressamente autorizadas, têm legitimidade para representar seus filiados, judicial ou extrajudicialmente, podendo, como substitutas processuais, defender, em nome próprio, o direito alheio de seus associados. Ainda a associação poderá impetrar mandado de segurança coletivo conforme preleciona o artigo 5°, inciso LXX da Constituição Federal, mas deverá estar legalmente constituída e em funcionamento há pelo menos um ano.

Jurisprudência

ADI-AgR 3850 / SP – SÃO PAULO AG. REG. NA AÇÃO DIRETA DE INCONSTITUCIONALIDADE Relator (a): Min. SEPÚLVEDA PERTENCE Julgamento: 01/08/2007 Órgão Julgador: Tribunal Pleno

DJe-082 DIVULG 16-08-2007 PUBLIC 17-08-2007 DJ 17-08-2007 PP-00023 EMENT VOL-02285-03 PP-00481

AGTE. (S): ASSOCIAÇÃO BRASILEIRA DE GASTRONOMIA, HOSPITALIDADE E TURISMO – ABRE- SI

AGDO. (A/S): ASSEMBLEIA LEGISLATIVA DO ESTADO DE SÃO PAULO Ementa

EMENTA: Adin – Ação direta de inconstitucionalidade: ilegitimidade ativa *ad causam* da ABRESI – Associação Brasileira de Gastronomia, Hospitalidade e Turismo, que não constitui entidade de classe de âmbito nacional, segundo os critérios jurisprudenciais de sua caracterização para os fins do art.103, IX, da Constituição.

16.12. DIREITO DE PROPRIEDADE

Os incisos XXII, XXIII, XXIV, XXV e XXVI todos da Carta Política verberam que:

XXII – é garantido o direito de propriedade.
XXIII – a propriedade atenderá a sua função social.
XXIV – a lei estabelecerá o procedimento para desapropriação por necessidade ou utilidade pública, ou por interesse social, mediante justa e prévia indenização em dinheiro, ressalvados os casos previstos nesta Constituição.

> XXV – no caso de iminente perigo público, a autoridade competente poderá usar de propriedade particular, assegurada ao proprietário indenização ulterior, se houver dano.
> XXVI – a pequena propriedade rural, assim definida em lei, desde que trabalhada pela família, não será objeto de penhora para pagamento de débitos decorrentes de sua atividade produtiva, dispondo a lei sobre os meios de financiar o seu desenvolvimento.

O direito de propriedade é assegurado e deverá atender à sua função social. Entretanto, este direito não é absoluto, visto que a propriedade poderá ser desapropriada por necessidade ou utilidade pública e será paga justa e prévia indenização em dinheiro. Mas se não estiver atendendo a função social poderá haver a desapropriação-sanção com pagamentos em títulos da dívida pública (art. 182, § 4°, III, CF) ou com títulos da dívida agrária pela União Federal para fins de reforma agrária (art. 184, CF), não incluindo neste caso a pequena propriedade rural (185, I e II, CF).

No que diz respeito à propriedade urbana, a desapropriação-sanção é a última medida, já que, primeiramente, procede-se ao parcelamento, ou edificação compulsórios, e em seguida a imposição do IPTU progressivo no tempo, para posteriormente aplicar a desapropriação-sanção.

Jurisprudência

> AI-AgR 478903 / RJ – RIO DE JANEIRO AG. REG. NO AGRAVO DE INSTRUMENTO Relator (a): Min. MENEZES DIREITO Julgamento: 10/06/2008 Órgão Julgador: Primeira Turma
> DJe-147 DIVULG 07-08-2008 PUBLIC 08-08-2008 EMENT VOL-02327-02 PP-00330 AGTE. (S): MUNICÍPIO DO RIO DE JANEIRO AGDO. (A/S): RUBIS ALVES DE ARAÚJO
> Ementa
> EMENTA Agravo regimental no agravo de instrumento. Tributário. IPTU. Progressividade anterior à EC n° 29/2000. Declaração de inconstitucionalidade. Efeitos ex nunc. Impossibilidade. Precedentes. 1. É inconstitucional lei municipal que tenha estabelecido, antes da EC n° 29/2000, alíquotas progressivas para o IPTU, salvo se destinadas a assegurar o cumprimento da função social da propriedade urbana (Súmula n° 668/STF) 2. Pacífica a jurisprudência desta Corte no sentido da impossibilidade de aplicação de efeitos ex nunc, nos termos do artigo 27 da Lei n° 9.868/99, à declaração de inconstitucionalidade de legislação do Município do Rio de Janeiro que, anteriormente à EC n° 29/2000, instituiu o IPTU na forma progressiva. 3. Agravo regimental desprovido, com aplicação de multa

16.13. DIREITO DE HERANÇA E ESTATUTO SUCESSÓRIO

O disposto nos incisos XXX e XXXI ambos do artigo 5° da Constituição Federal asseveram que:

> XXX – é garantido o direito de herança.

XXXI – a sucessão de bens de estrangeiros situados no País será regulada pela lei brasileira em benefício do cônjuge ou dos filhos brasileiros, sempre que não lhes seja mais favorável a lei pessoal do de cujus.

O objeto da sucessão causa mortis é a herança, uma vez que, com a abertura da sucessão, ocorre a mutação subjetiva do patrimônio do de cujus, que se transmite aos seus herdeiros, os quais se sub-rogam nas relações jurídicas.

A sucessão de estrangeiro domiciliado no Brasil reger-se-á pela lei brasileira (critério jus comicilii). Entretanto, se a lei nacional do de cujus estrangeiro, for mais favorável ao cônjuge supérsite ou aos filhos brasileiros, aplicar-se-á aquele ordenamento jurídico (critério do jus patriae). De outro lado, não sendo, o de cujus, estrangeiro domiciliado no Brasil, nem o seu estatuto pessoal mais favorável ao cônjuge ou aos filhos brasileiros, reger-se-á a sucessão dos bens aqui localizados pelo direito brasileiro (critério do rei sitae). Em nosso direito prevalece como regra geral, o princípio da unidade da sucessão ou do estatuto sucessório. Os diversos elementos ou circunstâncias de conexão, já referidos, de natureza pessoal (jus domicilii e jus patriae) e real (fórum rei sitae), tornam possível solucionar o problema dos conflitos de leis no espaço, ensejando dessa forma, a aplicação do estatuto jurídico pertinente.

O droit de saisine no direito francês que aqui é chamado de direito da saisina ou princípio da saisina significa que a sucessão começa no momento da morte do de cujus.

Jurisprudência

MS 24999 / DF – DISTRITO FEDERAL MANDADO DE SEGURANÇA Relator (a): Min. CARLOS VELLOSO
Julgamento: 17/11/2004 Órgão Julgador: Tribunal Pleno
DJ 04-02-2005 PP-00008 EMENT VOL-02178-01 PP-00103 RTJ VOL-00192-03 PP-00939 LEXSTF v. 27, n. 315, 2005, p. 96-108 IMPTE. (S): CELINA VALENTE FROSSARD IMPDO. (A/S): PRESIDENTE DA REPÚBLICA
Ementa
EMENTA: CONSTITUCIONAL. AGRÁRIO. DESAPROPRIAÇÃO: REFORMA AGRÁRIA. VISTORIA PRÉVIA: NOTIFICAÇÃO DO PROPRIETÁRIO RURAL. Lei 8.629/93, art. 2°, § 2°. DEVIDO PROCESSO LEGAL: C.F., ART. 5°, LV. IMÓVEL RURAL: DIVISÃO: SUCESSÃO MORTIS CAUSA: PRINCÍPIO DA SAISINA: Código Civil, 1916, art. 1.572; Código Civil, 2002, art. 1.784. Estatuto da Terra, Lei 4.504/64, art. 46, § 6°. I. – Vistoria prévia: notificação: a notificação para a vistoria prévia constitui exigência do devido processo legal (C.F., art. 5°, LV). Precedente do S.T.F. II. – Princípio da saisina: aberta a sucessão, a herança transmite-se, desde logo, aos herdeiros legítimos e testamentários: Código Civil, 1916, art. 1.572; Código Civil, 2002, art. 1.784. III. – No caso de imóvel rural em comum por força de herança, as partes ideais para os fins da desapropriação serão consideradas como se divisão houvesse, devendo ser cadastrada a área que, na partilha, tocaria a

cada herdeiro e admitidos os demais dados médios verificados na área total do imóvel. Lei 4.504/1964 (Estatuto da Terra), art. 46, § 6°. IV. – No caso, não foram notificados os herdeiros para a vistoria prévia, tampouco comprovou a entidade expropriante a prova do domínio para os fins do art. 185, I, C.F. O ônus dessa prova negativa é da entidade expropriante. Precedente do STF: MS 23.006/PB, Ministro Celso de Mello, "DJ" de 29.8.03. V. Aplicabilidade, à desapropriação para reforma agrária, do princípio da saisina e da regra do § 6° do art. 46 do Estatuto da Terra. Precedentes do STF: MS 23.306, Ministro Octavio Gallotti, "DJ" de 10.8.2000; MS 22.045/ES, Ministro Marco Aurélio, "DJ" de 30.06.95. VI. – Mandado de Segurança deferido.

16.14. DIREITO À PROPRIEDADE INTELECTUAL

O preceituado nos incisos XXVII, XXVIII e XXIX todos da Constituição Federal afirmam que:

> XXVII – aos autores pertence o direito exclusivo de utilização, publicações ou reprodução de suas obras, transmissível aos herdeiros pelo tempo que a lei fixar.
> XXVIII – São assegurados nos termos da lei: a) proteção às participações individuais em obras coletivas e à reprodução da imagem e voz humanas, inclusive nas atividades desportivas.
> XXIX – a lei assegurará aos autores de inventos industriais privilégio temporário para sua utilização, bem como proteção às criações industriais, à propriedade das marcas, aos nomes de empresas e a outros signos distintivos, tendo em vista o interesse social e o desenvolvimento tecnológico e econômico do País.

Conforme dispõem os incisos acostados aos autores pertence o direito de utilização, publicação e reprodução de suas obras que são transmitidas aos herdeiros conforme a Lei n° 9.610/90. A transferência do direito autoral não se dá de forma absoluta, mas somente por setenta anos. E se não houver parentes sucessíveis cai à obra em domínio público. Assim não há sucessões nos moldes cíveis e nem há o recolhimento do Estado no caso de direito autoral visto que cai em domínio público.

Jurisprudência

> HC 85177 / RJ – RIO DE JANEIRO HABEAS CORPUS Relator (a): Min. CARLOS VELLOSO Julgamento: 14/06/2005 Órgão Julgador: Segunda Turma
> DJ 01-07-2005 PP-00087 EMENT VOL-02198-02 PP-00380 LEXSTF v. 27, n. 322, 2005, p. 445451 RTJ VOL-00195-01 PP-00208
> PACTE. (S): MARIA REGINA MASCARENHAS BARBOSA FLORIDO
> IMPTE. (S): MÁRCIA DINIS
> COATOR (A/S)(ES) : SUPERIOR TRIBUNAL DE JUSTIÇA
> Ementa
> EMENTA: PENAL. PROCESSUAL PENAL. HABEAS CORPUS. CRIME CONTRA A PROPRIEDADE INTELECTUAL, art. 184, § 2°, do Código Penal. BUSCA E APREENSÃO. AÇÃO PENAL PÚBLICA INCONDICIONADA. Código Penal, art. 186

(redação dada pela Lei 6.895/89). Aplicação do art. 240 do Código de Processo Penal. I. – Os crimes contra a propriedade imaterial previsto nos §§ 1° e 2° do art. 184 do Código Penal processam-se mediante ação penal pública incon- dicionada, sendo, portanto, aplicável a regra geral do art. 240, § 1°, do Código de Processo Penal, e não o rito processual próprio do art. 524 e seguinte do mesmo diploma. II. – H.C. indeferido.

16.15. DIREITO DE DEFESA DO CONSUMIDOR

O inciso XXXII do artigo 5° da Constituição Federal vaticina que: "O Estado promoverá, na forma da lei, a defesa do consumidor".

A Lei n° 8.078/90 dispõe sobre a Proteção e Defesa do Consumidor conforme determina a Constituição Federal.

Tais normas de defesa do consumidor são de ordem pública e interesse social. E trata-se de um marco no direito brasileiro o advento da lei citada, dando mais dignidade a pessoa humana concretizando o Estado Democrático de Direito.

Jurisprudência

RE 191454 / SP – SÃO PAULO RECURSO EXTRAORDINÁRIO Relator (a): Min. SEPÚLVEDA PERTENCE
Órgão Julgador: Primeira Turma
DJ 08-06-1999 PP-00046
EMENT VOL-01957-04 PP-00824
RECTE: ESTADO DE SÃO PAULO
RECDO. : SCREEN VIDEO LTDA
ADVDO. : CELIO RODRIGUES PEREIRA E OUTO
Ementa
Recurso extraordinário e recurso especial: interposição simultânea: inocorrência, na espécie, de prejuízo do extraordinário pelo não conhecimento ou negativa de seguimento do especial. II. Recurso extraordinário: prequestionamento: a interposição pertinente de embargos declaratórios satisfaz a exigência (Súmula 356) ainda que a omissão não venha a ser suprida pelo Tribunal *a quo.* Precedente (RE 210.638, DJ 19.6.98, Pertence). III. ICMS: incidência: comercialização, mediante oferta ao público, de fitas para "vídeo-cassete" gravadas em série. Tal como sucede com relação a programas de computador ou software (cf. RE 176626 Pertence, 11.12.98), a fita de vídeo pode ser o exemplar de uma obra oferecido ao público em geral – e nesse caso não seria lícito negar-lhe o qualificativo de mercadoria –, ou o produto final de um serviço realizado sob encomenda, para atender à necessidade específica de determinado consumidor, hipótese em que se sujeita à competência tributária dos municípios. Se há de fato, comercialização de filmes para "vídeo-cassete", não se caracteriza para fins de incidência do ISS a entrega do serviço ou do seu produto e não com sua oferta ao público consumidor.

16.16. DIREITO DE PETIÇÃO E DE OBTENÇÃO DE CERTIDÕES

Afirma o inciso XXXIV do artigo 5° da Constituição Federal:

> São todos assegurados, independentemente do pagamento de taxas: a) o direito de petição aos Poderes Públicos em defesa de direitos ou contra ilegalidade ou abuso de poder; b) a obtenção de certidões em repartições públicas, para defesa de direitos e esclarecimento de situações de interesse pessoal.

O Direito de Petição surgiu com o Right os petition no direito inglês, consolidando-se no Bill of Rights de 1689. Consistia no simples direito de o Grande Conselho, depois veio o Parlamento de pedir que o Rei sancionasse as leis. Fortaleceu-se com a Constituição Francesa de 1791 ao se ampliarem os peticionários e o objeto da petição.

É o direito que pertence a uma pessoa de invocar a atenção dos poderes públicos sobre uma questão ou situação, seja para denunciar uma lesão concreta, e pedir a reorientação da situação, seja para solicitar uma modificação do direito em vigor no sentido mais favorável à liberdade.

O objetivo do direito de petição é o exercício das prerrogativas democráticas. Ou seja, levar ao conhecimento do Poder Público a informação ou notícia de um ato ou fato reportado ilegal, abusivo ou contra direitos, para que tome as medidas que julgar necessárias.

O direito de obtenção de certidões encontra respaldo na Lei n° 9.051/95 que no seu artigo 1° estabelece que:

As certidões para a defesa de direitos e esclarecimentos de situações, requeridas aos órgãos da administração centralizada ou autárquica, às empresas públicas, às sociedades de economia mista e às fundações públicas da União, dos Estados, do Distrito Federal e dos Municípios, deverão ser expedidas no prazo improrrogável de quinze dias, contado do registro do pedido no órgão expedidor.

Observa-se que o prazo é improrrogável de quinze dias. Uma vez registrado o pedido de certidão, não sendo atendido de forma ilegal ou abusiva, o remédio cabível é o mandado de segurança. Pois é um direito líquido e certo. Não é um direito absoluto porque em caso de sigilo e sendo imprescindível à segurança da sociedade ou do Estado deve ser observado.

Jurisprudência

> HC 94170 / SP – SÃO PAULO HABEAS CORPUS Relator (a): Min. MENEZES DIREITO
> Julgamento: 10/06/2008 Órgão Julgador: Primeira Turma
> DJe-147 DIVULG 07-08-2008 PUBLIC 08-08-2008 EMENT VOL-02327-02 PP-00294 PACTE. (S): ADEMILSON ALVES DE BRITO IMPTE. (S): ADEMILSON ALVES DE BRITO
> COATOR (A/S)(ES): RELATOR DO HABEAS CORPUS N° 88451 DO SUPERIOR TRIBUNAL DE JUSTIÇA

Ementa

EMENTA Habeas corpus. Demora de julgamento do habeas corpus no Superior Tribunal de Justiça. Inocorrência. Pedido de liberdade provisória já apreciada em outro writ nesta Suprema Corte. 1. Eventual delonga para o julgamento do mérito do habeas corpus pelo Superior Tribunal de Justiça justifica-se, principalmente, em razão de ter sido interposto, pelo paciente, agravo regimental contra a decisão que indeferiu o pedido de liminar. Esse fato causou, sem dúvida, relativo desvio da marcha processual. 2. O direito de petição e o acesso ao Poder Judiciário para reparar lesão ou ameaça a direito são garantias previstas na Constituição Federal. Contudo, o exercício abusivo desses direitos acaba por atrapalhar o bom andamento de ações que deveriam ser ininterruptas e mais céleres possíveis, justa- mente para garantir ao jurisdicionado a efetiva prestação da tutela pretendida. 3. Quanto ao pedido alternativo de liberdade provisória, esta Suprema Corte já apreciou o mesmo pedido formulado pelo paciente no HC n° 92.839/SP, de minha relatoria, tendo a ordem sido denegada, à unanimidade. 4. Habeas corpus denegado.

HC 80801 / GO – GOIÁS HABEAS CORPUS Relator (a): Min. MARCO AURÉLIO Julgamento: 29/05/2001 Órgão Julgador: Segunda Turma

DJ 29-08-2003 PP-00035 EMENT VOL-02121-15 PP-03129 RTJ VOL-00196-01 PP-00192 PACTE JOSÉ ELIAS ATTUX

IMPTES: ANTÔNIO CARLOS DE ALMEIDA CASTRO E OUTRA COATOR: SUPERIOR TRIBUNAL DE JUSTIÇA

Ementa

FALSIDADE IDEOLÓGICA – AUTONOMIA. Constando da denúncia que, mediante falsidade ideológica, logrou-se a obtenção de certidões negativas de débitos sem quitação de dívidas, cumpre admitir a autonomia do crime, no que desvinculado da sonegação fiscal

17

REMÉDIOS CONSTITUCIONAIS

17.1. HABEAS CORPUS

Este remédio está insculpido no artigo 5°, inciso LXVIII, da CF:

> [...] conceder-se-á habeas corpus, sempre que alguém sofrer ou se achar ameaçado de sofrer violência ou coação em sua liberdade de locomoção, por ilegalidade ou abuso de poder.

Ainda o artigo 5°, inciso LXXVII da CF afirma que: "são gratuitas as ações de habeas corpus e habeas data, e, na forma da lei, os atos necessários ao exercício da cidadania".

É um dos mais clássicos de todos os remédios constitucionais. Constitui um forte libelo contra as arbitrariedades perpetradas ao direito de locomoção. Sua Origem pode ser imputada à Grécia antiga, ao Rei Filipe II da Espanha ou à Magna Charta Libertatum da Inglaterra, em que pela primeira vez ganhou formulação precisa. Voltou novamente a ser formulado com a Petição de Direitos, em 1628, com uma eficácia mais intensa. Pode-se dizer que ele constituiu um dos primeiros estorvos ao Estado absolutista.

Esse remédio foi a primeira garantia dos direitos fundamentais, concedida por João Sem Terra, monarca inglês, em 1215 e formalizada como Habeas Corpus Act, em 1679.

Em 1821 se deu a primeira manifestação do instituto do Habeas Corpus por meio de um Alvará emitido por Dom Pedro I, pelo qual assegurava liberdade de locomoção. Essa terminologia, entretanto, só surgiu em 1830 no Código Criminal. Em 1832 o Código de Processo Criminal inseriu no seu texto.

Em 1891 foi garantido constitucionalmente. E daí por diante passa a ser regulamentado em todos os Textos Constitucionais. Em 1891 o habeas corpus não servia só para garantir o direito de ir e vir, mas também para amparar afrontas contra outros direitos ameaçados ou violados porque ainda não existia o remédio do mandado de segurança.

Com a reforma constitucional de 1926 a amplitude do habeas corpus foi reduzida.

Trata-se de um meio jurídico utilizado sempre que o indivíduo sofrer ou se achar em iminente perigo de sofrer, por abuso de poder ou ilegalidade, restrição à sua liberdade de locomoção, ou seja, se achar preso ou em risco *de ser preso.*

Trata-se de uma garantia de caráter formal, podendo ser impetrado diante da prática de comportamentos arbitrários por parte do ente governamental ou do particular, de forma comissiva ou omissiva. Para a tipificação de uma arbitrariedade não é necessário que o Estado realize uma ação para tolher o direito de locomoção, presumindo-se como suficiente para a impetração do habeas corpus a simples prática de uma omissão, um non facere estatal, que constranja a liberdade de locomoção. Ele não é um recurso, sua natureza é de ação, de rito sumário, com efeito mandamental. Não é recurso porque não há uma decisão judicial a ser apreciada, nem um processo anterior. Existe, inclusive, a possibilidade de se impetrá-lo contra coisa julgada.

Não há necessidade no habeas corpus da existência do jus postulandi, prerrogativa dos advogados de que somente eles podem postular em juízo. Qualquer cidadão, independentemente de profissão, poderá requerê-lo em nome próprio.

Os casos de coação ilegal encontram-se descritos no artigo 648 do Código de Processo Penal. São eles: a) quando não houver justa causa; b) alguém estiver preso por mais tempo do que determina a lei; c) quem ordenar a coação não for competente para tanto; d) houver cessado o motivo da coação; e) a fiança não for admitida, porém a lei determina que seja; f) o processo for manifestamente nulo; g) extinta a punibilidade.

Qualquer pessoa, física ou jurídica, em prol de um paciente ou pelo próprio paciente pode impetrar o habeas corpus. Não é necessário advogado e, nem ao menos, ser maior.

O habeas corpus deve ser dirigido: a) ao delegado, se o ato for de particular; b) ao Juiz, se o ato for de autoridade policial; c) ao Tribunal, se o ato for de juiz.

O nome dado à pessoa que impetra o habeas corpus é paciente e a pessoa que comete a ilegalidade ou coação chama-se autoridade coatora.

Existem dois tipos de habeas corpus: a) Preventivo, quando a pessoa estiver sob ameaça de sofrer violência ou coação em sua liberdade de locomoção, por ilegalidade ou abuso de poder (restrição à locomoção ainda não se consumou) – neste caso poderá obter um salvo-conduto para garantir o livre trânsito de ir e vir; b) Repressivo, quando a constrição ao direito de locomoção já se consumou, então estaremos diante de um habeas corpus liberatório ou repressivo para cessar a violência sofrida.

O Supremo Tribunal Federal tem competência para processar e julgar o habeas corpus quando o paciente for a) o Presidente da República; b) Vice-Presidente da República; c) Membros do Congresso Nacional; d) Ministros do Supremo Tribunal Federal; d) Procurador-Geral da República; e) Ministros de Estado; f) Comandantes da Marinha, exército e Aeronáutica; g) Membros dos Tribunais Superiores; h) Membros do Tribunal de Contas da união; i) Chefes de Missão Diplomática de caráter permanente (art. 102, I, "d", CF).

Ainda a competência originária do Supremo Tribunal Federal quando o coator for: a) Tribunal Superior; b) autoridade ou funcionário cujos atos estejam sujeitos diretamente à jurisdição do Supremo Tribunal Federal, ou se trate de crime sujeito à mesma jurisdição em uma única instância (art. 102, I, "i", CF)

Em recurso ordinário compete ao Supremo Tribunal Federal julgar o habeas corpus em única instância decididos pelos Tribunais Superiores, se denegatória a decisão (art. 102, II, "a").

O Superior Tribunal de Justiça (STJ) tem competência originária para processar e julgar o habeas corpus quando: o coator ou paciente for qualquer pessoal mencionada na alínea "a" ou quando o coator for tribunal sujeito a jurisdição do STJ, ou quando o coator for Ministro de Estado ou comandante da Marinha, do Exército ou da Aeronáutica, ressalvada a competência da Justiça Eleitoral (art. 105, I, "c"). Ainda em Recurso Ordinário julgar os habeas corpus decididos em única ou última instância pelos Tribunais Regionais Federais ou pelos Tribunais dos Estados, do Distrito Federal e Territórios, quando a decisão for denegatória (art. 105, II, "a", CF).

Compete aos Tribunais Regionais Federais processar e julgar originariamente os habeas corpus quando a autoridade coatora for juiz federal (art. 108, I, "d", CF)

Compete aos juízes federais processar e julgar os habeas corpus em matéria criminal de sua competência ou quando o constrangimento provier de autoridade cujos atos não estejam diretamente sujeitos a outra jurisdição (art. 109, VII, CF).

Jurisprudência

> HC 84023 / MG – MINAS GERAIS HABEAS CORPUS Relator (a): Min. GILMAR MENDES Julgamento: 17/04/2007 Órgão Julgador: Segunda Turma
> DJe-077 DIVULG 09-08-2007 PUBLIC 10-08-2007
> DJ 10-08-2007 PP-00062
> EMENT VOL-02284-01 PP-00091
> PACTE. (S): BRUNO DINIZ ANTONINI
> IMPTE. (S): BRUNO DINIZ ANTONINI
> COATOR (A/S)(ES): SUPERIOR TRIBUNAL DE JUSTIÇA
> COATOR (A/S)(ES): MINISTÉRIO PÚBLICO FEDERAL
> EMENTA: Habeas Corpus. 1. Alegações da defesa: a) prática de atos supostamente ilícitos nos autos dos Habeas Corpus n° 20.906/MG e n° 29.490/MG, do Superior Tribunal de Justiça (STJ), os quais teriam emperrado a tramitação regular do HC n° 30.756/MG, do STJ; b) supostas fraudes praticadas por juízes de direito e por desembargadores de Tribunais de Justiça; e c) arguição de suspeição de Ministros do Supremo Tribunal Federal (STF). 2. Considerando o julgamento do mérito dos HC nos 20.906/MG, 29.490/MG e 30.756/MG, do STJ, não mais subsiste o constrangimento ilegal apontado pelo impetrante, porque, no caso em apreço, ocorreu a plena realização da prestação jurisdicional pleiteada pela defesa do ora paciente. Nesse ponto, prejudicado o pedido, por perda

superveniente de objeto. 3. Quanto à alegação feita pela defesa de supostas fraudes praticadas por juízes de direito e por desembargadores de Tribunais de Justiça, não compete ao STF julgar habeas corpus contra ato de juiz de direito e Tribunal Estadual (CF, art. 102, inciso I, alínea "i"). Não-conhecimento do pedido no que concerne a esse ponto. 3. No que se refere à alegação de suspeição de Ministros desta Corte, não-conhecimento do pedido, tendo em vista que a apreciação desta matéria compete à Presidência desta Corte (RI/STF, art. 278). Ainda que superada essa questão, seria o caso de indeferimento do pedido, nos termos do parecer do Ministério Público Federal, ao ressaltar que "o impetrante não indicou motivos concretos que se enquadrem nas hipóteses elencadas no artigo 254 do Código de Processo Penal, sendo certo que suspeição não pode ser presumida, mas demonstrada, de forma concreta, por meio de documentos, fatos e circunstâncias plausíveis, o que não ocorreu". 5. Preliminarmente, não-conhecimento das exceções opostas pelo impetrante. Prosseguindo no julgamento, pedido prejudicado no ponto em que a defesa alega a existência de suposto constrangimento ilegal em face do julgamento de mérito dos habeas corpus no STJ.

RHC 65649 / GO – GOIÁS RECURSO EM HABEAS CORPUS Relator (a): Min. SYDNEY SANCHES
Julgamento: 30/10/1987
Órgão Julgador: PRIMEIRA TURMA
DJ 11-12-1987 PP-28274 EMENT VOL-01486-01 PP-00184
Ementa
'HABEAS CORPUS' IMPETRADO POR PROMOTOR PERANTE TRIBUNAL DE JUSTIÇA. NÃO CONHECIMENTO DO PEDIDO POR ESTE, AO FUNDAMENTO DE QUE TAL REPRESENTANTE DO MINISTÉRIO SÓ PODE ATUAR PERANTE JUÍZO MONOCRATICO (1. GRAU) E NÃO PERANTE ÓRGÃO COLEGIADO (TRIBUNAL) (EXCETO O DO JÚRI), MESMO EM SUA COMPETÊNCIA ORIGINARIA. RECURSO ORDINÁRIO INTERPOSTO PELO IMPETRANTE, NÃO ADMITIDO PELA PRESIDENCY DO TRIBUNAL, PELA MESMA RAZÃO (JA QUE NÃO OFERECIDO PELA PROCURADORIA GERAL DA JUSTIÇA). AGRAVO DE INSTRUMENTO APRESENTADO PELO RECORRENTE. DECISÃO DO RELATOR, NO S.T.F, QUE, CONSIDERANDO COMO IMPETRANTE, RECORRENTE E AGRAVANTE A PESSOA FÍSICA, ENQUANTO CIDADAO, E NÃO COMO PROMOTOR DE JUSTIÇA, MANDA SUBIR O RECURSO DE 'HABEAS CORPUS'. PROVIMENTO DESTE, PELA TURMA DO STF, PARA QUE O 'HABEAS CORPUS' SEJA EXAMINADO NA INSTÂNCIA
HC 88536 / GO – GOIÁS HABEAS CORPUS Relator (a): Min. MARCO AURÉLIO
Julgamento: 25/09/2007 Órgão Julgador: Primeira Turma
DJe-026 DIVULG 14-02-2008 PUBLIC 15-02-2008 DJ 15-02-2008 EMENT VOL-02307-03 PP-00540 PACTE. (S): JOAQUIM TOMAZ DE AQUINO IMPTE. (S): PEDRO PAULO GUERRA DE MEDEIROS COATOR (A/S)(ES): SUPERIOR TRIBUNAL DE JUSTIÇA
Ementa
COMPETÊNCIA – AÇÃO PENAL – EX-PREFEITO – PRERROGATIVA DE FORO. A prerrogativa de foro, prevista em norma a encerrar direito estrito, visa a beneficiar não a pessoa, mas o cargo ocupado. Cessado o exercício, tem-se o envolvimento, no caso, de cidadão que se submete às normas gerais.

17.1.1. COMPETÊNCIA PARA JULGAR O HABEAS CORPUS – QUADRO DEMONSTRATIVO

ÓRGÃOS COMPETENTES	STF	STJ	TRF	JUIZES FEDERAIS
	1 - Competência Originária: a) Paciente (art. 102, I, "d"): . Presidente República; . Vice-Presidente; .Membros do Congresso Nacional; . Ministros do STF; . Procurador-Geral da República; . Ministro de Estado; . Comandantes da: Marinha, Exér-cito e Aeronáutica; . Membros dos Tribunais Supe-riores;	1-Competência Originária a) Coator ou Paciente (art. 105, I, "c") a) crimes comuns: . Governadores; . e mais nos crimes de responsabilidade os desem-bargadores dos Tribunais de Justiça dos Estados e do DF; . Membros dos Tribunais de Contas dos Estados e DF;	1 - Competência Originária a) Coator (art. 108, II) .causas decididas pelos juízes federais e pelos juízes esta-duais no exercício da compe-tência federal da área de sua jurisdição	1 - Competência Originária a) Coator (art. 109, VII) .em matéria crimi-nal de sua compe-tência ou quando o constrangimen-to provier de autoridade cujos atos não es-tejam diretamente sujeitos a outra jurisdição
	. Chefes de Missão Diplomática de caráter permanente, b) Coator(art. 102,1, "i"): . Tribunais Superiores; . Autoridade ou funcionário cujos atos estejam sujeitos diretamente á jurisdição do STF ou trate de cri-me sujeito à mesma jurisdição em uma única instância II - Recurso Ordinário (art. 102, II, "a") . F1C decidido em única instância pelos Tribunais Superiores se denegatória a decisão	. Membros dos Tribunais Regionais Federais; . Membros dos Tribunais Regionais Eleitorais e do Trabalho; . Membros dos Conselhos ou Tribunais de contas dos Municípios; . Membros do Ministério Público da União que oficiem perante tribunais. . Quando o Coator for tribunal sujeito à jurisdi-ção do ST.T; . Quando o Coator for Ministro de Estado ou comandante da Marinha, do Exército ou da Aero-náutica. II Recurso Ordinário (art. 105, II, "a") . E1C decididos em única ou última ins-tância pelos Tribunais Regionais Federais ou pelos Tribunais dos Estados e do DF e Territórios quando a decisão for denegatória.		

17.1.2. MODELO DE PETIÇÃO DE HABEAS CORPUS

AO DOUTO JUIZO FEDERAL DE................ ou ....
EXCELENTÍSSIMO SENHOR DOUTOR JUIZ PRESIDENTE DO TRIBUNAL REGIONAL FEDERAL DE............

FULANO DE TAL, brasileiro, estado civil, profissão, residente e domiciliado à, vem à presença de Vossa Excelência, com apoio no art. 5°, LXVIII, da Constituição Federal e nos termos dos arts. 647 e 648, I do Código de Processo Penal, impetrar a presente ordem de

HABEAS CORPUS LIBERATÓRIO

Com pedido de liminar*em favor de SICRANO DE TAL, brasileiro, estado civil, profissão, portador da CI n°, residente e domiciliado à.........., na cidade de....., pelas razões de fato e de direito a seguir delineadas.*

DOS FATOS

O paciente foi detido em, sob a acusação de manter em funcionamento a Rádio comunitária, o que seria vedado pela legislação vigente, tendo na ocasião da prisão havido, também, a apreensão dos equipamentos da rádio.

A rádio comunitária funciona há mais de, utilizando da frequência...A sua constituição foi devidamente noticiada e comunicada às autoridades do município, bairro etc...

Descrever outros fatos que antecederam e culminaram com a prisão .

A prisão se revestiu de grave ilegalidade, eis que sem amparo nas Legislações que regem a matéria.

DA INVIABILIDADE DO SUPORTE JURÍDICO ERIGIDO PARA A PRISÃO DO PACIENTE

A autoridade responsável pela prisão do paciente fundamentou sua decisão na hoje inválida previsão legal do art. 70, da lei 4.117/62, que prescreve:

"Constitui crime punível com a pena de detenção de um a dois anos, aumentada da metade se houver dano a terceiro, a instalação ou utilização de telecomunicações, sem observância do disposto nesta lei e nos regulamentos".

É, portanto, o delegado de polícia federal de, a autoridade coatora no presente caso.

Diferentemente do fundamento invocado para se perpetrar a ilegalidade, entende-se que as rádios comunitárias, não se abarcam no campo de incidência dos citados dispositivos legais. Com a promulgação da Emenda Constitucional n° 8, de 15 de agosto de 1995, as normas da lei 4.117/62, no *que dizem respeito à classificação e natureza das emissoras d*e rádio e televisão, por não estarem mais albergadas pelo conceito de telecomunicações, não mais se aplicam por terem perdido sua fundamentação material. De outra forma, com a alteração constitucional, as rádios comunitárias estão plenamente previstas e asseguradas na Constituição.

Ademais, o Código Brasileiro de Telecomunicações não regulamenta em nenhum momento, a potência das emissoras. Se não prevê a existência das rádios comunitárias, por outro lado também nele não se encontra proibição quanto à baixa potência que apresente. Por outro lado, os serviços de radiodifusão de caráter local, que encontram regulamentação no Código, não se confundem de forma com as rádios comunitárias. Estas apresentam âmbito de divulgação sonora bem mais restrito.

Enganou-se, dessa forma, a autoridade coatora. Não há ilicitude nas atividades das rádios comunitárias. Estas, na verdade, se constituem na vigente ordem jurídica e social, em um imperativo social, decorrente da necessidade de informação, de natureza local e de veículo de ordem cultural.

DO DIREITO

A Constituição Federal prescreve:

"Art. 5°, inciso IX: É livre a expressão da atividade intelectual, artística, científica e de comunicação, independentemente de censura ou licença".

"Art. 215: O Estado garantirá a todos o pleno exercício dos direitos culturais e acesso às fontes de cultura nacional, e apoiará e incentivará a valorização e difusão das manifestações culturais".

Outros dispositivos legais vão à mesma esteira da licitude do funcionamento da rádio comunitária e, por conseguinte, de encontro à ilegalidade da prisão do ora paciente.

"O Decreto n° 52.026, de 20 de maio de 1963, aprovou o Regulamento Geral para a execução da Lei 4.117, de 27 de agosto de 1962, em 80 artigos";

"O Decreto 52.795, de 31 de outubro de 1963, aprovou o Regulamento dos Serviços de Radiodifusão, em 185 artigos. Repetindo, no art. 171, o crime previsto no art. 70, da lei 4.117, preceituando que seria crime a instalação de equipamento de radiodifusão ou a sua utilização sem observância da lei 4.117/62, e seus regulamentos, com claro desrespeito ao art. 1° do Código Penal de 1940".

"O Decreto 678, de 6 de novembro de 1992, que promulgou a Convenção Americana sobre Direitos Humanos (Pacto de São José da Costa Rica), de 22 de novembro de 1969, determinou em seu art. 1°:

"A Convenção Americana sobre Direitos Humanos (Pacto de São José da Costa Rica), celebrada em São José da Costa Rica em 22 de novembro de

1969, apensa por cópia ao presente decreto, deverá ser cumprida tão inteiramente como nela se contém".

O que contém esta Convenção?

Art. 13. Liberdade de pensamento e de expressão

Toda pessoa tem direito à liberdade de pensamento e de expressão. Esse direito compreende a liberdade de buscar, receber e difundir informações e ideias de toda natureza, sem consideração de fronteiras, verbalmente ou por escrito, ou em forma impressa ou artística, ou por qualquer outro processo de sua escolha.

O exercício do direito previsto no inciso precedente não pode estar sujeito a censura prévia, mas a responsabilidades ulteriores, que devem ser expressamente fixadas pela lei e ser necessárias para assegurar:

o respeito aos direitos ou à reputação das demais pessoas; ou

a proteção da segurança nacional, da ordem pública, ou da saúde ou da moral públicas.

Não se pode restringir o direito de expressão por vias ou meios indiretos, tais como o abuso de controles oficiais ou particulares de papel de imprensa, de frequências rádio-elétricas ou de equipamentos e aparelhos usados na difusão de informação, nem por quaisquer outros meios destinados a obstar a comunicação e a circulação de ideias e opiniões.

A lei pode submeter os espetáculos públicos a censura prévia, com o objetivo exclusivo de regular o acesso a eles, para proteção moral da infância e da adolescência, sem prejuízo do disposto no inciso 2.

A convenção Americana sobre Direitos Humanos (Pacto de São José da Costa Rica), de 22 de novembro de 1969, promulgada no Brasil pelo Decreto 678 de 6 de novembro de 1992, e em face do Decreto legislativo n° 27, de 26 de maio de 1992, do Congresso Nacional, passou a valer como lei interna do País".

Lei n° 9.612, de 19 de fevereiro de 1998, que institui o Serviço de Radiodifusão Comunitária e dá outras providências.

Art. 1° Denomina-se Serviço de Radiodifusão Comunitária a radiodifusão sonora, em fre- quência modulada, operada em baixa potência e cobertura restrita, outorgada a fundações e associações comunitárias, sem fins lucrativos, com sede na localidade de prestação de serviço. (...)"

Decreto n° 2.615, de 3 de junho de 1998, que Aprova o Regulamento do Serviço de Radiodifusão Comunitária, *e* Portaria n° 191, de 6 de agosto de 1998, que traz Norma Complementar do Serviço de Radiodifusão Comunitária.

DA POSIÇÃO DOUTRINÁRIA E JURISPRUDENCIAL VIGENTE ANTES MESMO DA EXISTÊNCIA DA LEI QUE INSTITUIU O SISTEMA DE RÁDIO DIFUSÃO COMUNITÁRIA

A Justiça Federal, por diversas decisões de seus magistrados, posicionou-se no sentido de acompanhar o trem da democracia, seguindo os ventos que apontam para um futuro de plena liberdade em nosso país. São alguns trechos de acórdãos:

"R.A. Defiro "inaudita altera parte" a medida liminar para o fim de impedir a busca e apreensão de equipamentos e bens da emissora, diante do justo receio de que seja realizada busca e apreensão diante a proximidade de policiais, bem como do "fumus boni iuris", diante das reiteradas manifestações, constantes dos autos, no sentido da licitude da atividade".

(Juízo de Direito da Comarca de Iguape/SP – 1§ Vara – Cartório do 1° ofício cível – juiz de Direito Titular Dr. Caramuru Afonso Francisco – Medida Cautelar com Pedido de Liminar – Proc. n° 426/95).

Como ficou patente, as rádios comunitárias são uma exigência do mundo atual. Com efeito, a malha de emissoras de médio ou grande porte existente em todo o território nacional, não se presta a servir as pequenas comunidades do interior ou aos bairros das grandes cidades com a mesma eficiência e espírito de atendimento. E isto é bastante natural porque as emissoras de rádio e televisão existem para atender a um público bastante maior e diversificado.

A legislação que agrida a liberdade de imprensa, em seu sentido genérico, é suspeita aos olhos de uma nação livre e democrática. Sendo suspeita, merece exame atento pelo judiciário, no aspecto da sua recepção face à Constituição (regra matriz), que é mãe e fonte de validade de todas as normas inferiores (periféricas).

Assim, à luz dos princípios constitucionais erigidos como colunas mestras da democracia e do desenvolvimento de uma nação livre, com total garantia da preservação da iniciativa privada e liberdades civis, não pode, jamais, ser considerado crime a abertura e o funcionamento das rádios comunitárias, mormente agora com a edição de uma legislação de regência da matéria.

Dessa forma, a criação de rádio não pode tipificar, por si só, a prática de crime. Eventualmente, o abuso das faixas de potência é que, podem vir a configurar algum ilícito, se assim estiver tipificado em lei. Portanto, não constitui a atividade informativa qualquer crime.

Nesse sentido, o dispositivo incriminador mencionado no art. 70, da Lei 4.117/62, não foi recepcionado pela Constituição atual. Perdeu, portanto, sua vigência. Seu valor atual e, juridicamente, nenhum.

DOS PRESSUPOSTOS DA MEDIDA LIMINAR

A medida ora pleiteada comporta prestação preliminar, o que desde já se requer, eis que presente todos os pressupostos necessários para o deferimento da mesma.

A plausibilidade jurídica da concessão da liminar encontra-se devidamente caracterizada na presente. O fumus boni iuris foi devidamente demonstrado pelos elementos fáticos e jurídicos trazidos à colação e a incidência do periculum in mora reside no fato de que grave prejuízo moral e psicológico poderá sofrer o paciente, cidadão trabalhador e cumpridor de seus deveres, se mantido no convívio com outros detentos já integrados à vida criminosa.

O periculum in mora repousa, ainda, no prejuízo que o fechamento sumário da rádio acarretará para a comunidade local, que ficará privada de ouvi-la, quando se sabe da enorme importância deste veículo de comunicação na divulgação de informações para as pequenas comunidades inte- rioranas.

DO PEDIDO

Como ficou devidamente consignado, a prisão do paciente não encontra guarida no ordenamento jurídico em vigor, revestindo-se, portanto, de flagrante ilegalidade.

Diante desse fato e configurado, pois, o constrangimento ilegal a que se sujeita o paciente, requer o impetrante se digne Vossa Excelência conceder em favor de **SICRANO DE TAL**, o pretendido writ, para que cessa a coação, determinando, ainda, seja expedido o competente alvará de soltura, para que seja, de imediato, posto em liberdade, por ser da mais absoluta Justiça e

T. em que
Pede deferimento
Data assinatura impetrante

17.2. MANDADO DE SEGURANÇA

O artigo 5°, inciso LXIX da CF reza que:

> [...] conceder-se-á mandado de segurança para proteger direito líquido e certo, não amparado por habeas corpus ou habeas data, quando responsável pela ilegalidade ou abuso de poder for autoridade pública ou agente de pessoa jurídica no exercício de atribuições do Poder Público.

Ainda o inciso LXX do preceituado dispositivo constitucional assegura que:

> [...] o mandado de segurança coletivo pode ser impetrado por: a) partido político com representação no Congresso Nacional; b) organização sindical, entidade de classe ou associação legalmente constituída e em funcionamento há pela menos um ano, em defesa dos interesses de sues membros ou associados.

O Mandado de Segurança foi criado com a função de atender a determinadas situações que careciam de remédio específico que as protegesse, diminuindo a influência do habeas corpus, que não era o instrumento mais apropriado para a defesa de direitos líquidos e certos. Sua influência mais importante foi o recurso de amparo mexicano. Contudo, pode-se dizer, pelas suas peculiaridades, que é uma criação nacional. Foi alçado ao nível constitucional no Texto de 1834, estando, presente, nas demais Constituições, à exceção da Carta Magna de 1937.

O Mandado de Segurança não se destina a combater abusos perpetrados por entidades privadas, sem ligação com o Estado. Ele é típico remédio contra abusos estatais, haja vista necessitar de uma ilegalidade ou abuso de poder cometido por uma autoridade pública. Ele tem abrangência residual, ou seja, é passível contra qualquer ilegalidade ou abuso de poder praticado por agente público que não esteja amparado por habeas corpus ou habeas data.

O Mandado de Segurança é uma ação constitucional de natureza civil, qualquer que seja a natureza do ato impugnado, seja ele administrativo, jurisdicional, criminal, eleitoral, trabalhista etc.

O Mandado de Segurança também conhecido como Writ (garantia) ou Writ of Mandammus e está previsto na Lei n° 1.533/51, em que prevê o direito líquido e certo que pode ser demonstrado de plano por meio de prova pré-constituída, sem a necessidade de dilação probatória. Ocorre a impetração do Mandado de Segurança por abuso de poder. Ele é conferido para que o cidadão, no Estado Democrático de Direito se defenda de atos ilegais ou praticados com abuso de poder.

A legitimidade ativa é o impetrante que é o detentor do direito líquido e certo não amparado por habeas corpus ou habeas data. O legitimado passivo é sempre uma autoridade pública, ou seja, é o agente público investido de poder de decisão para anular o ato praticado ou para suprir a omissão lesiva de direito líquido e certo do impetrante.

A competência para processar e julgar o Mandado de Segurança depende da autoridade coatora que cometeu o abuso de poder.

O Mandado de Segurança é de duas modalidades: a) Preventivo quando houver uma ameaça de violação ao direito líquido e certo do impetrante; b) Repressivo quando o abuso ou a ilegalidade já foram cometidos.

Conforme prescreve a Lei citada o prazo para impetração do Writ of Mandammus é de 120 (cento e vinte) dias contados da ciência pelo interessado, do ato a ser impugnado. O prazo é decadencial.

São previstos os seguintes recursos para o Mandado de Segurança:

a) Apelação, das decisões terminativas do feito;

b) Recurso de Ofício quando o sucumbente for um ente público;

c) Recurso Extraordinário e Agravo Regimental, do despacho do presidente do Tribunal que suspender a execução da sentença ou cassar a liminar;

d) Embargo Declaratório

e) Recurso Ordinário nas hipóteses previstas na Constituição Federal.

O privilégio para recorrer em dobro é apenas dos entes federativos e de suas autarquias, não se aplicando às entidades paraestatais nem aos concessionários de serviço público.

Não se admite Mandado de Segurança contra coisa julgada e contra atos interna corporis. Coisa julgada é a sentença que não pode mais ser modificada. Segundo a Súmula 268/STF: "não cabe mandado de segurança contra decisão judicial com trânsito em julgado". Atos interna corporis são atos típicos, regulamentados por regimentos, que dizem respeito ao funcionamento de determinados órgãos, como atos internos do Senado e do Congresso Nacional; são atos reservados à exclusiva apreciação e deliberação do ente que os criou.

Segundo a Súmula 266/STF: "não cabe mandado de segurança contra lei em tese". Pois se trata de um ato meramente normativo, configurado de forma genérica e abstrata. Ele passa a ser cabível desde que haja um dano concreto, individualizável. O remédio cabível contra lei em tese é o controle de constitucionalidade na sua forma concentrada.

17.2.1. MANDADO DE SEGURANÇA COLETIVO

O mandado de Segurança Coletivo é uma novidade da atual Carta Política que reside em seu objeto e na legitimação ativa. Também se busca a proteção ao direito líquido e certo violados. Sua legitimação se dá por:

a) partido político com representação no Congresso Nacional;

b) organização sindical, entidade de classe ou associação.

Observa-se que o partido político tem que ter representação no Congresso Nacional senão não pode impetrar o Mandado de Segurança Coletivo – basta que tenha um único parlamentar representando o Partido no Congresso Nacional já é suficiente para a legitimidade da impetração. E a associação deve estar em pleno funcionamento há pelo menos um ano, sob pena de não ser conhecida a ação. E deve atuar para defesa dos interesses de seus membros.

Os beneficiados no caso de mandado de segurança coletivo impetrado por partido político, pela extensão do remédio jurídico, serão todos os cidadãos que estejam na mesma situação jurídica, independente de estarem filiados ou não ao partido que impetrou o writ.

Cabe, nesse caso, a chamada Substituição Processual prevista no Direito Processual do Trabalho, em que o Sindicato possui legitimidade ativa para propor o Mandado de Segurança Coletivo em nome da categoria.

O Sindicato atua em nome próprio defendendo interesse alheio, por meio de substituição processual como já visto que é uma legitimação extraordinária, desde que haja uma pertinência temática com as funções exercidas pelo Sindicato. Segundo o artigo 5°, XXI da CF: "as entidades associativas quando expressamente autorizadas, têm legitimidade para repre*sentar* seus filiados judicial ou extrajudicialmente". Neste caso, o sindicato atua em nome alheio, defendendo direito alheio, ou seja, através de representação processual, que é uma legitimação ordinária, consubstanciada por meio de instrumento procuratório.

17.2.2. ENUNCIADOS PERTINENTES

Súmula 266/STF: *"Não cabe mandado de segurança contra lei em tese";*

Súmula 267/STF: *"não cabe mandado de segurança contra ato judicial passível de recurso ou correição";*

Súmula 512/STF: *"não cabe condenação em honorários de advogado em mandado de segurança";*

Súmula 622/STF: *"não cabe agravo regimental contra decisão do relator que concede ou indefere liminar em mandado de segurança";*

Súmula 623/STF: *"não gera por si só a competência originária do STF para conhecer do mandado de segurança com base no art. 102,1, "n", da Constituição, dirigir-se o pedido contra deliberação administrativa do tribunal de origem, da qual haja participado a maioria ou a totalidade de seus membros";*

Súmula 624/STF: *"não compete ao STF conhecer originariamente de mandado de segurança contra atos de outros tribunais";*

Súmula 625/STF: *"controvérsia sobre matéria de direito não impede concessão de mandado de segurança";*

Súmula 626/STF: *"a suspensão da liminar em mandado de segurança, salvo determinação em contrário da decisão que a deferir, vigorará até o trânsito em julgado da decisão definitiva de concessão da segurança ou, havendo recurso, até a sua manutenção pelo STF, desde que o objeto da liminar deferida coincida, total ou parcialmente, com o da impetração";*

Súmula 627/STF: *"no mandado de segurança contra a nomeação de magistrado da competência do Presidente da República, este é considerado autoridade coatora, ainda que o fundamento da impetração seja nulidade ocorrida em fase anterior do procedimento";*

Súmula 631/STF: *"extingue-se o processo de mandado de segurança se o impetrante não promove, no prazo assinado, a citação do litisconsorte passivo necessário";*

Súmula 632/STF: *"é constitucional lei que fixa o prazo de decadência para a impetração de mandado de segurança".*

Jurisprudência

MS-AgR 24695 / DF – DISTRITO FEDERAL AG. REG. NO MANDADO DE SEGURANÇA Relator (a): Min. SEPÚLVEDA PERTENCE Julgamento: 31/08/2005 Órgão Julgador: Tribunal Pleno
DJ 23-09-2005 PP-00006 EMENT VOL-02206-02 PP-00238 LEXSTF v. 27, n. 323, 2005, p. 161-169
AGTE. (S): FEDERAÇÃO NACIONAL DOS POLICIAIS RODOVIÁRIOS FEDERAIS – FENAPRF AGDO. (A/S): PRESIDENTE DA REPÚBLICA
Ementa
EMENTA: 1. Mandado de segurança coletivo: descabimento: pretensão de extensão do maior índice de reajuste concedido na Revisão Geral Anual dos Servidores Públicos (Leis 10.697 e 10.698, de 2003), no valor de 13,23%: ausência de direito líquido e certo, dependendo de realização de cálculos e verificação de valores, inviável na via do mandado de segurança. 2. Mandado de segurança: autoridade coatora: o poder de iniciativa de projetos de lei não é motivo suficiente para classificar o Presidente da República como autoridade coatora, responsável pela aplicação da lei resultante. 3. Mandado de segurança: inadmissibilidade contra lei em tese (Súmula 267).
RE 108636 / PR – PARANÁ RECURSO EXTRAORDINÁRIO Relator (a): Min. OSCAR CORREA Julgamento: 24/11/1987 Órgão Julgador: Primeira Turma
DJ 18-12-1987 PP-29143 EMENT VOL-01487-04 PP-00861 Ementa
MANDADO DE SEGURANÇA CONTRA ATO DE DIRETOR DE ESTABELECIMENTO PARTICULAR DE ENSINO SUPERIOR. COMPETÊNCIA DA JUSTIÇA FEDERAL. PRECEDENTES DA CORTE. RECURSO EXTRAORDINÁRIO CONHECIDO

17.2.3. MODELO DE PETIÇÃO DE MANDADO DE SEGURANÇA

AO DOUTO JUIZO DA....VARA DA FAZENDA PÚBLICA, FALÊNCIAS E CONCORDATAS DE

FULANO (qualificação) vem respeitosamente à presença de V. Exa., por intermédio de seu procurador e advogado que ao final assina, com mandato incluso, inscrito na OAB/.... sob n°   , com escritório profissional na Rua .... n°   , Bairro ...., onde recebe intimações e notificações, interpor

MANDADO DE SEGURANÇA

Contra o diretor do DEPARTAMENTO DE TRÂNSITO DO.......(Qualificar), com fulcro nos artigos 282 e 283 do Código de Processo Civil, artigo 5° da Constituição Federal, Lei 5.172/66, Lei 1.533/51 e demais dispositivos aplicáveis à espécie, especialmente o Código Nacional de Trânsito, pelos fatos e motivos expostos a seguir.

DOS FATOS

I. O impetrante, em .../.../..., adquiriu de ...., um automóvel de marca ...., modelo ...., ano ...., de

cor ...., placa ...., Chassis n° , conforme documento em anexo.

II. Para sua surpresa, ao tentar efetuar a transferência do veículo para o seu nome, o impetrante deparou-se com uma extensa listagem de infrações anteriormente cometidas e supostamente notificadas, que vieram obstar o direito líquido e certo do impetrante de regularizar tal situação bem como realizar o emplacamento do referido veículo em virtude da incidência das multas aplicadas.

III. Quando da alienação do veículo, em nome do impetrante, a Sra alegou desconhecer qualquer infração, notificação ou qualquer irregularidade relativa ao veículo que estava vendendo, como também afirmou o proprietário anterior à Sra........ , que desconhece tais infrações, sendo que não recebeu nenhum tipo de notificação de alguma multa por ele cometida quando era proprietário do veículo em questão.

IV. A listagem fornecida pelo DETRAN descreve .... infrações por estacionar o veículo em desacordo com a regulamentação, cometidas no período compreendido entre .../.../... e .../.../..., quando tal veículo se encontrava na propriedade do Sr. ...., sendo que constam como notificadas e vencidas. (listagem do DETRAN/.... em anexo).

V. Diante de tal situação, o Diretor do órgão impetrado se manifestou no sentido da quitação de todas as multas como requisito indispensável para o emplacamento e transferência do veículo citado.

DO DIREITO

O impetrante se vê na obrigação de insurgir-se contra a forma abusiva utilizada pelo Diretor do DETRAN para suprir seus cofres, pois não pode nem deve pagar infrações que não cometeu, e que, de acordo com o proprietário anterior, nem foram notificadas. Ora, Eminente Julgador, o impetrante desconhece por inteiro a natureza de tais infrações nem tampouco teve qualquer tipo de notificação quando da compra do carro. Ademais, não possui o impetrante, condições financeiras para quitar estas multas, uma vez que somadas ultrapassam o valor do próprio veículo.

Causa surpresa o fato do órgão impetrado não haver reclamado o pagamento de tais pendências, quando da transferência da propriedade do veículo, de .... para .... Pois tal procedimento foi realizado após a ocorrência das multas, sem qualquer manifestação por parte do DETRAN no sentido de que estas fossem quitadas.

O Decreto-Lei n° 237, de 28 de fevereiro de 1967, que modificou o código Nacional de Trânsito, em seu artigo 112, condicionam que a penalidade da multa decorre de julgamento, após a notificação do autuado:

"As Autuações por infração previstas neste Código serão julgadas pela autoridade competente para a aplicação da penalidade nelas inscritas."

Vale ressaltar o entendimento de nossos tribunais: "Omitida a formalidade na notificação, viciado estará o processo de autuação" (Ap. Cível 53/77-TJPR).

Acresce revelar a norma disciplinar do Conselho Nacional do Trânsito – CONTRAN, que versa sobre a cobrança de multa extraída à revelia do condutor: "Uma via do auto de infração lavrado sem a presença do condutor.

... "Será remetida ao respectivo proprietário, diretamente ou por via postal, para que fique ciente do ocorrido e identifique o faltoso" (resolução n° 437/74.)

Com efeito, nota-se a arbitrariedade do ato impugnado, bem como a coatividade na cobrança de tais multas, uma vez que nem o impetrante, nem o antigo proprietário do carro, receberam qualquer notificação pessoal ou via postal, sendo que só souberam da existência destas infrações quando da tentativa da regularização do veículo. Ora, Excelência, a não notificação das multas não se justifica, pois o órgão impetrado detém o endereço conhecido de todos os proprietários de veículos do Estado, sendo que não há de se falar em aplicabilidade, já que sequer oportunidade de defesa lhe foi concedida. No tocante à apresentação da defesa, violou ainda o órgão impetrado a Lex Magna, que em artigo 5°, inc. LV preceitua: "Aos litigantes, em processo judicial ou administrativo, e aos acusados em geral são assegurados o contraditório e ampla defesa, com os meios e recursos a ela inerentes."

Nestas condições, visto que a autoridade impetrada violou e omitiu a formalidade necessária à validade do ato jurídico, tornou nulas de pleno direito, e de nenhum efeito, as infrações que, via de consequência, apresentam-se abusivas e coativas na cobrança exigida. A Constituição Federal, em seu artigo 5°, LXIX, ampara o pedido do impetrante, posto que o seu direito de emplacar e transferir o veículo está obstado pela incidência das multas, que além de haverem sido aplicadas a pessoas diversas do impetrante, não foram devidamente notificadas, tornando-as inexistentes.

Consequentemente, possui o impetrante direito líquido e certo em insurgir-se contra ato administrativo do diretor do DETRAN/...., por estar amparado pela Lei e Direito. Face ao exposto, e tendo em vista o procedimento coercivo e abusivo pelo diretor do órgão impetrado.

DO PEDIDO

Requer:

Se digne o Eminente Julgador, em conceder, "in limine", a segurança requerida, suspendendo a exigência do diretor do órgão impetrado, necessário à regularização do licenciamento do veículo do impetrante, bem como *que se abstenha o órgão aludido de proceder quaisquer atos tendenciosos ao lançamento de novas autuações e/ou apreensão de veículo, de relevante interesse para evitar lesão de difícil e incerta reparação.*

– Concedida a liminar, determine o MM. Juiz, a notificação da autoridade coatora para, querendo, prestar as informações que julgar necessárias.

– Requer, afinal, a concessão da segurança, e, como corolário, declara a inexigibilidade das multas irregularmente impostas ao impetrante, com a condenação do órgão impetrado ao pagamento dos honorários advocatícios e custas processuais.

Dá-se a presente causa, para efeitos fiscais e de alçada, o valor de R$ .... (....).

Nestes Termos,
Pede e Espera DEFERIMENTO
Data Assinatura

17.3. MANDADO DE INJUNÇÃO

O inciso LXXI, do artigo 5° da CF assevera que:

> [...] conceder-se-á mandado de injunção sempre que a falta de norma regulamentadora torne inviável o exercício dos direitos e liberdades constitucionais e das prerrogativas inerentes à nacionalidade, à soberania e à cidadania.

É o remédio constitucional cabível contra a ausência de eficácia dos postulados constitucionais, normas de eficácia limitada, isto é, contra preceitos constitucionais que ainda não têm eficácia positiva, capacidade para produzir efeitos, porque não foram complementados pelo Poder Legislativo ou pelo órgão administrativo competente.

A vontade da Constituição não pode ser sucateada em decorrência da omissão do legislador infraconstitucional, pois, se assim fosse, estaria fragilizada a força normativa da Constituição. A mencionada garantia recebeu influência da Constituição portuguesa de 1976 e da iugoslava de 1979. Ele deve ser enquadrado como um remédio de natureza pós-individual, rompendo a dicotomia entre o Estado e o indivíduo.

Para que se possa proceder com o Mandado de Injunção necessário se faz: a) a norma constitucional possuir eficácia limitada, prescrevendo prerrogativas inerentes à nacionalidade, à soberania e à cidadania; b) falta de norma regulamentadora tornando impossível o exercício do direito garantido constitucionalmente. Pedro Lenza afirma que assim como a Adin por omissão o mandado de Injunção surge para "curar" uma "doença" denominada "síndrome de inefetividade das normas constitucionais", enfim, normas constitucionais que, de imediato, no momento em que a Constituição é promulgada, não têm o condão de produzir todos os seus efeitos, precisando de uma lei integrativa infraconstitucional.

Para o autor são, portanto, de aplicabilidade mediata e reduzida, dividindo-se em dois grandes grupos: a) normas de eficácia limitada, declaratórias de princípios institutivos ou organizativos: normalmente criam órgãos (art. 91, 125, § 3° da CF); b) normas declaratórias de princípios programáticos: veiculam programas a serem implementados pelo Estado (art. 196, 215, 218, caput CF).

Qualquer pessoa poderá ajuizar o mandado de injunção quando a falta de norma regula- mentadora estiver inviabilizando o exercício de direitos, liberdades e prerrogativas inerentes à nacionalidade, à soberania e à cidadania. O Supremo Tribunal Federal admitiu o Mandado de Injunção Coletivo.

17.3.1. COMPETÊNCIA

A competência originária do Supremo Tribunal Federal cabe para processar e julgar o mandado de injunção quando a elaboração da norma for atribuição do: a) Presidente da República; b) Congresso Nacional; c) Câmara dos Deputados; d) Senado Federal; e) Mesa de uma das Casas Legislativas; f) Tribunal de Contas da União; g) Tribunais Superiores; h) do próprio Supremo Tribunal Federal (art. 102, I, "q")

Em recurso ordinário cabe ao Supremo Tribunal Federal processar e julgar o mandado de injunção decidido em única instância pelos Tribunais Superiores se denegatória a decisão (art. 102, II, "a").

Quanto ao Superior Tribunal de Justiça (STJ) a competência originária para processar e julgar o mandado de injunção ocorre quando a elaboração da norma regulamentadora for atribuição de: a) órgãos; b) entidade ou autoridade federal, da administração direta ou indireta excetuados os casos de competência do STF e dos órgãos da Justiça Militar, da Justiça Eleitoral, da Justiça do Trabalho e Justiça Federal (art. 105, I, "h").

Em grau de Recurso compete ao TSE (Tribunal Superior Eleitoral) julgar o mandado de Injunção denegado pelo Tribunal Regional Eleitoral (TRE art. 121, § 4°, V).

O artigo 125, §1° estabelece que os Estados organizem sua Justiça observados os princípios da Constituição Federal.

17.3.2. COMPETÊNCIA PARA JULGAR O MANDADO DE INJUNÇÃO – QUADRO DEMONSTRATIVO

ÓRGÃOS COMPETENTES	STF	STJ	TSE	TJ
	Competência Original (art. 102, 1, "q") **Norma Regulamentadora atribuição** Presidente da República; Congresso Nacional; Câmara dos Deputados; Senado Federal; Mesas das Casas; Legislativas; Tribunal de Contas da União; Tribunais Superiores; Supremo Tribunal Federal. **Recurso Ordinário (art. 102, II, "a")** Decidido em única instância pelos Tribunais Superiores se denegató- ria a decisão	**Competência Originária (art. 105, I, "h"** **Norma Regulamentadora atribuição** Órgão; Entidade; Autoridade Federal da Administração direta ou indireta; excetuando os casos de competência do STF e dos órgãos da Justiça Militar, da Justiça Eleitoral, da Justiça do Trabalho e da Justiça Federal.	**RO (121, § 42, V)** MI denegado por Tribunais Regionais Eleitorais (TRE)	**(125 § 12)**

Jurisprudência

MI-AgR 554 / SP – SÃO PAULO AG. REG. NO MANDADO DE INJUNÇÃO Relator (a): Min. GILMAR MENDES Julgamento: 10/04/2008 Órgão Julgador: Tribunal Pleno DJe-092 DIVULG 21-05-2008 PUBLIC 23-05-2008 EMENT VOL-02320-01 PP-00001 AGTE. (S): NOBELPLAST EMBALAGENS LTDA ADV.(A/S): ANDREIA SANTOS GONÇALVES SILVA E OUTROS AGDO. (A/S): PRESIDENTE DA REPÚBLICA

Ementa

EMENTA: Agravo regimental em mandado de injunção. 2. Omissão legislativa em relação à regulamentação do Decreto-lei n° 2.318/1986. 3. Inexistência de previsão constitucional. Inviabilidade da ação mandamental. 4. Agravo regimental improvido.

17.3.3 MODELO DE PETIÇÃO DE MANDADO DE INJUNÇÃO

AO DOUTO JUIZO DO TRABALHO DA.....VARA DO TRABALHO DA CIRCUNSCRIÇÃO JUDICIÁRIA DE (CIDADE-ESTADO)

(NOME E QUALIFICAÇÃO), EMPREGADO DA EMPRESA (QUALIFICAÇÃO) VEM PERANTE A JUSTIÇA DO TRABALHO REQUERER

MANDADO DE INJUNÇÃO

Pelas razões de fato e de direito que passa a expor:

O reclamante é casado com (nome e qualificação), a serviço de (nome, qualificação e residência). (Certidão de casamento, xérox da Carteira de

Trabalho, docs. n° ...). Sua mulher deu à luz uma criança no dia ... do corrente (certidão de nascimento, doc. n°..) e acha-se em gozo de licença à gestante. Para dar assistência à mulher e ao filho solicitou ao empregador licença-paternidade, direito que lhe assegura o art.7°, XIX, da Constituição Federal, pedido que lhe foi negado.

O direito à mencionada licença, assegurado na Carta Magna, depende, todavia de lei regulamentadora, ainda não editada.

Em situação tal, só resta ao Requerente, valer-se do Mandado de Injunção, como lhe assegura o artigo 5°, LXXI, da Lei Magna, verbis:

Artigo. 5° da Constituição Federal: Todos são iguais perante a lei, sem distinção de qualquer natureza, garantindo-se aos brasileiros e aos estrangeiros residentes no País a inviolabilidade do direito à vida, à liberdade, à igualdade, à segurança e à propriedade, nos termos seguintes:

> LXXI – conceder-se-á mandado de injunção sempre que a falta de norma regulamentadora torne inviável o exercício dos direitos e liberdades constitucionais e das prerrogativas inerentes à nacionalidade, à soberania e à cidadania;

Pelo exposto, pede que, recebida e protocolada esta reclamação (em duas vias), se notifique o reclamado para comparecer à audiência de julgamento que for designada, na forma do art.841 da Consolidação das Leis do Trabalho. Espera que esta Vara, em sua alta sabedoria, supra a omissão e lhe assegure o gozo da pleiteada licença.

T. em que.
E. Deferimento.
Data e assinatura.

17.4. *HABEAS DATA*

O artigo 5°, inciso LXXII da Constituição Federal afirma que:

> [...] conceder-se-á habeas data: a) para assegurar o conhecimento de informações relativas à pessoa do impetrante, constantes de registros ou bancos de dados de entidades governamentais ou de caráter público; b) para retificação de dados, quando não se prefira fazê-lo por processo sigiloso, judicial ou administrativa.

A Lei n° 9.507/97 veio regulamentar o dispositivo constitucional elencado destinado a disciplinar o direito de acesso a informações, constantes de registros ou bancos de dados de entidades governamentais ou de caráter público, para o conhecimento ou retificação.

O habeas data surgiu no Texto Constitucional de 1988. Não foi uma inovação do direito brasileiro, pois a Constituição Portuguesa de 1976 e a constituição espanhola de 1978 já haviam previsto o instituto. De terminologia inominada para resguardar o direito à informação, pode ser impetrado por pessoa física ou jurídica. É um remédio personalíssimo embora os herdeiros e sucessores podem obter informações denegadas a respeito do de *cujus*.

Havendo recusa de certidões ou informações para defesa de interesses pessoal ou de terceiros, o remédio constitucional próprio é o Mandado de Segurança e não o Habeas Data. Entretanto, se o pedido for para assegurar o conhecimento de informações relativas à pessoa do impetrante o remédio é o habeas data.

No habeas data basta o desejo de conhecer as informações relativas à sua pessoa, independentemente da demonstração de que elas se prestarão à defesa de direitos. Qualquer pessoa física ou jurídica poderá ajuizar ação constitucional de habeas corpus.

No polo passivo estará a entidade governamental que se negou a dar a informação.

A fase pré-processual é a comprovação da denegação da informação pretendida por via administrativa, que se configura como condição de ação, pois seu não-atendimento tipifica ausência do interesse de agir. Não se concretiza lesão ao princípio da universalidade de jurisdição porque não há dano ou sua ameaça. Descabe falar em exaurimento das instâncias administrativas, pois há uma otimização da funcionalidade do Poder Judiciário.

O requerimento deverá ser apresentado ao órgão ou entidade depositária do registro ou banco de dados e será deferido ou indeferido no prazo de 48 (quarenta e oito) horas (Lei n° 9.507/97). A decisão deve ser comunicada no prazo de 24h. Sendo o pedido de retificação realizado no máximo em 10 dias após a entrada do requerimento. Constatada a inexatidão da informação, o interessado pode apresentar contestação ou explicação sobre o mesmo, justificando suas colocações. Tal explicação será anotada no cadastro do interessado.

A fase judicial se dá com a produção de provas. A petição deve atender os requisitos do processo civil e será apresentada em duas vias. Não há citação e sim notificação, como não há defesa e sim informação, haja vista a inexistência de lide. No caso do habeas data pode haver pedido de liminar, desde que atendidas às condições. Não poderá, contudo, haver revelia. Não existe o habeas data coletivo por se tratar de um interesse personalíssimo. O recurso não terá efeito suspensivo. Suas ações são gratuitas.

17.4.1. COMPETÊNCIA

A competência originária do Supremo Tribunal Federal para processar e julgar o habeas data se dá contra atos do: a) Presidente da República; b) Mesas da Câmara dos Deputados; c) Senado Federal; d) Tribunal de Contas da União; e) Procurador-Geral da República; f) Supremo Tribunal Federal, ex vi do artigo 102, I, "d" CF.

Em grau de Recurso Ordinário, o habeas data será decidido em única instância pelos Tribunais Superiores se denegatória a decisão (art. 102, II, "a").

A competência originária do STJ está adstrita contra ato de: a) Ministro de Estado; b) Comandantes da Marinha, do Exército e da Aeronáutica; c) do Superior Tribunal Justiça (art. 105, I, "b").

A competência originária dos Tribunais Regionais Federais para processar e julgar os habeas data contra ato está adstrito a: a) próprio Tribunal; b) juiz federal.

Aos juízes federais competem processar e julgar os habeas data contra ato de autoridade federal, excetuados os casos de competência dos tribunais federais (art. 109, VIII).

O Tribunal Superior Eleitoral tem competência para julgar em grau de recurso o habeas data denegado pelo Tribunal Regional Eleitoral (art. 121, § 4°, V).

A competência dos Estados deverá ser definida pela Constituição Estadual (art. 125, § 1°).

17.4.2. COMPETÊNCIA PARA JULGAR O MANDADO DE INJUNÇÃO. QUADRO DEMONSTRATIVO

COMPETÊNCIA ORGAOS	STF	STJ	TSE	TJ
	Competência Original (art. 102, 1, "q") Norma Regulamentadora atribuiçao Presidente da República; Congresso Nacional; Câmara dos Deputados; Senado Federal; Mesas das Casas Legislativas; Tribunal de Contas da União; Tribunais Superiores; Supremo Tribunal Federal. **Recurso Ordinário (art. 102, II, "a")** **Decidido em única instância pelos Tribunais Superiores se denegatória a decisão**	Competência Originária (art. 105,1, "h") Norma Regulamentadora atribuição Órgão; Entidade, Autoridade Federal da Administração direta ou indireta, excetuando os casos de competência do STF e dos órgãos da Justiça Militar, da Justiça Eleito ral, da Justiça do Trabalho e da Justiça Federal.	RO (121, § 42, V) MI denegado por Tribunais Regionais Eleitorais (TRE)	(125 § 12) Os Estados organizarão sua Justiça observados os princípios da Constituição Federal

Jurisprudência

HD-QO 18 / RJ – RIO DE JANEIRO QUESTÃO DE ORDEM NO HABEAS-DATA Relator (a): Min. ALDIR PASSARINHO Julgamento: 27/04/1989 Órgão Julgador: Tribunal Pleno

DJ 09-06-1989 PP-10095 EMENT VOL-01545-01 PP-00001 Ementa

HABEAS DATA REQUERIDO CONTRA MINISTRO DE ESTADO. COMPETÊNCIA DO SUPERIOR TRIBUNAL DE JUSTIÇA. TENDO EM VISTA O DISPOSTO NO ART. 105, I, LETRA 'B', DA NOVA CARTA POLITICA, A COMPETÊNCIA PARA JULGAR 'HABEAS DATA' REQUERIDO CONTRA O SERVIÇO NACIONAL DE INFORMAÇÕES, CUJO TITULAR POSSUI O 'STATUS' DE MINISTRO DE ESTADO E CONTRA O MINISTRO DA MARINHA E DO SUPERIOR TRIBUNAL DE JUSTIÇA. QUESTÃO DE ORDEM QUE SE RESOLVE, DANDO-SE PELA COMPETÊNCIA DO SUPERIOR TRIBUNAL DE JUSTIÇA PARA APRECIAR E JULGAR O 'HABEAS DATA', COMO FOR DE DIREITO, SENDO-LHE, EM CONSEQUENCIA, ENCAMINHADOS OS AUTOS.

17.4.3. MODELO DE PETIÇÃO DE HABEAS DATA

AO DOUTO JUIZO DA VARA CÍVEL DA COMARCA DE ....

FULANO (Qualificar) por seu advogado (mandato incluso, doc. 1), com escritório profissional na Avenida 26 de Agosto, 900, Centro, nesta Capital, vem impetrar junto a Vossa excelência o presente pedido de

HABEAS DATA

Em face do CHEFE DA SEÇÃO DE REGISTRO FUNCIONAL da Secretaria de Pessoal do Tribunal de Justiça do Estado................. Sr.SICRANO, pelas razões de fato e de direito expostas a seguir:

1. DOS FATOS

O impetrante exerceu por 20 (vinte) anos o cargo de escrivão da 1§ Vara de Família e Sucessões desta Capital. Pretendendo concorrer a outro cargo público, no momento está organizando *curricuium vitae,* e precisa ter conhecimento do que consta em sua folha de assentamentos na Secretaria do Tribunal de Justiça, informações que estão sendo dificultadas pelo servidor impetrado;

Há 3 (três) meses o impetrante protocolou a solicitação pleiteada (cópia em anexo, doc. 2) junto ao referido órgão, no entanto, até a presente data, não obteve sucesso quanto ao pedido;

Em razão da demora em receber a informação solicitada, o impetrante dirigi-se à seção de registro funcional, e obteve do impetrado a alegação escrita, através de uma certidão (doc. 3), de que a quantidade de serviços no departamento é que acarretava tal delonga.

2. DO DIREITO

A Constituição da República, de 1988, concede *habeas data* para assegurar o conhecimento de informações relativas à pessoa do impetrante, constantes de registro de entidade pública (art. 5°, LXXII) e a Lei 9.507 de 12 de novembro de 1997, regula o direito de acesso a informações e disciplina o rito processual do habeas data.

3. DO PEDIDO

Pelo exposto requer digne Vossa Excelência que determine:

A citação do impetrado para responder a presente ação ou justificar os motivos da recusa;

Que seja assegurado ao impetrante o acesso às notas de seu interesse;

Por fim, que seja , o impetrado, condenado às custas judiciais e aos honorários do advogado.

Dá-se a causa o valor de R$...... (......).

Nestes Termos
Pede e Espera Deferimento.
Data Assinatura

17.5. AÇÃO POPULAR

O inciso LXXIII do artigo 5° da Constituição Federal redige que:

> *[...] qualquer cidadão é parte legítima para propor ação popular que vise a anular ato lesivo ao patrimônio público ou de entidade de que o Estado participe, à moralidade administrativa, ao meio ambiente e ao patrimônio histórico e cultural, ficando o autor, salvo comprovada má-fé, isento de custas judiciais e do ônus da sucumbência.*

A Lei n° 4.717/65 regulamenta a Ação Popular.

Para a propositura da Ação Popular deve-se preencher os seguintes requisitos: a) deve haver lesividade ao patrimônio público ou de entidade de que o Estado participe; lesividade à moralidade administrativa; ao meio ambiente; ao patrimônio histórico e cultural.

Lesividade também pode significar ilegalidade.

A legitimidade cabe a qualquer cidadão, entendendo este o brasileiro nato ou naturalizado, desde que esteja em pleno gozo de seus direitos políticos. O Ministério Público é parte pública autônoma, funciona como fiscal da lei (custoslegis), mas se o autor desistir da ação o Ministério Público dará o seu prosseguimento.

A competência fica a critério da origem do ato. Se o patrimônio for do Estado a Justiça competente será Estadual, se for da União a Justiça competente será a Federal.

A ação popular poderá ser: a) preventiva pra evitar o ato lesivo; b) repressiva para buscar o ressarcimento do dano, a anulação do ato, a recomposição do patrimônio público lesado, a indenização etc.

Julgada a ação produzirá efeito erga omnes e se torna coisa julgada. Se a improcedência se der por falta de provas haverá apenas a coisa julgada formal, podendo qualquer outro cidadão intentar outra ação com idêntico fundamento, valendo-se de novas provas.

O autor da ação é isento de custas e do ônus da sucumbência salvo comprovada a má-fé.

Jurisprudência

RE-AgR 534184 / RJ – RIO DE JANEIRO AG. REG. NO RECURSO EXTRAORDINÁRIO
Relator (a): Min. EROS GRAU Julgamento: 24/06/2008 Órgão Julgador: Segunda Turma
DJe-152 DIVULG 14-08-2008 PUBLIC 15-08-2008
EMENT VOL-02328-06 PP-01239
AGTE. (S): OPPORTRANS CONCESSÃO METROVIÁRIA S/A
AGDO. (A/S): MINISTÉRIO PÚBLICO DO ESTADO DO RIO DE JANEIRO
Ementa
EMENTA: AGRAVO REGIMENTAL NO RECURSO EXTRAORDINÁRIO. MINISTÉRIO PÚBLICO. ATUAÇÃO EM AÇÃO POPULAR. PRECLUSÃO. OFENSA INDIRETA. 1. Controvérsia decidida à luz de legislação infraconstitucional. Ofensa indireta à Constituição do Brasil. Agravo regimental a que se nega provimento.

17.5.1. MODELO DE PETIÇÃO DE AÇÃO POPULAR

AO DOUTO JUIZO DA ...VARA DA COMARCA DE................................

FULANO DE TAL (qualificar), EM PLENO GOZO DE SEUS DIREITOS POLÍTICOS, POR SEU ADVOGADO INFRA ASSINADO, CONFORME PROCURAÇÃO ANEXA (DOC. 01), AONDE INFORMA O ENDEREÇO QUE RECEBE CITAÇÕES, INTIMAÇÕES E DEMAIS DOCUMENTOS DE PRAXE, VÊM PERANTE V. EXA. AMPARADO NO ART. 5°, LXXIII, CF, COMBINADO COM O ARTIGO 1° DA LEI 4.717/65, PROPOR

AÇÃO POPULAR
COM PEDIDO DE LIMINAR INAUDITA ALTERA PARTE

Contra o Município de (Cidade-Qualificar) REPRESENTADO PELO PREFEITO MUNICIPAL, FULANO (QUALIFICAR) PRESIDENTE DA COMISSÃO PERMANENTE DE LICITAÇÃO DO MUNICÍPIO, QUE PODERÁ SER ENCONTRADO NO NA PESSOA DO SEU REPRESENTANTE LEGAL, SEDIADA À RUA DA LUZ, 09, CENTRO, MEDIANTE AS RAZÕES DE FATO E DE DIREITO QUE PASSA A EXPOR.

1. CABIMENTO DA AÇÃO

1.1. Da Legitimidade Ativa

O autor, brasileiro, casado, vereador, regular com a Justiça Eleitoral (doc. 02), com amparo no Art. 5°, LXXIII da Carta Magna, tem direito ao ajuizamento de AÇÃO POPULAR, que se substancia num instituto legal de Democracia.

É direito próprio do cidadão, participar da vida política do Estado fiscalizando a gestão do Patrimônio Público, a fim de que esteja conforme com os Princípios da Moralidade e da Legalidade.

1.2. Da Legitimidade Passiva

A Lei n° 4.717/65 – LAP – Lei da Ação Popular, em seu Art. 6°, estabelece um espectro abrangente de modo a empolgar no pólo passivo o causador ou produtor do ato lesivo, como também todos aqueles que para ele contribuíram por ação ou omissão.

A par disto, respondem passivamente os suplicados nesta sede processual na condição de pessoas públicas, autoridades e administradores.

1.3. Do Cabimento do Procedimento

É a AÇÃO POPULAR o remédio constitucional que aciona o Poder Judiciário, dentro da visão democrática participativa dos jurisdicionados pátrios, fiscalizando e atacando os atos lesivos ao Patrimônio Público com a condenação dos agentes responsáveis, assim garante o Art. 5°, LXXIII da CFB.

Aqui constituídos todos os pressupostos da Ação Popular, quais sejam, condição de eleitor, ilegalidade e lesividade, o que impugna para que seja cabível a propositura da Ação Popular, por conter ato ilegal e lesivo ao patrimônio público, em conformidade com a Lei 4.717/65.

2. DOS FATOS

Em 22 de abril do corrente ano, foi publicado o Edital de n° 07/06 da Prefeitura Municipal de..., assinado pelo Presidente da Comissão Permanente de Licitação Beltrano da Silva (doc.03).

Conforme pode verificar, para compra de móveis e equipamentos para escritório e informando que os demais documentos e a planilha encontravam-se à disposição na Comissão Permanente de Licitação, aonde me dirigi e após muita dificuldade consegui a planilha o Edital completo com a planilha (doc. 4).

Para espanto de todos, os itens a serem comprados indicavam ser obrigatoriamente da marca BELLO, marca esta de exclusividade da fábrica que leva o mesmo nome e tem apenas um representante, amigo pessoal do Prefeito, que se orgulha de dizer aos quatro ventos que ajudou a elegê-lo, e o valor total estimado de R$.......................sendo que na condição de pagamento antecipparia 50% no ato do pedido e seria realizada 72 horas depois, no caso depois de amanhã, 25 de abril .

Inconformado, o vereador visitou a empresa BELLO e constatou em conversa com o Sr........................., representante da BELLO e proprietário da Empresa.., que o Edital só o beneficiaria uma vez que estava definida a marca dos móveis e somente ele poderia participar, e mais me disse, uma mão lava a outra. Essa carta é marcada e é minha.

3. DO DIREITO

Foi publicado em..............................o Edital 07/06, para compra de móveis e equipamentos para escritório, deforma irregular e fraudulenta, assim vejamos:

A Lei 8.666/93 em seu art. 3° é clara.

"A licitação destina-se a garantir a observância do princípio constitucional da isonomia e a selecionar a proposta mais vantajosa para a Administração e será processada e julgada em estrita conformidade com os princípios básicos da legalidade, da impessoalidade, da moralidade, da igualdade, da publicidade, da probidade administrativa, da vinculação ao instrumento convocatório, do julgamento objetivo e dos que lhes são correlatos".

No referido Edital 07/06, se verifica claramente as condições que comprometem inequivocamente o caráter competitivo, o que vedado conforme § 1° da mesma Lei, a seguir:

§ 1° – É vedado aos agentes públicos;

I. Admitir, prever, incluir ou tolerar, nos atos de convocação, cláusulas ou condições que comprometam, restrinja ou frustrem o seu caráter competitivo e estabeleçam preferências ou distinções em razão da naturalidade, da sede, ou domicilio dos licitantes ou de qualquer outra circunstância impertinente ou irrelevante para o específico objeto do contrato;

Ora Excelência, já se vê de imediato a ilegalidade do ato, quando o Edital 07/06 frustra o caráter competitivo, estabelecendo preferência de sede, uma vez que a EMPRESA é a única empresa local de venda de móveis e equipamentos recentemente criada no Município, o que nos faz parecer que para esse propósito de fraudar a licitação uma vez que a publicidade do Edital não foi ampla, apenas colocada no quadro de avisos dentro da sala da Comissão de Licitação.

Ademais, inescrupulosamente vem citando que os móveis e equipamentos a serem adquiridos devem ser obrigatoriamente da marca BELLO.

Assim rege o art. 7° da mesma Lei:

"Nas compras deverão ser observadas ainda"; I- a especificação completa do bem a ser adquirido sem indicação de marca;

3.1. Do Princípio da Igualdade

O favorecimento que a Comissão direcionou a empresa ficou cristalino em todo direcionamento do Edital 07/06.

Destarte, colocar que o principio da igualdade impõem à Administração, elaborar regras claras que assegurem aos participantes da licitação, equivalência durante a disputa, sendo intolerável o favorecimento.

3.2. Do Princípio da Publicidade

Há de se verificar, ainda, que não houve publicidade, sendo esta restringida a colocação num quadro de avisos dentro da sala da Comissão.

O princípio da publicidade exige que a Administração anuncie com antecedência e pelos meios previstos na lei, além de outros que ampliem a sua divulgação, que realizará a licitação e que todos os atos a ela pertinentes sejam acessíveis aos interessados.

Ferindo o princípio da publicidade também verificamos que não houve nenhuma divulgação na radio local, nem no matutino local ou da capital, apenas no quadro de aviso dentro da sala da Comissão como já dito, que tem acesso restrito e em horário irregular, portanto, não houve acesso a concorrentes interessados.

É o que mostra a forma que foi feito o Edital, melhor dizendo, como foi fraudado o referido Edital 07/06.

3.3. Do Desvio de Finalidade e de Poder

Óbvio está o desvio de finalidade, quando explicitamente se percebe o favorecimento para amigos ou uma forma de pagar favores de campanhas políticas, o que é inaceitável, caracterizando também desvio de poder.

Outrossim, a Lei da Ação Popular já consignou o desvio de finalidade como vício nulificador do ato administrativo lesivo do patrimônio público e o considera caracterizado quando o agente pratica ato visando fim diverso do previsto, explicita ou implicitamente.

A Lei de Licitações, trazidas no seio constitucional, elencou os diversos princípios administrativos aplicáveis à Licitação, sejam os básicos, ou mesmo os correlatos.

Algum julgado relacionado e analisado à luz da melhor doutrina e jurisprudência nacional citou abaixo:

"EMENTA: PROCESSO CIVIL. AÇÃO POPULAR. LIMITES DO JULGAMENTO. O exame judicial dos atos administrativos se dá sob o ponto de vista da respectiva legalidade e de sua eventual lesividade ao patrimônio público (Lei n° 4.717, de 1997, art. 2°), ou simplesmente da legalidade nos casos em que o prejuízo ao patrimônio público é presumido (Lei n° 4.717, de 1965, art. 4°); o julgamento sob o ângulo da conveniência do ato administrativo usurpa competência da Administração. Recurso Especial conhecido e provido." (STJ, REsp n° 100.237/RS, 2- T., Rel. Min. Ari Pargendler, DJU 26.05.1997

LICITAÇÃO – EDITAL – CLÁUSULA RESTRITIVA

A exigência editalícia que restringe a participação de concorrentes constitui critério discriminatório desprovido de interesse público, desfigurando a discricionariedade por consubstanciar agir abusivo, **afetando o princípio da igualdade**. *(Rec. Especial n°43. 856-0-RS Rel.Min. Milton Luiz Pereira. DOU de 01/09/95, pág.27.804).*

4. DOS PEDIDOS

4.1. Pedido de Liminar Inaudita Altera Parte

Atento a finalidade preventiva no processo, a lei instrumental civil, por seu art.804 permite através de cognição sumária dos seus pressupostos à luz de elementos a própria Petição Inicial, o deferimento initio lide de medida cautelar inaudita altera parte, exercitada quando inegável urgência de medida e as circunstâncias de fato evidenciarem que a citação dos réus e a instrução do processo poderão tornar ineficaz a pretensão judicial, como ensina Ilustríssimo Professor Dr. HUMBERTO THEODORO JUNIOR em Curso de Direito Processual Civil, ed. Forense, vol. II, 1§ edição, pág. 1160.

A Lei 4.717/65 reguladora da Ação Popular vislumbra o periculum in mora da prestação jurisdicional e em boa oportunidade no comando do seu art. 5° § 4° preconiza *"na defesa do patrimônio público caberá a suspensão liminar do ato lesivo impugnado".*

Na espécie, visualiza-se a prima facie LESIVIDADE AO PATRIMÔNIO PÚBLICO E ILEGALIDADE DO ATO que justifica in extremis a concessão de liminar para que estanque a sangria dos recursos com pagamentos fora das previsões legais e dos princípios administrativos e de direito.

Destarte, presentes os requisitos do fumus bonis juris e do periculum in mora, o autor requer seja CONCEDIDA A LIMINAR, determinando a Prefeitura Municipal de São João do Céu Azul a nulidade incontinenti da Licitação referente ao Edital 07/06 e de todos os atos advindos da mesma.

4.2. Procedência da Ação

Ex positis o autor requer:

seja JULGADA PROCEDENTE A AÇÃO,

terminar definitivamente a nulidade da Licitação referente ao Edital 07/06 e con- sequentemente todos os atos advindos da mesma, evitando assim grave lesão ao Patrimônio Público, corrigindo a ilegalidade do ato;

sejam os réus condenados a pagarem as custas e demais despesas judiciais e extrajudiciais, bem como o ônus da sucumbência;

sejam citados os réus, para querendo, contestarem, no prazo legal, assistidos se quiser pela Procuradoria do Município;

a produção de provas documental, testemunhal, pericial, e, especialmente, o depoimento pessoal dos demandados por quem de direito;

o indispensável o parecer do Ministério Público.

Dá-se à causa o valor de R$ (s).

Pede Deferimento data e assinatura

18

APLICABILIDADE IMEDIATA DOS DIREITOS E GARANTIAS FUNDAMENTAIS

O preceituado no artigo 5°, § 1° da CF verbera que: "As normas definidoras dos direitos e garantias fundamentais têm aplicação imediata".

Significa que não se pode deixar de usá-los alegando ausência de regulamentação de seu preceitos. Cumpre completar as lacunas utilizando-se dos princípios gerais de direito, a analogia e equidade.

Pontes de Mirando foi quem teorizou sobre a aplicabilidade imediata das normas no Brasil com o princípio da maximização dos princípios constitucionais. O objetivo da aplicabilidade imediata dos direitos e garantias fundamentais é assegurar a eficácia dos seus postulados, potencializando a produção dos efeitos, sem a necessidade de esperar por uma regulamentação por parte do poder Legislativo[1].

18.1. PRINCÍPIO EXEMPLIFICATIVO DOS DIREITOS E GARANTIAS INDIVIDUAIS

O artigo 5°, § 2° da CF elenca que:

> Os direitos e garantias expressos nesta Constituição não excluem outros decorrentes do regime e dos princípios por ela adotados, ou dos tratados internacionais em que a República Federativa do Brasil seja parte.

Ainda o artigo 5°, § 3° da CF:

> Os tratados e convenções internacionais sobre direitos humanos que forem aprovados, em cada Caso do Congresso Nacional, em dois turnos, por três quintos dos votos dos respectivos membros, serão equivalentes às emendas constitucionais.

Esse preceituado teve a influência da Emenda Constitucional n° 9 do Texto Constitucional norte-americano que teve como patrono James Madison, expressando que "a numeração de certos direitos na Constituição não negará ou desacreditará outros direitos do povo".

Significa que o cidadão tem direitos além dos que foram previstos na Constituição Federal, ou seja, os previstos expressamente e os não incluídos expressamente.

---

1 AGRA, Walber de Moura. *Curso de Direito Constitucional.* Rio de Janeiro: Forense, 2007. p. 209.

A norma constitucional deve estar em constante interação com a realidade social, para se adequarem às transformações produzidas. Por isso os direitos não podem ser taxativamente enumerados, sob pena de sofrerem envelhecimento normativo e perderem eficácia.

Ao elevarmos os tratados e as Convenções ao nível constitucional estamos equiparando-os às emendas constitucionais. São requisitos para que tal aconteça: a) versar sobre direitos humanos; b) aprovação em cada Casa do Congresso Nacional, em dois turnos, por três quintos dos votos dos respectivos membros.

Por fim, os tratados e Convenções internacionais não são transformados em emendas á Constituição porque apresentam funções diversas. Entretanto são consideradas como equivalentes a estas, possuindo o mesmo *status e exigindo idêntico procedimento para sua revogação.*

Jurisprudência

HC 93250 / MS – MATO GROSSO DO SUL HABEAS CORPUS Relator (a): Min. ELLEN GRACIE Julgamento: 10/06/2008 Órgão Julgador: Segunda Turma
DJe-117 DIVULG 26-06-2008 PUBLIC 27-06-2008
EMENT VOL-02325-04 PP-00644
PACTE. (S): HAROLDO JOSÉ GUIMARÃES DIAS
PACTE. (S): ARI AUGUSTO DE FREITAS DIAS
IMPTE. (S): ÉLIN TERUKO TOKO
COATOR (A/S)(ES): SUPERIOR TRIBUNAL DE JUSTIÇA
Ementa
PROCESSO PENAL. PRISÃO CAUTELAR. EXCESSO DE PRAZO. CRITÉRIO DA RAZOABILIDADE. INÉPCIA DA DENÚNCIA. AUSÊNCIA DE JUSTA CAUSA. INOCORRÊNCIA. INDIVIDUALIZAÇÃO DE CONDUTA. VALORAÇÃO DE PROVA. IMPOSSIBILIDADE EM HABEAS CORPUS. 1. Caso a natureza da prisão dos pacientes fosse a de prisão preventiva, não haveria dúvida acerca do direito à liberdade em razão do reconhecimento do arbítrio na prisão – hipótese clara de relaxamento da prisão em flagrante. Contudo, não foi o que ocorreu. 2. A jurisprudência é pacífica na admissão de relaxamento da prisão em flagrante e, simultaneamente, do decreto de prisão preventiva, situação que em tudo se assemelha à presente hipótese, motivo pelo qual improcede o argumento de que há ilegalidade da prisão dos pacientes. 3. Na denúncia, houve expressa narração dos fatos relacionados à prática de dois latrocínios (CP, art. 157, § 3°), duas ocultações de cadáveres (CP, art. 211), formação de quadrilha (CP, art. 288), adulteração de sinal identificador de veículo motor (CP, art. 311) e corrupção de menores (Lei n° 2.252/54, art. 1°). 4. Na via estreita do habeas corpus, não há fase de produção de prova, sendo defeso ao Supremo Tribunal Federal adentrar na valoração do material probante já realizado. A denúncia atende aos requisitos do art. 41, do Código de Processo Penal, não havendo a incidência de qualquer uma das hipóteses do art. 43, do CPP 5. Somente admite-se o trancamento da ação penal em razão de suposta inépcia da denúncia, em sede de habeas corpus, quando houver clara constatação de ausência de justa causa ou falta de descrição de conduta que, em tese, configura crime. Não é a hipótese, eis que houve individualização das condutas dos pacientes, bem como dos demais

denunciados. 6. Na contemporaneidade, não se reconhece a presença de direitos absolutos, mesmo de estatura de direitos fundamentais previstos no art. 5°, da Constituição Federal, e em textos de Tratados e Convenções Internacionais em matéria de direitos humanos. Os critérios e métodos da razoabilidade e da proporcionalidade se afiguram fundamentais neste contexto, de modo a não permitir que haja prevalência de determinado direito ou interesse sobre outro de igual ou maior estatura jurídico-valorativa. 7. Ordem denegada.

18.2. TRIBUNAL PENAL INTERNACIONAL

O artigo 5°, § 4§ da Constituição Federal enfatiza que: *"O Brasil se submete à jurisdição de Tribunal Penal Internacional a cuja criação tenha manifestado adesão"*.

Um dos reflexos da globalização é a internacionalização da jurisdição, que passa a ser exercida por tribunais internacionais. Em virtude disto, decisões emitidas por organismos situados fora da Soberania estatal apresentam força vinculante para todos os países que tenham aderido à sua jurisdição. A internacionalização da jurisdição reforça a intensidade de proteção aos direitos fundamentais, na medida em que se superar o conceito moderno de soberania nacional por um conceito de jurisdição simbiótica, que envolva vários países para a defesa de valores comuns.

Para que o Brasil se submeta à jurisdição do Tribunal penal Internacional suas decisões não podem afrontar a Constituição Federal e o ordenamento jurídico; necessitando para produção de seus efeitos que seja homologado pelo Superior Tribunal de Justiça.

19

NACIONALIDADE

A nacionalidade é o vínculo que une os cidadãos a um Estado, acarretando uma relação de obrigações e prerrogativas, configurando-se como um direito fundamental. O conceito de nacionalidade liga-se ao conceito de nação, povo, população e cidadania. O conceito de nacionalidade é diverso do conceito de cidadania: o primeiro é o vínculo que se estabelece entre um cidadão e um Estado soberano; e cidadania é a participação do indivíduo nos negócios políticos do Estado.

A nacionalidade é um requisito para a cidadania. Povo é o conjunto de nacionais existentes em um país, podendo ser natos ou naturalizados. A população é o conjunto de pessoas que há no país, englobando os estrangeiros.

A doutrina enumera dois critérios para se adquirir a nacionalidade, são eles:

a) jus sanguinis. Deriva do vínculo sanguíneo que une uma geração a outra, recaindo o liame na filiação paterna ou materna até determinado vínculo de parentesco, não importando o local do nascimento;

b) jus solis. Origina pelo local de nascimento, o território no qual a pessoa veio ao mundo. Esta atrelada à origem do cidadão. O Brasil optou pelo *jus soli* pelo fato de ter recebido grande contingente de imigrantes. Exceções ao critério do *jus soli:*

> I) Nascidos no Brasil, ainda que de pais estrangeiros, desde que estes não estejam a serviço de seu país (artigo 12, I, "a", CF). Nesse caso a regra é que todo aquele que nasça em solo pátrio seja considerado brasileiro. Entretanto, não terá esse direito à nacionalidade brasileira aquele cidadão cujos pais sejam estrangeiros e qualquer um deles esteja a serviço de seu país de origem. Se qualquer um dos pais for brasileiro, em que pese o outro se encontrar em missão oficial por seu país de origem, será considerado brasileiro nato. O cidadão terá nacionalidade estrangeira, mesmo nascido no Brasil, quando seus pais forem estrangeiros, mas residindo em solo nacional, a serviço de seus respectivos governos;
> II) Nascidos no estrangeiro (artigo 12, I, "b", CF). De pai brasileiro ou de mãe brasileira desde que qualquer um deles esteja a serviço do Brasil. A regra é que todo aquele que nasça fora do território brasileiro não seja considerado brasileiro. Entretanto, a Constituição assegura outra exceção que é no caso dos genitores estarem exercendo uma missão reconhecida pelo Governo;
> III) Nascidos no estrangeiro de pai ou mãe brasileiros (artigo 12, I, "c", CF). Desde que venham a residir no Brasil e optem, em qualquer tempo, pela nacionalidade brasileira. Esta opção poderá ser manifestada quando o cidadão alcançar a maioridade brasileira, haja vista seu caráter personalíssimo, necessitando que ele tenha condições de expressar sua vontade. É o *jus sanguines* + opção confirmativa.

Jurisprudência

RE 415957 / RS – RIO GRANDE DO SUL RECURSO EXTRAORDINÁRIO Relator (a): Min. SEPÚL- VEDA PERTENCE Julgamento: 23/08/2005 Órgão Julgador: Primeira Turma

DJ 16-09-2005 PP-00026 EMENT VOL-02205-03 PP-00446 LEXSTF v. 27, n. 322, 2005, p. 314324

RECTE. (S): MINISTÉRIO PÚBLICO FEDERAL RECDO. (A/S): FABIAN CHARLIE COVASI ADV.(A/S): CLAUDEMIR CAPAVERDE

Ementa

EMENTA: Opção de nacionalidade brasileira (CF, art. 12, I, c): menor residente no País, nascido no estrangeiro e filho de mãe brasileira, que não estava a serviço do Brasil: viabilidade do registro provisório (L. Reg. Públicos, art. 32, § 2°), não o da opção definitiva. 1. A partir da maioridade, que a torna possível, a nacionalidade do filho brasileiro, nascido no estrangeiro, mas residente no País, fica sujeita à condição suspensiva da homologação judicial da opção.

Esse condicionamento suspensivo, só vigora a partir da maioridade; antes, desde que residente no País, o menor – mediante o registro provisório previsto no art. 32, § 2°, da Lei dos Registros Públicos – se considera brasileiro nato, para todos os efeitos. 3. Precedentes (RE 418.096, 2^ T., 23.2.05, Velloso; AC 70-QO, Plenário, 25.9.03, Pertence, DJ 12.3.04).

HC-QO 83113 / DF – DISTRITO FEDERAL QUESTÃO DE ORDEM NO HABEAS CORPUS Relator (a): Min. CELSO DE MELLO Julgamento: 26/06/2003 Órgão Julgador: Tribunal Pleno

DJ 29-08-2003 PP-00020 EMENT VOL-02121-17 PP-03409 RTJ VOL-0187-03 PP-01069

PACTE. (S): MARIA DE FÁTIMA DA CUNHA FELGUEIRAS ALMEIDA OU MARIA DE FÁTIMA DA

CUNHA FELGUEIRAS ALMEIDA DE SOUSA OLIVEIRA

IMPTE. (S): PAULO ROBERTO ALVES RAMALHO

COATOR (A/S)(ES) : SUPREMO TRIBUNAL FEDERAL

COATOR (A/S)(ES) : MINISTRO DE ESTADO DA JUSTIÇA

Ementa

E M E N T A: HABEAS CORPUS – IMPETRAÇÃO CONTRA O MINISTRO DA JUSTIÇA – WRIT QUE OBJETIVA IMPEDIR O ENCAMINHAMENTO, AO SUPREMO TRIBUNAL FEDERAL, DE PEDIDO EXTRADICIONAL FORMULADO POR GOVERNO ESTRANGEIRO – INAPLICABILIDADE DO ART. 105, I, "C", DA CONSTITUIÇÃO – COMPETÊNCIA ORIGINÁRIA DO SUPREMO TRIBUNAL FEDERAL – PEDIDO CONHECIDO. – Compete ao Supremo Tribunal Federal processar e julgar, originariamente, pedido de habeas corpus, quando impetrado contra o Ministro da Justiça, se o writ tiver por objetivo impedir a instauração de processo extradicional contra súdito estrangeiro. É que, em tal hipótese, a eventual concessão da ordem de habeas corpus poderá restringir (ou obstar) o exercício, pelo Supremo Tribunal Federal, dos poderes que lhe foram outorgados, com exclusividade, em sede de extradição passiva, pela Carta Política (CF, art. 102, I, "g"). Consequente inaplicabilidade, à espécie, do art. 105, I, "c", da Constituição. Precedentes. PREJUDICIALIDADE DA AÇÃO DE HABEAS CORPUS, POR EFEITO DE PERDA SUPERVENIENTE DE SEU OBJETO. – A ocorrência de fato processualmente relevante – denegação, pelo Governo brasileiro, de encaminhamento do pedido de extradição, por reputá-lo inadmissível – gera situação de prejudicialidade da ação de habeas corpus, por perda superveniente de seu objeto. A formal recusa do Governo brasileiro em fazer instaurar, perante o Supremo Tribunal Federal, processo extradicional contra pessoa constitucionalmente qualificada como titular de nacionalidade brasileira primária (CF, art. 5°, LI), não obstante a existência, no caso, de típica hipótese de conflito positivo de nacionalidades (CF, art. 12, § 4°, II, "a"), impede – considerada a superveniência desse fato juridicamente relevante – o prosseguimento da ação de habeas corpus. "OBITER DICTUM" DO RELATOR (MIN. CELSO DE MELLO), MOTIVADO PELA PERDA SUPERVENIENTE DE OBJETO DA PRESENTE AÇÃO DE "HABEAS CORPUS": IMPOSSIBILIDADE CONSTITUCIONAL ABSOLUTA DE EXTRADITAR-SE BRASILEIRO NATO E POSSIBILIDADE DE APLICAÇÃO EXTRATERRITORIAL DA LEI PENAL BRASILEIRA A FATOS DELITUOSOS SUPOSTAMENTE COMETIDOS, NO EXTERIOR, POR BRASILEIROS – CONSIDERAÇÕES DE ORDEM DOUTRINÁRIA E DE CARÁTER JURISPRU- DENCIAL. – O brasileiro nato, quaisquer que sejam as circunstâncias e a natureza do delito, não pode ser extraditado, pelo Brasil, a pedido de Governo estrangeiro, pois a Constituição da República, em cláusula que não comporta exceção, impede, em caráter absoluto, a efetivação da entrega extradicional daquele que é titular, seja pelo critério do "jus soli", seja pelo critério do "jus sanguinis", de nacionalidade brasileira primária ou originária. Esse privilégio constitucional, que beneficia, sem exceção, o brasileiro nato (CF, art. 5°, LI), não se descaracteriza pelo fato de o Estado estrangeiro, por lei própria, haver-lhe reconhecido a condição de titular de nacionalidade originária pertinente a esse mesmo Estado (CF, art. 12, § 4°, II, "a"). – Se a extradição não puder ser concedida, por inadmissível, em face de a pessoa reclamada ostentar a condição de brasileira nata, legitimar-se-á a possibilidade de o Estado brasileiro, mediante aplicação extraterritorial de sua própria lei penal (CP, art. 7°, II, "b", e respectivo § 2°) – e considerando, ainda, o que dispõe o Tratado de Extradição Brasil/Portugal (Artigo IV) -, fazer instaurar, perante órgão judiciário nacional competente (CPP, art. 88), a concernente "persecutio criminis", em ordem a impedir, por razões de caráter ético-jurídico, que práticas delituosas, supostamente cometidas, no exterior, por brasileiros (natos ou naturalizados), fiquem impunes. Doutrina. Jurisprudência. AINDA OUTRO "OBITER DICTUM" DO RELATOR (MIN. CELSO DE MELLO): A QUESTÃO DA NACIONALIDADE BRASILEIRA – HIPÓTESES DE OUTORGA E PERDA DESSE VÍNCULO POLÍTICO-JURÍDICO EM FACE DO ESTADO BRASILEIRO – ROL TAXATIVO – MATÉRIA DE ORDEM ESTRITAMENTE CONSTITUCIONAL. DOUTRINA. – As hipóteses de outorga da nacionalidade brasileira, quer se trate de nacionalidade primária ou originária (da qual emana a condição de brasileiro nato), quer se cuide de nacionalidade secundária ou derivada (da qual resulta o "status" de brasileiro naturalizado), decorrem, exclusivamente, em função de sua natureza mesma, do texto constitucional, pois a questão da nacionalidade traduz matéria que se sujeita, unicamente, quanto à sua definição, ao poder soberano do Estado brasileiro. Doutrina. – A perda da nacionalidade brasileira, por sua vez, somente pode ocorrer nas hipóteses taxativamente definidas na Constituição da República, não se revelando lícito, ao Estado brasileiro, seja mediante simples regramento legislativo, seja mediante tratados ou convenções internacionais, inovar nesse tema, quer para ampliar, quer para restringir, quer, ainda, para modificar os casos autorizadores da privação – sempre excepcional – da condição político-jurídica de nacional do Brasil. Doutrina.

19.1. BRASILEIROS NATO E NATURALIZADO

Existem dois tipos de nacionalidade conforme prescreve o artigo 12 da Constituição Federal, são eles:

a) **Natos.** É também chamada de nacionalidade primária ou originária que são aqueles cidadãos que adquirem a nacionalidade com o *jus solis;*

b) **Naturalizados.** Também chamada de nacionalidade secundária ou adquirida que é aquele cidadão que obteve outra nacionalidade em detrimento da sua anterior, ou seja, ele não adquiriu a nacionalidade pátria pelo *jus solis*, mas sim por meio de um procedimento jurídico. É o critério de aquisição em que o estrangeiro, cumprindo as formalidades exigidas pela lei assim os apátridas (sem pátria nenhum Estado o considera como seu cidadão) ou *heimatlos* podem requerê-la.

19.2. NATURALIZAÇÃO

A Constituição Brasileira previu duas formas de naturalização que são elas:

a) Ordinária (artigo 12, II, "a", primeira parte). Naturalizar-se-ão brasileiros de acordo com a Lei n° 6.815/80 os estrangeiros não originários de países de língua portuguesa. O artigo 12, II, "a" segunda parte afirma que para serem naturalizados os portugueses deverão ter residência por um ano ininterrupto e idoneidade moral. Artigo 12, II, "a": *"os que, na forma da lei, adquiram a nacionalidade brasileira, exigidas aos originários de países de língua portuguesa apenas residência por um ano ininterrupto".* Ainda ressalta o § 1°, do artigo 12 que:

> *Aos portugueses com residência permanente no país, se houver reciprocidade em favor de brasileiros, serão atribuídos os direitos inerentes ao brasileiro, salvo os casos previstos nesta Constituição".*

Nesse caso será tratado adiante o direito de reciprocidade.

b) Extraordinária ou Quinzenária. Está ínsita na Constituição Federal no artigo 12, inciso, II alínea "b": *"os estrangeiros de qualquer nacionalidade residentes na República Federativa do Brasil há mais de quinze anos ininterruptos e sem condenação penal, desde que requeiram a nacionalidade brasileira".* A concessão da naturalização é competência do Presidente da República, em decreto referendado pelo Ministro da Justiça. A aquisição será realizada mediante um certificado de naturalização de estrangeiro. A aquisição da nacionalidade brasileira por um cidadão não importará a aquisição da nacionalidade pelo cônjuge ou pelo filho. A naturalização é intransferível.

Jurisprudência

RE 264848 / TO – TOCANTINS RECURSO EXTRAORDINÁRIO Relator (a): Min. CARLOS BRITTO Julgamento: 29/06/2005 Órgão Julgador: Primeira Turma
DJ 14-10-2005 PP-00012 EMENT VOL-02209-3 PP-00489 RTJ VOL-00196-01 PP-00325 RECTE. (S): ESTADO DO TOCANTINS
RECDO. (A/S): MARIA EUGÊNIA ADAMOGLU JELINCIC DE MENDONÇA Ementa
EMENTA: RECURSO EXTRAORDINÁRIO. CONCURSO PÚBLICO. ESTRANGEIRO. NATURALIZAÇÃO. REQUERIMENTO FORMALIZADO ANTES DA POSSE NO CARGO EXITOSAMENTE DISPUTADO MEDIANTE CONCURSO PÚBLICO. INEXISTÊNCIA DE OFENSA À ALÍNEA "B" DO INCISO II DO ARTIGO 12 DA MAGNA CARTA. O requerimento de aquisição da nacionalidade brasileira, previsto na alínea "b" do inciso II do art. 12 da Carta de Outubro, é suficiente para viabilizar a posse no cargo triunfalmente disputado mediante concurso público. Isto quando a pessoa requerente contar com quinze anos ininterruptos de residência fixa no Brasil, sem condenação penal. A Portaria de formal reconhecimento da naturalização, expedida pelo Ministro de Estado da Justiça, é de caráter meramente declaratório. Pelo que seus efeitos hão de retroagir à data do requerimento do interessado. Recurso extraordinário a que se nega provimento.
Ext-QO 1010 / RFA – REPÚBLICA FEDERAL DA ALEMANHA QUESTÃO DE ORDEM NA EXTRADIÇÃO Relator (a): Min. JOAQUIM BARBOSA Julgamento: 24/05/2006 Órgão Julgador: Tribunal Pleno
DJ 19-12-2006 PP-00036 EMENT VOL-02261-01 PP-00097 REQTE. (S): GOVERNO DA ALEMANHA
EXTDO. (A/S): HAISSAM ALI DIAB OU WALID HALA OMARI OU HAISSAN DIAB OU RAISAN ALEJANDRO DIEB BABATIVA OU RAISSAN ALEJAND DIEB BABATIVA OU ALEJANDRO DIEB RAISSAN OU DIAB HAISSAM OU HAISSAN HOUSSIN DIAB OU HAISSAM HOUSSIN DIAB
Ementa
EMENTA: EXTRADIÇÃO. REPÚBLICA FEDERAL DA ALEMANHA. QUESTÃO DE ORDEM. PROMESSA DE RECIPROCIDADE. PEDIDO DE EXTRADIÇÃO DE PESSOA NATURALIZADA BRASILEIRA. Pedido de extradição, formulado com base em promessa de reciprocidade, de cidadão brasileiro naturalizado, por fatos relacionados a tráfico de drogas anteriores à entrega do certificado de naturalização. Inviabilidade da extradição, por impossibilidade de cumprimento da promessa de reciprocidade, uma vez que, no país requerente, a vedação de extradição de seus nacionais não admite exceções como as previstas na Constituição da República Federativa do Brasil de 1988 (art. 5°, LI). Questão de ordem resolvida pela extinção da extradição, sem julgamento de mérito. Determinada a remessa de cópia dos autos ao Ministério Público, para as finalidades cabíveis, verificando-se a possibilidade de aplicação extraterritorial da lei penal brasileira.

19.3. PRINCÍPIO DA RECIPROCIDADE

A Convenção de 7 de setembro de 1971 sobre igualdade de direitos e deveres entre o Brasil e Portugal, institui o princípio da Reciprocidade também chamado de princípio da quase-nacionalidade.

O artigo 12, § 1° da CF assegura que: *"Aos portugueses com residência permanente no país, se houver reciprocidade em favor de brasileiros serão atribuídos os direitos inerentes ao brasileiro, salvo os casos previstos nesta Constituição".*

Portanto, havendo reciprocidade, os portugueses com residência permanente no Brasil terão os mesmo direitos que os nacionais excetuando as prerrogativas exclusivas dos cidadãos natos, sem a necessidade de nenhum procedimento para a aquisição da naturalização.

Jurisprudência

> Ext 369 / PT – PORTUGAL EXTRADIÇÃO Relator (a): Min. DJACI FALCAO
> Julgamento: 19/12/1979
> Órgão Julgador: TRIBUNAL PLENO
> DJ 07-03-1980 EMENT VOL-01162-01 PP-00006 REQTE: GOVERNO DE PORTUGAL
> EXTDA: MARIA HELENA DOS REIS PINTO
> ADVDOS: FRANCISCO ASSIS MAIA, EDISIO GOMES DE MATOS E OUTROS Ementa
>
> EMENTA: – PEDIDO DE EXTRADIÇÃO FORMULADO PELO GOVERNO DE PORTUGAL, SOB COMPROMISSO FORMAL DE RECIPROCIDADE EM CASO SEMELHANTE. IDENTIFICAÇÃO DA EXTRADITANDA. INOCORRÊNCIA DE EXTINÇÃO DA PUNIBILIDADE PELA PRESCRIÇÃO. POSTERIOR CONDENAÇÃO NO BRASIL E COMPETÊNCIA DO PRESIDENTE DA REPÚBLICA PARA DELIBERAR SOBRE A CONVENIÊNCIA DA PRONTA EFETIVAÇÃO DA EXTRADIÇÃO (ARTS. 96 E 76 DO DECRETO-LEI 941/69). DEFERIMENTO DO PEDIDO.

19.4. CARGOS PRIVATIVOS DE BRASILEIROS NATOS

A Constituição Federal no seu artigo 12, § 2° estabelece que: "A lei não poderá estabelecer distinção entre brasileiros natos e naturalizados salvo nos casos previstos nesta Constituição". *Entretanto ressalta o § 3° que:*

> São privativos de brasileiros natos os cargos de:
> I – Presidente e Vice-Presidente da República;
> II- Presidente da Câmara dos Deputados;
> III – Presidente do Senado Federal;
> IV – Ministro do Supremo Tribunal Federal;
> V – de carreira diplomática;
> VI – Oficial das Forças Armadas;
> VII – Ministro de Estado da Defesa

O artigo 5°, inciso I da Constituição Federal estabelece que: *"homens e mulheres são iguais em direitos e obrigações nos termos desta Constituição".*

Não ferem o princípio da igualdade elencado as exceções determinadas pela Carta Magna no artigo 12, § 2° do Diploma Maior.

Ainda outros preceitos constitucionais que regem acerca da distinção entre brasileiros natos e naturalizados. São eles:

a) *Artigo 5°, LV da CF:* "nenhum brasileiro será extraditado, salvo o naturalizado, em caso de crime comum, praticado antes da naturalização, ou de comprovado envolvimento em tráfico ilícito de entorpecentes e drogas afins, na forma da lei";
b) Artigo 89, VII da CF: "O Conselho da República é órgão superior de consulta do Presidente da República e dele participam: VII – seis cidadãos brasileiros natos, com
mais de trinta e cinco anos de idade sendo dois nomeados pelo Presidente da República, dos eleitos pelo Senado Federal e dois eleitos pela Câmara dos Deputados, todos com mandato de três anos, vedada a recondução";
c) Artigo 222 CF: "A propriedade de empresa jornalística e de radiodifusão sonora e de sons e imagens é privativa de brasileiros natos ou naturalizados há mais de 10 (dez) anos ou de pessoas jurídicas constituídas sob as leis brasileiras e que tenham sede no País". *A Emenda Constitucional n° 36/2002 permitiu a participação do capital estrangeiro em até trinta por cento do capital total e do capital votante das empresas jornalísticas e de radiodifusão sonora e de sons e imagens.*

19.5. PERDA DA NACIONALIDADE BRASILEIRA

O § 4° do artigo 12 da Constituição Federal estabelece que:

> Será declarada a perda da nacionalidade do brasileiro que:
> I – tiver cancelada sua naturalização, por sentença judicial, em virtude de atividade nociva ao interesse nacional;

Os requisitos para a perda da nacionalidade do inciso I são:

a) Atividades nocivas ao interesse nacional. A ação será proposta pelo Ministério Público Federal, mas a lei não é clara na tipificação da prática das atividades nocivas ao interesse nacional. O assunto é muito subjetivo devendo sofrer interpretação;

b) Cancelamento da sentença de naturalização por decisão judicial transitada em julgado.

E o inciso II: "adquirir outra nacionalidade, salvo nos casos [...]". Essa aquisição deve ser feita de livre vontade. A escolha far-se-á entender que a aquisição de outra nacionalidade significa a depreciação da nacionalidade originária, acarretando a sanção na perda do vínculo originário entre o cidadão e o Estado.

Jurisprudência

MS 20292 / DF – DISTRITO FEDERAL MANDADO DE SEGURANÇA Relator (a): Min. DECIO MIRANDA
Julgamento: 03/09/1981 Órgão Julgador: TRIBUNAL PLENO
DJ 03-11-1981 PP-10935 EMENT VOL-01232-01 PP-00133 RTJ VOL-00100-03 PP-00534 Ementa
CONSTITUCIONAL. NACIONALIDADE. PERDE A NACIONALIDADE O BRASILEIRO QUE, POR NATURALIZAÇÃO VOLUNTARIA, ADQUIRIU OUTRA (CONSTITUIÇÃO, ART. 146, I). INCOM- PORTAVEL, EM MANDADO DE SEGURANÇA, DISCUSSÃO SOBRE FATOS QUE AFASTARIAM A VOLUNTARIEDADE DO ATO.

19.6. DUPLA NACIONALIDADE

O artigo 12 § 4°, inciso II da CF assegura que:

> *[...] II – adquirir outra nacionalidade, salvo nos casos: a) de reconhecimento de nacionalidade originária pela lei estrangeira; b) de imposição de naturalização, pela norma estrangeira, ao brasileiro residente em Estado estrangeiro, como condição para permanência em seu território ou para o exercício de direitos civis.*

O brasileiro nato ou naturalizado que adquirir outra nacionalidade perderá a nacionalidade brasileira, esta é a regra geral.

Existe exceção prevista na Constituição Federal que reconhece a possibilidade do brasileiro possuir dupla nacionalidade. Ocorre quando há o reconhecimento de nacionalidade originária pela lei estrangeira. Ou seja, o brasileiro filho de italianos poderá adquirir a nacionalidade italiana, uma vez que a lei estrangeira aceita a nacionalidade italiana sem precisar abrir mão da nacionalidade originária, no caso a brasileira.

Outra possibilidade que dispõe o preceito constitucional é quando há imposição de naturalização pela norma estrangeira de brasileiro residente no Estado como condição para que permaneça naquele país por motivo de trabalho ou para o exercício de direitos civis com a herança. Nesse caso não perderá a cidadania brasileira.

Jurisprudência

> HC 83450 / SP – SÃO PAULO HABEAS CORPUS Relator (a): Min. MARCO AURÉLIO Relator (a) p/ Acórdão: Min. NELSON JOBIM Julgamento: 26/08/2004 Órgão Julgador: Tribunal Pleno
> DJ 04-03-2005 PP-00011 EMENT VOL-02182-03 PP-00376
> LEXSTF v. 27, n. 317, 2005, p. 387-405
> RTJ VOL-00193-01 PP-00372
> PACTE. (S): ANDREA CIACCIO
> IMPTE. (S): JOSÉ THALES SOLON DE MELLO
> Ementa
> EMENTA: HABEAS CORPUS. INFORMAÇÕES DE PROVÁVEL PEDIDO DE EXTRADIÇÃO. DUPLA NACIONALIDADE. PROIBIÇÃO DE EXTRADIÇÃO DE NACIONAL. Não há nos autos qualquer informação mais aprofundada ou indícios concretos de suposto processo em tramitação na Justiça da Itália que viabilizaria pedido de extradição. O processo remete ao complexo problema da extradição no caso da dupla-nacionalidade, questão examinada pela Corte Internacional de Justiça no célebre caso Nottebohm. Naquele caso a Corte sustentou que na hipótese de dupla nacionalidade haveria uma prevalecente – a nacionalidade real e efetiva – identificada a partir de laços fáticos fortes entre a pessoa e o Estado. A falta de elementos concreto no presente processo inviabiliza qualquer solução sob esse enfoque. Habeas corpus não conhecido.

19.7. LÍNGUA OFICIAL E SÍMBOLOS NACIONAIS

O artigo 13 da Constituição Federal verbera que: *"A língua portuguesa é o idioma oficial da República Federativa do Brasil".*

§ 1°: São símbolos da República Federativa do Brasil a bandeira, o hino, as armas e o selo nacionais.

§ 2° Os Estados, o Distrito Federal e os Municípios poderão ter símbolos próprios.

Como reza o preceituado, a língua oficial do Brasil é o português o que significa que todos os documentos oficiais terão de ser elaborados em vernáculo pátrio e os documentos estrangeiros devem ser traduzidos para o português por intérprete juramentado, sob pena de sua nulidade.

Os símbolos nacionais como preceitua os parágrafos do citado dispositivo constitucional são a bandeira, o hino, as armas e o selo nacionais. Sendo crime o seu desrespeito.

Ainda permite que os Estados, DF e Municípios criem seus símbolos próprios.

Jurisprudência

CJ 3625 / MG – MINAS GERAIS CONFLITO DE JURISDIÇÃO Relator (a): Min. ALIOMAR BALEEIRO

Julgamento: 22/02/1967 Órgão Julgador: TRIBUNAL PLENO

DJ 19-04-1967

Ementa

CONFLITO DE JURISDIÇÃO. 1. A LEI 1.802/1953 REVOGOU O DEC. LEI 431/38 E AGRAVOU A PENA DE CRIME DE VILIPENDIO AOS SIMBOLOS NACIONAIS, ANTES DISCIPLINADO PELO ART.35, DO D. LEI... 4.545/42. 2. PARA JULGAMENTO DESSE CRIME, E COMPETENTE A JUSTIÇA COMUM SE O FATO OCORREU ANTES DA PUBLICAÇÃO DO ATO INSTITUCIONAL N. 2/1965

20

DIREITOS POLÍTICOS

São as prerrogativas ligadas à cidadania, no sentido de permitirem a escolha das decisões que serão tomadas pelos órgãos governamentais, representando a soberania popular. São os instrumentos por meio dos quais a Constituição Federal garante a soberania popular, atribuindo poderes aos cidadãos para interferirem na condução da coisa pública, seja direta ou indiretamente.

Direitos políticos são prerrogativas jurídico-constitucionais, verdadeiros direitos públicos subjetivos, que traduzem o grau de participação dos cidadãos no cenário governamental. Em grau de participação confere ao cidadão seu status activae civitatis.

20.1. CLASSIFICAÇÃO DOS DIREITOS POLÍTICOS

Direitos Políticos:

Positivos. Direitos Positivos são o conjunto de normas jurídicas que asseguram a participação do povo no cenário eleitoral do Estado. É o *jus civitatis* na medida em que permitem ao cidadão participar, direta ou indiretamente do processo políticos conforme artigo 1º parágrafo único da Constituição Federal que determina: Todo poder emana do povo, que exerce por meio de seus representantes eleitos direta ou indiretamente nos termos desta Constituição.

São eles: I – Direito de Sufrágio: é o direito público subjetivo democrático de votar (eleger) e de ser votado (eleito), encontra seu fundamento na soberania popular e no princípio representativo. (Direitos políticos ativos (direito de votar é uma espécie de gênero do direito de sufrágio em eleições, plebiscito e referendo e Direitos políticos passivos (direito de ser votado). II – Escrutínio do ponto de vista restrito é o ato de contagem dos votos, donde insurge a figura do escrutinador, aquele que conta, verifica e confere o número de votos e na concepção ampla é uma das fases do procedimento eleitoral, englobando a apuração, a abertura, o depósito, o recolhimento e a contagem dos votos. É também usado para designar o modo de exercício de voto (voto secreto ou voto aberto).

20.1.1. CONDIÇÕES DE ELEGIBILIDADE

O artigo 14, § 3° da Constituição Federal estabelece que:

> São condições de elegibilidade, na forma da lei:
> I – a nacionalidade brasileira;
> II – o pleno exercício dos direitos políticos;
> II – o alistamento eleitoral;
> V – o domicílio eleitoral na circunscrição;
> V – afiliação partidária;
> VI – a idade mínima é: a) trinta e cinco anos para Presidente e Vice-Presidente da República e Senador; b) trinta anos para Governador e Vice-governador de Estado e do Distrito Federal; c) vinte e um anos para Deputado Federal, Deputado Estadual e do Distrito Federal, Prefeito, Vice-Prefeito e juiz de Paz; c) dezoito anos para Vereador.

A Constituição Federal elencou alguns requisitos que precisam ser atendidos para permitir que o cidadão possa exercer um mandato político. As condições são: nacionalidade brasileira; pleno exercício dos direitos políticos; alistamento eleitoral, domicílio eleitoral; filiação partidária; idade mínima, dependendo do cargo a ser postulado. Esta idade deve ser aferida à época da posse do candidato.

20.1.1.1. ORGANOGRAMA

20.2. ESPÉCIES DE SUFRÁGIO

20.2.1. QUANTO À AMPLITUDE

a) **Universal** (é o direito de votar, é a capacidade eleitoral ativa e de ser votado que é a capacidade eleitoral passiva. No Brasil o sufrágio é universal conforme o artigo 14, *caput* da Constituição Federal).

b) **Restritivo** (sufrágio censitário e sufrágio capacitário). Também chamado de sufrágio restritivo, restrito ou qualificado que é aquele em que o direito de votar ou de ser votado é conferido aos ricos, bem nascidos ou detentores de capacidades especiais. É uma modalidade discriminatória e antidemocrática que cerceia a liberdade de participação política em nome do preconceito e do egoísmo. O sufrágio censitário é aquele embasado na capacidade dos bens móveis e imóveis, no montante dos impostos pagos e na aferição da renda. A Carta de 1824 prestigiou o voto censitário, só podia votar quem tinha uma renda de 200 mil réis por bem de raiz, indústria, comércio ou emprego, para ser deputado tinha que ter, no mínimo, 400 mil réis. A Carta de 1891 e 1934 mantiveram o sufrágio censitário uma vez que o mendigo não podia votar nem ser votado. O sufrágio capacitário vigorou até a Emenda n° 1/69 onde o analfabeto podia votar, mas não ser votado.

QUANTO À IGUALDADE

a) **Sufrágio igual** é um direito reconhecido a todos, com os mesmos pesos e medidas. A nenhum eleitor é atribuído um voto que valha mais que o do outro. A cada cidadão corresponde um voto. A Carta de 1988 consagra o sufrágio igual;

b) **Sufrágio desigual** (Sufrágio múltiplo, Sufrágio plural ou Sufrágio familiar) também chamado de inigualitário, é aquele em que uma mesma pessoa vota mais de uma vez e o seu voto tem maior valor do que o dos outros. Típico dos regimes antidemocráticos e elitistas. Pode ser múltipla, ou seja, votam-se mais de uma vez em várias circunscrições, zonas ou distritos eleitorais; plural vota-se mais de uma vez, mas numa mesma circunscrição; familiar ocorre quando o pai vota pelo número de membros da família.

O **sistema eleitoral** (majoritário, proporcional e misto) é o conjunto de técnicas aplicadas à eleição. **Eleição** é o procedimento técnico de escolha de pessoas para um cargo.

Sistema majoritário é o sistema eleitoral em que os candidatos que obtiverem a maioria absoluta ou relativa dos votos válidos representam o povo na circunscrição ou no distrito eleitoral.

No Brasil, o sistema eleitoral aplica-se por maioria absoluta para a eleição de Presidente e Vice-Presidente da República (art. 77, CF); Governador e Vice-Governador de Estado (art. 28, CF); Prefeito e vice-Prefeito Municipal (art. 29, II, CF). Por maioria relativa para a eleição de Senadores da República (art. 46, CF) e juízes de Paz (art. 98, II, CF).

Proporcional é aquele que objetiva garantir a participação dos diversos partidos políticos no Parlamento.

Só é possível em circunscrições eleitorais amplas, que buscam eleger inúmeros candidatos.

A Constituição de 1988 no artigo 58, §§ 1° e 4° chama de sistema de representação proporcional.

Procedimento eleitoral, portanto, é a sucessão de atos que permitem detectar os eleitos, desenvolve em três etapas: a) apresentação de candidaturas; escrutínio (apuração, abertura, depósito e recolhimento e a contagem dos votos); b) contencioso eleitoral que envolve os conflitos de interesses eleitorais; sendo dirimidos pela Justiça Eleitoral, órgão jurisdicional incumbido de primar pela lisura dos pleitos.

Sistema negativo é o conjunto de normas constitucionais que impedem o cidadão de exercer atividade política-partidária. São: I – inelegibilidade (absoluta e relativa). Inelegibilidade são os impedimentos ao direito de ser votado. Existem diferenças entre inelegibilidade que obsta a elegibilidade que é a capacidade eleitoral passiva; inastabilidade que impede o direito de votar, ou seja, a capacidade eleitoral ativa e a incompatibilidade que é a impossibilidade do eleitor de exercer o mandato; e; II – Privação dos direitos políticos (perda ou suspensão).

20.2.3. NATUREZA DO VOTO

O voto é um direito público subjetivo, que decorre da soberania popular, é um dever sóciopolítico no qual os eleitores, maiores de 18 anos e menores de 70 anos de idade, têm a obrigação de escolher os governantes (art. 14, § 1°, I, da CF).

20.2.4. CARACTERÍSTICAS DO VOTO

a) **Direto** (art. 14, CF). O voto é direto no sentido de que o cidadão vota diretamente no candidato sem qualquer intermediário. A exceção ocorre na hipótese de eleição indireta, que é aquela quando vagar os cargos de Presidente e Vice-Presidente da República nos últimos 2 anos do mandato. Nessa situação específica a eleição para ambos os cargos será feita pelo Congresso Nacional, na forma da lei.

b) **Secreto** na medida em que não se dá a publicidade da opção do eleitor, mantendo-a em sigilo absoluto;

c) **Universal** o seu exercício não está ligado a qualquer condição discriminatória, como aquelas de ordem econômicas da Constituição de 1824;

d) **Periódico** (artigo 50, § 4°, II, CF), já que a democracia representativa prevê e exige mandatos por prazo determinado;

e) **Livre**. A escolha pode ser feita por um ou outro candidato, ou pode depositar a cédula em branco. A obrigatoriedade se resume em comparecer às urnas – um ato cívico;

f) **Personalíssimo** no sentido de vetar a votação por procurador. Cada cidadão deve comparecer pessoalmente para votar;

g) **Igualitário**, decorrente do princípio *one man one vote* (um homem um voto). O voto tem igual valor para todos;

h) **Obrigatório** (art. 14, § 1°, I, CF). O voto é obrigatório para os maiores de 18 anos e menores de 70 anos de idade;

i) **Facultativo** (artigo 14, § 1°, II, "a", "b" e "c". O voto é facultativo para os analfabetos, maiores de 70 anos de idade e menores de 18 anos de idade.

20.3. ESPÉCIES DE REGIMES DEMOCRÁTICOS

a) Democracia Direta, através da qual o povo exerce por si o poder sem intermediários, sem representantes;

b) Democracia Representativa, por meio da qual o povo, soberano, elege representantes, outorgando-lhes poderes para que em nome deles e para o povo governem o país;

c) Democracia Semidireta ou participativa, um sistema híbrido, uma democracia representativa, com peculiaridades e atributos da democracia direta. O parágrafo único do artigo 1° da Constituição Federal estabelece que: *"Todo poder emana do povo, que o exerce por meio de representantes eleitos ou diretamente, nos termos desta Constituição".*

Ainda o artigo 14 da Carta Política verbera que: *"A SOBERANIA POPULAR SERÁ EXERCIDA PELO SUFRÁGIO UNIVERSAL E PELO VOTO DIRETO E SECRETO, COM VALOR IGUAL PARA TODOS, E, NOS TERMOS DA LEI, MEDIANTE: I – PLEBISCITO; II – REFERENDO; III – INICIATIVA POPULAR".*

20.4. FORMAS DE EXERCÍCIO DO DIREITO DE VOTO

O princípio da participação coletiva organizada está previsto na Carta Magna de 1988 que prevê três instrumentos para o exercício da democracia semidireta, são eles:

a) Plebiscito é a consulta feita ao eleitorado antes da lei ou ato administrativo serem elaborados. Versa sobre assuntos que, posteriormente, serão discutidos pelo Congresso Nacional ou pelo Poder Executivo. A Lei n° 9.709/98 estabelece que: art. 2°, § 1°: "o *plebiscito é convocado com anterioridade o ato legislativo ou administrativo, cabendo ao povo, pelo voto, aprovar ou denegar o que lhe tenha sido submetido".*

b) Referendo é a consulta feita ao eleitorado depois da lei ou o ato administrativo serem elaborados, para que os confirme ou rejeitem. A Lei n° 9.709/98 art. 2°, § 2° afirma que: "o *referendo é convocado com posterioridade a ato legislativo ou administrativo, cumprindo ao povo a respectiva ratificação ou rejeição";*

c) Iniciativa Popular. O artigo 61, § 2° da CF estabelece que: *"A iniciativa popular pode ser exercida pela apresentação à Câmara dos Deputados de projeto de lei subscrito por, no mínimo, um por cento do eleitorado nacional, distribuído pelo menos por cinco Estados, com não menos de três décimos por cento dos eleitores de cada um deles".* Trata-se de uma modalidade que não se efetiva pelo exercício do voto. Por meio da iniciativa popular o povo apresenta projetos de lei ao Poder Legislativo. Para tanto deve haver um número razoável de eleitores, pois o projeto precisa ser subscrito por, no mínimo 1% do eleitorado nacional distribuídos pelo menos em 5 Estados, com não menos de 0,3% dos eleitores de cada um deles.

Jurisprudência

ADI 3615 / PB – PARAÍBA AÇÃO DIRETA DE INCONSTITUCIONALIDADE Relator (a): Min. ELLEN GRACIE
Julgamento: 30/08/2006 Órgão Julgador: Tribunal Pleno
DJ 09-03-2007 PP-00025 EMENT VOL-02267-01 PP-00143
LEXSTF v. 29, n. 341, 2007, p. 64-83
REQTE. (S): PARTIDO DA FRENTE LIBERAL – PFL
REQDO. (A/S): ASSEMBLEIA LEGISLATIVA DO ESTADO DA PARAÍBA
INTDO. (A/S): MUNICÍPIO DO CONDE – PB
INTDO. (A/S): MUNICÍPIO DE ALHANDRA – PB
Ementa
AÇÃO DIRETA DE INCONSTITUCIONALIDADE. ARTIGO 51 DO ATO DAS DISPOSIÇÕES CONSTITUCIONAIS TRANSITÓRIAS DO ESTADO DA PARAÍBA. REDEFINIÇÃO DOS LIMITES TERRITORIAIS DO MUNICÍPIO DO CONDE. DESMEMBRAMENTO DE PARTE DE MUNICÍPIO E INCORPORAÇÃO DA ÁREA SEPARADA AO TERRITÓRIO DA MUNICIPALIDADE LIMÍTROFE, TUDO SEM A PRÉVIA CONSULTA, MEDIANTE PLEBISCITO, DAS POPULAÇÕES DE AMBAS AS LOCALIDADES. OFENSA AO ART. 18, § 4° DA CONSTITUIÇÃO FEDERAL. 1. Para a averiguação da violação apontada pelo requerente, qual seja, o desrespeito, pelo legislador constituinte paraibano, das exigências de consulta prévia e de edição de lei estadual para o desmembramento de município, não foi a norma contida no art. 18, § 4°, da Constituição Federal substancialmente alterada, uma vez que tais requisitos, já existentes no seu texto primitivo, permaneceram inalterados após a edição da EC 15/96. Precedentes: ADI 458, rel. Min. Sydney Sanches, DJ 11.09.98 e ADI 2.391, rel. Min. Ellen Gracie, Informativo STF 316. 2. Afastada a alegação de que a norma impugnada, sendo fruto da atividade do legislador constituinte estadual, gozaria de uma inaugural presunção de constitucionalidade, pois, segundo a jurisprudência desta Corte, o exercício do poder constituinte deferido aos Estados-membros está subordinado aos princípios adotados e proclamados pela Constituição Federal. Precedente: ADI 192, rel. Min. Moreira Alves, DJ 06.09.01. 3. Pesquisas de opinião, abaixo-assinados e declarações de organizações comunitárias, favoráveis à criação, à incorporação ou ao desmembramento de município, não são capazes de suprir o rigor e a legitimidade do plebiscito exigido pelo § 4° do art. 18 da Carta Magna. Precedente: ADI 2.994, rel. Min. Ellen Gracie, DJ 04.06.04. A esse rol de instrumentos ineficazes que buscam driblar a exigência de plebiscito expressa no art. 18, § 4°, da Constituição Federal, soma-se, agora, este de emenda popular ao projeto de Constituição estadual. 4. Ação direta cujo pedido se julga procedente, com a aplicação de efeitos *ex nunc*, nos termos do art. 27 da Lei 9.868/99.

ADI 3112 / DF – DISTRITO FEDERAL AÇÃO DIRETA DE INCONSTITUCIONALIDADE Relator (a): Min. RICARDO LEWANDOWSKI
Julgamento: 02/05/2007 Órgão Julgador: Tribunal Pleno

Publicação
DJe-131 DIVULG 25-10-2007 PUBLIC 26-10-2007 DJ 26-10-2007 PP-00028 EMENT VOL-02295-03 PP-00386 REQTE. (S): PARTIDO TRABALHISTA BRASILEIRO – PTB e outros
Ementa
EMENTA: AÇÃO DIRETA DE INCONSTITUCIONALIDADE. LEI 10.826/2003. ESTATUTO DO DESARMAMENTO. INCONSTITUCIONALIDADE FORMAL AFASTADA. INVASÃO DA COMPETÊNCIA RESIDUAL DOS ESTADOS. INOCORRÊNCIA. DIREITO DE PROPRIEDADE. INTROMISSÃO DO ESTADO NA ESFERA PRIVADA DESCARACTERIZADA. PREDOMINÂNCIA DO INTERESSE PÚBLICO RECONHECIDA. OBRIGAÇÃO DE RENOVAÇÃO PERIÓDICA DO REGISTRO DAS ARMAS DE FOGO. DIREITO DE PROPRIEDADE, ATO JURÍDICO PERFEITO E DIREITO ADQUIRIDO ALEGADAMENTE VIOLADOS. ASSERTIVA IMPROCEDENTE. LESÃO AOS PRINCÍPIOS CONSTITUCIONAIS DA PRESUNÇÃO DE INOCÊNCIA E DO DEVIDO PROCESSO LEGAL. AFRONTA TAMBÉM AO PRINCÍPIO DA RAZOABILIDADE. ARGUMENTOS NÃO ACOLHIDOS. FIXAÇÃO DE IDADE MÍNIMA PARA A AQUISIÇÃO DE ARMA DE FOGO. POSSIBILIDADE. REALIZAÇÃO DE REFERENDO. INCOMPETÊNCIA DO CONGRESSO NACIONAL. PREJUDICIALIDADE. AÇÃO JULGADA PARCIALMENTE PROCEDENTE QUANTO À PROIBIÇÃO DO ESTABELECIMENTO DE FIANÇA E LIBERDADE PROVISÓRIA. I – Dispositivos impugnados que constituem mera reprodução de normas constantes da Lei 9.437/1997, de iniciativa do Executivo, revogada pela Lei 10.826/2003, ou são consentâneos com o que nela se dispunha, ou, ainda, consubstanciam preceitos que guardam afinidade lógica, em uma relação de pertinência, com a Lei 9.437/1997 ou com o PL 1.073/1999, ambos encaminhados ao Congresso Nacional pela Presidência da República, razão pela qual não se caracteriza a alegada inconstitucionalidade formal. II – Invasão de competência residual dos Estados para legislar sobre segurança pública inocorrente, pois cabe à União legislar sobre matérias de predominante interesse geral. III – O direito do proprietário à percepção de justa e adequada indenização, reconhecida no diploma legal impugnado, afasta a alegada violação ao art. 5°, XXII, da Constituição Federal, bem como ao ato jurídico perfeito e ao direito adquirido. IV – A proibição de estabelecimento de fiança para os delitos de «porte ilegal de arma de fogo de uso permitido» e de «disparo de arma de fogo», mostrase desarrazoada, porquanto são crimes de mera conduta, que não se equiparam aos crimes que acarretam lesão ou ameaça de lesão à vida ou à propriedade. V – Insusceptibilidade de liberdade provisória quanto aos delitos elencados nos arts. 16, 17 e 18. Inconstitucionalidade reconhecida, visto que o texto magno não autoriza a prisão *ex lege,* em face dos princípios da presunção de inocência e da obrigatoriedade de fundamentação dos mandados de prisão pela autoridade judiciária competente. VI – Identificação das armas e munições, de modo a permitir o rastreamento dos respectivos fabricantes e adquirentes, medida que não se mostra irrazoável. VII – A idade mínima para aquisição de arma de fogo pode ser estabelecida por meio de lei ordinária, como se tem admitido em outras hipóteses. VIII – Prejudicado o exame da inconstitucionalidade formal e material do art. 35, tendo em conta a realização de referendo. IX – Ação julgada procedente, em parte, para declarar a inconstitucionalidade dos parágrafos únicos dos artigos 14 e 15 e do artigo 21 da Lei 10.826, de 22 de dezembro de 2003.

ADI 244 / RJ – RIO DE JANEIRO AÇÃO DIRETA DE INCONSTITUCIONALIDADE
Relator (a): Min. SEPÚLVEDA PERTENCE

Julgamento: 11/09/2002 Órgão Julgador: Tribunal Pleno

DJ 31-10-2002 PP-00019 EMENT VOL-02089-01 PP-00001 REQTE: GOVERNADOR DO ESTADO DO RIO DE JANEIRO REQDO: ASSEMBLEIA LEGISLATIVA DO ESTADO DO RIO DE JANEIRO

Ementa

EMENTA: Polícia Civil: subordinação ao Governador do Estado e competência deste para prover os cargos de sua estrutura administrativa: inconstitucionalidade de normas da Constituição do Estado do Rio de Janeiro (atual art.183, § 4°, b e c), que subordinam a nomeação dos Delegados de Polícia à escolha, entre os delegados de carreira, ao "voto unitário residencial" da população do município; sua recondução, a lista tríplice apresentada pela Superintendência da Polícia Civil, e sua destituição a decisão de Conselho Comunitário de Defesa Social do município respectivo. 1. Além das modalidades explícitas, mas espasmódicas, de democracia direta – o plebiscito, o referendo e a iniciativa popular (art. 14) – a Constituição da República aventa oportunidades tópicas de participação popular na administração pública (v.g., art. 5°, XXXVIII e LXXIII; art. 29, XII e XIII; art. 37 , § 3°; art. 74, § 2°; art. 187; art. 194, § único, VII; art. 204, II; art. 206, VI; art. 224). 2. A Constituição não abriu ensanchas, contudo, à interferência popular na gestão da segurança pública: ao contrário, primou o texto fundamental por sublinhar que os seus organismos – as polícias e corpos de bombeiros militares, assim como as polícias civis, subordinam-se aos Governadores. 3. Por outro lado, dado o seu caráter censitário, a questionada eleição da autoridade policial é só aparentemente democrática: a redução do corpo eleitoral aos contribuintes do IPTU – proprietários ou locatários formais de imóveis regulares – dele tenderia a subtrair precisamente os sujeitos passivos da endêmica violência policial urbana, a população das áreas periféricas das grandes cidades , nascidas, na normalidade dos casos, dos loteamentos clandestinos ainda não alcançados pelo

20.5. INELEGIBILIDADES

Elas são divididas em:

a) Absolutas: são as inelegibilidades que possuem impedimentos totais para pleitear qualquer cargo eletivo, ou seja, quem se achar em situação de inelegibilidade absoluta não pode concorrer à eleição alguma: **1) inalistáveis** (art. 14, § 4°, CF) que são: os estrangeiros (art. 14, § 2°, CF), são aqueles que não possuem título de eleitor; conscritos (art. 14, § 2 °, CF), são os recrutados, os alistados para prestar o serviço militar; menores de 16 anos (art. 14, § 1°, II, "c", CF); menores de 18 anos não alistados (art. 14, § 1°, II, "c", CF); **2) analfabetos** (art. 14, § 4°, CF), embora eles possam votar não podem ser eleitos;

b) Relativas: são restrições específicas a certos tipos de cargos ou funções eletivas: 1) Funcional: por motivo de reeleição (art. 14, § 5°, CF); por motivo de desincompatibilização (art. 14, § 6°, CF); 2) Reflexiva, pelo cônjuge (art. 14, § 7°, CF); parentes consanguíneos ou afins (art. 14, § 7°, CF); militares com menos de 10 anos de serviço (art. 14, § 7°, CF) e com mais de 10 anos de serviço (art. 14, § 8°, I, CF); 3) legais são aquelas previstas na LC n° 64/90.

DIAS ANTES DO PLEITO. INCONSTITUCIONALIDADE. GARANTIA DA LIBERDADE DE EXPRESSÃO E DO DIREITO À INFORMAÇÃO LIVRE E PLURAL NO ESTADO DEMOCRÁTICO DE DIREITO. PROCEDÊNCIA PARCIAL DA AÇÃO DIRETA. I – Inocorrência de rompimento da igualdade de participação dos partidos políticos e dos respectivos candidatos no processo eleitoral. II – Legislação que não introduz deformação de modo a afetar a normalidade das eleições. III – Dispositivos que não constituem fator de perturbação do pleito. IV – Inexistência de alteração motivada por propósito casuístico. V – Inaplicabilidade do postulado da anterioridade da lei eleitoral. VI – Direto à informação livre e plural como valor indissociável da ideia de democracia. VII – Ação direta julgada parcialmente procedente para declarar a inconstitucionalidade do art. 35-A da Lei introduzido pela Lei 11.300/2006 na Lei 9.504/1997.

20.8. ORGANOGRAMA DOS DIREITOS POLÍTICOS

Soberania Popular	**Direito de Sufrágio**	**voto**	**Inelegibilidade**	**Perda e Suspensão**
1. Soberania Popular. E a qualidade máxi-ma do poder extraída da soma de atribu-tos de cada membro da sociedade estatal através do sufrágio universal, e do voto di-reto, secreto e igualitário;	Voto obrigatório: - maiores de 18 anos e menores de 70 anos	Direto. 0 cidadão vota diretamente no candidato sem intermediário;	Absoluta: 1. Inalistável -estrangeiros, -conscritos -menores 16 anos; -menores 18 anos não alistados - analfabetos	Perda Cancelamento da na-turalização por sen-tença transitada em julgado; Recusa em cumprir prestação alternativa
2. Nacionalidade é o vínculo jurídico-polí-tico que liga um indivíduo a um determi-nado Estado.	Voto facultativo: - maiores de 16 e menores de 18 anos - analfabetos; Maiores de 7 anos	Secreto;	Relativa 1. Funcional - reeleição; Desincompatibilização 2. Reflexiva - cônjuge; Parentes consanguíneos ou afins 3. Militares 4. Legal LC ns. 64/90	Suspensão Incapacidade Civil Ab-soluta; Condenação criminal transitada em julgado
3. Cidadania tem por pressuposto a nacio-nalidade é a titularidade de direitos políti-cos de votar e ser votado		Universal, não está ligado a nenhuma condição discriminatória		
4. Sufrágio. Direito de votar e ser votado		Periódico. Os mandatos têm prazo de-terminado.		
5. Voto é o ato no qual se exercita o su-frágio.		Livre. Vota em quem quiser		
6. Escrutínio é a maneira de e exercitar o voto (público e secreto)		Igualitário. 0 voto tem o mesmo valor para todos		

21

PARTIDOS POLÍTICOS

A Constituição regulamentou os partidos políticos no artigo 17 que reza:

> *É livre a criação, fusão, incorporação e extinção de partidos políticos, resguardados a soberania nacional, o regime democrático, o pluripartidarismo, os direitos fundamentais da pessoa humana e observados os seguintes preceitos:*
> *I – caráter nacional;*
> *II – proibição de recebimento de recursos financeiros de entidade ou governo estrangeiros ou de subordinação a estes;*
> *III – prestação de contas à Justiça Eleitoral;*
> *IV – funcionamento parlamentar de acordo com a lei.*

A personalidade jurídica do partido político é adquirida pela forma da Lei Civil, em que registrarão seus estatutos no Tribunal Superior Eleitoral e terão direito a recursos do fundo partidário e acesso gratuito ao rádio e à televisão, na forma da lei. § 1°, art. 17, CF:

É assegurada aos partidos políticos autonomia para definir sua estrutura interna, organização e funcionamento e para adotar os critérios de escolha e o regime de suas coligações eleitorais, sem obrigatoriedade de vinculação entre as candidaturas em âmbito nacional, estadual, distrital ou municipal, devendo seus estatutos estabelecer normas de disciplina e fidelidade partidária.

Os partidos políticos são instituições, ou seja, pessoas jurídicas de direito privado e seus atos constitutivos devem ser registrados no Cartório de Registro de Títulos e Documentos e posteriormente formalizar o registro de seus estatutos perante o Tribunal Superior Eleitoral.

Reza o § 2° do artigo 17, CF: *"Os partidos políticos, após adquirirem personalidade jurídica, na forma da lei civil, registrarão seus estatutos no Tribunal Superior Eleitoral". Ainda o § 3° afirma que: "Os partidos políticos, têm direito a recursos do fundo partidário e acesso gratuito ao rádio e à televisão, na forma da lei". E, por fim o § 4°, art. 17, CF: "É vedada utilização pelos partidos políticos de organização paramilitar".*

21.1. ORGANOGRAMA

Partidos Políticos	Regras Constitucionais
	- Liberdade de organização partidária; Prestação de Contas à Justiça Eleitoral; - Funcionamento parlamentar conforme a lei; - Vedação da utilização de organização paramilitar; - Autonomia; - Constituição pela Lei Civil; - Pessoas Jurídicas de Direito Privado; - Acesso gratuito ao rádio e á televisão; - Observar os preceitos de caráter nacional

Jurisprudência

RE 191668 / RS – RIO GRANDE DO SUL RECURSO EXTRAORDINÁRIO Relator (a): Min. MENEZES DIREITO

Julgamento: 15/04/2008 Órgão Julgador: Primeira Turma

DJe-097 DIVULG 29-05-2008 PUBLIC 30-05-2008 EMENT VOL-02321-02 PP-00268 RECTE: MUNICÍPIO DE PORTO ALEGRE RECDO: ELMO OSVALDO KIRSCH

Ementa

EMENTA Publicidade de atos governamentais. Princípio da impessoalidade. Art. 37, parágrafo 1°, da Constituição Federal. 1. O caput e o parágrafo 1° do artigo 37 da Constituição Federal impedem que haja qualquer tipo de identificação entre a publicidade e os titulares dos cargos alcançando os partidos políticos a que pertençam. O rigor do dispositivo constitucional que assegura o princípio da impessoalidade vincula a publicidade ao caráter educativo, informativo ou de orientação social é incompatível com a menção de nomes, símbolos ou imagens, aí incluídos slogans, que caracterizem promoção pessoal ou de servidores públicos. A possibilidade de vinculação do conteúdo da divulgação com o partido político a que pertença o titular do cargo público mancha o princípio da impessoalidade e desnatura o caráter educativo, informativo ou de orientação que constam do comando posto pelo constituinte dos oitenta. 2. Recurso extraordinário desprovido.

22

ORGANIZAÇÃO POLÍTICO-ADMINISTRATIVA

O preceituado no artigo 1° da Constituição Federal afirma que:

> A República Federativa do Brasil, formada pela união indispensável dos Estados e Municípios e do Distrito Federal, constitui-se em Estado Democrático de Direito e tem como fundamento:
> I – a soberania;
> II – a cidadania;
> III – a dignidade da pessoa humana;
> IV – os valores sociais do trabalho e da livre iniciativa;
> V – o pluralismo político.

Mais adiante, no artigo 18 da Constituição Federal temos o texto: *"A organização político-administrativa da República Federativa do Brasil compreende a União, os Estados, o Distrito Federal e os Municípios, todos autônomos, nos termos desta Constituição"*.

Ao observarmos o artigo 18 do texto Maior pode-se perceber que este dispositivo constitucional deve ser lido com o caput do artigo 1° da citada Carta cidadã. No artigo 1° da Carta Cidadã percebemos a palavra união em minúsculo, entretanto no artigo 18 temos entre os entes da Federação União, com U maiúscuso, o que está mais correto.. Então um não pode ser analisado sem a interpretação do outro.

A Constituição Federal adotou como forma de Estado o Federalismo e os seguintes princípios:

a) Os cidadãos dos diversos Estados-membros aderentes à Federação devem possuir a nacionalidade única dessa;

b) Repartição constitucional de competência entre União, Estados-membros, Distrito Federal e Municípios;

c) Necessidade de que cada ente federativo possua uma esfera de competência tributária que lhe garanta renda própria;

d) Poder de auto-organização dos Estados-membros, Distrito Federal e municípios, atribuindo-lhes autonomia constitucional;

e) Possibilidade constitucional excepcional e taxativa de intervenção federal, para manutenção do equilíbrio federativo;

f) Participação dos Estados no Poder Legislativo Federal, de forma a permitir-se a ingerência de sua vontade na formação da legislação federal;

g) Possibilidade de criação de novo Estado ou modificação territorial de Estado existente dependendo da aquiescência da população do estado afetado;

h) A existência de um órgão de cúpula do Poder Judiciário para interpretação e proteção da Constituição Federal.

O preceituado no artigo 60, § 4°, I da Constituição Federal, entretanto estabelece que:

> *Não será objeto de deliberação a proposta de emenda tendente a abolir:*
> *I – a forma federativa de Estado;*
> *II – o voto direto, secreto, universal e periódico;*
> *III – a separação dos poderes;*
> *IV – os direitos e garantias individuais.*

O artigo citado é denominado de cláusulas pétreas, ou cláusulas de pedra, que não podem ser alteradas.

Como visto, o artigo 1° solidifica a forma federativa ao afirmar que a República Federativa do Brasil é formada pela união indissolúvel dos Estados e Municípios e do Distrito Federal, sendo completados pelo artigo 18, já citado, que prevê a organização político-administrativa da República Federativa do Brasil compreendendo a União, os Estados, o Distrito Federal e os Municípios, todos autônomos e possuidores de: auto-organização; autogoverno, normatização própria e autoadministração. Essa determinação configura o Princípio da indissolubilidade do vínculo federativo. Uma vez ser inadmissível qualquer pretensão de separação de um Estado-membro, do Distrito Federal ou de qualquer município da Federação. Inclusive passivo de intervenção Federal prevista no artigo 34, I, da Constituição Federal que prevê: *"A União não intervirá nos Estados nem no Distrito Federal, exceto para: I – manter a integridade nacional [...]".*

Jurisprudência

Princípio da Indissolubilidade do vínculo Federativo
Pet 584 / AC – ACRE PETIÇÃO Relator (a): Min. CELSO DE MELLO
Julgamento: 13/04/1992
Órgão Julgador: TRIBUNAL PLENO
DJ 05-06-1992 PP-08428 EMENT VOL-01664-01 PP-00138 RTJ VOL-00141-01 PP-00067
Ementa

AÇÃO CAUTELAR INCIDENTAL – CRIAÇÃO DE MUNICÍPIOS EM ÁREA LITIGIOSA, QUE E DISPUTADA POR ESTADOS-MEMBROS – CONSULTA PLEBISCITARIA – SUSPENSÃO CAUTELAR – REFERENDO DO PLENÁRIO DO SUPREMO TRIBUNAL FEDERAL. – A ofensa a esfera de autonomia jurídica de qualquer Estado-membro, por outra unidade regional da Federação, vulnera a harmonia que necessariamente deve imperar nas relações político-institucionais entre as pessoas estatais integrantes do pacto federal. – A gravidade desse quadro assume tamanha magnitude que se revela apta a justificar, até mesmo, a propria decretação de intervenção federal, para o efeito de preservar a intangibilidade do vinculo federativo e de manter incolumes a unidade do Estado Federal e a integridade territorial das unidades federadas. – O Supremo Tribunal Federal – uma vez evidenciada a plausibilidade jurídica do "thema decidendum" – tem proclamado que a iminencia da realização do plebiscito, para efeito de criação de novos Municípios, caracteriza, objetivamente, o "periculum in mora". Precedentes.

22.1. HISTÓRICO

A forma federativa de Estado tem sua origem nos EUA e data de 1787. Anteriormente, em 1776, ocorreu a proclamação da Independência das treze colônias britânicas da América, passando cada qual a se intitular um novo Estado Soberano, com plena liberdade e independência.

Por meio de um tratado internacional chamado de Artigos de Confederação, a Confederação dos Estados Americanos fez um pacto de colaboração a fim de se protegerem das constantes ameaças da antiga metrópole inglesa. No aludido pacto confederativo permitia-se a denúncia do tratado a qualquer tempo, consagrando-se, assim, o direito de retirada de separação, de secessão do pacto, segundo Pedro Lenza[1].

A permissão do direito de secessão aumentava o problema das constantes ameaças e a fragilidade perante os iminentes ataques britânicos. Nesse sentido, buscando uma solução para aquela situação em que se encontravam os Estados Confederados (ainda era uma Confederação de Estados soberanos), resolveram reunir-se na cidade da Filadélfia, ausente apenas o Estado de Rhode Island, onde estruturaram as bases para a Federação norte-americana. Nessa nova forma de Estado proposta, não se permitia mais o direito de secessão. Cada Estado cedia parcela de sua soberania para um órgão central, responsável pela centralização e unificação formando os Estados Unidos da América, passando a serem autônomos entre si, dentro do pacto federativo. O movimento que ocorreu nos Estados Unidos da América foi um movimento centrípeto, ou seja, de fora para dentro, cada um cedeu parcela de sua soberania. No Brasil o movimento foi ao contrário de forma centrífuga, do centro para fora, éramos um Estado Unitário centralizado que se descentralizou.

A Federação brasileira surge com o Decreto n° 1 de 15.11.1889, que instituiu a República (res + pública).

Cada Estado Federativo possui as seguintes características:

a) descentralização política;

b) Constituição rígida como base jurídica;

c) Inexistência do direito de Secessão – não se permite a separação nem de retirada;

d) Soberania do Estado federal – a soberania é característica do todo o Estado Federal e a autonomia pertence aos entes federativos;

e) auto-organização dos Estados-membros (art. 25 da CF);

f) órgão representativo dos Estados-membros – a representação se dá pelo Senado Federal (art. 46, CF);

g) guardião da Constituição – neste caso o Supremo Tribunal Federal é o órgão que deve zelar pela Constituição Federal.

---

1 LENZA, Pedro. Direito Constitucional Esquematizado. 20 ed. São Paulo: Saraiva. 2016.

22.2. CAPITAL FEDERAL

O artigo 18 § 1° da Constituição Federal afirma que: *"Brasília é a Capital Federal".*

A Constituição Republicana de 1891 determinou em seu artigo 3° que:

> [...] fica pertencendo à União, no planalto central da República, uma zona de 14.400 kilometros quadrados, que será oportunamente demarcada, para nela estabelecer-se a futura Capital Federal. Efetuada a mudança da capital, o atual Distrito Federal passará a constituir em Estado.

O Distrito Federal é a entidade político-administrativa, dotada de autonomia parcialmente tutelada pela União, integrante da federação brasileira.

O artigo 32 da Constituição Federal redige que:

> O Distrito Federal, vedada sua divisão em Municípios, reger-se-á por lei orgânica, votada em dois turnos com interstício mínimo de dez dias, e aprovada por dois terços da Câmara Legislativa, que a promulgará, atendidos, os princípios estabelecidos nesta Constituição. § 1° Ao Distrito Federal são atribuídas as competências legislativas reservadas aos Estados e Municípios. § 2° A eleição do Governador e do Vice-Governador, observadas as regras do art. 77 e dos Deputados Distritais coincidirá com a dos Governadores e Deputados Estaduais, para mandado de igual duração. § 3° Aos Deputados Distritais e à Câmara Legislativa aplica-se o disposto no art. 27. § 4° Lei federal disporá sobre a utilização, pelo Governo do Distrito Federal, das polícias civil e militar e do corpo de bombeiros militar.

Com a aprovação da Constituição americana surgiu o Distrito de Colúmbia, que se baseou na política do governo próprio, diz Uadi Lamêgo Bulos[2].

O Brasil inspirado no modelo americano criou o município neutro, pelo Decreto n° 1 de 15 de novembro de 1889. Com a primeira Constituição republicana de 1891 surge o Distrito Federal que se transformou posteriormente em Capital da União.

Atualmente o Distrito Federal não é mais a capital Federal e sim Brasília, como dispõe o preceito elencado, situada dentro do seu próprio território. Embora possua traços de similitude com os Estados e Município e as autarquias, com eles não se confunde visto que possui autonomia constitucional. O Estado não é Município nem autarquia territorial.

Brasília é a sede do Governo Federal. Para o autor citado, Brasília é civitas e polis. Civitas porque revela um modo de habitar, uma maneira de viver daqueles que lá se encontram e ***polis*** porque dela partem as deliberações decisivas e mais graves para a vida do País.

2 BULOS. Uadi Lamêgo. Curso de Direito Constitucional. São Paulo: Saraiva. 2015

A Capital da União, Brasília, situa-se dentro do ente federativo Distrito Federal e não pode ser dividido em Municípios. Ela é cercada de cidades satélites que agregam ao Distrito Federal.

22.2.1. CARACTERÍSTICAS DO DISTRITO FEDERAL

a) Autonomia: uma vez equiparado a Estado-membro, aferiu a Constituição Federal a capacidade de estabelecer a lei orgânica própria, que é considerada uma Constituição Distrital; ainda podem-se eleger Governadores, Vice-Governadores, deputados distritais, além de permitir a sua representação na Câmara dos Deputados e no Senado Federal;

b) Poder Legislativo: corresponde à Câmara Legislativa Distrital, formada de 24 Deputados distritais, que representam o povo dessa unidade federada, eleitos pelo sistema proporcional para um mandato de quatro anos, aplicando-se-lhes a simetria (inviolabilidade, imunidades, remuneração, perda de mandato, licença, impedimentos e incorporação às Forças Armadas);

c) Poder Executivo: é exercido pelo Governador, eleito na mesma época que os governadores estaduais, para um mandato de quatro anos, cuja eleição se realiza, em primeiro turno, no primeiro domingo de outubro, e, em segundo turno, se houver, no último domingo de outubro, do ano anterior ao término do mandado do que deva suceder;

d) Poder Judiciário: o Tribunal de Justiça do Distrito Federal formado por juízes de primeiro grau e Tribunal de Justiça que goza das mesmas prerrogativas, garantias e vedações comuns à magistratura;

e) Polícias civil e militar e do corpo de bombeiros militar conforme prescreve o disposto constitucional.

22.2.2 ORGANOGRAMA

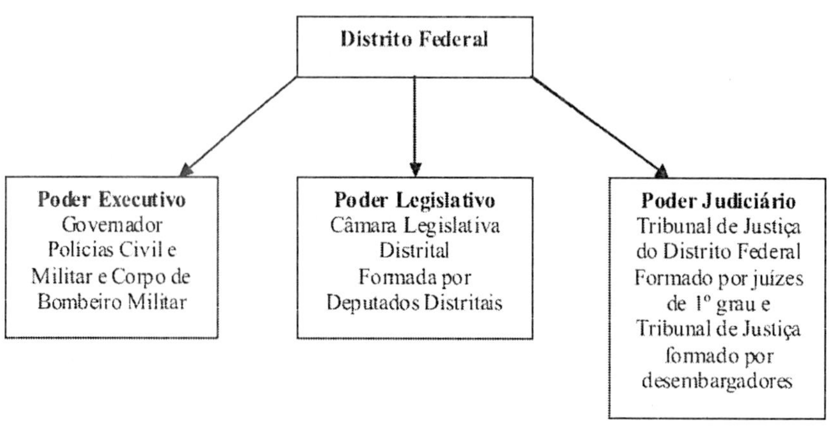

22.3. TERRITÓRIOS FEDERAIS

O § 2° do artigo 18 da Constituição Federal determina que:

> *Os Territórios Federais integram a União, e sua criação, transformação em Estado ou reintegração ao Estado de origem serão reguladas em lei complementar.*

Territórios Federais são circunscrições administrativas, integrantes de parcela do território nacional, que não pertencem aos Estados, ao Distrito Federal, nem aos Municípios, sendo gerenciados pela União e formam uma autarquia federal. Eles não logram autonomia política, são apenas descentralizações administrativas.

Os Territórios Federais não fazem parte da federação brasileira, pois a extinção deles não elimina **o** *vínculum foederis.*

Os Territórios surgiram em primeiro lugar no Acre, em 1903, por imposição do Tratado de Petrópolis, que outorgou à União o encargo de administrá-lo. Com a Constituição de 1934 os Territórios ganharam status de constitucional que até então não possuíam.

No Governo de Getúlio Vargas foram criados os Territórios de Guaporé em Rondônia; do Amapá; de Roraima (antigo Rio Branco) e de Fernando de Noronha.

Com a Constituição Federal de 1988 foram extintos os territórios conforme os preceitos elencados na ADCT:

> *Art. 14, ADCT:* "Os Territórios de Roraima e do Amapá são transformados em Estados Federados, mantidos seus atuais limites geográficos".
> *Artigo 14, ADCT:* "Fica extinto o Território Federal de Fernando de Noronha, sendo sua área incorporada ao Estado de Pernambuco".

O citado artigo 18 § 2° da Constituição Federal consagra a possibilidade de criação de novos Territórios Federais no Brasil.

Para a criação de novo Território no Brasil necessário se faz:

a) Previsão em Lei Complementar Federal (art. 18 c/c 33, caput, CF). Segue o artigo 33 da CF:

> A lei disporá sobre a organização administrativa e judiciária dos Territórios. § 1° os Territórios poderão ser divididos em Municípios, aos quais se aplicará no que couber, o disposto no Capítulo IV deste Título. § 2° As contas do Governo do Território serão submetidas ao Congresso Nacional com parecer prévio do Tribunal de Contas da União". § 3° Nos Territórios Federais com mais de cem mil habitantes, além do Governador nomeado na forma desta Constituição, haverá órgãos judiciários de primeira e segunda instâncias, membros do Ministério Público e defensores públicos federais; a lei disporá sobre as eleições para a Câmara Territorial e sua competência deliberativa;

b) Necessidade de plebiscito – a aprovação da população diretamente interessada, mediante consulta prévia para que possam ser criados novos Territórios Federais;

c) Possibilidade de Divisão em Município (§1°);

d) Poder Executivo (artigo 84, XIV) – a administração caberá a um Governador nomeado pelo Presidente da República depois de aprovação prévia, por voto secreto, e arguição pública pelo Senado Federal;

e) Poder Judiciário (§ 3°). Com mais de 100.000 habitantes haverá órgãos judicantes de primeira e segunda instância;

f) Poder Legislativo (§ 3°). Câmara Territorial será composta de Deputados Territoriais;

g) Funções essenciais à Justiça (§ 3°) aqueles Territórios que tiverem mais de 100.000 habitantes terá membros do Ministério Público Federal e defensores públicos federais (art 21, XIII);

h) Controle de Contas (§2°). As contas deverão ser submetidas ao Congresso Nacional com parecer prévio do Tribunal de Contas da União;

i) Polícias e Corpo de Bombeiros (art. 21, XIV);

j) Sistema de ensino (art. 211, § 1°, CF) será organizado e financiado pela União.

Jurisprudência

AO-MC 97 / DF – DISTRITO FEDERAL MEDIDA CAUTELAR NA AÇÃO ORIGINÁRIA Relator (a): Min. SEPÚLVEDA PERTENCE Julgamento: 26/09/1991 Órgão Julgador: Tribunal Pleno

DJ 02-04-1993 PP-05611 EMENT VOL-01698-01 PP-00100 RECTE. : GERSON LOPES GOMES

REQDOS. : TRIBUNAL DE JUSTIÇA DO ESTADO DE RORAIMA, TRIBUNAL DE JUSTIÇA DO ESTADO DO CEARÁ, TRIBUNAL DE JUSTIÇA DO ESTADO DO PARÁ, TRIBUNAL DE JUSTIÇA DO DISTRITO FEDERAL E DOS TERRITÓRIOS E IDELMAR PEREIRA MATOS E OUTROS

Ementa

I. AÇÃO POPULAR: DESISTENCIA PARCIAL: FALTA DE INTERESSE DE AGIR. A FALTA DE INTERESSE PROCESSUAL DE AGIR CONTRA ALGUNS DOS REUS INICIALMENTE ENVOLVIDOS LEVA A CARÊNCIA DA AÇÃO POPULAR E CONSEQUENTE EXTINÇÃO DO PROCESSO EM RELAÇÃO A ELES, PREJUDICANDO A DESISTENCIA DA DEMANDA CONTRA OS MESMOS MANIFESTADA, POR PROCURADOR SEM PODERES ESPECIAIS. II. ESTADO-MEMBRO: CRIAÇÃO, MEDIANTE TRANSFORMAÇÃO DE TERRITÓRIO FEDERAL: CONSTITUCIONALIZAÇÃO DA LC 41/81 (TRANSFORMAÇÃO EM ESTADO-MEMBRO DO ANTIGO TERRITÓRIO FEDERAL DE RONDONIA) PARA REGER O PROCESSO DE TRANSFORMAÇÃO E INSTALAÇÃO DOS NOVOS ESTADOS DE AMAPÁ E RORAIMA (ADCT, ART. 14, PAR. 2.): MOMENTO EM QUE DEVE CESSAR A JURISDIÇÃO RESIDUAL, EM AMBAS AS INSTANCIAS, DA JUSTIÇA DO DISTRITO FEDERAL E TERRITÓRIO, CONSIDERANDO-SE INSTALADA A JUSTIÇA PROPRIA DOS NOVOS ESTADOS (LC 41/81, ART. 31). 1. O APERFEICOAMENTO DA CONVERSAO DE UM TERRITÓRIO FEDERAL EM ESTADO-MEMBRO, NA PLENITUDE DO SEU "STATUS" CONSTITUCIONAL, NÃO E UM FATO INSTANTANEO – "ÚNICO ACTU PERFICIUNTUR": E O RESULTADO DE UM PROCESSO MAIS OU

MENOS COMPLEXO, QUE SE INICIA COM O ATO DE CRIAÇÃO, MAS SOMENTE SE EXAURE QUANDO O NOVO ESTADO PUDER EXERCER POR ÓRGÃOS PROPRIOS A PLENITUDE DOS PODERES QUE LHE CONFERE A CONSTITUIÇÃO DA REPUBLICA, NO QUE SE TRADUZ A PLENA E EFETIVA ASSUNÇÃO DE SUA AUTONOMIA. 2. PLAUSÍVEL, POIS, E O FUNDAMENTO DA AÇÃO POPULAR, SEGUNDO O QUAL, A TEOR DO ART. 31 DA LC 41/81, PARA O EFEITO DE FAZER CESSAR A JURISDIÇÃO RESIDUAL DA JUSTIÇA DO DISTRITO FEDERAL E TERRITORIOS, SÓ SE REPUTARA "INSTALADA A JUSTIÇA PROPRIA DO NOVO ESTADO", QUANDO DISPUSER NÃO APENAS DO SEU ÓRGÃO DE CUPULA, O TRIBUNAL DE JUSTIÇA, MAS TAMBÉM DE JUIZES DE PRIMEIRO GRAU, PROVIDOS NA FORMA DEVIDA (CF, ART. 235, VII): ESSE ALIÁS, O ENTENDIMENTO QUE PREVALECEU NO PROCESSO DE IMPLANTAÇÃO DA JUSTIÇA DO AMAPÁ. 3. CLARAMENTE INADMISSIVEL, AO CONTRARIO, O ALVITRE QUE, A FALTA DE JUIZES PROPRIOS, ADOTOU O TRIBUNAL DE JUSTIÇA DE RORAIMA, DE DELEGAR A JURISDIÇÃO DE PRIMEIRO GRAU, NO NOVO ESTADO, A MAGISTRADOS CEDIDOS "AD HOC" PELOS TRIBUNAIS DE OUTRAS UNIDADES FEDERATIVAS. 4. DEFERIMENTO DA MEDIDA LIMINAR PARA RESTABELECER, PROVISORIAMENTE, EM RORAIMA, A PLENA JURISDIÇÃO, EM AMBOS OS GRAUS, DA JUSTIÇA DO DISTRITO FEDERAL.

22.4. VEDAÇÕES CONSTITUCIONAIS FEDERATIVA

O artigo 19 da Constituição Federal assevera que:

> *É vedado à União, aos Estados, ao Distrito Federal e aos Municípios: I – estabelecer cultos religiosos ou igrejas subvencioná-los, embaçar-lhes o funcionamento ou manter com eles ou seus representantes relações de dependência ou aliança, ressalvada, na forma da lei, a colaboração de interesse público; II – recusar fé aos documentos públicos; III – criar distinções entre brasileiros ou preferências entre si.*

O Princípio da Laicidade estabelece que o Brasil é um Estado Laico, onde o poder político está separado do poder espiritual, tendo todas as matizes religiosas liberdade para funcionar, desde que respeitem as estipulações legais. Ligações mais próximas de órgãos estatais com as igrejas desvirtuariam a sua finalidade.

Outra vedação é recusar fé aos documentos públicos. A homologação é um ato jurídico por um órgão estatal que significa a presunção de sua licitude. A finalidade é impedir estorvos ao direito de cidadania e comprometimento ao Estado Democrático de Direito.

Também ficam impedidos os entes públicos de criar distinções ou preferências entre Brasileiros, sejam quais os motivos. Todos são iguais, assim como prescreve o princípio da igualdade insculpido no artigo 5°, inciso I da Carta Cidadã. Um ordenamento jurídico que tem como um dos seus pressupostos básicos o princípio da isonomia não pode admitir discriminação entre brasileiros por motivo do local de seu nascimento.

22.5. UNIÃO. BENS

O artigo 20 da Constituição Federal determina que são bens da União:

> I – os que atualmente lhe pertencem e os que lhe vierem a ser atribuídos;
> II – as terras devolutas indispensáveis à defesa das fronteiras, da fortificações e construções militares, das vias federais de comunicação e à preservação ambiental, definidas em lei;
> III – os lagos, rios e quaisquer correntes de água em terrenos de seu domínio, ou que banhem mais de um Estado, sirvam de limites com outros países, ou se estendam a território estrangeiro ou dele provenham, bem como os terrenos marginais e as praias fluviais;
> IV – as ilhas fluviais e lacustres nas zonas limítrofes com outros países; as praias marítimas; as ilhas oceânicas e as costeiras, excluídas, destas, as que contenham a sede de Município, exceto aquelas áreas afetadas ao serviço público e a unidade ambiental federal, e as referidas no art. 26, II;
> V – os recursos naturais da plataforma continental e da zona econômica exclusiva;
> VI – o mar territorial;
> VII – os terrenos de marinha e seus acrescidos;
> VIII – os potenciais de energia hidráulica;
> IX – os recursos minerais, inclusive os do subsolo;
> X – as cavidades naturais subterrâneas e os sítios arqueológicos e pré-históricos;
> XI – as terras tradicionalmente ocupadas pelos índios.

A Constituição Federal de 1988 elencou os bens da União que estão disciplinados nesses itens, de forma exemplificativa, podendo novos bens serem criados por intermédio de lei infra- constitucional. São classificados como bens dominicais, bens de uso comum e bens de uso especial, disposto no artigo 98 do Diploma Civil pátrio.

Classifica bens dominicais aqueles que são chamados de patrimônio disponível, ou seja, podem ser utilizados para qualquer fim, até mesmo alienados pela administração. Exercem uma função patrimonial para o Estado, porque são disponibilizados para assegurar o cumprimento de obrigações financeiras e não são considerados bens ligados diretamente à satisfação das necessidades do serviço público, sendo por isso regidos pelo regime jurídico do direito privado. Os exemplos dos bens dominicais têm os títulos da dívida pública, a reserva cambial, conforme pré-estabelece Walber de Moura Agra[3].

A súmula 340 do STF estabelece que: *"Desde a vigência do Código Civil, os bens dominicais, como os demais bens públicos, não podem ser adquiridos por usucapião".*

Os bens de uso comum são aqueles que estão disponibilizados de forma imediata para a população, podendo ser utilizados sem qualquer permissão formal. Eles não podem ser vendidos. Caso haja necessidade,

3 AGRA, Walber de Moura. Curso de Direito Constitucional. Rio de Janeiro: Gen. 2014.

primeiro tem de haver sua desafetação, deixando o bem de atender diretamente à população. Exemplos de bens de uso comum são as praças, as praias, as áreas de lazer, as ruas etc.

Os bens especiais também chamados de bens patrimoniais indisponíveis que são aqueles que cumprem determinada função que fora estabelecida pelo ente estatal, destinando-se á execução dos serviços públicos. São considerados como instrumento dos órgãos estatais. Como exemplo os edifícios de repartições públicas, os museus, os mercados públicos da administração, os veículos da administração pública etc.

As terras devolutas são aquelas não pertencentes a ninguém, que não têm dono, res nullius. Não são consideradas como parte do domínio público, nem do domínio particular. Em caso de interesse público, a união não precisará desapropriar as terras devolutas, necessitando apenas pagar pelas benfeitorias realizadas.

A Súmula 479 do Supremo Tribunal Federal estabelece acerca das margens dos rios navegáveis como domínio público. Cita a Súmula: "As margens dos rios navegáveis são domínio público, insuscetíveis de expropriação e, por isso mesmo, excluídas de indenização".

A plataforma continental é a faixa de terra continental que foi coberta pelo mar, formando uma área de terra submarina, uma planície submersa, antes que declinem para as altas profundidades das águas oceânicas; zonas econômicas exclusivas são determinadas circunscrições territoriais em que o Estado tem direito aos recursos nelas compreendidos.

Quanto ao mar territorial, a Lei n° 8.617/93 estabelece sua extensão que dever ser de 12 milhas. Trata-se da faixa marítima que se estende ao longo da costa de um território até determinada distância, exercendo o país todos os direitos inerentes à sua soberania. Na dimensão do mar territorial, o País tem direito exclusivo ao seu solo, subsolo e espaço aéreo, à pesca e a estabelecer as medidas que achar convenientes para garantir a segurança. A zona contígua abrange o espaço de 12 a 24 milhas, localizando-se entre o mar territorial e o alto-mar, exercendo o Estado medidas de natureza administrativa, como utilizar seu poder de polícia e fiscalização, embora sem soberania. No espaço compreendido até 200 milhas se configura a zona econômica exclusiva, havendo o exercício, de forma isolada, do uso e exploração dos seus bens.

O Decreto-Lei n° 9.760/46 define os terrenos de marinha como terrenos de uma profundidade de trinta e três metros, medidos horizontalmente, para a parte da terra, situados no continente, na costa marítima e nas margens dos rios, lagoas e nas ilhas onde se faça sentir a influência dos mares.

Ainda qualquer tipo de recurso de valor econômico, que provier seja da superfície, seja do subsolo, pertence à União. A exploração por parte dos particulares somente pode ser realizada com autorização do órgão público.

O autor citado estabelece que as terras tradicionalmente ocupadas pelos índios é conseguida por intermédio do lócus necessário para as tribos indígenas garantirem a sua sobrevivência. E, conforme o artigo 129, V, da Constituição Federal: *"São funções institucionais do Ministério Público: [...] V- defender judicialmente os direitos e interesses das populações indígenas [...]"*.

Jurisprudência

RE 88698 / RECURSO EXTRAORDINÁRIO Relator (a): Min. DECIO MIRANDA Julgamento: 23/02/1979 Órgão Julgador: Segunda Turma

DJ 06-04-1979 PP-02685 EMENT VOL-01127-03 PP-00737 RTJ VOL-00089-03 PP-00624

Ementa

CIVIL. DESAPROPRIAÇÃO INDIRETA. TERRENOS RESERVADOS. MARGENS DE RIO NAVEGA- VEL. SÃO BENS PUBLICOS DOMINICAIS OS TERRENOS SITUADOS A MARGEM DE CORRENTES NAVEGAVEIS, EM FAIXA DE QUINZE METROS DE LARGURA, E, ASSIM, INSUSCETIVEIS DE INDENIZAÇÃO EM DESAPROPRIAÇÃO DIRETA OU INDIRETA (LEI N. 1.507, DE 26.09.1867, ART. 39; DECRETO N. 4.105, DE 22.02.1868, ART. 1, PAR. 4.; CÓDIGO DE ÁGUAS, DECRETO N. 24.643, DE 10.07.34, ARTS. 11 E 14; SÚMULA 479). PROCESSUAL. INDENIZAÇÃO NÃO PEDIDA NA INICIAL, RELATIVA A FAIXA MARGINAL AO RIO, MAS INCLUIDA NO TOTAL DA INDENIZAÇÃO, PELA PERICIA E PELAS DECISÕES DE PRIMEIRO E SEGUNDO GRAUS. DECISÃO ULTRA PETITA. NEGATIVA DE VIGENCIA DO ART. 460 DO CPC.

RE-embargos 52331 / PR – PARANÁ EMBARGOS NO RECURSO EXTRAORDINÁRIO Relator (a): Min. EVANDRO LINS Julgamento: 30/03/1964 Órgão Julgador: Tribunal Pleno

DJ 24-06-1964 EMENT VOL-00582-02 PP-00562

1° EMBGTE. : FUNDAÇÃO PARANAENSE DE COLONIZAÇÃO E IMIGRAÇÃO 2° EMBGTE. : ESTADO DO PARANÁ

EMBGDA. : CIA. PARANAENSE DE COLONIZAÇÃO ESPÉRIA SOCIEDADE ANÔNIMA

Ementa

Faixa de Fronteira – 1) Terras devolutas nelas situadas. São bens dominicais da União (Const. Fed., artigo 34, II; Lei n° 2.597, de 12.9.55, artigo 2°). 2) – As concessões de terras devolutas situadas na faixa de fronteira, feitas pelos Estados anteriormente à vigente Constituição, devem ser interpretadas como legitimidade e uso, mas não a transferência do domínio de tais terras, em virtude da manifesta tolerância da União, e de expresso reconhecimento da legislação federal. 3) – O Estado concedente de tais terras é parte legítima para rescindir os contratos de concessão de terras devolutas por ele celebrados, bem como para promover o cancelamento de sua transcrição no Registro de Imóveis

MS 25483 / DF – DISTRITO FEDERAL MANDADO DE SEGURANÇA Relator (a): Min. CARLOS BRITTO

Julgamento: 04/06/2007 Órgão Julgador: Tribunal Pleno

DJe-101 DIVULG 13-09-2007 PUBLIC 14-09-2007 DJ 14-09-2007 PP-00032 EMENT VOL-02289-01 PP-00173

IMPTE. (S): ITIKAWA INDÚSTRIA E COMERCIO LTDA E OUTRO (A/S)

IMPDO. (A/S): PRESIDENTE DA REPÚBLICA

Ementa

EMENTA: MANDADO DE SEGURANÇA. HOMOLOGAÇÃO DO PROCEDIMENTO

ADMINISTRATIVO DE DEMARCAÇÃO DAS TERRAS INDÍGENAS RAPOSA SERRA DO SOL. IMPRESTABILIDA- DE DO LAUDO ANTROPOLÓGICO. TERRAS TRADICIONALMENTE OCUPADAS POR ÍNDIOS. DIREITO ADQUIRIDO À POSSE E AO DOMÍNIO DAS TERRAS OCUPADAS IMEMORIALMENTE PELOS IMPETRANTES. COMPETÊNCIA PARA A HOMOLOGAÇÃO. GARANTIA DO DEVIDO PROCESSO LEGAL ADMINISTRATIVO. BOA-FÉ ADMINISTRATIVA. ACESSO À JUSTIÇA. INADEQUAÇÃO DA VIA PROCESSUALMENTE ESTREITA DO MANDADO DE SEGURANÇA. AUSÊNCIA DE DIREITO LÍQUIDO E CERTO. A apreciação de questões como o tamanho das fazendas dos impetrantes, a data do ingresso deles nas terras em causa, a ocupação pelos índios e o laudo antropológico (realizado no bojo do processo administrativo de demarcação), tudo isso é próprio das vias ordinárias e de seus amplos espaços probatórios. Mandado de segurança não conhecido, no ponto. Cabe à União demarcar as terras tradicionalmente ocupadas pelos índios (caput do artigo 231 da Constituição Federal). Donde competir ao Presidente da República homologar tal demarcação administrativa. A manifestação do Conselho de Defesa Nacional não é requisito de validade da demarcação de terras indígenas, mesmo daquelas situadas em região de fronteira. Não há que se falar em supressão das garantias do contraditório e da ampla defesa se aos impetrantes foi dada a oportunidade de que trata o artigo 9° do Decreto 1.775/96 (MS 24.045, Rel. Min. Joaquim Barbosa). Na ausência de ordem judicial a impedir a realização ou execução de atos, a Administração Pública segue no seu dinâmico existir, baseada nas determinações constitucionais e legais. O procedimento administrativo de demarcação das terras indígenas Raposa Serra do Sol não é mais do que o proceder conforme a natureza jurídica da Administração Pública, timbrada pelo auto-impulso e pela auto-executoriedade. Mandado de Segurança parcialmente conhecido para se denegar a segurança.

Rcl 3437 / PR – PARANÁ RECLAMAÇÃO Relator (a): Min. CARLOS BRITTO Julgamento: 18/10/2007 Órgão Julgador: Tribunal Pleno
DJe-078 DIVULG 30-04-2008 PUBLIC 02-05-2008 EMENT VOL-02317-02 PP-00316 RECLTE. (S): UNIÃO
RECLDO. (A/S): JUÍZA FEDERAL DA VARA AMBIENTAL, AGRÁRIA E RESIDUAL DE CURITIBA – SEÇÃO JUDICIÁRIA DO PARANÁ (PROC N° 2001.70.00.016323-0)
INTDO. (A/S): JOÃO CARAM SOBRINHO E OUTRO (A/S)
INTDO. (A/S): EGON KOLLING E OUTRO (A/S)
Ementa
EMENTA: CONSTITUCIONAL. RECLAMAÇÃO. DESAPROPRIAÇÃO. DECISÃO QUE DETERMINOU O LEVANTAMENTO DE INDENIZAÇÃO. ALEGAÇÃO DE DESRESPEITO À DECISÃO PROFERIDA NO RE 52.331. PRELIMINAR DE NÃO-CABIMENTO DA RECLAMAÇÃO. AFASTAMENTO. PROCEDÊNCIA DO PEDIDO RECLAMATÓRIO. 1. Na ação de desapropriação não há espaço para discussões acerca do senhorio do bem desapropriando. Daí não proceder a alegação de que a matéria alusiva à propriedade da gleba desapropriada está protegida pelo manto da coisa julgada material. Inocorrência do óbice da Súmula 734, segundo a qual "Não cabe reclamação quando já houver transitado em julgado o ato judicial que se alega tenha desrespeitado decisão do Supremo Tribunal Federal". 2. No mérito, há desrespeito à decisão proferida no RE 52.331, pois, ao determinar o levantamento dos valores complementares pelos interessados, o Juízo reclamado desconsiderou o fato de que, no julgamento do mencionado apelo extremo, este Supremo Tribunal proclamou pertencerem à União as terras devolutas situadas na faixa

de fronteira do oeste paranaense, na extensão de cerca de 250.000 hectares. 3. Reclamação conhecida e julgada procedente.

RE 94253 / SP – SÃO PAULO RECURSO EXTRAORDINÁRIO Relator (a): Min. OSCAR CORREA
Julgamento: 12/11/1982
Órgão Julgador: PRIMEIRA TURMA
DJ 17-12-1982 PP-13209 EMENT VOL-01312-02 PP-00412
Ementa
LOTEAMENTO. FECHAMENTO DE ACESSO A RUAS QUE INTERLIGAM LOTES E CONDUZEM A ORLA MARITIMA. – LEGALIDADE DE ATO DA PREFEITURA MUNICIPAL, REMOVENDO OBSTA- CULOS QUE IMPEDIAM AQUELE LIVRE ACESSO. – INCONSTITUCIONALIDADE INOCORRENTE DA LEI MUNICIPAL N. 557/79, DE UBATUBA: ASSEGURA DIREITO A UTILIZAÇÃO DE BEM PÚBLICO DE USO COMUM DO POVO. RECURSO EXTRAORDINÁRIO NÃO CONHECIDO.

22.6. COMPETÊNCIA FEDERATIVA

Competência é a possibilidade de realizar algo que foi previsto em lei. Autonomia é um espaço delimitado em que o ente público exerce o autogoverno de acordo com os seus interesses. A autonomia é requisito inexorável para a competência e esta específica a extensão do autogoverno.

A divisão de competências significa o núcleo da federação assumindo especial dimensionamento porque tem a função de evitar atritos entre os seus componentes. Com a extensão do nosso território, para que os serviços públicos possam ser realizados com um mínimo de eficiência, existe uma descentralização de prerrogativas, na qual, em alguns casos, os três níveis de governo atuam de forma conjunta. A divisão de competência possibilita o funcionamento da federação de forma sincrônica.

O critério escolhido para a divisão de competência foi híbrido, também influenciado pelas decisões políticas tomadas em um contexto social determinado, pela tradição histórica e pela real possibilidade de implantação das competências, haja vista que aquelas matérias que necessitam de grande aporte financeiro ou de uniformidade legislativa na federação devem ficar ao cargo da União.

As técnicas de repartição de competência podem ser: a) numeração das prerrogativas para a União e o remanescente para os demais componentes federativos; b) numeração dos poderes para os Estados-membros e o remanescente para a União; c) competência numerada para todos os órgãos federativos.

A federação brasileira optou por numerar as competências da união, deixando para os Estados, além das competências elencadas constitucionalmente, a competência residual. A competência residual, na esfera tributária, pertence à União. Com relação às demais matérias esta competência pertence aos Estados.

Os Municípios foram contemplados para legislarem sobre assuntos de interesse local e com a incumbência de suplementar a União e os Estados naquilo que lhes couber. O Distrito Federal adquiriu, com o advento da nova Carta Política, uma competência híbrida, acumulando as atribuições dos Estados e dos Municípios.

As competências constitucionais podem ser classificadas em competências administrativas, legislativas e tributárias. As primeiras também chamadas de atividades materiais, que são exclusivas ou comuns, são atividades típicas do poder Executivo. As segundas são típicas do Poder Legislativo, pois são caracterizadas pela elaboração de uma estrutura normativa que regulamentará o objeto específico e podem ser privativa, concorrente, suplementar ou residual. A competência tributária por fim visa arrecadar divisas para os entes governamentais.

Conforme Walber de Moura Agra[4], no sistema federativo brasileiro, cada órgão componente possui um quadro de funcionários próprios que têm a missão de realizar suas atividades. Contudo, em outros países, pode ocorrer que a competência de determinada tarefa administrativa esteja a cargo dos Estados-Membros e sua execução seja entregue aos Municípios. No Brasil, tal modelo é impossível tendo em vista que a competência administrativa exclusiva e comum não podem ser delegadas. A exclusiva, pela carência de recursos, se mostra impossível, e a comum, se for sonegada pelos entes federativos, pode dar ensejo a uma ação de inconstitucionalidade por omissão.

22.6.1. COMPETÊNCIA EXCLUSIVA DA UNIÃO

O artigo 21 da Carta Cidadão descreve que a competência exclusiva é aquela que pertence apenas à União, sem nenhuma possibilidade de delegação para os Estados e para os Municípios. Somente a União tem competência para administrar, ou seja, competência material ou administrativa, referindo-se ao Poder Executivo. É restrito à União porque são inerentes a obras de grande vulto, de valor elevado, com as quais somente a União poderá administrar. Como por exemplo, a exploração dos aeroportos e a navegação aeroespacial.

Cita o artigo 21, da CF: *"Compete à União: [...]". Essa competência é exclusiva da União.*

4 AGRA, Walber de Moura. Curso de Direito Constitucional. Rio de Janeiro: Gen. 2014

22.6.2. COMPETÊNCIA PRIVATIVA DA UNIÃO

O preceituado no artigo 22 da Carta Cidadã reza que: *"Compete privativamente à União: [...]"*. No seu parágrafo único estabelece que: *"Lei complementar poderá autorizar os Estados a legislar sobre questões específicas das matérias relacionadas neste artigo"*.

Observe que a União poderá delegar por meio de Lei Complementar aos Estados para que legisle sobre questões específicas por ela designadas.

A competência privativa é uma competência legislativa que pertence a um ente federativo, mas que pode ser delegada a outro, referindo-se à atuação do Poder Legislativo. Como visto a competência é da União, entretanto ela pode delegar aos Estados-membros e para o Distrito Federal por intermédio de Lei Complementar. A concessão da delegação é uma opção discricionária da União, facultado a sua conveniência.

A competência pertence à União que pode delegar aos Estados-membros ou ao Distrito Federal. Entretanto, é cediço que pode ser retomada pelo Governo Federal a qualquer momento, de acordo com seu poder discricionário.

22.6.3. COMPETÊNCIA COMUM

O artigo 23 do preceito da Carta Maior estabelece que: *"É competência comum da União, dos Estados, do Distrito Federal e dos Municípios [...]"*. Trata-se da competência material administrativa, pertencendo sua titularidade à União, aos Estados, ao Distrito Federal e aos Municípios. Seu objetivo se concretiza com a atuação dos entes federativos em obras e serviços que sejam realizados por estes entes.

Chamada por alguns autores de competência horizontal ou cumulativa porque os entes da federação realizam as mesmas funções, atuando cada um de forma separada. A saúde e educação são exemplos dessa atuação comum.

O Brasil adotou o modelo cooperativo, devendo seus parâmetros ser estabelecidos por meio de lei complementar, que estruturará os seus moldes e operacionalizará a sua realização. As normas de competência comum têm conteúdo programático, impondo condutas que devem ser obedecidas pelos administradores das várias esferas estatais, com eficácia concretiva.

22.6.4. COMPETÊNCIA CONCORRENTE

Trata-se da competência em que a União e os Estados atuam, com prerrogativas próprias, legislando sobre uma mesma matéria. Encontra-se insculpido no artigo 24 da Constituição Federal, no qual estabelece que: *"Compete à União, aos Estados e ao Distrito Federal legislar concorrentemente sobre: [...]"*.

O modelo adotado no Brasil de competência concorrente se refere a uma atribuição legislativa vertical, em que a União legisla sobre normas gerais e os Estados se incumbem da legislação específica. Esse tipo de competência reflete um federalismo de feição simbiótica, em que os órgãos componentes somam esforços para alcançar uma finalidade comum.

Observem que o Município não está contemplado nesta competência. Está fora dela.

A norma geral abrange a totalidade do Estado nacional, configurando-se em uma norma de âmbito nacional, enquanto a norma específica tem como extensão o território de um Estado-membro. Outra característica é que a norma geral não pode ser exaustiva, ou seja, deve deixar uma zona de atuação das normas específicas, para que os Estados-membros adequem às peculiaridades regionais.

A norma específica pode ser: complementar ou suplementar. A primeira quando os Estados-membros e o Distrito Federal produzem normatização para especificar a legislação geral da União, adequando a legislação nacional às peculiaridades regionais. Suplementar quando ocorre uma omissão da União em proceder à cominação geral, e assim os Estados poderão produzir as normas gerais e específicas.

A competência para legislar é sempre da União, entretanto na sua omissão em legislar os Estados poderão normatizar. A transferência de atribuições é imediata, desde que se configure a omissão.

Na competência concorrente suplementar a União legisla sobre assuntos gerais, entretanto as normas que estiverem em contradição produzidas pelos Estados-membros e pelo Distrito Federal serão suspensas do ordenamento jurídico pátrio.

A União sempre produzirá normas gerais, caberá aos Estados-membros e ao Distrito Federal a produção de normas específicas.

O § 1° do artigo 24 da Constituição Federal assim verbera: *"No âmbito da legislação concorrente, a competência da União limitar-se-á a estabelecer normas gerais"*. O § 2° continua: *"A competência da União para legislar sobre normas gerais não exclui a competência suplementar dos Estados"*. Segue o § 3°: *"Inexistindo lei federal sobre normas gerais, os Estados exercerão a Competência legislativa plena, para atender a suas peculiaridades"*. § 4°: *"A superveniência de lei federal sobre normas gerais suspende a eficácia da lei estadual, no que lhe for contrário"*.

22.6.5. COMPETÊNCIA RESIDUAL

A competência residual está adstrita aos Estados-membros que é aquela que permite a estes entes da federação legislar sobre todos os assuntos que não tenham sido vedados ou que não tenham sido discriminados pela Constituição, ou seja, aquelas matérias que sobraram depois da numeração de competência para os componentes federativos.

Os assuntos que não foram disciplinados pela Lei Maior poderão ser regulados pelos Estados-membros naquilo que for específico.

22.6.6. ESQUEMA PRÁTICO PARA MEMORIZAÇÃO

Artigos	21	22	23	24
Competência	Administrativa	Legislativa	Administrativa	Legislativa
	Exclusiva	Privativa	Comum	Concorrente
	Não pode ser delegada	**Pode ser delegada** por Lei Complementar aos Estados-Membros e ao Distrito Federal conforme o parágrafo único	**Todos os Entes da Federação** são responsáveis. União, Estados-Membros, Distrito Federal e Municípios	**O Município está fora.** Somente a União, os Estados-Membros e o Distrito Federal têm a competência concorrente para legislar
				A União estabelece regras gerais, § 1, CF
				Os Estados têm competência suplementar. § 2, CF.
				Competência Legislativa Plena dos Estados, quando inexistir lei federal sobre normas gerais § 3, CF.
				Suspensão eficácia lei estadual na superveniência de lei federal naquilo que lhe for contrário, § 4, CF

Jurisprudência

ADI 2875 / DF – DISTRITO FEDERAL AÇÃO DIRETA DE INCONSTITUCIONALIDADE Relator (a): Min. RICARDO LEWANDOWSKI Julgamento: 04/06/2008 Órgão Julgador: Tribunal Pleno
DJe-112 DIVULG 19-06-2008 PUBLIC 20-06-2008
EMENT VOL-02324-01 PP-00215
REQTE. (S): GOVERNADOR DO DISTRITO FEDERAL
REQDO. (A/S): CÂMARA LEGISLATIVA DO DISTRITO FEDERAL
Ementa
EMENTA: LEI DISTRITAL. NOTIFICAÇÃO MENSAL À SECRETARIA DE SAÚDE. CASOS DE CÂNCER DE PELE. OBRIGAÇÃO IMPOSTA A MÉDICOS PÚBLICOS E PARTICULARES. ADMISSIBILIDADE. SAÚDE PÚBLICA. MATÉRIA INSERIDA NO ÂMBITO DE COMPETÊNCIA COMUM E CONCORRENTE DO DISTRITO FEDERAL. ARTS. 23, I, e 24, XII, DA CF. RESPONSABILIDADE CIVIL DOS PROFISSIONAIS DA SAÚDE. MATÉRIA DE COMPETÊNCIA EXCLUSIVA DA UNIÃO. ART. 22, I. PROCEDÊNCIA PARCIAL DA AÇÃO. I – Dispositivo de lei distrital que obriga os médicos públicos e particulares do Distrito Federal a notificarem a Secretaria de Saúde sobre os casos de câncer de pele não é inconstitucional. II – Matéria inserida no âmbito da competência da União, Estados e Distrito Federal, nos termos do art. 23, I, da Constituição Federal. III – Exigência que encontra abrigo também no art. 24, XII, da Carta Magna, que atribui competência concorrente aos referidos entes federativos para legislar sobre a defesa da saúde. IV – Dispositivo da lei distrital que imputa responsabilidade civil ao médico por falta de notificação caracteriza ofensa ao art. 22, I, da CF, que consigna ser competência exclusiva da União legislar acerca dessa matéria. V – Ação direta parcialmente procedente.
Rcl-AgR 5209 / MG – MINAS GERAIS AG. REG. NA RECLAMAÇÃO Relator (a): Min. RICARDO
LEWANDOWSKI
Julgamento: 26/06/2008
Órgão Julgador: Tribunal Pleno
DJe-152 DIVULG 14-08-2008 PUBLIC 15-08-2008
EMENT VOL-02328-01 PP-00161
AGTE. (S): CLÁUDIA MARIA FREITAS DELLI ZOTTI
AGDO. (A/S): SUPERIOR TRIBUNAL DE JUSTIÇA (MEDIDA CAUTELAR N° 5.900 – (MG)
INTDO. (A/S): ESTADO DE MINAS GERAIS
INTDO. (A/S): NÍVEA MARIA DE CARVALHO NOGUEIRA
Ementa
EMENTA: AGRAVO REGIMENTAL EM RECLAMAÇÃO. CONCURSO PÚBLICO. ALEGADA OFENSA AO DECIDIDO NA ADI 2.151-MC/MG. AUSÊNCIA DE IDENTIDADE MATERIAL. IMPOSSIBILIDADE DE USO DA RECLAMAÇÃO COMO MEIO DE OBTENÇÃO DE EFEITO SUSPENSIVO A RECURSO EXTRAORDINÁRIO. AGRAVO IMPROVIDO. I – A cassação da decisão reclamada importaria a manutenção da decisão proferida pelo Tribunal de Justiça de Minas Gerais que denegou a segurança pretendida. Portanto, a cassação da decisão reclamada não levaria à abrangência da tutela pleiteada. II – A ADI 2.151-MC/MG apenas suspendeu a eticácia do dispositivo da legislação estadual por entender que a competência privativa para legislar sobre o tema é da União. Não houve decisão sobre a constitucionalidade material do dispositivo. III – A via eleita não é apro-

priada para a tutela pretendida. Almeja-se que a reclamante seja mantida no cargo de titular de cartório até eventual julgamento de recurso extraordinário que seria

ADI 2875 / DF – DISTRITO FEDERAL AÇÃO DIRETA DE INCONSTITUCIONALIDADE Relator (a): Min. RICARDO LEWANDOWSKI Julgamento: 04/06/2008 Órgão Julgador: Tribunal Pleno

DJe-112 DIVULG 19-06-2008 PUBLIC 20-06-2008

EMENT VOL-02324-01 PP-00215

REQTE. (S): GOVERNADOR DO DISTRITO FEDERAL

REQDO. (A/S): CÂMARA LEGISLATIVA DO DISTRITO FEDERAL

Ementa

EMENTA: LEI DISTRITAL. NOTIFICAÇÃO MENSAL À SECRETARIA DE SAÚDE. CASOS DE CÂNCER DE PELE. OBRIGAÇÃO IMPOSTA A MÉDICOS PÚBLICOS E PARTICULARES. ADMISSIBILIDADE. SAÚDE PÚBLICA. MATÉRIA INSERIDA NO ÂMBITO DE COMPETÊNCIA COMUM E CONCORRENTE DO DISTRITO FEDERAL. ARTS. 23, I, e 24, XII, DA CF. RESPONSABILIDADE CIVIL DOS PROFISSIONAIS DA SAÚDE. MATÉRIA DE COMPETÊNCIA EXCLUSIVA DA UNIÃO. ART. 22, I. PROCEDÊNCIA PARCIAL DA AÇÃO. I – Dispositivo de lei distrital que obriga os médicos públicos e particulares do Distrito Federal a notificarem a Secretaria de Saúde sobre os casos de câncer de pele não é inconstitucional. II – Matéria inserida no âmbito da competência da União, Estados e Distrito Federal, nos termos do art. 23, I, da Constituição Federal. III – Exigência que encontra abrigo também no art. 24, XII, da Carta Magna, que atribui competência concorrente aos referidos entes federativos para legislar sobre a defesa da saúde. IV – Dispositivo da lei distrital que imputa responsabilidade civil ao médico por falta de notificação caracteriza ofensa ao art. 22, I, da CF, que consigna ser competência exclusiva da União legislar acerca dessa matéria. V – Ação

22.6.7. ORGANIZAÇÃO ADMINISTRATIVA

O artigo 25 da Constituição Federal estabelece que: *"Os Estados organizam-se e regem-se pelas Constituições e leis que adotarem, observados os princípios desta Constituição"*.

22.6.8. COMPETÊNCIA RESIDUAL

O parágrafo 1° do artigo 25 da Carta Maior reza que: *"São reservadas aos Estados as competências que não lhe sejam vedadas por esta Constituição"*.

Dentro dos limites territoriais, os Estados-membros podem estruturar sua organização administrativa de forma como acharem mais convenientes.

O § 2° do citado artigo vaticina que: *"Cabe aos Estados explorar diretamente, ou mediante concessão, os serviços locais de gás canalizado, na forma da lei, vedada a edição de medida provisória para a sua regulamentação"*.

O § 3° do citado dispositivo elenca que: "*Os Estados poderão, mediante lei complementar instituir regiões metropolitanas, aglomerações urbanas e microregiões, constituídas por agrupamentos de Municípios limítrofes, para integrar a organização, o planejamento e a execução de funções públicas de interesse comum*".

É cediço, portanto que o Estado como consequência da sua autonomia poder explorar, diretamente ou mediante concessão, o serviço de gás canalizado. E, ainda, por meio de lei complementar podem os Estados-membros regulamentar as regiões metropolitanas e as microregiões, definindo-se da forma como os serviços públicos possam ser potencializados.

Jurisprudência

ADI 845 / AP – AMAPÁ AÇÃO DIRETA DE INCONSTITUCIONALIDADE Relator (a): Min. EROS GRAU Julgamento: 22/11/2007 Órgão Julgador: Tribunal Pleno

DJe-041 DIVULG 06-03-2008 PUBLIC 07-03-2008 EMENT VOL-02310-01 PP-00031 REQTE: GOVERNADOR DO ESTADO DO AMAPÁ REQDO: ASSEMBLEIA LEGISLATIVA DO ESTADO DO AMAPÁ

Ementa

EMENTA: AÇÃO DIRETA DE INCONSTITUCIONALIDADE. ARTIGO 224 DA CONSTITUIÇÃO DO ESTADO DO AMAPÁ. GARANTIA DE "MEIA PASSAGEM" AO ESTUDANTE. TRANSPORTES COLETIVOS URBANOS RODOVIÁRIOS E AQUAVIÁRIOS MUNICIPAIS [ARTIGO 30, V, DA CONSTITUIÇÃO DO BRASIL] E TRANSPORTES COLETIVOS URBANOS RODOVIÁRIOS E AQUAVIÁRIOS INTERMUNICIPAIS. SERVIÇO PÚBLICO E LIVRE INICIATIVA. VIOLAÇÃO DO DISPOSTO NOS ARTIGOS 1°, INCISO IV; 5°, CAPUT E INCISOS I E XXII, E 170, CAPUT, DA CONSTITUIÇÃO DO BRASIL. 1. A Constituição do Brasil estabelece, no que tange à repartição de competência entre os entes federados, que os assuntos de interesse local competem aos Municípios. Competência residual dos Estados-membros — matérias que não lhes foram vedadas pela Constituição, nem estiverem contidas entre as competências da União ou dos Municípios. 2. A competência para organizar serviços públicos de interesse local é municipal, entre os quais o de transporte coletivo [artigo 30, inciso V, da CB/88]. 3. O preceito da Constituição amapaense que garante o direito a "meia passagem" aos estudantes, nos transportes coletivos municipais, avança sobre a competência legislativa local. 4. A competência para legislar a propósito da prestação de serviços públicos de transporte intermunicipal é dos Estados-membros. Não há inconstitucionalidade no que toca ao benefício, concedido pela Constituição estadual, de "meia passagem" aos estudantes nos transportes coletivos inter- municipais. 5. Os transportes coletivos de passageiros consubstanciam serviço público, área na qual o princípio da livre iniciativa (artigo 170, caput, da Constituição do Brasil) não se expressa como faculdade de criar e explorar atividade econômica a título privado. A prestação desses serviços pelo setor privado dá-se em regime de concessão ou permissão, observado o disposto no artigo 175 e seu parágrafo único da Constituição do Brasil. A lei estadual deve dispor sobre as condições dessa prestação, quando de serviços públicos da competência do Estado-membro se tratar. 6. Ação direta julgada procedente para declarar a inconstitucionalidade da conjunção aditiva "e" e do vocábulo "municipais", insertos no artigo 224 da Constituição do Estado do Amapá.

22.6.9. BENS DOS ESTADOS-MEMBROS

O artigo 26 da Constituição Federal vaticina sobre quais os bens dos Estados-membros, são eles:

> *Incluem-se entre os bens dos Estados:*
> *I – as águas superficiais ou subterrâneas, fluentes, emergentes e em depósito, ressalvadas, neste caso, na forma da lei, as decorrentes de obras da União;*
> *II – as áreas, na ilhas oceânicas e costeiras, que estiverem no seu domínio, excluídas aquelas sob domínio da União, Municípios ou terceiros;*
> *III – as ilhas fluviais e lacustres não pertencentes à União;*
> *IV – as terras devolutas não compreendidas entre as da União.*

A Constituição verberou acerca dos bens não só da União quanto dos Estados-membros, delimitando a cada um sua zona de atuação. Sempre há de se notar que a legislador originário exclui as áreas de domínio da União, portanto, por exclusão aquelas áreas que não pertencerem à União, serão dos Estados quando estiverem sob seu domínio.

Jurisprudência

> AI 41073 / GB – GUANABARA AGRAVO DE INSTRUMENTO Relator (a): Min. ADAUCTO CARDOSO
> Julgamento: 05/03/1968 Órgão Julgador: SEGUNDA TURMA
> DJ 13-09-1968 RTJ VOL-46805
> Ementa
> DIREITO TRIBUTÁRIO. TAXA. SERVIÇOS SUJEITOS A TAXAÇÃO. INCLUINDO A CONSTITUIÇÃO ENTRE OS BENS DO PATRIMÔNIO DOS ESTADOS, OS RIOS E LAGOS EM TERRENOS DO SEU DOMÍNIO, LEGITIMO SERÁ CONSIDERAR A DESCARGA DE RESIDUOS INDUSTRIAIS, REALIZADA NELES OU ATRAVÉS DELES, COMO SERVIÇO TRIBUTAVEL DA REDE DE ESGOTOS ESTADUAL. COMO TODOS OS BENS PUBLICOS DE USO COMUM DO POVO, ENUMERADOS NO ART. 66,1 DO CÓDIGO CIVIL, OS RIOS E LAGOS, A PLATAFORMA SUBMARINA E O MAR SOB A JURISDIÇÃO TERRI- TORIAL DA UNIÃO (CONSTITUIÇÃO, ART. 4, II E 5.) SÃO AREAS SUSCEPTI- VEIS DE UTILIZAÇÃO PARTICULAR, A QUAL O PODER PÚBLICO COMPETENTE PODE REGULAMENTAR E TAXAR, NA FORMA DA LEI.

22.6.10. ORGANIZAÇÃO POLÍTICA DOS ESTADOS-MEMBROS

O preceituado no artigo 27 da Constituição Federal verbera que:

> *O número de Deputados à Assembleia Legislativa corresponderá ao triplo da representação do Estado na Câmara dos Deputados e, atingido o número de trinta e seis, será acrescido de tantos forem os Deputados Federais acima de doze.*

O Poder Executivo Estadual é exercido pelo Governador, com um mandato de quatro anos, cuja eleição será realizada no primeiro domingo de outubro do último ano do mandato. Se nenhum candidato obtiver cinquenta por cento mais um de votos válidos, excluídos os votos brancos e nulos, haverá um segundo turno realizado no último domingo de outubro, com os dois candidatos mais votados, conforme preceitua o artigo 28 da Carta Magna:

> A eleição para Governador e do Vice-Governador de Estado, para mandado de 4 (quatro) anos, realizar-se-á no primeiro domingo de outubro, em primeiro turno, e no último domingo de outubro, em segundo turno, se houver, do ano anterior ao do término do mandato de seus antecessores, e a posse ocorrerá em primeiro de janeiro do ano subsequente, observado, quanto ao mais, o disposto no artigo 77.

O Governador que assumir outro cargo ou função na administração pública direta ou indireta, ressalvada a posse em concurso público perderá o mandato, conforme preleciona o § 1°, do artigo 28, da Constituição Federal:

> Será de quatro anos o mandato dos deputados Estaduais, aplicando-se-lhes as regras desta Constituição sobre sistema eleitoral, inviolabilidade, imunidades, remuneração, perda de mandato, licença, impedimentos e incorporação às Forças Armadas.

O Poder Legislativo é exercido pela Assembleia Legislativa cujo número de deputados estaduais varia de acordo com o número de deputados federais. Até doze deputados federais, o número de deputados estaduais se contabiliza pelo triplo do número daqueles. Assim, se um Estado tiver nove deputados federais, o número de deputados estaduais será de vinte e sete conforme o artigo 27, caput, da Constituição Federal.

Os deputados conforme o § 2° do artigo 27 da Constituição receberão subsídios:

> *O subsídio dos Deputados Estaduais será fixado por lei de iniciativa da Assembleia Legislativa, na razão de, no máximo 75% (setenta e cinco por cento) daquele estabelecido, em espécie, para os Deputados Federais, observado o que dispõem os artigos 39, § 4°, 57, § 7°, 150, II, 153, III e 153, § 2°, I.*

O Poder Legislativo Estadual tem autonomia administrativa e financeira, podendo dispor sobre a organização de seus serviços e implementar a regulamentação de suas atividades, com liberdade para investir suas receitas.

Jurisprudência

ADI 1594/RN – RIO GRANDE DO NORTE AÇÃO DIRETA DE INCONSTITUCIONALIDADE
Relator (a): Min. EROS GRAU Julgamento: 04/06/2008 Órgão Julgador: Tribunal Pleno
DJe-157 DIVULG 21-08-2008 PUBLIC 22-08-2008 EMENT VOL-02329-01 PP-00034
REQTE: GOVERNADOR DO ESTADO DO RIO GRANDE DO NORTE REQDO: ASSEMBLEIA LEGISLATIVA DO ESTADO DO RIO GRANDE DO NORTE

Ementa
EMENTA: AÇÃO DIRETA DE INCONSTITUCIONALIDADE. LEI N. 7.000, 16 DE JANEIRO DE 1.997, DO ESTADO DO RIO GRANDE DO NORTE. CONCESSÃO DE ANISTIA ÀS FALTAS PRATICADAS POR SERVIDORES PÚBLICOS ESTADUAIS. VIOLAÇÃO DO DISPOSTO NOS ARTIGOS 37, CAPUT E INCISO II, E 61, § 1°, DA CONSTITUIÇÃO DO BRASIL. 1. O artigo 61, § 1°, inciso II, alínea **"c"**, da Constituição do Brasil foi alterado pela EC 19/98. A modificação não foi, todavia substancial, consubstanciando mera inovação na sua redação. 2. A Constituição do Brasil, ao conferir aos Estados-membros a capacidade de auto-organização e de autogoverno — artigo 25, caput —, impõe a obrigatória observância de vários princípios, entre os quais o pertinente ao processo legislativo. O legislador estadual não pode usurpar a iniciativa legislativa do Chefe do Executivo, dispondo sobre as matérias reservadas a essa iniciativa privativa. Precedentes. 3. O ato impugnado diz respeito a servidores públicos estaduais — concessão de anistia a faltas funcionais. A iniciativa de leis que dispõem sobre regime jurídico de servidores públicos é reservada ao Chefe do Poder Executivo. Precedentes. 4. Ação direta julgada procedente para declarar a inconstitucionalidade da Lei n. 7.000, 16 de janeiro de 1.997, do Estado do Rio Grande do Norte.

22.6.11. COMPETÊNCIA MUNICIPAL

O artigo 29 da Constituição Federal vaticina sobre a competência dos Municípios:

> *O Município reger-se-á por lei orgânica, votada em dois turnos, com o interstício mínio de dez dias, e aprovada por dois terços dos membros da Câmara Municipal, que a promulgará, atendidos os princípios estabelecidos nesta Constituição, na Constituição do respectivo Estado e os seguintes preceitos [...]*

A Competência Municipal legislativa se refere ao interesse local conforme estabelece o artigo 30, I e II da Constituição Federal: *"Compete aos Municípios: I – legislar sobre assuntos de interesse local; II – suplementar a legislação federal e a estadual no que couber [...]".*

A Competência Municipal administrativa está disposta no artigo 30, incisos III, IV, V, VI, VII, VIII e IX da Constituição Federal, senão vejamos:

> *III – instituir e arrecadar os tributos de sua competência, bem como aplicar suas rendas, sem prejuízo da obrigatoriedade de prestar contas e publicar balancetes nos prazos fixados em lei;*
> *IV – criar, organizar e suprimir distritos, observada a legislação estadual;*
> *V- organizar e prestar, diretamente ou sob regime de concessão ou permissão, os serviços públicos de interesse local, incluído o de transporte coletivo, que tem caráter essencial;*
> *VI – manter, com a cooperação técnica e financeira da União e do Estado, programas de educação infantil e de ensino fundamental;*
> *VII – prestar, com a cooperação técnica e financeira da União e do Estado, serviços de atendimento à saúde da população;*

VIII – promover, no que couber, adequado ordenamento territorial, mediante planejamento e controle do uso, do parcelamento e da ocupação do solo urbano;
X – promover a proteção do patrimônio histórico-cultural local, observada a legislação e a ação fiscalizadora federal e estadual.

O Município tem competência residual naquilo que não for da União ou dos Estados-membros, ou seja, deve complementar naquilo que for possível. O interesse local está adstrito, o que significa que a entidade administrativa que diretamente for atingida pelo problema deve tomar as medidas necessárias para sua solução.

O Município tem a competência comum. Nas competências concorrentes os Municípios não foram contemplados pelo artigo 24 da Constituição Federal. Entretanto, caso haja omissão por parte da União e dos Estados-membros os Município têm a competência suplementar naquilo que for de seu interesse local. Ou seja, a matéria deve atingir somente interesses do próprio Município.

Como competência administrativa, os Municípios podem expressamente, organizar, criar e suprimir os seus distritos; manter programas de educação pré-escolar e de ensino fundamental; organizar os seus serviços locais, da melhor forma para que possa atender aos interesses da sociedade; prestar de forma direta ou indireta, sob regime de concessão ou permissão, os serviços públicos de interesse local, incluindo o transporte coletivo; promover adequado ordenamento territorial e ocupação do solo urbano e manter serviços de atendimento à saúde da população.

Na competência tributária cabe aos Municípios a instituição de arrecadação dos tributos de sua competência e a aplicação de suas rendas, sem prejuízo da obrigatoriedade de prestar contas e publicar balancetes nos prazo fixados em lei.

O artigo 31, § 3° determina que: *"As contas dos Municípios ficarão, durante 60 (sessenta) dias anualmente, à disposição de qualquer contribuinte, para exame e apreciação, o qual poderá questionar-lhes a legitimidade, nos termos da lei".*

O Estado Democrático de Direito garante ao cidadão o conhecimento da arrecadação e dos gastos feitos pelos Chefes do Poder Executivo dos Municípios. Essa prestação de contas ficará fixada na Prefeitura por um período de 60 (sessenta) dias para conhecimento da população.

Os Municípios são regidos por Lei Orgânica que goza de supremacia em relação às demais normas municipais. A Lei Orgânica tem características de lei Maior, dotada de supremacia, suprale- galidade e imutabilidade relativa. É a lei mais importante do ordenamento jurídico municipal. Ela é elaborada pela Câmara Municipal, votada em dois turnos, com um intervalo de tempo entre eles de, no mínimo, dez dias para que a sociedade possa tomar conhecimento do seu conteúdo.

O artigo 29-A da Constituição Federal estabelece que:

> *O total da despesa do Poder Legislativo Municipal incluídos os subsídios dos Vereadores e excluídos os gastos com inativos, não poderá ultrapassar os seguintes percentuais, relativos ao somatório da receita tributária e das transferências previstas no § 5° do artigo 153 e nos artigos 158 e 169, efetivamente realizado no exercício anterior: I – 8% (oito por cento) para Municípios com população de até 100.000 (cem mil) habitantes; II – 7% (sete por cento) para Municípios com população entre 100.001 (cem mil e um) e 300.000 (trezentos mil habitantes); III – 6% (seis por cento) para Municípios com população entre 300.001 (trezentos mil e um) e 500.000 (quinhentos mil) habitantes; IV – 5% (cinco por cento) para Municípios com população acima de 500.000 (quinhentos mil) habitantes.*

Esse artigo veio limitar e conter os gastos do Poder Legislativo Municipal. Ainda a Câmara Municipal não pode gastar mais de setenta por cento de sua receita com folha de pagamento, incluído o gasto com subsídio de seus vereadores conforme preleciona o artigo 29-A, § 1°, Constituição Federal.

Ainda o § 2°, do artigo 29-A determina dois tipos penais. São eles: a) O Prefeito Municipal que efetuar repasse superior ao estipulado; b) não enviar o repasse até o dia vinte de cada mês ao Poder Legislativo e c) enviar repasse menor em relação à proporção fixada na lei Orçamentária. Finalmente define que constitui crime de responsabilidade do Presidente da Câmara Municipal o desrespeito ao disposto no § 1° do artigo 29-A, Constituição Federal.

O número de vereadores ainda é definido de acordo com o número de habitantes do Município, de forma proporcional. Vereador vem do verbo verear que significa o resguardo do bem-estar do Município. O vereador também é chamado de edil, terminologia que designava o magistrado romano.

O Poder Legislativo Municipal é exercido pela Câmara Municipal. Este tipo de poder foi criado na fase colonial e era composto pelos homens bons da terra, homens que ostentavam riquezas.

A fiscalização Municipal é exercida de forma: interna, quando o próprio órgão administrativo a fiscaliza; externa, quando exercida pelo Poder Legislativo (artigo 31, caput, CF).

O controle externo é realizado pelo Poder Legislativo com auxílio do Tribunal de Contas dos Estados ou se houver no Município pelo Tribunal de Contas Municipal (§1°, artigo 31, Constituição Federal).

O Tribunal de Contas deverá emitir parecer prévio, sobre as contas que o Prefeito deve anualmente prestar, só deixará de prevalecer por decisão de dois terços dos membros da Câmara Municipal (§2°, artigo 31, Constituição Federal).

Para o critério de definição do número de Vereadores temos: a) mínimo de nove e máximo de vinte e um nos Municípios de até um milhão de habitantes; b) mínimo de trinta e três e máximo de quarenta e um nos Municípios de mais de um milhão e menos de cinco milhões de habitantes; c) mínimo de quarenta e dois e máximo de cinquenta e cinco nos Municípios de mais de cinco milhões de habitantes.

O preceituado no artigo 31, § 4°, verbera que: *"É vedada a criação de Tribunais, Conselhos ou órgãos de Contas Municipais".*

Os que já existem persistirão, agora não mais podem ser criados novos Tribunais de Contas. As contas dos Municípios serão fiscalizadas pelos Tribunais de Contas Estaduais.

Jurisprudência

RE 204889 / SP – SÃO PAULO RECURSO EXTRAORDINÁRIO Relator (a): Min. MENEZES DIREITO Julgamento: 26/02/2008 Órgão Julgador: Primeira Turma
DJe-088 DIVULG 15-05-2008 PUBLIC 16-05-2008 EMENT VOL-02319-05 PP-00992
RECTE. (S): ANTONIO CARLOS PANNUNZIO RECDO. (A/S): ESTADO DE SÃO PAULO
Ementa
EMENTA Prefeito. Subsídio. Art. 29, V, da Constituição Federal. Precedente da Suprema Corte. 1. Já assentou a Suprema Corte que a norma do art. 29, V, da Constituição Federal é auto-aplicável. 2. O subsídio do prefeito é fixado pela Câmara Municipal até o final da legislatura para vigorar na subsequente. 3. Recurso extraordinário desprovido.
RE 172582 / SP – SÃO PAULO RECURSO EXTRAORDINÁRIO Relator (a): Min. MENEZES DIREITO
Julgamento: 15/04/2008 Órgão Julgador: Primeira Turma
DJe-088 DIVULG 15-05-2008 PUBLIC 16-05-2008 EMENT VOL-02319-05 PP-00982 RECTE: ALBERTO GUIZI E OUTROS RECDO: MUNICIPIO DE VINHEDO RECDO: CAMARA MUNICIPAL DE VINHEDO
Ementa
EMENTA Aposentadoria especial. Lei autorizando convênio com o Instituto de Previdência de São Paulo – IPESP. Revogação posterior e denúncia do convênio. Ausência de ato ilícito a sustentar o direito de indenização. 1. Não há falar em ato ilícito quando a Câmara dos Vereadores, mediante processo legislativo regular, revoga lei anterior que autorizou convênio previdenciário e, em consequência, promove a respectiva denúncia.

22.6.12 ORGANOGRAMA

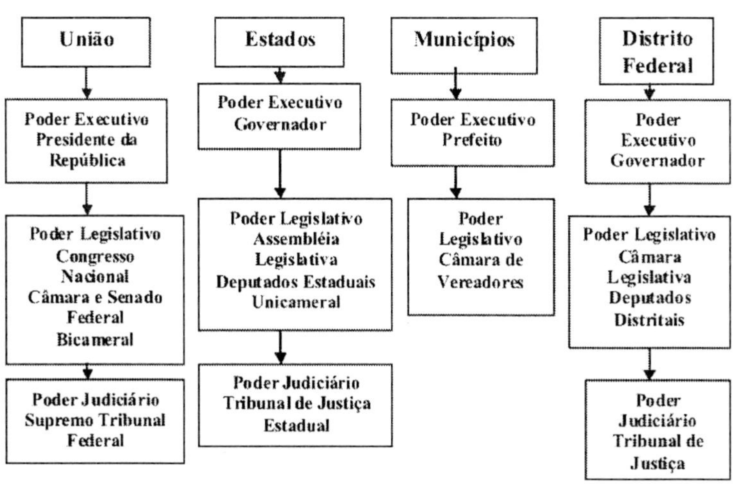

22.6.13 DISTRITO FEDERAL

O artigo 32 da Constituição Federal preceitua que:

> *O Distrito Federal vedada sua divisão em Municípios, reger-se-á por lei orgânica, votada em dois turnos com interstício mínimo de dez dias, e aprovada por dois terços da Câmara Legislativa, que a promulgará, atendidos os princípios estabelecidos nesta Constituição.*

O Distrito Federal é a capital do nosso país. É o centro das decisões políticas da nação. Brasília é a cidade concebida por Juscelino Kubitschek que foi o Presidente da República que transferiu a capital do Rio de Janeiro para o Centro-Oeste. A ideia era assegurar o país contra invasões estrangeiras e incrementar o desenvolvimento da região centro-oeste.

O § 1° do artigo 32 demonstra a dualidade de competências asseguradas a capital federal, vejamos: *"Ao Distrito Federal são atribuídas as competências legislativas reservadas aos Estados e Municípios".*

Ou seja, o Distrito Federal acumula todas as prerrogativas dos Estados-membros e dos Municípios. Em consequência, dispõe de tributos estaduais e municipais que lhe propiciam uma maior arrecadação, podendo oferecer à população serviços públicos de melhor qualidade.

A Lei orgânica votada em dois turnos é a Lei Maior, com um prazo entre uma votação e outra de dez dias, e aprovada com um quorum de dois terços. A mesa da Câmara realiza a promulgação.

O § 2° do artigo 32 afirma que:

> *A eleição do Governador e do Vice-Governador, observadas as regras do art. 88 e dos Deputados Distritais coincidirá com a dos Governadores e Deputados Estaduais, para mandato de igual duração.*

Observe que o Distrito Federal não poderá ser dividido em Municípios. As cidades que se encontram em volta do Distrito Federal são chamadas de cidades-satélites que são divisões administrativas somente, são gerenciadas por cidadãos indicados pelo Governador Distrital.

É eleito um Governador e um Vice-Governador. Os representantes no Congresso Nacional são oito deputados federais e três senadores, cumprindo mandato de quatro e oito anos. O Poder Legislativo é exercido por uma Assembleia Distrital composta de Deputados Distritais que exercem as funções de deputados estaduais e de vereadores (dualidade de função).

O § 4° do artigo 32 vaticina que: *"Lei federal disporá sobre a utilização, pelo Governo do Distrito Federal, das polícias civil e militar e do corpo de bombeiros militar".*

Os serviços de corpo de bombeiro militar e das policias civil e militar são financiadas pela União ex vi do artigo 21, inciso XIV da Constituição

Federal. Ainda compete à União organizar e manter o Poder Judiciário, o Ministério Público e a Defensoria Pública do Distrito Federal conforme almeja o artigo 22, XVII da Constituição Federal.

Jurisprudência

RE-AgR 488174/DF – DISTRITO FEDERAL AG. REG. NO RECURSO EXTRAORDINÁRIO
Relator (a): Min. EROS GRAU Julgamento: 24/06/2008 Órgão Julgador: Segunda Turma
DJe-152 DIVULG 14-08-2008 PUBLIC 15-08-2008
EMENT VOL-02328-05 PP-01074
AGTE. (S): CONDOMÍNIO DO PÁTIO BRASIL SHOPPING
AGDO. (A/S): DISTRITO FEDERAL
ADV.(A/S): PGDF – LUIZ FELIPE BULUS A. FERREIRA
Ementa
EMENTA: AGRAVO REGIMENTAL NO RECURSO EXTRAORDINÁRIO. TAXA DE LIMPEZA PÚBLICA. DISTRITO FEDERAL. SERVIÇO ESPECÍFICO E DIVISÍVEL. CONSTITUCIONALIDADE. 1. A Taxa de Limpeza Pública prevista na Lei n. 6.945/81, do Distrito Federal, é constitucional, vez que instituída em decorrência de atuação estatal específica e divisível. Precedente. Agravo regimental a que se nega provimento.
RE-AgR 549031/DF – DISTRITO FEDERAL AG. REG. NO RECURSO EXTRAORDINÁRIO
Relator (a): Min. EROS GRAU Julgamento: 24/06/2008 Órgão Julgador: Segunda Turma
DJe-152 DIVULG 14-08-2008 PUBLIC 15-08-2008 EMENT VOL-02328-06 PP-01310 AGTE. (S): DISTRITO FEDERAL
AGDO. (A/S): AMAURÍLIO LEITE DA COSTA E OUTRO (A/S)
Ementa
EMENTA: AGRAVO REGIMENTAL NO RECURSO EXTRAORDINÁRIO. DISTRITO FEDERAL. SERVIDORES MILITARES. REAJUSTE DE 28,86%. EXTENSÃO. 1. Os servidores militares do Distrito Federal fazem jus ao reajuste de 28,86% concedido pelas Leis ns. 8.662/93 e 8.627/93 aos servidores do Ministério da Previdência Social e estendido a todos os servidores civis por este Tribunal. Este reajuste deve ser compensado com os acréscimos decorrentes do reposicionamento concedido pela Lei n. 8.627/93 a determinadas categorias. Precedentes. 2. A Polícia Militar do Distrito Federal é organizada e mantida pela União, a quem compete, privativamente, legislar sobres sua estrutura administrativa, o regime jurídico e a remuneração de seus servidores. Precedentes. 3. Os vencimentos dos servidores militares são regulados por lei federal, em razão do disposto no artigo 21, XIV, da Constituição do Brasil. Precedentes. Agravo regimental a que se nega provimento.

22.6.14. TERRITÓRIOS

O artigo 33 e seguintes da Constituição Federal dispõem acerca dos Territórios, senão vejamos:

A lei disporá sobre a organização administrativa e judiciária dos Territórios. § 1° Os Territórios poderão ser divididos em Municípios, aos quais se aplicará no que couber, o disposto no Capítulo IV deste Título. § 2° As contas do Governo

> do Território serão submetidas ao Congresso Nacional com parecer prévio do Tribunal de Contas da União. § 3° Nos Territórios Federais com mais de cem mil habitantes, além do Governador nomeado na forma desta Constituição, haverá órgãos judiciários de primeira e segunda instância, membros do Ministério Público e defensores públicos federais; a lei disporá sobre as eleições para a Câmara Territorial e sua competência deliberativa.

O artigo 14 da ADCT verbera que:

> Os Territórios Federais de Roraima e do Amapá são transformados em Estados Federados, mantidos seus atuais limites geográficos. § 1° A instalação dos Estados dar-se-á com a posse dos governadores eleitos em 1990. § 2° Aplicam-se à transformação e instalação dos Estados de Roraima e Amapá as normas e critérios seguidos na criação do Estado de Rondônia, respeitado o disposto na Constituição e neste Ato.

Ainda houve a incorporação de Fernando de Noronha ao Estado de Pernambuco, conforme determina a ADCT, artigo 15: *"Fica extinto o Território Federal de Fernando de Noronha, sendo sua área reincorporada ao Estado de Pernambuco".*

Com estes artigos no Ato das Disposições Constitucionais Transitórias (ADCT) ficaram extintos os Territórios que existiam até a promulgação da Carta Maior. Os Territórios de Roraima e Amapá se tornaram Estados e o Território de Fernando de Noronha incorporou ao Estado de Pernambuco.

A criação de um Território deriva de: a) desmembramento de uma área pertencente a um Estado já existente; b) desmembramento de um território federal; c) anexação de área de outro país.

O Território é uma autarquia administrativa Federal. É um ente público que goza de relativa competência para o desempenho de suas funções. Não possui autonomia, não possui autogoverno, e suas decisões políticas são tomadas pelo representante do Governo Federal. Faz parte da União.

A Lei federal disciplinará sobre a organização administrativa e judiciária dos Territórios. Os Territórios com mais de cem mil habitantes haverá um Governador nomeado pelo Presidente da República, após seu nome ter sido homologado pelo Senado Federal. Haverá órgãos judiciais, Ministério Público e Defensoria Pública – todos de âmbito federal.

O controle de contas públicas ficará a cargo do Tribunal de Contas da União. Haverá eleição para quatro deputados federais. Entretanto, não haverá senadores porque os mesmos representam a autonomia dos Estados-membros o que não ocorre com os Territórios.

Haverá a Câmara Territorial, entretanto é o Congresso Nacional que estatuirá leis federais para organizar os Territórios. A sua arrecadação tributária ficará a cargo da União. O Território como preleciona o citado dispositivo poderá ser dividido em Municípios, e estes terão as mesmas prerrogativas dos demais Municípios. O Território não tem autonomia, mas os Municípios têm. A arrecadação tributária municipal ficará a cargo do poder local.

Jurisprudência

CJ 4733 / PE – PERNAMBUCO CONFLITO DE JURISDIÇÃO Relator(a): Min. DJACI FALCAO
Julgamento: 16/09/1968
Órgão Julgador: PRIMEIRA TURMA
DJ 05-05-1969 EMENT VOL-00762-01 PP-*****
RTJ VOL-00049- PP-00229
Ementa
Conflito de jurisdição. Acidente do trabalho ocorrido no Território de Fernando de Noronha. Competência da Justiça ordinária local, consoante decisão proferida no CJ 3.893, GB (RTJ.. 44/360 a 369). Interpretação construtiva, no sentido de reconhecer a competência do juízo privativo de acidente do trabalho da Comarca do Recife. Procedência do conflito.
RMS 18070 / GB – GUANABARA RECURSO EM MANDADO DE SEGURANÇA Relator (a): Min.
ALIOMAR BALEEIRO
Julgamento: 07/12/1967
Órgão Julgador: SEGUNDA TURMA
DJ 08-03-1968
Ementa
MILITARES LOTADOS EM FERNANDO NORONHA. I. AS VANTAGENS DO ART. 1, B, IV, DA LEI 2.116, DE 1953, SÃO RESTRITAS AOS MILITARES DA MARINHA E DO EXERCITO. II. A EXCLU- SAO DOS MILITARES DA AERONÁUTICA, EM SERVIÇO NA ILHA DE FERNANDO NORONHA, TEM CORES DE INJUSTIÇA DO LEGISLADOR. MAS O JUDICIARIO NÃO PODE SUBSTITUI-LO, NEM CORRIGI-LO, FORA DOS CASOS DE INCONSTITUCIONALIDADE.
ACO 640 / RR – RORAIMA AÇÃO CÍVEL ORIGINÁRIA Relator (a): Min. MARCO AURÉLIO Julgamento: 09/03/2005 Órgão Julgador: Tribunal Pleno
DJ 20-05-2005 PP-00005 EMENT VOL-02192-01 PP-00068 LEXSTF v. 27, n. 319, 2005, p. 24-30 AUTORA: UNIÃO RÉU: ESTADO DE RORAIMA
Ementa
BENS DA UNIÃO – TERRITÓRIO DE RORAIMA – UTILIZAÇÃO. Ante o teor do § 2° do artigo 14 do Ato das Disposições Transitórias da Carta de 1988, aplicáveis são as normas norteadoras da criação do Estado de Rondônia e, portanto, quanto aos bens da União e à transferência destes para o novo Estado de Roraima, o preceito do artigo 15 da Lei Complementar n° 41/81. Os bens efetivamente utilizados pela Administração do Território Federal de Roraima passaram ao domínio do novo Estado
MS 5178 / DF – DISTRITO FEDERAL
MANDADO DE SEGURANÇA Relator (a): Min. BARROS BARRETO
Julgamento: 09/05/1958
Órgão Julgador: TRIBUNAL PLENO
DJ 28-08-1958 EMENT VOL-00354-01 PP-00095
Ementa
APOSENTADORIA DE SERVENTUARIO DA JUSTIÇA DO TERRITÓRIO DO ACRE. APLICAÇÃO DOS DISPOSITIVOS LEGAIS VIGENTES. FALTA DE DIREITO LIQUIDO E CERTO. SEGURANÇA INDEFERIDA.

23

INTERVENÇÃO

O artigo 18 da Constituição Federal, já citado anteriormente estabelece que a organização político-administrativa da República Federativa do Brasil compreende a União, os Estados, o Distrito Federal e os Municípios, todos autônomos nos termos da Constituição Federal.

A intervenção é uma exceção a regra da autonomia federativa.

A intervenção pode ser: a) federal; b) estadual. A intervenção Federal ocorre quando a União intervém nos Estados, no Distrito Federal ou nos Municípios localizados em seu Território Federal. A intervenção Estadual ocorre quando os Estados intervêm em seus Municípios.

O artigo 34 da Constituição Federal prega que:

> *A União não intervirá nos Estados nem no Distrito Federal, exceto para:*
> *I – manter a integridade nacional;*
> *II – repelir invasão estrangeira ou de uma unidade da Federação em outra; III – pôr termo a grave comprometimento da ordem pública;*
> *III – garantir o livre exercício de qualquer dos Poderes nas unidades da Federação;*
> *IV – reorganizar as finanças da unidade da Federação que: a) suspender o pagamento da dívida fundada por mais de dois anos consecutivos, salvo motivo de força maior, b) deixar de entregar aos Municípios receitas tributárias fixadas nesta Constituição, dentro dos prazos estabelecidos em lei;*
> *V – prover a execução, de lei federal, ordem ou decisão judicial;*
> *VI – assegurar a observância dos seguintes princípios constitucionais: a) forma republicana, sistema representativo e regime democrático; b) direitos da pessoa humana; c) autonomia municipal; d) prestação de contas da administração pública, direta e indireta; e) aplicação do mínimo exigido da receita resultante de impostos estaduais, compreendida a proveniente de transferência na manutenção e desenvolvimento do ensino e nas ações e serviços públicos de saúde.*

Atualmente, como é cediço, não existem Territórios, mas podem vir a serem constituídos. Portanto a União somente pode intervir nos Estados-Membros. E os Estados somente podem intervir em seus Municípios.

A regra é a não-intervenção, senão para os casos supracitados, e que bastante significante é o fato de que não devemos confundir Federação, União e Estados-membros, vejamos a) Federação é forma de Estado onde há unidade política e descentralização administrativa, mediante distribuição constitucional de competências entre a União e os Estados-Membros, que conservam sua autonomia; Trata-se de uma Pessoa jurídica de direito público interno da Administração direta, dotada de poder central, autonomia no âmbito interno do país e soberania na ordem internacional, na qual representa o Brasil; b) Estado-Membro de uma Federação ou Estado federal, que goza de capacidade política, poder de auto-organização ou autonomia constitucional, ou seja, administrativa ou política interna, perante a União, regendo-se por uma Constituição própria, seguindo, porém, os parâmetros da Constituição Federal, à qual se submete; elegendo os membros de seus Poderes Executivo e Legislativo, e possuindo um Poder Judiciário, ou melhor, uma justiça estadual. Cada Estado-Membro possui os tríplices poderes, mas, por não ser dotado de soberania, na área internacional está afeto ao governo central. Relaciona-se por vínculos de coordenação com a União e os Municípios.

Outra questão de igual importância é não confundirmos soberania com autonomia, eis que, enquanto esta deve subordinação às normas constitucionais, aquela é autoridade suprema.

A União não tem o condão de agir em nome próprio para intervir junto a qualquer Estado-Membro, e se o faz é puramente com a nítida ideia de representar os interesses do Estado Federal ou Federação. Então, pode-se afirmar que esta (Federação), por meio da União, é que intervém nos Estados-Membros.

A natureza da intervenção é formada por duas correntes: a política e a administrativa. A primeira concebe a intervenção como um instituto político, que tem o objetivo de garantir a manutenção da forma de Estado federativa – depende da vontade do órgão envolvido no procedimento. Nesse modo a discricionariedade do Presidente da República para decretar a intervenção assume maior densidade. Na corrente administrativa, o objetivo da intervenção seria restabelecer a normalidade no funcionamento dos órgãos públicos, zelando pelo desempenho dos entes estatais segundo as cominações legais. A sua função seria jurídica, sem espaço para apreciação valorativa. A doutrina majoritária considera a natureza da intervenção ao mesmo tempo política e administrativa. Política no sentido do espaço discricionário para a sua concretização e pelo objetivo de manter uma decisão traçada quando da feitura da Constituição, a proteção da federação e as consequências decorrentes. Ao mesmo tempo também é administrativa, no sentido de reestruturar o ente federativo que não está cumprindo com as suas obrigações, restabelecendo o estado de normalidade social.

23.1. INTERVENÇÃO FEDERAL

A intervenção Federal é aquela realizada pela União nos Estados Membros e Distrito Federal.

Existem algumas espécies de intervenção federal, são elas:

1) Intervenção espontânea que é aquela prevista no artigo 34, incisos I, II, III e V. Se observa que são medidas de caráter administrativo que devem ser tomadas pela União para manter a Federação;

2) Intervenção provocada por Solicitação consiste na intervenção pela qual o Poder Legislativo ou o Poder Executivo impedido do livre exercício dos aludidos poderes, nas unidades da Federação, solicita a decretação da intervenção federal ao Presidente da República. Este tipo de intervenção está previsto no artigo 34, IV c/c o artigo 36, I, primeira parte. Assim reza: *"A decretação da* intervenção dependerá: I – no caso do artigo 34, IV, de solicitação do Poder Legislativo ou do Poder Executivo coacto ou impedido";

3) Intervenção provocada por Requisição consiste na intervenção provocada pelo Poder Judiciário coacto que requisita ao Supremo Tribunal Federal que requererá a intervenção ao Presidente da República. Ainda, no caso de desobediência a ordem ou decisão judicial a decretação dependerá de requisição do Supremo Tribunal Federal, ou Superior Tribunal de Justiça ou Tribunal Superior Eleitoral, de acordo com a matéria. Artigo 34, IV c/c 36, I, segunda parte: *"ou de Requisição do Supremo Tribunal Federal, se a coação for exercida contra o Poder Judiciário". Ainda o artigo 36, III; "no caso de desobediência a ordem ou decisão judiciária, de requisição do Supremo Tribunal Federal, do Superior Tribunal de Justiça ou do Tribunal Superior Eleitoral";*

4) Intervenção provocada dependendo de Provimento de Representação (Adin Interventiva) consiste na ofensa dos princípios sensíveis estampados no artigo 34, inciso VII da CF: *"assegurar a observância dos seguintes princípios constitucionais: a) forma republicana, sistema representativo e regime democrático; b) direitos da pessoa humana; c) autonomia municipal; d) prestação de contas da administração pública, direta e indireta; e) aplicação do mínimo exigido da receita resultante de impostos estaduais, compreendida a proveniente de transferência, na manutenção e desenvolvimento do ensino e nas ações e serviços públicos de saúde".* O artigo 34, VII c/c artigo 36, III da Constituição Federal. Dependerá de Representação pelo Procurador-Geral da República que encaminhará ao Supremo Tribunal Federal que elaborará um Provimento a ser encaminhado ao Presidente da República, é a chamada Adin Interventiva. Outra forma que depende de Provimento é em no caso de prover a execução de lei federal caso não tenha sido cumprida, a intervenção, neste caso, dependerá de provimento de Representação do Procurador-Geral da República pelo Supremo Tribunal Federal.

Nota-se que na hipótese de solicitação pelo Poder Executivo ou Poder Legislativo é poder discricionário do Presidente da República decretar a intervenção. Deve avaliar a conveniência e oportunidade para a decretação. Entretanto, em se tratando de Requisição pelo Poder Judiciário, não sendo o caso de suspensão da execução do ato impugnado (artigo 36, §3°), o Presidente da República estará vinculado e deverá decretar a intervenção federal.

A decretação da intervenção federal deverá ser feita pelo Presidente da República, conforme o artigo. 84, X, CF: *"Compete privativamente ao*

Presidente da República: [...] X – decretar e executar a intervenção federal [...]". Seja a intervenção espontânea ou provocada.

Na decretação pode o Presidente da República consultar a oitiva de dois órgãos superiores de consulta: a) Conselho da República (artigo 90, I, CF); b) Conselho de Defesa Nacional (artigo 91, § 1°, II, CF). Os pareceres não possuem qualquer vinculação do Chefe do Poder Executivo.

A intervenção materializará através do Decreto Presidencial de Intervenção que especificará a amplitude, o prazo e as condições de execução e quando couber nomeará o interventor, conforme estabelece os parágrafos 1°, 2°, 3° e 4° todos do artigo 36 da Constituição Federal:

> *§ 1°: o decreto de intervenção, que especificará a amplitude, o prazo e as condições de execução e que, se couber, nomeará o interventor, será submetido a apreciação do Congresso Nacional ou da Assembleia Legislativa do Estado, no prazo de vinte e quatro horas.*
> *§ 2°: Se não estiver funcionando o Congresso Nacional ou a Assembleia Legislativa far-se-á convocação extraordinária, no mesmo prazo de vinte e quatro horas.*
> *§ 3°: Nos casos do art. 34, VI e VII, ou do artigo 35, IV dispensada a apreciação pelo Congresso Nacional ou pela Assembleia Legislativa, o decreto limitar-se-á a suspender a execução do ato impugnado, se essa medida bastar ao restabelecimento da normalidade.*
> *§ 4°: Cessados os motivos da intervenção as autoridades afastadas de seus cargos a estes voltarão, salvo impedimento legal.*

O Congresso Nacional exercerá o controle político sobre o decreto de intervenção expedido pelo Presidente da República no prazo de 24 (vinte e quatro) horas devendo ser feita a convocação extraordinária, também no prazo de 24 (vinte e quatro) horas, caso o Parlamento esteja em recesso. Caberá ao Congresso Nacional aprovar ou rejeitar a intervenção, sempre através de decreto legislativo. Se o Parlamento rejeitar a intervenção o decreto Presidencial deverá ser suspenso imediatamente, sob pena do mesmo cometer crime de responsabilidade insculpido no artigo 85, II da Constituição Federal:

> *São crimes de responsabilidade os atos do Presidente da República que atentem contra a Constituição Federal e, especialmente contra: ...I – o livre exercício do Poder Legislativo, do Poder Judiciário, do Ministério Público e dos Poderes constitucionais das unidades da Federação[...].*

Com o Decreto interventivo que especificará a amplitude, prazo e condições de execução, o Presidente da República nomeará, quando necessário um interventor, afastando as autoridades envolvidas, conforme preleciona o § 4° do artigo 36, da Constituição Federal.

23.2. INTERVENÇÃO ESTADUAL

A intervenção Estadual ocorre pela Decretação da Intervenção dos Estados nos seus Municípios pelo Decreto Governamental.

As hipóteses estão previstas no artigo 35 da Constituição Federal. São elas:

> *O Estado não intervirá em seus Municípios, nem a União nos Municípios localizados em Território Federal, exceto quando: I – deixar de ser paga sem motivo de força maior, por dois anos consecutivos, a dívida fundada; II – não forem prestadas as contas devidas, na forma da lei: III – não tiver sido aplicado o mínimo exigido da receita municipal na manutenção e desenvolvimento do ensino e nas ações e serviços públicos de saúde; IV – o Tribunal de Justiça der provimento a representação para assegurar a observância de princípios indicados na Constituição Estadual, ou para prover a execução de lei, de ordem ou de decisão judicial.*

A Competência para decretação da Intervenção Estadual é do Governador do Estado, por meio de decreto de intervenção que especificará a amplitude, o prazo e as condições e quando couber, nomeará um interventor.

A Assembleia Legislativa Estadual exercerá o controle político devendo o decreto de intervenção ser submetido à apreciação no prazo de 24 (vinte e quatro) horas. Haverá convocação extraordinária, no prazo de 24 (vinte e quatro) horas, na hipótese da Assembleia estiver em recesso.

As autoridades envolvidas deverão ser afastadas e será nomeado um interventor. Afastados os motivos da intervenção as autoridades afastadas voltam a ocupar seus cargos.

23.3. PRINCÍPIO DA COINCIDÊNCIA OU DA SIMETRIA

A intervenção é medida extrema e excepcional, devendo, portanto, ser pautada em princípios de razoabilidade e proporcionalidade. Desse modo, a aparente lacuna deixada pelo constituinte estadual deve ser restritivamente colmatada. Assim sendo, embora sejam muitos os preceitos constitucionais estaduais que ostentem a condição de princípio, apenas aqueles que possam, por simetria ou paralelismo, serem considerados princípios sensíveis podem justificar a medida inter- ventiva por via de ação. O exame da Constituição estadual à luz da Constituição Federal só permite inferir que são os dispostos em seus artigos – e não outros – os seus princípios constitucionais sensíveis.

Por falta de dispositivo constitucional disciplinando acerca da intervenção estadual, pelo princípio da simetria o Estado deve decretar a intervenção estadual nos moldes da intervenção federal.

Jurisprudência

ADI 2966 / RO – RONDÔNIA AÇÃO DIRETA DE INCONSTITUCIONALIDADE Relator (a): Min. JOAQUIM BARBOSA Julgamento: 06/04/2005 Órgão Julgador: Tribunal Pleno

DJ 06-05-2005 PP-00006 EMENT VOL-02190-01 PP-00178 LEXSTF v. 27, n. 319, 2005, p. 77-81 RTJ VOL-00194-01 PP-00171
REQTE. (S): GOVERNADOR DO ESTADO DE RONDÔNIA
REQDO. (A/S): ASSEMBLEIA LEGISLATIVA DO ESTADO DE RONDÔNIA
Ementa
EMENTA: AÇÃO DIRETA DE INCONSTITUCIONALIDADE. MILITARES. REGIME JURÍDICO. INICIATIVA PRIVATIVA DO CHEFE DO PODER EXECUTIVO. PROCEDÊNCIA DO PEDIDO. Emenda Constitucional 29/2002, do estado de Rondônia. Inconstitucionalidade. À luz do princípio da simetria, é de iniciativa privativa do chefe do Poder Executivo estadual as leis que disciplinem o regime jurídico dos militares (art. 61, § 1°, II, f, da CF/1988). Matéria restrita à iniciativa do Poder Executivo não pode ser regulada por emenda constitucional de origem parlamentar. Precedentes. Pedido julgado procedente.

23.4 ORGANOGRAMA 1

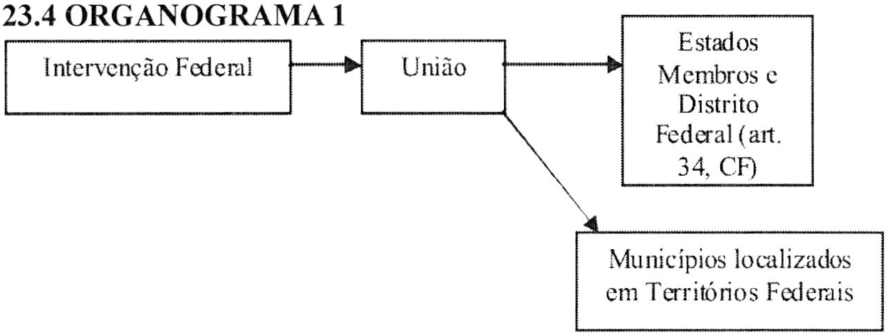

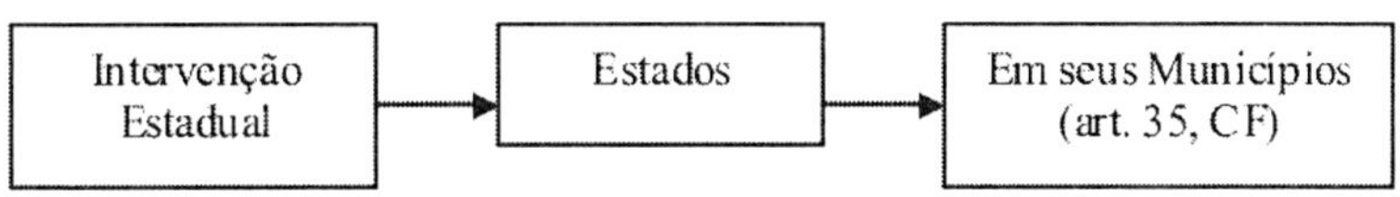

23.5 ORGANOGRAMA 2

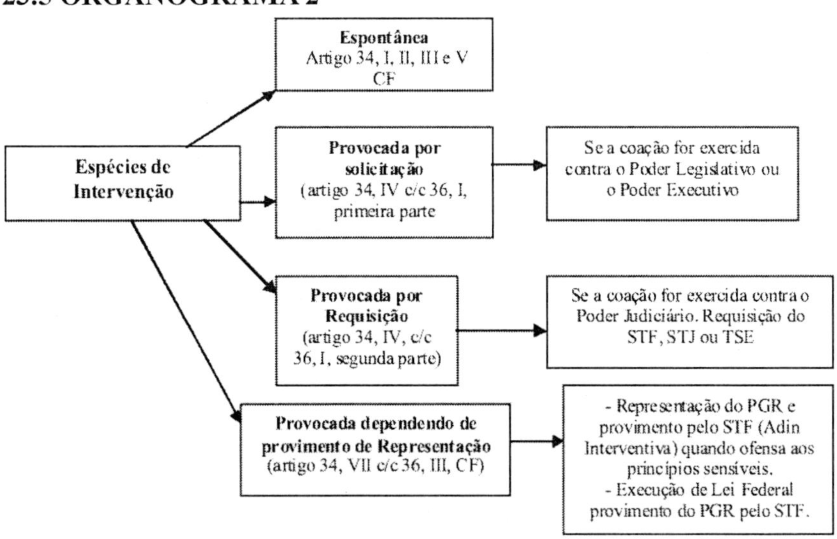

Jurisprudência

IF-AgR 3352 / RJ – RIO DE JANEIRO AG. REG. NA INTERVENÇÃO FEDERAL Relator (a): Min. ELLEN GRACIE (Presidente)
Julgamento: 16/04/2008 Órgão Julgador: Tribunal Pleno
DJe-097 DIVULG 29-05-2008 PUBLIC 30-05-2008 EMENT VOL-02321-01 PP-00035 AGTE. (S): MARIA THEREZA REZENDE TEIXEIRA AGDO. (A/S): ESTADO DO RIO DE JANEIRO
Ementa
INTERVENÇÃO FEDERAL. AGRAVO REGIMENTAL. DESCUMPRIMENTO DE LIMINAR PELO ESTADO DO RIO DE JANEIRO. CUMPRIMENTO DO ATO OBJETO DA ORDEM JUDICIAL. PEDIDO PREJUDICADO. 1. Ocorre a perda de objeto do pedido de intervenção federal quando há o cumprimento da decisão judicial que lhe deu causa. 2. Eventuais diferenças de valores, decorrentes do atraso na implementação da liminar concedida no mandado de segurança, devem ser buscadas na via apropriada. 3. Agravo regimental improvido.
AI-AgR 597327 / SP – SÃO PAULO AG. REG. NO AGRAVO DE INSTRUMENTO Relator (a): Min. JOAQUIM BARBOSA Julgamento: 27/11/2007 Órgão Julgador: Segunda Turma
DJe-018 DIVULG 31-01-2008 PUBLIC 01-02-2008 EMENT VOL-02305-14 PP-03113 AGTE. (S): MUNICÍPIO DE SANTO ANDRÉ AGDO. (A/S): BENEDICTA CÉSAR PEREIRA
Ementa EMENTA: AGRAVO REGIMENTAL. INTERVENÇÃO ESTADUAL EM MUNICÍPIO. SÚMULA 637 DO STF. De acordo com a jurisprudência deste Tribunal, a decisão de tribunal de justiça que determina a intervenção estadual em município tem natureza político-administrativa, não ensejando, assim, o cabimento do recurso extraordinário. Incidência, no caso, da Súmula 637 deste Tribunal. Agravo regimental a que se nega provimento.

24

ADMINISTRAÇÃO PÚBLICA

O artigo 37 da Constituição Federal reza que:

> A administração pública direta e indireta de qualquer dos Poderes da União, dos Estados, do Distrito Federal e dos Municípios obedecerá aos princípios de legalidade, impessoalidade, moralidade, publicidade e eficiência e, também ao seguinte [...].

São cinco os princípios elencados pelo preceito constitucional vigente:

a) Princípio da Legalidade Administrativa que significa que o particular tem o poder discricionário de fazer tudo o que não estiver vedado em lei, mas a Administração Pública somente pode fazer o que estiver disposto legalmente. Mesmo quando se trata de poder discricionário da Administração, na verdade, ela poderá optar dentre as hipóteses previstas em lei. A discricionariedade não é ampla ela é limitativa. A obediência da Administração Pública às leis é na verdade a obediência aos mandamentos votados por um Parlamento eleito pelo povo, sua obediência é a concretização da vontade popular;

b) Princípio da Impessoalidade. A atividade da Administração Pública deve ser genérica, atendendo a todos indistintamente, sem beneficiar o interesse de pessoas ou grupos;

c) Princípio da Moralidade. A moralidade é uma espécie de ética. A Administração pública não deve se ater apenas ao resultado se será lícito, mas as motivações para o seu surgimento que deve ser ético e moral. Deve-se observar o elemento subjetivo da feitura do ato. Além de corresponder aos interesses da coletividade, ele deve ser tomado de acordo com as intenções de realizar o bem comum. As motivações realizadas pela Administração Pública devem ser dirigidas pela boa-fé e sem a intenção de prejudicar ninguém ou alcançar objetivos outros que não sejam os interesses da coletividade;

d) Princípio da Publicidade. Este princípio é o instrumento de transparência da Administração Pública, fazendo com que os que lesam o patrimônio público possam ser punidos. Com a publicidade os cidadãos poderão fiscalizar as atividades dos serviços públicos e impedir desvios. A publicidade é uma exigência do Estado Democrático de Direito, constituindo um mecanismo de fiscalização por parte dos cidadãos;

e) Princípio da Eficiência. Foi incorporado pela Emenda Constitucional n° 19/98. Esse princípio releva o resultado das atividades administrativas, garantindo que os serviços prestados pelas entidades governamentais consigam satisfazer os interesses do bem comum. Ele pode ser definido como a concretização, por parte dos entes públicos, dos anseios populares, da melhor forma que as condições materiais possibilitem, atendendo as necessidades coletivas de forma eficaz.

A Administração pode ser definida como a atividade concreta e imediata que o Estado desenvolve para a consecução dos interesses coletivos e subjetivamente como o conjunto de órgãos e de pessoas jurídicas às quais a lei atribui o exercício da função administrativa do Estado.

A Administração Pública direta, indireta ou fundacional, de qualquer dos Poderes da União, dos Estados, do Distrito Federal e dos Municípios, obedecerá aos seguintes preceitos:

a) Os cargos, empregos e funções públicas são acessíveis aos brasileiros que preencham os requisitos estabelecidos em lei, assim como aos estrangeiros, na forma da lei;

b) A investidura em cargo ou emprego público depende de aprovação prévia em concurso público de provas ou provas e títulos, de acordo com a natureza e a complexidade do cargo ou emprego, na forma prevista em lei, ressalvadas as nomeações para cargo em comissão declarado em lei de livre nomeação e exoneração;

c) O prazo de validade do concurso público será de até dois anos, prorrogáveis uma vez, por igual período;

d) Durante o prazo improrrogável previsto no edital de convocação, aquele aprovado em concurso público de provas ou de provas e títulos será convocado com prioridade sobre novos concursados para assumir cargo ou emprego, na carreira;

e) As funções de confiança exercidas exclusivamente por servidores ocupantes de cargo efetivo, e os cargos em comissão, a serem preenchidos por servidores de carreira nos casos, condições e percentuais mínimos previstos em lei, destinam-se apenas às atribuições de direção, chefia e assessoramento;

f) É garantido ao servidor público civil o direito à livre associação sindical;

g) O direito de greve será exercido nos termos e nos limites definidos em lei específica;

h) A lei reservará percentual dos cargos e empregos públicos para as pessoas com deficiência e definirá os critérios de sua admissão;

i) A lei estabelecerá os casos de contratação por tempo determinado para atender a necessidade temporária de excepcional interesse público;

j) A remuneração dos servidores públicos e o subsídio de que trata o § 4° do artigo 39 somente poderão ser fixados ou alterados por lei específica, observada a iniciativa privativa em cada caso, assegurada revisão geral anual, sempre na mesma data e sem distinção de índices;

k) A remuneração e o subsídio dos ocupantes de cargos, funções e empregos públicos da administração direta, autárquica e fundacional, dos membros de qualquer dos Poderes da União, dos Estados, do Distrito Federal e dos Municípios, dos detentores de mandato eletivo e dos demais agentes políticos e os proventos, pensões ou outra espécie remuneratória, percebidos cumulativamente ou não, incluídas as vantagens pessoais ou de qualquer outra natureza, não poderão exceder o subsídio mensal, em espécie, dos Ministros do Supremo Tribunal Federal. Aplicando-se como limite, nos Municípios, o subsídio do Prefeito e nos Estados e no Distrito Federal, o subsídio mensal do Governador no âmbito do Poder Executivo, o subsídio dos Deputados Estaduais e Distritais no âmbito do Poder Legislativo e o subsídio dos Desembargadores do Tribunal de Justiça, limitado a noventa inteiros e vinte e cinco centésimo por cento do subsídio mensal, em espécie, dos Ministros do Supremo Tribunal Federal, no âmbito do Poder Judiciário, aplicável este limite aos membros do Ministério Público, aos Procuradores e aos Defensores Públicos;

l) Os vencimentos dos cargos do Poder Legislativo e do Poder Judiciário não poderão ser superiores aos pagos pelo Poder Executivo;

m) É vedada a vinculação ou equiparação de quaisquer espécies remuneratórias para o efeito de remuneração pessoal do serviço público;

n) Os acréscimos pecuniários percebidos por servidor público não serão computados nem acumulados, para fins de concessão de acréscimos ulteriores, sob o mesmo título ou idêntico fundamento: a constituição em vigor veda o denominado efeito-repicão, isto é, que uma mesma vantagem seja repetitivamente computada, alcançando a proibição os proventos da aposentadoria;

o) O subsídio e os vencimentos dos ocupantes de cargos e empregos públicos são irredutíveis, ressalvado o disposto nos incisos XI e XIV deste artigo e nos artigos. 39 § 4°, 150, II, 153, III e 153, § 2°, I, todos da Constituição Federal;

p) A Administração Fazendária e seus servidores fiscais terão, dentro de suas áreas de competência e jurisdição precedência sobre os demais setores administrativos, na forma da lei;

q) Somente por lei específica poderá ser criada autarquia e autorizada a instituição de empresa pública, de sociedade de economia mista e de fundação, cabendo à lei complementar, neste último caso, definir as áreas de atuação;

r) Depende de autorização legislativa em cada caso, a criação de subsidiárias das entidades mencionadas no inciso anterior, assim como a participação de qualquer delas em empresa privada;

s) Ressalvados os casos especificados na legislação, as obras, serviços, compras e alienações serão contratados mediante processo de licitação pública que assegure igualdade de condições a todos os concorrentes com cláusula que estabeleçam obrigações de pagamento, mantidas as condições efetivas da propostas, nos termos da lei, o qual somente permitirá as exigências de qualificação técnica e econômica indispensáveis à garantia do cumprimento das obrigações;

t) As administrações tributáveis da União, dos Estados, do Distrito Federal e dos Municípios, atividades essenciais ao funcionamento do Estado, exercidas por servidores de carreiras específicas, terão recursos prioritários para a realização de suas atividades e atuarão de forma integrada inclusive com o compartilhamento de cadastros e de informações fiscais, na forma da lei ou convênio. Compete privativamente ao Senado Federal avaliar periodicamente a funcionalidade do Sistema Tributário Nacional, em sua estrutura e seus componentes e o desempenho das administrações tributárias da União, dos Estados e do Distrito Federal e dos Municípios;

u) A publicidade dos atos, programas, obras, serviços e campanhas dos órgãos públicos deverá ter caráter educativo, informativo ou de orientação social, dela não podendo constar nomes, símbolos ou imagens que caracterizem promoção pessoal de autoridade ou servidores públicos;

v) A lei disciplinará as formas de participação do usuário na administração pública direta e indireta, regulando especialmente: as reclamações relativas a prestação dos serviços públicos em geral, assegurada a manutenção de serviços de atendimento ao usuário e a avaliação periódica, externa e interna, da qualidade dos serviços: o acesso dos usuários a registros administrativos e a informações sobre atos de governo observado o disposto no artigo 5°, X e XXXIII da Constituição Federal; a disciplina da representação contra o exercício negligente ou abusivo de cargo, emprego ou função na administração pública;

w) A lei disporá sobre os requisitos e as restrições ao ocupante de cargo ou emprego da administração direta e indireta que possibilite o acesso a informações privilegiadas;

x) A autonomia gerencial, orçamentária e financeira dos órgãos e entidades da administração direta e indireta poderá ser ampliada mediante contrato, a ser firmado entre seus administradores e o poder público, que tenha por objeto a fixação de metas de desempenho para o órgão ou entidade, cabendo à lei dispor sobre: o prazo de duração do contrato; os controles e critérios de avaliação de desempenho, direitos, obrigações e responsabilidades dos dirigentes; a remuneração do pessoal;

y) É vedada a acumulação remunerada de cargos públicos, exceto quando houver compatibilidade de horários, observado em qualquer caso o disposto no inciso XI, do art. 37 (teto remuneratório): a) a de dois cargos de professor; b) a de um cargo de professor com outro, técnico ou científico; c) a de dois cargos ou empregos privativos de profissionais de saúde, com profissões regulamentadas;

z) A proibição de acumular estende-se a empregos e funções e abrange autarquia, fundações, empresas públicas, sociedades de economia mista, suas subsidiárias e sociedades controladas, direta ou indiretamente, pelo poder público.

24.1. ADMINISTRAÇÃO PÚBLICA DIRETA E INDIRETA

A denominada função administrativa do Estado submete-se a um especial regime jurídico. Trata-se do denominado regime de direito público ou regime jurídico-administrativo. Sua característica essencial reside, de um lado, na admissibilidade da ideia de que a execução da lei por agentes públicos exige o deferimento de necessárias prerrogativas de autoridade, que façam com que o interesse público juridicamente predomine sobre o interesse privado; e de outro, na formulação de que o interesse público não pode ser livremente disposto por aqueles que, em nome da coletividade, recebem o dever-poder de realizá-los. Consiste, na verdade, no regime jurídico decorrente da conjugação de dois princípios básicos: o princípio da supremacia dos interesses públicos e o da indisponibilidade dos interesses públicos.

A Administração Pública pode classificar-se em: Administração Pública em sentido objetivo, que *"refere-se às atividades exercidas pelas pessoas jurídicas, órgãos e agentes incumbidos de atender concretamente às necessidades coletivas"*; e Administração Pública em sentido subjetivo, que *"refere-se aos órgãos integrantes das pessoas jurídicas políticas (União, Estados, Municípios e Distrito Federal), aos quais a lei confere o exercício de funções administrativas"*.

A Administração Pública pode optar em realizar suas atividades de forma concentrada ou desconcentrada ou, ainda, centralizada ou descentralizada.

É chamado de Administração Direta o núcleo de cada Administração Pública (federal, estadual, distrital ou municipal), que corresponde à própria pessoa jurídica política (União, Estado, Distrito Federal, Municípios) e seus órgãos despersonalizados.

Na desconcentração ocorre a distribuição, em uma mesma entidade, de atribuições para outros órgãos. Nessa hipótese, uma mesma pessoa jurídica, com diversos órgãos, tem diversas atribuições desconcentradas.

Assim, de acordo com a teoria do órgão, os órgãos administrativos possuem quadro de servidores, competência própria, estrutura e poderes funcionais, mas não possuem personalidade jurídica.

Já Administração Indireta é o conjunto de entidades personalizadas, vinculadas normalmente a um órgão da Administração Direta (Ministério ou Secretaria), previstas no art. 4, II, do Decreto-lei n° 200, de 25 de fevereiro de 1967: a) autarquias; b) fundações públicas; c) empresas públicas; e d) sociedades de economia mista.

Portanto, as atividades realizadas em nome da própria pessoa jurídica política, são as atividades realizadas de forma centralizada. As atividades realizadas de forma centralizadas podem ser desconcentradas, isto é, podem ser distribuídas entre os vários órgãos despersonalizados componentes da pessoa jurídica política (ministérios, secretarias, departamentos, diretorias etc.).

Já as atividades realizadas pelas entidades componentes da Administração Indireta são atividades realizadas de forma descentralizada, ou seja, são exercidas em nome da pessoa jurídica de direito público ou privado criada especialmente com a finalidade de realizar determinada atividade.

A descentralização administrativa por outorga ocorre quando o Estado cria uma entidade com personalidade jurídica própria e lhe transfere, por lei, a titularidade e a execução de determinado serviço público ou de utilidade pública.

Existe descentralização quando as atividades são distribuídas de um centro para setores periféricos, dentro da mesma entidade, pois nesse caso existe desconcentração. Pelo mesmo motivo, também é errado dizer que a instituição de uma Secretaria de Estado constitui exemplo típico de descentralização administrativa.

De acordo com *"o Princípio da Especialidade dos Entes"*, à Administração Pública, *"no curso da descentralização administrativa, a criação ou a autorização para criação de ente diverso da pessoa política só poderá ser feita mediante lei específica, sendo que a lei que instituir tal espécie de entidade, ou autorizar sua criação, deverá informar a finalidade específica para a qual foi criada"*.

O art. 172 do Decreto-lei n° 200/67 previu a existência de *"órgãos autônomos"*, que, embora sem ter personalidade jurídica, poderiam ter orçamento próprio. O Decreto-lei n° 200/67 é válido apenas para a Administração Federal, mas nada impede que, por leis próprias, Estados, Distrito Federal e Municípios estabeleçam o mesmo. Na Administração Federal, a existência dos tais *"órgãos autônomos"* está em desuso, tendo sido transformados em autarquias.

Muitas das atividades estatais podem ser executadas por entidades ou por particulares em colaboração com o Poder Público. É o caso de concessionários de serviços públicos, delegatários de notas ou registros públicos (donos de cartório) etc. Essas pessoas não fazem parte da Administração Direta ou Indireta, embora normalmente sejam enquadrados como agentes públicos.

24.2. INVESTIDURA NA ADMINISTRAÇÃO PÚBLICA

Os cargos, empregos e funções públicas são acessíveis aos brasileiros e aos estrangeiros, desde que haja lei ordinária específica estabelecendo as condições para o seu provimento, sempre dependendo de prévia aprovação em concurso público de provas ou de proas e títulos (artigo 37, II, da CF). A necessidade, de concurso público pode ser traduzida como uma garantia concretizadora para o princípio da igualdade.

O artigo 19 da ADCT estabelece que:

> *O servidores públicos civis da União, dos Estados, do Distrito Federal e dos Municípios, da administração direta, autárquica e das fundações públicas, em exercício na data da promulgação da Constituição, há pelo menos cinco anos continuados e que não tenham sido admitidos na forma regulada no artigo 37 da Constituição, são considerados estáveis no serviço público.*

O preceituado teve como foco a transição entre o ordenamento jurídico anterior e o ordenamento jurídico atual.

A investidura em um órgão público deverá ser feita por concurso público e terá duração de dois anos podendo ser prorrogável por mais dois anos (art. 37, III, da CF). Durante a vigência do concurso, os aprovados anteriormente têm prioridade de nomeação em detrimento dos aprovados em concurso posterior (art. 37, IV, da CF).

Os aprovados nos concursos públicos têm a expectativa do direito, ou seja, podem ou não ser nomeados.

Somente os cargos de confiança podem ser preenchidos sem concurso público sendo seus ocupantes demissíveis adnutum, isto é livremente.

24.3. DIREITO DE GREVE DOS SERVIDORES PÚBLICOS

O artigo 37, VI da Constituição Federal estabelece que: *"o direito de greve será exercido nos termos e nos limites definidos em lei específica".*

A única restrição se refere aos membros das Forças Armadas, às polícias militares e aos membros do Corpo de Bombeiros militar, que, por estarem estruturas em hierarquia e disciplina, têm o seu direito de greve cerceado para evitar a quebra de hierarquia.

O preceituado é uma norma de aplicabilidade contida, ou seja, devendo aguardar que lei específica disponha sobre o assunto.

O Supremo Tribunal Federal (STF) reconheceu em 25 de outubro de 2007, por maioria de votos, o direito de greve aos servidores da União, estados e municípios. No entanto, os ministros decidiram que, enquanto o Congresso Nacional não regulamentar o dispositivo constitucional que garante o direito de greve do funcionalismo público, vale a Lei 7.783, de 1989, que regulamenta a greve para o setor privado, guardadas as diferenças entre o serviço público e o privado.

24.4. IMPROBIDADE ADMINISTRATIVA

A pessoa proba é a pessoa honesta, a pessoa ímproba é a pessoa desonesta.

A Constituição de 1988 inovou ao introduzir o conceito de improbidade administrativa. A inovação foi a partir do princípio da moralidade como um dos princípios basilares da Administração Pública.

O artigo 37, § 4°, da Constituição Federal afirma que:

> *Os atos de improbidade administrativa importarão a suspensão dos direitos políticos, a perda da função pública, a indisponibilidade dos bens e o ressarcimento ao erário, na forma e gradação previstas em lei, sem prejuízo da ação penal cabível.*

A Lei n° 8.429/92 tipificou os atos de improbidade administrativa, vejamos:

> *Constitui ato de improbidade administrativa importando enriquecimento ilícito auferir qualquer tipo de vantagem patrimonial indevida em razão do exercício do cargo, mandato, função, emprego ou atividade nas entidades mencionadas no artigo 1°.*

24.5. RESPONSABILIDADE DA ADMINISTRAÇÃO PÚBLICA

O artigo 37, § 6° da Constituição Federal estabelece que:

> *As pessoas jurídicas de direito público e as de direito privado prestadoras de serviços públicos responderão pelos danos que seus agentes, nessa qualidade causarem a terceiros, assegurado o direito de regresso contra o responsável nos casos de dolo ou culpa.*

O Estado deve assumir por seus atos que causem prejuízos à população. A regra geral é que o Estado deve zelar pela sociedade e realizar o bem comum, mas algumas vezes certos atos causam prejuízo a coletividade, então deve o Estado se responsabilizar por seus atos.

O Estado deve reparar na esfera civil, conforme preleciona o artigo 37, § 6° da Constituição Federal:

> *As pessoas jurídicas de direito público e as de direito privado prestadoras de serviços públicos responderão pelos danos que seus agentes, nessa qualidade causarem a terceiros assegurado o direito de regresso contra o responsável nos casos de dolo ou culpa.*

Portanto, compete a Administração pública o dever de indenizar terceiros por danos provocados por agentes públicos, no desempenho de suas funções. Para tal é necessário que o agente esteja no exercício de suas atividades. Chama-se isso de Responsabilidade Civil objetiva, ou seja, independe de dolo ou culpa a Administração Pública deverá ser responsabilizada pelo dano causado por seus agentes e a mesma poderá ter o direito de regresso contra o responsável nos casos de dolo ou culpa.

A responsabilidade objetiva do Estado doutrinariamente é uma evolução do conceito de irresponsabilidade. Antigamente, em muitos países adotava-se a ideia de que o Estado com ente soberano era infalível no desempenho de suas funções, não devendo ser responsabilizado por seus atos falhos, mesmo que causassem danos a terceiros. Superada essa doutrina, em evolução, surgiu a teoria da responsabilidade com culpa, que em poucas palavras relacionava a responsabilidade do Estado com a comprovação de culpa de seus agentes.

Contudo, após a teoria da responsabilidade com culpa, surgiu a teoria da responsabilidade civilística e, por fim, a teoria da responsabilidade pública. Tal evolução decorre da prevalência, cada vez mais, das normas de Direito Público sobre as regras de Direito Privado quando da relação entre a Administração e o Administrado. O caminho percorrido decorre da isonomia constitucional que equipara o Estado, com seu poder e privilégios administrativos com o cidadão comum, que é despido de autoridade e de prerrogativas públicas. Referida equiparação é que afasta as teorias anteriores e permite ao cidadão fazer prevalecer seus direitos em face da instituição maior que é o Estado, protegendo-se seus direitos aos privilégios da Administração Pública.

Nesse diapasão surgiram as teses da culpa administrativa, do risco administrativo e do risco integral, todas elas ligadas, diretamente, à responsabilidade objetiva da Administração Pública. Assim, temos que pela teoria da culpa administrativa, que diz respeito aos danos decorrentes de uma inação do Estado, seja pela inexistência do serviço, mau funcionamento do serviço ou até mesmo retardamento do serviço. No tocante à teoria do risco administrativo, essa modalidade diz respeito à ocorrência de lesão injusta independentemente de culpa por parte da Administração Pública, que em respeito à teoria do risco administrativo, traz em seu bojo a obrigação de indenizar o terceiro lesado.

Vale dizer que a culpa ou dolo da vítima são fatores excludentes da responsabilidade da Administração Pública, ainda que se sustente a superada teoria do risco integral, a qual opina pela obrigação de indenizar do estado, inclusive pelos danos causados por culpa e dolo exclusivos do lesado. Assim temos que a responsabilidade civil da administração pública é o dever de indenizar ao terceiro lesado pelos atos lesivos que praticou com dolo ou culpa, desde que não causado por culpa ou dolo decorrentes, exclusivamente, da pessoa lesada.

24.6. REGIME PREVIDENCIÁRIO DOS SERVIDORES PÚBLICOS

O Regime previdenciário (RGPS) é específico para os trabalhadores submetidos aos dispositivos da Consolidação das Leis do Trabalho – CLT, os empregados domésticos ou os autônomos, quem exerce atividade por conta própria. Sua administração compete ao Ministério da Previdência Social, auxiliado pelo Instituto Nacional do Seguro Social (INSS), que é uma autarquia federal. O RPPS – Regime Próprio de Previdência dos Servidores – destina-se aos servidores públicos, de todos os entes federativos seja da administração pública direta ou indireta havendo um para cada ente específico da Federação.

O segundo regime previdenciário é para aqueles servidores que entraram no serviço público antes da publicação da Emenda n° 41 e ainda não preencheram os requisitos previdenciários para se aposentarem pela legislação anterior. Eles apenas terão direito à aposentadoria quando cumprirem os seguintes requisitos: completar 60/55 anos para homens e mulheres, respectivamente; 35/30 anos de contribuição; dez anos de serviço público e cinco anos no mesmo cargo (cargo é a unidade de prerrogativas da Administração Pública; carreira é um conjunto de cargos, escalonados em função do grau de responsabilidade e nível de complexidade das atribuições).

O terceiro tipo é para os servidores que ingressaram no serviço público depois de publicada a Emenda n° 41. O valor máximo dos proventos é igual ao teto do INSS, mas o servidor poderá contribuir para um fundo de previdência complementar dos servidores, que incrementará o valor da sua aposentadoria.

O quarto tipo de regime previdenciário é para os empregados públicos, que são aqueles contratados pelo regime da CLT (Consolidação das Leis do Trabalho). Eles não têm direito ao fundo de aposentadoria complementar, de natureza pública e fechada, exclusivo dos servidores públicos estatutários, e se quiserem receber um valor superior ao teto máximo de benefício como proventos de sua aposentadoria têm de recorrer a um fundo de previdência privado.

O quinto regime de previdência é aquele inerente aos militares das Forças Armadas, da Polícia Militar e do Corpo de Bombeiros, cujo teto salarial guarda idêntica regulamentação com os demais servidores.

A Proposta de Emenda à Constituição 287, de 5/12/2016, de relatoria do deputado Arthur Oliveira Maia (PPS-BA) e aprovado em 3/5/2017 na Comissão Especial da Câmara dos Deputados, alterou substancialmente as regras inicialmente previstas para a reforma previdenciária. Quanto a aposentadoria do servidor público o mesmo não fará jus à incorporação imediata de 100% da média a que se refere o parágrafo 2º-A. Nos termos do parágrafo 3º, I, inovação trazida pelo substitutivo, nas hipóteses de aposentadorias voluntárias, aposentadorias especiais, aposentadorias de servidores policiais e aposentadorias de servidores professores, os proventos corresponderão a tão somente 70% da média prevista no parágrafo 2º-A. O aludido percentual pode ser majorado gradativamente, até o máximo de 100% da mencionada média, de acordo com o tempo de contribuição que ultrapasse o mínimo de 25 anos. Ainda, os servidores que contribuíram de 26 a 30 anos, terão um acréscimo de 1,5% ao ano; os que contribuíram de 31 a 35 anos, um aumento de 2% ao ano; e, por fim, os que contribuíram de 36 a 40 anos, um acréscimo de 2,5% ao ano. Ou seja, para que o servidor incorpore 100% da média aritmética simples das suas contribuições, deverá contribuir por 40 anos para o Regime Público de Previdência Privada – RPPS, tendo no mínimo 65 anos de idade, se homem, e 62 anos, se mulher, adimplidos, ainda, os requisitos de 10 anos de serviço público e de cinco anos no cargo em que se dará a aposentadoria. A mesma regra será aplicada aos servidores aposentados por incapacidade permanente para o trabalho, nos termos do inciso II do parágrafo 3º do artigo 40, com exceção apenas dos casos de acidente em serviço e de doença profissional, em que será devido 100% da média do parágrafo 2º-A. Não há mais cálculo diferenciado nos casos de doenças graves, contagiosas ou incuráveis e, ainda, foi extinta a aposentadoria integral antes devida aos servidores que se aposentavam devido a acidente em serviço ou a doenças profissionais. O inciso III do parágrafo 3º do artigo 40 confere aos servidores com deficiência 100% da média aritmética simples de suas contribuições para o RPPS. Nesse caso, o servidor será submetido a avaliação biopsicossocial realizada por equipe multiprofissional e multidisciplinar. Uma vez que o servidor complete 75 anos de idade e já tenha completado todos os outros requisitos para a concessão da aposentadoria voluntária, serão aplicados os critérios previstos no inciso I do parágrafo 3º do artigo 40, que resultarão em situação mais favorável para a efetivação do cálculo dos proventos.

24.6.1 Organograma

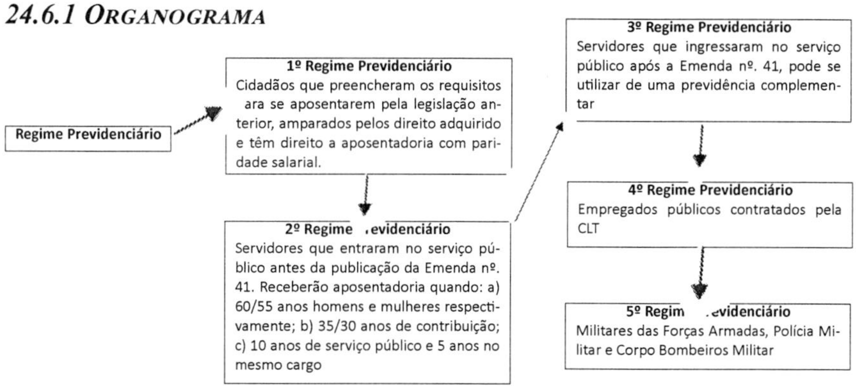

24.7. APOSENTADORIA DOS SERVIDORES

O artigo 40, inciso III da Constituição Federal estabelece que:

> *[...] voluntariamente, desde que cumprido tempo mínimo de dez anos de efetivo exercício no serviço público e cinco anos no cargo efetivo em que se dará a aposentadoria, observadas as seguintes condições: a) sessenta anos de idade e trinta e cinco de contribuição, se homem, e cinquenta e cinco anos de idade e trinta de contribuição se mulher; b) sessenta e cinco anos de idade, se homem e sessenta anos de idade, se mulher com proventos proporcionais ao tempo de contribuição.*

A aposentadoria ocorre aos 70 anos conforme determina o artigo 40, inciso II, da Constituição Federal e será de acordo com o tempo de contribuição.

O § 6° do artigo 40 da Constituição Federal determina que:

> *Ressalvadas as aposentadorias decorrentes dos cargos acumuláveis na forma desta Constituição, é vedada a percepção de mais de uma aposentadoria à conta do regime de previdência previsto neste artigo.*

A aposentadoria com proventos integrais é aquela em que o aposentado tem direito a receber um valor igual a última remuneração que recebia enquanto estava na ativa. Para a aposentadoria integral é necessário que se tenha: a) sessenta anos de idade, se homem, e cinquenta e cinco, se for mulher; b) trinta e cinco anos de contribuição se homem, e trinta anos de contribuição se mulher; c) vinte anos de efetivo exercício no serviço público, sendo dez na carreira e cinco anos no cargo em que ocorrer a aposentadoria.

Aos servidores que se aposentarem ou receberem suas pensões com direito a um valor integral é assegurado paridade de reajustes entre ativos e inativos. Apenas terão direito a aposentadoria integral e com paridade os servidores públicos que preencherem os requisitos específicos descritos anteriormente e que ingressarem no serviço público até a data da publicação da Emenda n° 41/03.

A aposentadoria proporcional segue os seguintes requisitos: a) cinquenta e três anos de idade, se homem, e quarenta e oito anos de idade se mulher; b) tiver cinco anos de efetivo exercício no cargo em eu se dará a aposentadoria; c) contar tempo de contribuição igual, no mínimo à soma de: I – trinta anos, se homem, e vinte e cinco anos se mulher e. II) um período adicional de contribuição equivalente a 40% do tempo que, na data da publicação da Emenda n° 20/98 faltaria para atingir o limite de tempo constante da alínea anterior.

Os proventos da aposentadoria proporcional são equivalentes a 70% do valor máximo que o servidor perceberia com a aposentadoria integral, acrescido de 5% por cada ano que supere a soma referida no inciso anterior, até o limite de 100%.

24.7.1. Organograma

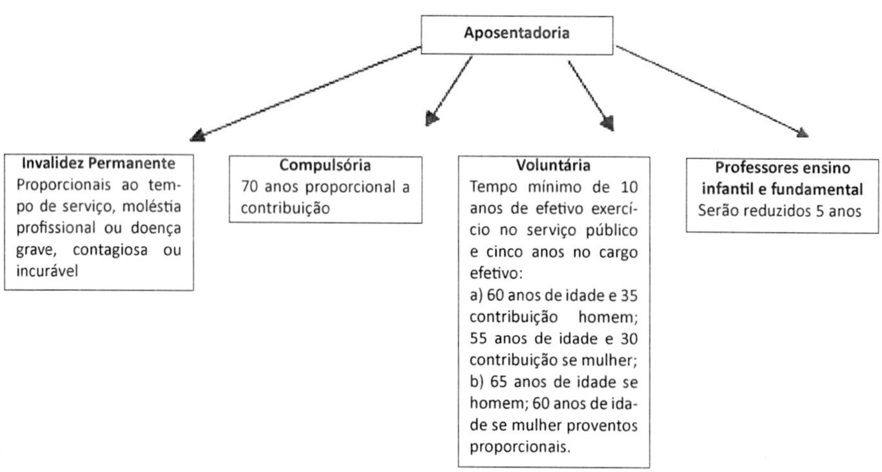

25

PENSÕES

O artigo 40, § 7°, incisos I e II da Constituição Federal estabelece que:

> *Lei disporá sobre a concessão do benefício de pensão por morte, que será igual:*
> *I – ao valor da totalidade dos proventos do servidor falecido, até o limite máximo estabelecido para os benefícios do regime geral de previdência social de que trata o art. 201, acrescentado de setenta por cento da parcela excedente a este limite, caso aposentado à data do óbito ou;*
> *II – ao valor da totalidade da remuneração do servidor no cargo efetivo em que se deu o falecimento, até o limite máximo estabelecido para os benefícios do regime geral de previdência social de que trata o art. 201, acrescido de setenta por cento da parcela excedente a este limite, caso em atividade na data do óbito.*

A partir da Emenda n° 41 as pensões dos dependentes de servidores ativos ou inativos serão integrais apenas até o valor do benefício máximo permitido. As pensões acima desse valor sofrerão uma redução de 30%. No caso de pensão em decorrência de morte do servidor inativo, o redutor de 30% aplica-se aos proventos recebidos. Se a pensão for decorrente de morte de um servidor ativo, o redutor de 30% aplica-se ao valor da totalidade da remuneração do servidor no cargo efetivo em que se deu o falecimento.

O § 8°, do artigo 40 estabelece que: *"É assegurado o reajustamento dos benefícios para preservar-lhes, em caráter permanente o valor real, conforme critérios estabelecidos em lei".*

Os pensionistas dos militares dos Estados, do Distrito Federal e dos Territórios, serão regidos pelo que for fixado em lei específica do respectivo ente estatal ex vi do artigo 42, § 2°, da Constituição Federal.

26

ESTABILIDADE DO SERVIDOR PÚBLICO

O artigo 41 da Constituição Federal verbera que:

> *São estáveis após 3 (três) anos de efetivo exercício os servidores nomeados para cargo de provimento efetivo em virtude de concurso público:*
> *§ 1°: O servidor público estável só perderá o cargo:*
> *I – em virtude de sentença judicial transitada em julgado;*
> *II – mediante processo administrativo em que lhe seja assegurada ampla defesa;*
> *III – mediante procedimento de avaliação periódica de desempenho, na forma de lei complementar assegurada ampla defesa.*
> *§ 2°: Invalidada por sentença judicial a demissão do servidor estável, será ele reintegrado, e o eventual ocupante da vaga, se estável, reconduzido ao cargo de origem sem direito a indenização aproveitado em outro cargo ou posto em disponibilidade com remuneração proporcional ao tempo de serviço.*
> *§ 3°: Extinto o cargo ou declarada sua desnecessidade, o servidor estável ficará em disponibilidade, com remuneração proporcional ao tempo de serviço, até seu adequado aproveitamento em outro cargo.*
> *§ 4°: Como condição para a aquisição da estabilidade, é obrigatória a avaliação especial de desempenho por comissão instituída para essa finalidade.*

O preceito elencado consagra a regra da estabilidade no serviço público. São requisitos para a estabilidade: a) nomeação para cargo de provimento efetivo em virtude de concurso público; b) efetivo exercício por três anos, chamado estágio probatório; c) avaliação especial e obrigatória de desempenho por comissão instituída para essa finalidade.

Em regra os servidores estáveis somente perderão os cargos quando: a) em virtude de sentença transitada em julgada; b) mediante processo administrativo em que lhe seja assegurada ampla defesa; c) mediante procedimento de avaliação periódica de desempenho, na forma de lei complementar, assegurada ampla defesa.

Jurisprudência

RE-AgR 400343 / CE – CEARÁ AG. REG. NO RECURSO EXTRAORDINÁRIO Relator (a): Min. EROS GRAU
Julgamento: 17/06/2008 Órgão Julgador: Segunda Turma
DJe-142 DIVULG 31-07-2008 PUBLIC 01-08-2008
EMENT VOL-02326-06 PP-01156
AGTE. (S): NILDA BEZERRA LOPES E OUTRO (A/S)
AGDO. (A/S): ESTADO DO CEARÁ
Ementa
EMENTA: AGRAVO REGIMENTAL NO RECURSO EXTRAORDINÁRIO. ADCT, ARTIGO 19. INCORPORAÇÃO. GRATIFICAÇÃO DE REPRESENTAÇÃO. LEI N. 11.171/86 DO

ESTADO DO CEARÁ. 1. É necessário que o servidor público possua — além da estabilidade — efetividade no cargo para ter direito às vantagens a ele inerentes. 2. O Supremo fixou o entendimento de que o servidor estável, mas não efetivo, possui somente o direito de permanência no serviço público no cargo em que fora admitido. Não faz jus aos direitos inerentes ao cargo ou aos benefícios que sejam privativos de seus integrantes. Precedentes. Agravo regimental a que se nega provimento.

RE-AgR 513585 / RJ – RIO DE JANEIRO AG. REG. NO RECURSO EXTRAORDINÁRIO Relator (a): Min. EROS GRAU Julgamento: 17/06/2008 Órgão Julgador: Segunda Turma

DJe-142 DIVULG 31-07-2008 PUBLIC 01-08-2008

EMENT VOL-02326-07 PP-01406

AGTE. (S): UNIÃO

AGDO. (A/S): JÚLIO PAIS DA SILVA

Ementa

EMENTA: AGRAVO REGIMENTAL NO RECURSO EXTRAORDINÁRIO. MILITAR. PROCESSO ADMINISTRATIVO DISCIPLINAR. LICENCIAMENTO. OFENSA AOS PRINCÍPIOS DO CONTRADITÓRIO E DA AMPLA DEFESA. 1. A jurisprudência desta Corte tem se fixado no sentido de que a ausência de processo administrativo ou a inobservância aos princípios do contraditório e da ampla defesa tornam nulo o ato de demissão de servidor público, seja ele civil ou militar, estável ou não. Agravo regimental a que se nega provimento.

RE-AgR 329001 / DF – DISTRITO FEDERAL AG. REG. NO RECURSO EXTRAORDINÁRIO Relator (a): Min. CARLOS VELLOSO Julgamento: 23/08/2005 Órgão Julgador: Segunda Turma

DJ 23-09-2005 PP-00036 EMENT VOL-02206-3 PP-00607 AGTE. (S): UNIÃO

AGDO. (A/S): LEONICE BARBOSA ELIAS

Ementa EMENTA: ADMINISTRATIVO. SERVIDOR PÚBLICO ESTÁVEL. EXONERAÇÃO. I. – A perda de cargo por servidor público estável deve atender aos requisitos constitucionais. II. – A Constituição de 1988 não permite indeferimento de inscrição em concurso público por motivo de idade. III.

27

DOS MILITARES DOS ESTADOS, DO DISTRITO FEDERAL E DOS TERRITÓRIOS

O artigo 42 da Constituição Federal vaticina que:

> *Os membros das Polícias Militares e Corpo de Bombeiros Militares, instituições organizadas com base na hierarquia e disciplina, são militares dos Estados, do Distrito Federal e dos Territórios.*
> *§ 1°: Aplicam-se aos militares dos Estados, do Distrito Federal e dos Territórios além do que vier a ser fixado em lei, as disposições do art. 14, § 8°, do art. 40, § 9° e do art. 142, §§ 2° e 3°, cabendo a lei estadual específica dispor sobre as matérias do art. 142, § 3°, X, sendo as patentes dos oficiais conferidas pelos respectivos governadores.*
> *§ 2°: Aos pensionistas dos militares dos Estados, do Distrito Federal e dos Territórios aplica- se o que for fixado em lei específica do respectivo ente estatal.*

Os militares dos Estados, do Distrito Federal e dos Territórios compreendem os componentes da Polícia Militar e do Corpo de Bombeiros.

Os militares dos Estados, do Distrito Federal e dos Territórios, os membros das Polícias Militares e Corpos de Bombeiros Militares, são instituições organizadas com base na hierarquia e disciplina.

Caberá à lei estadual especificar sobre o ingresso dos Militares dos Estados, os limites de idade, a estabilidade e outras condições de transferência do militar para a inatividade, os direitos e deveres, a remuneração, as prerrogativas e outras situações especiais.

As patentes dos militares dos Estados e do Distrito Federal serão conferidas pelo Governador do Estado ou do Distrito Federal.

Não é cabível o remédio do habeas corpus em relação ao mérito das punições disciplinares aplicadas aos policiais militares, Bombeiros dos Estados, do Distrito Federal e dos Territórios conforme preleciona o artigo 142, § 2° da Constituição Federal: *"Não caberá habeas corpus em relação a punições disciplinares militares".*

Nem todas as regras aplicáveis aos servidores civis são aplicáveis aos servidores militares. Os servidores públicos militares estão proibidos de realizar greves e de se organizarem em sindicatos, sob pena de quebra de hierarquia, conforme o artigo 142, § 3°, inciso IV: *"ao militar são proibidas a sindicalização e a greve".*

A remuneração dos servidores públicos militares se denomina soldo.

27.1 ORGANOGRAMA

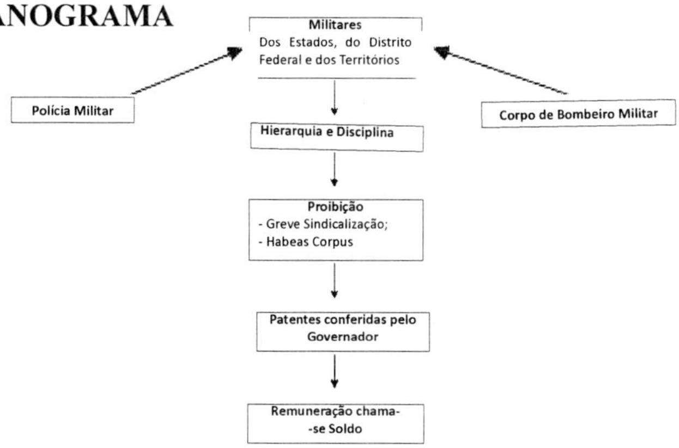

Jurisprudência

HC 91155 / SP – SÃO PAULO HABEAS CORPUS Relator (a): Min. RICARDO LEWANDOWSKI Julgamento: 21/06/2007 Órgão Julgador: Primeira Turma
DJe-077 DIVULG 09-08-2007 PUBLIC 10-08-2007
DJ 10-08-2007 PP-00037 EMENT VOL-02284-02 PP-00241
RT v. 96, n. 866, 2007, p. 577-580
PACTE. (S): FÁBIO HENRIQUE PEREIRA DO NASCIMENTO
IMPTE. (S): DEFENSORIA PÚBLICA DA UNIÃO
COATOR (A/S) (ES): SUPERIOR TRIBUNAL MILITAR
Ementa
EMENTA: HABEAS CORPUS. PENAL. PROCESSUAL PENAL. CRIME MILITAR. PENA DE DETENÇÃO. SURSIS. PERDÃO JUDICIAL. IMPOSSIBILIDADE PELA VIA ELEITA. SUBSTITUIÇÃO DE PENA. DESCABIMENTO EM CRIME MILTARES. PRECEDENTE. ORDEM DENEGADA. I – O pedido de perdão judicial, não previsto na legislação castrense, demanda profundo exame de provas, sendo descabido em sede de habeas corpus; II – Não cabe substituição de pena privativa de liberdade por restritiva de direitos em delitos militares, sendo inaplicável a analogia na espécie. III – Ordem denegada.

RE-AgR 440469 / RJ – RIO DE JANEIRO AG. REG. NO RECURSO EXTRAORDINÁRIO
Relator (a): Min. ELLEN GRACIE
Julgamento: 28/06/2005 Órgão Julgador: Segunda Turma
DJ 26-08-2005 PP-00069 EMENT VOL-02202-06 PP-01245 AGTE. (S): UNIÃO
AGDO. (A/S): LEUDSON MORAIS FERREIRA Ementa
RECURSO EXTRAORDINÁRIO. SERVIDORES PÚBLICOS MILITARES. EXTENSÃO DO REAJUSTE DE 28,86%. LEGIMITIDADE. COMPENSAÇÃO COM OS ÍNDICES JÁ DEFERIDOS PELAS LEIS 8.622/93 E 8.627/93. 1. Sedimentou-se, no âmbito das Turmas desta Corte, o entendimento de que o reajuste do soldo, concedido pelas Leis 8.622/93 e 8.627/93, é extensivo aos servidores públicos militares de patente inferior, no índice de 28,86%, por infração ao princípio isonômico previsto no art. 37, X, da Constituição Federal, uma vez que configurada verdadeira revisão geral de vencimentos. 2. Também aqui deve ser observada a compensação do citado reajuste com os acréscimos decorrentes do reposicionamento concedido pela Lei 8.627/93 a determinadas categorias funcionais nela mencionadas, conforme orientação do Plenário do STF fixada no julgamento do RMS 22.307-ED, relator para o acórdão Min. Ilmar Galvão (Súmula STF n° 672). 3. Agravo regimental improvido

28

REGIÕES

O artigo 43 da Constituição Federal estabelece que:

> *Para efeitos administrativos, a União poderá articular sua ação em um mesmo complexo geoeconômico e social, visando a seu desenvolvimento e à redução das desigualdades regionais.*
> *§ 1°: A Lei Complementar disporá sobre: I – as condições para integração de regiões em desenvolvimento; II – a composição dos organismos regionais que executarão, na forma da lei, os planos regionais, integrantes dos planos nacionais de desenvolvimento econômico e social, aprovado juntamente com estes.*
> *§ 2°: Os incentivos regionais, compreenderão, além de outros, na forma da lei: I – igualdade de tarifas, fretes, seguros e outros itens de custos e preços de responsabilidade do Poder Público; II – juros favorecidos para financiamento de atividades prioritárias; III – isenções, reduções ou diferimento temporário de tributos federais devidos por pessoas físicas ou jurídicas; IV- prioridade para o aproveitamento econômico e social dos rios e das massas de água represadas ou represáveis nas regiões de baixa renda, sujeitas a secas periódicas.*
> *§ 3°: Nas áreas a que se refere o § 2°, IV, a União incentivará a recuperação de terras áridas e cooperará com os pequenos e médios proprietários rurais para o estabelecimento, em suas glebas, de fontes de água e de pequena irrigação.*

Regiões são os espaços geográficos que possuem determinadas características em comum que os unem, possuindo as mesmas condições geoeconômicas, sociais, culturais, climáticas, históricas etc. Na verdade ao dispor sobre o assunto a Carta Cidadã teve, por meio de seus representantes, a intenção de prestigiar as regiões menos favorecidas do nosso país.

Trata-se de um planejamento macroterritorial, respeitada a autonomia dos entes federativos. Como as regiões têm características em comum, podem ser elaboradas políticas sócioeconômico-culturais que propiciem seu desenvolvimento de maneira conjunta, de forma que os recursos públicos possam ser aplicados de forma mais eficiente. O objetivo da implementação dessas políticas é diminuir as desigualdades entre as várias regiões que compõem o nosso país, procurando estimular um crescimento mais igualitário.

O plano plurianual estabelecerá de forma regionalizada, as diretrizes, objetivos e metas da administração pública para atendimento dos programas de direção continuada. Por meio de Lei Complementar serão determinadas as condições para a integração das regiões em desenvolvimento e a composição de organismos regionais que executarão os planos de desenvolvimento econômico e social.

Foi criada a ADA (Agência de Desenvolvimento da Amazônia) e a ADENE (Agência de Desenvolvimento do Nordeste). Não possuem corpo administrativo ou orçamento que lhes garanta condições de exequibilidade (artigo 43, §1°, incisos I e II, da CF).

Jurisprudência

RE 344331 / PR – PARANÁ RECURSO EXTRAORDINÁRIO Relator (a): Min. ELLEN GRACIE Julgamento: 11/02/2003 Órgão Julgador: Primeira Turma
DJ 14-03-2003 PP-00040 EMENT VOL-02102-04 PP-00831
RECTE.: COOPERATIVA AGROPECUÁRIA DOS CAFEICULTORES DE PORECATU LTDA
RECDA.: UNIÃO
Ementa
RECURSO EXTRAORDINÁRIO. IPI. CONCESSÃO DE BENEFÍCIOS. ALÍQUOTAS REGIONALIZADAS. LEI 8.393/91. DECRETO 2.501/98. ADMISSIBILIDADE. 1. Incentivos fiscais concedidos de forma genérica, impessoal e com fundamento em lei específica. Atendimento dos requisitos formais para sua implementação. 2. A Constituição na parte final do art. 151, I, admite a "concessão de incentivos fiscais destinados a promover o equilíbrio do desenvolvimento sócio-econômico entre as diferentes regiões do país". 3. A concessão de isenção é ato discricionário, por meio do qual o Poder Executivo, fundado em juízo de conveniência e oportunidade, implementa suas políticas fiscais e econômicas e, portanto, a análise de seu mérito escapa ao controle do Poder Judiciário. Precedentes: RE 149.659 e AI 138.344-AgR. 4. Não é possível ao Poder Judiciário estender isenção a contribuintes não contemplados pela lei, a título de isonomia (RE 159.026). 5. Recurso extraordinário não conhecido.

29

TEORIA DA SEPARAÇÃO DOS PODERES

Um dos princípios de organização estatal na maioria dos países é o da separação horizontal dos poderes. A primeira referência quanto ao assunto vem de Montesquieu, que, com efeito, procurou no seu Espírito das Leis evitar o despotismo e garantir a liberdade individual.

John Locke já havia anteriormente separado o poder em Legislativo, Executivo e Federativo. Locke por isso pode ser considerado o precursor de Montesquieu, até porque é dito que este último embasou sua doutrina nos ensinamentos do primeiro.

Montesquieu no livro Espírito das Leis inscreveu em seu sexto capítulo as três funções básicas do Estado: a Legislativa, a Executiva (o executivo das coisas que dependem do direito das gentes) e o Judiciário (o executivo que depende do direito civil). Assim, por meio do Poder Legislativo o príncipe ou o magistrado faz leis para certo tempo ou para sempre e corrige ou ab-roga as que estão feitas. Pelo executivo, faz a paz ou a guerra, envia ou recebe embaixadas, estabelece a segurança, previne as invasões. Com o judiciário, pune os crimes ou julga as querelas dos indivíduos.

Conforme Augusto Zimmermann a divisão funcional ocorre exatamente para que não se possa abusar do poder. Montesquieu compreende que, em virtude da imperiosa necessidade do poder de freiar o poder, a separação dos poderes promove a limitação do potencial despótico do Estado, de modo que ninguém fica constrangido a fazer coisas que a lei não obriga e a não fazer as que a lei permite. Segundo Montesquieu, quando na mesma pessoa ou no mesmo corpo de magistratura o poder legislativo está reunido ao poder executivo, não existe liberdade, pois se pode temer que o mesmo monarca ou o mesmo senado apenas estabeleçam leis tirânicas para executá-las tiranicamente. Não haverá também liberdade se o poder de julgar não estiver separado do poder legislativo e do executivo.

Se estivesse ligado ao poder legislativo, o poder sobre a vida e a liberdade dos cidadãos seria arbitrário, pois o juiz seria legislador. Se estivesse ligado ao poder executivo, o juiz poderia ter a força de um opressor. Tudo estaria perdido se o mesmo homem ou o mesmo corpo dos principais, ou dos nobres, ou do povo, exercesse esses três poderes: o de fazer leis, o de executar as resoluções públicas e o de julgar os crimes ou as divergências dos indivíduos.

O Princípio da Separação dos Poderes encontra-se fortemente relacionado à questão do constitucionalismo moderno. Isso está claro no artigo federalista n 47° escrito por Madison para justificar a Constituição norte-americana de 1787, onde fica postulado que o poder arbitrário é a chave para a tirania. Depois veio a Declaração Francesa dos Direitos do Homem e do Cidadão que reforçaria esta ligação dispondo em seu art. 16 que toda a sociedade na qual a garantia de direitos

não está assegurada, nem a separação de poderes determinada, não possui uma constituição.

A nossa atual Carta Magna estabelece que a União terá três poderes básicos: Legislativo, Executivo e Judiciário.

O artigo 2°, da Constituição Federal afirma que: *"São Poderes da União independentes e harmônicos entre si, o Legislativo, o Executivo e o Judiciário".*

O artigo 34, IV da Constituição Federal ressalva que: *"A União não intervirá nos Estados nem no Distrito Federal, exceto para: [...] IV – garantir o livre exercício de qualquer dos Poderes nas unidades da Federação [...]".*

O Chefe do Poder Executivo é eleito pelo povo a cada quatro anos. O Congresso Nacional também se refaz a cada quatro anos.

O Poder Legislativo Federal é bicameral formado pela Câmara dos Deputados, representantes do povo, eleitos cada deputado para uma legislatura de quatro anos e, pelo Senado Federal que são os representantes dos Estados-membros, em número de três e seu mandato é de oito anos.

Por ser um regime presidencialista nem a Câmara nem o Senado podem ser dissolvidos pelo Presidente da República. Com isto os poderes exercem suas funções com independência, conforme previsto no preceituado constitucional.

O Congresso Nacional é quem legisla, faz leis de maneira que os seus representantes podem recusar-se a aprovar Medidas propostas pelo Presidente da República.

A esta autonomia e independência dos Poderes é chamado de freios e contrapesos que no sistema americano chama-se de check and balance.

O princípio da Separação dos Poderes garante a autonomia e independência dos Poderes Legislativos, Executivo e Judiciário.

29.1. ORGANOGRAMA

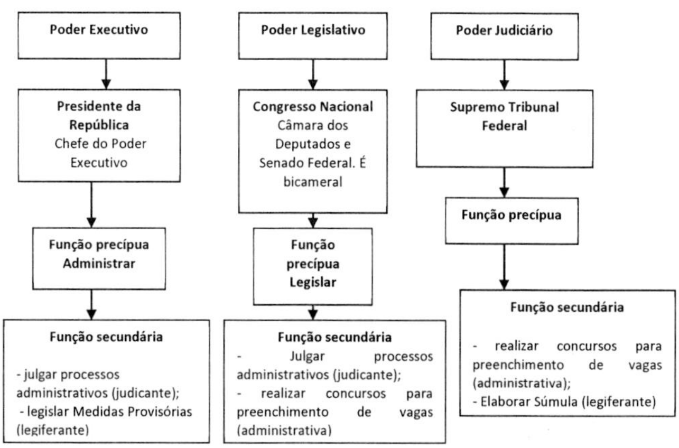

Jurisprudência

ADI-MC 3964 / DF – DISTRITO FEDERAL MEDIDA CAUTELAR NA AÇÃO DIRETA DE INCONSTI- TUCIONALIDADE Relator (a): Min. CARLOS BRITTO Julgamento: 12/12/2007 Órgão Julgador: Tribunal Pleno

DJe-065 DIVULG 10-04-2008 PUBLIC 11-04-2008 EMENT VOL-02314-03 PP-00469

REQTE. (S): PARTIDO DA SOCIAL DEMOCRACIA BRASILEIRA – PSDB E OUTRO (A/S)

REQDO. (A/S): PRESIDENTE DA REPÚBLICA

Ementa

EMENTA: AÇÃO DIRETA DE INCONSTITUCIONALIDADE. MEDIDA LIMINAR. MEDIDA PROVISÓRIA N° 394/07, QUE "DÁ NOVA REDAÇÃO AO § 3° DO ART. 5° DA LEI N° 10.826, DE 22 DE DEZEMBRO DE 2003" LEI QUE "DISPÕE SOBRE REGISTRO, POSSE E COMERCIALIZAÇÃO DE ARMAS DE FOGO E MUNIÇÃO, SOBRE O SISTEMA NACIONAL DE ARMAS – SINARM". 1. Num exame prefacial, tem consistência a alegação de que a MP n° 394/07 é mera reedição de parte da MP n° 379/07. Isto porque a mais recente incorpora temas da mais antiga, sem o aporte de modificações substanciais. São os temas: a) da prorrogação do prazo para renovação de registros de propriedade de armas de fogo, expedidos pelos órgãos estaduais; b) da fixação dos valores das taxas a recolher em caso de registro de armas, renovação do certificado de registro, expedição de porte da arma, etc. 2. Impossibilidade de reedição, na mesma sessão legislativa, de medida provisória revogada. Tese contrária importaria violação do princípio da Separação de Poderes, na medida em que o Presidente da República passaria, com tais expedientes revocatório-reedicionais de medidas provisórias, a organizar e operacionalizar a pauta dos trabalhos legislativos. Pauta que se inscreve no âmbito do funcionamento da Câmara dos Deputados e do Senado Federal e, por isso mesmo, matéria de competência privativa dessas duas Casas Legislativas (inciso IV do art. 51 e inciso XIII do art. 52, ambos da CF/88). 3. De outra parte, o ato de revogação pura e simples de u›a medida provisória outra coisa não é senão uma auto-rejeição; ou seja, o autor da medida a se antecipar a qualquer deliberação legislativa para proclamar, ele mesmo (Poder Executivo), que sua obra normativa já não tem serventia. Logo, reeditá-la significaria artificializar os requisitos constitucionais de urgência e relevância, já categoricamente desmentidos pela revogação em si. 4. Medida liminar deferida para suspender a eficácia da MP n° 397/07 até o julgamento de mérito desta ação direta de inconstitucionalidade.

ADI 2873 / PI – PIAUÍ AÇÃO DIRETA DE INCONSTITUCIONALIDADE Relator (a): Min. ELLEN GRACIE

Julgamento: 20/09/2007 Órgão Julgador: Tribunal Pleno

DJe-139 DIVULG 08-11-2007 PUBLIC 09-11-2007 DJ 09-11-2007 PP-00029 EMENT VOL-02297-01 PP-00091 REQTE. (S): GOVERNADOR DO ESTADO DO PIAUÍ REQDO. (A/S): ASSEMBLEIA LEGISLATIVA DO ESTADO DO PIAUÍ

Ementa

AÇÃO DIRETA DE INCONSTITUCIONALIDADE. ART. 54 VI DA CONSTITUIÇÃ O DO ESTADO DO PIAUÍ. VEDAÇÃO DA FIXAÇÃO DE LIMITE MÁXIMO DE IDADE PARA PRESTAÇÃO DE CONCURSO PÚBLICO. OFENSA AOS ARTIGOS 37, I E 61, § 1°, II, C E F, DA CONSTITUIÇÃO FEDERAL. Dentre as regras básicas do processo legislativo federal, de observância compulsória pelos Estados, por sua implicação com o princípio fundamental da separação e independência dos Poderes, encontram-se as previstas nas alíneas a e c do art. 61, § 1°, II da CF, que determinam a iniciativa reservada do Chefe do Poder Executivo na elaboração de leis que disponham sobre o regime jurídico e o provimento de cargos dos servidores públicos civis e militares. Precedentes: ADI 774, rel. Min. Sepúlveda Pertence, D.J. 26.02.99, ADI 2.115, rel. Min. Ilmar Galvão e ADI 700, rel. Min. Maurício Corrêa. Esta Corte fixou o entendimento de que a norma prevista em Constituição Estadual vedando a estipulação de limite de idade para o ingresso no serviço público traz em si requisito referente ao provimento de cargos e ao regime jurídico de servidor público, matéria cuja regulamentação reclama a edição de legislação ordinária, de iniciativa do Chefe do Poder Executivo. Precedentes: ADI 1.165, rel. Min. Nelson Jobim, DJ 14.06.2002 e ADI 243, red. p/ o acórdão Min. Marco Aurélio, DJ 29.11.2002. Ação direta cujo pedido se julga procedente.

30

PODER LEGISLATIVO

O artigo 44 ao artigo 69 da Constituição Federal rege acerca do Poder Legislativo, que diz o artigo 44: "O Poder Legislativo é exercido pelo Congresso Nacional, que se compõe da Câmara dos Deputados e do Senado Federal".

Por sermos um Estado Federal, o Poder Legislativo é exercido tanto através da União quanto pelos Estados-membros e os Municípios. Mas no caso da União diferencia-se dos demais entes tendo em vista que o sistema adotado no Legislativo é Bicameral e nos Estados e Municípios é Unicameral.

O unicameralismo ocorre quando existe apenas uma única Câmara Legislativa, tendo esta a finalidade de representar a vontade do povo. Já o sistema bicameral é o adotado quando o Poder Legislativo se encontra dividido em duas casas distintas. A princípio isso se deveu aos fatores de natureza nobiliárquica, porque os nobres haveriam de possuir uma Câmara própria. O Bicameralis- mo surgiu na Inglaterra, em 1265, quando um feudatário de origem normanda Simon de Motfort, reuniu o Parlamento contra a vontade do rei Henrique III e convocou também dois cavalheiros por cada condado e dois burgueses por cada cidade, merecendo por tal motivo a denominação de "pai da Câmara dos Comuns". Eduardo I, em 1295, consolidou este procedimento sendo que, no ano de 1351, a Câmara dos Comuns passaria a se reunir em uma sala distinta daquela em que funcionava a Câmara dos Lordes. Assim que desde o final do século XIV é que se delineava na Inglaterra o princípio do bicameralismo.

Ab initio o Bicameralismo era monárquico e elitista, os norte-americanos converteram este sistema de ordens estamentais em uma nova técnica parlamentar e republicana, visivelmente desprendida de quaisquer conotações ou interesses classistas.

A origem do Senado Federal remonta em 29 de maio de 1787 quando começavam os debates da Convenção de Filadélfia que dariam origem à Constituição dos Estados Unidos. Neste dia o Governador da Virgínia, Edmund Randolph apresentou um plano de governo que Madison propusera à Washington, que ficou conhecido como o plano de Virgínia.

O plano postulava a tripartição dos Poderes em nível federal. Ao longo da Convenção da Filadélfia surgiram opiniões contraditórias, uma o Poder Legislativo federal se tornaria um Congresso eleito sob a base da população ou seria o Congresso mantido sob os moldes da Velha Confederação. Após meses de debates o compromisso surgiu no sentido de que a Câmara baixa do Congresso se compôs de representantes eleitos em cada Estado, proporcionalmente à população. A Câmara Alta se formaria com dois delegados de cada Estado-Membro da nova Federação, independente do número da população.

Foi o chamado Great Compromisse, ou seja, o grande compromisso.

30.1. CONGRESSO NACIONAL

O artigo 48 estabelece as atribuições do Congresso Nacional. A origem das competências do Congresso Nacional reside na autonomia que goza o Poder Legislativo para se estrutura e cumprir as funções que lhe foram designadas pela Constituição.

O Congresso Nacional dispõe de quatro funções: a) legislativa; b) fiscalizadora; c) deliberativa (que permite exercer os atos típicos de sua autonomia, como por exemplo, administrar o funcionamento de seus serviços; d) julgadora no caso de impeachment do Presidente da República.

O Congresso Nacional possui atribuições legislativas: imprópria e própria.

30.1.1. CONGRESSO NACIONAL ATRIBUIÇÕES LEGISLATIVAS IMPRÓPRIAS

As atribuições impróprias que trata o artigo 48 da Constituição Federal são aquelas outorgadas ao Congresso Nacional, em que, para haver o seu exercício, terá de existir a sanção por parte do Presidente da República. É denominada de atribuição legislativa imprópria porque há a interferência do Poder Executivo no exercício de uma atribuição do Poder Legislativo.

Assim dispõe o artigo 48 da Constituição Federal pátria:

> *Cabe ao Congresso Nacional, com a sanção do Presidente da República, não exigida esta para o especificado nos artigo 49, 51 e 51, dispor sobre todas as matérias de competência da União, especialmente sobre:*
> *I – sistema tributário, diretrizes orçamentárias, orçamento anula, operações de crédito, dívida pública e emissões de curso forçado;*
> *II – plano plurianual, diretrizes orçamentárias, orçamento anual, operações de crédito, dívida pública e emissões de curso forçado;*
> *III – fixação e modificação do efetivo das Forças Armadas;*
> *IV – planos e programas nacionais, regionais e setoriais de desenvolvimento;*
> *V- limites do território nacional, espaço aéreo e marítimo e bens do domínio da União;*
> *VI – incorporações, subdivisão ou desmembramento de áreas de Territórios ou Estados, ouvidas as respectivas Assembleias Legislativas;*
> *VII- transferência temporária da sede do Governo Federal;*
> *VIII- concessão de anistia;*
> *IX- organização administrativa, judiciária, do Ministério Público e da Defensoria Pública da União e dos Territórios e organização judiciária, do Ministério Público e da Defensoria Pública do Distrito Federal;*
> *X- Criação, transformação e extinção de cargos, empregos e funções públicas, observado o que estabelece o art. 84, VI, b;*

XI – criação e extinção de Ministério e órgãos da Administração Pública;
XII – telecomunicações e radiodifusão;
XIII- matéria financeira, cambial e monetária, instituições financeiras e suas operações;
XIV – moeda, seus limites de emissão, e montante da dívida mobiliária federal;
XV – fixação do subsídio dos Ministros do Supremo Tribunal Federal, observado o que dispõem os arts. 39, § 4°, 150, II, 153, III e 153, § 2°, I.

30.1.2. CONGRESSO NACIONAL ATRIBUIÇÕES LEGISLATIVAS PRÓPRIAS

O artigo 49 da Constituição Federal é denominado de atribuição própria do Congresso Nacional porque não há interferência do Presidente da República na sua concretização, que ocorre por meio de decreto legislativo.

O elenco do artigo citado é exauriente, não podendo ser inserida novas matérias em nível infraconstitucional, sob pena de fragmentação do equilíbrio entre os três Poderes. Esta atribuição própria é inerente do Poder Legislativo refere-se às prerrogativas que possibilitam ao Legislativo o exercício de sua autonomia e o cumprimento das obrigações delineadas na Lei maior.

Somente podem ser incluídas novas matérias por intermédio de emendas constitucionais. Assim dispõe o artigo 49:

É da competência exclusiva do Congresso Nacional:
I – resolver definitivamente sobre tratados, acordos ou atos internacionais que acarretem encargos ou compromissos gravosos ao patrimônio nacional;
II – autorizar o Presidente da República a declarar guerra, a celebrar a paz, a permitir que forças estrangeiras transitem pelo território nacional ou nele permaneçam temporariamente, ressalvados os casos previstos em lei complementar;
III – autorizar o Presidente e o Vice-Presidente da República a se ausentarem do País, quando a ausência exceder a quinze dias;
IV – aprovar o estado de defesa e a intervenção federal, autorizar o estado de sítio, ou suspender qualquer uma dessas medidas;
V – sustar os atos normativos do Poder Executivo que exorbitem do poder regulamentar ou dos limites de delegação legislativa;
VI – mudar temporariamente sua sede;
VII – fixar idêntico subsídio para os Deputados Federais e os Senadores observados o que dispõem os arts. 37, XI, 39, § 4°, 150, II, 153, III e 153, § 2°, I;
VIII – fixar subsídios do Presidente e do Vice-Presidente da República e apreciar os relatórios sobre a execução dos planos de governo;
IX – julgar anualmente as contas prestadas pelo Presidente da República e apreciar os relatórios sobre a execução dos planos de governo;
X – fiscalizar e controlar, diretamente, ou por qualquer de suas Casas, os atos do Poder Executivo, incluídos os da administração indireta;
XI – zelar pela preservação de sua competência legislativa em face da atribuição normativa dos outros Poderes;
XII- apreciar os atos de concessão e renovação de concessão de emissoras de rádio e televisão;
XIII – escolher dois terços dos membros do Tribunal de Contas da União;

XIV – aprovar iniciativas do Poder Executivo referentes a atividades nucleares;
XV – autorizar referendo e convocar plebiscito;
XVI – autorizar, em terras indígenas a exploração e o aproveitamento de recursos hídricos e a pesquisa e lavras de riquezas minerais;
XVII – aprovar, previamente, a alienação ou concessão de terras públicas com área superior a dois mil e quinhentos hectares.

30.2. CÂMARA DOS DEPUTADOS

O artigo 45 da Constituição Federal consagra que: *"A Câmara dos Deputados compõe-se de representantes do povo, eleitos, pelo sistema proporcional em cada Estado, em cada Território e no Distrito Federal"*.

Como reza o preceituado a Câmara dos Deputados é a casa legislativa que é composta pelos representantes do povo. Estes deputados Federais são eleitos pelo sistema proporcional, em cada Estado, em cada Território e no Distrito Federal.

Além de preencher as condições básicas de elegibilidade dispostas no artigo 14 já citado da Constituição Federal os candidatos deverão ter a idade mínima de vinte e um anos.

Quanto ao número de Deputados o princípio democrático da proporcionalidade de representação popular consagra que um homem deve valer por um único voto. No artigo 45, § 1° da Constituição Federal dispõe que:

> *O número total de Deputados bem como a representação por Estado e pelo Distrito Federal, será estabelecido por lei complementar, proporcionalmente à população, procedendo-se aos ajustes necessários, no ano anterior às eleições, para que nenhuma daquelas unidades da Federação tenha menos de oito ou mais de setenta deputados.*

§ 2°: *"Cada Território elegerá quatro Deputados".*

A Câmara é composta de 513 membros eleitos pelos cidadãos brasileiros.

30.2.1. COMPETÊNCIAS PRIVATIVAS DA CÂMARA DOS DEPUTADOS

O artigo 51 da Constituição Federal determina as competências privativas da Câmara dos Deputados, são elas: I – autorizar, por dois terços de seus membros, a instauração de processo contra o Presidente e o Vice-Presidente da República e os Ministros de Estado; II – proceder à tomada de contas do Presidente da República, quando não apresentadas ao Congresso Nacional dentro de sessenta dias após abertura da sessão legislativa; III – elaborar seu regimento interno; IV – dispor sobre sua organização, funcionamento, polícia, criação, transformação ou extinção dos cargos, empregos e funções de seus serviços e a iniciativa de lei para fixação da respectiva remuneração,

observados os parâmetros estabelecidos na lei de diretrizes orçamentárias;
V – eleger membros do Conselho da República, nos termos do art. 89, VII.

O instrumento legislativo para a realização de sua competência é chamado de resolução, não havendo possibilidade de delegação para o Senado. A terminologia empregada, atribuição privativa, é considerada acertada tendo em vista o sentido de que é uma atividade legislativa. As atribuições privativas ocorrem sem sessões separadas, sem necessidade de que uma Casa funcione como revisora da outra, poi se trata de competência específica de um dos componentes do Poder Legislativo, atuando de forma isolada.

30.3. SENADO FEDERAL

O Senado Federal compõe-se de representantes dos Estados e do Distrito Federal, eleitos segundo o princípio majoritário. São três senadores para cada unidade federativa, com mandato de oito anos para cada um – além das condições básicas de elegibilidade. É exigido que o senador tenha a idade mínima de trinta e cinco anos. Essa idade mínima é a mais elevada para o exercício do cargo político. A representação é renovada de quatro em quatro anos, alternadamente, por um e dois terços. Assim existem eleições em que o cidadão escolhe dois senadores e outras em que se escolhe apenas um senador.

Essa escolha de número de três vem desde o regime constitucional de 1891, que havia estabelecido um mandato de três anos para os deputados federais. Nos Estados Unidos da América a composição é de dois senadores por Estado.

Os senadores são eleitos, portanto, pelo sistema eleitoral majoritário e dispõem de um mandato de oito anos, a densidade de seus mandatos passa a ser mais substanciosa, gozando de maior legitimidade que um deputado federal. O Senado é composto de 81 membros e a Câmara dos Deputados de 513 membros.

30.3.1. COMPETÊNCIAS DO SENADO FEDERAL

O artigo 52 da Constituição Federal de 1988 estabelece as competências privativas do Senado Federal, são elas:

> I – processar e julgar o Presidente e o Vice-Presidente da República nos crimes de responsabilidade, bem como os Ministros de Estado e os Comandantes da Marinha, do Exército e da Aeronáutica nos crimes da mesma natureza conexos com aqueles;
> II – processar e julgar os Ministros do Supremo Tribunal Federal, os membros do Conselho Nacional de Justiça e do Conselho Nacional do Ministério Público, o Procurador-Geral da República e o Advogado-Geral da União nos crimes de responsabilidade;

> III – aprovar previamente, por voto secreto, após arguição pública, a escolha de: a) magistrados, nos casos estabelecidos nesta Constituição; b) Ministros do Tribunal de Contas da União indicado pelo Presidente da República; c) Governador de Territórios; d) Presidente e diretores do Banco Central; e) Procurador-Geral da República; f) titulares de outros cargos que a lei determinar;
> IV – aprovar previamente, por voto secreto, após arguição em sessão secreta, a escolha dos chefes de missão diplomática de caráter permanente;
> V – autorizar operações externas de natureza financeira, de interesse da União, dos Estados, do Distrito Federal, dos Territórios e dos Municípios;
> VI – fixar, por proposta do Presidente da República, limites globais para o montante da dívida consolidada da União, dos Estados, do Distrito Federal e dos Municípios;
> VII – dispor sobre limites globais e condições para as operações de crédito externo e interno da União, dos Estados, do Distrito Federal e dos Municípios, de suas autarquias e demais entidades controladas pelo Poder Público Federal;
> VIII – dispor sobre limites e condições para a concessão de garantia da União em operações de crédito externo e interno;
> IX – estabelecer limites globais e condições para o montante da dívida mobiliária dos Estados, do Distrito Federal e dos Municípios;
> X – suspender a execução, no todo ou em parte, de lei declarada Inconstitucional por decisão definitiva do Supremo Tribunal Federal;
> XI – aprovar, por maioria absoluta e por voto secreto, a exoneração, de ofício do Procurador-Geral da República antes do término de seu mandato;
> XII – elaborar seu regimento interno;
> XIII – dispor sobre sua organização, funcionamento, polícia, criação, transformação ou extinção dos cargos, empregos e funções de seus serviços e a iniciativa de lei para fixação da respectiva remuneração, observados os parâmetros estabelecidos na lei de diretrizes orçamentárias;
> XIV – eleger membros do Conselho da República, nos termos do art. 89, VII;
> XV – avaliar periodicamente a funcionalidade do Sistema Tributário Nacional, em sua estrutura e seus componentes e o desempenho das administrações tributárias da União, dos Estados e do Distrito Federal e dos Municípios.

O Senado é uma Câmara de Revisão, tendo-se em vista o processo de elaboração das leis previstos pela Constituição Federal. Em termos de competência privativa, incumbe-lhe tanto intervir no desempenho da função executiva quanto exercer funções advindas de seu caráter federal.

O Senado possui quatro funções constitucionais: a) intervindo no desempenho da função executiva quando aprova a escolha de algum magistrado ou b) em razão de sua existência federal que deve fiscalizar os empréstimos externos que os Estados e Municípios desejam contrair; c) deve ter a função também de processar e julgar o Presidente e Vice-Presidente da República nos crimes de responsabilidade, onde a condenação se dará por dois terços de votos, e se limita à perda do cargo, com inabilitação, por oito anos, para o exercício de função pública; d) deve suspender a execução de leis declaradas inconstitucionais por decisão definitiva do Supremo Tribunal Federal.

Dentre as funções específicas do Senado temos: a) funcionar como tribunal político no julgamento por crime de responsabilidade; b) aprovar, previamente, os indicados para ocuparem importantes cargos nos três poderes e c) autorizar operações financeiras.

30.3.2. ORGANOGRAMA

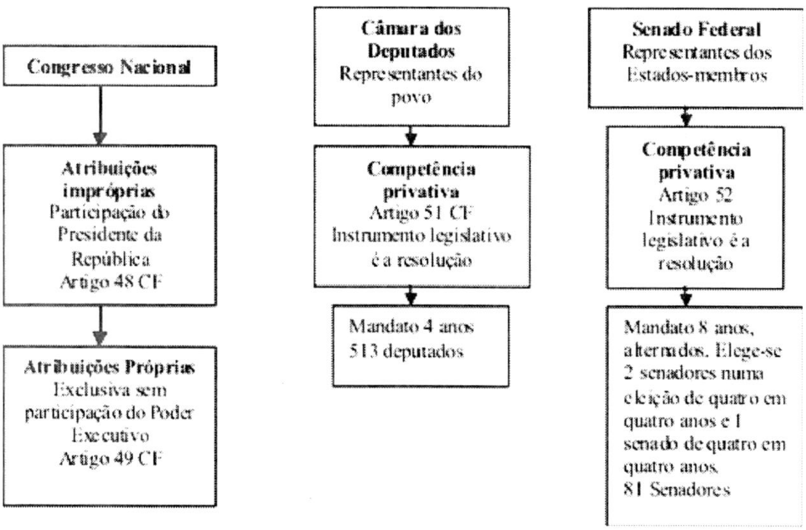

30.4. QUORUM

Na Constituição Federal de 1988 existem três tipos de quorum, são eles:

a) maioria simples ou relativa é aquela que é denominada de comparecimento, em que os parlamentares atestam sua presença em plenário;

b) maioria absoluta também denominada de votação em que os parlamentares podem se posicionar aprovando, rejeitando ou se abstendo de votar a matéria. Nessa etapa são computadas todas as presenças em plenário. É necessária a presença de metade mais um do total de deputados ou senadores, ou seja, 257 (metade mais um de 513) e 41 (metade mais um de 81), só haverá a segunda fase com a realização da primeira,

c) maioria qualificada são de dois terços e três quintos. Para encontrar este quorum basta multiplicá-los pelo número total de senadores, 81 ou pelo número de deputados 513. Exemplo o quorum de três quintos de deputados devemos multiplicar 3/5 por 513 = 308 deputados. Somente com este número se dá a votação para determinada matéria.

Quando a Constituição verberar que a matéria deverá ser regulada por lei, esta lei pode ser uma lei ordinária, com o quorum de maioria simples. A Lei complementar necessidade de um quorum de maioria absoluta e deve sempre estar expresso na Carta Maior.

30.5. IMUNIDADES PARLAMENTARES

A imunidade parlamentar é a prerrogativa que gozam os deputados federais e senadores em virtude do cargo que ocupam. O objetivo é que exerçam suas funções com autonomia e independência e realizem o desempenho desejado pela população que os elegeu.

Sua origem ocorreu com o direito inglês sob a denominação de freedom from arrest que consistia na impossibilidade de prisão e de processo contra parlamentares. Em 1824 a carta reconheceu as imunidades parlamentares e as demais constituições brasileiras continuaram prestigiando o tema.

As imunidades parlamentares são definidas em dois tipos:

a) formal. A imunidade formal pode afastar o parlamentar durante o tempo de duração do mandato para apuração de sua responsabilidade. Neste caso há o impedimento do início da ação penal. Desde a expedição do diploma como decorrência da imunidade formal, os parlamentares só podem ser presos por crimes inafiançáveis, e mesmo por estes a nota de culpa, ato que formaliza a prisão em flagrante, para ser expedida, dependerá da anuência da Casa à qual pertencer o parlamentar exigindo-se um quorum de maioria absoluta, conforme prevê o artigo 53, § 2°, da CF: "Desde a expedição do diploma, os membros do Congresso Nacional não poderão ser presos, salvo em flagrante de crime inafiançável. Nesse caso, os autos serão remetidos dentro de vinte e quatro à Casa respectiva, para que, pelo voto da maioria de seus membros, resolva sobre a prisão". A sustação do processo suspende a prescrição enquanto durar o mandato, ex vi do artigo 53, § 5° da CF: "A sustação do processo suspende a prescrição, enquanto durar o mandato";

A Súmula 245 do STF estabelece que: "A imunidade parlamentar não se estende ao co-réu sem essa prerrogativa".

b) material. Neste caso a imunidade pode excluir a responsabilidade penal do parlamentar. Ela exclui a responsabilidade por algum tipo penal, conforme dispõe o caput do artigo 35 da Constituição Federal: "Os Deputados e Senadores são invioláveis, civil e penalmente por quaisquer de suas opiniões, palavras e votos".

As imunidades têm início com a diplomação do parlamentar (ratificação do resultado da eleição pela Justiça Eleitoral).

O artigo 53, § 3° da CF reza que:

> *Recebida a denúncia contra o Senador ou Deputado, por crime ocorrido após a diplomação, o Supremo Tribunal Federal dará ciência à Casa respectiva, que por iniciativa de partido político nela representado e pelo voto da maioria de seus membros, poderá, até a decisão final, sustar o andamento da ação.*

Recebida a denúncia contra o parlamentar o Supremo Tribunal Federal formalizará ciência à Casa respectiva, que poderá sustar o andamento da ação, por iniciativa de partido político nela representado. Ainda conforme o § 4° do artigo 53: *"O pedido de sustação será apreciado pela Casa respectiva no prazo improrrogável de quarenta e cinco dias do seu recebimento pela Mesa Diretora"*. Dentro deste prazo se não houver deliberação o processo segue seu curso normal.

A competência para processar e julgar os parlamentares desde a expedição do diploma e na constância do mandato cabe ao Supremo Tribunal Federal ex vi do artigo 53, § 1° da CF: *"Os Deputados e Senadores, desde a expedição do diploma, serão submetidos a julgamento perante o Supremo Tribunal Federal"*.

A imunidade também abrange a não obrigatoriedade de testemunhar sobre dados recebidos ou prestados em razão do exercício do mandato, ex vi do artigo 53, § 6°:

> *Os Deputados e Senadores não serão obrigados a testemunhar sobre informações recebidas ou restadas em razão do exercício do mandato, nem sobre as pessoas que lhes confiaram ou deles receberam informações.*

Os parlamentares somente poderão ser incorporados às Forças Armadas através de prévia licença da Casa respectiva conforme salienta o § 7°, do artigo 53 da CF: "A incorporação às Forças Armadas de Deputados e Senadores, embora militares e ainda que em tempo de guerra, dependerá de prévia licença da Casa respectiva".

Por fim deve-se ressaltar que considerado como requisito indispensável ao exercício amplo das funções parlamentares, a imunidade permanece vigente até mesmo no estado de sítio e no estado de defesa, podendo somente ser suspensa mediante o voto de dois terços dos membros da Casa respectiva e, assim mesmo, para atos praticados fora do recinto d Congresso e que sejam incompatíveis com a execução das medidas de excepcionalidade legal ex vi do artigo 53, § 8° da CF.

É bom salientar que os Deputados Federais, Estaduais e Senadores possuem ambas as imunidades formal e material. Entretanto, os Prefeitos e Vereadores somente possuem a imunidade material e não possuem a imunidade formal.

O Presidente da República e os Governadores possuem ambas as imunidades formal e material.

30.5.1. IMPEDIMENTO DOS PARLAMENTARES

Os impedimento tratados no artigo 54 da Constituição Federal referem-se as incompatibilidades de condutas dos parlamentares que comprometem a honradez do seu mandato.

Cita o artigo 54:

> *Os Deputados e Senadores não poderão:*
> *I – desde a expedição do diploma:*
> *a) firmar ou manter contrato com pessoa jurídica de direito público, autarquia, empresa pública, sociedade de economia mista ou empresa concessionária de serviço público, salvo quando o contrato obedecer a cláusula uniformes;*
> *b) aceitar ou exercer cargo, função ou emprego remunerado, inclusive os de que sejam demissíveis ad nutum, nas entidades constantes da aliena anterior;*
> *II – desde a posse:*
> *a) Ser proprietários, controladores ou diretores de empresa que goze de favor decorrente de contrato com pessoa jurídica de direito público, ou nela exercer função remunerada;*
> *b) Ocupar cargo ou função de que sejam demissíveis ad nutum, nas entidades referidas no inciso I, a;*
> *c) Patrocinar causa em que seja interessada qualquer das entidades a que se refere o inciso I, a;*
> *d) Ser titulares de mais de um cargo ou mandato público eletivo.*

De regra geral nenhum parlamentar pode contratar ou exercer função, cargo ou emprego em entidades da administração direta e indireta. A exceção de contratos com cláusulas uniformes se justifica porque, nesse caso, o parlamentar não pode usar sua influência para se beneficiar.

30.5.2. PERDA DO MANDATO

O disposto no artigo 55 da Constituição Federal assegura que:

> *Perderá o mandato o Deputado ou Senador:*
> *I – que infringir qualquer das proibições estabelecidas no artigo anterior;*
> *II – cujo procedimento for declarado incompatível com o decoro parlamentar;*
> *III – que deixar de comparecer, em cada sessão legislativa, à terça parte das sessões ordinárias da Casa a que pertencer, salvo licença ou missão por esta autorizada;*
> *IV – que perder ou tiver suspensos os direitos políticos;*
> *V – quando decretar a Justiça Eleitoral, nos casos previstos nesta Constituição;*
> *VI – que sofrer condenação criminal em sentença transitada em julgado.*

Os §§ 1° e 2°do artigo 55 estabelecem que é incompatível com o decoro parlamentar, além dos casos definidos no regimento interno, o abuso das prerrogativas asseguradas a membro do Congresso Nacional ou a percepção de vantagens indevidas e nos casos de falta de decoro, de sentença transitada em julgado e perda de mandato por motivo do parlamentar ter infringido os impedimentos insculpidos no artigo 54 da Constituição Federal a Casa à qual pertencer o parlamentar terá de autorizar o processo, mediante provocação da respectiva Mesa ou partido político representado no

Congresso Nacional, assegurada a ampla defesa, com quorum de maioria absoluta de votos em sessão secreta.

Nos casos do parlamentar se ausentar por mais de um terço das sessões ou em virtude de sentença por parte da Justiça Eleitoral nos casos previstos na Constituição Federal ou se ele perder ou tiver suspensos os direitos políticos, a decisão será declarada pela Mesa da Casa respectiva, de ofício ou mediante provocação de qualquer de seus membros, ou de partido político representado no Congresso Nacional, sem necessidade de nenhum tipo de votação, de forma imediata. Em qualquer hipótese, sempre deve ser assegurada ampla defesa ao parlamentar ex vi do § 3°, artigo 55 da Constituição Federal.

Portanto o parlamentar perderá seu mandato, automaticamente, sem necessidade de votação pela Casa à qual pertencer, no caso de faltar a mais de um terço das sessões ou em virtude de sentença por parte da Justiça eleitoral ou se ele perder ou tiver suspensos os direitos políticos. Dependerão de votação da Casa os demais casos.

Finalmente o § 4° do artigo 55m reza que: *"A renúncia do parlamentar submetido a processo que vise ou possa levar à perda do mandato, nos termos deste artigo terá seus efeitos suspensos até as deliberações finais de que tratam os §§ 2° e 3°".*

A suspensão dos efeitos da renúncia do parlamentar sujeito a investigação que tenha procedimento protocolado à Mesa da respectiva Casa à qual ele pertencer, fica sujeita a condição suspensiva, somente produzindo efeitos se a decisão final não concluir pela sanção. Se a decisão for pela perda do mandato, a declaração da renúncia estará arquivada e, como sanção, por causa do processo parlamentar, ele será considerado inelegível por oito anos.

30.5.3. PARLAMENTARES INVESTIDOS EM OUTROS CARGOS PÚBLICOS

Predispõe o artigo 56 duas formas de afastamento do parlamentar:

> a) investido de outro cargo político (Ministro de Estado, Governador, Secretário de Estado, do Distrito Federal, de Território, de Prefeitura de capital ou chefe de missão diplomática temporária);
> b) por licença médica desde que o afastamento não ultrapasse 120 dias.

O artigo 56 da Carta Política enfatiza que:

> *[...] não perderá o mandato o Deputado ou Senador:*
> *I – investido no cargo de Ministro de Estado, Governador de Territórios, Secretário de Estado, do Distrito Federal, de Território, de Prefeitura de capital ou chefe de missão diplomática temporária;*

> *II – licenciado pela respectiva Casa por motivo de doença ou para tratar, sem remuneração, de interesse particular, desde que, neste caso, o afastamento não ultrapasse cento e vinte dias por sessão legislativa.*

Conforme preleciona o § 3° do citado dispositivo constitucional: "Na hipótese do inciso I, o Deputado ou Senador poderá optar pela remuneração do mandato".

Ao tratar de licença do parlamentar pelos motivos elencados no artigo 56, os §§ 1° e 2° estabelecem que:

> *[...] o suplente será convocado nos casos de vaga, de investidura em funções previstas neste artigo ou de licença superior a cento e vinte dias", ainda "Ocorrendo vaga e não havendo suplente, far-se-á eleição para preenchê-la se faltarem mais de quinze meses para o término do mandato.*

30.5.4. ORGANOGRAMA

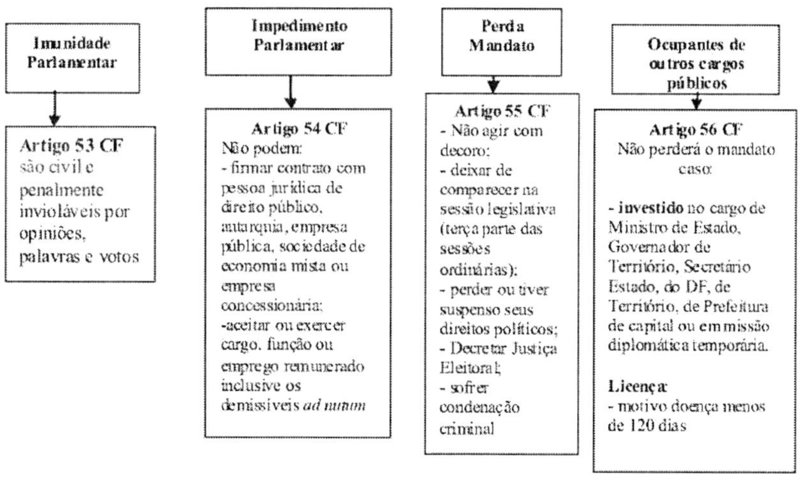

30.6. DAS REUNIÕES

O preceituado no artigo 57 da Constituição Federal verbera que: "O Congresso Nacional reunir-se-á anualmente, na Capital Federal, de 2 de fevereiro a 17 de julho e de 1 de agosto a 22 de dezembro".

O período anual de trabalho dos parlamentares denomina-se sessão legislativa que se divide em dois períodos, conforme estabelece o preceito elencado. Um primeiro período de 2 de fevereiro a 17 de julho e, um segundo período de 1 de agosto a 22 de dezembro. Os períodos não incluídos nestas datas são chamados de recesso parlamentar. A ideia do Constituinte foi a de que, neste período de recesso parlamentar, o eleito deverá estar em suas bases para ter contato direto com aqueles que o elegeu.

O § 1° do artigo 57 estabelece que: *"As reuniões marcadas para essas datas serão transferidas para o primeiro dia útil subsequente, quando recaírem em sábados, domingos ou feriados"*.

Ou seja, se o dia 2 de fevereiro ou 1 de agosto cair num sábado, domingos ou feriados serão, imediatamente, transferidos para o primeiro dia útil subsequente.

O § 2° do artigo 57 reza que: *"A sessão legislativa não será interrompida sem a aprovação do projeto de lei de diretrizes orçamentárias"*.

Legislatura significa o tempo de mandato dos deputados, que é de quatro anos. Os Deputados e Senadores devem tomar posse sempre no dia 1° de janeiro do ano subsequente ao da eleição e entram em exercício efetivo no dia 2 de fevereiro. Entretanto, a partir do dia 1 de fevereiro começam eles a se reunir, em sessão preparatória, para definir a composição das Mesas Diretoras, tanto do Senado quanto da Câmara dos Deputados, ex vi do § 4°, do artigo 57, da Constituição Federal. Os membros das respectivas Mesas são eleitos para um mandato de dois anos, sendo vedada a recondução para o mesmo cargo na eleição imediatamente subsequente. A composição da Mesa é de um Presidente e um primeiro Secretário, segundo Secretário, terceiro Secretário e um quarto Secretário.

A Câmara dos Deputados e o Senado Federal reunir-se-ão em sessão conjunta de acordo com o § 3° do artigo 57 para: *"I – inaugurar a sessão legislativa; II – elaborar o regimento comum e regular a criação de serviços comuns às Casas; III – receber o compromisso do Presidente e do Vice-Presidente da República; IV – conhecer do veto e sobre ele deliberar"*.

A Mesa Diretora é o órgão que comanda todos os trabalhos do Congresso. Sua função é bastante ampla. Ela tem a prerrogativa de organizar a pauta de votação, gerir o orçamento do Poder Legislativo, administrar o seu corpo de funcionários etc. A Mesa Diretora não tem função legiferante, sua atividade é meramente administrativa.

A Mesa do Congresso Nacional será presidida pelo Presidente do Senado Federal e os demais cargos serão exercidos, alternadamente, pelos ocupantes de cargos equivalentes na Câmara dos Deputados e no Senado Federal, (§ 5°, artigo 57, CF).

30.6.1. SESSÕES EXTRAORDINÁRIAS

O § 6° do artigo 57 da Constituição Federal vaticina que:

> A convocação extraordinária do Congresso Nacional far-se-á: I – pelo Presidente do Senado Federal, em caso de decretação de estado de defesa ou de intervenção federal, de pedido de autorização para a decretação de estado de sítio e para o compromisso e a posse do presidente e do Vice-Presidente da República; II – pelo Presidente da República, pelos Presidentes da Câmara dos Deputados e do Senado Federal ou a requerimento da maioria dos membros de ambas as

Casas, em caso de urgência ou interesse público relevante, em todas as hipóteses deste inciso com a aprovação da maioria absoluta de cada uma das Casas do Congresso Nacional.

As sessões realizadas dentro do recesso parlamentar são designadas sessões extraordinárias, e, por sua convocação, os deputados e senadores ficam vedados de receber pagamento de parcela indenizatória em razão da convocação (§ 7°, artigo 57, CF). A exceção a esta regra ocorre quando houver medidas provisórias em vigor na data de convocação extraordinária do Congresso Nacional, então serão as mesmas incluídas na pauta de convocação (§ 8°, artigo 57, CF).

As reuniões das Mesas da Câmara dos Deputados e do Senado Federal a princípio ocorrem de forma separada. Uma norma para ser aprovada deve ser votada separadamente. Uma Casa funciona como revisora da outra. Entretanto, podem ocorrer sessões conjuntos como estabelece o § 3° do artigo 57 citado.

Os casos de sessão conjunto são numerus clausus, não podem ser incluídos outras matérias além das já delineadas pela Constituição Federal.

30.6.2. ORGANOGRAMA

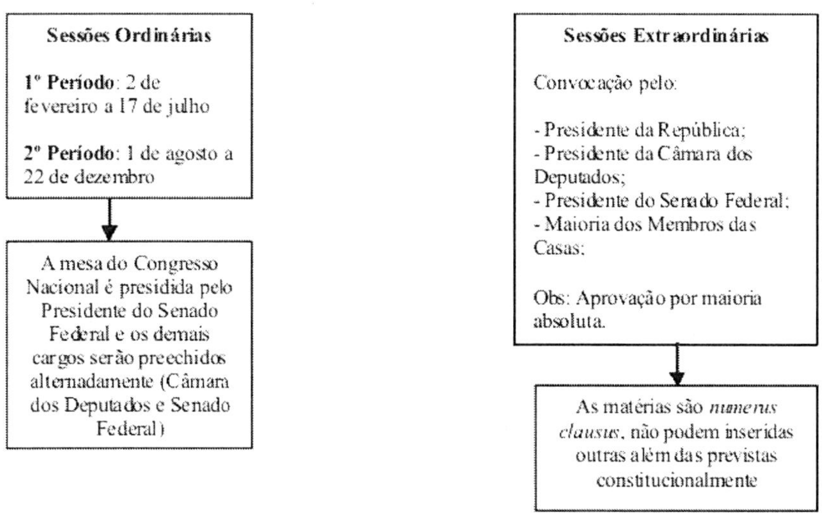

A comissão Representativa do Congresso Nacional, cuja formação obedecerá à composição partidária existente no Parlamento, será eleita na última sessão legislativa para funcionar no recesso, com as funções atribuídas pelo Regimento interno conforme determina o § 4° do artigo 58 da Constituição Federal:

Durante o recesso, haverá uma Comissão representativa do Congresso Nacional eleita por suas Casas na última sessão ordinária do período legislativo com atribuições definidas no regimento comum, cuja composição reproduzirá quanto possível a proporcionalidade da representação partidária.

Isto evita que o Poder Legislativo fique assenhorado de suas funções pelo Chefe do Executivo ou que questões relevantes fiquem sem apreciação pelo Congresso Nacional.

O preceituado no artigo 58 da Constituição Federal reza que: "O Congresso Nacional e suas Casas terão comissões permanentes e temporárias, constituídas na forma e com as atribuições previstas no respectivo regimento ou no ato de que resultar sua criação".

As comissões são núcleos formados por deputados e/ou senadores cujos objetivos são analisar e deliberar sobre determinados assuntos. Elas são divididas conforme dispõe o preceito elencado em: a) temporárias; b) permanentes estas têm sua função adstrita aos assuntos contidos na Constituição e devem exarar pareceres sobre os temos tratados.

Nos casos previstos pelo Regimento Interno o projeto de lei pode ser votado e aprovado pela comissão sem necessidade de ir para votação em plenário.

O artigo 58 da Constituição Federal já citado distingue as comissões parlamentares em permanentes e temporárias que poderão ser criadas em cada Casa Legislativa ou pelo Congresso Nacional.

José Alfredo de Oliveira Baracho[1] cita outra classificação para as Comissões Parlamentares segundo o seguinte critério: a) de acordo com a competência: legislativa, investigadora, de acusação, protocolares; b) segundo a forma de integração: formada por membros de uma só Câmara; formadas por membros de ambas as Câmaras (Comissões mistas Permanentes), membros das Câmaras, setores privados e do executivo; c) comissões formadas por parlamentares: técnicos, grupos de interesse e do Executivo; d) de acordo com a duração: permanente, especiais; e) segundo a sua origem: comissões constitucionais, comissões legais, comissões regulamentares.

Entretanto, seguindo a orientação do texto constitucional e do regimento interno da Câmara dos Deputados, podem-se classificar as comissões parlamentares em:

a) Permanentes, assim consideradas as que têm a mesma composição durante a legislatura e são estruturadas em função da matéria geralmente coincidente com o campo funcional dos Ministérios;

b) Temporárias, as que funcionam durante a legislatura, ou se dissolvem com o encerramento dos seus trabalhos, subdividindo-se em exter-

1 BARACHO, José Alfredo de Oliveira. *Teoria Geral das Comissões Parlamentares*, Rio de Janeiro: Forense, 1988. p. 39.

nas, quando visam representar a Câmara em atos externos (Congressos, Solenidades e outros) e especiais, para tratar de assuntos concretos. As Comissões Especiais, segundo o Regimento Interno da Câmara serão constituídas para emitir parecer sobre proposta de emenda à Constituição, projeto de código e proposições que versarem matéria de competência de mais de três Comissões que devam pronunciar-se quanto ao mérito, por iniciativa do Presidente da Câmara, ou a requerimento do Líder ou de Presidente de Comissão interessada;

c) Mistas, as constituídas por Deputados e Senadores, ou seja, comissões do Congresso Nacional (criadas, por exemplo, para emitir parecer sobre o veto, projetos de leis financeiras etc.);

d) De inquérito são as que têm poderes de investigação próprios das autoridades judiciais, além de outros previstos nos regimentos internos das respectivas Casas Legislativas, e serão criadas pela Câmara dos Deputados e pelo Senado Federal, em conjunto ou separadamente mediante requerimento de um terço de seus membros, para a apuração de fato determinado e por prazo certo, sendo suas conclusões, se for o caso, encaminhadas ao Ministério Público para que promova a responsabilidade civil ou criminal dos infratores (art. 58, § 3°, CF).

30.7.1. COMISSÕES PARLAMENTARES DE INQUÉRITO

Essas Comissões têm por finalidade a investigação de fato determinado. Elas não podem investigar fato que seja de interesse privado, e que não diga respeito à ordem constitucional legal, econômica e social do país.

O Regimento Interno da Câmara dos Deputados em seu artigo 35, § 1°, considera como fato determinado o acontecimento de relevante interesse para a vida pública e a ordem constitucional legal, econômica e social do país, que estiver devidamente caracterizado no requerimento da Comissão.

Para que se determine tal fato necessário se faz: a) plano de existência: se houver o fato, ou se não houver; b) plano de legalidade se o fato compõe determinada figura penal ou ato ilícito civil (ou administrativo); c) no plano da topografia onde se deu o fato; d) no plano de tempo quando se deu o fato; e) no plano da quantatividade se houve redução do fato ou a quanto sobre o prejuízo.

A Constituição Federal no seu § 3°, artigo 58 estabelece que:

> *As* Comissões parlamentares de inquérito que terão poderes de investigação próprios das autoridades judiciais, além de outros previstos nos regimentos das respectivas Casas, serão criadas pela Câmara dos Deputados e pelo Senado Federal em conjunto ou separadamente, mediante requerimento de um terço de seus membros, para a apuração de fato determinado e por prazo certo, sendo suas conclusões ser for o caso, encaminhadas ao Ministério Público, para que promova a responsabilidade civil ou criminal dos infratores.

A Constituição atribui às Comissões Parlamentares de Inquérito poderes de investigação próprios das autoridades judiciais, além de outros previstos nos regimentos das Casas Legislativas.

Trata-se de poderes próprios das autoridades judiciárias, e não de jurisdição que é inerente aos órgãos do Judiciário, no seu poder-dever de dizer o direito e aplicá-lo ao caso concreto. Os poderes investigatórios da Comissão visam apenas à instrução de inquérito legislativo.

As Comissões Parlamentares de Inquérito poderão convocar Ministros de Estado e demais titulares de órgãos diretamente subordinado à Presidência da República para prestarem pessoalmente, informações sobre assunto previamente determinado, importando em crime de responsabilidade a ausência sem justificação adequada (art. 50, CF).

A competência das Comissões Parlamentares de Inquérito, em razão da matéria está disposta no § 2° do artigo 58 da Constituição Federal, são elas:

> *I – discutir e votar projeto de lei que dispensar, na forma do regimento, a competência do Plenário, salvo se houver recurso de um décimo dos membros da Casa;*
> *II – realizar audiências públicas com entidades da sociedade civil;*
> *III – convocar Ministros de Estado para prestar informações sobre assuntos inerentes a suas atribuições;*
> *IV – receber petições, reclamações, representações ou queixas de qualquer pessoa contra atos ou omissões das autoridades ou entidades públicas;*
> *V – solicitar depoimento de qualquer autoridade ou cidadão;*
> *VI – apreciar programas de obras, planos nacionais, regionais e setoriais de desenvolvimento e sobre eles emitir parecer.*

O Congresso Nacional dispõe de Poder de Polícia a ser regulado no regimento interno, voltado para a manutenção da ordem dos trabalhos legislativos.

30.7. PRINCÍPIO DA COLEGIALIDADE

Segundo Walber de Moura Agra[2] o princípio da colegialidade planteia que as decisões das comissões Parlamentares de Inquérito, à exceção de sues trabalhos, terão de ser tomadas de forma colegiada, pela maioria dos membros da comissão, de forma fundamentada. Caso contrário, suas decisões serão inquinadas pelo vício de nulidade. O Ministro Celso de Melo em várias oportunidades tem defendido que o princípio da colegialidade condiciona a eficácia das deliberações de qualquer comissão parlamentar de inquérito, especialmente quando se tratar de quebra de sigilo bancário.

2 Idem p. 378

Jurisprudência

HC 90427 / GO – GOIÁS HABEAS CORPUS Relator (a): Min. JOAQUIM BARBOSA
Julgamento: 19/06/2007 Órgão Julgador: Segunda Turma
DJe-018 DIVULG 31-01-2008 PUBLIC 01-02-2008 EMENT VOL-02305-03 PP-00443 PACTE. (S): JOÃO TADEU MARINS CARVALHO IMPTE. (S): DANTON ILYUSHIN BASTOS E OUTRO(A/S)
COATOR (A/S)(ES): RELATOR DO HABEAS CORPUS N° 62393 DO SUPERIOR TRIBUNAL DE JUSTIÇA
Ementa
EMENTA: HABEAS CORPUS. DECISÃO MONOCRÁTICA DO SUPERIOR TRIBUNAL DE JUSTIÇA QUE DENEGA HABEAS CORPUS. ALEGAÇÃO DE OFENSA AO PRINCÍPIO DA COLEGIALIDADE. EXAME DE MÉRITO INCABÍVEL. HABEAS CORPUS PARCIALMENTE DEFERIDO. Decisão singular que, examinando o mérito da causa, usurpa as funções do colegiado e denega de pronto o writ. Ofensa ao princípio da colegialidade, nos termos do Regimento Interno do Superior Tribunal de Justiça. Habeas corpus parcialmente deferido

31

PROCESSO LEGISLATIVO

O artigo 59 da Constituição Federal elenca os tipos legislativos vigentes no processo legislativo.

> *O processo legislativo compreende a elaboração de:*
> *I – emendas à Constituição;*
> *II – leis complementares;*
> *III – leis ordinárias;*
> *IV – leis delegadas;*
> *V – medidas provisórias;*
> *VI – decretos legislativos;*
> *VII – resoluções.*

É cediço que no escalonamento de normas no ápice deste sistema encontra-se a Constituição Federal.

Verifica-se que a única Lei acima de todas as Leis é a Constituição Federal as demais se encontram no mesmo nível de hierarquia.

31.1. EMENDA CONSTITUCIONAL

O artigo 60 da Constituição Federal promove que:

> *A Constituição poderá ser emendada mediante proposta:*
> *I – de um terço, no mínimo, dos membros da Câmara dos Deputados ou do Senado Federal;*
> *II – do Presidente da República;*
> *III – de mais da metade das Assembleias Legislativas das unidades da Federação, manifestando-se, cada uma delas, pela maioria relativa de seus membros.*

As Emendas Constitucionais são supressões, adições ou modificações que alteram o texto da Lei Maior. São realizadas pelo Poder Reformador. Sua finalidade é adequar a Constituição às mudanças da sociedade.

A Emenda Constitucional situa-se num plano acima das demais leis previstas no artigo 59 da Constituição Federal. Uma vez aprovada pelo processo legislativo específico, ela adquire a mesma natureza jurídica e posicionamento hierárquico das normas constitucionais originárias.

As Emendas Constitucionais possuem limitações descritas pelo próprio texto Constitucional. Essas limitações são de ordem:

a) formal, ocorrem por se tratar de um modelo rígido de Constituição Federal, necessário aos modelos federativos. A limitação formal indica que a Constituição somente poderá ser Emendada por aprovação de um terço da Câmara dos Deputados ou do Senado Federal, quando a proposta for apresentada por parlamentar, pelo Presidente da República, ou por mais da metade das Assembleias Legislativas das unidades da Federação, manifestando-se cada uma delas, pela maioria relativa de seus membros. No que tange ao processo de deliberação a proposta de Emenda Constitucional necessita de ser discutida e votada em cada Casa do Congresso Nacional, em dois turnos, considerando-se aprovada se obtiver, em ambos, três quintos dos votos dos respectivos membros;

b) temporal ou circunstancial. A matéria constante da proposta de Emenda Constitucional rejeitada ou havida por prejudicada não pode mais ser objeto de novo proposta na mesma sessão legislativa. Ainda a Constituição não poderá ser emendada na vigência de intervenção federal, de estado de defesa ou de estado de sítio (art. 60 §§ 1° e 5°, CF);

c) substancial ou material. Indicam que a Constituição Federal não pode ser alterada nos seguintes pontos (cláusulas pétreas): 1) forma federativa de Estado; 2) voto direto, secreto, universal e periódico; 3) separação dos poderes; 4) direitos e garantias individuais.

O artigo 60, § 4° da Constituição Federal disciplina que:

> *Não será objeto de deliberação a proposta de emenda tendente a abolir:*
> *I – a forma federativa de Estado;*
> *II – o voto direto, secreto, universal e periódico;*
> *III – a separação dos Poderes;*
> *IV – os direitos e garantias individuais.*

Dá-se o nome de cláusulas pétreas às normas estabelecidas pelo § 4° do artigo 60, ou seja, são cláusulas que deverão ser preservadas para a mantença do Estado Democrático de Direito. O intuito do legislador é o de conservar certos dispositivos constitucionais, especialmente os que garantem, direta ou indiretamente, a plenitude dos direitos individuais. O sistema federativo visa à preservação dos direitos e garantias individuais, assim formando o núcleo imodificável da Constituição Federal.

31.1.1. PROCEDIMENTO

A iniciativa para propor as Emendas está disposta no artigo 60, I, II e III, da Constituição Federal, ou seja, somente o rol taxativo do dispositivo tem legitimidade para propor a Emenda à Constituição Federal, são eles:

> *I – 1/3, no mínimo, dos membros da Câmara dos Deputados ou do Senado Federal;*
> *II – Presidente da República;*
> *III – Mais da metade das Assembleias Legislativas das unidades da Federação, manifestando-se, cada uma delas, pela maioria relativa de seus membros.*

Após a iniciativa segue a fase deliberativa onde é composta das seguintes etapas:

a) Proposta será discutida e votada em cada Casa do Congresso Nacional, em dois turnos;

b) Será aprovada se tiver em cada turno, três quintos dos votos dos respectivos membros. Se este número não for alcançado a propositura será arquivada e não será levada para o segundo turno;

c) O Presidente possui legitimidade para iniciar a proposta, mas não exara sua sanção ou veto;

d) As Emendas Constitucionais serão promulgadas pelas Mesas da Câmara dos Deputados e do Senado Federal, que são os órgãos que ultimam os atos do Poder Reformador;

e) A Emenda Constitucional passa a fazer parte do ordenamento jurídico após sua promulgação e publicação;

f) As Emendas são anexadas à parte final da Constituição Federal em numeração cardinal e as partes que elas alterarem no interior do Texto Maior tem sua redação modificada.

31.1.1. ORGANOGRAMA 1

Emendas Constitucionais
Características

Formal

(art. 60, caput, CF)

Somente pode ser emendada mediante proposta de:

a) 1/3, no mínimo, dos membros da Câmara dos Deputados ou do Senado Federal;
- Presidente da República;
- Mais da metade das Assembléias Legislativas das unidades da Federação, manifestando-se, cada uma delas, pela maioria relativa de seus membros.

Temporal ou circunstancial

(art. 60, §§ 1º e 5º, CF).

A CF não pode ser emendada:

a) intervenção federal, estado de defesa ou estado de sitio;
b) matéria constante de proposta de emenda rejeitada ou prejudicada, não pode ser objeto na mesma sessão legislativa.

Substancial ou Material

(art. 60, § 4º, CF)

Cláusulas Pétreas.

Não será objeto de deliberação proposta de emenda tendente a abolir:

1) forma federativa de Estado;
2) voto direto, secreto, universal e periódico;
3) separação Poderes;
4) direitos e garantias individuais.

31.1.2. ORGANOGRAMA 2

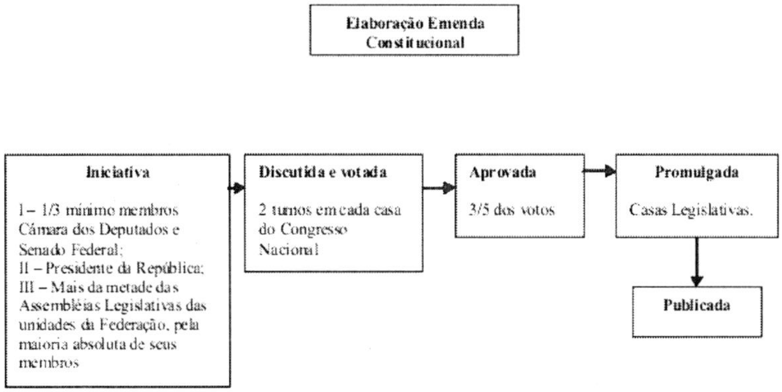

31.2. LEIS COMPLEMENTARES

O disposto no artigo 61 do Texto Maior estabelece que:

> *A iniciativa das leis complementares e ordinárias cabe a qualquer membro ou Comissão dos Deputados, do Senado Federal ou do Congresso Nacional, ao Presidente da República, ao Supremo Tribunal Federal, aos Tribunais Superiores, ao Procurador-Geral da República e aos cidadãos, na forma e nos casos previstos nesta Constituição.*

A função primordial das Leis Complementares é assegurar eficácia concretiva às normas constitucionais, fazendo com que seus preceitos possam ser aplicados na totalidade. Na verdade não existe nenhuma sistematização ontológica para se definir o espaço que deve ser ocupado pelas leis complementares. A intenção foi a de garantir uma estabilidade uma vez tratar-se de uma lei que para ser concretizada necessita de um quorum de maioria absoluta.

A Lei complementar possui dois requisitos:

a) formal. Refere-se ao quórum que será sempre o de maioria absoluta. A razão para este quorum foi para assegurar uma estabilidade, procurando evitar constantes mutações;

b) material. Este requisito implica que para a sua concretização deve haver previsão expressa da Constituição que estipule tal disposição. Como exemplo o artigo 163, caput, da Constituição Federal que determina: **"Lei Complementar disporá sobre [...]"**. ***É determinação constitucional que o tema sobre Finanças públicas seja tratado por Lei Complementar.***

O artigo 69 da Constituição Federal finaliza que: ***"As leis complementares serão aprovadas por maioria absoluta".***

31.2.1. ORGANOGRAMA

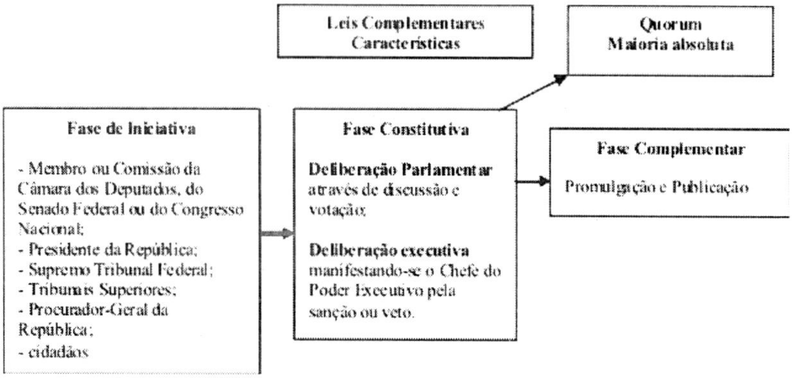

31.2.2. LEI ORDINÁRIA

O artigo 61 da Constituição, já citado determina a iniciativa para propor Lei ordinária que cabe: a) qualquer membro ou comissão da Câmara dos Deputados, do Senado Federal ou do Congresso Nacional; b) Presidente da República; c) Supremo Tribunal Federal; d) Tribunais Superiores; e) Procurador-Geral da República; f) cidadãos.

A lei ordinária é uma lei rotulada como complementar ou delegada pelo legislador constituinte. Ela se afigura como fundamental dentro das perspectivas legalistas do Estado de direito, cabendo-lhe editar normas de caráter genérico e abstrato.

As Leis ordinárias são aquelas infraconstitucionais que nascem no Congresso Nacional e respondem pela maior parte da produção legislativa. Têm a denominação de ordinária uma vez que obedecem ao procedimento padrão para o processo legislativo. A abrangência de sua competência pode ser classificada como residual, ou seja, todas as matérias que não sejam objetos de outras normas como Lei Complementar, Decretos Legislativos, resoluções e as que não lhe forem vedadas é objeto de lei ordinária.

A possibilidade de o cidadão propor normas somente é possível de forma coletiva através de iniciativa popular como prevê o § 2° do artigo 61 da Constituição Federal que dispõe:

> *A iniciativa popular pode ser exercida pela apresentação à Câmara dos Deputados de projeto de lei subscrito por, no mínimo um por cento do eleitorado nacional, distribuído pelo menos por cinco Estados, com não menos de três décimos por cento dos eleitores de cada um deles.*

Entretanto esta iniciativa popular deve se precedida de um determinado órgão ou pessoa, seja ele o Chefe do Poder Executivo, o Poder Judiciário ou o Poder Legislativo. Se não seguir o rito formal ocorrerá a inconstitucionalidade formal passível de Ação de Inconstitucionalidade por vício formal.

O artigo 61 § 1° disciplina as matérias pelas quais pode o Presidente da República propor leis. Assim reza o preceituado:

> *São de iniciativa do Presidente da República as leis que:*
> *I – fixem ou modifiquem os efetivos das Forças Armadas;*
> *II – disponham sobre:*
> *a) criação de cargos, funções ou empregos públicos na administração direta e autárquica ou amento de sua remuneração;*
> *b) organização administrativa e judiciária, matéria tributária e orçamentária, serviços público e pessoal da administração dos Territórios;*
> *c) servidores públicos da União e Territórios, seu regime jurídico, provimento de cargos, estabilidade e aposentadoria;*
> *d) organização do Ministério Público e da Defensoria Pública da União, bem como normas gerais para a organização do Ministério Público e da Defensoria Pública dos Estados, do Distrito Federal e dos Territórios;*
> *e) criação e extinção de Ministérios e órgãos da administração pública, observado o disposto no art. 84, VI;*
> *f) militares das Forças Armadas, seu regime jurídico, provimento de cargos promoções, estabilidade, remuneração, reforma e transferência para a reserva.*

A iniciativa do Presidente da República vai se transpor para as Constituições Estaduais e para as Leis Orgânicas Municipais como princípio constitucional de repetição obrigatória, princípio simétrico, ficando mencionadas matérias da iniciativa privativa dos Chefes do Executivo municipal e estadual. Ainda a lei de iniciativa do Chefe do Executivo pode ser objeto de emenda parlamentar, desde que os dispositivos introduzidos no seu texto ao estejam destituídos de pertinência temática com o projeto original, nem acarretem aumento de despesa. Não pode haver aumento de despesa nos projetos de iniciativa do Presidente da República, com exceção das emendas ao projeto de lei do orçamento anual e das emendas ao projeto de lei de diretrizes orçamentárias (art. 63, I, CF).

31.2.3. PROCEDIMENTO LEGISLATIVO

Os projetos de lei são votados na Câmara dos Deputados. Os projetos propostos pelo Presidente da República, pelo Supremo Tribunal Federal, pelos Tribunais Superiores, os de iniciativa popular e as medidas provisórias, obrigatoriamente devem ser iniciados na Câmara dos Deputados.

Fora estes casos expressos funcionarão o Senado Federal como instância inicial apenas quando o projeto for oriundo de um senador, comissão do Senado e quando a proposta de emenda constitucional for oriunda de mais da metade das Assembleias Legislativas das unidades da federação.

Após esta etapa as propostas passam pela Comissão de Constituição e Justiça e pelas Comissões Temáticas. Ambas as Comissões existem nas duas Casas.

A Comissão de Constituição e Justiça realiza o controle preventivo de constitucionalidade, de teor político. As Comissões Temáticas são divididas de acordo com o assunto específico da matéria a ser proposta.

Numa Comissão faz-se a análise da constitucionalidade do projeto de lei na outra. Na Comissão Temática analisa-se o mérito da matéria proposta.

Feito o parecer e não se opinando pela rejeição do Projeto de Lei a proposta é levada ao plenário da Câmara dos Deputados ou do Senado Federal. Neste plenário haverá o debate é a fase de discussão do Projeto de Lei. Para ser aprovado o projeto de lei dependerá do quorum que são três: a) maioria simples ou relativa. b) maioria absoluta; c) maioria qualificada, quando a matéria necessitar de um quorum específico, exemplo 2/3 e 3/5)

Para se transformar em lei o projeto precisa passar nas duas Casas Legislativas. Uma funciona como revisora da outra.

Após a aprovação segue para o Presidente da Mesa da última Casa votante. A importância da proclamação é atestar que a norma obteve o quorum necessário, após segue para a Comissão de Constituição e Justiça para redação final e, finalmente segue para a sanção presidencial. A sanção pode ser: a) expressa, quando o Presidente da República solenemente consente seu conteúdo ou b) tácita quando passador quinze dias sem manifestação presidencial.

Caso não haja sanção expressa ou tácita, significa que ocorreu o veto ao projeto de lei.

O veto não é absoluto, mas relativo, porque o Congresso Nacional pode derrubar o veto aprovando a propositura normativa.

Após todos os trâmites constitucionais, segue a promulgação que é a entrada da norma no ordenamento jurídico, atestando sua existência e, então, a partir daí a norma passa a ter validade. O seu cumprimento se torna obrigatório. E, finalmente, a publicação.

Existem dois tipos de procedimento legislativo:

a) sumário (artigo 64, §§ 1° a 4°, CF). O prazo para a tramitação do processo em cada uma das Casas é de quarenta e cinco dias. Se houver emendas no Senado, a sua apreciação pela Câmara dos Deputados deve ser feita em dez dias. Caso não seja votada dentro do prazo, deve ser colocada na ordem do dia, sobrestando a votação das demais matérias até que se ultime o procedimento. Exceções para o sobrestamento são as matérias que tenham prazos determinados pela Constituição;

b) sumaríssimo. É o procedimento mais célere existente no processo legislativo previsto no artigo 155 do Regimento Interno da Câmara dos Deputados e no artigo 336, inciso I, do Regimento Interno do Senado Federal. A urgência poderá ser requerida fundamentalmente quando se tratar de matéria que envolva a defesa da sociedade democrática e das liberdades fundamentais, quando exigir providências para atender a calamidade pública e qualquer matéria que tenha urgência e relevância nacional. Poderá ser apresentado no Senado pela maioria dos membros do Senado ou líderes que representem esse número ou por dois terços da composição do Senado, ou pelas comissões do Senado ou pela Comissão de Assuntos Econômicos, quando se tratar de pedido de autorização para realizar operações de crédito;

c) procedimento legislativo abreviado ocorre com a dispensa na apreciação pelo plenário em virtude de a deliberação ocorrer nas comissões (art. 58, § 2°, I, da CF). Algumas matérias são vedadas por este procedimento como projeto de lei de comissões; projeto oriundo de outra Casa do Congresso, que tenha sido votado em plenário; projeto com pareceres divergentes; projeto em regime de urgência; proposta de emenda à Constituição e projeto que altere o regimento interno;

d) procedimento legislativo concentrado ocorre quando há a apreciação de matérias sujeitas à análise em sessão conjunta de deputados e senadores, cada uma com procedimento específico próprio;

e) procedimento legislativo especial ocorre quando da propositura de emendas à Constituição Federal e para a elaboração de códigos. Como a elaboração de códigos é uma tarefa ampla e complexa este procedimento é o adequado para o caso. Na Câmara dos Deputados não pode ser realizada a tramitação simultânea de mais de dois projetos de códigos. No Senado Federal, a presidência da Mesa designará uma comissão temporária para estudar o projeto de código, composta por onze membros e fixará o calendário de sua tramitação, em ambas as Casas, para elaborar o projeto, haverá a designação de um relator-geral e de relatores parciais para analisar as diversas partes do código. Não há prazo para a tramitação dos projetos de códigos.

31.2.4. ORGANOGRAMA

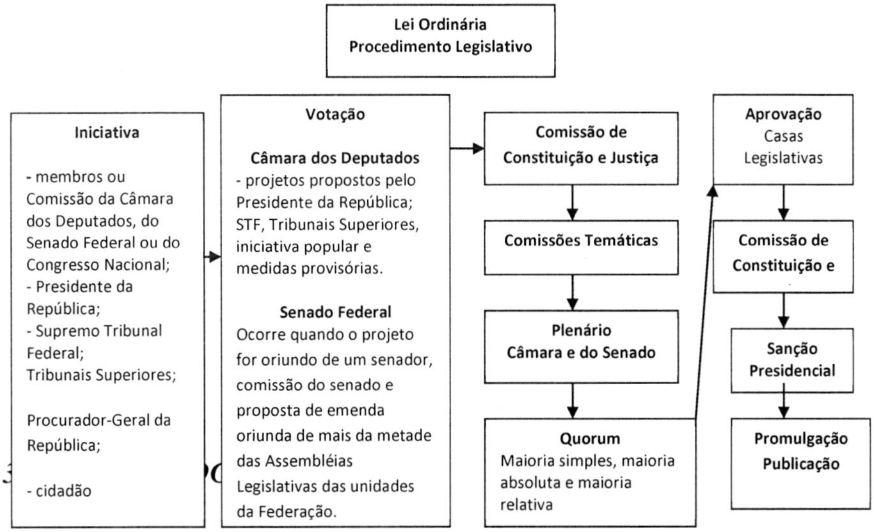

31.2.6. ORGANOGRAMA 3

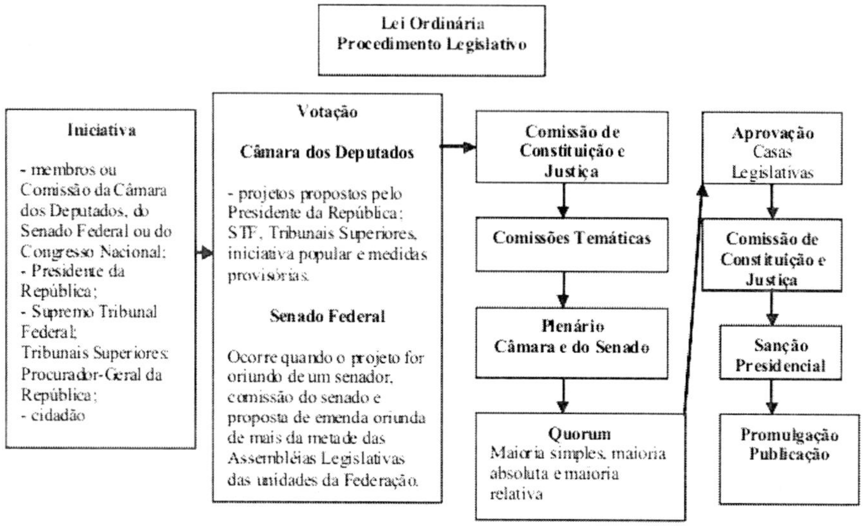

31.3. LEIS DELEGADAS

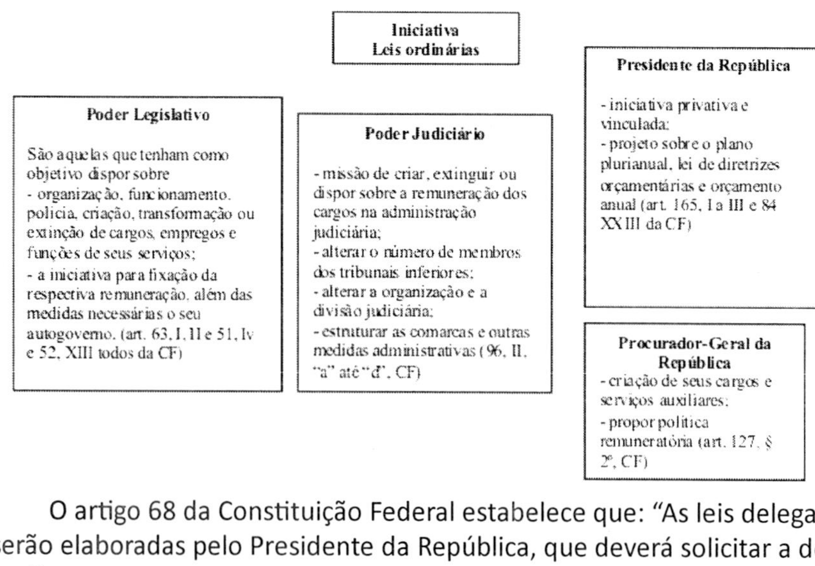

O artigo 68 da Constituição Federal estabelece que: "As leis delegadas serão elaboradas pelo Presidente da República, que deverá solicitar a delegação ao Congresso Nacional".

§ 1°, artigo 68, CF:

> *Não serão objeto de delegação os atos de competência exclusiva do* Congresso Nacional, os de competência privativa da Câmara dos Deputados ou do Senado Federal, a matéria reservada à lei complementar, nem a legislação sobre: I – organização do Poder Judiciário e do Ministério Público, a carreira e na garantia

de seus membros; II – nacionalidade, cidadania, direitos individuais, políticos e eleitorais; III – planos plurianuais, diretrizes orçamentárias e orçamentos.

O § 2°, artigo 68, CF: "A delegação ao Presidente da República terá a forma de resolução do Congresso Nacional que especificará seu conteúdo e os termos de sue exercício".

O § "3° Se a resolução determinar a apreciação do projeto pelo Congresso Nacional, este a fará em votação única, vedada qualquer emenda".

Trata-se de uma lei na qual o Presidente da República elaborará, entretanto deverá solicitar esta delegação de elaboração ao Congresso Nacional. Além disso, não pode o Presidente de a República dispor de qualquer matéria, apenas aquelas que a Constituição não vetar.

A lei delegada se origina por meio de uma resolução do Congresso Nacional que delega poderes para que o Presidente da República a elabore, mediante solicitação. Depois de elaborado o projeto, será ela promulgada e publicada, já que não precisa de sanção.

Essa iniciativa do Presidente da República será apresentada ao Presidente do Senado Federal que convocará sessão conjunta a ser realizada dentro de 72 (setenta e duas) horas.

A Comissão deverá especificar o conteúdo da delegação, os termos para o seu exercício, e fixará prazo não superior a 45 dias para sua promulgação, publicação ou remessa do projeto elaborada para apreciação pelo Congresso Nacional. O parecer será discutido em cinco dias após a distribuição dos avulsos com o seu texto. Encerrada a discussão convoca-se a votação. A aprovação da delegação é realizada por maioria simples, mediante resolução do Congresso Nacional.

O projeto de resolução aprovado será promulgado dentro de 24 (vinte de quatro) horas feita a comunicação ao Presidente da República.

A Lei Delegada depreende-se de dois procedimentos, determinados pelo conteúdo da resolução:

a) O Chefe do Executivo depois do deferimento pelo Poder Legislativo realiza o projeto de lê e o promulga sem retorno ao Congresso Nacional;

b) O Presidente da República realizado o projeto de lei, deve o Poder Legislativo examinar se o conteúdo da resolução foi obedecido. Voltando o projeto de lei ao Congresso, a este somente cabe o papel de manter a propositura normativa ou não, sem nenhuma possibilidade de fazer emendas.

A Constituição estabeleceu ainda matérias que não podem ser objetos de Lei Delegada, são elas:

a) Competência exclusiva do Congresso Nacional e competência privativa da Câmara dos Deputados ou do Senado Federal;

b) Matéria reservada a lei complementar;
c) Organização do Ministério Público e Poder Judiciário;
d) Nacionalidade, cidadania, direitos individuais, políticos e eleitorais;
e) Plano plurianual, diretrizes orçamentárias e orçamento

31.3.1. ORGANOGRAMA

PR = Presidente da República
CN = Congresso Nacional
LC = Lei Complementar
MP = Ministério Público

31.4. MEDIDAS PROVISÓRIAS

O artigo 62 da Constituição Federal disciplina acerca das Medidas Provisórias, vejamos:

> *Em caso de relevância e urgência, o Presidente da República poderá adotar medidas provisórias, com força de lei, devendo submetê-las de imediato ao Congresso Nacional.*

A medida provisória não é lei, mas tem força de lei, tendo eficácia imediata e devendo ser submetida ao Congresso Nacional.

As medidas provisórias perderão sua eficácia, desde sua edição, se não forem convertidas em lei no prazo de sessenta dias prorrogável uma vez por igual período, devendo o Congresso Nacional disciplinar, por decreto legislativo as relações jurídicas delas decorrentes, *ex vi* do § 3° do artigo 62 da Constituição Federal.

É apenas permitida uma só prorrogação automática, por outro período de sessenta dias, contando com uma prorrogação permitida e o seu prazo máximo de vigência é de cento e vinte dias conforme o § 7°, do artigo 62, da CF.

Após esse prazo, se o conteúdo não for aprovado pelo Congresso Nacional a medida provisória perderá sua eficácia imediatamente e caberá ao Legislativo regulamentar as relações jurídicas já realizadas, mediante decreto legislativo.

Caso a medida provisória não for apreciada no prazo de quarenta e cinco dias contados de sua publicação, entrará em regime de urgência em cada uma das Casas Legislativas, passando a ser matéria prioritária em relação à outras medidas que ficarão sobrestadas até que se ultime a votação (§ 6°, artigo 62, CF).

A relevância e urgência identificada no caput do artigo 62 deverão existir quando presentes o fumus boni iuris (fumaça do bom direito) e o periculum in mora (perigo na demora). A urgência deve ser tão eminente que o seguimento do trâmite normal da lei pelo Congresso Nacional poderá causar danos irreparáveis a sociedade.

Antes de se avaliar o mérito da matéria objeto de tramitação deve o Congresso Nacional observar os pressupostos constitucionais (art. 62, § 5°, CF).

Quando designada a Comissão esta terá o prazo de vinte e quatro horas para sua instalação quando serão eleitos o seu Presidente e o Vice-Presidente bem como designado os relatores para a matéria.

As medidas provisórias terão sua votação iniciada na Câmara dos Deputados (§ 8°, art. 62, CF).

Caberá à Comissão mista de Deputados e Senadores examinar as medidas provisórias e sobre elas emitir parecer, antes de serem apreciadas em sessão separada, pelo plenário de cada uma das Casas do Congresso Nacional (§ 9°, art. 62, CF).

É vedada a reedição na mesma sessão legislativa, de medida provisória que tenha sido rejeitada ou que tenha perdido sua eficácia por decurso de prazo (§ 10°, art. 62, CF).

Não editado o decreto-legislativo a que se refere o § 3° até sessenta dias após a rejeição ou perda de eficácia de medida provisória, as relações jurídicas constituídas e decorrentes de atos praticados durante sua vigência conservar-se-ão por ela regidas (§ 11°, art. 62, CF).

Aprovado o Projeto de lei de conversão alterando o texto original da medida provisória, esta manter-se-á integralmente em vigor até que seja sancionado ou vetado o projeto (§ 12°, art. 62, CF).

O § 1° do artigo 62 estipula acerca das matérias que são vetadas por medida provisórias, são elas:

a) Nacionalidade, cidadania, direitos políticos, partidos políticos e direito eleitoral;

b) Direito penal processual penal e processual civil;

c) Organização do Poder Judiciário e do Ministério Público, a carreira e a garantia de seus membros;

d) Planos plurianuais, diretrizes orçamentárias, orçamento e créditos adicionais e suplementares ressalvadas a abertura de crédito extraordinário apenas para atender as despesas imprevisíveis e urgentes, como as decorrentes de guerra, comoção interna ou calamidade pública;

e) Que visem a detenção ou sequestro de bens, de poupança popular ou qualquer outro ativo financeiro;

f) Reservadas a lei complementar;

g) Já disciplinadas em projeto de lei aprovado pelo Congresso Nacional e pendente de sanção ou veto do Presidente da República

A medida provisória somente poderá instituir ou majora tributos sobre importação de produtos estrangeiros, sobre exportação de produtos nacionais ou nacionalizados, sobre produtos industrializados, sobre operações de crédito, câmbio e seguro ou relativas a títulos ou valores imobiliários e extraordinários, na iminência ou no caso de guerra externa, desde que respeitado o princípio da anterioridade tributária.

A edição de medidas provisórias pelos Governadores e Prefeitos Municipais não é possível para a maioria dos doutrinadores. O preceituado no artigo 84 da Constituição Federal delimita ao Presidente da República a competência privativa sem possibilidade de delegação.

31.4.1. ORGANOGRAMA

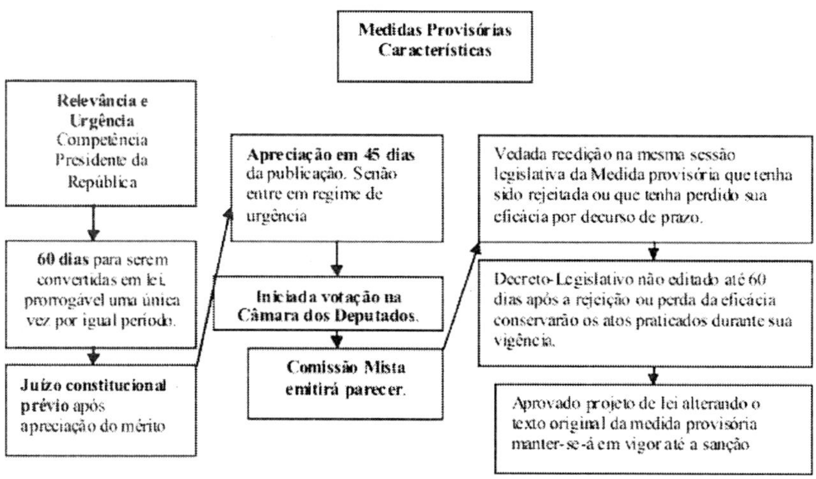

31.5. DECRETOS LEGISLATIVOS E RESOLUÇÕES

Os Decretos legislativos são determinados por atos praticados pelo Congresso Nacional que não exige a remessa ao Presidente da República para a sanção ou veto. O processo previsto para a sua elaboração é o mesmo para a elaboração de leis ordinárias, com a devida ressalva de que é dispensada a sua aprovação pelo Chefe do Executivo.

As matérias que deverão ser objeto de decreto legislativo estão insculpidas no artigo 49 da Constituição Federal além de resolver sobre tratados; autorizar o Presidente a declarar guerra e celebrar a paz; autorizar que o Presidente se ausente por mais de quinze dias do país; aprovar o estado de defesa e a intervenção federal; autorizar o estado de sítio; fixar subsídios para Deputados, Senadores, Presidente, Vice-Presidente e Ministros de Estado; julgar anualmente as contas prestadas pelo Presidente; fiscalizar e controlar os atos do Poder Executivo; zelar pela preservação de sua competência legislativa; apreciar os atos de concessão e renovação de concessão de emissoras de rádio e televisão; escolher dois terços dos membros do Tribunal de Contas da União.

A promulgação do decreto legislativo é feita pelo Presidente do Senado Federal.

Quanto às resoluções tudo que está além do artigo 49 da Constituição Federal estará deliberado conjuntamente ou através das Casas Legislativas e o Congresso Nacional através de Resolução.

O artigo 68 estabelece que é através de resolução que ocorre o caso de delegação legislativa pelo Congresso Nacional ao Presidente da República. O Senado, ainda, por meio de resolução opta pela suspensão de lei declarada inconstitucional (art. 52, X, CF) e fixa alíquotas aplicáveis a alguns impostos estaduais (art. 155, §2°, IV, CF).

A promulgação da resolução é feita pela Mesa do Senado Federal. Se a resolução for expedida por uma única Casa legislativa a promulgação é feita pela Mesa respectiva.

Jurisprudência

RE-AgR 508043 / PR – PARANÁ AG. REG. NO RECURSO EXTRAORDINÁRIO Relator (a): Min. EROS GRAU
Julgamento: 12/08/2008 Órgão Julgador: Segunda Turma
DJe-162 DIVULG 28-08-2008 PUBLIC 29-08-2008 EMENT VOL-02330-05 PP-00908 AGTE. (S): INPACEL INDÚSTRIA DE PAPEL ARAPOTI LTDA AGDO. (A/S): UNIÃO
Ementa
EMENTA: AGRAVO REGIMENTAL NO RECURSO EXTRAORDINÁRIO. CONTRIBUIÇÃO SOCIAL SOBRE O LUCRO. LEI N. 7.689/88. ALTERAÇÃO DO PERCENTUAL. MEDIDA PROVISÓRIA N. 1.807-02/99 E REEDIÇÕES. CONSTITUCIONALIDADE. 1. O Supremo Tribunal Federal fixou entendimento no sentido de que não perde eficácia a medida provisória, com força de lei, não apreciada pelo Congresso Nacional, mas reeditada, por meio de nova medida provisória, dentro de seu prazo de validade de trinta dias. Precedentes. 2. Idoneidade de medida provisória para dispor sobre matéria tributária. Precedentes. Agravo regimental a que se nega provimento.
AI-AgR 658243 / SP – SÃO PAULO AG. REG. NO AGRAVO DE INSTRUMENTO Relator (a):
Min. JOAQUIM BARBOSA Julgamento: 22/04/2008 Órgão Julgador: Segunda Turma
DJe-092 DIVULG 21-05-2008 PUBLIC 23-05-2008 EMENT VOL-02320-09 PP-01909 AGTE. (S): MEGAMIX ENGENHARIA LTDA AGDO. (A/S): UNIÃO
Ementa
EMENTA: AGRAVO REGIMENTAL. PIS. ALTERAÇÃO DE BASE DE CÁLCULO. ARTIGOS 62, P. ÚNICO; 195, I, § 4° E § 6°; E 239, DA CF/1988. CONSTITUCIONALIDADE. O Pleno do Supremo Tribunal Federal, por ocasião do julgamento da ADI 1.417 (rel. min. Octavio Gallotti, DJ de 23.03.2001), entendeu que o art. 239 da Constituição não implicou o engessamento da contribuição ao PIS. Decidiu, também, o Plenário desta Casa, no julgamento do RE 232.896 (rel. min. Carlos Velloso, DJ de 01.10.1999), que o prazo nonagesimal a que se refere o art. 195, § 6°, nos casos reedição de medida provisória, conta-se a partir da veiculação da primeira medida provisória. Agravo regimental de que se conhece, mas a que se nega provimento.

AI-AgR 666701 / GO – GOIÁS AG. REG. NO AGRAVO DE INSTRUMENTO Relator (a): Min. EROS GRAU
Julgamento: 26/02/2008 Órgão Julgador: Segunda Turma
DJe-055 DIVULG 27-03-2008 PUBLIC 28-03-2008 EMENT VOL-02312-15 PP-02872 AGTE. (S): ESTADO DE GOIÁS AGDO. (A/S): JAIRO CIRES PEREIRA
Ementa
EMENTA: AGRAVO REGIMENTAL NO AGRAVO DE INSTRUMENTO. REENQUADRAMENTO. SERVIDORES APOSENTADOS. NOVOS PADRÕES DE REFERÊNCIA. LEI ESTADUAL N. 13.456/99 E LEI DELEGADA N. 4/03. REEXAME DE PROVAS E DE LEGISLAÇÃO LOCAL. IMPOSSIBILIDADE EM RECURSO EXTRAORDINÁRIO. 1. A controvérsia dos autos — reenquadramento de servidor inativo a partir de legislação posterior à aposentadoria, que altera a estrutura da carreira — depende da análise da legislação local pertinente, e do revolvimento de matéria fático-probatória, providências vedadas nesta instância, em face da incidência das Súmulas ns. 279 e 280 do STF. 2. Agravo regimental a que se nega provimento.
RE-AgR 406057 / MG – MINAS GERAIS AG. REG. NO RECURSO EXTRAORDINÁRIO Relator (a): Min. EROS GRAU Julgamento: 24/06/2008 Órgão Julgador: Segunda Turma
DJe-152 DIVULG 14-08-2008 PUBLIC 15-08-2008 EMENT VOL-02328-05 PP-00921
AGTE. (S): EMPRESA DE TRANSPORTE SANTA TEREZINHA LTDA AGDO. (A/S): UNIÃO
Ementa
EMENTA: AGRAVO REGIMENTAL NO RECURSO EXTRAORDINÁRIO. PIS. LEIS COMPLEMENTARES NS. 7/70 E 17/73. RECEPÇÃO PELA CONSTITUIÇÃO DO BRASIL. 1. O Supremo Tribunal Federal, em diversos julgados, fixou entendimento no sentido de que a Lei Complementar n. 7/70, que institui o Programa de Integração Social – PIS, bem como a Lei Complementar n. 17/73, que a alterou, foram recepcionadas pela Constituição do Brasil. Precedentes. Agravo regimental a que se nega provimento

32

FISCALIZAÇÃO CONTÁBIL E FINANCIERA E ORÇAMENTÁRIA

O disposto no artigo 70 da Constituição Federal assevera que:

> *A fiscalização contábil, financeira, orçamentária, operacional e patrimonial da União e das entidades da administração direta e indireta, quanto à legalidade, legitimidade, economicidade, aplicação das subvenções e renúncia de receitas será exercida pelo congresso Nacional, mediante controle externo e pelo sistema de controle interno de cada Poder.*

Existem dois sistemas estudados que originou a fiscalização do erário público, um originou-se dos Tribunais de Contas da França e se espraiou para os estados latinos, dentre eles o Brasil e outro das Controladorias que teve sua origem no sistema anglo-saxônico.

O controle externo será exercido pelo Congresso Nacional mediante controle externo e pelos Tribunais de Contas que auxiliará naquilo que for preciso.

O controle se estende à Administração pública direta e indireta, bem como às entidades que receberem dinheiro público.

O parágrafo único do artigo 70 reza que:

> *Prestará contas qualquer pessoa física ou jurídica, pública ou privada que utilize, arrecade, guarde, gerencie ou administre dinheiros, bens e valores públicos ou pelos quais a União responda, ou que, em nome desta, assuma obrigações de natureza pecuniária.*

Ou seja, qualquer pessoa, privada ou pública, que perceba dinheiro público, deverá prestar contas e para isto cabe ao Congresso Nacional com o Tribunal de Contas fiscalizar o uso do dinheiro público.

O controle pelo Tribunal de Contas surgiu desde a época do Império, em 1876, se consolidando com a República pelo Decreto n° 996-A/1890.

O Tribunal de Contas é composto de nove Ministros que satisfação as seguintes condições, conforme o § 1°, do artigo 73 da Constituição Federal que afirma:

> *Os Ministros do Tribunal de Contas da união serão nomeados dentre brasileiros que satisfação os seguintes requisitos: I – mais de trinta e cinco e menos de sessenta e cinco anos de idade; II – idoneidade moral e reputação ilibada; II – notórios conhecimentos jurídicos, contábeis, econômicos e financeiros ou de*

> *administração pública; IV – mais de dez anos de exercício de função ou de efetiva atividade profissional que exija os conhecimentos mencionados no inciso anterior.*

Os Ministros do Tribunal de Contas serão escolhidos dentre: I – um terço pelo Presidente da República, com aprovação do senado Federal, sendo dois alternadamente dentre auditores e membros do Ministério Público junto ao Tribunal indicados em lista tríplice pelo Tribunal, segundo os critérios de antiguidade e merecimento; II – dois terços pelo Congresso Nacional (§ 2°, artigo 73, CF).

Sediado no distrito Federal o Tribunal de Contas da União dispõe de recursos próprios, através de duodécimo, quadro próprio de pessoal e jurisdição na totalidade do território nacional. Seus Ministros gozam das mesmas garantias, prerrogativas, remuneração e vantagens que os Ministros do Superior Tribunal de Justiça (art. 73, § 3°, da CF).

O artigo 74 da Constituição Federal estabelece que:

> *Os Poderes Legislativos, Executivo e Judiciário manterão, de forma integrada sistema de controle interno com a finalidade de: I – avaliar o cumprimento das metas previstas no plano plurianual, a execução dos programas de governo e dos orçamentos da União; II – comprovar a legalidade e avaliar os resultados, quanto à eficácia e eficiência, da gestão orçamentária, financeira e patrimonial nos órgãos e entidades da administração federal, bem como da aplicação de recursos públicos por entidades de direito privado; III – exercer o controle das operações de crédito, avais e garantis, bem como dos direitos e haveres da União; IV – apoiar o controle externo no exercício de sua missão institucional.*

A decisão proferida pelo Tribunal de contas não vincula a apreciação do Poder Legislativo. Contudo, se for apurado no relatório que houve qualquer irregularidade, pode o Tribunal de Contas impor como sanção uma multa ao administrador do recurso público proporcional ao dano causado, com eficácia de título executivo (art. 71, caput, VIII e § 3° ambos da Constituição Federal).

O preceituado no artigo 71 da Constituição verbera que:

> *O controle externo, a cargo do Congresso Nacional, será exercido com o auxílio do Tribunal de Contas da União, ao qual compete:*
>
> *I – apreciar as contas prestadas anualmente pelo presidente da República, mediante pa*
>
> *recer prévio que deverá ser elaborado em sessenta dias a contar de seu recebimento;*
>
> *II – julgar as contas dos administradores e demais responsáveis por dinheiros, bens e valo*
>
> *res públicos da Administração direta e indireta incluída as fundações e sociedades instituídas, e mantidas pelos Poder Público federal e as contas daqueles que derem causa a perda, extravio ou outra irregularidade de que resulte prejuízo ao erário público;*

III – apreciar para fins de registro, a legalidade dos atos de administração de pessoal, a qualquer título, na administração, direta e indireta incluída as fundações instituídas e mantidas pelo Poder Público, excetuadas as nomeações para cargo de provimento em comissão bem como a das concessões de aposentadorias, reformas e pensões ressalvado as melhorias posteriores que não alterem o fundamento legal do ato concessório;
IV- realizar, por iniciativa própria, da Câmara dos Deputados, do Senado Federal, de Comissão técnica ou de inquérito, inspeções e auditorias de natureza, contábil financeira, orçamentária, operacional e patrimonial, nas unidades administrativas dos Poderes Legislativos, Executivo e Judiciário e demais entidades referentes no inciso II;
V – fiscalizar as contas nacionais das empresas supranacionais de cujo capital social a União participe, de forma direta ou indireta, nos termos do tratado constitutivo;
VI – fiscalizar a aplicação de quaisquer recursos repassados pela União mediante convê
nio, acordo, ajuste ou outros instrumentos congêneres, a Estado, ao Distrito Federal ou a Município;
VII – prestar as informações solicitadas pelo Congresso Nacional, por qualquer de suas Casas, ou por qualquer das respectivas Comissões, sobre a fiscalização contábil, financeira, orçamentária, operacional e patrimonial e sobre resultados de auditoria e inspeções realizadas;
VIII – aplicar aos responsáveis em caso de ilegalidade de despesa ou irregularidade de contas, as sanções previstas em lei, que estabelecerá, entre outras cominações, multa proporcional ao dano causado ao erário;
IX – assinar prazo para que o órgão ou entidade adote as providências necessárias ao exato
cumprimento da lei, se verificada ilegalidade;
X – sustar se não atendido, a execução do ato impugnado, comunicando a decisão à
Câmara dos Deputados e ao Senado Federal;
XI – representar ao poder competente sobre irregularidades ou abusos apurados.

O Tribunal de Contas tem a competência de julgar os responsáveis pelos recursos públicos. Essas decisões não têm caráter de sentenças judiciais, não fazendo coisa julgada, mesmo porque no Brasil vigora o princípio da unicidade de jurisdição, pertencendo esta ao Poder Judiciário.

Verificada a ilegalidade do ato, o Tribunal de Contas assinará prazo para que o órgão devido tome as providências necessárias. Se o ato não for sustado, o próprio Tribunal o sustará, comunicando a decisão à Câmara dos Deputados e ao Senado Federal. Contudo, se o ato eivado de ilegalidade for um contrato, por ser ato bilateral, a decisão de sustação deve ser tomada pelo Congresso Nacional, que solicitará as medidas cabíveis ao Poder Executivo (art. 71, § 1°, CF). Entretanto, se o Congresso Nacional ou o Poder Executivo, no prazo de noventa dias, não revogar o contrato, o Tribunal de Contas decidirá a respeito ex vi do § 2° do artigo 71, da Constituição Federal.

É importante salientar que, conforme o estabelecido pelo § 4° do artigo 31 da Constituição Federal, é vedada a criação de Tribunais, conselhos ou órgãos de contas Municipais.

Com o advento da Nova Carta Política não mais poderão ser criados novos Tribunais de Contas Municipais. Os que já existem permanecem, mas outros não poderão ser criados.

O parágrafo único do artigo 75 estabelece que: "As Constituições Estaduais disporão sobre os Tribunais de Contas respectivos, que serão integrados por sete Conselheiros".

Ainda o artigo 74 da Constituição Federal vaticina que:

> *Os Poderes Legislativo, Executivo e Judiciário manterão de forma integrada sistema de controle interno com a finalidade de:*
> *I – avaliar o cumprimento das metas previstas no plano plurianual, a execução dos progra*
> *mas de governo e dos orçamentos da União;*
> *II – comprovar a legalidade e avaliar os resultados, quanto à eficácia e eficiência da gestão orçamentária, financeira e patrimonial nos órgãos e entidades da administração federal, bem como da aplicação de recursos públicos pro entidades de direito privado;*
> *III – exercer o controle das operações de crédito, avais e garantis, bem como dos direitos e haveres da União;*
> *IV – apoiar o controle externo no exercício de sua missão institucional.*

É cediço que todos os atos da Administração pública devem ser controlados, ainda mais quando se trata de verbas públicas. Portanto, cabe ao Congresso Nacional por controle externo, com auxílio do Tribunal de Contas, exercer essa fiscalização.

Jurisprudência

> Pet-AgR 3606 / DF – DISTRITO FEDERAL AG. REG. NA PETIÇÃO Relator (a): Min. SEPÚLVEDA PERTENCE
> Julgamento: 21/09/2006
> Órgão Julgador: Tribunal Pleno
> DJ 27-10-2006 PP-00031 EMENT VOL-02253-02 PP-00222
> LEXSTF v. 28, n. 336, 2006, p. 158-166
> LEXSTF v. 29, n. 337, 2007, p. 184-192
> AGTE. (S): CONSTRUTORA TRIUNFO S/A
> AGDO. (A/S): TRIBUNAL DE CONTAS DA UNIÃO
> AGDO. (A/S): MINISTRO DE ESTADO DOS TRANSPORTES
> EMENTA: Conflito de atribuição inexistente: Ministro de Estado dos Transportes e Tribunal de Contas da União: áreas de atuação diversas e inconfundíveis. 1. A atuação do Tribunal de Contas da União no exercício da fiscalização contábil, financeira, orçamentária, operacional e patrimonial das entidades administrativas não se confunde com aquela atividade fiscali- zatória realizada pelo próprio órgão administrativo, uma vez que esta atribuição decorre da de controle interno ínsito a cada Poder e aquela, do controle externo a cargo do Congresso Nacional

(CF, art. 70). 2. O poder outorgado pelo legislador ao TCU, de declarar, verificada a ocorrência de fraude comprovada à licitação, a inidoneidade do licitante fraudador para participar, por até cinco anos, de licitação na Administração Pública Federal (art. 46 da L. 8.443/92), não se confunde com o dispositivo da Lei das Licitações (art. 87), que – dirigido apenas aos altos cargos do Poder Executivo dos entes federativos (§ 3°) – é restrito ao controle interno da Administração Pública e de aplicação mais abrangente. 3. Não se exime, sob essa perspectiva, a autoridade administrativa sujeita ao controle externo de cumprir as determinações do Tribunal de Contas, sob pena de submeter-se às sanções cabíveis. 4. Indiferente para a solução do caso a discussão sobre a possibilidade de aplicação de sanção – genericamente considerada – pelo Tribunal de Contas, no exercício do seu poder de fiscalização, é passível de questionamento por outros meios processuais

MS 25440 / DF – DISTRITO FEDERAL MANDADO DE SEGURANÇA Relator (a): Min. CARLOS VELLOSO

Julgamento: 15/12/2005

Órgão Julgador: font color=RED>- Tribunal Pleno

DJ 28-04-2006 PP-00006

EMENT VOL-02230-02 PP-00213

IMPTE. (S): MÁRCIA AGUIAR NOGUEIRA BATISTA

IMPDO. (A/S): TRIBUNAL DE CONTAS DA UNIÃO

Ementa

EMENTA: CONSTITUCIONAL. ADMINISTRATIVO. PENSÃO. TCU: JULGAMENTO DA LEGALIDADE: CONTRADITÓRIO. MANDADO DE SEGURANÇA: FATOS CONTROVERTIDOS. I. – O Tribunal de Contas, no julgamento da legalidade de concessão de aposentadoria ou pensão, exercita o controle externo que lhe atribui a Constituição Federal, art. 71, III, no qual não está jungido a um processo contraditório ou contestatório. Precedentes do STF. II. – Inaplicabilidade, no caso, da decadência do art. 54 da Lei 9.784/99. III. – Fatos controvertidos desautorizam o ajuizamento do mandado de segurança. IV. – MS indeferido.

33

PODER EXECUTIVO

Os artigos 76 e seguintes da Constituição Federal estabelecem que: *"O Poder Executivo é exercido pelo Presidente da República, auxiliado pelos Ministros de Estado".*

O Presidente da República terá um mandato de quatro anos e terá início em primeiro de janeiro do ano seguinte ao da sua eleição, conforme determina o artigo 82 da Constituição Federal.

O artigo 83 da Constituição Federal estabelece ainda que o Presidente e Vice-Presidente da República não poderão, sem licença do Congresso Nacional, ausentar-se por período superior a quinze dias, sob pena de perda do Cargo (artigo 49, III, CF).

O artigo 84 da Constituição Federal estabelece as competências privativas do Presidente da República, ou seja, não são passíveis de delegação. Somente o Presidente da República tem a competência para as atribuições, que são elas:

> I – Nomear e exonerar os Ministros de Estado;
>
> II – exercer, com o auxílio dos Ministros de Estado, a direção superior da Administração federal;
>
> III – iniciar o processo legislativo, na forma e nos casos previstos nesta Constituição;
>
> IV – sancionar, promulgar e fazer publicar as leis, bem como expedir decretos e regulamentos para sua fiel execução;
>
> V – vetar projetos de lei, total ou parcialmente;
>
> VI – dispor, mediante decreto sobre: a) organização e funcionamento da administração
> federal, quando não implicar aumento de despesa nem criação ou extinção de órgãos públicos; b) extinção de funções ou cargos públicos, quando vagos;
>
> VII – manter relações com Estados estrangeiros e acreditar seus representantes diplomáticos;
>
> VIII – celebrar tratados, convenções e atos internacionais, sujeitos a referendo do Congresso Nacional;
>
> IX – decretar o estado de defesa e o estado de sítio;
>
> X – decretar e executar a intervenção federal;
>
> XI – remeter mensagem e plano de governo ao Congresso Nacional por ocasião da abertura da sessão legislativa, expondo a situação do País e solicitando as providências que julgar necessárias;
>
> XII – conceder indulto e comutar penas, com audiência, se necessário, dos órgãos instituídos em lei;
>
> XIII – exercer o comando supremo das Forças Armadas, nomear os Comandantes da Marinha, do Exército e da Aeronáutica, promover seus oficiais-generais e nomeá-los para os cargos que lhes são privativos;

> XIV – nomear, após aprovação pelo Senado Federal, os Ministros do Supremo Tribunal Federal e dos Tribunais Superiores, os Governadores de Territórios, o Procurador-Geral da República, o presidente e os diretores do banco central e outros servidores, quando determinado em lei;
> XV – nomear, observado o disposto no art. 73, os Ministros do Tribunal de Contas da União;
> XVI – nomear os magistrados, nos casos previstos nesta Constituição, e o Advogado-Geral da União;
> XVII – nomear membros do Conselho da República, nos termos do art. 89, VII;
> XVIII – convocar e presidir o Conselho da República e o Conselho de Defesa Nacional;
> XIX – declarar guerra, no caso de agressão estrangeira, autorizado pelo Congresso Nacional ou referendado por ele, quando ocorrida no intervalo das sessões legislativas, e, nas mesmas condições, decretar, total ou parcialmente, a mobilização nacional;
> XX – celebrar a paz, autorizado ou com o referendo do Congresso Nacional;
> XXI – conferir condecorações e distinções honoríficas;
> XXII – permitir, nos casos previstos em lei complementar, que forças estrangeiras transitem pelo território nacional ou nele permaneça temporariamente;
> XXIII – enviar ao Congresso Nacional o plano plurianual, o projeto de lei de diretrizes orçamentárias e as propostas de orçamento previstas nesta Constituição;
> XXIV – prestar, anualmente, ao Congresso Nacional, dentro de sessenta dias após a abertura da sessão legislativa, as contas referentes ao exercício anterior;
> XXV – prover e extinguir os cargos públicos federais, na forma da lei;
> XXVI – editar medidas provisórias com força de lei, nos termos do art. 62;
> XXVII – exercer outras atribuições previstas nesta Constituição.

Saliente-se que o Poder Executivo Federal é formado pelo Presidente da República e pelo Vice-Presidente. No registro da candidatura do Presidente da República é conjuntamente inscrito o Vice-Presidente da República conforme o artigo 77, § 1°, Constituição Federal.

O Presidente da República e o Vice-Presidente da República são eleitos na mesma chapa, realizando-se o primeiro turno das eleições no primeiro domingo de outubro, e, caso nenhum candidato tenha obtido metade mais um dos votos válidos, abstraídos os votos brancos e nulos, haverá um segundo turno, que se realizará no último domingo do mencionado mês, *ex vi* do artigo 77, §§ 2° e 3° da Constituição Federal.

Os requisitos para a eleição do Presidente da República e o Vice-Presidente da República são os seguintes: a) ter mais de trinta e cinco anos de idade (art. 14, § 3°, VI, "a", CF); b) ser brasileiro nato (art. 12, § 3°, I da CF); c) estar no gozo dos direitos políticos; d) possuir alistamento eleitoral e filiação partidária e não ser considerado inelegível.

Se antes de realizado o segundo turno ocorrer morte, desistência ou impedimento legal de candidato convocar-se-á, dentre os remanescentes, o de maior votação e se remanescer mais de um candidato qualificar-se-á o mais idoso (art. 77, §§ 4° e 5°, CF).

O Presidente e o Vice-Presidente da República tomarão posse em sessão do Congresso Nacional, prestando o compromisso de manter, defender e cumprir a Constituição, observar as leis, promover o bem geral do povo brasileiro, sustentar a união, a integridade e a independência do Brasil (art. 78, CF).

Se decorridos dez dias da data fixada para a posse e o Presidente ou o Vice-Presidente, por força maior, não tiver assumido o caso, este será declarado vago (parágrafo único, artigo 78, CF).

O Vice-Presidente substituirá o Presidente no caso de impedimento (art. 79, CF).

O papel do Vice-Presidente é auxiliar o Presidente da República sempre que for convocado para missões especiais além de outras atribuições que lhe forem conferidas (parágrafo único do artigo 79, CF).

Em caso de impedimento de ambos – Presidente da República e Vice-Presidente da República – ou vacância dos cargos respectivos, serão sucessivamente chamados ao exercício da Presidência em primeiro lugar o Presidente da Câmara dos Deputados, depois o do Senado Federa e finalmente o Presidente do Supremo Tribunal Federal (art. 80, CF).

Entretanto se o cargo de Presidente e de Vice-Presidente ficar vago por mais de 90 dias depois de aberta a última vaga, far-se-á nova eleição (art. 81, CF). Se houver vacância nos últimos dois anos do período presidencial a eleição para ambos os cargos será feita trinta dias depois da última vaga pelo Congresso Nacional e em qualquer dos casos os eleitos deverão completar o período de seus antecessores (§§ 1° e 2°, art. 81).

O artigo 85 da Constituição Federal estabelece os crimes de responsabilidade do Presidente da República os atos que atentem contra a Constituição Federal e contra:

> I – a existência da União;
> II – o livre exercício do Poder Legislativo, do Poder Judiciário, do Ministério Público e dos Poderes constitucionais das unidades da Federação;
> III – o exercício dos direitos políticos, individuais e sociais;
> IV – a segurança interna do País;
> V – a probidade na Administração;
> VI – a lei orçamentária;
> VII – o cumprimento das leis e das decisões judiciais.

Uma vez admitida a acusação contra o Presidente da República por 2/3 (dois terços) da Câmara dos Deputados, será ele submetido a julgamento perante o Supremo Tribunal Federal, nas infrações penais comuns, ou perante o Senado Federal nos crimes de Responsabilidade (art. 86, CF).

O Presidente da República ficará suspenso de suas funções nas infrações penais comuns, se recebida a denúncia ou queixa-crime pelo Supremo Tribunal Federal e nos crimes de responsabilidade após a instauração do processo pelo Senado Federal (§ 1°, art. 86, CF).

Decorridos o prazo de 180 dias o julgamento não estiver concluído cessará o afastamento do Presidente sem prejuízo do regular prosseguimento do processo (§ 2°, art. 86, CF).

Enquanto não sobrevier sentença condenatória nas infrações comuns o Presidente da República não estará sujeito a prisão (§ 3°, art. 86, CF).

Finalmente o Presidente da República na vigência de seu mandato não poderá ser responsabilizado por atos estranhos ao exercício de suas funções (§ 4°, art. 86, CF).

Os crimes de responsabilidade são aqueles relacionados a ilícitos políticos, são os praticados contra a Constituição Federal. Os crimes comuns são aqueles previstos no Diploma Penal pátrio.

33.1. ORGANOGRAMA

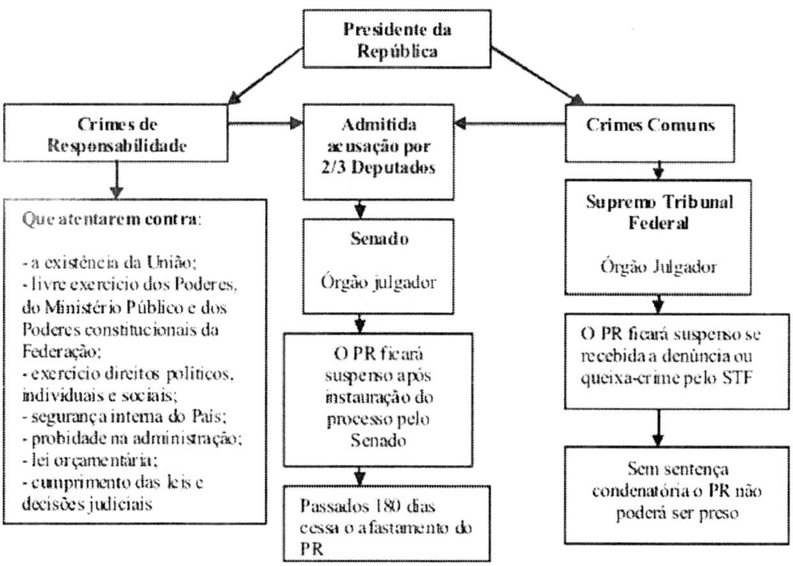

PR = Presidente da República STF = Supremo Tribunal Federal

33.2. MINISTROS DE ESTADO

Qualquer brasileiro nato ou naturalizado poderá ser Ministro de Estado desde que tenha vinte e um anos e goze dos seus direitos políticos conforme estabelece o artigo 87 da Constituição Federal.

A competência dos Ministros está descrita no parágrafo único do artigo 87 que diz:

> *Compete ao Ministro de Estado, além de outras atribuições estabelecidas nesta Constituição e na lei: I – exercer a orientação, coordenação e supervisão dos*

> *órgãos e entidades da administração federal na área de sua competência e referendar os atos e decretos assinados pelo Presidente da República; II – expedir instruções para a execução das leis, decretos e regulamentos; III – apresentar ao Presidente da República relatório anual de sua gestão no Ministério; IV – praticar os atos pertinentes às atribuições que lhe forem outorgadas ou delegadas pelo Presidente da República.*

A lei ordinária deve disciplinar a quantidade de ministérios e as suas atribuições (art. 88, CF). Os Ministros de Estado são escolhidos pelo Presidente da República sem nenhuma inferência dos demais Poderes da Federação. Se os escolhidos forem parlamentares deverão se licenciar de suas funções.

33.3. CONSELHO DA REPÚBLICA E CONSELHO DE DEFESA NACIONAL

O Conselho da República é o órgão superior de consulta do Presidente da República sendo que as suas manifestações não terão, em hipótese alguma caráter vinculatório aos atos a serem tomados pelo Chefe de Estado. Conforme o Art. 89 da CF:

> *O Conselho da República se reúne quando convocado pelo Presidente da República sendo por este presidido (art. 84, XVIII, CF). Dele participam:*
> *I – o Vice-Presidente;*
> *II – Presidente da Câmara dos Deputados;*
> *III – o Presidente do Senado;*
> *IV – líderes da maioria e minoria na Câmara dos Deputados;*
> *V – líderes da maioria e da minoria do Senado Federal;*
> *VI – Ministro da Justiça;*
> *VII – seis cidadãos brasileiros natos com mais de 35 anos de idade (dois nomeados pelo Presidente da República, dois eleitos pelo Senado Federal e dois eleitos pela Câmara dos Deputados).*

A Lei n° 8.041/90 regulamenta a organização e funcionamento do Conselho da República onde além de outras atribuições deverão se pronunciar sobre a intervenção federal, o estado de defesa e o estado de sítio, bem como questões relevantes para a estabilidade das instituições democráticas.

O Conselho de Defesa Nacional também é convocado e presidido pelo Presidente da República (art. 84, XVIII, CF), é órgão de consulta deste último nos assuntos relacionados com a soberania nacional e a defesa do Estado democrático e dele participam, como membros natos (art. 91, CF):

> *I – o Vice-Presidente da República;*
> *II – o Presidente da Câmara dos Deputados;*
> *III – o Presidente do Senado Federal;*
> *IV – o Ministro da Justiça;*

V – o Ministro de Estado da Defesa;
VI – o Ministro das Relações Exteriores;
VII – o Ministro do Planejamento;
VIII – os Comandantes da Marinha, do Exército e da Aeronáutica.

A Lei n° 8.183/91 regulamenta a organização e o funcionamento do Conselho de Defesa Nacional, competindo-lhe, nos termos da Constituição, no § 1° do artigo 91:

> *I – opinar nas hipóteses de declaração de guerra e celebração de paz, bem como sobre a decretação do estado de defesa, do estado de sítio e da intervenção federal;*
> *II – propor os critérios e condições de utilização de áreas indispensáveis à segurança do território nacional e opinar sobre seu efetivo uso, especialmente na faixa de fronteira e nas relacionadas com a preservação e a exploração dos recursos naturais de qualquer tipo;*
> *III – estudar, propor e acompanhar o desenvolvimento de iniciativas necessárias a garantir a independência nacional e a defesa do Estado democrático.*

A organização e o funcionamento do Conselho de Defesa devem ser definidos por meio de lei ordinária, aprovada com o quorum de maioria simples.

33.3.1. ORGANOGRAMA

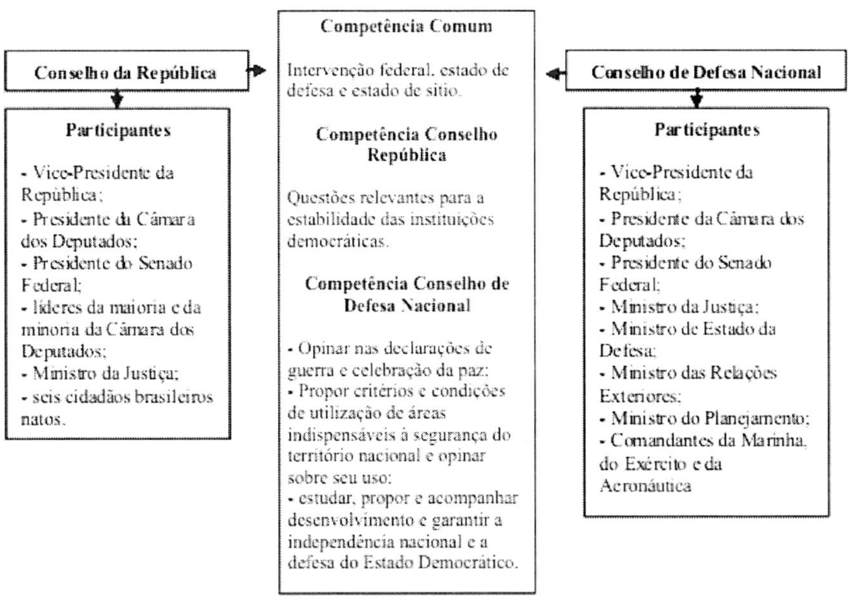

34

PODER JUDICIÁRIO

O artigo 92 da Constituição Federal estabelece que são órgãos do Poder Judiciário:

> *I – O Supremo Tribunal Federal;*
> *II – o Conselho Nacional de Justiça;*
> *III – os Tribunais Regionais Federais e Juízes Federais;*
> *IV – os Tribunais e Juízes do Trabalho;*
> *V – os Tribunais e Juízes Eleitorais;*
> *VI – os Tribunais e Juízes Militares;*
> *VII – Os Tribunais e Juízes dos Estados e do Distrito Federal e Territórios.*

O Poder Judiciário é um dos três poderes componentes da República Federativa do Brasil. Como poder independente e harmônico que é, possui prerrogativas que lhe garantam a autonomia.

O Poder Judiciário se divide em Justiça Comum e Justiça Especial. A justiça comum se bifurca na justiça estadual e federal. A Justiça Especial se ramifica em militar, eleitoral e trabalhista. Essas justiças são especializadas porque apenas tratam de matérias específicas. Já a Justiça Comum abrange todos os feitos.

Os órgãos estão divididos em entrância e instância. Entrância é a divisão administrativa das comarcas espalhadas no Estado, ficando a cargo do Tribunal de Justiça a sua denominação. Instância é o grau jurisdicional, partindo os recursos de uma instância para outra. A primeira instância é composta de juízes de direito; já os Tribunais de Justiça formam a segunda instância; O Superior Tribunal de Justiça forma a terceira instância e o Supremo Tribunal Federal pode funcionar como uma quarta e última instância.

As obrigações e direitos dos membros do poder Judiciário foram estipulados no Estatuto da magistratura, por intermédio de uma lei complementar de iniciativa do Supremo Tribunal Federal conforme estabelece o artigo 93 da Constituição Federal.

O ingresso na carreira inicial será denominado juiz substituto, e será feito mediante concurso público de provas e títulos com a participação da Ordem dos Advogados do Brasil em todas as fases, exigindo-se do bacharel em direito três anos de atividades jurídicas e a nomeação obedecerá a ordem de classificação (art. 93, I, CF).

A promoção do juiz de direito será feita alternadamente por antiguidade e merecimento atendidas às seguintes normas (art. 93, II, CF):

> a) é obrigatória a promoção de juiz que figure por três vezes consecutivas ou cinco alternadas, em lista de merecimento;
> b) a promoção por merecimento pressupõe dois anos de exercício na respectiva entrância e integrar o juiz a primeira quinta parte da lista de antiguidade desta, salvo se não houver com tais requisitos quem aceite o lugar vago;
> c) aferição do merecimento conforme o desempenho e pelos critérios objetivos de produtividade e presteza no exercício da jurisdição e pela frequência e aproveitamento em cursos oficiais ou reconhecidos de aperfeiçoamento;
> d) na apuração de antiguidade, o tribunal somente poderá recusar o juiz mais antigo pelo voto fundamentado de dois terços de seus membros, conforme procedimento próprio e assegurada ampla defesa, repetindo-se a votação até fixar-se a indicação;
> e) não será promovido o juiz que, injustificadamente, retiver autos em seu poder além do prazo legal, não podendo devolvê-los ao cartório sem o devido despacho ou decisão.

Já na segunda instância o acesso se dará por antiguidade ou merecimento, alternadamente, apurados na última ou única entrância (art. 93, III, CF).

Constitui etapa obrigatória do processo de vitaliciamento a participação em curso oficial ou reconhecido por escola nacional de formação e aperfeiçoamento de magistrados (art. 93, IV, CF).

Quanto aos subsídios dos Ministros dos Tribunais Superiores será de 95% do subsídio mensal fixado para os Ministros do Supremo Tribunal Federal e os dos demais magistrados serão fixados em lei e escalonados, em nível federal e estadual, conforme a categoria da estrutura judiciária nacional não podendo ser superior a 10% ou inferior a 5% nem exceder a 95% do subsídio mensal dos Ministros dos Tribunais Superiores (art. 93, V, CF).

A aposentadoria observará o disposto no artigo 40 da Constituição Federal (art. 93, VI, CF).

O juiz titular residirá na comarca que estiver designado (art. 93, inciso VII, CF).

Todo ato de remoção, disponibilidade e aposentadoria do magistrado, por interesse público, fundar-se-á em decisão por voto de maioria absoluta do respectivo tribunal ou do Conselho Nacional de Justiça, assegura ampla defesa (art. 93, VIII, CF).

O artigo 93, inciso XI determina que:

> *[...] nos tribunais com número superior a vinte e cinco julgadores, poderá ser constituído órgão especial, com o mínimo de onze e o máximo de vinte e cinco membros, para o exercício das atribuições administrativas e jurisdicionais delegadas da competência do tribunal pleno, provendo-se metade das vagas por antiguidade e a outra metade por eleição pelo tribunal pleno.*

Não haverá férias coletivas nos juízos e tribunais de segundo grau, funcionando, nos dias em que não houver expediente forense normal, juízes de plantão permanente (artigo 93, XII, CF).

A quantidade de juízes na unidade jurisdicional dependerá da demanda judicial local e da população (art., 93, inciso XIII, CF).

Os servidores públicos da Justiça receberão delegação para a prática de atos de administração e atos de mero expediente sem caráter decisório (art. 93, inciso XIV, CF).

Sempre que alguém entrar com uma demanda judicial esta será distribuída imediatamente, em todos os graus de jurisprudência (art. 93, inciso XV, CF).

34.1. PRINCÍPIO DA PUBLICIDADE E DA FUNDAMENTABILIDADE DAS DECISÕES

O inciso IX do artigo 92 da Constituição Federal determina que:

> *[...] todos os julgamentos dos órgãos do Poder Judiciário serão públicos e fundamentadas todas as decisões, sob pena de nulidade, podendo a lei limitar a presença, em determinados atos, às próprias partes e a seus advogados, ou somente a estes, em casos nos quais a preservação do direito à intimidade do interessado no sigilo não prejudique o interesse público à informação.*

O princípio da publicidade não diz apenas com o momento de produção do ato senão que também incide no que se refere à sua documentação. Destarte, afora o legalmente excepcionado qualquer pessoa pode requerer, diretamente ao escrivão (que há de fornecer independentemente de despacho judicial), certidão de atos que se realizaram no processo. De outro lado, ao advogado é assegurado o direito ao exame dos autos de qualquer processo, quando não estejam sujeitos a sigilo.

É um princípio processual previsto na Constituição Federal Brasileira, que visa tornar transparente os atos processuais praticados pelo juiz durante a persecussão civil ou penal.

Dessa forma, este princípio impõe que os atos processuais devam ser públicos como garantia democrática da liberdade no que concerne ao controle dos atos de autoridade.

O Princípio da Publicidade sofre exceção quando for relevante o motivo ou quando tratar-se de questões de família, quando então os atos seguem em segredo de justiça.

Em suma, podemos entender este princípio pela redação do inciso XI do artigo 93 da Constituição Federal Brasileira de 1988: "todos os julgamentos dos órgãos do Poder Judiciário serão públicos" e fundamentadas suas decisões também demonstra a importância de fundamentação das decisões judiciais sob pena de nulidade judicial (Princípio da fundamentabilidade das decisões).

A fundamentabilidade significa que todas as decisões devem ter o seu fundamento o porquê de determinada decisão para que o recepto da decisão saiba porque está sendo condenado e quais são as razões jurídicas para este intento.

Jurisprudência

AÇÃO DIRETA DE INCONSTITUCIONALIDADE Relator (a): Min. ELLEN GRACIE
Julgamento: 20/04/2006 Órgão Julgador: Tribunal Pleno
DJ 12-05-2006 PP-00004 EMENT VOL-02231-01 PP-00163
RDDP n. 40, 2006, p. 155-160
LEXSTF v. 28, n. 330, 2006, p. 50-60
RT v. 95, n. 851, 2006, p. 452-458
REQTE. (S): PROCURADOR-GERAL DA REPÚBLICA
REQDO. (A/S): PRESIDENTE DA REPÚBLICA
REQDO. (A/S): CONGRESSO NACIONAL
REQDO. (A/S): TRIBUNAL DE JUSTIÇA DO DISTRITO FEDERAL E DOS TERRITÓRIOS
Ementa
AÇÃO DIRETA DE INCONSTITUCIONALIDADE. ART. 16 DA LEI 8.185, DE 14.05.91. ARTS. 144 PAR. ÚNICO E 150, CAPUT, DO REGIMENTO INTERNO DO TRIBUNAL DE JUSTIÇA DO DISTRITO FEDERAL E TERRITÓRIOS. COMPETÊNCIA PENAL ORIGINÁRIA. FORO POR PRERROGATIVA DE FUNÇÃO. ATO DE JULGAMENTO REALIZADO EM SESSÃO SECRETA. ALEGAÇÃO DE OFENSA AO PRINCÍPIO DA PUBLICIDADE DOS ATOS PROCESSUAIS. ARTS. 5°, LX E 93, IX, DA CONSTITUIÇÃO FEDERAL. 1. O impugnado art. 16 da Lei 8.185/91 encontra-se tacitamente revogado desde a edição da Lei 8.658, de 26.05.93, que estendeu a aplicação das regras previstas nos arts. 1° a 12 da Lei 8.038/90 – dirigidas, originariamente, ao STF e ao STJ – às ações penais de competência originária dos Tribunais de Justiça dos Estados e do Distrito Federal e dos Tribunais Regionais Federais. 2. Com o advento da Constituição Federal de 1988, delimitou-se, de forma mais criteriosa, o campo de regulamentação das leis e o dos regimentos internos dos tribunais, cabendo a estes últimos o respeito à reserva de lei federal para a edição de regras de natureza processual (CF, art. 22, I), bem como às garantias processuais das partes, "dispondo sobre a competência e o funcionamento dos respectivos órgãos jurisdicionais e administrativos" (CF, art. 96, I, a). 3. São normas de direito processual as relativas às garantias do contraditório, do devido processo legal, dos poderes, direitos e ônus que constituem a relação processual, como também as normas que regulem os atos destinados a realizar a causa finalis da jurisdição. 4. Ante a regra fundamental insculpida no art. 5°, LX, da Carta Magna, a publicidade se tornou pressuposto de validade não apenas do ato de julgamento do Tribunal, mas da própria decisão que é tomada por esse órgão jurisdicional. Presente, portanto, vício formal consubstanciado na invasão da competência privativa da União para legislar sobre direito processual. Precedente: HC 74761, rel. Min. Maurício Corrêa, DJ 12.09.97. 5. Ação direta parcialmente conhecida para declarar a inconstitucionalidade formal dos arts. 144, par. único e 150, caput do Regimento Interno do Tribunal de Justiça do Distrito Federal e Territórios

34.1.1. PRINCÍPIO DA MOTIVAÇÃO DOS ATOS DECISÓRIOS

O artigo 93, inciso X da Constituição Federal reza que:

> [...] as decisões administrativas dos tribunais serão motivadas e em sessão pública, sendo as disciplinares tomadas pelo voto da maioria absoluta de seus membros.

A respeito da obrigação ao princípio da motivação por parte do administrador. Dito princípio implica para a Administração o dever de justificar seus atos, apontando-lhes os fundamentos de direito e de fato, assim como a correlação lógica entre os eventos e situações que deu por existentes e a providência tomada, nos casos em que este último aclaramento seja necessário para aferir-se a consonância da conduta administrativa com a lei que lhe serviu de arrimo.

A motivação há de ser prévia ou contemporânea à expedição do ato. Em algumas hipóteses de atos vinculados, isto é, naqueles em que há aplicação quase automática da lei, por não existir campo para interferência de juízos subjetivos do administrador, a simples menção do fato e da regra de Direito aplicada pode ser suficiente, por estar implícita a motivação. Naqueles outros, todavia, em que existe discricionariedade administrativa ou em que a prática do ato vinculado depende de acurada apreciação e sopesamento dos fatos e das regras jurídicas em causa, é imprescindível motivação detalhada.

O motivo é a circunstância de fato ou de direito que autoriza ou impõe ao agente público a prática do ato administrativo. A motivação pode ou não estar na lei, mas sempre deve ser evidenciada no ato administrativo, também sob pena de nulidade.

A motivação da decisão denegatória permite ao segurado não apenas avaliar se houve erro por parte do servidor, se o próprio segurado não cumpriu determinado requisito, mas, sobretudo saber sobre qual ponto irá recorrer administrativamente, ou mesmo sobre o quê irá propor ação judicial.

A explicitação da motivação do ato administrativo é exigência que vem se firmando progressivamente, tendo-se em conta o exercício do controle aplicável à atividade da Administração Pública, não apenas na intimidade da sua própria organização e por sua própria iniciativa (autocontrole), mas também através da atividade jurisdicional, que lhe é externa e superior.

A explicitação dos motivos do ato administrativo permite controlar o subjetivismo do agente e também atende à exigência da demonstração de boa-fé que deve presidir as relações da Administração Pública com os administrados.

Além disto, a fundamentação explícita do ato serve ainda de justificação de sua iniciativa, má- xime quanto aos atos que veiculam restrição de direitos, os quais devem sempre trazer adequados e completos fundamentos, como leciona.

Também em se tratando de decisão administrativa, é inegável que a fundamentação está diretamente relacionada com o direito do interessado de influir na formação do convencimento, seja da autoridade administrativa superior, competente para apreciar o recurso cabível no caso, seja do Juiz, ao qual for submetida a pretensão de controle de validade daquela decisão administrativa.

Não se considera fundamentada uma decisão que diz apenas inexistir o direito pleiteado, ou que a pretensão do requerente não tem amparo legal. Tais "fundamentos" são de tal generalidade que se presta para justificar qualquer indeferimento, e por isso mesmo, a rigor, não se prestam para nada. A decisão que tenha fundamentação assim tão genérica não permite o exercício do direito de defesa por parte daquele a quem prejudica, que não tem como argumentar em sentido contrário. Tal decisão, portanto, é nula.

A motivação deve apontar o fundamento legal para o indeferimento do pedido, ressaltando sempre que a Administração existe única e exclusivamente para servir a população, ou seja, nada mais estará fazendo que a sua função.

A motivação, embora possa ser sucinta, deve demonstrar – de maneira cabal – o iter percorrido pelo administrador para chegar à prática do ato. A motivação é elemento essencial para o controle, sobretudo para o controle judicial.

Não haverá possibilidade de aferir se o ato se conteve dentro da competência administrativa, dentro da razoabilidade, que deve nortear toda competência, caso não sejam explicitadas as razões condutoras do provimento emanado.

Ressaltam os administrativistas que o dever de fundamentar corresponde à Administração serviente, à Administração que se pauta pela necessidade de servir à coletividade, a que explicita função.

O fundamento constitucional da obrigação de motivar indica a cidadania como um dos fundamentos da República, quando no parágrafo único deste perceptivo, segundo o qual todo o poder emana do povo, como ainda no art. 5°, XXXV, que assegura o direito à apreciação judicial nos casos de ameaça ou lesão à direito. É que o princípio da motivação é reclamado quer como afirmação do direito político dos cidadãos ao esclarecimento do "porquê" das ações de quem gere negócios que lhes digam respeito por serem titulares últimos do poder, quer como direito individual a não se as sujeitarem a decisões arbitrárias, pois só têm que se conformar às que forem ajustadas as leis.

Em que pese alguma opinião de estudioso de Direito Administrativo acerca da desnecessidade da motivação, tal relevância deriva da disposição constitucional que garante à todos os litigantes em processo administrativo o contraditório e a ampla defesa, impedindo assim qualquer ato de arbitrariedade do poder executivo frente ao segurado.

A motivação dá ensejo a que o segurado participe do procedimento administrativo, influenciando inclusive na própria decisão. Portanto, outro fundamento da necessidade expressa de motivação sedia-se no próprio inciso LV do artigo 5°. Não seria viável, de forma alguma, o contraditório e a possibilidade de ampla defesa se motivação não houvesse.

A motivação é a explicitação das razões que levam o administrador a decidir de uma maneira ou de outra, diante de determinada situação, diante de determinados pressupostos, diante de determinados fatos. O administrador pode chegar à decisão "A", "B", ou "C", respaldando-se em parecer técnico, por exemplo: todavia, é importante e indispensável declinar as razões ensejadoras de tal decisão. Não é possível que o administrador ou o juiz omitam a motivação. Apontando as razões que justificam o dever de motivar as decisões administrativas, como corolário do Estado Democrático de Direito.

A motivação serve não apenas como prestação de contas da administração frente ao segurado, mas, sobretudo para que todos os cidadãos saibam que tal decisão não foi oriunda de ato arbitrário, mas sim derivado e embasado na lei.

No Direito Público, o que há de menos relevante é a vontade do administrador. Seus desejos, suas ambições, seus programas, seus atos não têm eficácia administrativa, nem validade jurídica, se não estiverem alicerçados no Direito e na Lei. Não é a chancela da autoridade que valida o ato e o torna respeitável e obrigatório. É a legalidade a pedra de toque de todo ato administrativo.

Ora, se ninguém é obrigado a fazer ou a deixar de fazer alguma coisa senão em virtude de lei, claro está que todo ato do Poder Público deve trazer consigo a demonstração de sua base legal. Assim como todo cidadão, para ser acolhido na sociedade, há de provar sua identidade, o ato administrativo, para ser bem recebido pelos cidadãos, deve patentear sua legalidade, vale dizer, sua identidade com a lei.

Ante a ocorrência de ausência de fundamentação para as decisões denegatórias de benefício pela Previdência Social, mister se faz a propositura de mandado de segurança, vez que o segurado possui constitucional e legalmente direito líquido e certo a fundamentação, ao motivo, ou seja, ao "porquê", do indeferimento de seu benefício.

Após a nova decisão fundamentada, substituindo à anterior iniciam-se os prazos para recursos, medidas judiciais para a implantação do benefício por parte do segurado.

Jurisprudência

AI-AgR 688733 / RJ – RIO DE JANEIRO AG. REG. NO AGRAVO DE INSTRUMENTO
Relator (a): Min. RICARDO LEWANDOWSKI Julgamento: 20/05/2008 Órgão Julgador: Primeira Turma
DJe-107 DIVULG 12-06-2008 PUBLIC 13-06-2008
EMENT VOL-02323-10 PP-01966
AGTE. (S): OSCARINO DE ALMEIDA ARANTES
AGDO. (A/S): MARIA SALETTE NEYTAVARES DE PINHO E OUTRO (A/S)
Ementa
EMENTA: PROCESSO CIVIL. AGRAVO REGIMENTAL EM AGRAVO DE INSTRUMENTO. PROMESSA DE CONTRATO DE COMPRA E VENDA. INADIMPLÊNCIA. OFENSA REFLEXA. AGRAVO IMPROVIDO. I – As alegações de violação aos princípios da legalidade, da motivação dos atos decisórios, dos limites da coisa julgada, do devido processo legal e do contraditório, quando demandarem a apreciação da

legislação infraconstitucional, configuram, em regra, situação de ofensa reflexa ao texto constitucional, o que impede a utilização do recurso extraordinário. II – Agravo regimental improvido.

34.1.2. COMPOSIÇÃO JUDICIÁRIA

Preceitua o artigo 94 da Constituição Federal que:

> *Um quinto dos lugares dos Tribunais Regionais Federais, dos Tribunais dos Estados, e do Distrito Federal e Territórios será composto de membros do Ministério Público, com mais de dez anos de carreira, e de advogados de notório saber jurídico e de reputação ilibada, com mais de dez anos de efetiva atividade profissional indicados em lista sêxtupla pelos órgãos de representação das respectivas classes.*

A este artigo é estabelecido o quinto constitucional onde a Constituição Federal estabeleceu a quinta parte dos lugares dos Tribunais Regionais Federais e dos Tribunais dos Estados e Territórios a composição de membros do Ministério Público, com mais de dez anos de carreira, e de advogados, com o mesmo tempo de carreira, de notório saber jurídico e reputação ilibada. Cada órgão de classe indica uma lista sêxtupla, que será tornada tríplice pelo tribunal respectivo, havendo depois a escolha por parte do Chefe do Poder Executivo. Nas vagas reservadas para o Ministério Público e para os advogados vigora o princípio da infungibilidade, ou seja, essas vagas somente podem ser ocupadas por promotores e advogados, impedida a nomeação de juiz.

Recebidas as listas sêxtuplas o Tribunal elaborará a lista tríplice, enviando-se ao Poder Executivo, que, nos vinte dias subsequentes, escolherá um de seus integrantes para nomeação (art. 94, parágrafo único, CF).

Os juízes gozam das seguintes garantias: a) vitaliciedade; b) inamovibilidade; c) irredutibili- dade de subsídios (artigo 95, CF).

Aos juízes é vedado conforme o parágrafo único do artigo 95, CF:

> *I – exercer, ainda que em disponibilidade, outro cargo ou função, salvo uma de magistério;*
> *II – receber, a qualquer título ou pretexto, custas ou participação em processo;*
> *III – dedicar-se à atividade político-partidária;*
> *IV – receber, a qualquer título ou pretexto, auxílios ou contribuições de pessoas físicas, entidades públicas ou privadas, ressalvadas as exceções previstas em lei;*
> *V – exercer a advocacia no juízo ou tribunal do qual se afastou, antes de decorridos três anos do afastamento do cargo por aposentadoria ou exoneração.*

34.2. PRINCÍPIO DA CLÁUSULA DE RESERVA DE PLENÁRIO OU PRINCÍPIO DA RESERVA DE PLENÁRIO

O artigo 97 da Constituição Federal vaticina que:

> *Somente pelo voto da maioria absoluta de seus membros ou dos membros do respectivo órgão especial poderão os tribunais declarar a inconstitucionalidade de lei ou ato normativo do Poder Público.*

Sendo assim, a maioria absoluta deve estar presente no Tribunal Pleno ou no órgão especial que lhe fizer às vezes. Essa regra é excepcionada, unicamente, quando se tratar do disposto no artigo 481, CPC, ou seja, os próprios órgãos fracionários poderão julgar a inconstitucionalidade do ato normativo, não remetendo a questão ao Pleno ou ao órgão especial, quando já houver pronunciamento destes ou do plenário do Supremo Tribunal Federal sobre a questão.

A Súmula Vinculante 10 admite que: "Viola a cláusula de reserva de plenário (CF, Artigo 97) a decisão de órgão fracionário de tribunal que, embora não declare expressamente a inconstitucionalidade de lei ou ato normativo do poder público afasta sua incidência, no todo ou em parte".

Jurisprudência

RE-AgR 527814 / PR – PARANÁ AG. REG. NO RECURSO EXTRAORDINÁRIO Relator (a): Min. EROS GRAU
Julgamento: 05/08/2008 Órgão Julgador: Segunda Turma
DJe-162 DIVULG 28-08-2008 PUBLIC 29-08-2008 EMENT VOL-02330-05 PP-00974 AGTE. (S): BANCO CENTRAL DO BRASIL AGDO. (A/S): PESQUEIRA OCÊANICA LTDA
Ementa EMENTA: AGRAVO REGIMENTAL NO RECURSO EXTRAORDINÁRIO. MATÉRIA INFRA- CONSTITUCIONAL. OFENSA REFLEXA. OFENSA AOS PRINCÍPIOS DO CONTRADITÓRIO E DA AMPLA DEFESA. INEXISTÊNCIA DE VIOLAÇÃO DA CLÁUSULA DE RESERVA DE PLENÁRIO. INTERPOSIÇÃO DO EXTRAORDINÁRIO COM FUNDAMENTO NA ALÍNEA "B" DO ARTIGO 102, III, DA CONSTITUIÇÃO. INVIABILIDADE. 1. Controvérsia decidida à luz de legislações infraconstitucionais. Ofensa indireta à Constituição do Brasil. 2. O Supremo Tribunal Federal fixou jurisprudência no sentido de que os princípios do contraditório e da ampla defesa, ampliados pela Constituição de 1988, incidem sobre todos os processos, judiciais ou administrativos, não se resumindo a simples direito, da parte, de manifestação e informação no processo, mas também à garantia de que seus argumentos serão analisados pelo órgão julgador, bem assim o de ser ouvido também em matéria jurídica. Precedentes. 3. Inviável o recurso extraordinário pela alínea "a", por ofensa ao artigo 97 da CB/88, quando impugna decisão que não declarou a inconstitucionalidade dos textos normativos questionados. Precedentes. 4. Acórdão recorrido que não declarou a inconstitucionalidade de tratado ou de lei federal. Inviabilidade da admissão do recurso extraordinário interposto com fundamento na alínea "b" do artigo 102, III, da Constituição. Agravo regimental a que se nega provimento.

34.3. JUIZADOS ESPECIAIS E JUSTIÇA DE PAZ

A Lei n° 9.099/95 regulamentou acerca dos Juizados Especiais, de causas cíveis e criminais, que podem ser criados pela União e pelos Estados (art. 98, I, CF). Lei Federal disporá sobre a criação de Juizados Especiais no âmbito da Justiça Federal (art. 98, § 1°, CF).

Formados por juízes togados e leigos os Juizados Especiais têm a competência de realizar conciliação, julgamento e execução das causas cíveis de menor complexidade entre elas as que tenham um valor de até 40 (quarenta) salários mínimos e de julgar as infrações de menor potencial ofensivo na área penal.

O Procedimento é sumaríssimo na medida do possível será oral. Há grande possibilidade de realização de transação que é o acordo entre as partes e os recursos serão julgados por uma turma de juízes de primeiro grau, chamada Colégio Recursal formada por três membros.

Já a Justiça de Paz foi prevista com o objetivo de auxiliar o Poder Judiciário em determinadas tarefas. Formada por cidadãos eleitos pelo voto direto, universal e periódico com mandato de quatro anos, tem ela as funções de celebrar casamentos, verificar os trâmites para os proclamas matrimoniais, exercer atividades conciliatórias de caráter não jurisdicional, além de outras decorrentes de legislação infraconstitucional (art. 98, II, da CF).

A Justiça de Paz ainda não foi instituída no Brasil.

34.4. AUTONOMIA DO PODER JUDICIÁRIO

O Poder Judiciário tem função típica jurisdicional, inerente à sua natureza. Exerce ainda funções atípicas de natureza executivo-administrativa (organização de suas secretarias, ex vi do artigo 96, I, "b", CF), a concessão de licença de férias a seus membros, juízes e servidores (art. 96, I, "f", CF) bem como funções atípicas de natureza legislativa como elaboração do Regimento interno (art. 96, I, "a", CF).

A jurisdição é portanto uma das funções do Estado, mediante a qual este se substitui aos titulares dos interesses em conflito para, imparcialmente, buscar a pacificação do conflito que os envolve, com justiça.

O artigo 99 da Constituição Federal consagra que: *"Ao Poder Judiciário é assegurada autonomia administrativa e financeira".*

A autonomia do Poder Judiciário possibilita o autogoverno da magistratura.

Os tribunais elaboram suas propostas orçamentárias, dentro dos limites estipulados nas diretrizes orçamentárias e na lei de responsabilidade fiscal. O encaminhamento da proposta, ouvidos os tribunais interessados, compete: no âmbito da União, ao Presidente do Supremo Tribunal Federal e aos Presidentes dos Tribunais Superiores, com aprovação das respectivas Cortes e no âmbito dos Estados e no Distrito Federal e Territórios, aos Presidentes dos Tribunais de Justiça, com aprovação dos respectivos tribunais (art. 99, §§ 2° e 2°, CF).

Se os órgãos mencionados não encaminharem as respectivas propostas orçamentárias dentro do prazo estabelecido, o Poder Executivo considerará para fins de consolidação da proposta orçamentária anula, os valores aprovados na lei orçamentária vigente ajustados de acordo com a lei de diretrizes orçamentárias (art. 99, § 3°, CF). Se as propostas orçamentárias forem encaminhadas em desacordo com os limites estipulados na forma da lei de diretrizes orçamentárias, o Poder Executivo procederá aos ajustes necessários para fins de consolidação da proposta orçamentária anual (art. 99, § 4°, CF).

Durante a execução orçamentária não poderá haver a realização de despesas ou a assunção de obrigações que extrapolem os limites estabelecidos na lei de diretrizes orçamentárias, exceto se previamente autorizadas, mediante a abertura de créditos suplementares ou especiais (art. 99, § 5°, CF).

34.4.1. ORGANOGRAMA

STF = Supremo Tribunal Federal
TRF = Tribunal Regional Federal
STJ = Superior Tribunal de Justiça
TRT = Tribunal Regional do Trabalho
TST = Tribunal Superior do Trabalho
TRE = Tribunal Regional Eleitoral
STM = Superior Tribunal Militar
TJ = Tribunal de Justiça
TJM = Tribunal de Justiça Militar

34.4.2. PRECATÓRIOS

O artigo 100 da Constituição Federal reza que:

> *A Exceção dos créditos de natureza alimentícia, os pagamentos devidos pela Fazenda Federal, Estadual ou Municipal, em virtude de sentença judiciária, far-se-ão exclusivamente na ordem cronológica de apresentação dos precatórios e à conta dos créditos respectivos, proibida a designação de casos ou de pessoas nas dotações orçamentárias e nos créditos adicionais abertos para este fim.*

A emenda n° 30, que modificou o art.100 da Constituição Federal e acresceu o art.78 ao Ato das Disposições Constitucionais Transitórias, trouxe importantes mudanças no regime de precatórios, e embora tenha sido muito vergastada durante a sua elaboração, por representantes da Ordem dos Advogados do Brasil (OAB) e mesmo em editoriais dos grandes órgãos noticiosos, contou com ampla e tranquila maioria, ancorada no apoio de partidos dos mais diversos matizes ideológicos.

Pela emenda n° 30, o § 1° do art. 100 sofreu algumas modificações. Passou a exigir que os débitos de precatórios tenham origem em sentenças transitadas em julgado, o que afasta a possibilidade dos precatórios originários de execução provisória. O mesmo dispositivo prevê a atualização monetária para a época de liquidação do crédito.

O legislador introduziu dispositivo definindo os débitos de natureza alimentícia. Ora, quando se fala tanto em desconstitucionalização e enxugamento do texto constitucional, a definição de crédito de natureza alimentícia poderia ser muito bem dispensada. Parece-nos importante observar que a enumeração referente aos créditos de natureza alimentícia é meramente exemplificativa.

O § 2° do art. 100 trouxe a novidade do dispositivo que é que os créditos e as dotações deverão expressamente ser colocados à disposição do Poder Judiciário. Com essa modificação, pretende-se evitar a vulnerabilidade da ordem dos precatórios frente às pressões políticas exercidas sobre o Poder Executivo.

Embora o novo texto não tenha previsto o sequestro de quantia necessária para satisfação do débito, por iniciativa do Presidente do Tribunal, em caso de preterição do credor, é importante observar que essa possibilidade existe. Com efeito, é aquele que zela pela lista de credores que tem, geralmente, condições de saber se houve a não preterição. Não nos esqueçamos de que pelo § 6°, que se acresceu ao art. 100:

> *O Presidente do Tribunal competente que, por ato comissivo ou omissivo, retardar ou tentar frustrar a liquidação regular de precatório incorrerá em crime de responsabilidade.*

Desse modo, está claro que o Presidente do Tribunal deverá atuar de ofício se perceber preterição de credor, ou provocado por esse, ou pelo Ministério Público, ou por denúncia fundada de quem tiver conhecimento da irregularidade.

O § 3° do art. 100 passa a incluir também a Fazenda Distrital. Esse dispositivo determina que a Lei defina os pagamentos de obrigações de pequeno valor, os quais fugirão ao regime dos precatórios.

Reconheceu-se, assim, que o que é pequeno valor para uma pequena cidade da Paraíba não é o mesmo que pequeno valor para a Prefeitura de Jundiaí. Esse dispositivo foi deslocado com a remuneração introduzida pela emenda constitucional n° 37. Essa emenda que trouxe unicamente novo § 4° à disciplina constitucional dos precatórios proíbe a expedição de precatório suplementar ou complementar, bem como o fracionamento do valor de execução, a fim de que o pagamento do precatório não se faça, em parte, na forma estabelecida no § 3° do art. 100, em parte, segundo ordem referida no caput desse artigo.

O art. 78 introduzido no ADCT constitui a grande razão da reforma da disciplina constitucional dos precatórios: os débitos pendentes na data de promulgação da emenda n° 30 e os que decorreram de ações iniciais ajuizadas até 31 de dezembro de 1999 deverão ser liquidados pelo seu valor real, em moeda corrente, acrescidos de juros legais, em prestações anuais, iguais e sucessivas, no prazo máximo de dez anos, permitida a cessão de créditos. Esse dispositivo atende a reivindicação de inúmeras prefeituras ameaçadas de intervenção pelo não pagamento dos débitos de precatórios. Trata-se de forma de moratória estabelecida pela Constituição.

Na edição da medida, o Poder Executivo poderá classificar os créditos, por critérios uniformes de valor, e, segundo esses, determinar o número de parcelas, que poderão ser pagas em até dez anos. Assim, segundo critérios uniformes e previamente editados, poderá haverá parcelamentos com diferentes números de parcelas, por exemplo, pagos em até cinco ou seis anos, etc. Não se pode esquecer que as parcelas poderiam ser decompostas, havendo acordo nesse sentido. A expressão "a critério do credor" não pode ser entendida literalmente. É preciso que também tenha havido interesse da Administração.

Cabe também observar que não entram no parcelamento, consoante ressalva os seguintes créditos: os definidos em lei como de pequeno valor, os de natureza alimentícia, os de que trata o art. 33 do Ato das Disposições Constitucionais Transitórias e suas complementações, e os que já tiveram seus respectivos recursos liberados na data de promulgação da emenda. A ausência da definição legal de pequeno valor, a despeito de vários projetos em tramitação, é um complicador. Urge, portanto, por lei, determinar o que seria pequeno valor, a fim de se permitir a boa programação orçamentária dos entes da federação, sobretudo, dos Municípios.

A propósito dos créditos alimentares, é preciso dizer que, embora sejam imparceláveis, segundo o caput do art. 78 dos Atos das Disposições Constitucionais Transitórias, o Poder Judiciário concedeu em casos concretos à possibilidade dos Municípios parcelarem tais créditos, uma vez provada a impossibilidade de saldá-los sem grave lesão à comunidade.

No regime constitucional pátrio, parece despiciendo referir-se à possibilidade de cessão de créditos de precatórios. É ínsito à noção vigente de autonomia do indivíduo poder ele dispor de seus bens e direitos, entre os quais os direitos de crédito. O legislador, talvez visando a reprimir eventuais ímpetos moralistas, considerou oportuno fazer referência à possibilidade de cessão dos créditos de precatórios. De se salientar que as prestações vencidas e não liquidadas poderão ser utilizadas na compensação de tributos da entidade devedora. Entidade devedora, nesse caso, é a Fazenda Pública, seja Federal, Distrital, Estadual ou Municipal. Ressalte-se que, o texto é claro, só as prestações vencidas poderão ser utilizadas, na compensação de tributos. O uso de precatórios constantes de determinada ordem na compensação de tributos, sem que esteja figurada a hipótese que vem de ser descrita, caracterizaria fraude contra os credores e contra a ordem dos precatórios. Mesmo a compensação, se não se tratar de prestações vencidas e não liquidadas, deve obedecer à pauta de precatórios. Hipótese de pouco alcance prático. Para exemplificar, sou o primeiro da ordem de precatórios estaduais, devo tributo ao Estado, nesse caso poderia compensar os tributos devidos com o precatório a receber, sem lesar os outros credores, situados depois de mim. Sendo a ordem de precatórios, imposição constitucional, é preciso respeitá-la. Em se tratando de compensação, poderia excepcionar aqui os créditos alimentares, sob a seguinte condição: o devedor A da Fazenda Pública só poderá solver a sua dívida com créditos alimentares de precatórios, se for também o credor O originário dos precatórios. Fora essa hipótese e a das parcelas vencidas e não liquidadas, a compensação não é mais que burla à Constituição, sobre facilitar a expropriação dos credores originários de precatórios e dificultar a liquidez do Estado. A burla à Constituição não é, todavia, incomum em nosso país.

Alimentos são salários, indenizações ligadas a esses, a habitação etc. Créditos de natureza alimentar são, portanto, por natureza impostergável.

No âmbito da Justiça Federal, o Conselho da Justiça Federal determinou através da Resolução n° 211, de 13 de agosto de 1999, que na fase dos cálculos ou de atualização de precatórios, os magistrados ouçam o Ministério Público. É, entretanto, evidente que essa decisão, por se tratar de mera norma interna ao Poder Judiciário, obriga apenas os juízes e não os membros do Ministério Público. Que o legislador opte em resolver o conflito entre as duas praxes, mas que esteja claro para todos quaisquer que seja a solução, que o Ministério Público, como fiscal da lei e defensor dos interesses da sociedade, não pode figurar como

Os Tribunais, por sua vez, procedem a aplicações de índices atualizadores da moeda, já na fase dos precatórios. Índices que também podem ser discutidos. A ampliação da possibilidade de revisão de valores flagrantemente onerosos e fora da realidade poderia embasar-se em entendimento de que a coisa julgada material não se constitui em contraposição aos princípios (normas- fins) constitucionais da moralidade e do justo valor. Se acontecesse a contraposição, seria, no máximo, coisa julgada aparente.

É patente, todavia, que nova postura dos Executivos e do Judiciário, independemente de novas leis, ajudará a inibir as indenizações multimilionárias e extravagantes em processos de desapropriação, e que contribuem enormemente para o estrangulamento da pauta de precatórios, de resto já quase paralisada pelo fiscalismo vigente. Se o sistema judiciário (Poder Judiciário, Ministério Público, partes, operadores do direito) – sistema heautopoiético como deve ser – deve chegar a sentenças irreformáveis, não se pode admitir que ele chegue a decisões finalíssimas e irreformáveis (coisa julgada material).

Jurisprudência

AI-AgR 560844 / RS – RIO GRANDE DO SUL AG. REG. NO AGRAVO DE INSTRUMENTO Relator (a): Min. RICARDO LEWANDOWSKI Julgamento: 29/04/2008 Órgão Julgador: Primeira Turma

DJe-092 DIVULG 21-05-2008 PUBLIC 23-05-2008 EMENT VOL-02320-05 PP-01081 AGTE. (S): ESTADO DO RIO GRANDE DO SUL AGDO. (A/S): ELIANE DE BARROS LONDERO

Ementa EMENTA: CONSTITUCIONAL. PROCESSUAL CIVIL. AGRAVO REGIMENTAL EM AGRAVO DE INSTRUMENTO. SEQUESTRO DE VERBAS PÚBLICAS. CRÉDITO DE PEQUENO VALOR. OFENSA REFLEXA AO TEXTO CONSTITUCIONAL. ANÁLISE DE FATOS E PROVAS. IMPOSSIBILIDADE. SÚMULA 279. AGRAVO IMPROVIDO. I – A jurisprudência do STF orienta-se no sentido de que a previsão do art. 100, § 3°, da Constituição Federal refere-se à não necessidade de expedição de precatórios quando da ocorrência de créditos alimentícios de pequeno valor. Irrelevante a discussão acerca da ocorrência, ou não, de quebra da ordem cronológica. II – A hipótese dos autos versa sobre crédito de pequeno valor, enquanto a ADI 1.662/SP cuida especificamente de expedição de precatórios e ofícios requisitórios decorrentes de créditos de natureza alimentícia. III – Necessário o reexame do conjunto fático-probatório constante dos autos. Incidência da Súmula 279 do STF. IV – O acórdão recorrido fundamentou o se- questro de verbas públicas com base no disposto na legislação processual civil, a cujo exame não se presta o recurso extraordinário. V – Agravo regimental improvido.

RE-AgR 537315 / SP – SÃO PAULO AG. REG. NO RECURSO EXTRAORDINÁRIO Relator (a): Min. CEZAR PELUSO Julgamento: 11/03/2008 Órgão Julgador: Segunda Turma

DJe-070 DIVULG 17-04-2008 PUBLIC 18-04-2008 EMENT VOL-02315-06 PP-01381 AGTE. (S): ESTADO DE SÃO PAULO

AGDO. (A/S): OSWALDO BRESSER BRANDÃO E OUTRO(A/S)

Ementa

EMENTA: EXECUÇÃO. Fazenda Pública. Precatório judicial. Litisconsórcio ativo facultativo. Créditos pessoais singulares e indivisíveis. Independência e autonomia jurídica. Pequeno valor de cada qual, apurado na forma da Lei n° 13.179/2001, cc. art. 100, § 3°, da CF. Expedição de tantos precatórios quantos os créditos individualizados. Legitimidade. Inexistência de fracionamento de crédito correspondente a obrigação divisível ou solidária. Inaplicabilidade do disposto no art. 100, § 4°, da CF. Recurso extraordinário não conhecido. Agravo improvido. A título de fracionamento, não se aplica o disposto no art. 100, § 4°, da Constituição da República, à execução cumulada promovida por vários credores titulares de créditos pessoais e individualizados, cada qual de pequeno valor, apurado na forma do § 3° daquela norma.

34.5. SUPREMO TRIBUNAL FEDERAL

O Supremo Tribunal Federal foi criado pelo Decreto n° 510 de 1890, sendo regulamentado em nível constitucional em 1891, pelo Decreto n° 848/1891, sucedendo ao antigo Supremo Tribunal de Justiça, que foi o sucessor da antiga Casa da Suplicação.

O Supremo Tribunal Federal é composto de 11 (onze) Ministros, escolhidos dentre cidadãos, brasileiros natos, com mais de trinta e cinco e menos de sessenta e cinco anos de idade, de notável saber jurídico e reputação ilibada (art. 101, caput, CF).

Os Ministros do Supremo Tribunal Federal serão nomeados pelo Presidente da República, depois de aprovada a escolha pela maioria absoluta do Senado Federal (parágrafo único, artigo 101, CF).

Após a vinda da família real para o Brasil, conforme esclarece o Conselheiro Ribas, "competia à Casa de Suplicação (de Lisboa, acrescente-se) interpretar as ordenações, e leis por meio de assentos com força obrigatória". Esses assentos eram tomados na mesa grande por ocasião de dúvida proposta por alguns dos desembargadores, juízes da causas, ou por glosa do chanceler por entender que a sentença infringia expressamente as ordenações ou o direito.

Passando D. João a residir no Brasil e, na medida em que diante dessa situação encontra-se interrompida a comunicação com Portugal, o Príncipe Regente mediante Alvará Régio de 10.05.1808, institui a "Casa da Suplicação do Brasil" que se caracterizou como o primeiro órgão de cúpula da Justiça no Brasil, marca da fase colonial.

Durante o regime monárquico a Lei de 18.09.1828 criou o Supremo Tribunal de Justiça (9.01.1829 a 27.2.1891). Em seguida editado pelo governo Provisório da República, o Decreto n° 848 de 11.10.1890 que organizou o Supremo Tribunal Federal, órgão de cúpula do Judiciário nos termos dos artigos 55 e 56 da Constituição Republicana de 1891, efetivamente instalado em 28.2.1891. Nesta escalada evolutiva, a Constituição da República de 1988 instituiu o Superior Tribunal de Justiça (STJ) instalado em 7.4.1989 (Lei n° 7.746/89), reservando ao Supremo Tribunal Federal a posição de órgão de cúpula de todo o Judiciário e, especialmente, a guarda e defesa da Constituição Federal O preceituado no artigo 102 da Constituição configura que:

> [...]compete ao Supremo Tribunal Federal, precipuamente, a guarda da Constituição, cabendo-lhe:
> I – processar e julgar, originariamente:
> a) ação direta de inconstitucionalidade de lei ou ato normativo federal ou estadual e a ação declaratória de constitucionalidade de lei ou ato normativo federal;
> b) nas infrações penais comuns, o Presidente da República, o Vice-Presidente, os membros do Congresso Nacional, seus próprios Ministros e o Procurador-Geral da República;
> c) nas infrações penais comuns e nos crimes de responsabilidade, os Ministros de Estado e os Comandantes da Marinha, do Exército e da Aeronáutica, ressalvado o disposto no art. 52, I, os membros dos Tribunais Superiores, os do Tribunal de Contas da União e os Chefes de missão diplomáticas de caráter permanente;
> d) o habeas corpus, sendo paciente qualquer das pessoas referidas nas alíneas anteriores; o mandado de segurança e habeas data contra atos do Presidente

> da República, das Mesas da Câmara dos Deputados e do Senado Federal, do Tribunal de Contas da União, do Procurador-Geral da República e do próprio Supremo Tribunal Federal;
> e) o litígio entre Estado estrangeiro ou organismo internacional e a União, o Estado, o Distrito Federal ou o Território;
> f) as causas e os conflitos entre a União e os Estados, a União e o Distrito Federal ou entre uns e outros, inclusive as respectivas entidades da administração indireta;
> g) a extradição solicitada por Estado estrangeiro;
> i) o habeas corpus, quando o coator for Tribunal Superior ou quando o coator ou o paciente for autoridade, ou funcionário cujos atos estejam sujeitos diretamente à jurisdição do Supremo Tribunal Federal, ou se trate de crime sujeito à mesma jurisdição em uma única instância;
> j) a revisão criminal e a ação rescisória de seus julgados;
> l) a reclamação para a preservação de sua competência e garantia da autoridade de suas decisões;
> m) a execução de sentença nas causas de sua competência originária, facultada a delegação de atribuições para a prática de atos processuais;
> n) a ação em que todos os membros da magistratura sejam direta ou indiretamente interessados, e aquela em que mais da metade dos membros do tribunal de origem estejam impedidos ou sejam direta ou indiretamente interessados;
> o) os conflitos de competência entre o Superior Tribunal de Justiça e quaisquer tribunais, entre Tribunais Superiores, ou entre estes e qualquer outro tribunal;
> p) o pedido de medida de cautelar das ações direta de inconstitucionalidade;
> q) o mandado de injunção, quando a elaboração da norma regulamentadora for atribuição do Presidente da República, do Congresso Nacional, da Câmara dos Deputados, do Senado Federal, das Mesas de uma dessas Casas Legislativas, do Tribunal de Contas da União, de um dos Tribunais Superiores, ou do próprio Supremo Tribunal Federal;
> r) as ações contra o Conselho Nacional de Justiça e contra o Conselho Nacional do Ministério Público".
> II – julgar, em recurso ordinário:
> a) o habeas corpus, o mandado de segurança, o habeas data e o mandado de injunção decididos em única instância pelos Tribunais Superiores, se denegatória a decisão;
> b) o crime político.
> III – julgar, mediante recurso extraordinário, as causas decididas em única e última ins tância, quando a decisão recorrida:
> a) Contrariar dispositivo desta Constituição;
> b) Declarar a inconstitucionalidade de tratado ou lei federal;
> c) Julgar válida lei ou ato de governo local contestado em face desta Constituição
> d) Julgar válida lei local contestada em face de lei federal.

O Supremo Tribunal Federal e o Superior Tribunal de Justiça formam o núcleo central do Poder Judiciário brasileiro.

Como visto as competências do Supremo Tribunal Federal estão divididas em: a) originária (art. 102, I, CF); b) recursal (art. 102, II, CF); c) extraordinária (art. 102, III, CF).

Competência originária significa que sobre determinados assuntos apenas o Supremo Tribunal Federal tem prerrogativa para solucionar o caso, cabendo das suas decisões unicamente a ação rescisória e os embargos declaratórios. A competência recursal ordinária é aquela em que a matéria chega ao Supremo mediante dois tipos de situações: a) quando há denegação em única instância por Tribunais Superiores, de habeas corpus, mandado de segurança, habeas data e mandado de injunção e em segundo lugar por crimes políticos.

A competência recursal extraordinária se realiza mediante recurso extraordinário, assim chamado porque previsto na Constituição Federal para posicionamento judiciais que contrariem o Texto Magno e que tenham sido decididos em única ou última instância.

O § 2°, do artigo 102 verbera que:

> *As decisões definitivas de mérito, proferidas pelo Supremo Tribunal Federal, nas ações direta de inconstitucionalidade e nas ações declaratórias de constitucionalidade produzirão eficácia contra todos e efeito vinculante, relativamente aos demais órgãos do Poder Judiciário e à administração pública direta e indireta, nas esferas federal, estadual e municipal.*

Significa dizer que ficam vinculadas às decisões meritórias do Supremo Tribunal Federal todos os órgãos do Poder Judiciário e a administração pública direta e indireta de todas as esferas da federação. Ou seja, o único órgão que não fica adstrito às decisões do Egrégio Tribunal é o Poder Legislativo em decorrência da liberdade de produção normativa que foi deferida a este poder pela Constituição Federal.

É bem verdade que toda decisão de mérito é terminativa, portanto não haveria necessidade da expressão decisões definitivas de mérito, mas assim quis o legislador.

O § 3° do artigo 102 da Constituição Federal vaticina que:

> *No recurso extraordinário o recorrente deverá demonstrar a repercussão geral das questões, constitucionais discutidas no caso, nos termos da lei, a fim de que o Tribunal examine a admissão do recurso, somente podendo recusá-lo por manifestação de dois terços de seus membros.*

No Recurso Extraordinário não cabe reexame probatório ex vi da Súmula 279 do Supremo Tribunal Federal admite que: *"Para simples reexame de prova não cabe recurso extraordinário".*

Ainda a Súmula 282/STF: *"Éinadmissível o recurso extraordinário quando não ventilada, na decisão recorrida à questão federal suscitada".*

Significa dizer que o prequestionamento é requisito fundamental para o Recurso extraordinário e deve ter sido objeto de discussão na instância *a quo*.

A Súmula 356/TST verbera que:

> *O ponto omisso da decisão, sobre o qual não foram opostos embargos declaratórios não pode ser objeto de recurso extraordinário, por faltar o requisito do* prequestionamento.

O recurso extraordinário possui juízo de admissibilidade duplo (juízo de admissibilidade é a decisão em que se observa se o recurso preenche os requisitos formais, e, portanto, pode ser apreciado pela instância ad quem). Deve sofrer apreciação no juízo a quo e no juízo ad quem. Se o juízo a quo indeferir o cabimento do recurso, caberá agravo do despacho denegatório para o tribunal competente.

São pressupostos do recurso extraordinário: a) existência de causa decidida em única ou última instância; b) que a decisão, a ser impugnada através dele, seja definitiva; c) existência de questão constitucional enquadrável nas alíneas do inciso III do art. 102 da Constituição, que são: contrariar dispositivo da Constituição; declarar a inconstitucionalidade de tratado ou lê federal; julgar válida lei de governo local contestada em face de lei federal.

O efeito produzido pelo recurso extraordinário é o devolutivo, devolvendo-se a matéria para a apreciação da instância ad quem. O recurso não produz efeito suspensivo.

34.5.1. ORGANOGRAMA

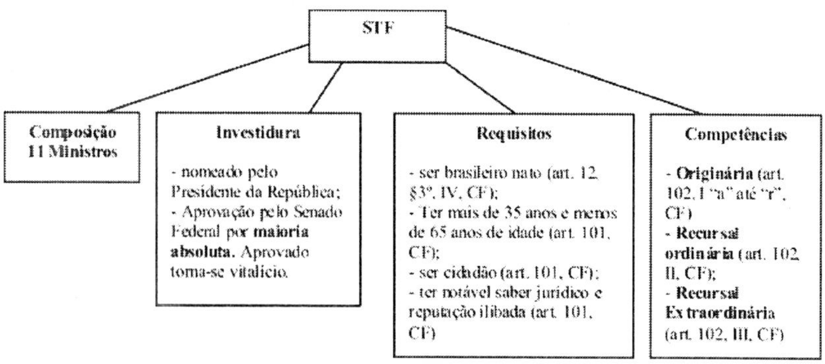

Jurisprudência

AR-AgR 1853 / PE – PERNAMBUCO AG. REG. NA AÇÃO RESCISÓRIA Relator (a): Min. RICARDO LEWANDOWSKI Julgamento: 25/06/2008 Órgão Julgador: Tribunal Pleno

DJe-147 DIVULG 07-08-2008 PUBLIC 08-08-2008 EMENT VOL-02327-01 PP-00055

AGTE. (S): LUIZ ERNANI TORRES DA COSTA E SILVA AGDO. (A/S): MICROLITE S/A

Ementa

EMENTA: AGRAVO REGIMENTAL EM AÇÃO RESCISÓRIA. INCOMPETÊNCIA DO STF PARA PROCESSAR E JULGAR A AÇÃO RESCISÓRIA. INAPLICABILIDADE DA SÚMULA 505 DO STF. AUSÊNCIA DE IMPUGNAÇÃO DOS DEMAIS FUNDAMENTOS DA DECISÃO AGRAVADA. AGRAVO REGIMENTAL NÃO CONHECIDO. I – A competência originária desta Corte para processar e julgar ações rescisórias cinge-se às ações que impugnam julgados proferidos por órgãos do Supremo Tribunal Federal. II – Inaplicável à espécie a Súmula 505, anotando-se que a ação rescisória não possui natureza de recurso. III – As razões do agravo regimental não infirmam o fundamento da decisão agravada, o que atrai a incidência da Súmula 287 do STF. IV – Agravo regimental improvido.

AI-AgR 559663 / PE – PERNAMBUCO AG. REG. NO AGRAVO DE INSTRUMENTO Relator (a): Min. CÁRMEN LÚCIA J ulgamento: 05/09/2006 Órgão Julgador: Primeira Turma

DJ 06-11-2006 PP-00034 EMENT VOL-02254-06 PP-01148 AGTE. (S): ARMAZÉM CORAL LTDA.

AGDO. (A/S): MUNICÍPIO DE RECIFE

AGDO. (A/S): COMPANHIA BRASILEIRA DE TRENS URBANOS – CBTU Ementa

EMENTA: AGRAVO DE INSTRUMENTO. PREQUESTIONAMENTO. AUSÊNCIA DE DEMONSTRAÇÃO. 1. Verifica-se ocorrido o prequestionamento quando o Tribunal de origem emite entendimento sobre a matéria constitucional tida como vulnerada. A viabilidade recursal extraordinária não exige referência explícita, no acórdão recorrido, dos preceitos constitucionais evocados no recurso, contudo, não ilide a necessidade de demonstração inequívoca do exame. Tendo o Tribunal de origem dirimido a questão, exclusivamente, à luz da legislação federal, tem-se afastada a competência do Supremo Tribunal Federal para conhecer do agravo interposto. 2. Agravo regimental a que se nega provimento.

MS 25624 / SP – SÃO PAULO MANDADO DE SEGURANÇA Relator (a): Min. SEPÚLVEDA PERTENCE

Julgamento: 06/09/2006 Órgão Julgador: Tribunal Pleno

DJ 19-12-2006 PP-00036 EMENT VOL-02261-05 PP-00946

IMPTE. (S): ORDEM DOS ADVOGADOS DO BRASIL – SECÇÃO DE SÃO PAULO IMPDO. (A/S): ÓRGÃO ESPECIAL DO TRIBUNAL DE JUSTIÇA DO ESTADO DE SÃO PAULO

Ementa

EMENTA: I. Mandado de Segurança: processo de escolha de candidatos a cinco vagas de Desembargador do Tribunal de Justiça de São Paulo, correspondente à cota no "quinto constitucional" da advocacia: composição de lista sêxtupla pelo Tribunal de Justiça que, desprezando a lista sêxtupla específica organizada pelo Conselho Seccional da OAB para a primeira das vagas, substituiu os seus integrantes por nomes remanescentes das listas indicadas para as vagas subsequentes e, dentre eles, elaborou a lista tríplice: contrariedade ao art. 94 e seu parágrafo único da Constituição Federal: declaração de nulidade de ambas as listas, sem prejuízo da eventual devolução pelo Tribunal de Justiça à OAB da lista sêxtupla apresentada para a vaga, se fundada em razões objetivas de carência, por um ou mais dos indicados, dos requisitos constitucionais, para a investidura e do controle jurisdicional dessa recusa, acaso rejeitada pela Ordem. II. O "quinto constitucional na ordem judiciária constitucional brasileira: fórmula tradicional, a partir de 1934 – de livre composição pelos tribunais da lista de advogados ou de membros do Ministério Público – e a fórmula de compartilhamento de poderes entre as entidades corporativas e os órgãos judiciários na seleção dos candidatos ao "quinto constitucional" adotada pela Constituição vigente (CF, art. 94 e parágrafo único). 1. Na vigente Constituição da República – em relação aos textos constitucionais anteriores – a seleção originária dos candidatos ao "quinto" se transferiu dos tribunais para "os órgãos de representação do Ministério Público e da advocacia"-, incumbidos da composição das listas sêxtuplas – restando àqueles, os tribunais, o poder de reduzir a três os seis indicados pelo MP ou pela OAB, para submetê-los à escolha final do Chefe do Poder Executivo. 2. À corporação do Ministério Público ou da advocacia, conforme o caso, é que a Constituição atribuiu o primeiro juízo de valor positivo atinente à qualificação dos seis nomes que indica para o ofício da judicatura de cujo pro-

> vimento se cogita. 3. Pode o Tribunal recusar-se a compor a lista tríplice dentre os seis indicados, se tiver razões objetivas para recusar a algum, a alguns ou a todos eles, as qualificações pessoais reclamadas pelo art. 94 da Constituição (v.g. mais de dez anos de carreira no MP ou de efetiva atividade profissional na advocacia.) 4. A questão é mais delicada se a objeção do Tribunal fundar-se na carência dos atributos de "notório saber jurídico" ou de "reputação ilibada": a respeito de ambos esses requisitos constitucionais, o poder de emitir juízo negativo ou positivo se transferiu, por força do art. 94 da Constituição, dos Tribunais de cuja composição se trate para a entidade de classe correspondente. 5. Essa transferência de poder não elide, porém, a possibilidade de o tribunal recusar a indicação de um ou mais dos componentes da lista sêxtupla, à falta de requisito constitucional para a investidura, desde que fundada a recusa em razões objetivas, declinadas na motivação da deliberação do órgão competente do colegiado judiciário. 6. Nessa hipótese ao Tribunal envolvido jamais se há de reconhecer o poder de substituir a lista sêxtupla encaminhada pela respectiva entidade de classe por outra lista sêxtupla que o próprio órgão judicial componha, ainda que constituída por advogados componentes de sextetos eleitos pela Ordem para vagas diferentes. 7. A solução harmônica à Constituição é a devolução motivada da lista sêxtupla à corporação da qual emanada, para que a refaça, total ou parcialmente, conforme o número de candidatos desqualificados: dissentindo a entidade de classe, a ela restará questionar em juízo, na via processual adequada, a rejeição parcial ou total do tribunal competente às suas indicações

34.6. CONSELHO NACIONAL DE JUSTIÇA

O Conselho Nacional de Justiça exerce o Controle Externo do Poder Judiciário e é composto de quinze membros, com idade superior a trinta e cinco e inferior a sessenta e seis anos, para cumprimento de um mandato de dois anos, sendo admitida uma única recondução por igual período (art. 103-B, CF).

Seus membros são nomeados pelo Presidente da República, depois da indicação ter sido aprovada pela maioria absoluta do Senado Federal. Se as indicações não forem efetuadas no prazo legal, a escolha deve ser realizada pelo Supremo Tribunal Federal (art. 103-B, § 2°, da CF).

Sua composição é heterônoma, havendo membros da Magistratura, do Ministério Público, da Ordem dos Advogados do Brasil e da sociedade civil. São denominados Conselheiros. Preceitua o artigo 103-B da Constituição Federal:

> O Conselho Nacional de Justiça compõe-se de quinze membros com mais de trinta e cinco e menos de sessenta e seis anos de idade, com mandato de dois anos, admitida uma única recondução, sendo:
>
> I – um Ministro do Supremo Tribunal Federal, indicado pelo respectivo tribunal;
>
> II – um Ministro do Superior Tribunal de Justiça, indicado pelo respectivo tribunal;
>
> III – um Ministro do Tribunal Superior do Trabalho, indicado pelo respectivo tribunal;
>
> IV- um Desembargador de Tribunal de Justiça, indicado pelo Supremo Tribunal Federal;

V – um juiz estadual, indicado pelo Supremo Tribunal Federal;
VI – um juiz de Tribunal Regional Federal, indicado pelo Superior Tribunal de Justiça;
VII – um juiz federal, indicado pelo Superior Tribunal de Justiça;
VIII – um juiz de Tribunal Regional do Trabalho, indicado pelo Tribunal Superior do Trabalho;
IX – um juiz do trabalho, indicado pelo tribunal Superior do Trabalho;
X – um membro do Ministério Público da União, indicado pelo Procurador-Geral da República;
XI – um membro do Ministério Público estadual, escolhido pelo Procurador-Geral da República dentre os nomes indicados pelo órgão competente de cada instituição estadual;
XII – dois advogados, indicados pelo Conselho Federal da Ordem dos Advogados do Brasil;
XIII – dois cidadãos, de notável saber jurídico e reputação ilibada, indicados um pela Câmara dos Deputados e outro pelo Senado Federal.

O Conselho Nacional de Justiça será presidido pelo Ministro do Supremo Tribunal Federal que votará em caso de desempate, ficando excluído da distribuição de processos naquele tribunal (§ 1°, artigo 103-B, CF).

Os membros do Conselho Nacional de Justiça serão nomeados pelo Presidente da República após escolha pela maioria absoluta do Senado Federal (§ 2°, art. 103-B, CF).

O Ministro do Superior Tribunal de Justiça exercerá a função de Ministro-Corregedor e ficará excluído da distribuição de processos no Tribunal, competindo além das atribuições que lhe forem

conferidas pelo Estatuto da Magistratura as seguintes conforme o § 5°, art. 103-B, CF:

I – receber as reclamações e denúncias, de qualquer interessado, relativa aos magistrados
e aos serviços judiciários;
II – exercer funções executivas do Conselho, de inspeção e de correição geral;
III- requisitar e designar magistrados, delegando-lhes atribuições e requisitar servidores de juízos ou tribunais, inclusive nos Estados, Distrito Federal e Territórios.

O Procurador-Geral da República e o Presidente do Conselho Federal da Ordem dos Advogados do Brasil oficiarão junto ao Conselho Nacional de Justiça ex vi do artigo 103-B, § 6°, CF.

A União e o Distrito Federal criarão ouvidorias para receber reclamações e denúncias de qualquer interessado contra membros ou órgãos do Poder Judiciário ou contra seus serviços auxiliares, representando diretamente ao Conselho Nacional de Justiça (§7°, art. 103-B, CF). Com o intento de descentralizar as atividades desenvolvidas pelo Conselho Nacional de Justiça, estruturando-o perto dos jurisdicionados, a União inclusive o

Distrito Federal e nos Territórios, deve criar ouvidorias de justiça com a finalidade de receber reclamações e denúncias de qualquer interessado contra membros ou órgãos do Poder Judiciário, ou contra seus serviços auxiliares, representando diretamente ao Conselho Nacional de Justiça.

A elencação de suas funções não foi taxativa, podendo o Estatuto da Magistratura conferir-lhe outras atribuições, de acordo com a evolução das atividades desenvolvidas.

Compete ao Conselho Nacional de Justiça conforme o § 4°, do artigo 103-B, da Constituição Federal:

> I – zelar pela autonomia do Poder Judiciário e pelo cumprimento do Estatuto da Magistratura, podendo expedir atos regulamentares, no âmbito de sua competência, ou recomendar providências;
> II – zelar pela observância do art. 37 e apreciar, de ofício ou mediante provocação a legalidade dos atos administrativos praticados por membros ou órgãos do Poder Judiciário, podendo desconstituí-los revê-los ou fixar prazo para que se adotem as providências necessárias ao exato cumprimento da lei, sem prejuízo da competência do Tribunal de Contas da União;
> III- receber e conhecer das reclamações contra membros ou órgãos do Poder Judiciário, inclusive contra seus serviços auxiliares, serventias e órgãos prestadores de serviços notariais e de registro que atuem por delegação do poder público ou oficializado, sem prejuízo da competência disciplinar e correcional dos tribunais, podendo avocar processos disciplinares em curso e determinar a remoção, a disponibilidade ou a aposentadoria com subsídios ou proventos proporcionais ao tempo de serviço e aplicar outras sanções administrativas, assegurada ampla defesa;
> IV – representar ao Ministério Público, no caso de crime contra a administração pública ou abuso de autoridade;
> V – rever, de ofício ou mediante provocação, os processos disciplinares de juízes e membros de tribunais julgados há menos de um ano;
> VI – elaborar semestralmente relatório estatístico sobre processos e sentenças prolatadas, por unidade da Federação, nos diferentes órgãos do Poder Judiciário;
> VII – elaborar relatório anual, propondo as providências que julgar necessárias sobre a situação do Poder Judiciário no País e as atividades do Conselho, o qual deve integrar mensagem do Presidente do Supremo Tribunal Federal a ser remetida ao Congresso Nacional, por ocasião da abertura da sessão legislativa.

34.6.1. ORGANOGRAMA

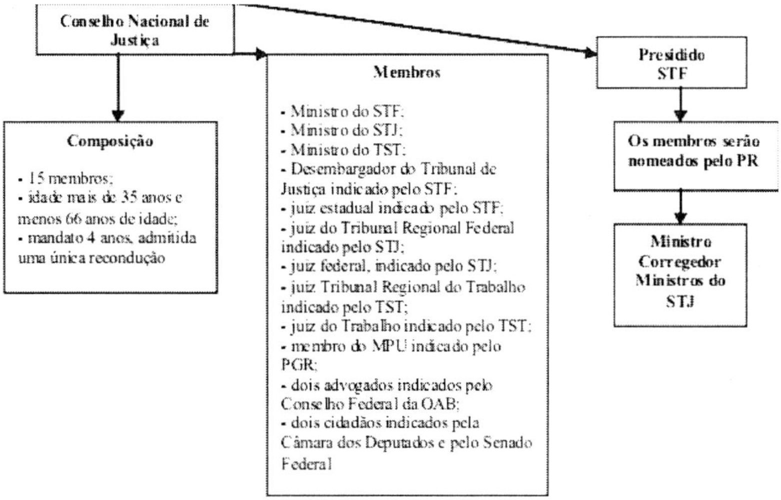

34.7. SUPERIOR TRIBUNAL DE JUSTIÇA

O artigo 104 da Carta Política estabelece que: "O superior Tribunal de Justiça compõe-se de, no mínimo, trinta e três Ministros". E segue em parágrafo único:

> Os Ministros do Superior Tribunal de Justiça serão nomeados pelo Presidente da República, dentre brasileiros com mais de trinta e cinco e menos de sessenta e cinco anos, de notável saber jurídico e reputação ilibada, depois de aprovada a escolha pela maioria absoluta do Senado Federal, sendo:
> I – um terço dentre juízes dos Tribunais Regionais Federais e um terço dentre desembargadores dos Tribunais de Justiça, indicados em lista tríplice elaborada pelo próprio Tribunal;
> II – um terço, em partes iguais, dentre advogados e membros do Ministério Público Federal, Estadual, do Distrito Federal e Territórios, alternadamente, indicados na forma do art. 94.

O Superior Tribunal de Justiça foi criado pela Constituição Cidadã, substituindo o antigo Tribunal Federal de Recursos, oriundo da Constituição de 1946. O objetivo de sua criação foi julgar os recursos referentes às questões de natureza infraconstitucional.

O Superior Tribunal de Justiça estruturado como uma instância judiciária e zelando pelo caráter sistêmico das leis federais, funciona como tribunal superior não-constitucional. Possui ampla gama de prerrogativas e por este motivo o legislador constituinte fixou sua composição mínima, facultando ao legislador infraconstitucional aumentá-la quando houvesse necessidade conforme o artigo 104 da Constituição Federal.

O artigo 27, da ADCT estabelece que: *"O Superior Tribunal de Justiça será instalado sob a Presidência do Supremo Tribunal Federal"*. § 1° artigo 27, ADCT: *"até que se instale o Superior Tribunal de Justiça, o Supremo Tribunal Federal exercerá as atribuições e competências definidas na ordem constitucional"*.

O Ato das Disposições Constitucionais Transitórias estabeleceu o momento provisório para a estruturação do novo Tribunal, o Superior Tribunal de Justiça que hoje já está consolidado e não mais aplicável o artigo supra mencionado.

A sua competência é dividida em:

1) Originária (art. 105, I, CF) que reza:

> Compete ao Superior Tribunal de Justiça:
> I – processar e julgar originariamente:
> a) nos crimes comuns, os Governadores dos Estados e do Distrito Federal e, nestes e nos de responsabilidade os desembargadores dos Tribunais de Justiça dos Estados e do Distrito Federal, os membros dos Tribunais de contas dos Estados e do Distrito Federal, os dos Tribunais Regionais Federais, dos Tribunais Regionais Eleitorais e do Trabalho, os membros dos Conselhos ou Tribunais de Contas dos Municípios e os do Ministério Público da união que oficiem perante tribunais;
> b) os mandados de segurança e os habeas data contra ato de Ministro de Estado; dos Comandantes da Marinha, do Exército e da Aeronáutica, ressalvada a competência da Justiça Eleitoral;
> c) os habeas corpus quando o coator ou paciente for qualquer das pessoas mencionadas na alínea a, ou quando o coator for tribunal sujeito à sua jurisdição, Ministro de Estado ou Comandante da Marinha, do Exército ou da Aeronáutica, ressalvada a competência da Justiça Eleitoral;
> d) os conflitos de competência entre quaisquer tribunais, ressalvado o disposto no art. 102, I, o, bem como entre tribunal e juízes a ele não vinculados e entre juízes vinculados a tribunais diversos;
> f) a reclamação para a preservação de sua competência e garantia da autoridade de suas decisões;
> g) os conflitos de atribuições entre autoridades administrativas e judiciárias da União, ou entre autoridades judiciárias de um Estado e administrativas de outro ou do Distrito Federal, ou entre as deste e da União;
> h) o mandando de injunção, quando a elaboração da norma regulamentadora for atribuição de Órgão, entidade ou autoridade federal, da administração direta ou indireta, excetuados os casos de competência do Supremo Tribunal Federal e dos órgãos da Justiça Militar, da Justiça Eleitoral, da Justiça do Trabalho e da Justiça Federal;
> i) a homologação de sentenças estrangeiras e a concessão do exequatur às cartas rogatórias.

A competência originária tem a finalidade de garantir a jurisdição constitucional das liberdades, julgando garantias constitucionais como o habeas corpus, o habeas data ou o mandado de segurança. O julgamento desses writs pelo Superior Tribunal de Justiça se justifica quando o sujeito passivo for autoridade pertencente a cúpula de um dos três poderes, como Ministros de Estado.

2) Competência recursal, estampada no artigo 105, II, da Constituição Federal que afirma:

> [...] julgar em recurso ordinário:
> a) os habeas corpus decidido em única ou última instância pelos Tribunais Regionais Federais ou pelos tribunais dos Estados, do Distrito Federal e Territórios, quando a decisão for denegató- ria;
> b) os mandados de segurança decididos em única instância pelos Tribunais Regionais ou pelos tribunais dos Estados, do Distrito Federal e Territórios, quando denegatória a decisão;
> c) as causas em que forem partes Estadas estrangeiros ou organismo internacional, de um lado, e do outro Município ou pessoa residente ou domiciliada no País;

3) Ainda a competência recursal especial que tratar o artigo 105, III, da Constituição Federal:

> [...] julgar, em recurso especial as causas decididas em única ou última instância, pelos Tribunais Regionais Federais ou pelos tribunais dos Estados e do Distrito Federal e Territórios, quando a decisão recorrida:
> a) contrariar tratado ou lei federal, ou negar-lhes vigência;
> b) julgar válido ato de governo local contestado em face de lei federal;
> c) der a lei federal interpretação divergente da que lhe haja atribuído outro tribunal.

Tanto o recurso extraordinário interposto no Supremo Tribunal Federal quanto o recurso especial interposto no Superior Tribunal de Justiça são considerados recursos extraordinários não apenas porque estão disciplinados na Constituição Federal, enquanto os demais têm a sua norma- tização contida em lei infraconstitucional, mas porque necessitam de mais alguns elementos para a sua aplicação. A simples sucumbência não é considerada como requisito essencial para a impetração dos recursos mencionados. Urge a ocorrência de uma questão constitucional para o Recurso Extraordinário e uma questão federal no caso do Recurso Especial. Ambos têm a necessidade de exaurimento das instâncias inferiores. Tanto o Supremo Tribunal Federal quanto o Superior Tribunal de Justiça não podem analisar matérias de fato, em razão de suas naturezas.

O prequestionamento é requisito indispensável para o recurso especial. Significa a obrigatoriedade de que a matéria já tenha sido objeto de apreciação na instância a quo.

O recurso especial tem juízo de admissibilidade duplo (juízo de admissibilidade em que se observa se o recurso preenche os requisitos formais e, portanto, pode ser apreciado pela instância ad quem). Se o juízo a quo indeferir o cabimento do recurso, caberá agravo do despacho denegató- rio para o tribunal competente.

São pressupostos de recurso especial: a) a existência de causa decidida em única ou última instância pelos Tribunais Regionais Federais ou pelos Tribunais de Justiça dos Estados e do Distrito Federal; b) que a decisão, a ser impugnada através dele, seja definitiva; c) existência de questão federal enquadrável nas alíneas do inciso III do art. 105 da Constituição, que são: contrariar tratado ou lei federal, ou negar-lhe vigência: julgar válido ato de governo local contestado em face de lei federal; da lei federal interpretação divergente da que lhe haja atribuído outro tribunal.

O efeito do recurso especial é apenas devolutivo não se produz efeito suspensivo, apenas devolve a matéria à instância ad quem para apreciação.

34.7.1 ORGANOGRAMA

STJ = Superior Tribunal de Justiça
TRF = Tribunal Regional Federal
MPF = Ministério Público Federal
TJ = Tribunal de Justiça

34.8. DOS TRIBUNAIS REGIONAIS FEDERAIS E DOS JUÍZES FEDERAIS

O preceituado no artigo 106 da Constituição configura que: *"são órgãos da Justiça Federal: I – os Tribunais Regionais Federais; II – os Juízes Federais"*.

A composição dos Tribunais Regionais Federais é de no mínimo 7 juízes, recrutados, quando possível, na respectiva região e nomeados pelo Presidente da República dentre brasileiro com mais de trinta e menos de sessenta e cinco anos, sendo: I – um quinto dentre advogados, com mais de dez anos de efetiva atividade profissional e membros do Ministério Público Federal com mais de dez anos de carreira; II – os demais, mediante promoção de juízes federais com mais de cinco anos de exercício, por antiguidade e merecimento, alternadamente ex vi do artigo 107 da Constituição Federal.

Os juízes federais têm garantias idênticas àquelas estipuladas para os magistrados de forma geral e têm como segunda instância os Tribunais Regionais Federais, que abrangem a circunscrição de vários Estados. Os Tribunais também devem instalar justiça itinerante para atender de forma mais eficiente as demandas da população (§2°, artigo 107, CF).

O §3° do artigo 107 da Constituição Federal vaticina que:

> *Os Tribunais Regionais Federais poderão funcionar descentralizadamente, constituindo Câmaras regionais, a fim de assegurar o pleno aceso do jurisdicionado à justiça em todas as fases do processo.*

A Justiça Federal foi implantada pela Constituição de 1981. Somente na Carta de 1937 que houve sua supressão, deixando as suas funções sob a incumbência dos juízes estaduais, funcionando o Supremo Tribunal Federal como uma segunda instância. A Constituição de 1946 restaurou a Justiça Federal, que foi mantida nos textos seguintes.

Na Carta de 1891 os juízes federais eram chamados de juízes seccionais, exercendo a jurisdição federal de primeira instância.

Em cada Estado funciona uma seção judiciária federal na capital e as demais varas espraiada nos Municípios.

O artigo 27, § 6° da ADCT estabelece que:

> Ficam criados cinco Tribunais Regionais Federais, a serem instalados no prazo de seis meses a contar da promulgação da Constituição, com a jurisprudência e sede que lhes fixar o Tribunal Federal de Recursos, tendo em conta o número de processos e sua localização geográfica.

Caso no domicílio do cidadão não haja uma vara Federal caberá ao juiz de direito a decisão e o recurso será dirigido ao Tribunal Federal competente conforme o §3°, do artigo 109 da Constituição Federal, vejamos:

> Serão processadas e julgadas na justiça estadual, no foro do domicílio dos segurados ou beneficiários, as causas em que forem parte instituições de previdência social e segurado, sempre que a comarca não seja sede de vara de juízo federal, e, se verificada essa condições, a lei poderá permitir que outras causas sejam também processadas e julgadas pelo justiça estadual.

Completa o § 4° do artigo 109 da Constituição Federal que:

> Na hipótese do parágrafo anterior, o recurso cabível será sempre para o Tribunal Regional Federal na área de jurisdição do juiz de primeiro grau.

As causas que foram ajuizadas contra a União podem ser impetradas no foro em que for domiciliado o autor, naquele onde houver ocorrido o ato ou fato que deu origem à demanda ou onde esteja situada a coisa, ou, ainda no Distrito Federa (art. 109, § 2°, CF). As causas em que a União for autora serão aforadas na seção judiciária onde tiver domicílio a outra parte (art. 109, § 1°, CF).

Os Tribunais Regionais Federais possuem competência, conforme o artigo 108, CF:

> 1) Para processar e julgar, originariamente:
> a) os juízes federais da área de sua jurisdição, incluídos os da Justiça Militar e da Justiça do Trabalho, nos crimes comuns e de responsabilidade, e os membros do Ministério Público da União ressalvado a competência da Justiça Eleitoral;
> b) as revisões criminais e as ações rescisórias de julgados seus ou dos juízes federais da região;
> c) os mandados de segurança e os habeas data contra ato do próprio Tribunal ou de juiz federal;
> d) os habeas corpus, quando a autoridade coatora for juiz federal;
> e) os conflitos de competência, entre juízes federais vinculados ao Tribunal;
> 2) Julgar em grau de recurso as causa decididas pelos juízes federais e pelos juízes estaduais no exercício da competência federal da área de sua jurisdição.

Observe que os Tribunais Regionais Federais possuem duas competências a originária e a recursal, estabelecidas pelo artigo 108 retro mencionado.

No que tange aos juízes federais conforme o prelecionado artigo 109 da Constituição compete processar e julgar:

> I – as causas em que a União, entidade autárquica ou empresa pública federal forem interessadas na condição de autoras, rés, assistentes ou oponentes, exceto as de falência, as de acidentes de trabalho e as sujeitas à Justiça Eleitoral e à Justiça do Trabalho;
> II – as causas entre Estado estrangeiro ou organismo internacional e Município ou pessoa domiciliada ou residente no País;
> III – as causas fundadas em tratado ou contrato da União com Estado estrangeiro ou organismo internacional;
> IV – os crimes políticos e as infrações penais praticadas em detrimento de bens, serviços ou interesse da União ou de suas entidades autárquicas ou empresas públicas, excluídas as contravenções e ressalvadas a competência da Justiça Militar e da Justiça Eleitoral;
> V – os crimes previstos em tratado ou convenção internacional, quando, iniciada a execução no País, o resultado tenha ou devesse ter ocorrido no estrangeiro, ou reciprocamente.
> V. A – As causas relativas a direitos humanos a que se refere o § 5° deste artigo;
> VI – os crimes contra a organização do trabalho e, nos casos determinados em lei, contra o sistema financeiro e a ordem econômico-financeira;
> VII – os habeas corpus, em matéria criminal de sua competência ou quando o constrangimento provier de autoridade cujos atos não estejam diretamente sujeitos a outra jurisdição;
> VIII – os mandados de segurança e os habeas data contra ato de autoridade, excetuados os casos de competência dos tribunais federais;
> IX – os crimes cometidos a bordo de navios ou aeronaves, ressalvada a competência da Justiça Militar;
> X – os crimes de ingresso ou permanência irregular de estrangeiro, a execução de carta rogatória, após o exequatur, e de sentença estrangeira após a homologação, as causas referentes à nacionalidade, inclusive a respectiva opção;
> XI – a disputa sobre direitos indígenas.

Saliente-se por fim que a Justiça Federal conta com duas instâncias ordinárias, sendo exercida em primeiro grau de jurisdição pelos juízes federais. Todos os Estados-membros e o Distrito Federal devem constituir uma seção judiciária com sede na respectiva Capital. O segundo grau de jurisdição é exercido por Tribunais Regionais Federais, que podem ser criados em qualquer número.

Cada Estado, bem como o Distrito Federal, constituirá uma seção judiciária que terá por sede a respectiva Capital, e varas localizadas segundo o estabelecido em lei conforme determina o artigo 110, da Constituição Federal. Nos Territórios Federais, quando houver, a jurisdição e as atribuições cometidas aos juízes federais caberão aos juízes da justiça local, na forma da lei (parágrafo único do artigo 110 da Constituição Federal.

Observe dentre o rol das competências dos juízes federais estampadas no artigo 109, inciso I da Constituição Federal estão: processar e julgar as causas em que a União, entidade autárquica ou empresa pública federal, forem interessadas na condição de autoras, rés, assistentes ou oponentes, exceto as de falência, as de acidentes de trabalho e as sujeitas à Justiça Eleitoral e à Justiça do Trabalho. Verifica-se que a Sociedade de Economia Mista não se encontra no rol descrito pelo dispositivo citado, devendo as ações na qual fizer parte serem julgada na Justiça Estadual Comum.

Ainda a Súmula 517/STF verbera que: *"As sociedades de economia mista só tem foro na justiça federal, quando a união intervém como assistente ou opoente".*

Segue a Súmula 556/STF: *"É competente a justiça comum para julgar as causas em que é parte sociedade de economia mista"*

A Súmula 42/STJ vaticina que: *"Compete à Justiça Comum Estadual processar e julgar as causas cíveis em que é parte sociedade de economia mista e os crimes praticados em seu detrimento".*

Jurisprudência

AgRg no CC 81784 / SP
AGRAVO REGIMENTAL NO CONFLITO DE COMPETÊNCIA 2007/0060661-2
Relator (a) Ministro FELIX FISCHER (1109)
Órgão Julgador S3 – TERCEIRA SEÇÃO
Data do Julgamento 24/10/2007
Data da Publicação/Fonte DJ 14.11.2007 p. 402
Ementa
AGRAVO REGIMENTAL. CONFLITO DE COMPETÊNCIA. CONCURSO PÚBLICO. MANDADO DE SEGURANÇA. SOCIEDADE DE ECONOMIA MISTA. COMPETÊNCIA. JUSTIÇA ESTADUAL. Compete à Justiça Estadual processar e julgar mandado de segurança impetrado por candidato a emprego público em sociedade de economia mista federal, no qual se discute critérios utilizados pela administração para a seleção e admissão de pessoal nos seus quadros. É que a discussão envolve fase pré-admissional no emprego, não abarcando questões relativas ao vínculo trabalhista ou estatutário. Precedente.

Agravo regimental desprovido.
CC 66405 / SP CONFLITO DE COMPETENCIA 2006/0154538-9
Relator (a) Ministro CASTRO MEIRA (1125)
Órgão Julgador S1 – PRIMEIRA SEÇÃO
Data do Julgamento 08/08/2007
Data da Publicação/Fonte DJ 27.08.2007 p. 176
Ementa
CONFLITO DE COMPETÊNCIA. SOCIEDADE DE ECONOMIA MISTA ESTADUAL. SERVIÇOS DE ÁGUA E ESGOTO. MANDADO DE SEGURANÇA. SÚMULAS 517/STF, 556/STF E 42/STJ. COMPETÊNCIA DA JUSTIÇA ESTADUAL. 1. A competência para o julgamento de mandado de segurança é estabelecida em razão da função ou da categoria funcional da autoridade indicada como coatora. No caso dos autos, a autoridade tida como coatora é o Diretor da Companhia de Saneamento Básico do Estado de São Paulo-SABESP, sociedade de economia mista. 2. Nas causas em que são partes as sociedades de economia mista, a competência é da Justiça comum estadual, excetuando-se hipóteses em que a União intervenha como assistente ou oponente consoante as Súmulas 517/STF, 556/STF e 42/STJ. 3. Precedente: CC 47.312/PB, Rel. Min. Franciulli Netto, decisão monocrática, DJ de 02.06.05. 4. Conflito conhecido para declarar competente o Tribunal de Justiça do Estado de São Paulo, o suscitado.

34.8.1. ORGANOGRAMA

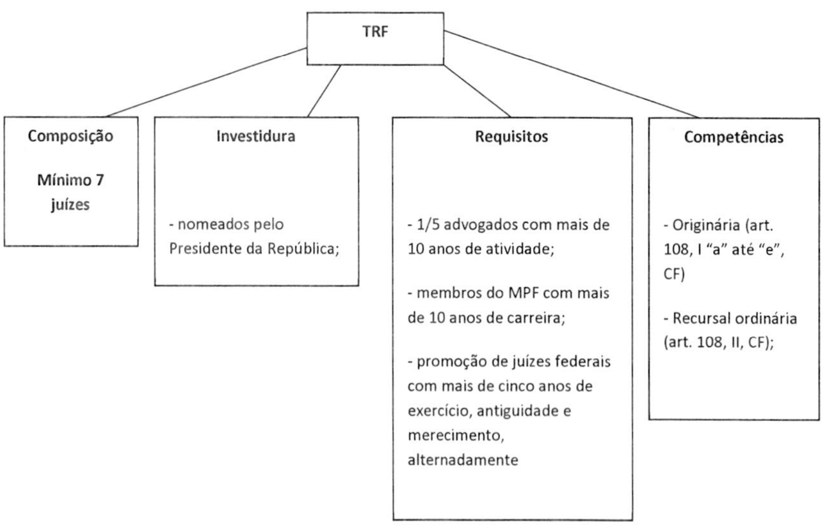

34.8.2. ORGANOGRAMA GERAL DAS COMPETÊNCIAS

Tribunais	STF	STJ	TRF	Juízes Federais
Processar e Julgar Originalmente	-ADIneADECON; -HC *; -MS*; -HD*; * contra Atos do PR, Mesa da Câmara dos Deputados, Senado Federal, PGR e STF; - litígio entre Estado estrangeiro ou organismo internacional e a União, o Estado e DF; - extradição; - HC coator Tribunal Superior; - revisão criminal e ação rescisória de seus julgados; - reclamação; Execução de sentença nas causas de sua competência; - ação membros da magistraturas estejam interessados; - Conflito Competência STJ e quais tribunais, entre Tribunais Superiores	-MS; -HD; Ambos contra atos de Ministro de Estado; dos Comandantes da Marinha, do Exército e Aeronáutica; - Ministro do STJ; - HC coator ou paciente qualquer pessoa mencionada; - conflito de Competência de Tribunais; - reclamação; - conflitos de Atribuições entre autorida-des administrativas; - MI elaboração da norma for órgão, enti-dade federal; - homologação sentença estrangeira	- revisões criminais; -ação Rescisória; -MS; - HD contra ato do próprio Tribunal ou de juiz federal; - HC quando a autoridade coatora for juiz federal; - Conflito Competência entre juízes federais e estaduais no exercício da competência federal	- causas da União, entidade autárquica ou empresa pública federal forem autoras, rés, assistentes ou oponentes, exceto de falência, acidentes do trabalho e as da Justiça Eleitoral e do Trabalho; - causas entre Estado estrangeiro ou organismo internacional e Município; - causas fundadas em Tratado ou contrato da União com Estado estrangeiro ou organismo internacional; -crimes políticose infrações penais; - crimes previstos em tratado ou convenção internacional; -direitos humanos; - crimes contra a Organização do Trabalho;
	- medida cautelar em ADIn; - MI quando a norma regula menta d ora for de iniciativa do PR, CN, CD, Senado Federal, Mesa das Casas Legislativas, TCU, Tri-bunais Superiores, STF; - ações contra o CNJ e o CNMP			- HC em matéria criminal de sua competência; -MS*; -HD* * contra ato de autoridade federal; - crimes a bordo de navios ou aeronaves; - crimes de ingresso irregular de estrangeiro; - execução de carta rogatória; - disputa dos direitos indígenas
Competência recursal	- HC; - MS; - HD; - MI Todos decididos em única instância pelos Tribunais Supe-riores; - Crimes políticos	- HC decididos pelos TRF ou pelos TJ; - MS decididos pelos TRF ou pelos TJ; - causas de Estado estrangeiro ou organismo internacional		
Competência Extraordinária	- REXT, causas decididas em única e última instância	- RESP causas decididas em única e úl-tima instância.		

Crimes Comuns	-PR; - Vice-Presidente; - Membros do CN; - Ministros do STF;	- Governadores;		
crime com responsabili-dade c/c crime comum	- Ministro de Estado; - Comandantes da Marinha, Exército e Aeronáutica; - Membros dos Tribunais Superiores; - Chefes de Missão Diplomática	Desembargadores dos Tribunais de Justiça; - Membros dos Tribunais de Contas Estaduais; - TRF; -TER; - TRT; - Membros dos Conselhos ou Tribunais de Contas dos Municípios; - MPU que oficiem perante Tribunal	Juízes Federais; MPU	

34.9. TRIBUNAIS E JUÍZES DO TRABALHO

A Justiça do Trabalho exerce função especializada, competindo-lhe conciliar e julgar os dissídios individuais e coletivos entre trabalhadores e empregadores, assim como outras controvérsias decorrentes da relação de trabalho (art. 114, CF).

A Justiça do Trabalho está disposta em três instâncias conforme o artigo 111 da Constituição Federal, são elas:

> *São órgãos da Justiça do Trabalho:*
> *I – o Tribunal Superior do Trabalho;*
> *I – os Tribunais Regionais do Trabalho;*
> *III – Juízes do Trabalho.*

O Tribunal Superior do Trabalho é composto de vinte e sete Ministros, escolhidos dentre brasileiros com mais de trinta e cinco e menos de sessenta e cinco anos, nomeados pelo Presidente da República após aprovação pela maioria absoluta do Senado Federal, sendo: I – um quinto dentre advogados com mais de dez anos de efetiva atividade profissional e membros do Ministério Público do Trabalho com mais de dez anos de efetivo exercício, observado o disposto no art. 94; II – os demais dentre juízes dos Tribunais Regionais do Trabalho, oriundos da magistratura da carreira, indicados pelo próprio Tribunal, *ex vi do* artigo 111-A da Constituição Federal.

O § 1° do artigo 111-A estabelece que: *"A Lei disporá sobre a competência do Tribunal Superior do Trabalho"*, ainda o § 2° do citado dispositivo elenca que:

> *Funcionarão junto ao Tribunal Superior do Trabalho:*
> *I – a Escola Nacional de formação e Aperfeiçoamento de Magistrado do Trabalho, cabendo-lhe, dentre outras funções, regulamentar os cursos oficiais para o ingresso e promoção na carreira;*
> *II – O Conselho Superior da Justiça do Trabalho, cabendo-lhe exercer, na forma da lei, a supervisão administrativa, orçamentária, financeira e patrimonial da Justiça do Trabalho de primeiro e segundo graus, como órgão central do sistema, cujas decisões terão efeito vinculante.*

Importante salientar que as decisões do Conselho Superior de Justiça do Trabalho deverão supervisionar administrativamente, orçamentária, financeira e patrimonial da Justiça do Trabalho de primeiro e segundo graus e suas decisões terá efeito vinculante.

A Constituição Federal assegura que nas comarcas não abrangidas por jurisdição da Justiça do Trabalho esta atribuição será deferida aos juizes de direito, com recurso para o respectivo Tribunal Regional do Trabalho (art. 112, CF).

A composição dos Tribunais Regionais do Trabalho está prevista no artigo 115 da Constituição Federal e comporá de, no mínimo, sete juízes, recrutados, quando possível, na respectiva região, e nomeados pelo Presidente da República dentre brasileiros com mais de trinta e cinco e menos de sessenta e cinco anos sendo: I – um quinto dentre advogados com mais de dez anos de efetiva atividade profissional e membros do Ministério Público do Trabalho com mais de dez anos de efetivo exercício, observado o disposto no art. 94; II – os demais mediante promoção de juízes do trabalho por antiguidade e merecimento, alternadamente.

Ainda assim como os Tribunais Regionais Federais os Tribunais Regionais do Trabalho instalarão a justiça itinerante, com a realização de audiências e demais funções de atividade jurisdicio- nal, no limites territoriais da respectiva jurisdição, servindo-se de equipamentos públicos e comunitários (§ 1°, do artigo 115, CF).

Ainda o § 2° do artigo 115, da Constituição Federal assegura que:

> *Os Tribunais Regionais do Trabalho poderão funcionar descentralizadamente, constituindo Câmaras Regionais, a fim de assegurar o pleno acesso do jurisdicionado em todas as fases do processo.*

Nas Varas do Trabalho a jurisdição não mais será exercida por um Colegiado como ocorria com as Juntas de Conciliação e Julgamento. Agora determina o artigo 116 da Constituição Federal que: *"Nas Varas do Trabalho, a jurisdição será exercida por um juiz singular".*

Sendo assim não existe mais a figura do juiz classista na Justiça do Trabalho, apenas um juiz do Trabalho irá exercer a jurisdição de primeiro grau.

A competência da Justiça do Trabalho foi ampliada o rol do artigo 114 está mais extenso. Dita o artigo:

> Compete a Justiça do Trabalho processar e julgar:

> I – as ações oriundas da relação de trabalho, abrangidos os entes de direito público externo e da administração pública direta e indireta da União, dos Estados, do Distrito Federal e dos Municípios;
> II – as ações que envolvam exercício do direito de greve;
> III – as ações sobre representação sindical, entre sindicatos, entre sindicatos e trabalhadores e entre sindicatos e empregadores;
> IV- os mandados de segurança, habeas corpus e habeas data, quando o ato questionado envolver matéria sujeita à sua jurisdição;
> V – os conflitos de competência entre órgãos com jurisdição trabalhista ressalvado o disposto no art. 102, I, o;
> VI – as ações de indenização por dano moral ou patrimonial, decorrentes da relação de trabalho;
> VII – as ações relativas às penalidades administrativas impostas aos empregadores pelos órgãos de fiscalização das relações de trabalho;
> VIII – a execução, de ofício, das contribuições sociais previstas no art. 195, I, a, e II e seus acréscimos legais, decorrentes das sentenças que proferir;
> IX – outras controvérsias decorrentes da relação de trabalho, na forma da lei.

O § 1°, do artigo 114 afirma que: *"frustrada a negociação coletiva, as partes poderão eleger árbitros".*

Ainda o § 2° do artigo 114 complementa que:

> *Recusando-se qualquer das partes à negociação coletiva ou à arbitragem, é facultado às mesmas, de comum acordo, ajuizar dissídio coletivo de natureza econômica, podendo a Justiça do Trabalho decidir o conflito, respeitadas as disposições mínimas legais de proteção ao trabalho, bem como as convencionadas anteriormente.*

E, finalmente, o § 3° do artigo 114, da Constituição Federal verbera que:

> *Em caso de greve em atividade essencial, com possibilidade de lesão do interesse público, o Ministério Público do Trabalho poderá ajuizar dissídio coletivo, competindo à Justiça do trabalho decidir o conflito.*

34.9.1. ORGANOGRAMA

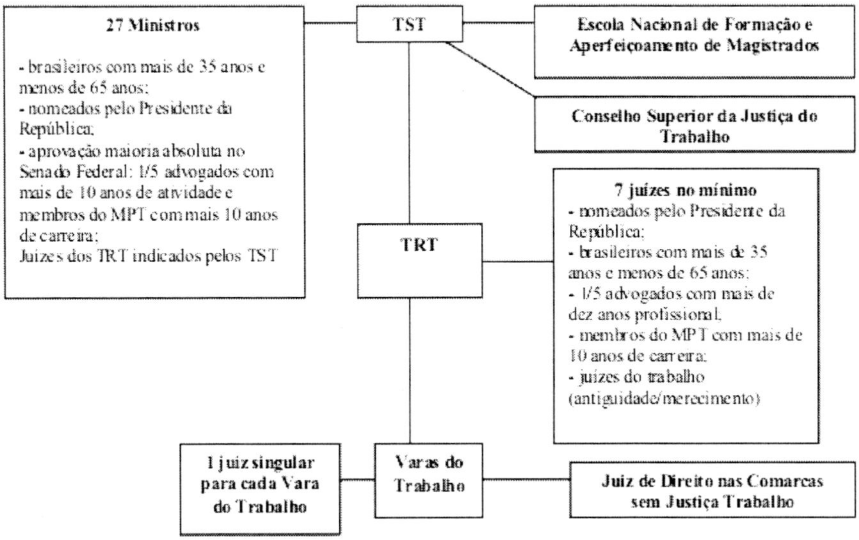

34.10. DOS TRIBUNAIS E JUÍZES ELEITORAIS

A Justiça eleitoral é uma Justiça Especializada em Direito eleitoral, possui os seguintes órgãos conforme o artigo 118 da Constituição Federal:

> *I – O Tribunal Superior Eleitoral;*
> *II – Os Tribunais Regionais Eleitorais;*
> *III – os Juízes Eleitorais;*
> *IV – as Juntas Eleitorais.*

O Tribunal Superior Eleitoral compor-se-á no mínimo, de sete membros, escolhidos: I – mediante eleição, pelo voto secreto: a) três juízes dentre os Ministros do Supremo Tribunal Federal; b) dos juízes dentre os Ministros do Superior Tribunal de Justiça; II – por nomeação do Presidente da República, dois juízes dentre seis advogados de notável saber jurídico e idoneidade moral, indicados pelo Supremo Tribunal Federal (art. 119, CF).

O Tribunal Superior Eleitoral elegerá seu Presidente e o Vice-Presidente dentre os Ministros do Supremo Tribunal Federal, e o Corregedor Eleitoral dentre os Ministros do Superior Tribunal de Justiça (parágrafo único do artigo 119, CF).

Cada Capital de cada Estado e no Distrito Federal terá um Tribunal Regional Eleitoral (art. 120, CF).

Esses Tribunais serão compostos de: I – mediante eleição, pelo voto secreto: a) de dois juízes dentre os desembargadores do Tribunal de Justiça; b) de dois juízes, dentre juízes de direito, escolhidos pelo Tribunal de Justiça; II – de um juiz do Tribunal Regional Federal com sede na Capital do Estado ou no Distrito Federal, ou, não havendo, de juiz federal, escolhido, em qualquer caso, pelo Tribunal Regional Federal respectivo; III – por nomeação, pelo Presidente da República, de dois juízes dentre seis advogados de notável saber jurídico e idoneidade moral, indicados pelo Tribunal de Justiça (§ 1°, art. 120, CF).

O Tribunal Regional Eleitoral elegerá seu Presidente e o Vice-Presidente dentre os desembargadores (§ 2° do artigo 120, CF).

Será regulado por Lei Complementar a organização e competência dos tribunais, dos juízes de direito e das juntas eleitorais (art. 121, CF).

Salvo por motivo justificado, os juízes dos tribunais eleitorais servem por dois anos, no mínimo, e nunca por mais de dois biênios consecutivos, sendo os substitutos escolhidos na mesma ocasião e pelo mesmo processo, em número igual para cada categoria (art. 121, § 2°, CF).

Importante ressaltar que de acordo com o § 3° do artigo 121 da Constituição Federal são irrecorríveis as decisões do Tribunal Superior Eleitoral, salvo as que contrariarem a Constituição Federal e as denegatórias de habeas corpus ou mandado de segurança.

Somente será cabível o recurso das decisões dos Tribunais Regionais Eleitorais ex vi do § 4° do artigo 121 da CF quando:

> I – forem proferidas contra disposição expressa desta Constituição ou de lei;
> II – ocorrer divergência na interpretação de lei entre dois ou mais tribunais eleitorais;
> III – versarem sobre inelegibilidade ou expedição de diploma nas eleições federais ou estaduais;
> IV – anularem diplomas ou decretarem a perda de mandatos eletivos federais ou estaduais;
> V – denegarem habeas corpus, mandado de segurança, habeas data ou mandado de injunção.

34.10.1 ORGANOGRAMA

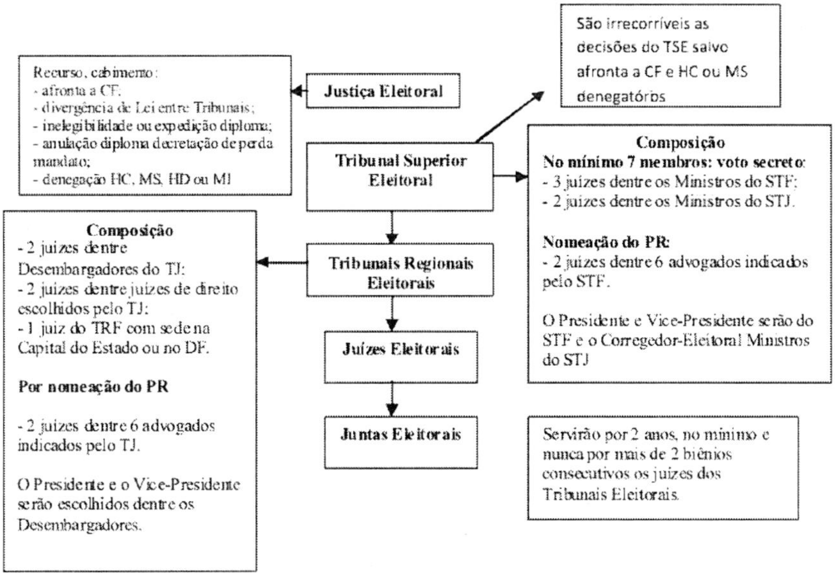

C = Habeas Corpus
TSE = Tribunal Superior Eleitoral
MS = Mandado de Segurança
CF = Constituição Federal
HD = Habeas Data
STF = Supremo Tribunal Federal
MI = Mandado de Injunção
STJ = Superior Tribunal de Justiça
TJ = Tribunal de Justiça
PR = Presidente da República
TRF = Tribunal Regional Federal
DF = Distrito Federal

34.11. DOS TRIBUNAIS E JUÍZES MILITARES

A Justiça Militar compreende o Superior Tribunal Militar, os Tribunais e Juízes Militares. Compete-lhe processar e julgar os crimes militares definidos em lei de acordo com o artigo 122 e 124 ambos da Constituição Federal.

O Superior Tribunal Militar é composto por quinze Ministros vitalícios, nomeados pelo Presidente da República, depois de aprovada a indicação pelo Senado Federal, sendo três dentre oficiais-generais da Marinha, quatro dentre oficiais-generais do exército, três dentre oficiais-generais da Aeronáutica, todos da ativa e do posto mais elevado da carreira, e cinco dentre civis ex vi do artigo 123, da Constituição Federal.

Assenta o parágrafo unido do artigo 123 da Constituição Federal que:

> *Os Ministros civis serão escolhidos pelo Presidente da República dentre brasileiros maiores de trinta e cinco anos, sendo:*
> *I – três dentre advogados de notório saber jurídico e conduta ilibada, com mais de dez anos de efetiva atividade profissional;*
> *II – dois, por escolha paritária, dentre juízes auditores e membros do Ministério Público da Justiça Militar.*

34.11.1. ORGANOGRAMA

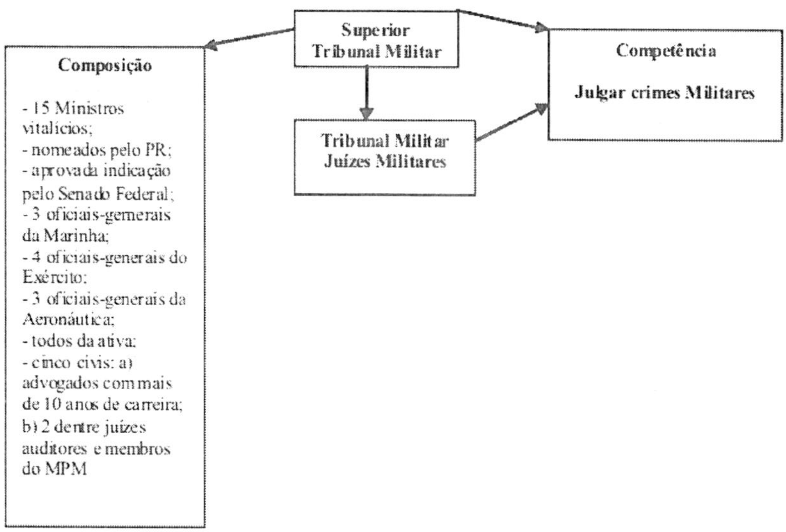

34.12. DOS TRIBUNAIS E JUÍZES DOS ESTADOS

A Justiça Estadual é exercida pelos juízes Estaduais, inclusive pelos Juizados Especiais (art. 98, I, CF) e juízes de Paz (art. 98, II, CF), no primeiro grau de jurisdição e pelo Tribunal de Justiça que é o órgão jurisdicional superior. A competência dos Tribunais será definida na Constituição Estadual, ao passo que a lei de organização judiciária é de iniciativa do Tribunal de Justiça (art. 125, § 1°, CF). À Justiça Estadual compete aplicar a lei tanto estadual como federal, valendo também acrescentar que os Estados podem instituir a representação de inconstitucionalidade de leis ou atos normativos estaduais ou municipais em face da Constituição Estadual (art. 125, § 2°, CF).

Os Estados-membros também podem criar, mediante proposta do Tribunal de Justiça uma Justiça Militar constituída, em primeiro grau, por Conselhos de Justiça e em segundo, pelo próprio Tribunal de Justiça ou por Tribunal de Justiça Militar nas unidades federativas em que o efetivo da polícia militar seja superior a vinte mil integrantes (art. 125, § 3°, CF). A Justiça estadual especializada tem competência para processar e julgar os policiais e bombeiros militares nos crimes militares definidos em lei, cabendo ao tribunal competente decidir sobre a perda do posto e da patente dos oficiais e da graduação das praças (art. 125, § 4°, CF).

O § 5° do artigo 125 afirma que:

> *Compete aos juízes de direito do juízo militar processar e julgar, singularmente os crimes militares cometidos contra civis e as ações judiciais contra atos disciplinares militares, cabendo ao Conselho de Justiça, sob a presidência de juiz de direito, processar e julgar os demais crimes militares.*

Importante destacar o § 6°, do artigo 125 que assim dispõe:

> *O Tribunal de Justiça poderá funcionar descentralizadamente, constituindo Câmaras regionais, a fim de assegurar o pleno aceso do jurisdicionado à justiça em todas as fases do processo.*

E, finalmente o § 7°, do artigo 125 afirma acerca da justiça itinerante,objeto de renovação no Texto Maior, vejamos:

> *O Tribunal de Justiça instalará a justiça itinerante, com a realização de audiências e demais funções da atividade jurisdicional, nos limites territoriais da respectiva jurisdição, servindo-se de equipamentos públicos e comunitários.*

A criação da Justiça fundiária, que o legislador constituinte incluiu como uma das inovações relacionadas à Justiça estadual, de acordo com o insculpido no artigo 126 da Constituição:

> [...] para dirimir conflitos fundiários, o Tribunal de Justiça proporá a criação de varas especializadas, com competência exclusiva para questões agrárias.

O parágrafo único do artigo 126 também afirma que: *"Sempre que necessário è eficiente prestação jurisdicional o juiz far-se-á presente no local do litígio".*

34.12.1. ORGANOGRAMA

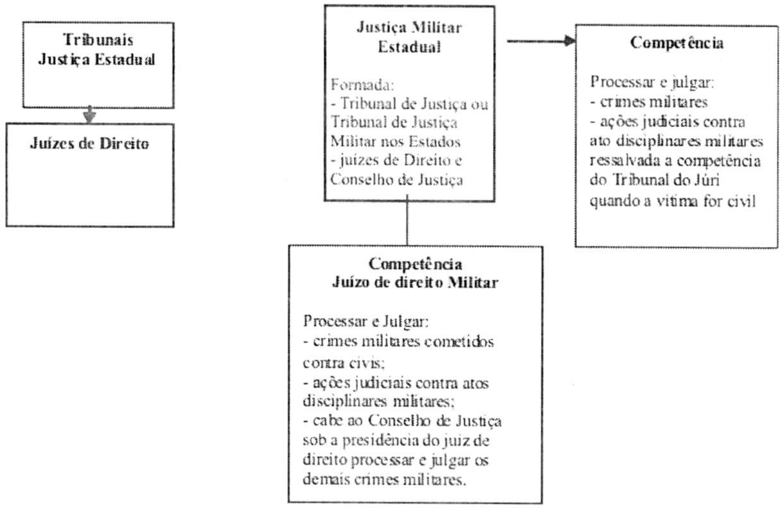

35

CONTROLE DE CONSTITUCIONALIDADE

A Constituição Federal determina o modo de produção da norma infraconstitucional, para a sua aprovação e ingresso no ordenamento jurídico, de forma a estarem em consonância com as regras de competência e procedimento legislativos.

A Constituição Federal determina o modo de produção da norma infraconstitucional, para a sua aprovação e ingresso no ordenamento jurídico, de forma a estarem em consonância com as regras de competência e procedimento legislativos. Assim, quando a norma elaborada está em desconformidade com o processo constitucionalmente previsto, é dito haver inconstitucionalidade formal. Mas, se por outro lado, a norma editada, obedeça ao processo estabelecido, é interpretada como contrária ao conteúdo de determinado preceito da Constituição, diz-se haver uma inconstitucionalidade material.

Para que ocorra o controle de constitucionalidade necessário se faz a verificação a adequação de um ato jurídico à Constituição. Envolve tanto a verificação de constitucionalidade dos requisitos formais subjetivos (como a competência do órgão editor) e objetivos (como a forma, os prazos, os ritos utilizados em sua edição), quanto dos requisitos materiais ou substanciais (que dizem respeito aos direitos e garantias inseridos na Constituição), do ato normativo infraconstitucional.

O controle judicial de constitucionalidade foi almejado a partir das ponderações de Emanuel Siéyès, grande revolucionário francês, mentor da famosa teoria do Poder Constituinte. Mas por se tratar a França de uma tradicional Nação unitária, onde as normas jurídicas emanam de um único poder central e as instâncias locais são meramente administrativas, o controle normativo se manteve sob o domínio do órgão político parlamentar.

O Controle de Constitucionalidade surgiu nos Estados Unidos da América quando o juiz John Marshall proferiu sentença aduzindo esse sistema controlador, que a Constituição não o previa expressamente. O *Chief Justice,* no célebre caso Marbury versus. Madison esclareceu diante de um caso concreto que todas as normas do sistema jurídico norte-americano deveriam ser conformes à Constituição daquele país.

Neste caso específico, o juiz demonstrou que, se a Constituição norte-americana era a base do direito e imutável por meios ordinários, as leis comuns que a contradissessem não eram verdadeiramente leis, não eram direito. Assim, essas leis seriam nulas, não obrigando os particulares. Demonstrou mais que, cabendo ao Judiciário dizer o que é o direito, é a ele que compete indagar da constitucionalidade de uma lei.

Qual o serviço ou o objetivo de um Judiciário? Perguntou Marshall em sua famosa decisão, se não executar as leis de maneira pacífica e ordenada, sem derramar sangue, criar uma disputa ou dotar os senhores de força? Para que ponto se voltarão os senhores em busca de proteção contra infração da Constituição, se não derem ao Judiciário? Não existe outro órgão que possa proporcionar tal proteção.

Ao garantir aos juizes este poder controlador da constitucionalidade, Marshall tão somente interpretou a Constituição norte-americana à luz dos ensinamentos transmitidos por Alexandre Hamilton. Esse advogado, que foi um importante membro da Convenção de Filadélfia e defensor ardoroso da Constituição de 1787. Para ele a independência do Poder Judiciário seria essencial à proteção da Constituição, sendo que o poder do povo poderia ser considerado como superior a todos os poderes do Estado. Assim sendo, quando a vontade do corpo legislativo estivesse em oposição com a do povo, declarada na Constituição é a esta última que os juízes deveriam obedecer, pelo fato de que as suas decisões devem conformar-se antes com as leis fundamentais do que com aquelas que não o são. O controle judicial, nestes termos, derivaria da própria natureza do ato judicial ou seja, do simples fato de que o juiz deve aplicar uma determinada lei ao caso concreto, em um litígio que é chamado a resolver, segundo Augusto Zimmermann.

Como requisitos fundamentais para o controle de constitucionalidade é necessário que haja uma Constituição rígida e a atribuição de competência a um órgão para solver os problemas de violações constitucionais.

A noção de escalonamento normativo, ocupado na Constituição Federal, pressupõe a noção de norma de validade para os demais atos normativos do sistema.

Trata-se do principio da Supremacia da Constituição, que é a pedra angular em que assenta o edifício do moderno direito político, significa que a constituição se coloca no vértice do sistema jurídico do país, a que confere validade e que todos os poderes estatais são legítimos na medida em que ela os reconheça e na proporção por ela distribuídos.

As Constituições brasileiras foram tratando do assunto ao longo do tempo. A de 1824, a Constituição Imperial não estabeleceu qualquer sistema de controle consagrando o dogma da soberania do Parlamento. A Constituição Republicana de 1891 sob a influência do direito norte-americano consagra-se no direito brasileiro mantido até a Constituição atual. Tratou do Controle difuso de constitucionalidade, repressivo, posterior, ou aberto, pelo via de exceção ou defesa, pelo qual, a declaração de inconstitucionalidade implementa-se de modo incidental (incidenter tantum) prejudicialmente ao mérito.

A Carta de 1934 manteve o sistema do controle difuso, estabeleceu além da ação direta de inconstitucionalidade interventiva, a denominada cláusula de reserva de plenário (a declaração de inconstitucionalidade só poderia ser pela maioria absoluta dos membros do Tribunal) e a atribuição do Senado Federal de competência para suspender a execução, no todo ou em parte, de lei ou ato declarado inconstitucional por decisão definitiva. A constituição de 1937, denominada Polaca, já que elaborada sob a inspiração da Carta ditatorial polonesa, manteve o sistema difuso de constitucionalidade, estabeleceu a possibilidade de o Presidente da República influenciar as decisões do Poder Judiciário que declarassem inconstitucional determinada lei, já que, de modo discricionário poderia submetê-la ao Parlamento para o seu reexame, podendo o Legislativo, pela decisão de dois terços de ambas as Casas, tornar sem efeito a declaração de inconstitucionalidade, desde que confirmasse a validade da lei.

A Constituição de 1946, fruto do movimento de redemocratização e reconstitucionalização instaurado no país flexibilizaram a hipertrofia do Executivo, restaurando a tradição do sistema de controle de constitucionalidade.

A Constituição de 1967 e a Emenda Constitucional n° 1/69 previu o controle de constitucio- nalidade de lei municipal em face da constituição estadual, para fins de intervenção de Município.

A Carta Cidadão de 1988 trouxe novidades ao tema.

O artigo 102 da Constituição Federal estabelece que:

> *[...] compete ao Supremo Tribunal Federal precipuamente, a guarda da Constituição, cabendo-lhe:*
> *I – processar e julgar originariamente;*
> *a) a ação direta de inconstitucionalidade de lei ou ato normativo federal ou estadual e a ação declaratória de constitucionalidade de lei ou ato normativo federal [...].*

O Brasil ao longo de sua história tem seguido o modelo norte-americano, evoluindo para um sistema misto por via do critério difuso por via de defesa com o critério concentrado por via de ação direta de inconstitucionalidade por omissão (arts. 102 I a e III, e 103, CF).

35.1. FORMAS DE INCONSTITUCIONALIDADE

A afronta a Constituição Federal pode ser vista de três formas: a) do ponto de vista formal; b) do ponto de vista material; c) vício de decoro parlamentar conforme preleciona Pedro Lenza.

A inconstitucionalidade formal se verifica quando a lei ou ato normativo infraconstitucional contiver um vício em sua forma, ou seja, em seu processo de formação, vale dizer, no processo legislativo de sua elaboração. A inconstitucionalidade formal é também conhecida como nomodinâmica e pode aparecer em dois momentos do processo legislativo: iniciativa ou nas fases posteriores.

O vício formal pode ser dividido em: a) vício formal subjetivo ocorre na fase iniciativa, por exemplo, algumas leis são de iniciativa do Presidente da República como as que fixem ou modifiquem os efetivos das Forças Armadas, conforme art. 61, § 1°, I, da Constituição Federal de 1988. A iniciativa é privativa, exclusiva ou reservada, significa ser o Presidente da República o único responsável para deflagrar, dar início ao processo legislativo da referida matéria; b) vício formal objetivo que será verificado nas demais fases do processo legislativo, posteriores à fase de iniciativa. Por exemplo, uma lei Complementar ser votada por maioria relativa. o que é cediço a Lei Complementar é votada por maioria absoluta., há no caso um vício forma objetivo; c) vício material que diz respeito à matéria, ao conteúdo do ato normativo. Assim, aquele ato normativo que afrontar alguma matéria da Lei Maior deverá ser declarado inconstitucional, por possuir um vício material. A inconstitucionalidade material também é conhecida côo nomoestática.

Existem dois tipos de controle de constitucionalidade:

a) controle prévio ou preventivo que é o controle realizado durante o process legislativo de formação do ato normativo. No momento da apresentação de um projeto de lei, o iniciador já deve verificar a regularidade material do aludido projeto. O Controle prévio também é realizado pelo Legislativo e pelo Executivo. É realizado pelo Legislativo quando pelas Comissões de Constituição e Justiça, deve ser verificado algum vício a ensejar a inconstitucionalidade. O controle prévio realizado pelo Poder. Executivo se dá quando ao proferir o Veto (Veto jurídico ocorre quando a lei é inconstitucional e Veto Político quando contrária ao interesse público) ou Sancionar a Lei. Este ato do Poder Executivo é considerado um controle prévio de inconstitucionalidade tendo em vista que ele só poderá vetar ou sancionar após verificada a constitucionalidade do projeto de lei. O controle prévio ou preventivo realizado pelo Poder Judiciário é o que vermos a seguir, este controle ocorre quando existe vedação na própria Constituição ao trâmite da espécie normativa. Trata-se de um direito função do parlamentar de participar de um processo legislativo juridicamente hígido, qual seja conforme os preceitos constitucionais, se, por exemplo, o artigo 60, § 4° da Constituição Federal veda a deliberação de emenda tendente a abolir os bens protegidos em seus incisos, é certo que os parlamentares têm direito a não ver deliberada uma emenda que seja tendente a abolir os bens assegurados por cláusula pétrea. É vedado, portanto, a deliberação no momento do processo legislativo. Se o fizesse a Mesa estaria praticando uma ilegalidade se colocasse em pauta tal discussão. Chamamos ao fato de Controle pela via de exceção em defesa do direito de parlamentar;

b) controle posterior ou repressivo é aquele controle que será realizado sobre a lei e não mais sobre o projeto de lei, como ocorre no controle preventivo. Os órgãos de controle verificarão se a lei, ou ato normativo, ou qualquer ato com indiscutível caráter normativo, possuem um vício formal (produzido durante o processo de sua formação), ou se possuem um vício em seu conteúdo, qual seja, um vicio material.

O controle pode ser político que se verifica quando o Estado exerce o controle por um órgão distinto dos três Poderes, órgão este garantidor da supremacia da Constituição. Tal sistema é comum em países da Europa, como Portugal e Espanha, sendo o controle normalmente realizado pelas Cortes ou Tribunais Constitucionais. Existe o controle jurisdicional que é aquele dos atos normativos e é realizado pelo Poder Judiciário, tanto através de um único órgão (controle concentrado), como por qualquer juiz ou tribunal (controle difuso). Existe ainda o controle judicial misto que é o adotado no Brasil, que é aquele que exerce o controle jurisdicional de forma concentrada por um único órgão ou o controle difuso realizado por qualquer juiz ou Tribunal. Ou seja, neste tipo de controle temos a possibilidade dos dois controles. Este controle misto possui duas exceções à regra: 1) o artigo 49, V, da Constituição Federal estabelece ser competência exclusiva do Congresso Nacional sustar os atos normativos do Poder Executivo que exorbitem do poder regulamentar ou dos limites de delegação legislativa. Mencionado controle será exercido através de Decretos-Legislativos a ser expedidos pelo Congresso Nacional. Se no momento de regulamentar a lei o Chefe de o Executivo extrapolá-la, disciplinando além do limite nela definido, este extremo poderá ser afastado pelo Poder Legislativo. Ainda, o Presidente da República tem competência para elaborar a lei delegada, mediante delegação do Congresso Nacional através de Resolução (art. 68, CF), quando neste momento o Presidente da República também extrapolar os limites da aludida Resolução poderá o Congresso Nacional, através de Decreto-Legislativo sustar o referido ato.

35.2. CONTROLE DIFUSO

A ideia do controle difuso surgiu no caso julgado pelo Juiz John Marshall da Suprema Corte americana, que ao apreciar a demanda de Marbury versus Madison, em 1803, decidiu que, havendo conflito entre a aplicação de uma lei em um caso concreto e a Constituição, deveria prevalecer a Constituição por ser hierarquicamente superior.

O controle Difuso é também chamado de repressivo ou posterior ou controle pela via de exceção ou defesa, ou controle aberto que será realizado por qualquer juízo ou tribunal do Poder Judiciário na sua esfera de competência.

O controle Difuso é verificado em um caso concreto e a declaração de inconstitucionalida- de dá-se de forma incidental *(incidenter tantum)*, prejudicialmente ao exame de mérito. As partes comparecem em juízo fundamentando-se na inconstitucionalidade de uma lei ou ato normativo, ou seja, requer a inconstitucionalidade.

O Juiz monocrático também é dado o poder de declarar a inconstitucionalidade de uma lei embora o artigo 97 da Constituição Federal vaticina que:

> *Somente pelo voto da maioria absoluta de seus membros ou dos membros do respectivo órgão especial poderão os tribunais declarar a inconstitucionalidade de lei ou ato normativo do Poder Público.*

É chamada cláusula de reserva de plenário.

O Recurso Extraordinário nas hipóteses previstas no artigo 102, III, "a", "b" e "c" da Constituição demonstra que a questão poderá ser objeto de apreciação até no Supremo Tribunal Federal, que, assim, como o Tribunal de 2§ instância também realizará o controle difuso de inconstitucionalidade.

A regra insculpida no artigo 97 destaca-se como verdadeira condição de eficácia jurídica da própria declaração de inconstitucionalidade dos atos do Poder Público.

35.2.1. EFEITOS DA DECISÃO DO CONTROLE DIFUSO

O efeito das decisões no Controle Difuso será *inter partes,* ou seja, entre as partes judicantes. Os efeitos de qualquer sentença valerão somente para as partes que litigaram em juízo, não extrapolando os limites estabelecidos. No momento em que a sentença declara que a lei é inconstitucional (controle difuso realizado incidentalmente), produz efeitos pretéritos, atingindo a lei desde a sua edição, tornando-a nula de pleno direito. Produzirá efeitos retroativos, ou seja, *ex tunc.*

Portanto, serão dois os efeitos identificados da decisão no Controle Difuso será inter partes e *ex tunc.*

O preceituado no artigo 52, X da Constituição Federal admite que:

> Compete privativamente ao Senado Federal:
> [...]
> X – suspender a execução, no todo ou em parte, de lei declarada inconstitucional por decisão definitiva do Supremo Tribunal Federal.

Ou seja, é da competência privativa do Senado Federal, através de Resolução, a suspensão da execução, no todo em parte, de lei declarada inconstitucional pelo Supremo Tribunal Federal. A comunicação, a representação e o projeto a que se refere o artigo anterior deverão ser instruídos com o texto da lei cuja execução se deva suspender, do acórdão do Supremo Tribunal Federal, do parecer do Procurador-Geral da República.

A suspensão no todo ou em parte, aplica-se tanto de lei federal, quanto de leis estaduais, distritais ou municipais, declaradas incidentalmente, inconstitucionais pelo Supremo Tribunal Federal.

No que diz respeito a leis Estadual e Municipal confrontadas perante a Constituição Estadual, em face do princípio federativo, pode e deve o Tribunal de Justiça ou o Tribunal de Alçada após declarar a inconstitucionalidade, remeter essa declaração à Assembleia Legislativa para que esta suspenda a execução da lei.

Quando o Senado, portanto, suspender a lei, no todo ou em parte, esta decisão então valerá para todos (erga omnes) e só valerá no momento em que a resolução do Senado Federal for publicada.

35.3. CONTROLE CONCENTRADO

Como o próprio nome diz o controle concentrado é aquele que se concentra num único órgão, no caso o Supremo Tribunal Federal.

Reza o artigo 102, I, *"a"*, da Constituição Federal que:

> *Compete ao Supremo Tribunal Federal precipuamente, a guarda da Constituição, cabendo-lhe:*
> *I – processar e julgar, originariamente:*
> *a) a ação direta de inconstitucionalidade de lei ou ato normativo federal, estadual e a ação declara- tória de constitucionalidade de lei ou ato normativo federal [...]*

Ainda o artigo 102, § 1° da Constituição Federal apregoa que:

> *A arguição de descumprimento de preceito fundamental, decorrente da Constituição, será apreciada pelo Supremo Tribunal Federal, na forma da lei.*

O artigo 102, § 2° da Constituição Federal assim verbera que:

> *As* decisões definitivas de mérito proferidas pelo Supremo Tribunal Federal, nas ações diretas de inconstitucionalidade e nas ações declaratórias de constitucionalidade produzirão eficácia contra todos e efeito vinculante, relativamente aos demais órgãos do Poder Judiciário e à Administração pública direta e indireta, nas esferas federal, estadual e municipal.

O artigo 103 da Constituição Federal elenca o rol das pessoas que possuem competência para propor a ação direta de inconstitucionalidade (Adin), vejamos:

> *Podem propor a ação direta de inconstitucionalidade e a ação declaratória de constitucionalidade:*
> *I – o Presidente da República;*
> *II – a Mesa do Senado Federal;*
> *III – a Mesa da Câmara dos Deputados;*
> *IV – a Mesa de Assembleia Legislativa ou da Câmara Legislativa do Distrito Federal;*

V – O Governador de Estado ou do Distrito Federa;
VI – o Procurador-Geral da República;
VII – o Conselho Federal da Ordem dos Advogados do Brasil;
VIII – partido político com representação no Congresso Nacional;
IX – confederação sindical ou entidade de classe de âmbito nacional.

O § 1°, do artigo 103 estabelece que:

> *O Procurador-Geral da República deverá ser previamente ouvido nas ações de inconstitucionalidade e em todos os processos de competência do Supremo Tribunal Federal.*

O § 2° do artigo 103 da Constituição Federal afirma que:

> *Declarada a inconstitucionalidade por omissão de medida para tornar efetiva norma constitucional, será dada ciência ao Poder competente para a adoção das providências necessárias e, em se tratando de órgão administrativo, para fazê-lo em trinta dias.*

Segue o § 3° do citado preceito constitucional que:

> *Quando o Supremo Tribunal Federal apreciar a inconstitucionalidade, em tese, de norma legal ou ato normativo citará, previamente, o Advogado-Geral da União, que defenderá o ato ou texto impugnado.*

Com os preceitos constitucionais elencados percebemos que, o constituinte, previu 5 (cinco) ações, são elas:

1) Adin ou ADI que é a ação direta de inconstitucionalidade genérica prevista no artigo 102, I, "a" da CF;

2) ADPF que é a arguição de descumprimento de preceito fundamental prevista

no artigo 102, § 1° da CF;

3) Adin por omissão prevista no artigo 103, § 2°, da CF;

4) Adin Interventiva prevista no artigo 36, II da CF e que foi tratada no capítulo sobre Intervenção Federal;

5) ADECON ou ADC que é a ação declaratória de Constitucionalidade prevista no artigo 102, I, "a" da CF.

35.3.1. ADIN GENÉRICA (AÇÃO DIRETA DE INCONSTITUCIONALIDADE GENÉRICA)

Prevista no artigo 102, "a" da Constituição Federal o que se busca nesta ação é o controle da Constitucionalidade do ato normativo em tese, abstrato, marcado pela generalidade, impessoalidade e abstração.

É por meio do controle concentrado que se almeja expurgar do ordenamento jurídico pátrio viciado (materialmente ou formalmente) com o fito de buscar a invalidação da lei ou ato normativo.

O objeto da Ação de Inconstitucionalidade genérica é a lei ou ato normativo que se mostrarem incompatíveis com o sistema.

As leis estão insculpidas no artigo 59 da Constituição Federal, quais seja, emendas à Constituição Federal, leis complementares, leis ordinárias, leis delegadas, medidas provisórias, decretos legislativos e resoluções. Atos normativos podem ser as resoluções administrativas dos Tribunais, atos estatais de conteúdo meramente derrogatório, como as resoluções administrativas, desde que incidam sobre ato de caráter normativo. Ainda podem ser objeto de controle de constitucionalidade as deliberações administrativas dos órgãos judiciários, as deliberações dos Tribunais Regionais do Trabalho judiciários, as resoluções do Conselho Internacional de preços.

35.3.2. O PRINCÍPIO DA TRANSCENDÊNCIA DOS MOTIVOS DETERMINANTES

Tradicionalmente, sabe-se que somente a parte dispositiva das decisões e das deliberações colegiadas é que são abrangidas pela eficácia preclusiva da coisa julgada. No entanto, em sede de controle abstrato de constitucionalidade, o Supremo Tribunal Federal tem firmado entendimento de que a eficácia vinculante das deliberações não se cinge somente à parte dispositiva do julgado, mas abrange também os próprios fundamentos determinantes da decisão, com base no princípio da supremacia formal e material das normas constitucionais.

O fenômeno da transcendência basicamente consiste no reconhecimento da eficácia que transcende o caso singular, não se limitando à parte dispositiva da decisão, de modo a se aplicar aos próprios fundamentos determinantes do julgado que o Supremo Tribunal Federal venha a proferir em sede de controle abstrato, especialmente quando consubstanciar declaração de inconstitucio- nalidade. Significa que, na prática, os fundamentos da decisão do STF – a ratio decidendi – em sede de ADI vinculam o Poder Judiciário e Administração Pública à sua observância.

Surge como resposta à necessidade de preservar a força normativa da Constituição, que resulta da indiscutível supremacia, formal e material, de que se revestem as normas constitucionais, cuja integridade, eficácia e aplicabilidade, por isso mesmo, hão de ser valorizadas, em face de sua precedência, autoridade e grau hierárquico.

Dessa forma, as decisões exaradas em sede de controle concentrado de constitucionalidade possuem eficácia vinculante não apenas em face à parte dispositiva declarada, mas também em face dos motivos que determinaram a decisão. Exemplificando, se o STF declara a inconstitucionali- dade de uma lei A, do Estado X, os fundamentos de sua decisão terão efeitos vinculantes para se declarar inconstitucional uma idêntica lei B de outro estado Y, que, no entanto, não foi objeto do controle concentrado. Assim, a *l*ei B poderá ser afastada de incidência se houver uma reclamação diretamente no STF com base na transcendência dos motivos que determinaram aquela decisão da lei A.

Percebe-se que, então, com base na teoria da transcendência dos motivos determinantes, será possível requerer diretamente ao STF a manutenção da autoridade de seu julgado através do instituto processual da reclamação.

Não só no controle concentrado o STF tem aplicado a transcendência dos motivos determinantes, mas, também, no sistema difuso de controle de constitucionalidade. Tal afirmação se confere no julgamento do Recurso Extraordinário 197.917, que definiu os critérios da proporcionalidade da fixação do número de vereadores por município.

Há que se observar ainda a distinção entre a *"ratio decidendi"* que é a razão de decidir é a fundamentação que ensejou aquele determinado resultado da ação e passa a vincular outros julgamentos e, *"obter dictum"* que são comentários laterais de passagem que não influem na decisão. Ou seja, não vinculam para fora do processo.

35.3.3. DIFERENÇA ENTRE A TRANSCENDÊNCIA DOS MOTIVOS DETERMINANTES E A INCONSTITUCIONALIDADE POR ARRASTAMENTO

Na inconstitucionalidade por arrastamento, uma norma que deriva de outra norma inconstitucional também será considerada inconstitucional. Entre as normas há uma relação de dependência ou liame que faz com que dispositivos, além dos originariamente imputados inconstitucionais, sejam declarados incompatíveis com a Constituição.

Na transcendência, o que vincula não é só o dispositivo, mas também a fundamentação, independentemente se deriva ou não de outra norma. Significa que não há vínculo entre as normas, mas semelhança entre casos que faz com que, por segurança jurídica, eficiência e economia processual, seja aplicado a caso semelhante ao entendimento que fundamentara decisão do Supremo Tribunal Federal em sede de Adin.

35.3.4. LEI OU ATO NORMATIVO ESTADUAL OU MUNICIPAL EM FACE DA CONSTITUIÇÃO ESTADUAL

artigo 125, § 2° da Constituição Federal estabelece que:

> *Cabe aos Estados a instituição de representação de inconstitucionalidade de leis ou atos normativos estaduais ou municipais, em face da Constituição Estadual, vedada a atribuição da legitimação para agir a um único órgão.*

O elencado dispositivo constitucional estabelece que caberá aos Estados a instituição de representação de inconstitucionalidade de leis ou atos normativos estaduais ou municipais em face da Constituição Estadual, vedada a atribuição da legitimação para agir a um único órgão. Ou seja, cada Estado criará o seu sistema de controle estadual ou municipal que contrariarem a Constituição Estadual. O órgão competente para o julgamento desta ação de inconstitucionalidade Estadual será o Tribunal de Justiça do Estado.

Quanto a lei ou ato normativo Municipal não há previsão constitucional, portanto, não existirá o controle concentrado, o que pode ocorrer é o controle difuso onde a questão será levada ao Judiciário, através do recurso extraordinário, de forma incidental, e ser apreciado pelo Supremo Tribunal Federal e ter a sua eficácia suspensa pelo Senado Federal (art. 52, X, CF).

Entretanto existem entendimentos do cabimento do controle concentrado não perante o Supremo Tribunal Federal, mas perante o Tribunal de Justiça local, confrontando-se a lei municipal em face da Constituição Estadual que repetir a norma constitucional Federal e também nos casos de norma da Constituição Estadual que tiver repetição obrigatória e redação idêntica à norma Constitucional Federal.

35.4. LEGITIMIDADE

O artigo 103 da Constituição Federal atribui a competência para propor a ação direta de inconstitucionalidade e a ação declaratória de constitucionalidade à: I – Presidente da República; II – Mesa do Senado Federal; III – Mesa da Câmara dos Deputados; IV – Mesa da Assembleia Legislativa ou da Câmara Legislativa do Distrito Federal; V – Governador do Estado ou do Distrito Federal; VI – Procurador-Geral da República; VII – Conselho Federal da Ordem dos Advogados do Brasil; VIII – partido político com representação no Congresso Nacional; IX – confederação sindical ou entidade de classe de âmbito nacional.

No que diz respeito aos legitimados o Supremo Tribunal Federal prescreve que alguns devem demonstrar o interesse na aludida representação, em relação à sua finalidade institucional. Todos os membros são neutros e universais, possuindo legitimação ativa universal, não precisam demonstrar a pertinência temática, exceto os legitimados do inciso IV – Mesa da Assembleia Legislativa e, também da Câmara Legislativa Distrital; V – Governado de Estado e do Distrito Federal; e IX – confederação sindical ou entidade de classe de âmbito nacional, que são autores interessados ou especiais, ou seja, devem demonstrar o interesse na propositura da ação relacionado à sua finalidade institucional.

35.5. PROCEDIMENTO PARA INTERPOSIÇÃO DA ADIN GENÉRICA

A ação será proposta por um dos legitimados do artigo 103 da Constituição Federal que deverá indicar na petição inicial o dispositivo da lei ou do ato normativo impugnado e os fundamentos jurídicos do pedido em relação a cada uma das impugnações, bem como o pedido, com suas especificações.

Sendo inepta a petição inicial, não fundamentada ou manifestamente improcedente, poderá o relator liminarmente indeferi-la, cabendo o recurso de agravo de instrumento para impugnar a decisão.

Não sendo caso de indeferimento de liminar, o relator pedirá informações aos órgãos ou às autoridades das quais emanou a lei ou o ato normativo impugnado, devendo tais informações serem prestadas no prazo de trinta dias contado do recebimento do pedido, sendo permitido, ainda, desde que o relator considere a relevância da matéria e a representatividade dos postulantes, admitir a manifestação de outros órgãos ou entidades.

Decorrido o prazo das informações, serão ouvidos, sucessivamente, o Advogado-Geral da União e o Procurador-Geral da República, que deverão manifestar-se cada qual, no prazo de quinze dias. O primeiro, necessariamente deverá defender o ato impugnado, enquanto o segundo poderá dar parecer tanto favorável como desfavorável.

Finalmente o relator lançará o relatório e pedirá o dia do julgamento. A declaração de in- constitucionalidade deverá ser proferida pelo voto da maioria absoluta dos membros do Supremo Tribunal Federal (art. 97, CF), cláusula de reserva de plenário, desde que presente o *quorum* de instalação da sessão de julgamento.

Portanto, para se iniciar a sessão necessária que tenha a presença de, pelo menos, 8 (oito) ministros. Com este quorum proclamar-se-á a inconstitucionalidade ou a Constitucionalidade do preceito ou do ato impugnado, caso 6 (seis) ministros tenham se manifestados neste sentido.

Por oportuno acerca do controle de constitucionalidade não recairá qualquer prazo prescri- cional ou decadencial.

Pelo princípio da parcelaridade no controle concentrado o Supremo Tribunal Federal poderá julgar parcialmente procedente o pedido de declaração de inconstitucionalidade, expurgando do texto legal apenas uma palavra, uma expressão. Não há obrigatoriedade de declarar a inconstitucionalidade pelo texto integral de artigo. Trata-se de interpretação conforme com redução de texto.

O Supremo Tribunal Federal ao fazer a anotação no processo e indicar o andamento na internet, fala em "parte interessada") quando admitido o "amicus curiae". O pedido de intervenção assistencial, ordinariamente não tem cabimento em sede de ação direta de inconstitucionalidade, eis que terceiros não dispõem, em nosso sistema de direito positivo, de legitimidade para intervir no process de controle normativo abstrato. Esta regra está expressa no artigo 7°, da Lei n° 9.868/99 que veda a intervenção de terceiros no processo de ação direta de inconstitucionalidade. No entanto o § 2° do artigo 7° da citada lei verbera que o relator considerando a relevância da matéria e a representatividade dos postulantes, poderá, por despacho irrecorrível, admitir, observado o prazo fixado no parágrafo anterior, a manifestação de outros órgãos ou entidades. Assim sendo ficou consagrada a figura do "amicus curiae" ou "amigo da Corte". A decisão da admissão ou não do "amicus curiae" dependerá do relator do processo. A decisão será irrecorrível, não cabe recurso da decisão interlocutória que admite ou não a presença do "amicus curiae". A matéria tem que ser relevante e ter representatividade dos postulantes e o prazo para admissão será de 30 dias contados do recebimento do pedido de informações aos órgãos ou às autoridades das quais emanou a lei ou o ato normativo impugnado.

35.6. MODELO DE PETIÇÃO DE ADIN

Adin contra a lei de quotas para negros no vestibular: intervenção de entidades afro-brasileiras como "amicus curiae" Elaborado em 04.2003.

A Confederação Nacional de Estabelecimentos de Ensino (CONFENEN) ajuizou Ação Direta de Inconstitucionalidade perante o Supremo Tribunal Federal, pretendendo ver declarada a inconstitucionalidade das leis estaduais que estabelecem quotas para estudantes negros nos exames vestibulares do Rio de Janeiro. Oito entidades de defesa dos direitos dos cidadãos afro-brasileiros peticionaram no feito, pedindo sua admissão como "amicus curiae", a tim de expor suas razões em defesa das referidas leis. Elaborado por Luiz F. M. Silva, Humberto S. Junior, Sergio Abreu, advogados. Colaboração enviada por: Luiz Fernando Martins da Silva, advogado, mestrando do programa em Direito Político do Núcleo de Pesquisa e pós-Graduacão do Instituto Metodista Bennett.

EXCELENTÍSSIMO SENHOR RELATOR MINISTRO CARLOS VELLOSO DO EGRÉGIO SUPREMO TRIBUNAL FEDERAL.

Ação Direta de Inconstitucionalidade n° 2.858-8.

1) INSTITUTO DE PESQUISAS E ESTUDOS AFRO-BRASILEIROS – IPEAFRO, sociedade civil sem tins lucrativos constituída sob o regime jurídico de direito privado, inscrita no CNPJ/MF sob o n° 31.607.377/0001-37, sediado na Rua Benjamin Constant, n° 55, 1.101, Glória, Rio de Janeiro, RJ, neste ato apresentado por: seu Fundador ABDIAS DO NASCIMENTO, brasileiro, casado, escritor e professor aposentado, portador da carteira de identidade n° XXX.xxx, expedida pelo IFP-RJ, e do CIC/MF n° xxx.xxx.xxx-xx; seu Presidente OSWALDO BARBOSA SILVA, brasileiro, casado, advogado, portador da carteira de identidade n° xx.xxx, expedida pela OAB-RJ e do CIC/MF n°xxx.xxx.xxx-xx; sua Diretor-Executivo ELIZABETH LARKIN NASCIMENTO, norte-

-americana, casada, escritora, portadora da carteira de identidade n° RNEW xxxxxxxx, expedida pelo SE/DPMAF/DPF e do CIC/MF n° xxx.xxx.xxx-xx;

2) SOCIEDADE AFROBRASILEIRA DE DESENVOLVIMENTO SÓCIO CULTURAL – AFROBRAS, sociedade civil sem tins lucrativos constituída sob o regime jurídico de direito privado, inscrita no CNPJ/MF sob o n° 02.473.832-0001-50, sediada na rua Rui Barbosa, n° 567, Bela Vista, São Paulo, SP, CEP: 01.326-010, neste ato apresentada por sua Diretora Executiva RUTH LOPES COSTA, brasileira, socióloga, portadora da carteira de identidade n° xx.xxx. xxx-x, expedida pelo SSP-SP, e do CIC/MF n° xxx.xxx.xxx-xx;

3) GELEDÉS – INSTITUTO DA MULHER NEGRA, sociedade civil sem tins lucrativos constituída sob o regime jurídico de direito privado, inscrita no CNPJ/MF sob o n° 61.375.614/0001- 42, sediado na rua Santa Isabel, n° 137, conjuntos 41/42, Vila Buarque, São Paulo, SP, CEP: 01.221-010, neste ato apresentado por sua Vice-Presidenta APARECIDA SOLIMAR CARNEIRO, brasileira, solteira, secretária, portadora da carteira de identidade n° x.xxx.xxx, expedida pelo SSP/SP, e do CIC/MF n° xxx.xxx.xxx-xx;

4) CENTRO DE ESTUDOS DAS RELAÇÕES DE TRABALHO E DESIGUALDADES – CEERT, sociedade civil sem tins lucrativos constituída sob o regime jurídico de direito privado, inscrita no CNPJ/ MF sob o n° 64.161.086/0001-17, sediado na rua Duarte de Azevedo, n° 737, São Paulo, SP, neste ato apresentado por seu Presidente LUIS ANTONIO DA SILVA BENTO, brasileiro, casado, contador, portador da carteira de identidade n° x.xxx.xxx, expedida pelo SSP/SP, e do CIC/MF n° xxx.xxx.xxx-xx;

5) FALA PRETA! ORGANIZAÇÃO DE MULHERES NEGRAS, sociedade civil sem tins lucrativos, constituída sob o regime jurídico de direito privado, inscrita no CNPJ/MF sob o n° 01.847.932/0001-37, sediada na rua Vergueiro, n° 434 3° andar, Aclimação, São Paulo, SP, CEP: 01.504-000, neste ato apresentada por sua presidenta EDNA MARIA SANTOS ROLAND, brasileira, separada judicialmente, psicóloga, portadora da carteira de identidade n° xx.xxx. xx-x, e do CIC/MF n° xxx.xxx.xxx-xx;

6) CONGRESSO NACIONAL AFRO-BRASILEIRO – CNAB, sociedade civil sem tins lucrativos constituída sob o regime jurídico de direito privado, inscrito no CNPJ/MF sob o n° 898.019/0001-05, sediado na rua Mato Grosso, n° 539 salas 1.004, Barro Preto, Belo Horizonte, MG, CEP: 30.190-080, neste ato apresentado por seu presidente EDUARDO FERREIRA DE OLIVEIRA, brasileiro, casado, professor/escritor/poeta, portador da carteira de identidade n° x.xxx.xxx-x, expedida pelo SSP/SP, e do CIC/MF n° xxx.xxx.xxx-xx;

7) CENTRO BRASILEIRO DE INFORMAÇÃO E DOCUMENTAÇÃO DO ARTISTA NEGRO – CIDAN, sociedade civil sem tins lucrativos constituída sob o regime jurídico de direito privado, inscrito no CNPJ/MF sob o n° 03.877.143/0001-74, sediado na Av. Epitácio Pessoa, n° 1.924, apto. 202, Lagoa, nesta cidade, neste ato apresentada por seu presidente JAQUES EDGARD FRANCOIS DADESKY, economista, portador da carteira de identi-

dade nº xxxxxxx-G, expedida pelo SE/DPMAF/DPF, e do CIC/MF nº xxx.xxx.xxx-xx; e

8) CRIOLA, sociedade civil sem tins lucrativos constituída sob o regime jurídico de direito privado, inscrito no CNPJ/MF sob o nº 73.514.044/0001-03, sediada na Avenida Presidente Vargas, nº 482, sobreloja 203, Centro, nesta cidade, neste ato presentada por suas coordenadoras e bastante procuradoras LÚCIA XAVIER DE CASTRO, brasileira, portadora da carteira de identidade nº xxxxxxxx-x, expedida pelo DETRAN-RJ, e do CIC/MF nº xxx.xxx.xxx-xx e JUREMA PINTO WERNECK, brasileira, médica, portadora da carteira de identidade nº xxxxxxx- -x, expedida pelo CRM-RJ, e do CIC/MF nº xxx.xxx.xxx-xx,

Nos autos da Ação Direta de Inconstitucionalidade acima epigrafada, em que figuram, como Requerente, CONFEDERAÇÃO NACIONAL DOS ESTABELECIMENTOS DE ENSINO – CONFENEN, e Requeridos, GOVERNADOR DO ESTADO DO RIO DE JANEIRO e ASSEMBLEIA LEGISLATIVA DO ESTADO DO RIO DE JANEIRO, na condição de amicus curiae, por intermédio de seus advogados (cf. instrumento de mandato em anexo), que subscrevem a presente, que declaram, para fins do artigo 39, Inciso I, do CPC em vigor, manter escritório na rua Senador Dantas, nº 75, grupo 2.602, Centro, RJ, CEP: 20.031-201, nesta cidade, vêm a V. Ex.- expor para depois requerer o seguinte:

I. DO PEDIDO DE GRATUIDADE DE JUSTIÇA

1. INICIALMENTE, os Peticionantes requerem a V. Ex-. seja deferido pedido de gratuidade de justiça, pois que se tratam de sociedades civis sem tins lucrativos, que perseguem o adensamento dos direitos humanos fundamentais em nosso país, os quais devem defender estatutariamente. O atendimento desse pedido viabilizará o acesso à Justiça constitucionalmente garantido, haja vista que os poucos recursos existentes se destinam à implementação de projetos sociais.

2. O próprio Judiciário, por este e outros motivos, vem concedendo este benefício às pessoas jurídicas, conforme demonstra a ementa abaixo transcrita:

"ASSISTÊNCIA JUDICIÁRIA. INCIDENTE. AUTOS APARTADOS. INDEFERIMENTO JUDICIAL. AGRAVO DE INSTRUMENTO. PESSOA JURÍDICA. POSSIBILIDADE. – Assistência judiciária gratuita Decisão de indeferimento proferida em autos de processo cível em andamento. Interposição no quinquídio de recurso de apelação. Conhecimento do recurso como Agravo de Instrumento, ante o principio da fungibilidade, atendido o prazo legal deste recurso. Pessoa jurídica também pode ser beneficiaria de justiça gratuita. Recurso provido. (TARS – AC 185.044.401 – 3- CCiv. – Rel. Juiz Ivo Gabriel Da Cunha – J. 04.09.1985)".

3. Deferido o pleiteado direito, requerem a V. E.x.- sejam confirmados seus advogados, os signatários.

II. DO PEDIDO DE ADMISSIBILIDADE DAS ENTIDADES REQUERENTES NOS AUTOS NA CONDIÇÃO DE AMICUS CURIAE.

8. Mediante as lesões aos interesses difusos consubstanciados no interesse pacífico da integração dos diversos grupos étnicos que compõem a sociedade brasileira, as Entidades requerentes – a exemplo das hipóteses da Lei n° 7.347 de 24.07.85 (LCP), nos artigos 1°, incisos IV e art. 5°, caput e incisos I e II – preenchem os suportes fáticos constantes da Lei n° 9.868, de 10.11.1999 (LADI e ADC), artigo 7°, § 2°, para integrarem os autos na condição de amicus curiae, haja vista seus deveres estatutários de se oporem a quaisquer formas de atos que possam concorrer para o prejuízo dos cidadãos, por motivos de ordem social, econômica, racial, religiosa e sexual em todo o território nacional ou não, em especial, os Afro-brasileiros, onde se incluem os assim denominados pardos e negros.

9. Rezam os estatutos das entidades arroladas na qualificação acima, todas há mais de 01 ano registradas no Registro Civil de Pessoas Jurídicas (cópia dos estatutos em anexo):

IPEAFRO

10 – O INSTITUTO DE PESQUISAS E ESTUDOS AFRO-BRASILEIROS – IPEAFRO é uma sociedade civil com duração de tempo indeterminado, de finalidades educacionais e culturais, com o objetivo de promover as seguintes atividades.

a) cooperar com a população de descendência africana na recuperação de sua história, e na manutenção e expansão de seus valores culturais de origem e do respeito à sua integridade e dignidade étnicas;

b) (...);

c) promover e contribuir para o conhecimento sistemático da realidade dinâmica e pluridimensional da comunidade afro-brasileira, bem como das suas relações históricas e implicações atuais com os africanos e suas culturas, tanto no Continente quanto na Diáspora africana, aplicando uma metodologia em consonância com os valores endógenos da própria comunidade afro-brasileira."

GELEDÉS:

"Art. 3° – São objetivos sociais do GELEDÉS: I – (...);

II) - A defesa dos direitos dos cidadãos negros, especialmente mulheres e jovens, e o incentivo a sua integração no mercado de trabalho e na sociedade civil organizada"

-III) "(...).

Parágrafo Único: Para efeito do que dispõe o inciso II, são cidadãos negros todos que se definem ou são designados por negros, pretos, pardos, ou mestiços de descendência africana".

CEERT:

"Art. 2° – Constituem finalidade do CENTRO DE ESTUDOS DAS RELAÇÕES DE TRABALHO E DESIGUALDADES "CEERT" contribuir para o desenvolvimento e aperfeiçoamento do processo educacional no país para o exercício da cidadania mediante a realização, patrocínio ou promoção de pesquisas, estudos, cursos, conferências, eventos, seminários, mesas – redondas e conclaves relativos a problemas e fenômenos que constituem objeto de conhecimento das relações do trabalho e desigualdades, suas distintas ramificações e especializações, inclusive concernentes ao desenvolvimento econômico e social, e aos métodos e técnicas de investigação e análise (...), e, especialmente, a defesa judicial da igualdade racial, incluindo a propositura de ações civis coletivas e/ou públicas destinadas à proteção dos direitos e interesses difusos e coletivos da população negra, e de qualquer outros segmentos vitimados por discriminação injusta".

CNAB:

"Art. 2° – Constituem princípios do CNAB promover a luta da comunidade negra contra a discriminação racial e miséria social, desenvolvendo todos os esforços na busca da paz, da integração das raças e do progresso, da democracia e da independência nacional".

"Art. 7o – Defender e promover a educação e profissionalização da comunidade negra em geral, bem como de integrantes de outras raças, em especial, nas áreas de serviços, comércio, indústria, alfabetização, saúde básica e cultura entre os jovens e a 3a idade".

FALA PRETA:

"Art. 3° – São objetivos sociais da FALA PRETA! :

- (...).

- A defesa dos direitos humanos e da cidadania da população negra, especialmente das

mulheres, crianças e jovens, inclusive das comunidades rurais remanescentes de quilombos, visando o acesso à educação e capacitação de recursos humanos e à qualidade de vida através de padrões sustentáveis de produção e consumo e serviços adequados à saúde, saneamento básico, habitação e transporte que resultem em um ambiente saudável".

- (...).

- (...) – Contribuir para a formulação e implementação de políticas públicas, a partir de

processos de participação social, que favoreçam a superação das desigualdades estruturais que excluem negros e mulheres"

CIDAN:

"Art. 7° – São objetivos do CIDAN:

- (...);

- (...);

- (...);

- Promover a valorização da imagem do negro na mídia, em especial nos seriados e novelas da televisão e nas produções cinematográficas, bem como no seu uso nas propagandas comerciais ou institucionais, através da divulgação de estudos e relatórios técnicos, assim como através de assistência jurídica no campo trabalhista para os artistas negros"

CRIOLA:

"Art. 2o – A sociedade tem por objetivo:

a) constituir-se num espaço de discussão, reflexão e ação, visando a eliminar todas as formas discriminatórias a que estão submetidas as mulheres, em especial as mulheres negras."

10) Destarte, demonstra-se com isso, que estão os Requerentes legitimados em seus estatutos a requererem ingresso no presente feito, na qualidade de AMICUS CURIAE.

11) Com efeito, é o parágrafo 2°, do artigo 7°, da Lei n° 9.868/99, que indica os requisitos para admissão do amicus curiae nos autos da ação ou representação de inconstitucionali- dade, senão vejamos:

"Art. 7o ...

§ 2o O relator, considerando a relevância da matéria e a representatividade dos postulantes, poderá, por despacho irrecorrível, admitir, observado o prazo fixado no parágrafo anterior, a manifestação de outros órgãos ou entidade".

12) Examinando-se os requisitos elencados na citada lei, teremos:

a. quem pode ser admitido como Amicus Curiae? Para os efeitos desta lei, além dos legitimados tradicionais, indicados nas Constituições Federal e Estadual, poderão se manifestar outros órgãos ou entidades. A palavra "*entidade*" no caso, deverá ser compreendida na sua acepção mais ampla, especialmente, como no caso concreto, as sociedades civis sem fins lucrativos ora requerentes.

b. representatividade: no caso, essa representatividade não há de ser medida pelo número de integrantes que a entidade congrega, tampouco por sua abrangência interestadual ou municipal, e sim pelo reconhecimento por parte das autoridades estatais, da sociedade civil ou das comunidades onde atuam. O mais importante é que o manifestante prove que possui interesse jurídico, para que reste justificada a sua participação no debate, o que se caracteriza pela pertinência temática a ser constatada através do exame de seu estatuto social. As entidades que pleiteiam o ingresso nestes autos são pública e notoriamente reconhecidas como sendo atuantes e influentes na comunidade negra brasileira, por sua dedicação no combate ao racismo, à discriminação racial, e pela implementação dos direitos humanos fundamentais dessa mesma comunidade;

c. relevância da matéria: como relevância da matéria, na hipótese das Postulantes, entendemos deva esta consistir na relação entre a matéria discutida e a os objetivos sociais desenvolvidos pelas mesmas, por força de seus estatutos sociais.

13) No caso da presente representação de inconstitucionalidade as entidades requerentes agem em defesa dos interesses difusos e coletivos da população Afro-brasileira, qual seja o de ver implementada e mantida a ação afirmativa que o governo do Estado do Rio de Janeiro instituiu na área da Educação, através de sistemas cotas (reserva de vagas) para preenchimento das vagas existentes na Universidade do Estado do Rio de Janeiro e do Norte Fluminense, fundado nas Leis Estaduais n° 3.524/2.000 e 3.708/2001 e nos Decretos Estaduais n° 30.766/2002, 29.090/2001 e 31.468/2002, e da Lei n° 4.061/2003, no Exame Vestibular para ano de 2003, objetivando a equalização das disparidades sócio-econômicas havida entre os diversos grupos étnicos que compõe a nacionalidade brasileira, em cumprimento às programações normativas determinadas pela atual Constituição Federal, posta em perigo pela medida liminar deferida nestes autos.

14) A doutrina nacional respalda a pretensão das Requerentes, senão vejamos:

15) Gustavo Binenbojm, diz que essa iniciativa da Lei n° 9.868/99, (...) se insere no contexto de abertura da interpretação constitucional no país, permitindo que os indivíduos e grupos sociais participem ativamente das decisões do Supremo Tribunal Federal que afetem seus interesses. Além dos órgãos e entidades formalmente legitimados para a propositura da ação direta, poderão ser ouvidos quaisquer entes e organizações cuja representatividade autorize a sua manifestação". (SARMENTO, Daniel (org.). O controle da constitucionalidade e a Lei no 9.868/99: A democratização da jurisdição Constitucional e o Contributo da Lei no 9.868/99. Rio de Janeiro: Lúmen Júris, 2002, p. 159).

16) E menciona que a exposição de motivos do Projeto de Lei se inspirou no modelo norte- americano, no "chamado Brandies-Brief – memorial utilizado pelo advogado Louis D. Brandeis, no case Muller Vs Oregan (1908) contendo duas páginas dedicadas às questões jurídicas e outras cento e dez voltadas para os efeitos da longa duração do trabalho sobre a situação da mulher – permitiu que se desmistificasse a concepção dominante, segundo a qual a questão constitucional configurava simples questão jurídica de aferição de legitimidade da lei em face da Constituição".

17) No mesmo sentido *"afigura-se digno de realce o dispositivo (§ 2o do art. 6o) constante da Lei 9882 que permitir que o relator, segundo critérios seus, admita a manifestação de interessados no processo. Trata-se*

de figura assemelhada à contida na Lei 9868 (art. 7o, § 2o). Em ambos os casos, o que se pretendeu foi introduzir em nosso direito positivo a figura do "amicus curiae" no processo de controle de constitucionalidade. O instituto em questão, de longa tradição no direito americano, visa a um objetivo dos mais relevantes: viabilizar a participação no processo de interessados e afetados pelas decisões tomadas no âmbito do controle de constitucionalidade. Como há facilmente de se perceber, trata-se de medida concretizadora do princípio do pluralismo democrático que rege a ordem constitucional brasileira. Para além disso, o dispositivo em questão acaba por ensejar a possibilidade de o Tribunal decidir as causas com pleno conhecimento de todas as suas implicações ou repercussões". (*In: Controle de constitucionalidade: uma análise das leis 9868/99 e 9882/99.* Salvador: Revista Diálogo Jurídico, no 11 – fevereiro de 2002. Acesso em: 08, mar. 2003. Disponível em: <www.direitopublico.com.br>.).

18) Diz o mesmo autor, Ministro do nosso STF, que *"Nesse novo quadro metodológico, assume relevo a proposta de Peter Haberle, que, de forma radical e dissolvente, acentua que a doutrina tradicional padece de um grande déficit"*, referindo-se sobre o que a doutrina especializada denomina de *"o debate hermenêutico e a sociedade aberta dos intérpretes da Constituição".* (*In: Juridição Constitucional: O controle abstrato de normas no Brasil e na Alemanha.* 3aª ed. São Paulo: Saraiva, p. 340).

19) Nesse mesmo sentido, ampliando o debate, Gustavo Binenbojm (Op. cit., pp. 159-60), diz que:

"Trata-se de inovação bem inspirada, que se insere no contexto de abertura da interpretação constitucional no país, permitindo que os indivíduos e grupos sociais participem ativamente das decisões do Supremo Tribunal federal que afetem seus interesses. Além dos órgãos e entidades formalmente legitimados para a propositura da ação direta, poderão ser ouvidos quaisquer outros entes e organizações cuja representatividade autorize a sua manifestação.

A norma, se bem utilizada, poderá ensejar significativo efeito democratizante nos processos objetivos de controle da constitucionalidade. É o que, a par de permitir a apresentação formal de memoriais de conteúdo jurídico – o que por si só, já seria medida salutar – o dispositivo possibilita ao Supremo Tribunal Federal ter conhecimento das posições daqueles que vivenciam a realidade constitucional e sofrem a incidência da lei objeto do controle.

Ao menos em termos ideais, o cidadão é elevado de sua condição de destinatário das normas jurídicas para atuar simultaneamente como intérprete da Constituição e considerada pelo Tribunal Constitucional.

O artigo 9o da Lei no 9.868/99 institui outra saudável e auspiciosa inovação nos processos de fiscalização abstrata da constitucionalidade no Brasil. Costuma-se dizer – e esta tem sido mesmo a posição do Supremo Tribunal Federal – que a ação direta não comporta dilação probatória, à vista de seu caráter estritamente objetivo. Todavia, a Lei no 9.868/99, § 1o, a possibilidade de o relator *"em caso de necessidade de esclarecimento de matéria ou circunstância de fato ou de notória insuficiência das informações existentes nos autos, requisitar informações adicionais, designar perito ou comissão de peritos para que emita parecer sobre a questão, ou fixar data, para, em audiência pública, ouvir depoimentos e pessoas com experiência e autoridade na matéria"*.

20) Por fim, o Supremo Tribunal Federal sufragou a tese esposada nestes autos pelas Requerentes, na ADI. 2.130-SC, ao permitir o ingresso nos autos, na condição de amicus curiae, da Associação dos Magistrados Catarinenses – AMC, que invocou sua *"condição de entidade representativa dos magistrados Catarinenses"*, abaixo transcrito:

Amicus Curiae e ADI. (Transcrições). ADI. 2.130-SC (medida cautelar)* RELATOR: MIN. CELSO DE MELLO

EMENTA: AÇÃO DIRETA DE INCONSTITUCIONALIDADE. INTERVENÇÃO PROCESSUAL DO AMICUS CURIAE. POSSIBILIDADE. LEI N° 9.868/99 (ART. 7°, § 2°). SIGNIFICADO POLÍTICO-JURÍDICO DA ADMISSÃO DO AMICUS CURIAE NO SISTEMA DE CONTROLE NORMATIVO ABSTRATO DE CONSTITUCIONALIDADE. PEDIDO DE ADMISSÃO DEFERIDO.

– No estatuto que rege o sistema de controle normativo abstrato de constitucionalidade, o ordenamento positivo brasileiro processualizou a figura do amicus curiae (Lei n° 9.868/99, art. 7°, § 2°), permitindo que terceiros – desde que investidos de representatividade adequada – possam ser admitidos na relação processual, para efeito de manifestação sobre a questão de direito subjacente à própria controvérsia constitucional.

– A admissão de terceiro, na condição de amicus curiae, no processo objetivo de controle normativo abstrato, qualifica-se como fator de legitimação social das decisões da Suprema Corte, enquanto Tribunal Constitucional, pois viabiliza, em obséquio ao postulado democrático, a abertura do processo de fiscalização concentrada de constitucionalidade, em ordem a permitir que nele se realize, sempre sob uma perspectiva eminentemente pluralística, a possibilidade de participação formal de entidades e de instituições que efetivamente representem os interesses gerais da coletividade ou que expressem os valores essenciais e relevantes de grupos, classes ou estratos sociais.

Em suma: a regra inscrita no art. 7°, § 2°, da Lei n° 9.868/99 – que contém a base normativa legitimadora da intervenção processual do amicus curiae – tem por precípua finalidade pluralizar o debate constitucional.

DECISÃO: A Associação dos Magistrados Catarinenses – AMC, invocando a sua *"condição de entidade representativa dos Magistrados Catarinenses"* (fls. 255), requer, nos termos do art. 7°, § 2°, da Lei n° 9.868/99, seja admitida, formalmente, a manifestar-se na presente causa. Passo a apreciar o pedido ora formulado pela entidade de classe em questão.

Como se sabe, o pedido de intervenção assistencial, ordinariamente, não tem cabimento em sede de ação direta de inconstitucionalidade, eis que terceiros não dispõem, em nosso sistema de direito positivo, de legitimidade para intervir no processo de controle normativo abstrato (RDA 155/155 – RDA 157/266 – ADI 575-PI (AgRg), Rel. Min. CELSO DE MELLO, v.g.).

A Lei n° 9.868/99, ao regular o processo de controle abstrato de constitucionalidade, prescreve que *"Não se admitirá intervenção de terceiros no processo de ação direta de inconstitucionalidade"* (art. 7°, caput).

A razão de ser dessa vedação legal – adverte o magistério da doutrina (OSWALDO LUIZ PALU, *"Controle de Constitucionalidade"*, p. 216/217, 1999, RT; ZENO VELOSO, *"Controle Jurisdicional de Constitucionalidade"*, p. 88, item n. 96, 1999, Cejup; ALEXANDRE DE MORAES, *"Direito Constitucional"*, p. 571, 6§ ed., 1999, Atlas, v.g.) – repousa na circunstância de o processo de fiscalização normativa abstrata qualificar-se como processo de caráter objetivo (RTJ 113/22 – RTJ 131/1001 – RTJ 136/467 – RTJ 164/506-507).

Não obstante todas essas considerações, cabe ter presente a regra inovadora constante do art. 7°, § 2°, da Lei n° 9.868/99, que, em caráter excepcional, abrandou o sentido absoluto da vedação pertinente à intervenção assistencial, passando, agora, a permitir o ingresso de entidade dotada de representatividade adequada no processo de controle abstrato de constitucionalidade.

A norma legal em questão, ao excepcionalmente admitir a possibilidade de ingresso formal de terceiros no processo de controle normativo abstrato, assim dispõe:

"O relator, considerando a relevância da matéria e a representatividade dos postulantes, poderá, por despacho irrecorrível, admitir, observado o prazo fixado no parágrafo anterior, a manifestação de outros órgãos ou entidades." (grifei).

No estatuto que rege o sistema de controle normativo abstrato de constitucionalidade, o ordenamento positivo brasileiro processualizou, na regra inscrita no art. 7°, § 2°, da Lei n° 9.868/99, a figura do amicus curiae, permitindo, em consequência, que terceiros, investidos de representatividade adequada, sejam admitidos na relação processual, para efeito de manifestação sobre a questão de direito subjacente à própria controvérsia constitucional.

A regra inscrita no art. 7°, § 2° da Lei n° 9.868/99 – que contém a base normativa legitima- dora da intervenção processual do amicus curiae – tem por objetivo pluralizar o debate constitucional, permitindo que o Supremo Tribunal Federal venha a dispor de todos os elementos informativos possíveis e necessários à resolução da controvérsia.

É certo que, embora inovadora em tema de controle abstrato de constitucionalidade (que faz instaurar processo de natureza marcadamente objetiva), a disciplina legal pertinente ao ingresso formal do amicus curiae já se achava contemplada, desde 1976, no art. 31 da Lei n° 6.385, de 07/12/76, que permite a intervenção da Comissão de Valores Mobiliários (CVM) em processos judiciais de caráter meramente subjetivo, nos quais se discutam questões de direito societário, sujeitas, no plano administrativo, à competência dessa entidade autárquica federal.

Cabe registrar, por necessário, que a intervenção do amicus curiae, para legitimar-se, deve apoiar-se em razões que tornem desejável e útil a sua atuação processual na causa, em ordem a proporcionar meios que viabilizem uma adequada resolução do litígio.

Na verdade, consoante ressalta PAOLO BIANCHI, em estudo sobre o tema (*"Un'Amicizia Interessata: L'amicus curiae Davanti Alla Corte Suprema Degli Stati Uniti"*, in *"Giurisprudenza Costi- tuzionale"*, Fasc. 6, nov/dez de 1995, Ano XI, Giuffré), a admissão do terceiro, na condição de amicus curiae, no processo objetivo de controle normativo abstrato, qualifica-se como fator de legitimação social das decisões do Tribunal Constitucional, viabilizando, em obséquio ao postulado democrático, a abertura do processo de fiscalização concentrada de constitucionalidade, em ordem a permitir que nele se realize a possibilidade de participação de entidades e de instituições que efetivamente representem os interesses gerais da coletividade ou que expressem os valores essenciais e relevantes de grupos, classes ou estratos sociais. Presente esse contexto, entendo que a atuação processual do amicus curiae não deve limitar-se à mera apresentação de memoriais ou à prestação eventual de informações que lhe venham a ser solicitadas.

Cumpre permitir-lhe, em extensão maior, o exercício de determinados poderes processuais, como aquele consistente no direito de proceder à sustentação oral das razões que justificaram a sua admissão formal na causa. Reconheço, no entanto, que, a propósito dessa questão, existe decisão monocrática, em sentido contrário, proferida pelo eminente Presidente desta Corte, na Sessão de julgamento da ADI 2.321-DF (medida cautelar).

Tenho para mim, contudo, na linha das razões que venho de expor, que o Supremo Tribunal Federal, em assim agindo, não só garantirá maior efetividade e atribuirá maior legitimidade às suas decisões, mas, sobretudo, valorizará, sob uma perspectiva eminentemente pluralística, o sentido essencialmente democrático dessa participação processual, enriquecida pelos elementos de informação e pelo acervo de experiências que o amicus curiae poderá transmitir à Corte Constitucional, notadamente em um processo – como o de controle abstrato de constitucionalidade – cujas implicações políticas, sociais, econômicas, jurídicas e culturais são de irrecusável importância e de inquestionável significação.

Tendo presentes as razões ora expostas – e considerando o que dispõe o art. 7°, § 2°, da Lei n° 9.868/99 -, entendo que se acham preenchidos, na espécie, os requisitos legitimadores da pretendida admissão formal, da ora interessada, nesta causa: a relevância da matéria em exame, de um lado, e a representatividade adequada da entidade de classe postulante, de outro.

Sendo assim, admito, na presente causa, a manifestação da Associação dos Magistrados Catarinenses – AMC, que nela intervirá na condição de amicus curiae, anotando-se, ainda, na autuação os nomes de seus ilustres procuradores (fls. 271).

1. O pedido de medida cautelar será submetido à apreciação do Plenário desta Corte, em uma das Sessões que o Supremo Tribunal Federal fará realizar na primeira quinzena do mês de fevereiro de 2001.

2. Depois que se proceder à juntada desta decisão ao processo, voltem-me conclusos, imediatamente, os presentes autos.

Publique-se.

Brasília, 20 de dezembro de 2000.

Ministro CELSO DE MELLO. Relator

* decisão publicada no DJU de 2.2.2001

21) As Postulantes, referindo-se ao que Gilmar Ferreira Mendes chama de *"apreciação dos chamados fatos e prognoses legislativos"* no âmbito do controle de constitucionalidade", com o seu ingresso nos autos, como amicus curiae, o que de fato requerem neste momento, querem prestar a sua colaboração à sociedade brasileira e ao Poder Judiciário, através de apresentação de memorial, sustentação oral e com oitiva de peritos e testemunhas de notório saber teorético e empírico, sobre as causas do racismo e a discriminação racial e seu impacto na sociedade brasileira.

II. CARÊNCIA DE AÇÃO. ILEGITIMIDADE ATIVA AD CAUSAM. FALTA DE INTERESSE DE AGIR. AUSÊNCIA DE RELAÇÃO DE PERTINÊNCIA TEMÁTICA ENTRE O ATO IMPUGNADO E AS FUNÇÕES DA CAUSA ÀS FINALIDADES ESTUTÁRIAS. EXTINÇÃO DO PROCESSO SEM A APRECIAÇÃO E JULGAMENTO DO MÉRITO.

22) Sabe-se que, no processo objetivo de fiscalização abstrata de constitucionalidade, as partes são meramente formais, embora "seja possível falar-se em legitimidade ativa e passiva" (CLÈVE, Clèmerson Merlin. A fiscalização abstrata da constitucionalidade no Direito brasileiro. 2ª ed. revista e atualizada e ampliada. São Paulo: Editora Revista dos Tribunais, 2000, p. 159).

23) Não se desconhece, ainda, que "como regra, não se deve reconhecer, na ação direta de inconstitucionalidade, a possibilidade de aplicação sistemática, em caráter supletivo, das normas concernentes aos processos de índole subjetiva" (BARROSO, Luis Roberto. Conceitos fundamentais sobre o controle de constitucionalidade e a jurisprudência. In SARMENTO, Daniel (org.). O controle da constitucionalidade e a Lei no 9.868/99. Rio de Janeiro: Lúmen Júris, 2002).

24) Mas, porque estamos diante de processo objetivo, em que não há partes, algumas singularidades podem ser observadas, com o intuito de

instrumentalizar a própria prestação jurisdicional, como a questão da falta de interesse de agir, alçada como condição de ação.

25) Em termos de legitimidade ativa para agir na ação direta de inconstitucionalidade, a doutrina nacional, secundando a jurisprudência dessa Excelsa Corte, em exegese do artigo 103 da CRFB, estabelece diferença de tratamento entre os denominados legitimados universais (Presidente da República, as Mesas do Senado e da Câmara, o Procurador-Geral da República, o Conselho Federal da Ordem dos Advogados do Brasil e o partido político com representação no Congresso Nacional) e os legitimados especiais (Governador de Estado, Confederação sindical ou entidade de classe de âmbito nacional). (V. por todos, CLÈVE, ob.cit., p. 165).

26) A importância prática dessa distinção reside em que os primeiros não precisam demonstrar interesse (relação de pertinência entre o ato impugnado e as funções da causa às finalidades estatutárias), e os segundos, inevitavelmente, sim. (cf. Adin 1.184-DF, j. 22.10.1996, Rel. Min. Celso de Mello; Adin 1.114-DF, Rel. Min. Ilmar Galvão).

27) É que a própria jurisprudência do Supremo Tribunal Federal reconhece que os legitimados universais têm interesse em preservar a supremacia da Constituição por força de suas próprias atribuições institucionais. Mas quanto aos demais legitimados, os denominados legitimados especiais, o Supremo Tribunal Federal tem estabelecido restrições, pois muitas podem ser propostas por espírito de emulação ou por razões políticas. E com isso não se diga que estaria a Alta Corte brasileira transformando a ação direta em processo subjetivo de tutela de interesse concreto, ainda que coletivo.

28) Isso, também tem o escopo de se evitar que a ADI se torne uma ação popular, colocando-se *"em risco o funcionamento razoável do órgão pela sobrecarga de trabalho e pela ameaça do perigo da litigância aventureira ou de má-fé"*.

29) No caso dos autos não se vislumbra um interesse de agir da Requerente. Isso não está claro, inclusive, pela elasticidade que tentou empregar ao conceito de *"pertinência temática"*. Parece-nos que estes relevantes interesses que a Requerente almeja proteger caberiam melhor em atuação na condição de amicus curiae ou de representante a um legitimado universal para a ADI, e não como requerente de ADI, mais ainda para atuar "como auxiliar do Poder Público", no *"estudo e solução dos problemas do ensino e da educação nacionais"*.

30) Há ainda a circunstância de que, parece-nos, está ocorrendo um desvio de finalidade na utilização da presente ADI, em que a Confederação, de âmbito nacional com direito ao ajui- zamento de ADI junto ao STF, está servindo de veículo de atendimento a interesse econômico exclusivo local, de um filiado seu, qual seja dos das escolas e cursinhos pré-vestibular. Para corroborar esta tese, vemos que no instrumento de mandato outorgado (às fls. 45 dos autos) consta que *"a responsabilidade pela contratação, por ho-*

norários advocatícios e custas judiciais é do Sindicato dos Estabelecimentos de Ensino do Município do Rio de Janeiro".

31) Com isso, não se entenda que se negue o direito à atividade econômica, pois o direito à livre iniciativa é protegido constitucionalmente, mas não a ponto de tornar a Educação, o Ensino, um commodities, uma mercadoria. O que está em questão é tentativa de se subordinar o interesse público ao interesse privado.

32) Por todos estes motivos, as Manifestantes entendem que não há relação de pertinência temática entre o ato impugnado e as funções da causa às finalidades estatutárias da Requerente, e por isso requerem a extinção do feito, sem a apreciação e julgamento do mérito.

III) PRELIMINAR: LITISPENDÊNCIA: EXISTÊNCIA DE REPRESENTRAÇÕES DE INCONSTITUCIONALI- DADE EM CURSO NO TRIBUNAL DE JUSTIÇA ESTADUAL, COM MESMO OBJETO DE ADI AJUIZADA PERANTE O STF. EXTINÇÃO DO FEITO SEM A APRECIAÇÃO E JULGAMENTO DO MÉRITO.

36) Conforme mencionado no item 4 desta petição e nestes autos, há duas Representações por Inconstitucionalidade em curso no Egrégio Tribunal de Justiça do Estado do Rio de Janeiro, sob os n° 2003.007.00020 e 2003.007.00021, propostas pelo Deputado Estadual Flávio Bolsonaro, GOVERNADOR DO ESTADO DO RIO DE JANEIRO e ASSEMBLEIA LEGISLATIVA DO ESTADO DO RIO DE JANEIRO.

37) Essas Representações por Inconstitucionalidade têm por objeto o mesmo objeto almejado por esta ADI, qual seja a declaração de inconstitucionalidade das leis estaduais 3.525, de 28.12.00 e 3.708, de 09.11.01.

38) A princípio a Representação de Inconstitucionalidade ajuizada no Tribunal de Justiça estadual não veda o ajuizamento de idêntica ADI perante o Supremo Tribunal Federal. Mas, movimentar duas vezes o Poder Judiciário para resolver o mesmo problema, além de causar um dispêndio econômico desnecessário ao País, aumenta a excessiva carga de trabalho que assoberba esse Excelso Pretório, o que, d. v., entendemos deva ser evitado. Mas, diga-se, por oportuno, dizendo isso, não querem as Manifestantes ter a pretensão de requerer que essa Excelsa Corte renuncie à sua competência constitucional, inclusive, quando o artigo 102 da CRFB diz que este é o seu principal guardião..

39) Em razão desses fatos, as Manifestantes requerem a extinção do feito, sem a apreciação e julgamento do mérito.

IV) PRELIMINARMENTE: PEDIDO DE SOBRESTAMENTO (SUSPENSÃO) DO ANDAMENTO DA ADI ESTADUAL. Da existência de ADI – Ação Direta de Inconstitucionalidade Estadual, com o mesmo objeto, perante o Egrégio Tribunal de Justiça do Estado do Rio de Janeiro. Expedição de Ofício para o Tribunal de Justiça.

40) Conforme já noticiou o Requerente nos autos (fls. 4-8), se bem que o fez parcialmente, como veremos, há em curso no Egrégio Tribunal de Justiça

do Estado do Rio de Janeiro duas Representações por Inconstitucionalidade, sob os n° 2003.007.00020 e 2003.007.00021, propostas pelo Deputado Estadual Flávio Bolsonaro, GOVERNADOR DO ESTADO DO RIO DE JANEIRO e ASSEMBLEIA LEGISLATIVA DO ESTADO DO RIO DE JANEIRO.

41) Na Representação por Inconstitucionalidade n° 2003.007.00020, o Desembargador Relator José Carlos Murta Ribeiro, monocraticamente, entendendo existir fumus boni iuris e periculum in mora, deferiu medida cautelar para suspender a eficácia da Lei n° 3.524, de 28.12.2000 (relativo ao Vestibular SADE, e transcrito nos autos), sendo certo que o Estado do Rio de Janeiro já interpôs Agravo Regimental contra essa medida, que aguarda julgamento (cópia do andamento extraído da internet em anexo).

42) Na Representação por Inconstitucionalidade n° 2003.007.00021, o Desembargador Relator Nilton Mondego, indeferiu pedido de medida cautelar contra a Lei n° 3.708, de 09.11.2001, (Vestibular pardos e negros), sob o fundamento de que: *"2 – A SUSPENSÃO DO ATO IMPUGNADO SO TEM CABIMENTO SE MANIFESTA A CONVENIÊNCIA POR MOTIVO RELEVANTE DE ORDEM PUBLICA (ALÍNEA "B" DO DISPOSITIVO SUPRA CITADO). 3 – ESTÃO AUSENTES, NA ESPÉCIE TAIS REQUISITOS, EM RAZÃO DE QUE SUSPENSÃO LIMINAR NÃO PODE SER DEFERIDA. 4 – NEGO-A, PORTANTO".*

43) Em razão desse fato, as Manifestantes requerem a suspensão do andamento das Representações de Inconstitucionalidade indigitadas, até final julgamento desta ADI n° 2.858-8, ajuizada pela CONFEDERAÇÃO NACIONAL DOS ESTABELECIMENTOS DE ENSINO – CONFE- NEN, expedindo-se ofício ao Egrégio Tribunal de Justiça Estadual para esse fim.

V) DO MÉRITO:

VI) AS AÇÕES AFIRMATIVAS E AS COTAS NO SISTEMA JURÍDICO BRASILEIRO.

44) Inicialmente, as Postulantes requerem não seja deferida a medida liminar pleiteada nestes autos, em face dos motivos que justificam a existência do sistema de cotas em nosso país, bem como pela inexistência de motivo relevante de ordem pública para tanto.

45) Tema ainda pouco debatido no Brasil, as cotas não constituem nenhuma novidade por aqui, pois que já foram previstas e instituídas com outros nomes pelos legisladores constitucional e ordinário, bem como pelos governantes de todas as esferas de poderes de nossa federação. Mas, é importante ressaltar, que até a promulgação da atual Carta Federal, como muito bem acentuou o Prof. Jorge da Silva em seus livros, a discriminação racial e o racismo no Brasil foram disciplinados pela legislação penal repressiva, inexistindo políticas públicas em favor dos negros brasileiros, como houve, v. g., para os imigrantes europeus no início do séc. XX. Ratifica estas alegações o fato de que, a questão racial no Brasil, até a promulgação da CRFB de 1988, foi tratada como contravenção pela legislação penal, mais especificamente, pela chamada Lei Afonso Arinos.

46) Porém, é preciso que não se confundam os sistemas de cotas – como são denominadas certas políticas públicas mais radicais objetivando a concretização da igualdade material – com as ações afirmativas: as cotas nasceram no bojo ações afirmativas, mas com essas não se confundem. (v. SILVA, Luiz Fernando Martins da. Sobre a implementação de cotas e outras ações afirmativas para os Afro-brasileiros. Revista Jurídica Virtual Jus Navigandi. Acesso em: 23. março. 2003. Disponível em: <www.jus.com.br>).

47) O professor da Faculdade de Direito da UFRJ e Membro do Ministério Público Federal, Joaquim B. Barbosa Gomes, observa que:

"Atualmente, as ações afirmativas, podem ser definidas como um conjunto de políticas públicas e privadas de caráter compulsório, facultativo ou voluntário, concebidas com vistas ao combate à discriminação racial, de gênero e de origem nacional, bem como para corrigir os efeitos presentes da discriminação praticada no passado, tendo por objetivo a concreti- zação do ideal de efetiva igualdade de acesso a bens fundamentais como a educação e o emprego. Diferentemente das políticas governamentais antidiscriminatórias baseadas em leis de conteúdo meramente proibitiva, que se singularizam por oferecerem às respectivas vítimas tão somente instrumentos jurídicos de caráter reparatório e de intervenção ex post facto, as ações afirmativas têm natureza multifacetária, e visam a evitar que a discriminação se verifique nas formas usualmente conhecidas – isto é, formalmente, por meio de normas de aplicação geral ou específica, ou através de mecanismos informais, difusos, estruturais, enraizados nas práticas culturais e no imaginário coletivo. Em síntese, trata-se de políticas e mecanismos de inclusão concebidas por entidades públicas, privadas e por órgãos dotados de competência jurisdicional, com vistas à concretização de um objetivo

Constitucional universalmente reconhecido – o da efetiva igualdade de oportunidades a que todos os seres humanos têm direito". (In: Ação Afirmativa & princípio constitucional da igualdade: o Direito como instrumento de transformação social. A experiência dos EUA. Rio de Janeiro e São Paulo: Renovar, 2001, pp. 40-41).

48) A origem das ações afirmativas quase sempre é atribuída aos Estados Unidos nos anos 50/60, mas autores como o professor Jacques dAdesky (In: Ação Afirmativa e igualdade de oportunidades, Rio de Janeiro, mimeo, p. 1), menciona que estas "*não se limitam aos países ocidentais. Desde 1948 foi introduzido na Índia um sistema de quotas que ampara as classes atrasadas' para garantir-lhes acesso a empregos públicos e às universidades*". No mesmo estudo citado, comentando a passagem do princípio de igualdade para a noção de equida- de, diz que "*Mesmo com a multiplicação de medidas de ação afirmativa em muitos países democráticos, observa-se o surgimento constante de controvérsias a respeito da necessidade ou não de adotar legislações específicas que determinem políticas para solucionar fenômenos como o racismo, sexismo e outras formas de intolerância. As*

controvérsias em torno destas iniciativas variam muito, quer em termos de suas justificativas políticas, quer no modo de sinalizar legalmente as minorias e grupos beneficiários por essas medidas".

49) Continua o citado autor, dizendo que no plano político, "os programas de ação afirmativa resultam da compreensão cada vez maior de que a busca de uma igualdade concreta deve realizar-se não mais somente pela aplicação geral das mesmas regras de direito para todos, mas também através de medidas específicas que levam em consideração as situações particulares de minorias e de membros pertencentes a grupos em desvantagem. Considera-se que a referência a um indivíduo abstrato, percebido como universal e reconhecido como cidadão, digno de igual respeito em razão de seu status de agente racional, deve ter a preeminência na formulação de políticas públicas. Observe-se, ao mesmo tempo, que tal referência torna-se insuficiente para combater o preconceito, racismo, sexismo etc. que permanecem na sociedade impedindo o total reconhecimento da dignidade da pessoa.

50) No plano moral, diz que *"a exigência moral desta perspectiva conduz a buscar uma dimensão mais exigente da igualdade. O que implica assumir racionalmente, no terreno de políticas públicas, o caráter dialógico da pessoa humana no sentido que possui uma dignidade inerente igual a todo ser humano e uma identidade individual portadora de culturas construídas parcialmente por diálogos coletivos. Significa também reconhecer de modo subjacente que a pessoa é um indivíduo insubstituível e, ao mesmo tempo, um membro de uma comunidade".*

51) Por fim, em obra seminal para a compreensão da questão racial em nosso país, Jacques dAdesky, diz que *"Se é preciso admitir, com Taguieff, que existem limites à ação do Estado na condução da luta anti-racista, há de se concordar também que as políticas públicas fornecem aos regimes democráticos um importante meio de engajamento contra o racismo. Elas oferecem um leque variado de ações anti-racistas, que vão das políticas de ação afirmativa à organização de campanhas multimídia de luta contra o racismo, os preconceitos e a segregação residencial no espaço urbano, passando pela eliminação do vocabulário, segundo a lógica do politically correct, de palavras ou expressões consideradas ofensivas a determinados grupos culturais ou comunidades étnicas"* (In Pluralismo étnico e multiculturalismo: racismos e anti-racismos no Brasil. Rio de Janeiro: Pallas, 2001, pp. 229 e 230).

52) Com efeito, o legislador pátrio, mesmo não as denominando de cotas ou ações afirmativas, já editou diversas leis e outros tipos normativos, que reconhecem o direito à diferença de tratamento legal para diversos grupos vulneráveis. Dentre outros, destacamos:

I) Decreto-Lei 5.452/43 (CLT), que prevê, em seu art. 354, cota de dois terços de brasileiros para empregados de empresas individuais ou coletivas.

II) Decreto-Lei 5.452/43 (CLT), que estabelece, em seu art. 373-A, a adoção de políticas destinadas a corrigir as distorções responsáveis pela desigualdade de direitos entre homens e mulheres.

III) Lei 8.112/90, que prescreve, em art. 5°, § 2°, cotas de até 20% para os portadores de deficiências no serviço público civil da união.

IV) Lei 8.213/91, que fixou, em seu art. 93, cotas para os portadores de deficiência no setor privado.

V) Lei 8.666/93, que preceitua, em art. 24, inc. XX, a inexigibilidade de licitação para contratação de associações filantrópicas de portadores de deficiência.

VI) Lei 9.504/97, que preconiza, em seu art. 10, § 2°, cotas para mulheres nas candidaturas partidárias. (5).

53) Vale ainda notar, que o presidente do Supremo Tribunal Federal (STF), Ministro Marco Aurélio Mendes de Farias Mello, no seminário "*Discriminação e Sistema Legal Brasileiro*", promovido pelo Tribunal Superior do Trabalho, em 20 de novembro de 2001, proferiu uma palestra intitulada "*Óptica Constitucional – A Igualdade e as Ações Afirmativas*", onde defendeu a constitucionalidade da implementação de ações afirmativas em favor dos negros brasileiros.

54) Ainda no mês de dezembro do mesmo ano o Supremo Tribunal Federal expediu edital de licitação que prevê cota para negros nos serviços terceirizados do Tribunal. A concorrência objetivava contratar 17 profissionais para prestação de serviços na área de jornalismo e reserva 20% das vagas para negros. O próprio governo federal vem fazendo alguns esforços para a implementação de ações afirmativas para os afro-brasileiros, como é o caso do Ministério da Reforma Agrária. Recentemente, foi lançado o Programa de Ação Afirmativa do Instituto Rio Branco, lançado em cerimônia presidida pelo Chanceler Celso Lafer, em 14 de maio de 2002, que ofereceu 20 bolsas anuais candidatos afro-descendentes que desejem se preparar para o concurso do Instituto Rio Branco, com vistas ao ingresso na carreira diplomática. (v.através do site www.mre.gov.br/irbr). A comunidade indígena da Amazônia também já foi contemplada com a sua cota, pois conseguiram que a Universidade Federal do Amazonas abrisse um curso de graduação para os povos indígenas, no qual o ingresso dos índios é diferenciado.

55) Já no campo da legislação, existe um verdadeiro arsenal normativo exemplificando ou respaldando a implementação de ações afirmativas ou cotas no Brasil.

Na ordem internacional, tem-se:

1. A Convenção relativa à luta contra a discriminação no campo do ensino (Conferência Geral da UNESCO, reunida em Paris, de 14 de novembro a 15 de dezembro de 1960, em sua Décima Primeira Sessão. Aprovada no Brasil pelo Decreto Legislativo no 40, de 1967 (DO 17.11.67), "consciente de que incumbe consequentemente à Organização das Nações Unidas para a Educação, a Ciência e a Cultura, dentro do respeito da diversidade dos sistemas nacionais de educação, não só proscrever qualquer discriminação em matéria de ensino, mas igualmente promover a igualdade de oportu-

nidade e tratamento para todos neste campo", estabelece no seu Artigo I, que "Para os fins da presente Convenção o termo 'discriminação' abarca qualquer distinção, exclusão, limitação ou preferência que, por motivo de raça, cor, sexo, língua, religião, opinião pública ou qualquer outra opinião, origem nacional ou social, condição econômica ou nascimento, tenha por objeto ou efeito destruir ou alterar a igualdade de tratamento em matéria de ensino", e, no item 2, do mesmo Artigo, diz que: "Para os fins da presente Convenção, a palavra 'ensino' refere-se aos diversos tipos e graus de ensino e compreende o acesso ao ensino, seu nível e qualidade e as condições em que é subministrado".

2. A Convenção Internacional para a Eliminação de todas as Formas de Discriminação Racial (Adotada pela Resolução n. 2.106, da Assembleia Geral das Nações Unidas, em 21.12.1965), que não se limita apenas a propor medidas punitivas de combate à discriminação racial, ao lado de ações repressivas, estabelece a possibilidade de adoção de políticas públicas promocionais, ou seja, "ações afirmativas". Assim, o artigo I, item 4, diz que: "Não serão consideradas discriminação racial as medidas especiais tomadas com o único objetivo de assegurar progresso adequado de certos grupos raciais ou étnicos ou de indivíduos que necessitem da proteção que possa ser necessária para proporcionar a tais grupos ou indivíduos igual gozo ou exercício de direitos humanos e liberdades fundamentais, contando que tais medidas não conduzam, em consequência, à manutenção de direitos separados para diferentes grupos raciais e não prossigam após terem sido alcançados os seus objetivos".

56) Na ordem interna, para nos limitarmos apenas à superestrutura jurídica nacional, tem-se, na Constituição Brasileira de 1988:

Artigos 1°, inciso III (princípio que resguarda o valor da dignidade humana); 3°, incisos I, III e IV (constituem objetivos fundamentais da República Federativa do Brasil construir uma sociedade livre, justa e solidária, bem como promover o bem de todos, sem preconceitos de origem, raça, sexo, cor, idade e quaisquer outras formas de discriminação, e erradicar a (....) marginalização e reduzir as desigualdades sociais...); 4°, incisos II e VIII (a República Federativa do Brasil, No plano das relações internacionais, deve velar pela observância dos princípios da prevalência dos direitos humanos e do repúdio ao terrorismo e ao racismo); 5°, incisos XLI e XLII (consagra o princípio da igualdade; punição para qualquer discriminação atentatória dos direitos e liberdades fundamentais", e, enuncia que racismo constitui crime inafiançável e imprescritível, sujeito à pena de reclusão, nos termos da lei), e parágrafo 2°, consagrando a incorporação do direito advindos dos tratados internacionais); 7° inciso XXX (no campo dos direitos sociais, proíbe a diferença de salários, de exercício de funções e de critério de admissão por motivo de sexo, idade, cor ou estado civil); 23, inciso X (combater (...) os fatores de marginalização); 37, inciso VIII (a lei reservará percentual dos cargos e empregos públicos para as pessoas portadoras de deficiência e definirá os critérios de sua admissão); 145, § 1° (Sempre que possível, os impostos terão caráter pessoal e serão graduados segundo a capacidade econômica do contribuinte...); 170, incisos VII (redução das desigualdades (...) sociais) e IX (tratamento favorecido para as empresas de pequeno porte constituídas sob as leis brasileiras e que tenham sua sede e administração no País); 179 (A União, os Estados, o Distrito Federal e os Municípios, dispensarão às microempresas e às empresas de pequeno porte, assim definidas em lei, tratamento jurídico diferenciado, visando a incentivá-las pela simplificação de suas obrigações administrativas, tributárias, previdenciárias e creditícias, ou pela eliminação ou redução destas por meio de lei), e 227, inciso II – criação de programas (...) de integração social dos adolescentes portadores de deficiência).

VII) BREVÍSSIMOS COMENTÁRIOS A RESPEITO DAS PRINCIPAIS TESES DEFENDIDAS PELA REQUERENTE CONTRA A MANUTENÇÃO DO SISTEMA DE COTAS PREVISTAS NAS LEIS OBJETO DA PRESENTE Adin:

57) Trecho pág. 12, item 16, primeira parte, da inicial:

57.1) No caso, fazendo letra morta do texto da Convenção Internacional pela Eliminação da Discriminação Racial, promulgada em 1965 pelas Nações Unidas e ratificada pelo Brasil em 1968, somente para ficarmos no plano da proteção internacional dos Direitos Humanos Fundamentais, a Requerente trata como se anomalias fossem os efeitos de uma medida especial destinada a promover a igualdade racial. Apenas para lembrar, no seu artigo 1°, parágrafo 4°, esta Convenção explicitamente afirma que: *"Não serão consideradas discriminação racial as medidas especiais tomadas com o único objetivo de assegurar o progresso de certos grupos raciais ou étnicos ou de indivíduos que necessitem da proteção que possa ser necessária para proporcionar a tais grupos ou indivíduos, igual gozo ou exercício de direitos humanos e liberdades fundamentais, contanto que tais medidas não conduzam, em consequência, à manutenção de direitos separados para diferentes grupos raciais e não prossigam após terem sido alcançados os seus objetivos"*.

58) Trecho pág. 12, item 16, segunda parte, da inicial:

58.1) Neste tópico, a afirmação de que o candidato oriundo de escola privada, e que obteve nota sensivelmente maior do que a candidato vindo de escola pública perde a vaga que por mérito lhe seria destinada é falaciosa. Primeiro porque o sistema do vestibular estabelece as normas com base nas quais o mérito dos candidatos será avaliado: não há um método abstrato e genérico com base no qual em qualquer época, e em qualquer lugar se possa aquilatar o mérito.

A proposta da reserva de vagas não rompe com o sistema do mérito, pelo contrário, busca aperfeiçoá-lo comparando candidatos em condições semelhantes para que o mérito individual possa ser melhor apurado.

58.2) Outro equívoco deste argumento é considerar que o atual vestibular tenha a capacidade de medir o *"mérito do candidato"*. O que o vestibular atual mede, mais frequentemente, é a qualidade do ensino que foi oferecido aos candidatos, e as condições de estudo e vida dos mesmos. Mais do que o mérito do candidato, o nosso vestibular mede o mérito do sistema escolar e do sistema social, a desigualdade de oportunidades. Não por acaso, o vestibular das universidades públicas seleciona os estudantes que vieram de escolas privadas e das classes mais abastadas. Não creio que se considere que o mérito se distribui desigualmente como a riqueza, concentrando-se no topo da pirâmide social.

58.3) Mas se a preocupação de muitos é com a necessidade de manutenção de um processo competitivo, a proposta de cotas não abole a competição: a proposta de cotas, ao reconhecer as profundas desigualdades de oportunidade, estabelece que a competição deve se dar entre candidatos com igualdade de condições, para que, de fato, se possa medir o mérito dos candidatos e não o mérito dos diferentes sistemas escolares. Não se pode dar um fusca para um piloto, e uma BMW para outro, e achar que nessa corrida vai se medir o mérito dos pilotos

58.4) O mérito não desconsiderado. Ao contrário, busca um aprimoramento deste conceito, na medida que é um novo formato do Vestibular, cuja ideia central é promover a igualdade de oportunidades entre os grupos da sociedade que se encontram em posições de desigualdade por motivos de raça e de renda. Nesse sentido, o vestibular procura medir o mérito do candidato não em relação a todos os outros candidatos, mas dentro da realidade sócio- -econômica de cada grupo específico: o grupo oriundo da escola pública que por motivo de renda está em condição de desvantagem em relação aos candidatos que cursaram escola particular, e o grupo de candidatos negros e pardos que estão em condições de maior desvantagem em relação aos dois outros grupos, como já foi comprovado pelos indicadores sócio-econômicos do IBGE, do IPEA, e do IDH, acrescidos dos resultados de várias pesquisas realizadas nas décadas de 80 e 90 no âmbito acadêmico brasileiro.

58.5) Esse novo Vestibular procura, portanto, adotar o conceito de igualdade de oportunidades baseado no princípio da equidade que possibilita buscar maior justiça aos que estão em desvantagens desproporcional na sociedade.

58.6) Nos EUA, mais ainda no Brasil, o mérito tem sido usado como ideologia, para impedir o adensamento de medidas compensatórias a favor da população afro-descendente. Ou seja, a ação afirmativa contrariaria um princípio universalista básico, qual seja: a lei aplica-se aos indivíduos, independentemente de suas pertenças sociais e de suas características naturais.

58.7) Ora, no caso do Ensino de 3° grau no Brasil, onde a existe uma rede pública de excelente qualidade e, ao mesmo tempo, uma pequena proporção de negros, mormente nos cursos de Medicina e de Direito, faz sentido falar em estabelecer metas que privilegiem a matrícula.

58.8) Do ponto de vista normativo, não se questiona que o mérito e os dotes intelectuais estejam sendo empanados por desigualdades raciais e de classe, que podem ser corrigidas por políticas compensatórias.

58.9) A controvérsia nos EUA sobre este tema não é pouca. Mas este critério tem sido muito utilizado na implementação de ação afirmativa. Mas vale ressaltar que, nos EUA, o mérito, consignado nas melhores notas, não é o único passaporte para o ingresso nas universidades, pois concorre com: ser filho de benfeitores ou de membro do alumni; ser residentes regionais; ter habilidades esportivas, estar numa certa faixa de idade; demonstrar (por meio de entrevistas) habilidades específicas para algumas áreas do saber, etc.

58.10) Ronald Dworkin, no seu livro Questão de Princípio, define a especificidade das discriminações raciais por terem *"sido, historicamente, motivadas não por um cálculo instrumental qualquer, como no caso da inteligência, idade, distribuição regional, ou habilidade atlética, mas por causa do próprio desprezo pela raça ou religião excluída. Exclusão por raça era, em sim mesmo, um insulto porque era gerada por desprezo e o revelava".* (...) *"Não há nenhuma combinação de habilidades e qualidades e traços que constitua mérito em abstrato".*

58.11) O filósofo Peter Singer, da Universidade de Princeton, no seu livro Ética Prática ratifica essa posição:

"Como já afirmei antes, a maior inteligência não traz consigo nenhuma pretensão correta ou justificável a um maior desfrute das coisas boas que a nossa sociedade tem a oferecer. Se uma universidade admite alunos de maior inteligência, ela não o faz em consideração ao maior interesses que eles têm em ser admitidos, nem em reconhecimento ao seu direito de ser admitidos, mas porque, com isso, favorece objetivos que, acredita, serão propiciados por esse processo de admissão. Portanto, se essa mesma universidade resolver adotar novos objetivos e usar a ação afirmativa para fomentá-los, os candidatos que teriam sido admitidos pelo processo anterior não poderão reclamar que a nova maneira de agir viola os seus direitos a ser admitidos, ou dispensa-lhes menos respeito que aos outros. Para começar, não tinham nenhum reclamo especial para ser admitidos; eram felizes beneficiários da velha política da universidade" (São Paulo: Martins Fontes, 1998, p. 58).

59) Trecho pág. 13, item 17 a 20, da inicial:

59.1) A intenção de dar-se um tratamento mais favorável a quem está em situação de desvantagem, em razão de serem grupos débeis econômica e socialmente, não caracteriza arbítrio ou violação do princípio da igualdade, pelo contrário, pretende viabilizar a isonomia material. Para principiar este tópico, é fundamental a manifestação do Professor e advogado Carlos Roberto de Siqueira Castro:

"Tudo porque, em tal contexto de estatísticas sociais desfavoráveis para aqueles contingentes humanos inferiorizados da sociedade, a persistência nas generalizações legislativas, com adoção de normas simplistas, genéricas e iguais para todos, independentemente das notórias diferenças sociais e econômicas que são fruto, por exemplo, do escravismo e da cultura machista, não propicia a mobilidade e a emancipação social desses grupos discriminados e, até mesmo, aprofunda e reproduz os condenáveis preconceitos histórica e culturalmente enquistados no organismo social. Nesse campo de questões, que bem exprime as relações sempre tensas entre o Direito e a sociedade, a caracterizar o fenômeno a que designamos de constitucionalismo de resultado, percebe-se nitidamente o abandono do classicismo isonômico e a busca de instrumentos de aplicação e interpretação da Constituição capazes de enfrentar o imobilismo conservador e de prestigiar as políticas públicas mudancistas e de transformação social. Aqui, altera-se a dimensão e o próprio eixo de referência da igualdade, substituindo-se a ideia da não-discriminação formal pelo ideal da não-discriminação material. Por esse viés teórico, o postulado da isonomia não mais se refere apenas à proibição de tratamento discriminatório, mas inclui na análise sociológico-jurídica o impacto e as sequelas sociais impostas pela longa sujeição histórica e cultural ao tratamento desigual antes prevalente. Nessa ótica, vislumbra-se o duplo aspecto (social e jurídico) da teorização da igualdade, ou seja, as "as teorias da discriminação", que no modelo americano foram denominadas de "teoria do tratamento diferencial" (disparate treatment theory) e "teoria do impacto diferencial" (disparate impact theory). Em tal ordem de convicções, as ações positivas despontam como um mecanismo da justiça distributiva, destinado a compensar inferioridades sociais, econômicas e culturais associadas a dados da natureza e ao nascimento dos indivíduos, como raça e sexo".

(...) Ressalte-se, portanto que a ação afirmativa tem como objetivo não somente coibir a discriminação mas sobretudo eliminar os chamados *"efeitos persistentes"* da discriminação do passado, que tendem a perpetuar. Ainda nesse contexto, revela destacar que se partindo da premissa de que os grupos minoritários normalmente não são representados ou sub-representados nos mais diversos ramos de atividade, as ações afirmativas pretendem a implantação de certa diversidade e de uma maior representatividade dos grupos minoritários nos mais diversos domínios de atividade pública e privada. Nesse contexto, destaque-se que o efeito mais visível das políticas afirmativas, além do estabelecimento da diversidade e da representatividade propriamente ditas, é a eliminação de *"barreiras invisíveis" que acabam por impedir o avanço de negros e mulheres, independentemente da existência ou não de política oficial tendente a subordiná-los".*

(...) A adoção de cotas para ingresso de estudantes negros em universidades brasileiras afigura-nos como uma necessária medida para solucionar

o desproporcional quadro do ensino superior em nosso País. (Castro, Carlos Roberto de Siqueira.Constituição aberta e os direitos fundamentais.Rio de Janeiro: Forense, no prelo, pp. 444-446 e 451).

59.2) Comentando o entendimento de Celso Antônio Bandeira de Mello, acerca do conteúdo jurídico do princípio da igualdade, em célebre estudo de todos conhecido, Marcelo Neves diz que *"Numa perspectiva rigorosamente positivista, Bandeira de Mello enfatiza que o princípio constitucional da isonomia envolve discriminações legais de pessoas, coisas, fatos e situações. Discute, então, quando descrímenes se justificam sem que o princípio vetor seja deturpado. E aponta três exigências: a presença de traços diferenciais nas pessoas, coisas, situações ou fatos; correlação lógica entre fator descrimine e desequiparação procedida; consonância da discriminação com os interesses e valores protegidos na Constituição"*. (NEVES, Marcelo. Estado democrático de direito e discriminação positiva: um desafio para o Brasil".In MAIO, Marcos C; SANTOS, Ricardo V. (orgs). Raça, ciência e sociedade. Rio de Janeiro: Fiocruz/Centro Cultural Banco do Brasil, 1996, p. 262).

59.3) Marcelo Neves segue, então, esses parâmetros para verificar que"quanto mais se sedimenta historicamente e se efetiva a discriminação social negativa contra grupos étnico-raciais específicos, principalmente quando elas impliquem obstáculos relevantes ao exercício de direitos, tanto mais se justifica a discriminação jurídica positiva em favor dos seus membros, pressupondo-se que esta se oriente no sentido da integração igualitária de todos no Estado e na sociedade". (Op. cit., p. 262).

59.4) O jus filósofo conclui, enfim, que "as discriminações legais positivas em favor da integração de negros e índios estão em consonância com os princípios fundamentais da República Federativa do Brasil, estabelecidos nos incisos III e IV do seu artigo 3°. (Op. cit., p. 263.). Nesse mesmo sentido temos a manifestação do prof. Hédio Silva Jr.: *"Salvo engano, é certo que a Constituição de 1988, implícita e explicitamente, não apenas admitiu como prescreveu discriminações, a exemplo da proteção do mercado de trabalho da mulher (artigo 7°, XX) e da previsão de cotas para portadores de deficiência (artigo 37, VIII), donde se conclui que a noção de igualdade circunscrita ao significado estrito de não-discriminação foi contrapesada com uma nova modalidade de discriminação, visto como, sob o ângulo material, substancial, o princípio da igualdade admite sim a discriminação, desde que o discrímen seja empregado com a finalidade de promover a igualização."* (In: Direito de igualdade racial: aspectos constitucionais, civis, e penais: doutrina e jurisprudência. São Paulo: editora Juarez de Oliveira, 2002, p. 112).

60) Trecho pág. 14, item 21, da inicial:

60.1) A comparação entre o caso referido e a ação em questão é inadmissível: no primeiro caso, a empresa ofereceu um privilégio com base na nacionalidade do trabalhador, deixando de aplicar o Estatuto Pessoal da

Empresa. No caso do vestibular da UERJ, a universidade está aplicando uma lei estadual, que se baseia em legislação internacional, que conforme prevê a Constituição Federal, tem força de lei.

61) Trecho pág. 14, item 22, da inicial:

61.1) A argumentação da Requerente omite, mais uma vez, o texto da Convenção Internacional pela Eliminação da Discriminação Racial, acima mencionado, que exclui da definição de discriminação as medidas especiais que têm como objetivo promover a igualdade dos grupos e indivíduos discriminados com base nos atributos de raça, cor, origem nacional ou étnica.

62) Trecho págs. 15-16, item 23 a 25, da inicial:

62.1) O argumento é mais uma vez falacioso, transformando o remédio da lei em veneno: a Requerente pretende ignorar que a arbitrariedade não está na lei que tem como objetivo equalizar as condições da competição, na medida em que estudantes oriundos de escolas privadas e públicas, bem como estudantes negros e brancos, e estudantes portadores de deficiência e não portadores partem de condições absolutamente diversas. Seria cômico se não fosse cínico: ignorar o impacto da absoluta desigualdade de condições sócio-econô- micas entre negros e brancos, ignorar o diferente grau de aparelhamento das escolas fundamentais e do ensino médio, públicas e privadas, ignorar os obstáculos que precisam ser vencidos pelos portadores de deficiências para frequentar a escola e utilizar qualquer espaço público ou privado, num país que os confina pela quase total ausência de acessibilidade.

63) Trecho págs. 16-19, item 26 a 39, da inicial:

63.1) A Constituição deve ser entendida à luz do espírito que animou o legislador. Como uma peça construída a muitas mãos, num determinado momento da nossa história, poderá não ter reconhecido explicitamente em toda a sua extensão as necessidades dos indivíduos e grupos que necessitam ser protegidos para que o princípio da isonomia se torne realidade. É evidente que a reserva de vagas para as pessoas portadoras de deficiência no acesso aos cargos e empregos públicos não poderá se realizar como direito se os mesmos não dispuserem da necessária formação técnica e educacional para exercer os cargos a que concorrerem. A reserva de vagas não se trata de favor, não se trata de cabide de empregos, de um depósito em que as pessoas portadoras de deficiências devessem ficar confinadas. Está, portanto, implícito no espírito da Lei Maior a necessária complementação do direito à educação para que o direito ao trabalho possa se realizar.

63.2) O Princípio da diferença na igualdade, inserta no artigo 208, inciso V, da Constituição da República Federativa do Brasil: Importante ressaltar, que ficou consagrado a partir da Conferência de Direitos Humanos, realizada em Viena no ano de 1993, que as populações vulneráveis merecem proteção particularizada dos Estados, entendendo-se que a vulnerabilidade não deve ser confundida com inferioridade, mas com as pessoas ou grupamentos humanos que reconhecidamente sofrem violações de direitos humanos. Nesse sentido, cabe ao órgão legiferante e aos demais poderes, inclusive o Judiciário, conformar-se à ordem jurídica interna, presidida pelo texto Constitucional, bem como os princípios consagrados pelo Direito Internacional dos Direitos Humanos.

63.4) As regras, os princípios, os costumes, as normas internacionais e demais fontes, in casu, comprometem ou vinculam o Estado brasileiro, juridicamente ou politicamente ao contexto das relações internacionais.

63.5) O inciso V, do artigo 208, da Constituição da República Federativa do Brasil, alinhado a toda essa sistemática acima aludida, sobretudo em consonância com os dispositivos que compõem os objetivos fundamentais do Estado (artigos 3° e 4°), inspirado no cariz das Cartas Constitucionais que centradas no multiculturalismo e no pluralismo étnico-racial, como desiderato do Constitucionalismo pós-moderno, sob a perspectiva comunitária em contraposição ao individualismo liberal, acentua que a universalização do ensino deve ser pautada não na igualdade meritocrática e sim na igualdade segundo a capacidade de cada um.

63.6) Assim, estão juridicamente conceituados ambos os princípios de ordem igualitária: "O critério segundo o próprio merecimento – A distribuição dos benefícios se dá segundo o merecimento das pessoas.

66.7) Somente aqueles que possuem determinados méritos são destinatários dos benefícios. Tal critério pode ser inigualitário em sociedades cujos méritos obedecem a uma hierarquização racial. Quanto ao segundo critério o adotado pelo legislador Constitucional, a cada um segundo a sua capacidade – *"Associadas aos princípios de igual satisfação das necessidades fundamentais e igualdade de oportunidades, regras de distribuição inigualitária possibilitam uma competição menos desigual, eis que pelo menos teoricamente. A ocupação final de cada um dependerá da sua capacidade ou habilidade. A meritocracia, propugnada por Young, in The rise of meritocracy, determina deva"* Observa-se que o princípio (in) igualitário da meritocracia esta ligado com as regras da igualdade de oportunidades e de satisfação das necessidades fundamentais, mas é incompatível com outra regra de nivelamento; a cada um segundo a sua necessidade não levada em conta a capacidade".(ABREU, Sérgio. Os Descaminhos da Tolerância: O Afro-brasileiro e o princípio da igualdade e da Isonomia no Direito Constitucional. Rio de Janeiro: Lumen Juris, 2001).

66.8) Assim leciona Patrícia Fontes Marçal, in Estudo Comparado do Preâmbulo da Constituição Federal do Brasil: Forense, Rio de Janeiro. 2001: "É insuficiente, portanto a afirmação de que o princípio da igualdade consiste em *"tratar igualmente os iguais e desigualmente os desiguais"*. A afirmativa é tautológica, ou seja, devemos saber quem são os iguais e quem são os desiguais. O princípio resta vago uma vez que pode lesar as pessoas que deveriam estar incluídas na norma, e algumas vezes, deixar de acolher outras que deveriam estar envolvidas pela norma. (...) Na verdade, o objetivo da norma é tratar de igual forma todos que estivessem na mesma situação, prevenindo o cidadão contra arbítrio e a discriminação infundada".

66.9) Adotando as características dos direitos humanos consagrados a partir da Conferência Mundial de Direitos Humanos realizada na cidade de Viena em 1993 que categorizou os direitos humanos em universais, indivisíveis e interdependentes, a Terceira Conferência Mundial de Direitos Humanos, realizada em Durban, África do Sul, no ano de 2001, cuja temática versou acerca do combate ao racismo discriminação racial, xenofobia e intolerâncias correlatas, adotou na sua Declaração e Programa de Ação as políticas de ação afirmativa, com o propósito de instar os Estados-Partes a implementarem políticas públicas de superação de desigualdades às suas populações vulneráveis, dentro dos critérios consagrados na Declaração de Viena.

66.10) Nesse sentido, a Educação integra naquela Declaração e Programa de Ação o compromisso dos Estados-Partes na superação e adoção de políticas públicas e legislação interna, de proteção particularizada às populações vulneráveis. A participação do Brasil foi importante, por representarmos a segunda maior população de afro-descendentes do planeta.

66.11) O processo preparatório contou não só nas pré-Conferências, bem como nos encontros nacionais com a atuação da população afro-brasileira através das suas organizações não-governamentais. O resultado desta Conferência foi o reconhecimento, por parte do Estado brasileiro, da existência do racismo e da discriminação racial.

66.12) O Programa Nacional de Direitos Humanos, vinculado ao Ministério da Justiça, já contemplava a adoção de políticas públicas de equalização das disparidades, bem como o atual governo, recém empossado.

66.13) Portanto, resta ao Estado brasileiro o compromisso jurídico-político, no âmbito das relações internacionais, bem como, perante a sociedade civil, quanto à implementação das políticas de ação afirmativa, cuja cota e espécie do gênero.

66.14) No campo do Direito Internacional dos Direitos Humanos, a problemática que envolve a dualidade inclusão/exclusão, sob a perspectiva racial, é o cerne das iniquidades que violam a ideia de universalidade, indivisibilidade e interdependência.

66.15) A educação está inserida nos direitos sociais econômicos e culturais e não pode ser dissociada dos direitos civis e políticos, dado o caráter de universalidade, interdependência e indivisibilidade.

66.16) O texto Constitucional, já em seu Preâmbulo, coloca o Brasil como uma sociedade multicultural e pluralista. O "*conceito de democracia pluralista envolve toda a substância da Constituição, e seus princípios informam como suas provisões devem ser interpretadas. Devido ao princípio da unidade da Constituição, o intérprete tem de considerar as normas constitucionais em seu conjunto, globalmente, conciliando as tensões existentes"*. (MAIA, Luciano Mariz, Seminários Regionais Preparatórios para a Conferência Mundial contra o Racismo, Discriminação Racial, Xenofobia e Intolerância Correlata. Os direitos das Minorias Étnicas. Anais do Ministério da Justiça do Brasil).

66.17) É nesse sentido, que o cariz do texto Fundamental, multicultural e pluriétnico, consagram inclusive nos artigos 215 e 216, a proteção étnico-cultural dos grupamentos formadores do processo civilizatório nacional, com proteção particular às populações afro-brasileiras.

66.18) Despiciendo, o tour de force hermenêutico, uma vez que, os princípios da carta geratriz são informadores da igualdade material, substancial. Não cabe dúvida, o conceito de cidadania visa à superação da dualidade inclusão/exclusão.

66.19) Vale destacar a Convenção Relativa à luta contra a Discriminação no Campo do Ensino, Aprovada pelo Decreto Legislativo n° 40, de 1967 (DO 17.11.67), bem como, a Convenção Internacional sobre a Eliminação de Todas as Formas de Discriminação Racial, adotada pela Resolução n° 2.106, da Assembleia Geral das Nações Unidas, em 21. 12. 1965. O último instrumento retro mencionado, no item 4 do artigo 1° dispõe que: *"Não serão consideradas discriminação racial as medidas especiais tomadas com o único objetivo de assegurar progresso adequado de certos grupos raciais ou técnicos ou de indivíduos que necessitem da proteção que possa ser necessária para proporcionar a tais grupos ou indivíduos de igual gozo ou exercício de direitos humanos e liberdades fundamentais, contanto que tais medidas não conduzam, em consequência, à manutenção de direitos separados para diferentes grupos raciais e não prossigam após terem sido alcançados os seus objetivos"*.

66.20) Seguindo a mesma esteira ideo-jurídica temos a Declaração dos Princípios Acerca da Tolerância. Proclamada e assinada em 16 de novembro de 1995, traz a seguinte dicção: *"Enfatizando as responsabilidades dos Estados Membros no desenvolvimento e encorajamento do respeito pelos direitos humanos e liberdades fundamentais para todos sem discriminação de raça, gênero, língua, origem, religião ou deficiência, e no combate à intolerância"*.

A CFRB assegura como fundamento da República: I – omissis; II cidadania; III – dignidade da pessoa humana; IV – omissis: V – omissis. Constituindo objetivos fundamentais da RFB: I – construir uma sociedade livre, justa e solidária; II – omissis; III – erradicar a pobreza e a marginalização e reduzir as desigualdades sociais e regionais; IV – promover o bem de todos, sem preconceitos de origem, raça, sexo, cor, idade e quaisquer outras formas de discriminação. Nas relações internacionais rege-se pelos seguintes princípios: I – omissis; II – prevalência dos direitos humanos; III – omissis; IV – omissis; V – omissis; VI – omissis; VII – omissis; VIII- repúdio ao terrorismo e ao racismo; (...).

O inciso LXXVII, § 2° do artigo 5°, da CRFB dispõe que: "Os direitos e garantias expressos nesta Constituição não excluem outros decorrentes do regime e dos princípios por ela adotados, ou dos tratados internacionais que a República Federativa do Brasil seja parte". Tal dispositivo integra os tratados e convenções de direitos humanos no cardápio de direitos fundamentais, a exemplo da Constituição Portuguesa 1976 (art. 16, I) e do Texto Francês de 1958 e norte-americano, 1791, Emenda IX).

Portanto, coube ao legislador infraconstitucional, a elaboração de norma que atendesse ao disposto no item 4, do artigo 1°, da Convenção Sobre a Eliminação de Todas as Formas de Discriminação Racial, e demais instrumentos jurídicos internacionais versando sobre a matéria os quais o Brasil ratificou.

Nesse sentido, a ausência de norma infraconstitucional regulando a matéria, implicaria na inconstitucionalidade por omissão.

O artigo 208 da CRFB dispõe que: O dever do Estado com a educação será efetivado mediante a garantia de: inciso V: acesso aos níveis mais elevados do ensino, da pesquisa e da criação artística, segundo a capacidade de cada um. José Carlos Gal (In: Linhas Mestras da Constituição Federal de 1988, São Paulo: Saraiva, 1989) leciona que: *"O direito à educação faz-se um direito de todos, porque a educação já não é um processo de especialização de alguns para certas funções na sociedade, mas a formação de cada um e de todos para a sua contribuição à sociedade nacional, que quer construir com a modificação do tipo de trabalho e do tipo de relações humanas"*.

Prossegue o autor: *"Uma análise mais profunda mostra, no entanto, que parte extremamente importante das desigualdades na distribuição dos rendimentos, na sociedade moderna a, deriva não do fato de o patrimônio ser distribuído desigualmente, mas do fato de que alguns gozam da felicidade de ter acesso ao ensino e outros não. Aqueles que têm a oportunidade de acesso ao ensino conseguiram instrumentalizar-se de tal forma, que constroem uma diferencial de rentabilidade que perdura por toda a vida. É evidente, em estudos empíricos muito cuidadosos, que parte extremamente importante da desigualdade na distribuição de rendimentos é devido ao nível de escolaridade e à diferença da taxa de retorno da educação, mais do que qualquer outra variável"*.

A hermenêutica constitucional coloca como, raison d'être, do Estado Democrático de Direito, conforme visto nos dispositivos constitucionais retro mencionados, a justiça, a solidariedade, o pluralismo e o combate às desigualdades sociais e regionais. Portanto, a retórica liberal da igualdade formal, não pertence mais aos objetivos dos Estados brasileiros.

É fácil de verificar que a articulação desses direitos constitucionalmente consagrados, ao revés do passado, visa a superação dos obstáculos que pessoas e grupamentos étnico-raciais vitimizados pelo colonialismo escravista. A meritocracia nada mais é do que a per- petração das desigualdades. O dever do *"Estado é garantir a todos o acesso aos níveis mais elevados do ensino, da pesquisa e da criação artística, segundo a capacidade de cada um".*

Segundo a capacidade de cada um, não é o mesmo que segundo o mérito, por uma razão muito simples, para haver mérito é preciso que haja oportunidade. A Universidade deve obedecer aos princípios do Texto Fundamental. O ingresso de grupamentos de étnico-culturais na universidade garante a pluralidade, própria da diversidade propalada pelo texto maior. O fruto da diversidade étnico-cultural eleva a qualidade da produção acadêmica que deve ser vista não a partir de uma perspectiva individualista-meritocrática, que não permite que outros seguimentos da sociedade possam participar da produção intelectual.

Contrário senso, além da concentração racial da riqueza haverá, também, a concentração etnocêntrica da produção acadêmica. Não resta dúvida, que seria uma contradição nos próprios termos, a universidade negando a universalidade do conhecimento por não oportuni- zar, em consequência dos mecanismos sociais e políticos de exclusão, a contribuição daqueles que foram e são um dos seguimentos responsáveis pelo processo civilizatório nacional, segundo o texto constitucional.

Aferir a capacidade de cada um é levar em conta a sua história, o seu passado e as suas habilidades. Não há de haver hegemonia de valores étnico-raciais como critério de ingresso na universidade. O mérito nesse sentido seria a preservação de valores mantenedores da exclusão. A devolução para o meio social dos conhecimentos construídos na diversidade é sumamente relevante. A diversidade de acordo com o Texto Maior está nas formas de expressão, nos modos de criar, fazer e viver, bem como nas criações científicas, artísticas e tecnológicas.

67) Trecho págs. 19-41, item 40 a 96, da inicial:

67.1) Muitas das questões suscitadas nos itens acima destacados estão relacionadas aos temas debatidos nos itens anteriores aos mesmos, pelo que adiante se fará apenas algumas considerações tinais, mesmo porque a questão será melhor analisada e exposta nos memoriais requeridos, que ora se reitera.

67.2) DA RAZOABILIDADE DO LEGISLADOR NA PRODUÇÃO DAS LEIS IMPUGNADAS:

Na hipótese dos autos, quando se questiona a possibilidade de utilização de ações afirmativas pelo Estado, para equalizar desigualdades concretas, no caso afro-brasileiro, portadores de necessidades especiais e pobres em geral, DENTRO DE UMA UNIVERSIDADE PÚBLICA, nada mais razoável e proporcional.

67.3) Estes são, talvez, pela quantidade ou qualidade, os mais afastados da sociedade inclusiva neste país, e continuam sem muita ajuda do Poder Público, vivendo à própria sorte.

67.4) A Situação dos afro-brasileiros à luz de Indicadores Sócio-Econômicos (v. SILVA, Luiz Fernando Martins da. Racismo e desigualdade

social na ordem do dia. Revista Jurídica Virtual Jus Navigandi. Acesso em: 23. março. 2003. Disponível em: www.jus.com.br).

67.5) A exclusão do afro-brasileiro tem sido colocada em evidência por diversas análises de natureza sociológica e antropológica, e é até mesmo constatável a partir da simples visualização de dados estatísticos. Filosoficamente, o agitado debate acerca da problemática igualdade x desigualdade, enquanto ethos das sociedades democráticas, supera o ideal liberal clássico que sustentava a igualdade enquanto valor totêmico, não desfrutado materialmente pelos "socialmente indesejáveis".

67.6) Algumas conclusões de relatórios de organizações de idoneidade insuspeitável descrevem o dramático cenário do lugar do afro-brasileiro no mercado de trabalho e na educação. As análises estatísticas das relações raciais no Brasil ratificam o quanto o escravismo influenciou na estratificação social, sobretudo na concentração racial da riqueza.

67.7) O atual censo demográfico brasileiro adotou como uma das formas de classificação da população, o critério cor. De acordo com tal critério os brasileiros foram classificados como: amarelos, brancos, índios, negros e pardos. Negros e pardos no Brasil, segundo o censo, são cerca de 45% da população, perfazendo algo em torno de 70 milhões de pessoas. A questão cultural e étnica passa au delà dessas estatísticas. O Brasil possui a maior população negra fora da África. É a segunda maior população negra do mundo, só inferior numericamente à população do mais populoso país africano, a Nigéria.

67.8) Uma análise dos indicadores sociais que o IBGE publicou em 1999, permite aferir que a população branca ocupada tinha um rendimento médio de 5 salários mínimos, enquanto os negros e pardos alcançavam valores em torno de 2 salários mínimos; ou seja, menos da metade dos rendimentos médios dos brancos. Estas informações confirmam a existência e a manutenção de uma significativa desigualdade de renda entre brancos, negros e pardos na sociedade brasileira.

67.9) O "Instituto Sindical Interamericano pela Igualdade Racial" (INSPIR), em trabalho também publicado em 1999, intitulado "Mapa da População Negra no Mercado de Trabalho", concluiu que "os resultados da pesquisa trazem um conjunto de informações que demonstram uma situação de reiterada desigualdade para negros, de ambos os sexos, no mercado de trabalho das seis regiões estudadas, independentemente da maior ou menor presença da raça negra nestas regiões. (INSPIR, 1999)

67.10) A similitude das conclusões das duas instituições citadas demonstra que a discriminação racial é um fato presente, cotidiano. Nenhum outro fato, que não a utilização de critérios discriminatórios baseados na cor dos indivíduos, pode explicar os indicadores sistematicamente desfavoráveis aos trabalhadores negros, seja qual for o aspecto considerado.

67.11) No mesmo sentido, a "Inter-American Commission on Human Rights" (IACHR), no relatório sobre a situação dos direitos humanos no

Brasil, observa que *"a expressão principal dessas disparidades raciais é a distribuição desigual da riqueza e de oportunidades"* .

67.12) No que se refere à renda dentro do nível de pobreza, o relatório informa que, em 1995, 50% dos negros auferiam renda mensal inferior a dois salários mínimos (US$ 270), ao passo que 40% dos brancos estavam nessa situação. Quanto aos salários altos, informa: *"ao passo que 16% dos brancos recebiam mais de dez salários mínimos, a proporção entre negros era de 6%"*. (IACHR, cap. IX, item a.2).

67.13) Em 2000, a ONU elaborou um programa (PNUD) para, com base na construção de um índice, medir o desenvolvimento humano (IDH). O índice, um indicador sintético, agregou três variáveis: renda per capita, longevidade e alfabetização combinada com a taxa de escolaridade. Com base nesse indicador, o PNUD classificou 174 países num ranking. O Brasil ocupou o 74° lugar, sendo considerado um país de médio índice de desenvolvimento humano.

67.14) Recentemente, estudo sobre os indicadores de desenvolvimento humano, realizado pelo projeto "*Brasil 2000 – Novos Marcos para as Relações Raciais*" (Fase), valendo-se da mesma metodologia do PNUD, mediu as disparidades entre os grupos étnicos branco e afro-descendente. As bases de dados utilizadas foram as da Pesquisa Nacional por Amostragem Domiciliar (PNAD) de 1998 (4). O estudo constatou o alto grau de desigualdade entre negros e brancos no país.

67.15) Aplicado o mesmo indicador para a população branca, nosso país ocupa a 49- posição. Aplicado à população afro-descendente, o Brasil está na escandalosa 108° posição (5). O IDH, se calculado para os brancos (0,791) colocaria o Brasil quase como um país de desenvolvimento humano elevado (último país no ranking tem 0,801 de índice). Já se calculado para os afro-descendentes, o Brasil teria um IDH abaixo de países africanos como a Argélia e muito abaixo de países americanos de maioria negra como Trinidad Tobago. Comparado à África do Sul, o Brasil estaria sete pontos abaixo desse país, recém saído de um regime segregacionista.

67.16) O "*Instituto de Pesquisas Econômicas Aplicadas*" (IPEA) mostra que quase não mudou, desde os anos 50, a distância entre a escolaridade de brancos e negros de mais de 25 anos. O trabalho tem como fonte a "*Pesquisa Nacional por Amostra de Domicílios*" (PNAD), de 1999. Os brancos têm sempre dois anos e meio a mais de escolaridade. No último meio século, o padrão da discriminação racial, no que se refere à escolaridade, manteve-se estável, concluiu Ricardo Henriques, coordenador do estudo.

67.17) Neste contexto, há de ser mencionado o trabalho de Daniel Sarmento, no qual propõe que para que haja uma prestação positiva do Estado para reduzir os direitos do cidadão é necessária a adoção do princípio da proporcionalidade, que na prática nada mais é do que a razoabilidade da solução encontrada pelo administrador público. O princípio da proporcionalidade deve ser equacionado da seguinte forma:

a) adequação – a medida deve ser adequada a sanar os malefícios a que se visa por termo;

b) necessidade – em função do panorama existente deve haver necessidade na tomada da solução que se depare com a restrição a direitos fundamentais de outrem.

c) proporcionalidade em sentido estrito – entre os requisitos acima deve haver uma proporcionalidade, com intuito das medidas tomadas pelo Poder Público não sejam arbitrárias.

d) Pelo todo exposto, temos que as medidas legais adotadas são proporcionais aos fins que se destinam, já que com a adoção do sistema de cotas, pretende-se criar uma democracia inclusiva.

68. DA COMPETÊNCIA LEGISLATIVA DOS COMPONENTES DA FEDERAÇÃO X TEORIA GERAL DO DEFERALISMO DEMOCRÁTICO:

Não assiste razão à Requerente. A legislação sobre a Educação é de interesse de todos os componentes da Federação. E, esta Forma de Estado, ancorada no princípio da subsidiariedade, é indispensável às democracias modernas, justamente porque lhes permite a melhor forma de equalizar os problemas sócio-políticos de um País.

68.1) Quando se fala em Federação num sistema democrático, fala-se sobre qual é o papel do sistema federal como mecanismo de fortalecimento da descentralização e da democracia. Dentro do mesmo tema, é capital às relações entre a Federação e o Poder Judiciário, em face da necessidade da proteção do Judiciário, como órgão neutral imbuído da capacidade fundamental de resolução dos conflitos potencialmente existentes entre os entes federativos.

68.2) Mas o principal, e que nos interessa, é quanto o sistema federativo pode ser um instrumento fundamental para o Estado Democrático transformar a realidade social, *"também porque a democracia, em contexto marcado por heterogeneidades de base territorial (que podem ser tradução de heterogeneidades linguísticas, religiosas ou étnicas), só pode subsistir sob a forma federada"*.

68.3) Isso faz muito mais sentido, quando lemos no Inciso V, do artigo 23, da Constituição Federal, que:

Art. 23: É competência comum da União, dos Estados, do Distrito Federal e dos Municípios: "V. Proporcionar os meios de acesso à cultura, é educação, e à ciência.

Combater as causas da pobreza e os fatores de marginalização, promovendo a integração social nos setores desfavorecidos.

68.4) Nesse mesmo rumo, temos ainda o artigo 24, inciso IX, e seus parágrafos, da CRFB: Art. 24. Compete à União, aos Estados e ao Distrito Federal legislar concorrentemente sobre:

IX – educação, cultura, ensino e desporto;

§ 1° – No âmbito da legislação concorrente, a competência da União limitar-se-á a estabelecer normas gerais.

§ 2° – A competência da União para legislar sobre normas gerais não exclui a competência suplementar dos Estados.

§ 3° – Inexistindo lei federal sobre normas gerais, os Estados exercerão a competência legislativa plena, para atender a suas peculiaridades.

§ 4° – A superveniência de lei federal sobre normas gerais suspende a eficácia da lei estadual, no que lhe for contrário.

68.5) Com tudo isso, concluímos, que a Requerente não tem razão no particular, eis que "tendo em vista a composição pluralista, preferivelmente subsidiária, de entes autônomos, o Estado federal possui a peculiaridade capaz de assim se transformar num agente regulador da convivência harmônica entre os grupos territoriais, reunidos para tanto num pacto federativo, mas também nacional e de união perpétua". (ZIMMERMANN, Augusto. Teoria Geral do Federalismo Democrático. Rio de Janeiro: Editora Lumen Juris, 1999, p.47).

69) DAS CRÍTICAS DE EDUCADORES CONTRA A AÇÃO AFIRMATIVA E AS COTAS E SEUS BENEFÍCIOS:

Muitos dos argumentos expostos pela Requerente para este tema já foram suficientemente debatidos ao início da presente, mas não podemos deixar de apresentar as argumentações de Peter Singer, professor de filosofia da Universidade de Princeton, sobre os motivos e benefícios que as ações afirmativas e as cotas no âmbito da educação trazem para as minorias e a sociedade onde as mesmas estão inseridas:

"Outra maneira de defender uma decisão de aceitar um aluno vindo da minoria em detrimento de um aluno do grupo majoritário que se saiu melhor no exame de admissão seria afirmar que os testes padrão não oferecem uma indicação precisa da aptidão quando um aluno foi seriamente desfavorecido. Isso está de acordo com a questão levantada na seção anterior, quando nos referimos à impossibilidade de chegar à igualdade de oportunidades. A educação e os antecedentes familiares provavelmente influenciam os resultados obtidos em testes. Um aluno com um histórico de privações que obtenha 55% num exame de admissão pode ter melhores perspectivas de se formar em pouco tempo do que um aluno mais privilegiado, que tenha obtido 70%. O ajuste, com base nisso, dos pontos obtidos em testes não significaria admitir alunos de grupos minoritários e desfavorecidos em detrimento de alunos com melhor qualificação. Refletiria uma decisão de que os alunos desfavorecidos tinham, de fato, melhor qualificação do que outros. Isso não configuraria nenhum tipo de discriminação racial". (Op. cit., p. 56).

"Dentro do objetivo geral da igualdade social, a maior representatividade das minorias em profissões como a advocacia e a medicina é desejável por várias razões. Os membros de grupos minoritários são os mais propensos a trabalhar junto aos seus iguais do que os que vêm dos grupos étnicos dominantes, e isso pode ajudar a superar a escassez de médicos e advogados que se verifica nas comunidades pobres, onde vive a maior parte

dos membros das minorias menos favorecidas. Eles também podem compreender os problemas dos pobres melhor que os que provêm de famílias abastadas. Médicas e advogadas, bem como estes profissionais oriundos de minorias, podem servir de modelo para outros membros de grupos minoritários e para as mulheres, rompendo as barreiras mentais inconscientes contra a aspiração ao exercício de tais profissões. Por fim, a existência de grupos diferentes de estudantes ajudará os membros do grupo étnico dominante a aprender mais sobre as atitudes dos afro-americanos e das mulheres, o que lhes dará melhores condições de servir a comunidade enquanto médicos e advogados".(Op. cit., p. 59).

70) ALGUMAS CITAÇÕES DE RONALD DWORKIN SOBRE O CASE REGENTES DA UNIVERSIDADE DA CALIFORNIA CONTRA ALLAN BAKKE (1977):

Vale a pena trazer à colação algumas considerações que o filósofo do Direito norte-americano Ronald Dworkin trouxe ao debate nos EUA, sobre as cotas raciais e ações afirmativas para minorais, quando do julgamento do case Bakke, pois entendemos que algumas questões se aplicam ao caso concreto:

"Em 12 de outubro de 1977, o Supremo Tribunal ouviu a sustentação oral no caso Regentes da Universidade da Califórnia contra Allan Bake" (...)..

"(...) Portanto, é a pior incompreensão possível supor que os programas de ação afirmativa têm como intuito produzir uma América balcanizada, dividida em subnações raciais e étnicas. Eles usam medidas vigorosas porque as mais suaves fracassaram, mas seu objetivo final é diminuir, não aumentar a importância da raça na vida social e profissional norte-americana".

"Segundo o censo de 1970, apenas 2,1 por cento dos médicos norte-americanos eram negros. Os programas de ação afirmativa pretendem prover mais médicos negros para atender pacientes negros (...)".

"A história da campanha contra a injustiça racial desde 1954, quando o Supremo Tribunal decidiu Brown contra Conselho de Educação, é, em grande parte, uma história de fracassos. Não conseguimos reformar a consciência racial de nossa sociedade por meios racionalmente neutros. Portanto, somos obrigados a olhar os argumentos a favor da ação afirmativa com solidariedade e espírito aberto".

"Archibald Cox, da Escola de Direito de Harvard, falando pela Universidade da Califórnia em uma sustentação oral, disse ao Supremo Tribunal que essa é a escolha que os Estados Unidos devem fazer. Tal como estão as coisas, disse ele, os programas de ação afirmativa são o único meio eficiente de aumentar o número absurdamente baixo de médicos negros".

"Os programas de ação afirmativa parecem encorajar, por exemplo, um mal-entendido popular, de que eles supõem que grupos raciais ou étnicos têm direito às quotas proporcionais como os negros, chicanos ou índios, têm direito às quotas que os atuais programas lhe oferecem. Isso é um erro óbvio: os programas não se baseiam na ideia de que os que recebem auxílio

têm a auxílio, mas apenas na hipótese estratégica de que ajudá-los agora é uma maneira eficaz de atacar um problema nacional".

"Não há nenhuma combinação de capacidades, méritos e traços que constituam o "mérito" no sentido abstrato; se mãos ágeis contam com "mérito" no caso de um possível cirurgião, é somente porque mãos ágeis irão capacitá-lo a atender melhor o público. Se uma pele negra, infelizmente, capacita outro médico a fazer melhor outro trabalho médico, a pele negra, em prova do que digo, também é um mérito.".

"Não há, naturalmente, nenhuma sugestão nesse programa de que Bakke divide alguma culpa individual ou coletiva pela injustiça racial nos Estados Unidos, ou que ele tem menos direito a ser tratado com mais consideração ou respeito, que qualquer estudante negro aceito no programa. Ele ficou desapontado e merece a devida solidariedade por essa frustração, assim como qualquer outro candidato desapontado – mesmo um com notas muito piores, que não teria sido aceito de maneira alguma. Todos ficaram desapontados, porque as vagas em escolas de medicina são recur- sos escassos que devem ser usados para oferecer à sociedade aquilo de que ela mais necessita. Não é culpa de Bakke que a justiça racial agora seja uma necessidade especial – mas ele não tem o direito de impedir que sejam usadas as medidas mais eficazes para assegurar essa justiça". (DWORKIN, Ronald. Uma questão de princípio. São Paulo: Martins Fontes, 2000 – Justiça e Direito –, pp. 437-451).

71) FALTA DE BASE OBJETIVA PARA DEFINIR O CONCEITO DE RAÇA, PARA IDENTIFICAR OS BENEFICIÁRIOS DAS AÇÕES AFIRMATIVAS OU DAS COTAS:

71.1) Para finalizar as manifestações das Requerentes, traremos a essa Excelsa Corte, a questão da identificação de quem é negro no Brasil, para os fins de ação afirmativa ou sistemas de cotas. O critério político da auto-definição é o mais correto e democrático, e é utilizado pelos principais pesquisadores e institutos de pesquisas no Brasil (IBGE e IPEA) e no exterior (ONU, OIT).

71.2) É importante registrar que a metodologia atual do IBGE utiliza a auto-classificação. No último censo, a pessoa entrevistada deveria escolher uma dentre as seguintes categorias: branca, preta, parda, amarela, indígena, respondendo à pergunta qual é a sua cor ou raça? Esse argumento é recorrente em nosso país, e sempre presente entre nós, quando se discute a possibilidade de ações afirmativas. Ora, uma política compensatória só tem razão de ser se a população beneficiária compensa por meio dela uma situação, mais geral, de desvantagem e desprestígio. Tal política compensatória, porque tem um âmbito limitado de validade, não anula a situação desprivilegiada que visa corrigir pontualmente. Tampouco a situação social.

71.3) Cumpre dizer, que a ideia do senso comum de que o Brasil vive uma democracia racial é o principal fator para que haja um falso juízo de que não existem critérios harmônicos para o estabelecimento de critérios que objetivem se saber quem é o negro e pardo, para o fim de implementação das cotas. Com o mito da democracia racial, que cumpre um papel ideológico, há uma recusa de se reconhecer raças no Brasil. E isso, com diz Joaze Bernardino, em Ação afirmativa e a Rediscussão do Mito é "uma recusa estratégica que ocorre somente em momentos de conceder eventuais benefícios àqueles que são identificados como membros do grupo de menor status. A não separação de raças do ponto de vista biológico tampouco significa que elas não estejam separadas, do ponto de vista social, da concessão de privilégios e de distribuição de punições morais, econômicas e judiciais. Neste sentido, contrariando a interpretação racial hegemônica no Brasil e respaldado nos diversos estudos da Unesco, advogamos que a raça existe, não como uma categoria biológica, mas como uma categoria social" (Op. Cit., Rio de Janeiro: Estudos Afro-Asiáticos, Ano 24, n° 2, 2002, pp. 255).

71.4) O termo *"raça"* refere-se, neste livro, ao uso de diferenças fenotípicas como símbolos de distinção social. Significados raciais são, nesse sentido, culturalmente e não biologicamente construídos, distinguindo-se, a partir da inserção nestas categorias, lugares sociais dominantes e dominados. *"Raça é, assim, síntese de diferenças fenotípicas, mas também de status, de classe, de diferenças, em suma, políticas. De modo quem podemos dizer que relações de raça são relações de poder. A partir deste ambiente, constituído por "relações raciais", modos de "consciência racial" emergem. Tal consciência é definida como o resultado dialético do antagonismo entre grupos sociais justamente definidos como raças no curso de um processo histórico"*. (trecho tirado da resenha feita por Osmundo de Araújo Pinho, publicado na revista Estudos Afro-Asiáticos, Ano 24, n° 2, 2002, p. 416, do livro do cientista político african-american Michel Hanchard, intitulado: Orfeu e Poder. Movimento Negro no Rio e São Paulo. Rio de Janeiro: EdUERJ/UCAM-Centro de Estudos Afro-Asiáticos, 2001).

71.5) Vale a pena ressaltar, que outras políticas de cotas já foram devidamente implementadas pelo governo federal, que utilizou o critério da auto-definição para a identificação racial de negro ou pardo, sem que houvesse nenhuma polêmica ou arguição de inconstituciona- lidade. É o caso do Programa de Ação Afirmativa do Instituto Rio Branco, lançado em cerimônia presidida pelo Chanceler Celso Lafer, em 14 de maio de 2002, que ofereceu 20 bolsas anuais candidatos afro-descendentes que desejem se preparar para o concurso do Instituto Rio Branco, com vistas ao ingresso na carreira diplomática. (vide site: através do site www. mre.gov.br/irbr). A comunidade indígena da Amazônia também já foi contemplada com a sua cota, pois conseguiram que a Universidade Federal do Amazonas abrisse um curso de graduação para os povos indígenas, no qual o ingresso dos índios é diferenciado.

O Hédio Silva Jr., professor e advogado, em artigo recente publicado na Folha de São Paulo, sintetizou muito bem a compreensão que tema exige, sintetizando toda a polêmica:

"Há uma base objetiva para definir o conceito de raça? SIM. Preto é cor, negro é raça.

O refrão de uma marchinha carnavalesca, de amplo domínio público, oferece uma pista interessante para a compreensão do critério objetivo que a sociedade brasileira emprega para a classificação racial das pessoas: "O teu cabelo não nega, mulata, porque és mulata na cor; mas como a cor não pega, mulata, mulata eu quero o teu amor".

Escrita por Lamartine Babo para o Carnaval de 1932, a marchinha realça a ambiguidade das relações raciais, ao mesmo tempo em que ilustra a opção nacional pela aparência, pelo fenótipo. Honesto e preconceituoso em sua definição de negro, Lamartine contribui mais para o debate sobre classificação racial do que muitos doutores.

Com efeito, ao contrário do que pensa o presidente eleito, bem como certos acadêmicos, os cientistas pouco podem fazer nesta seara, além de, em regra, exibirem seus próprios preconceitos ou seu compromisso racial com a manutenção das coisas como elas estão.

Primeiro porque, como se sabe, raça é conceito científico inaplicável à espécie humana, de modo que o vocábulo raça adquire relevância na semântica e na vida apenas naquelas sociedades em que a cor da pele, o fenótipo dos indivíduos, é relevante para a distribuição de direitos e oportunidades.

Segundo, porque as pessoas não nascem negras ou brancas; enfim, não nascem *"racializadas"*. É a experiência da vida em sociedade que as torna negras ou brancas.

"Todos sabem como se tratam os pretos", asseveram Caetano Veloso na canção *"Haiti"*.

Em sendo um fenômeno relacional, a classificação racial dos indivíduos repousa menos em qualquer postulado científico e mais nas regras que regem as relações, intersubjetivas, econômicas e políticas no passado e no presente.

Negro e branco designam, portanto, categorias essencialmente políticas: é negro quem é tratado socialmente como negro, independentemente de tonalidade cromática. É branco aquele indivíduo que, no cotidiano, nas estatísticas e nos indicadores sociais, abocanha privilégios materiais e simbólicos resultantes do possível mérito de ser branco. Esse sistema funciona perfeitamente bem no Brasil desde tempos imemoriais.

A título de exemplo, desde a primeira metade do século passado, a Lei das Estatísticas Criminais prevê a classificação racial de vítimas e acusados por meio do critério da cor. Emprega-se aqui a técnica da hetero-classificação, visto que ao escrivão de polícia compete classificar, o que é criticado pela demografia, que entende ser mais recomendável, do ângulo ético e metodológico, a auto-classificação.

Há um outro banco de dados no qual o método empregado é o da auto-classificação: o Cadastro Nacional de Identificação Civil, feito com base na ficha de identificação civil, a partir da qual é emitida a cédula de identidade, o popular RG. Trata-se de uma ficha que pode ser adquirida em qualquer papelaria, cujo formulário, inspirado no aludido Decreto-Lei das Estatísticas Criminais, contém a rubrica *"cútis"*, neologismo empregado para designar cor da pele. Assim, todas as pessoas portadoras de RG possuem em suas fichas de identificação civil a informação sobre sua cor, lançada, em regra, por elas próprias.

Vê-se, pois, que o Cadastro Nacional de Identificação Civil oferece uma referência objetiva e disponível para o suposto problema da classificação racial: qualquer indivíduo cuja ficha de identificação civil, dele próprio ou de seus ascendentes (mãe ou pai), indicar cor diversa de branca, amarela ou indígena, terá direito a reivindicar acesso a políticas de promoção da igualdade racial e estará habilitado para registrar seu filho ou filha como preto/negro. Fora dos domínios de uma solução pragmática, o procedimento de classificação racial, que durante cinco séculos funcionou na mais perfeita harmonia, corre o risco de se tornar, agora, um terrífico dilema, insolúvel, poderoso o bastante para paralisar o debate sobre políticas de promoção da igualdade racial.

No passado nunca ninguém teve dúvidas sobre se éramos negros. *"Quiçá no futuro possamos ser apenas seres humanos"* (Hédio Silva Júnior, coordenador do Centro de Estudos das Relações de Trabalho e Desigualdades e consultor da Unesco. Foi relator do documento brasileiro apresentado na conferência da ONU sobre racismo, em Durban).

VII. DOS PEDIDOS:

Diante do exposto, os Peticionantes requerem a V. ExJ:

a) admissão das Requerentes nos autos, na qualidade de amicus curiae, com direito de apresentar memorial, fazer sustentação oral, produzir oitiva de peritos e testemunhas de notório saber teorético e empírico sobre o tema versado nos autos;

b) deferimento do pedido da assistência judiciária gratuita;

c) indeferimento do pedido de concessão de medida liminar, em face da ausência de motivos de ordem pública ou periculum in mora; conhecimento e deferimento das preliminares suscitadas, de carência de ação e de litispendência, com decretação da extinção do processo sem a apreciação e julgamento do mérito, ou, no mérito, seja julgada improcedente a presente ação direta de inconstitucionalidade.

d) Suspensão do andamento das Representações por Inconstitucionalidade em curso no Egrégio Tribunal de Justiça do Estado do Rio de Janeiro, sob os n° 2003.007.00020 e 2003.007.00021, expedindo-se ofício ao Egrégio Tribunal de Justiça Estadual para esse fim.

Pede Deferimento.

Rio de Janeiro, 4 de abril de 2003.

Luiz Fernando Martins da Silva

OAB/RJ n° 57.095

35.7. ARGUIÇÃO DE DESCUMPRIMENTO DE PRECEITO FUNDAMENTAL

A Arguição de descumprimento de preceito fundamental constitui mais uma das formas de controle concentrado de constitucionalidade, prevista no artigo 102, § 1°, da Constituição Federal, produto da atividade do Poder Constituinte Originário.

Com a arguição, tem-se a complementação do sistema pátrio de controle da constitucionalidade, com uma medida extremamente aberta à correção dos atos estatais violadores da Constituição.

Com efeito, a arguição vem somar-se aos mecanismos assecuratórios do princípio da supremacia constitucional, com a particularidade de tutelar com especificidade a supremacia dos preceitos fundamentais da Carta Magna.

Como se constata no próprio texto constitucional, a apreciação da arguição do descumprimento de preceito fundamental será apreciada pelo Supremo Tribunal Federal *"na forma da lei"*.

Estamos diante, portanto, de uma norma constitucional de eficácia limitada ou reduzida, definidora de princípio institutivo.

A regulamentação da arguição de descumprimento de preceito fundamental somente veio em 03 de dezembro de 1999, pela Lei no 9.882.

Os legitimados ativos para propor a arguição estão elencados no artigo 2°, inciso I da Lei n° 9.882/99 e são os mesmos da ação direta de inconstitucionalidade, são eles: Presidente da República, Mesa do Senado Federal, Mesa da Câmara dos Deputados, Mesa de Assembleia Legislativa, Governador de Estado, Procurador-Geral da República, Conselho Federal da Ordem dos Advogados do Brasil, partido político com representação no Congresso Nacional, confederação sindical ou entidade de classe de âmbito nacional.

Logo no artigo 1° da Lei está exposto o objeto da arguição, que se resume em "evitar ou reparar lesão a preceito fundamental, resultante de ato do Poder Público" (caput) e "quando for relevante o fundamento da controvérsia constitucional sobre lei ou ato normativo federal, estadual ou municipal, incluídos os anteriores à Constituição" (inciso I do parágrafo único).

Os preceitos fundamentais englobam os direitos e garantias fundamentais da Constituição, bem como os fundamentos e objetivos fundamentais da República, de forma a consagrar maior efetividade às previsões constitucionais.

Resta dizer que a expressão "decorrente" utilizada pelo Poder Constituinte Originário tem razão de ser, na medida em que leva em conta que preceitos fundamentais existem por decorrência direta e indireta do Texto Constitucional.

Os princípios, por exemplo, apresentam-se ora expressos na Carta Magna, ora implícitos no seu texto. Mas sempre, para que sejam considerados constitucionais, devem da própria Constituição decorrer. E com os preceitos fundamentais o mesmo se dá.

Limitando o conteúdo e alcance da previsão constitucional, a Lei regulamentadora da arguição de descumprimento de preceito fundamental restringiu o cabimento desse instrumento para os casos de lesão ou possibilidade de lesão de preceitos fundamentais advinda de ato do Poder Público.

Interpretação conforme a Constituição desse caput do artigo 1° da Lei n° 9.882 para admitir a arguição também na eventualidade de o preceito fundamental ser violado por ato de particular em condições de equiparação a ato do Poder Público.

A verdade é que inúmeros e variados atos não normativos estão agora suscetíveis de ser objeto da arguição, que por não ter havido especificação da natureza do ato lesivo, estende-se também aos atos omissivos.

O de relevo a ficar registrado é que, diferentemente da previsão constitucional a respeito da ação direta de inconstitucionalidade, não apenas a lei ou o ato normativo federal e estadual se acham abarcados na possibilidade de terem sua conformação com as normas constitucionais apreciadas por meio da arguição, mas também os atos do Poder Público, bem como a lei ou o ato normativo municipal.

Esta derradeira hipótese, a da lei ou ato normativo municipal, é outra inovação de elevado quilate na sistemática do controle de constitucionalidade.

Não só a legislação municipal, mas também as normas do Distrito Federal encontram-se agora albergadas nesse controle na sua integralidade. Se antes o Supremo Tribunal Federal afirmava que os atos normativos distritais apenas quando decorressem do exercício de competência legislativa própria dos Estados se submeteriam ao controle abstrato, agora também, por meio da arguição, aquelas editadas no exercício da competência legislativa de natureza típica dos Municípios se incluem.

Não há razão alguma para se lançar mão de analogia entre a arguição e a ação direta de inconstitucionalidade. Apenas nessa última existe limitação constitucional às normas federais e estaduais. Não nos parece que o escopo da Constituição, com a previsão restritiva das hipóteses de cabimento da ação direta de inconstitucionalidade, pretendeu restringir o cabimento de todos os demais mecanismos de controle abstrato da constitucionalidade.

O § 1° do artigo 102 da Constituição Federal não faz qualquer ressalva, sendo que em sua parcimoniosa redação, dá ensejo até, como já assinalamos alhures, ao cabimento da arguição em casos de lesão ou ameaça de lesão aos preceitos fundamentais por meio de ato de particular. Ubi lex non distinguit nec nos distinguere debemus[1].

1 Onde a lei não distingue, ao intérprete não é dado fazê-lo.

Por fim, a Lei n° 9.882/99 não operou uma extensão na competência do Supremo Tribunal Federal, tendo apenas regulamentado o instituto constitucional, em cumprimento da determinação do próprio Texto Fundamental. A competência do STF para julgamento da arguição é expressa e a única restrição é a concernente a existência de descumprimento de preceito fundamental.

Nem mesmo restrição às normas pré-constitucionais existe. E a hipótese de análise dos atos normativos federais, estaduais, municipais e distritais por meio da arguição inclui, ainda, os anteriores à Constituição.

Como cediço, reiterada jurisprudência do Pretório Excelso impede a utilização de ação de- claratória de inconstitucionalidade contra ato normativo precedente à Constituição, sob o fundamento de que se trata de simples revogação.

Agora, com a previsão expressa dessa possibilidade, ao menos por meio da arguição o direito anterior poderá ser objeto do controle abstrato da constitucionalidade.

É uma "solução que vem colmatar uma lacuna importante no sistema constitucional brasileiro, permitindo que controvérsias relevantes afetas ao direito pré-constitucional sejam solvidas pelo Supremo Tribunal Federal, com eficácia geral e efeito vinculante".

Aqui, ainda, urge consignar a previsão de verdadeira condição de procedibilidade da arguição fundada no art. 1°, parágrafo único, inciso I da Lei n° 9.882/99.

É a necessidade de ser relevante o fundamento da controvérsia constitucional sobre os atos normativos elencados naquele dispositivo.

A arguição autônoma está presente no caput do art. 1° da Lei da Arguição. Sua previsão dá-se nos seguintes termos: "A arguição prevista no § 1° do art. 102 da Constituição Federal será proposta perante o Supremo Tribunal Federal, e terá por objeto evitar ou reparar lesão a preceito fundamental, resultante de ato do Poder Público". "A apresentação desta modalidade, pois, ocorre direta e originaria- mente perante a Corte Suprema, sem qualquer outro processo judicial anterior".

Ainda, ao lado da denominada arguição autônoma há de se falar de uma segunda modalidade, a arguição incidental, paralela a um processo qualquer já instaurado e que surge em função deste.

Há vedação expressa da possibilidade de se propor a arguição de descumprimento de preceito fundamental quando existir qualquer outro meio eficaz de sanar a lesividade. Trata-se do princípio da subsidiariedade. Institutos similares no direito estrangeiro: "a Verfassungsbeshwer alemã e o recurso de amparo espanhol, têm, igualmente, caráter de subsidiariedade; só podem ser interpostas após terem sido esgotadas, regularmente, as vias judiciais".

Trata-se de um remédio excepcional, último, extremo, defendendo que se considerando que nosso sistema de controle de constitucionalidade é amplo, complexo, e abrangente e sendo a arguição uma ação supletiva, subsidiária, "não há como deixar de concluir que sua utilização será possível em casos muito raros e limitados".

Segundo Cardoso[2]:

> *A maior parte dos Estados constitucionais assegurava aos seus respectivos tribunais constitucionais competência para aferir a constitucionalidade das leis pré-constitucionais em face da Constituição vigente e, também, para reprochar uma introdução acrítica no ordenamento brasileiro da cláusula de subsidiariedade na forma como existe no direito alemão (recurso constitucional) e no direito espanhol (recurso de amparo), para fins de admissibilidade da arguição de preceito fundamental nos termos da Lei nº 9.882/99.*

Praticamente, sempre existirá, no controle concentrado ou difuso, a possibilidade de utilização de ação ou recurso a fim de sanar lesão a preceito constitucional fundamental. Então, se o Supremo Tribunal Federal der interpretação literal, rigorosa, ao § 1° do art. 4° da Lei 9.882/99, a arguição será, tal qual está ocorrendo com o mandado de injunção, posta de lado. De outro lado, o Supremo Tribunal Federal, na construção da doutrina dessa arguição, deverá proceder com cautela, sob pena de consagrar, por exemplo, a ação direta de inconstitucionalidade de ato normativo municipal em face da Constituição Federal, inclusive dos atos anteriores a esta. E isto o constituinte não quis, nem seria suportável pelo Supremo Tribunal, dado que temos mais de cinco mil municípios.

Dominado o processo da arguição de descumprimento de preceito fundamental pelo princípio da subsidiariedade, não será ela admitida quando houver qualquer outro meio eficaz de sanar a lesividade.

A arguição não pode ser utilizada como sucedâneo dos remédios constitucionais, sejam os de controle de constitucionalidade, sejam os que asseguram as liberdades.

Contudo, deve o princípio da subsidiariedade ser aplicado com cautela, evitando-se a eliminação das possibilidades de propositura da arguição, sob pena de inconstitucionalidade, por violação ao artigo 102, § 1°, da Constituição Federal.

O procedimento da arguição apresenta semelhanças com o da ação declaratória e da ação direta de inconstitucionalidade. A petição inicial deverá conter: a indicação do preceito fundamental que se considera violado; a indicação do ato do Poder Público questionado; prova da violação do preceito; o pedido e suas especificações; e, se for o caso, a comprovação da existência de controvérsia judicial relevante sobre a aplicação do preceito

---

2 CARDOSO. Gustavo Vitorino. O Direito Comparado na Jurisdição Constitucional. *REVISTA DIREITO GV*. v. 6. n.2. p. 469-492. São Paulo. jul-dez 2010. Disponível em: <http://www.scielo.br/pdf/rdgv/v6n2/a06v6n2.pdf >. Acesso em: 2 ago. 2017

fundamental que se considera violado. A inicial será indeferida liminarmente, pelo relator, quando não for o caso de arguição, faltar algum dos requisitos prescritos na Lei ou for inepta, cabendo agravo, desta decisão, no prazo de cinco dias.

É possível a concessão de liminar, por decisão tomada pela maioria absoluta dos membros do Pretório Excelso. Excepcionalmente, cabe ao relator conceder a liminar, adreferendum do Pleno, em caso de extrema urgência ou perigo de lesão grave, ou, outrossim, em período de recesso. A liminar poderá consistir na determinação de que juízes e tribunais suspendam o andamento de processo ou os efeitos de decisões judiciais, ou de qualquer outra medida que apresente relação com a matéria objeto da arguição de descumprimento de preceito fundamental, salvo se decorrentes de coisa julgada. Entendemos que tal dispositivo possibilita a propositura da arguição de descumprimento de preceito fundamental para impugnar a coisa julgada, como ato do Poder Público, desde que, logicamente, ocorra descumprimento de preceito fundamental.

Após a apreciação do pedido de liminar, o relator poderá ouvir os órgãos ou autoridades responsáveis pela prática do ato questionado, bem como o Advogado Geral da União, e o Procurador Geral da República, no prazo de dez dias.

Decorrido o prazo para o envio das informações, o relator lançará relatório, com cópia a todos os ministros, e pedirá dia para julgamento. O quorum para a instalação da sessão de julgamento é de dois terços dos ministros.

Com o julgamento da ação, as autoridades ou órgãos responsáveis pela prática dos atos questionados deverão ser comunicados, fixando-se as condições e o modo obrigatórios de interpretação e aplicação do preceito fundamental.

A decisão na arguição de descumprimento de preceito fundamental poderá ter, segundo a nova previsão legal, efeitos erga omnes, efeito vinculante, efeito ex tunc ou ex nunc, e efeito repristinatório.

A Lei n. 9.882/99, em seu artigo 10, parágrafo 3°, prevê a eficácia contra todos e o efeito vinculante da decisão prolatada na arguição.

A independência dos magistrados restou violada com a previsão do efeito vinculante da decisão proferida pelo Supremo Tribunal Federal. Todos os juízes e Tribunais estarão compelidos, em face do citado efeito, "a emprestar, com automaticidade imprópria ao ofício judicante, ou seja, sem a realização de um julgamento livre e, portanto, norteado pela prova dos autos e convencimento formado, solução idêntica às lides".

Somente o poder constituinte originário é que poderia prever o efeito vinculante no controle concentrado.

O efeito vinculante decorre do particular papel político-institucional desempenhado pela Corte ou pelo Tribunal Constitucional, que deve zelar pela observância estrita da Constituição nos processos especiais concebidos para solver determinadas e específicas controvérsias constitucionais.

A declaração de inconstitucionalidade "torna aplicável a legislação anterior, que havia sido revogada pela norma impugnada".

Os efeitos repristinatórios decorrem automaticamente da declaração de inconstitucionalidade proferida pelo STF, independentemente de previsão no acórdão.

A Lei 9.882/99, de forma semelhante à Lei 9.868/99, traz novidade em relação aos efeitos do controle de constitucionalidade, ao criar o que se denominou de "manipulação dos efeitos da declaração de inconstitucionalidade", possibilitando que o Supremo Tribunal Federal limite os efeitos da declaração de inconstitucionalidade.

A lei da arguição concedeu permissão para que o Supremo Tribunal Federal manipule os efeitos da declaração de inconstitucionalidade, "seja em relação a sua amplitude, seja em relação a seus efeitos temporais, desde que presentes dois requisitos": formal e material. Aquele diz respeito ao quorum de dois terços para a decisão que manipulará os efeitos. Este constitui a presença de razões de segurança jurídica ou de excepcional interesse social.

Verifica-se que somente em casos excepcionais, extraordinários, por razões de segurança jurídica ou em caso de excepcional interesse social, o Supremo Tribunal Federal, mediante decisão da maioria qualificada, poderá "estabelecer limites aos efeitos da declaração de inconstitucionalidade proferindo a inconstitucionalidade com eficácia ex nunc ou pro futuro, especialmente naqueles casos em que a declaração de nulidade se mostra inadequada (v.g., lesão positiva ao princípio da isonomia) ou nas hipóteses em que a lacuna resultante da declaração de nulidade possa dar ensejo ao surgimento de uma situação ainda mais afastada da vontade constitucional".

A regra continua sendo a da eficácia ex tunc a declaração de inconstitucionalidade, logicamente, caso se admita a compatibilidade da inovação legislativa com a Constituição Federal.

Na exceção, presentes os requisitos materiais e formais acima, admite-se que o Supremo Tribunal Federal limite a amplitude dos efeitos: afastando a nulidade de alguns atos do poder público com fulcro na lei inconstitucional, ou afastando a incidência da decisão que reconhece a inconstitucionalidade em relação a algumas situações (restringindo os efeitos erga omnes), ou eliminando (parcial ou totalmente) os efeitos repristinatórios da decisão.

A regra geral continua sendo do efeito ex tunc, ou seja, entre a data do início da vigência e a declaração de inconstitucionalidade.

A norma em estudo possibilita, outrossim, a restrição do efeito erga omnes e do efeito repristinatório, já que na redação dos artigos não há limitação expressa, pelo contrário, ambas dispõem de forma ampla: "restringir os efeitos daquela declaração".

Não se pode olvidar que a restrição ao efeito erga omnes (para todos), bem como aos outros efeitos, devem compatibilizar-se com o princípio da isonomia, sob pena de irremissível inconstitucionalidade, impondo-se o fiel cumprimento da Constituição por seu guardião.

Quanto à compatibilidade ou não do dispositivo da Lei 9.882/99, que versa sobre a manipulação dos efeitos da decisão prolatada na arguição com a Constituição Federal observa-se que o efeito retroativo ou ex tunc da declaração de inconstitucionalidade, seja via ação direta, ou seja, ação de- claratória, embora não conste expressamente na Lei Maior, predomina o entendimento que consagra a nulidade do ato inconstitucional, retroagindo a sua declaração (efeito ex tunc), já que tais atos não possuem aptidão para surtir efeitos jurídicos válidos. Tal tese encontra, segundo a doutrina e a jurisprudência do Pretório Excelso, fundamento no princípio que consagra a supremacia da Constituição.

35.8. ADIN POR OMISSÃO

A Adin por Omissão foi inspirada na Constituição Portuguesa, o que se busca é combater a síndrome de inefetividade das normas constitucionais.

O artigo 103, §2° da Constituição Federal demonstra que:

> *Declarada a inconstitucionalidade por omissão de medida para tornar efetiva norma constitucional, será dada ciência ao Poder competente para a adoção das providências necessárias e, em se tratando de órgão administrativo, para fazê-lo em trinta dias.*

Tratando-se de norma constitucional de eficácia limitada deve o Poder Público ou órgão administrativo regulamentá-la. Não o fazendo surge a omissão, que poderá ser combatida através do remédio da Adin por omissão de forma concentrada no Supremo Tribunal Federal.

Quanto às modalidades, podem ser:

a) omissão total ou omissão parcial, ou seja, não fazer algo devido ou não agir de maneira suficiente, inércia de qualquer um dos poderes: medida política administrativa, judicial ou legislativa;

b) omissão normativa: incide sobre normas de eficácia limitada;

c) decisões de natureza declaratória;

d) deve dar ciência ao poder competente das providências necessárias;

e) falta de efetividade – prazo de 30 dias sem previsão de responsabilização.

A Adin por Ação declara a inconstitucionalidade de legislação que ofenda a Constituição. A Adin por Omissão declara a constatação de uma omissão legislativa que por negar a realização da vontade do constituinte originário torna-se inconstitucional

A característica Comum entre a Adin por Ação e a Adin por Omissão é que Legitimidade Ativa de ambas está prevista no art. 103, I a IX, da Constituição Federal.

O órgão competente para julgar a Adin por Omissão é o Supremo Tribunal Federal de forma originária (art. 103, § 2° e 102, I, "a" ambos da Constituição Federal).

O procedimento para o ajuizamento é praticamente o mesmo da Adin por Ação, com exceção da oitiva de que o Advogado-Geral da União não é citado na Adin por Omissão, somente na Adin por Ação, pois não haverá texto ou ato impugnado a ser defendido (art. 103, § 3°, CF).

Também na Adin por Omissão não será cabível a concessão de medida liminar conforme já decidido pelo órgão Constitucional.

Será dada ciência ao poder competente, sem ser fixado prazo para a elaboração da lei para que supra a omissão e para o órgão administrativo para que faça a lei no prazo de trinta dias, sob pena de responsabilidade.

O efeito será erga omnes, ou seja, atingirá a todos e de forma retroativa ex tunc.

35.9. ADIN INTERVENTIVA

O preceituado no artigo 18, caput, da Constituição Federal estabelece que a organização político-administrativa da República do Brasil compreende a União, os Estados, o Distrito Federal e os Municípios, todos autônomos. Ou seja, nenhum ente federativo deverá intervir em qualquer outro.

O artigo 36, III da Constituição Federal, primeira parte, estabelece que a decretação da intervenção, dependerá de provimento pelo Supremo Tribunal Federal, de representação do Procurador-Geral da República, na hipótese do artigo 34, VII, da Constituição Federal.

A lei ou ato normativo que desrespeitar os princípios sensíveis da Constituição Federal, que estão insculpidos no artigo 34, VII, quais são eles:

a) forma republicana, sistema representativo e regime democrático;

b) direitos da pessoa humana;

c) autonomia municipal;

d) prestação de contas da administração pública, direta e indireta;

e) aplicação do mínimo exigido da receita resultante de impostos estaduais, compreendida a proveniente de transferências, na manutenção e desenvolvimento do ensino e nas ações e serviços públicos de saúde; sofrerá com a Adin Interventiva a ser interposta pelo Procurador-Geral da República, que é o guardião dos princípios sensíveis.

A competência para o julgamento da Ação é do Supremo Tribunal Federal. A legitimidade ativa é do Procurador-Geral da República. O processamento é realizado através de proposta do Procurador-Geral da República no Supremo Tribunal Federal, quando a lei ou ato normativo de natureza estadual ou distrital de natureza estadual, contrariar os princípios sensíveis da Constituição Federal previsto no artigo 34, VII. Julgada procedente a ação (quorum de maioria absoluta, art. 97, CF) o Supremo Tribunal Federal requisitará ao Presidente da República que decrete a intervenção. O Presidente da República por meio de decreto limitar-se-á a suspender a execução do ato impugnado. Caso essa medida não seja suficiente para o restabelecimento da normalidade caberá ao Presidente da República decretar, por fim, a intervenção federal, executando-a através da nomeação de interventor e afastando as autoridades responsáveis de seus cargos (art. 84, X, da Constituição Federal). Cessados os motivos da intervenção, as autoridades afastadas deverão voltar a seus cargos, salvo impedimento legal (art. 36, § 4°, CF).

A Adin interventiva Estadual está prevista no artigo 35, IV da Constituição Federal que deverá ser decretada pelo Governador de Estado, dependerá de provimento pelo Tribunal de Justiça local de representação para assegurar a observância de princípios indicados na Constituição Estadual, ou para prover a execução de lei, de ordem ou de decisão judicial.

Pelo princípio da simetria segue a ordem estadual simétrico a ordem Federal.

Ou seja, a lei municipal que desrespeitar os princípios indicados na Constituição Estadual sofrerá a Adin Interventiva intentada pelo Procurador-Geral do Ministério Público Estadual que possui a legitimidade ativa, e proporá junto ao Tribunal de Justiça Estadual por seu órgão especial.

O Procurador-Geral do Estado propõe a ação quando a lei ou ato normativo de natureza municipal contrariar os princípios previstos na Constituição Estadual, julgada procedente a ação, o Presidente do Tribunal de Justiça comunicará a decisão ao Governador de Estado, que se limitará a suspender a execução do ato impugnado, comunicando seus efeitos ao Presidente do Tribunal de Justiça Estadual. Caso essa medida não seja suficiente para o restabelecimento da normalidade o Chefe do Executivo Estadual decretará a intervenção estadual no Município, através de nomeação de interventor, afastando as autoridades responsáveis de seus cargos.

35.10. ADECON OU ADC (AÇÃO DECLARATÓRIA DE CONSTITUCIONALIDADE)

A finalidade da ADECON é declarar a Constitucionalidade de lei ou ato normativo federal. A constitucionalidade de lei ou ato normativo federal possui presunção juris tantum, ou seja, relativa. Portanto, em se tratando de presunção relativa admite-se prova em contrário, devendo ser declarada quando necessário, a inconstitucionalidade da lei se necessário.

O objetivo da ADECON é transformar a presunção relativa de Constitucionalidade em presunção absoluta (jure et de jure), não mais admitindo prova em contrário. Ou seja, julgada procedente a ADECON, tal decisão deverá vincular os órgãos do Poder Judiciário e a Administração Pública que não mais poderão declarar a inconstitucionalidade da aludida lei, ou agir em desconformidade com a decisão do Supremo Tribunal Federal.

Os legitimados são os mesmos da Adin genérica conforme o artigo 103 da Constituição Federal.

O procedimento é o mesmo da Adin genérica. Entretanto, não se cita o Advogado-Geral da União, uma vez que não existe ato impugnado, eis que já está afirmado, desde o inicio a constitucionalidade da lei. O Procurador-Geral da República deverá ser ouvido conforme o artigo 103, § 1°, da Constituição Federal.

Seus efeitos são:

a) erga omnes (eficácia contra todos);

b) ex tunc;

c) vinculante em relação aos órgãos do Poder Judiciário e à Administração Pública federal, estadual, municipal e distrital.

36

FUNÇÕES ESSENCIAIS A JUSTIÇA

O preceituado no artigo 127 da Constituição Federal prescreve que:

> *O Ministério Público é instituição permanente, essencial à função jurisdicional do Estado, incumbindo-lhe a defesa da ordem jurídica, do regime democrático e dos interesses sociais e individuais indisponíveis.*

Acrescenta o § 1° do citado dispositivo que: *"São princípios institucionais do Ministério Público, a unidade, a indivisibilidade e a independência funciona".*

A origem do Ministério Público remonta a alguns séculos antes da Era Cristã, mas as suas funções não eram as mesmas delineadas atualmente. No Egito antigo havia o Magiaí, que eram funcionários do faraó, com a função de reprimir os rebeldes e proteger os cidadãos; Em Esparta havia os Ésforos, que exerciam o *jus accusationis*; na Grécia antiga, os Thesmotetis; e entre o povo germânico, os Saions. Em Roma a expressão Ministério Público designava todos aqueles que exerciam funções públicas.

Entretanto o antecedente mais similar às atuais funções do Ministério Público está radicado na Ordonnance, de 1302, de Felipe, rei da França, criando a figura dos procuradores da Coroa. A Revolução Francesa, que mitigou o poder dos juízes, fortaleceu esses servidores públicos, dotando-os de maior autonomia. A codificação napoleônica também reforçou as prerrogativas da categoria, e, em 1690, foi estabelecida a sua vitaliciedade.

No Brasil, a instituição foi criada em 1609, na figura do Procurador dos Feitos da Coroa e do Promotor de Justiça, pelo Tribunal de Relações da Bahia. Houve referência ao "promotor da ação penal", no Código de Processo Criminal do Império, 1832, instituição regulamentada pelo Decreto 120 de 1843, que definia o critério de nomeação dos promotores.

A Constitucionalização da instituição começou com a Carta de 1934. Na Constituição de 1937 houve um aviltamento de suas prerrogativas, sendo a instituição regulamentada juntamente com o Supremo Tribunal Federal. Na Constituição de 1946, o Ministério Público foi novamente alçado a sua devida importância, ganhando título próprio e tendo suas prerrogativas reafirmadas.

A Constituição de 1967/1969 a instituição foi posicionada no capítulo do Poder Judiciário (1967) e depois no capítulo do Poder Executivo (1969).

Com a atual Carta Política o parquet atinge seu apogeu de relevância. Como reza o artigo pré-mencionado (art.127, CF) o Ministério Público é uma instituição permanente e essencial para a prestação jurisdicional, tendo como função proteger a ordem jurídica, o regime democrático e os interesses sociais e individuais indisponíveis.

O Ministério Público atua como custus legis, ou seja, fiscal da lei, fiscalizando o andamento dos processos para verificação das normas jurídicas aplicadas. Deve funcionar de forma imparcial. A garantia do regime democrático é uma das funções do Parquet. A fiscalização da coisa pública é uma de suas prerrogativas mais importantes, que somente pode frutificar em regime democrático, em que haja liberdade de expressão, para que atue junto com a sociedade.

36.1. PRERROGATIVAS

As prerrogativas estão dispostas no § 1°, do artigo 127, dentre elas o princípio da unidade que significa que todos os membros do Ministério Público, seja federal ou estadual, possuem a mesma natureza, partilhando das mesmas prerrogativas funcionais. O Ministério Público está estruturado em nível federal e estadual conforme dispõe o artigo 128 que diz:

> O Ministério Público abrange:
> I – O Ministério Público da União, que compreende:
> a) o Ministério Público Federal;
> b) o Ministério Público do Trabalho;
> c) o Ministério Público Militar;
> d) o Ministério Público do Distrito Federal e Territórios;
> II – Os Ministérios Públicos dos Estados.

O Chefe do Ministério Público da União é o Procurador-Geral da República que será nomeado pelo Presidente da República dentre integrantes de carreira, maiores de trinta e cinco anos, após a aprovação de seu nome pela maioria absoluta dos membros do Senado Federal, para mandato de dois anos, permitida a recondução (art. 128, § 1°, CF).

O Procurador-Geral da República não pode ser destituído da função livremente pelo Presidente da República. Para a sua destituição, por iniciativa exclusiva do Chefe do Executivo, o Senado deve consentir com o quorum de maioria absoluta, em votação secreta, o que garante ao chefe do Ministério Público, certa liberdade para o exercício de suas prerrogativas constitucionais (art. 128, § 2°, CF).

No Ministério Público dos Estados, Distrito Federal e Territórios, o Procurador-Geral de Justiça será escolhido, dentre uma lista tríplice formada por integrantes da carreira, pelo chefe do Poder Executivo, para um mandato de dois anos, permitida uma recondução. Para os Estados-Membros, a recondução apenas pode ser realizada uma vez (art. 128, § 3°,

CF). Os Procuradores-gerais estaduais e distritais poderão ser destituídos por deliberação da maioria absoluta do Poder Legislativo, na forma da lei complementar respectiva (§ 4°, artigo 128, CF).

O § 2° do artigo 127 vaticina que:

> *Ao Ministério Público é assegurada autonomia funcional e administrativa, podendo, observado o disposto no artigo 169, propor ao Poder Legislativo a criação e extinção de seus cargos e serviços auxiliares, provendo-os por concurso público de provas ou de provas e títulos, a política remuneratória e os planos de carreira, a lei disporá sobre sua organização e funcionamento.*

O Ministério Público tem liberdade para criar sua estrutura administrativa e funcional, observados os limites dispostos na lei de Responsabilidade Fiscal, em que o Ministério Público dos Estados-membros pode gastar até dois por cento da receita corrente líquida dos Estados e o Ministério Público da União pode gastar até seis décimos por cento da receita corrente líquida do Governo Federal. Também pode o Ministério Público propor ao Poder Legislativo a criação e a extinção de seus cargos, instituindo políticas remuneratórias e planos de carreira.

A autonomia financeira disposta no § 3° do artigo 127 da Constituição Federal assegura que o Ministério Público possa desempenhar satisfatoriamente suas funções em defesa de um Estado Social Democrático de Direito. Como forma de assegurar sua autonomia financeira o Ministério Público tem a prerrogativa de elaborar sua proposta orçamentária dentro dos limites estabelecidos em lei de diretrizes orçamentárias, seguindo, nesse sentido, as mesmas prerrogativas conferidas ao Poder Judiciário.

Se não houver encaminhamento da respectiva proposta orçamentária dentro do prazo estabelecido na lei de diretrizes orçamentárias, o Poder Executivo considerará, para fins de consolidação da proposta orçamentária anual, os valores aprovados na lei orçamentária vigente, ajustados de acordo com os limites estipulados na lei de diretrizes orçamentárias (§ 4°, do artigo 127, CF).

Se a proposta orçamentária for encaminhada em desacordo com os limites estipulados na lei de diretrizes orçamentárias, o Poder Executivo procederá aos ajustes necessários para fins de consolidação da proposta orçamentária anual (§5°, art. 127, CF).

Durante a execução orçamentária do exercício, não poderá haver a realização de despesas ou a assunção de obrigações que extrapolem os limites estabelecidos na lei de diretrizes orçamentárias, exceto se previamente autorizadas, mediante a abertura de créditos suplementares ou especiais (art. 127, § 6°, CF).

> I – Princípio da indivisibilidade que significa que um membro do Ministério Público pode substituir o outro sem nenhuma interrupção no processo ou modificação na sua natureza. A indivisibilidade deflui do princípio da unidade, si-

nalizando que todos os seus membros formam um único corpo, exercendo as mesmas prerrogativas sem estar vinculados a um processo determinado.

II – Princípio da Independência funcional que significa que os membros do Ministério Público são livres para atuarem no processo segundo suas convicções jurídicas, tendo plena liberdade para agir de acordo com suas consciências. Não há controle hierárquico dos atos processuais praticados pelos membros do Ministério Público. Não existe uma estrutura hierarquizada entre os seus membros, todos têm liberdade funcional de atuação, obedecendo aos mandamentos legais.

36.2. GARANTIAS

As garantias têm como finalidade fortalecer a autonomia funcional da categoria, para que a sua atuação, atendendo a relevantes interesses sociais, sejam livre de qualquer pressão (art. 128, § 5°, I, CF).

São garantias conforme estabelece o artigo 128, § 5°, I, da Constituição Federal:

> I – a vitaliciedade, após dois anos de exercício, não podendo perder o cargo senão por sentença judicial transitada em julgado. Significa que o exercício do cargo tem um início determinado, mas não tem previsão para o seu término, podendo este se dar com a exoneração, com a aposentadoria voluntária, cumpridos os requisitos legais, ou com a aposentadoria compulsória, com setenta anos de idade;
>
> II – inamovibilidade, salvo por motivo de interesse público, mediante decisão do órgão colegiado competente do Ministério Público, pelo voto da maioria absoluta de seus membros, assegurada ampla defesa. Os membros do Ministério Público não podem ser removidos da jurisdição onde atuam, a não ser pelo voto da maioria absoluta dos membros do órgão colegiado competente por motivo de interesse público, sendo assegurada ampla defesa. Esse impedimento evita a ingerência do poder público no sentido de pressionar os promotores para o atendimento de interesses políticos.;
>
> III – irredutibilidade de subsídios. Os subsídios recebidos pelos membros do Ministério Público não podem ser reduzidos, a não ser no caso do imposto de renda. A estabilidade financeira é extremamente necessária para o cumprimento de suas funções.

O artigo 128, § 5°, II da Constituição Federal verbera acerca das vedações atinentes ao Ministério Público, são elas:

> *[...] as seguintes vedações:*
>
> *a) receber, a qualquer título e sob qualquer pretexto, honorários, percentagens ou custas processuais;*
>
> *b) exercer a advocacia;*
>
> *c) participar de sociedade comercial, na forma da lei;*
>
> *d) exercer, ainda que em disponibilidade, qualquer outra função pública, salvo uma de magistério;*
>
> *e) exercer atividade político-partidária;*
>
> *f) receber, a qualquer título ou pretexto, auxílios ou contribuições de pessoas físicas, entidades públicas ou privadas, ressalvadas as exceções previstas em lei.*

36.3. FUNÇÕES INSTITUCIONAIS DO MINISTÉRIO PÚBLICO

Prescreve o artigo 129 da Constituição Federal que:

> *São funções institucionais do Ministério Público:*
> *I – promover, privativamente, a ação penal pública, na forma da lei;*
> *II – zelar pelo efetivo respeito dos Poderes Públicos e dos serviços de relevância pública aos direitos assegurados nesta Constituição, promovendo as medidas necessárias a sua garantia;*
> *III – promover o inquérito civil e a ação civil pública para proteção do patrimônio público e social, do meio ambiente e de outros interesses difusos e coletivos;*
> *IV – promover a ação de inconstitucionalidade ou representação para fins de intervenção da União e dos Estados, nos casos previstos nesta Constituição;*
> *V – defender judicialmente os direitos e interesses das populações indígenas;*
> *VI – expedir notificações nos procedimentos administrativos de sua competência, requisitando informações e documentos para instruí-los na forma da lei complementar mencionada no artigo anterior;*
> *VII – requisitar diligências investigató- rias e a instauração de inquérito policial, indicados os fundamentos jurídicos de suas manifestações processuais;*
> *IX – exercer outras funções que lhe forem conferidas, desde que compatíveis com sua finalidade, sendo-lhe vedada a representação judicial e a consultoria jurídica de entidades públicas.*

O § 1° do artigo 129, CF:

> *A legitimação do Ministério público para as ações civis previstas neste artigo não impede a de terceiros, nas mesmas hipóteses, segundo o disposto nesta Constituição e na lei.*

É cediço que a sociedade poderá ajuizar ação popular conforme previsto no artigo 5°, LXXIII, da Constituição Federal.

O § 2° do artigo 129, CF estabelece que:

> *As funções do Ministério Público só podem ser exercidas por integrantes da carreira que deverão residir na comarca da respectiva lotação, salvo autorização do chefe da instituição.*

§ 3° do artigo 129, CF:

> *O ingresso na carreira do Ministério Público far-se-á mediante concurso público de provas e títulos, assegurada a participação da Ordem dos Advogados do Brasil em sua realização, exigindo-se do bacharel em direito, no mínimo, três anos de atividade jurídica e observando-se, nas nomeações, a ordem de classificação.*

36.4. CONTROLE EXTERNO DO MINISTÉRIO PÚBLICO

O Conselho Nacional do Ministério Público (CNMP) compõe-se de quatorze membros nomeados pelo Presidente da República depois de aprovação da indicação por maioria absoluta de votos do Senado Federal, para um mandato de dois anos, admitindo uma única recondução por igual período (art. 130-A, CF).

A composição do Conselho Nacional do Ministério Público também é heterônoma, havendo membros da Magistratura, do Ministério Público, da Ordem dos Advogados do Brasil e da Sociedade Civil. Eles são denominados de conselheiros. Sua composição se configura da seguinte forma: O Procurador-Geral da República, que preside o órgão; quatro membros do Ministério Público da União, assegurada a representação de cada uma de suas carreiras; três membros do Ministério Público dos Estados; dois juízes sendo um indicado pelo Supremo Tribunal Federal e outro indicado pelo Superior Tribunal de Justiça; dois advogados indicados pelo Conselho Federal da Ordem dos Advogados d Brasil; dois cidadãos de notável saber jurídico e reputação ilibada, indicados um pela Câmara dos Deputados e outro pelo Senado Federal. Os membros da CNMP oriunda do Parquet serão indicados pelos respectivos Ministérios Públicos (art. 130-A, I a VI, CF).

A atuação do Conselho Nacional do Ministério Público é de controle da atuação administrativa e financeira do Parquet, zelando pelo cumprimento dos deveres funcionais dos membros do Ministério Público. Ele se configura como um órgão administrativo, de composição colegiada, cuja competência para apreciar ações interpostas contra ele pertence ao Supremo Tribunal Federal. Exerce a função de controle externo do Ministério Público.

Ainda, compete ao Conselho Nacional do Ministério Público o controle da atuação administrativa e financeira do Parquet, atuando com as seguintes atribuições (art. 130-A, § 2°, I a V da CF): a) zelar pela autonomia funcional e administrativa do Ministério Público, podendo expedir atos regulamentares, no âmbito de sua competência ou recomendar providências; b) zelar pela observância dos princípios da administração pública (art. 37, CF) e apreciar, de ofício ou mediante provocação, a legalidade dos atos administrativos praticados por membros ou órgãos do Ministério Público da união e dos Estados, podendo desconstituí-los, revê-los, ou fixar prazo para que se adotem as providências necessárias ao exato cumprimento da lei, sem prejuízo da competência dos Tribunais de contas; c) receber e conhecer das reclamações contra seus serviços auxiliares, sem prejuízo da competência disciplinar e correcional da instituição, podendo avocar processos disciplinares em curso, determinar a remoção, a disponibilidade ou a aposentadoria com subsídios ou proventos proporcionais ao tempo de serviço e aplicar outras sanções administrativas, assegurada ampla defesa; d) rever, de ofício ou mediante provocação, os processos disciplinares de membros do Ministério Público da União ou dos Estados julgados há menos de um ano; e) elaborar relatório anula, propondo as providências que julgar necessárias sobre a situação do Ministério Público no País e as atividades do Conselho, o qual deve integrar a mensagem prevista no artigo 84, XI.

O § 3° do artigo 130, CF estabelece que:

> *O Conselho escolherá, em votação secreta, um Corregedor Nacional, dentro os membros do Ministério Público que o integram, vedada a recondução, competindo-lhe além das atribuições que lhe forem conferidas pela lei, as seguintes:*
> *I – receber reclamações e denúncias, de qualquer interessado, relativas aos membros do Ministério Público e dos seus serviços auxiliares;*
> *II – exercer funções executivas do Conselho, de inspeção e correição geral;*
> *III – requisitar e designar membros do Ministério Público, delegando-lhes atribuições e requisitar servidores de órgãos do Ministério Público.*

Conforme o § 5° do artigo 130-A, da Constituição Federal é importante ressaltar que:

> *Leis da União e dos Estados criarão ouvidorias do Ministério Público, competentes para receber reclamações e denúncias de qualquer interessado contra membros ou órgãos do Ministério Público, inclusive contra seus serviços auxiliares, representando diretamente ao Conselho Nacional do Ministério Público.*

O Presidente do Conselho Federal da Ordem dos Advogados do Brasil oficiará junto ao CNMP, cabendo a ele se pronunciar em todos os processos administrativos do referido órgão, podendo, ainda, efetuar as denúncias e reclamações que achar necessárias. Ressalte-se que o Presidente da OAB não faz parte do colegiado do CNMO, não podendo participar de suas decisões (art. 130-A, § 6°, CF).

Por intermédio de lei infraconstitucional, a União e os Estados criarão ouvidorias do Ministério Público, competentes para receber reclamações e denúncias de qualquer interessado contra membros ou órgãos do Ministério Público, inclusive contra seus serviços auxiliares, representando diretamente ao Conselho Nacional do Ministério Público (art. 130-A, § 7°, CF).

36.5. ORGANOGRAMA

Ministério Público

Órgãos

Ministério Público da União:

a) Ministério Público Federal;
b) Ministério Público do Trabalho;
c) Ministério Público Militar;
d) Ministério Público do Distrito Federal e Territórios

Ministério Público dos Estados

Princípios Institucionais

- unidade;
- indivisibilidade;
- independência funcional

Garantias

- vitaliciedade;
- inamovibilidade;
- irredutibilidade de salários

Vedações

- receber honorários, percentagens ou custas processuais;
- exercer a advocacia;
- participar de sociedade comercial;
- exercer outra função pública;
- exercer atividade político-partidária;
- receber auxílio ou contribuições de pessoas física, entidades públicas ou privadas.

37

ADVOCACIA PÚBLICA

Advocacia pública significa advogados que têm a missão de defender os interesses dos entes estatais, judicialmente ou extrajudicialmente, prestando-lhes assessoramento e consultoria. No âmbito federal, tal incumbência está adstrita à Advocacia-Geral da União e, na esfera estadual, às Procuradorias dos Estados-membros (art. 131, *caput, CF*).

Artigo 131 da Constituição verbera que:

> *A Advocacia-Geral da União é a instituição que, diretamente ou através de órgão vinculado, representa a União, judicial e extrajudicialmente, cabendo-lhe nos termos da lei complementar que dispuser sobre sua organização e funcionamento as atividades de consultoria e assessoramento jurídico do Poder Executivo.*

O Chefe da Advocacia-Geral da União é o Advogado-Geral da União, de livre nomeação pelo Presidente da República dentre cidadoas maiores de trinta e cinco anos de notável saber jurídico e reputação ilibada, ex vi do § 1° do artigo 131, da Constituição Federal.

Entretanto, o ingresso nas classes iniciais das carreiras da instituição se fará mediante concurso público de provas e títulos (§ 2°, art. 131, CF).

A Constituição, contudo assegurou que as cobranças da dívida ativa de natureza tributária ficarão sob a responsabilidade das Procuradorias-Gerais da Fazenda Nacional, conforme o § 3°, do artigo 131, CF).

Os Procuradores dos Estados e do Distrito Federal, organizados em carreira, na qual o ingresso dependerá de concurso público de provas e títulos, com a participação da Ordem dos Advogados do Brasil em todas as fases do certame, exercerão a representação judicial e a consultoria jurídica das respectivas unidades federadas (art. 132, CF).

A estabilidade dos procuradores estaduais e distritais se confirmará após três anos de efetivo exercício (parágrafo único, art. 132, CF).

O Governo Federal, por meio da Medida Provisória n° 1.587-7/98, convertida na Lei n° 9.651/98 proibiu o exercício da advocacia, fora das atribuições funcionais, aos ocupantes das carreiras jurídicas federais, como os advogados da União, os procuradores e advogados de autarquias e fundações públicas, os procuradores da Fazenda Nacional, os procuradores do Banco Central etc.

38

DA ADVOCACIA E DA DEFENSORIA PÚBLICA

O artigo 133 da Constituição Federal afirma que:

> *O advogado é indispensável à administração da justiça, sendo invioláveis por seus atos e manifestações no exercício da profissão, nos limites da lei.*

Os advogados do latim *advocatus* são indispensáveis à administração da justiça. Esta indis- pensabilidade do advogado provém do fato de que ele é o instrumento para eu os cidadãos possam ter restabelecidos os seus direitos afrontados.

A advocacia, ao ser inserido no bojo do texto constitucional passou a ser vista como um munus público, ou seja, deve servir como requisito para as funções essenciais à Justiça.

Para o exercício da advocacia o advogado terá que estar inscrito na Ordem dos Advogados do Brasil – OAB, sob pena de inexistência dos atos processuais praticados e das sanções penais cabíveis. O bacharel deverá ser submetido a uma prova na qual a capacidade do advogado será aferida.

A Ordem dos Advogados do Brasil foi criada pelo Decreto n° 19.408/1930. Anteriormente à lei os interesses eram defendidos pelo Instituto da Ordem dos Advogados Brasileiros, criado em 1843. A função da OAB transcende a defesa dos interesses dos seus associados, e se constituiu no repositório de lutas para a garantia da democracia, dos direitos fundamentais e dos predicativos do Estado Democrático de Direito.

Somente o advogado, inscrito na Ordem dos Advogados do Brasil possui o juspostulandi, ou seja, o direito de postular em juízo.

O artigo 134 da Constituição Federal trata da Defensoria Pública que foi implantada como forma de assegurar aos necessitados hipossuficientes, acesso à prestação jurisdicional em todos os graus. Esse órgão foi criado para assegurar o cumprimento do insculpido no artigo 5°, inciso LXXIV, da Constituição Federal que obriga o Estado a prestar assistência jurídica integral e gratuita aos que comprovarem insuficiência de recursos.

A prestação judiciária gratuita no Brasil se iniciou com as Ordenações Filipinas, em 1870, quando o Instituto dos Advogados do Brasil, sob a presidência de Nabuco de Araújo, corporificou ideias no sentido de defender e dar consultas gratuitas aos pobres. Com a proclamação da República, no Governo de Marechal Deodoro da Fonseca, o Ministro da Justiça foi autorizado a formar uma "comissão de patrocínio dos pobres para as ações criminais e civis". Contudo, as duas primeiras Constituições, a de 1824 e a de

1891 não previram a prestação de assistência judiciária gratuita aos pobres, vindo ela a ser assegurada na Constituição de 1943, voltando ao patamar constitucional de 1946.

As associações dos advogados de vários países europeus começaram a instituir jurisdicio- nal gratuita para os mais carentes a título de munus honorificum. Como o sistema precisava da boa vontade dos advogados ele não prosseguiu como desejado. A Inglaterra oferecia ao cidadão uma lista de advogados pagos pelo Estado. Nos Estados Unidos da América houve a contratação de advogados que montaram escritórios em bairros pobres e começaram a exercer a advocacia gratuitamente.

O § 1° do artigo 134, da Constituição Federal assegura que:

> *Lei Complementar organizará a defensoria pública da União e do Distrito Federal e dos Territórios e prescreverá normas gerais para sua organização nos Estados, em cargos de carreira, providos, na classe inicial, mediante concurso público de provas e títulos, assegurada a seus integrantes a garantia da inamovibilidade e vedado o exercício da advocacia fora das atribuições institucionais.*

A Lei n° 1.060/50 que regulamentou a prestação de assistência jurídica aos necessitados, dispunha que teriam direito à assistência gratuita os cidadãos que atestassem com apenas uma declaração de insuficiência de recursos, sua condição de miserabilidade, e esta teria valor absoluto. Agora, com a alteração do texto legal pela Lei n° 7.115/83 exige-se que o cidadão ao solicitar o auxílio da defensoria pública, comprove a sua insuficiência de recursos.

O § 2° do artigo 134 da Constituição Federal admite que:

> *Às defensorias Públicas Estaduais são asseguradas autonomia funcional e administrativa e a iniciativa de sua proposta orçamentária dentro dos limites estabelecidos na lei de diretrizes orçamentárias e subordinação ao disposto no artigo 99, § 2°.*

Foi assegurada às Defensorias Públicas autonomia funcional e administrativa, bem como iniciativa de elaborar sua proposta orçamentária. A outorga dessas prerrogativas garante a sua autogestão, permitindo a estruturação de seu trabalho. A garantia da autonomia funcional e administrativa das defensorias públicas estaduais se configura como uma primeira medida para torná-las eficazes, superando a situação de precariedade que caracteriza essa instituição em quase todos os Estados da federação.

Finalmente o artigo 135 da Constituição Federal afirma que: *"Os servidores integrantes das carreiras disciplinadas nas Seções II e III deste Capítulo serão remunerados na forma do art. 39, § 4°".*

39

DA DEFESA DO ESTADO E DAS INSTITUIÇÕES DEMOCRÁTICAS

Conturbações sociais podem desencadear necessidades ou justificativas para a supressão temporária de certos direitos fundamentais; trata-se de atuação interventiva estatal realizada de forma vinculada ao atendimento do interesse do Estado ou das instituições democráticas.

São medidas tomadas emergenciais e que atingem direitos fundamentais taxativamente indicados na Constituição Federal .

São medidas extremas tomas durante a vigência de crises, portanto, chamado de sistema constitucional de crises, vivenciando-se a legalidade extraordinária.

39.1. DO ESTADO DE DEFESA

O artigo 136 da Constituição Federal assegura que:

> *O Presidente da República pode, ouvidos o Conselho da República e o Conselho da Defesa Nacional decretar estado de defesa para preservar ou prontamente restabelecer, em locais restritos e determinados, a ordem pública ou a paz social ameaçadas por grave e iminente instabilidade institucional ou atingidas por calamidades de granes proporções na natureza.*

É uma situação em que se organizam medidas destinadas a debelar ameaças à ordem pública ou a paz social. O Estado de defesa corresponde à instauração de uma legalidade extraordinária, por certo tempo, em locais restritos e determinados, mediante decreto do Presidente da República, ouvidos o Conselho da República e o Conselho de Defesa Nacional. Apenas o comprometimento possível da ordem pública ou a paz social ameaçada por grave e iminente instabilidade institucional autorizam e legitimam a decretação do estado de defesa.

Os pressupostos para o Estado de Defesa são:

a) existência de grave e iminente instabilidade institucional que ameace a ordem pública ou a paz social;

b) calamidade de grandes proporções que atinja a ordem pública ou a paz social.

Conforme o § 1° do artigo 135:

> *O decreto que instituir o estado de defesa determinará o tempo de sua duração, especificará as áreas a serem abrangidas e indicará nos termos e limites da lei, as medidas coercitivas a vigorarem, dentro as seguintes: I – restrições aos*

direitos de: a) reunião, ainda que exercida no seio das associações; b) sigilo de correspondência; c) sigilo de comunicação telegráfica e telefônica; II – ocupação e uso temporário de bens e serviços públicos, na hipótese de calamidade pública, respondendo a Unia pelos danos e custos decorrentes.

O Estado de Defesa é ato privativo do Presidente da República, instituído por Decreto, após audiência com o Conselho da República e da Defesa Nacional. O Conselho da República é órgão superior de consulta do Presidente da República, e dele participam o Vice-Presidente, o Presidente da Câmara dos Deputados, o Presidente do Senado Federal, os lideres da maioria e minoria na Câmara e no Senado; o Ministro da Justiça e seis cidadãos brasileiros natos (art. 89, CF).

O Conselho da Defesa Nacional é órgão de consulta do Presidente da República (art. 91, CF) nos assuntos relacionados à soberania nacional e à defesa do Estado Democrático e dele participam como membros natos: o Vice-Presidente, os presidentes da Câmara dos Deputados e do Senado; o Ministro da defesa, os comandantes da Marinha, do Exército e da Aeronáutica e os Ministros da Justiça, das Relações Exteriores e do Planejamento. Ambos os Conselhos terão sua organização e funcionamento disciplinados por lei.

39.1.1. CONTROLE DO ESTADO DE DEFESA

Efetuam-se um controle político e um jurisdicional.

O controle político ocorre após baixar o decreto, o Presidente da República, no prazo de vinte e quatro horas, deverá enviá-lo acompanhado da respectiva justificativa, ao Congresso Nacional, que decidirá por maioria absoluta. Se o Congresso estiver em recesso, será convocado extraordinariamente no prazo de cinco dias (§§§ 4°, 5° e 6°, art. 136, CF). O Congresso Nacional deverá apreciar o decreto no prazo de dez dias contados de seu recebimento, devendo funcionar enquanto durar o Estado de Defesa.

Rejeitado o decreto, cessa imediatamente o estado de defesa, sem prejuízo da responsabilidade dos executores (§ 6°, art. 136, CF).

O controle político pode ser:

a) controle Político Concomitante, nos termos do artigo 140, A mesa do Congresso Nacional designará Comissão composta de cinco de seus membros (membros das Mesas do Senado e da Câmara dos Deputados) para acompanhar e fiscalizar a execução das medidas;

b) controle Político posterior, previsto no artigo 141, parágrafo único. Logo que cessar o estado de defesa, as medidas aplicadas na sua vigência serão relatadas pelo Presidente da República, em mensagem ao Congresso Nacional com relação nominal dos atingidos e indicação das restrições aplicadas. Se o Congresso não aceitar a justificativa, ficará caracterizado algum crime de responsabilidade, regulado pela Lei n° 1.079/50;

c) controle Jurisdicional, previsto no § 3° do artigo 136, da Constituição Federal onde quando houver prisão por crime contra o Estado, determinada pelo executor da medida, este a comunicará imediatamente ao juiz, que a relaxará se não for legal, facultado ao preso requerer exame de corpo de delito à autoridade policial, sendo a comunicação acompanhada de declaração do estado físico e mental do detido, no momento de sua autuação. A prisão ou detenção de qualquer pessoa, salvo determinada pelo Poder Judiciário, não poderá exceder a dez dias, e finalmente é vedada a incomunicabilidade do preso.

Durante o Estado de Defesa é constitucional a prisão, ainda que não em flagrante, efetuada sem ordem judicial. É uma exceção ao disposto no artigo 5° da Constituição Federal. É vedada a incomunicabilidade do preso e qualquer pessoa pode impetrar *habeas corpus* visando garantir a liberdade do detido.

39.2. ESTADO DE SÍTIO

O Estado de sítio consiste na instauração de uma legalidade extraordinária, por determinado tempo, e em certa área (que poderá ser território nacional inteiro), objetivando preservar ou restaurara a normalidade constitucional, perturbada por motivo de comoção grave de repercussão nacional ou por situação de beligerância com Estado estrangeiro.

O artigo 137 da Constituição estabelece que:

> *O Presidente da República pode, ouvidos o Conselho da República e o Conselho de Defesa Nacional, solicitar ao Congresso Nacional autorização para decretar o Estado de Sítio nos casos de:*
> *I – comoção grave de repercussão nacional ou ocorrência de fatos que comprovem a ineficácia de medida tomada durante o estado de defesa;*
> *II – declaração de estado de guerra ou resposta a agressão armada estrangeira.*

Parágrafo único:

> *O Presidente da República ao solicitar autorização para decretar o estado de sítio ou sua prorrogação, relatará os motivos determinantes do pedido, devendo o Congresso Nacional decidir por maioria absoluta.*

Os pressupostos de fundo para a decretação do estado de sítio conforme o preceituado constitucional é a comoção grave de repercussão nacional ou ocorrência de fatos que comprovem a ineficácia de medidas tomadas durante o estado de defesa: declaração de estado de guerra ou resposta a agressão armada estrangeira.

Comoção grave configura um estado de crise que seja de efetiva rebelião ou de revolução que ponha em perigo as instituições democráticas e a existência do governo fundado no consentimento popular.

O Estado de Sítio decretado com base no inciso I do artigo 137 da Constituição Federal só autoriza a imposição das medidas especificadas no artigo 139 da própria Carta Maior e pode ser prorrogado pelo Congresso Nacional quantas vezes forem necessárias.

O Estado de Sítio decretado com fundamento no inciso II do artigo 137 constitucional admite a suspensão de qualquer direito ou garantia constitucional, desde que prevista na autorização do Congresso Nacional. Não tem prazo predeterminado, (§ 1°, artigo 138, CF).

A Constituição condiciona a decretação do estado de sítio à aprovação prévia do Congresso

Nacional (controle político prévio), § 2°, artigo 138, CF.

Os controles exercidos são: a) o controle político também pode ser realizado de forma concomitante, pois a qualquer tempo o Congresso Nacional, que permanece em funcionamento durante toda a duração do período de exceção, pode suspender o estado de defesa ou o estado de sítio (art. 49, IV, CF); b) O controle jurisdicional concomitante se faz, sobretudo por intermédio do habeas corpus e do mandado de segurança, que serão analisados sob a luz das restrições autorizadas pela própria Constituição Federal (sob a luz da legalidade extraordinária).; c) O controle jurisdicional posterior é o mesmo previsto para o estado de defesa, pois os executores e agentes das medidas excepcionais poderão ser responsabilizados pelos ilícitos (principalmente excessos) eventualmente cometidos.

Conforme estabelece o artigo 139 da Constituição Federal algumas medidas podem ser aplicadas durante o estado de Sítio, são elas: I – obrigação de permanência em localidade determinada; II – detenção em edifícios não destinados a acusados ou condenados por crimes comuns; III – restrições relativas à inviolabilidade de correspondência, ao sigilo das comunicações, à prestação de informações e à liberdade de imprensa, radiodifusão e televisão, na forma da lei; IV – suspensão da liberdade de reunião; V – busca e apreensão em domicílio; VI – intervenção nas empresas de serviços públicos; VII – requisição de bens.

Se o Estado de Sítio for decretado em razão de guerra externa, quaisquer direitos e garantias podem ser suspensos. A Constituição Federal estabelece essa possibilidade genericamente no artigo 138.

Dispõe o artigo 141 da Constituição Federal terminado o estado de Defesa ou o Estado de Sítio, a autoridade que extrapolou nos seus direitos de restringir essas garantias poderá ser responsabilizada. As pessoas que sofreram qualquer tipo de prejuízo em virtude dessas arbitrariedades possuem direito a indenização.

39.3. ORGANOGRAMA

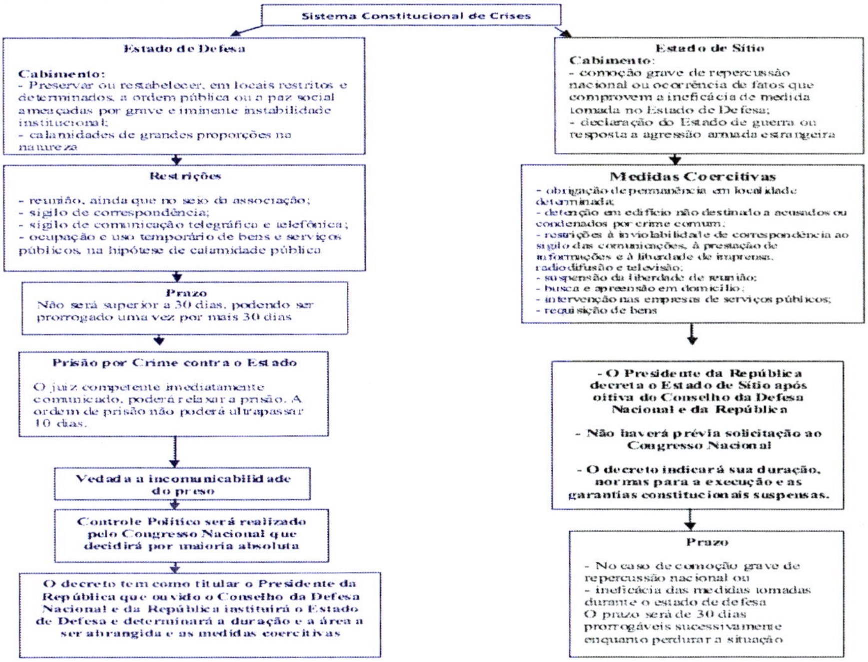

40

FORÇAS ARMADAS

A Constituição Federal disciplina as Forças Armadas no Capítulo II do Título V, que trata da defesa do Estado e Das Instituições Democráticas.

As Forças Armadas são instituições nacionais permanentes e regulares, organizadas com base na hierarquia e na disciplina, sob a autoridade suprema do Presidente da República. São integradas pela Marinha, pelo Exército e pela Aeronáutica e destinam-se à defesa da Pátria, à garantia dos poderes constitucionais e, por iniciativa de qualquer destes, da lei e da ordem.

As suas principais características são: a) instituições nacionais permanentes: não podem ser abolidas por emendas à Constituição; b) instituições regulares: devem contar com os efetivos necessários ao cumprimento de suas funções.

As funções das Forças Armadas são: a) defesa da pátria ou defesa militar da pátria: garantir a segurança externa do Estado (função ordinária); b) garantia dos poderes constitucionais: defender as instituições democráticas; c) garantia da lei e da ordem, desde que requisitadas por algum dos Poderes (função extraordinária).

Deve ser requisitado pelo Chefe do Poder Executivo Federal, pelo Chefe do Poder Judiciário nacional (presidente do Supremo Tribunal Federal) ou pelo Chefe do Poder Legislativo (Presidente da Mesa do Congresso Nacional) em caso de garantia da lei e da ordem.

Como princípios básicos as Forças Armadas possuem: a) hierarquia que consiste no vínculo e subordinação do poder militar. Nesse contexto, consiste na ordenação da autoridade, em diferentes níveis, dentro da estrutura das Forças Armadas; b) disciplina que é o poder que têm os superiores hierárquicos de impor condutas e dar ordens aos inferiores. Correlativamente, significa o dever de obediência dos inferiores em relação aos superiores. Declarar que as Forças Armadas são organizadas com base na disciplina vale dizer que são essencialmente obedientes, dentro dos limites legais a seus superiores.

O artigo 142 constitucional reza que:

> *As Forças Armadas constituídas pela Marinha, pelo Exército e pela Aeronáutica são instituições nacionais permanentes e regulares, organizadas com base na hierarquia e na disciplina, sob a autoridade suprema do Presidente da República, e destinam-se à defesa da Pátria, à garantia dos poderes constitucionais e, por iniciativa de qualquer destes, da lei e da ordem.*

§1° «Lei complementar estabelecerá as normas gerais a serem adotadas na organização no preparo e no emprego das Forças Armadas».

§ 2° do artigo 142 constitucional: «Não caberá habeas corpus em relação a punições disciplinares militares".

Os membros das Forças Armadas são denominados Militares, sendo-lhes aplicadas as seguintes disposições conforme o artigo 142, § 3° constitucional: I – as patentes, com prerrogativas, direitos e deveres a elas inerentes são conferidas pelo Presidente da República e asseguradas em plenitude aos oficiais da ativa, da reserva ou reformado, sendo-lhes privativos os títulos e postos militares e juntamente com os demais membros, o uso de uniformes da Forças Armadas; II – o militar em atividade que tomar posse em cargo ou emprego público civil permanente será transferido para a reserva, nos termos da lei; III – O militar da ativa que, de acordo com a lei, tomar posse em cargo, emprego ou função pública civil temporária, não eletiva, ainda que da administração indireta, ficará agregado ao respectivo quadro e somente poderá, enquanto permanecer nessa situação, ser promovido por antiguidade, contando-se-lhe o tempo de serviço apenas para aquela promoção e transferência para a reserva, sendo depois de dois anos de afastamento, contínuos ou não, transferido para a reserva, nos termos da lei; IV – ao militar são proibidas a sindicalização e a greve; V – o militar, enquanto em serviço ativo, não pode estar filiado a partidos políticos; VI – o oficial só perderá o posto e a patente se for julgado indigno do oficialato ou com ele incompatível, por decisão de tribunal militar de caráter permanente, em tempo de paz, ou de tribunal especial, em tempo de guerra; VII – o oficial condenado na justiça comum ou militar a pena privativa de liberdade superior a dois anos, por sentença transitada em julgado, será submetido ao julgamento previsto no inciso anterior; VIII – aplica-se aos militares o disposto no art. 7°, incisos VIII, XII, XVII, XVIII, XIX e XXV e no art. 37, incisos XI, XIII, XIV e XV; X – a lei disporá sobre o ingresso nas Forças Armadas, os limites de idade, a estabilidade e outras condições de transferência do militar para a inatividade, os direitos, os deveres, a remuneração, as prerrogativas e outras situações especiais dos militares, consideradas as peculiaridades de suas atividades, inclusive aquelas cumpridas por força de compromissos internacionais e de guerra.

Observe que o militar não poderá se sindicalizar ou participar de greve, tampouco não pode estar filiado a partidos políticos. Ainda o oficial condenado na justiça comum ou militar a pena privativa de liberdade superior a 2 anos por sentença transitada em julgado será submetido ao julgamento previsto no inciso anterior, pelo Tribunal Militar.

40.1. PRINCÍPIO DA OBRIGATORIEDADE DO SERVIÇO MILITAR

Por determinação do artigo 143 da Constituição Federal o serviço militar é obrigatório para todos, estando desobrigados os eclesiásticos e as mulheres em tempo de paz. A Lei nº 8.239/91, §§ **1°** e 2° dispõe sobre a prestação de serviço alternativo ao serviço militar obrigat

40.2. PRINCÍPIO DA NAÇÃO SEM ARMAS

Todos estão sujeitos a serem chamados ao serviço militar (homens, mulheres e eclesiásticos).

Todo nacional poderá ser chamado a integrar as fileiras das Forças Armadas em tempo de paz, para receber instrução militar básica, depois do que passa para a reserva, em tempo de guerra, para cumprir as missões necessárias. Assim, nas Forças Armadas contemporâneas, há um núcleo profissional: os oficiais superiores, e na paz, a maioria dos oficiais inferiores e suboficiais que enquadra e conduz os nacionais em armas.

40.3. DA CONDIÇÃO DE MILITAR

Em razão de sua destinação constitucional os membros das Forças Armadas compõem uma categoria especial de servidores da Pátria e são denominados militares.

Os militares encontram-se nas seguintes situações:

1) na ativa:

a) militares de carreira no desempenho voluntário e permanente do serviço militar, têm vitaliciedade assegurada e presumida;

b) militares incorporados às Forças Armadas para prestação de serviços militar inicial, durante os prazos previstos na legislação que trata do serviço militar, ou durante as prorrogações daqueles prazos;

c) militares componentes da reserva das Forças Armadas quando convocados, reincluídos, designados ou mobilizados;

d) os alunos de órgão de formação de militares da ativa e da reserva; e) em tempo de guerra todo cidadão brasileiro mobilizado para o serviço ativo nas Forças Armadas;

2) na inatividade:

a) os da reserva remunerada quando pertençam à reserva das Forças Armadas e percebam remuneração da União, porém sujeitos, ainda, à prestação de serviço na ativa, mediante convocação ou mobilizados;

b) os reformados quando tendo passado por uma das situações anteriores, estejam dispensados, definitivamente, da prestação de serviço na ativa, mas continuem a perceber remuneração da União.

A Lei Marcial que provém do latim *martiale*, de Marte, deus da guerra significa ao período em que as Forças Armadas são empregadas para a execução de leis.

41

SEGURANÇA PÚBLICA

O artigo 144 da Constituição Federal reza que:

> *A segurança pública, dever do Estado, direito e responsabilidade de todos, é exercida para a preservação da ordem pública e da incolumidade das pessoas e do patrimônio, através dos seguintes órgãos:*
> *I – polícia federal;*
> *II – polícia rodoviária federal;*
> *III – polícia ferroviária federal;*
> *IV – polícias civis;*
> *V – polícias militares e corpos de bombeiros militares.*

A Segurança Pública consiste na preservação da ordem pública interna. É realizada por meio da polícia federal, polícia rodoviária federal, polícia ferroviária federal, polícias civis, polícias militares e corpos de bombeiros militares.

Possui a Segurança Pública uma função negativa, a função de evitar a alteração da ordem

jurídica.

Quanto à finalidade é exercida para a preservação da ordem pública e da incolumidade das pessoas e do patrimônio (art. 144, CF).

A função policial se divide em: a) polícia ostensiva que é conhecida como a polícia administrativa ou preventiva e procura impedir a prática de infrações; b) polícia judiciária que também é repressiva, investigatória, atua após a ocorrência do crime, realizando as investigações necessárias para a aplicação da sanção aos delinquentes.

A polícia federal será instituída por lei federal como órgão permanente, organizado e mantido pela União e estrutura em carreira. Além de polícia comum possui duas ramificações: a) polícia rodoviária federa; b) polícia ferroviária federal. Estas são de funções restritas, são funções de patrulhamento, policiamento ostensivo das rodovias e ferrovias, embora não lhes sejam vedadas atividades de inteligência que garantam bons resultados para o patrulhamento. Elas não realizam investigações.

A Polícia federal comum tem as seguintes atribuições: 1) atuar com exclusividade e realizando trabalhos de polícia Judiciária da União; 2) atuar de forma cumulativa com outras polícias: a) na preservação e repressão ao tráfico ilícito de entorpecentes; b) nos casos de contrabando e descaminho; c) na apuração de infrações de interesse da Administração Pública Federal, nas infrações que exijam uma ação uniforme em todo o território nacional (crime organizado).

A Polícia Civil tem como principal função o exercício em nível estadual, da polícia judiciária e a apuração de infrações penais, exceto as militares. Por fornecer ao Ministério Público e ao Poder Judiciário os elementos necessários à punição dos culpados, é denominada polícia repressiva. Deve ser dirigida por Delegados de polícia de carreira. Subordinam-se ao Governado do Estado ou do Distrito Federal.

A polícia militar atua no âmbito estadual, realizando o policiamento ostensivo, bem como a preservação da ordem pública (polícia administrativa). É a polícia preventiva. Também se subordina aos Governadores dos Estados ou do Distrito Federal. As Polícias Militares e os Bombeiros Militares são forças auxiliares e reserva do Exército.

O Corpo de Bombeiro Militar e os policiais militares, além de exercerem funções típicas constituem força reservas e forças auxiliares das Forças Armada. Embora subordinados aos Governadores, podem, em caso de guerra, ser incorporados às Forças Armadas e passam a responder ao Chefe das Forças Armadas (Presidente da República).

A guarda Municipal não consta do rol dos órgãos responsáveis pelo Segurança Pública. No entanto o § 8° do artigo 144 da Constituição Federal verbera que:

> *Os Municípios poderão constituir guardas municipais destinadas à proteção de seus bens, serviços e instalações, conforme dispuser a lei.*

A lei disciplinará a organização e o funcionamento dos órgãos responsáveis pela segurança pública, de maneira a garantir a eficiência de suas atividades. A remuneração dos servidores policiais integrantes dos órgãos relacionados no art. 144 será fixada na forma do § 4° do art. 39 (art. 144, §§ 7° e 9° ambos da Constituição Federal).

O Decreto n° 5.289/04 disciplina a organização e o funcionamento da administração pública federal, para desenvolvimento do programa de cooperação federativa, denominado Força Nacional de Segurança Pública – FNSP.

42

DA TRIBUTAÇÃO E DO ORÇAMENTO

O artigo 145, da Constituição Federal estabelece que:

> *A União, os Estados, o Distrito Federal, e os Municípios poderão instituir os seguintes tributos: I – impostos; II – taxas, em razão do exercício do poder de polícia ou pela utilização, efetiva ou potencial, de serviços públicos específicos e divisíveis, prestados ao contribuinte ou postos a sua disposição; III – contribuição de melhoria, decorrente de obras públicas.*

O Sistema Constitucional tributário é o conjunto de normas relativas às bases constitucionais da tributação.

Para Uadi Lamêgo Bulos o sistema constitucional tributário não é um amontoado de normas. Jamais deve ser compreendido em tiras, fatias ou pedaços, pois os seus elementos encontram-se predispostos em inter-relação e interdependência,

A Constituição de 1867 foi a primeira a consagrar as bases constitucionais da tributação, engloba o sistema tributário nacional, que vai do artigo 145 ao artigo 162 da Carta Maior. Nela estão abrangidos: a) os princípios gerais de tributação; b) os limites do poder de tributar; c) os tributos das entidades federadas; e d) a repartição das receitas tributárias.

A Constituição Federal de acordo com o autor citado (2007, p. 1183) não definiu a categoria nuclear do sistema constitucional tributário: o tributo deixando isto para o Código Tributário Nacional, no artigo 3º que assim diz: *"Tributo é toda prestação pecuniária compulsória, em moeda ou cujo valor nela se possa exprimir, que não constitua sanção de ato ilícito, instituída em lei e cobrada mediante atividade administrativa plenamente vinculada".*

Saliente-se que o Código Tributário Nacional é do ano de 1966 e foi adaptado ao direito tributário da Constituição de 1988.

O Sistema Tributário Nacional apresenta-se como um conjunto de princípios e normas relacionadas à questão do tributo, tratando-se de modalidades tributárias integradas e regidas pela Constituição, leis complementares e, no limite de competências específicas, dispostas em leis federais, estaduais e municipais.

Portanto, resumindo o tributo definido no artigo 3º do CTN (Código Tributário Nacional) citado é um dever constitucional fundamental, assim como outros deveres previstos na *Lex Legum*. Encontra limites nas liberdades públicas, por meio de imunidades, vedações de privilégios e de confisco (art. 150, CF), balizando-se em princípios gerais e específicos, a exemplo do pórtico genérico do custo-benefício (art. 145, II e III, CF) e do vetor específico da capacidade contributiva (art. 154, § 1º, CF). Seu escopo é suportar os gastos e despesas essenciais do Estado, sendo proibido seu emprego para suprir necessidade ou cobrir déficit de empresas, fundações ou fundos (art. 167, VII, CF). Não visa o mister puramente extrafiscal, sendo instituído mediante atividade legislativa específica (arts. 145, 148, 149, 150, I e § 6º, 153, 154, 155 e 156, todos da CF) que não se confunde com a competência genérica de fazer leis (art. 5º, II, e 48, CF).

A Constituição Federal, portanto, aborda três temas, quais sejam: a) limitações constitucionais do poder de tributar; b) discriminação constitucional de rendas; c) repartição das receitas tributárias que veremos oportunamente.

42.1. TRIBUTOS DO SISTEMA CONSTITUCIONAL

O artigo 145, Constituição já citado elenca os seguintes tributos:

> 1) Impostos;
> 2) Taxas, em razão do exercício do poder de polícia ou pela utilização, efetiva ou potencial, de serviços públicos específicos e divisíveis, prestados ao contribuinte ou postos a sua disposição;
> 3) Contribuição de melhoria, decorrente de obras públicas

Atualmente vigora o critério quadripartite de enquadramento do tributo, tendência essa que se prenunciou a partir da Emenda Constitucional nº. 1/69 quando outras contribuições, além das de melhoria, ingressaram no ordenamento constitucional (art. 21, § 2º, CF).

O Constituinte de 1988 previu:

> **a) Discriminação de rendas por fonte** (União, Estados, distrito Federal e Municípios) exerce **competência tributária exclusiva**, por fonte. É a própria Carta política que indica, expressamente, o tributo que cada uma dessas esferas governamentais deve instituir (art. 153 a 156, CF);
> **b) Discriminação das receitas tributárias pelo produto.** União, Estados Distrito Federal e Municípios repartem, uns com os outros, a sua receita tributária (art. 157 a 162, CF).
> **c) Competência tributária comum, ou seja,** a União, os Estados, o Distrito Federal e os Municípios podem instituir taxas e contribuições de melhoria (art. 145, II e III, CF);
> **d) Competência tributária residual.** Instituídos, exclusivamente pela União, por meio de lei complementar, ele não têm fato gerador nem base de cálculo igual aos demais impostos discriminados na Carta Maior e não podem ser cumulativos (art. 154, I, CF). Os impostos extraordinários também aí se enquadram (art. 154, II, CF)

A Constituição Federal definiu as competências tributárias exclusiva, comum e residual que são insuscetíveis de mudança.

Portanto, tributo é o gênero do qual são espécies as categorias de impostos, taxas e contribuição de melhoria e os empréstimos compulsórios (art. 148, CF) e as contribuições sociais (art. 149, CF).

Por meio do tributo o Estado obtém dinheiro para a satisfação de suas necessidades e finalidades. Trata-se de receita derivada, já que, além desta, existe a receita originária, que é a que o Estado afere dos seus próprios recursos, da venda de seus bens, do exercício de sua própria atividade, como se indivíduo fosse conforme a legislação tributária pátria

O tributo é utilizado como uma formulação para o alcance de uma política econômica e social do Estado.

Vejamos a jurisprudência a seguir que ilustra os ditames deste capítulo.

42.1.1. JURISPRUDÊNCIA

RE 229096 / RS – RIO GRANDE DO SUL
RECURSO EXTRAORDINÁRIO
Relator (a): Min. ILMAR GALVÃO
Julgamento: 16/08/2007 Órgão Julgador: Tribunal Pleno
DJe-065 DIVULG 10-04-2008 PUBLIC 11-04-2008
EMENT VOL-02314-05 PP-00985
RECTE: CENTRAL RIOGRANDENSE DE AGROINSUMOS LTDA
RECDO: ESTADO DO RIO GRANDE DO SUL
Ementa
EMENTA: DIREITO TRIBUTÁRIO. RECEPÇÃO PELA CONSTITUIÇÃO DA REPÚBLICA DE 1988 DO ACORDO GERAL DE TARIFAS E COMÉRCIO. ISENÇÃO DE TRIBUTO ESTADUAL PREVISTA EM TRATADO INTERNACIONAL FIRMADO PELA REPÚBLICA FEDERATIVA DO BRASIL. ARTIGO 151, INCISO III, DA CONSTITUIÇÃO DA REPÚBLICA. ARTIGO 98 DO CÓDIGO TRIBUTÁRIO NACIONAL. NÃO CARACTERIZAÇÃO DE ISENÇÃO HETERÔNOMA. RECURSO EXTRAORDINÁRIO CONHECIDO E PROVIDO. 1. A isenção de tributos estaduais prevista no Acordo Geral de Tarifas e Comércio para as mercadorias importadas dos países signatários quando o similar nacional tiver o mesmo benefício foi recepcionada pela Constituição da República de 1988. 2. O artigo 98 do Código Tributário Nacional "possui caráter nacional, com eficácia para a União, os Estados e os Municípios" (voto do eminente Ministro Ilmar Galvão). 3. No direito internacional apenas a República Federativa do Brasil tem competência para firmar tratados (art. 52, § 2º, da Constituição da República), dela não dispondo a União, os Estados-membros ou os Municípios. O Presidente da República não subscreve tratados como Chefe de Governo, mas como Chefe de Estado, o que descaracteriza a existência de uma isenção heterônoma, vedada pelo art. 151, inc. III, da Constituição. 4. Recurso extraordinário conhecido e provido.

42.2. IMPOSTOS

Para definirmos impostos teremos que recorrer ao Código Tributário Nacional no artigo 16 que assim dispõe: "tributo cuja obrigação tem por fato gerador uma situação independente de qualquer atividade estatal específica".

Para melhor esclarecimentos e à uma interpretação literal o imposto é uma exação (exigência) não vinculada, uma exigência cujo fato gerador não se liga a uma atividade estatal específica relativa ao contribuinte ou por ele provocada. Independe de contraprestação específica.

O artigo 145, § 1º da Constituição Federal que dispõe acerca do princípio da personalização e da capacidade contributiva sempre que possível os impostos devem ter caráter pessoal e ser graduados de acordo com a capacidade econômica do contribuinte. A fim de da eficácia a esse princípio, faculta-se à Administração, respeitados os direitos individuais e os termos da lei, identificar os rendimentos do contribuinte, seu patrimônio e suas atividades econômicas.

Por fim destaca-se que imposto cuja obrigação tem por fato gerador uma situação independente de qualquer atividade estatal específica, relativa ao contribuinte. No imposto não há nenhuma contraprestação estatal com visas à sua cobrança; trata-se de tributo classificado por Kildare Gonçalves Carvalho[1] como não-vinculado, eis que sua instituição independe de qualquer participação ou intervenção do Estado relativamente ao contribuinte. O fato que ensejará sua cobrança (fato gerador) vem descrito na lei, bastando que o contribuinte realize o nela descrito para se sujeitar à incidência do imposto.

Para José Afonso da Silva[2] imposto é o tributo cuja obrigação tem por fato gerador uma situação independente de qualquer atividade estatal específica em favor ou relativa ao contribuinte. Isso quer dizer que o imposto é uma prestação pecuniária que incide sobre fatos descritos em lei só pela atuação do contribuinte. Daí provém os diferentes tipos de impostos discriminados nos arts. 153, 155 e 156 todos da Constituição Federal.

42.2.1. JURISPRUDÊNCIA

ADI-MC 1655 / AP – AMAPÁ
MEDIDA CAUTELAR NA AÇÃO DIRETA DE INCONSTITUCIONALIDADE
Relator (a): Min. MAURÍCIO CORRÊA
Julgamento: 10/09/1997 Órgão Julgador: TRIBUNAL PLENO

---

1 CARVALHO, Kildare Gonçalves. *Direito Constitucional. Teoria do Estado e da Constituição. Direito Constitucional Positivo*. 11ª ed. BELO HORIZONTE: DEL REY. 2005, p. 779.

2 SILVA, José Afonso. *Curso de Direito Constitucional Positivo*. 9ª ed. SÃO PAULO: MALHEIROS 1992 p. 598.

> DJ 24-10-1997 PP-54156 EMENT VOL-01888-01 PP-00144
> REQTE. : GOVERNADOR DO ESTADO DO AMAPÁ
> REQDA. : ASSMEBLÉIA LEGISLATIVA DO ESTADO O AMAPÁ
> Ementa
> E M E N T A: AÇÃO DIRETA DE INCONSTITUCIONALIDADE. TRIBUTÁRIO. IPVA. ISENÇÃO CONCEDIDA A VEÍCULOS DESTINADOS À EXPLORAÇÃO DOS SERVIÇOS DE TRANSPORTE ESCOLAR, DEVIDAMENTE REGULARIZADOS JUNTO À COOPERATIVA DE TRANSPORTES ESCOLARES DO MUNICÍPIO DE MACAPÁ. LEI Nº. 351 DO ESTADO DO AMAPÁ, DE INICIATIVA PARLAMENTAR. INCONSTITUCIONALIDADE: ART. 150, II DA CONSTITUIÇÃO FEDERAL. PLAUSIBILIDADE DA TESE JURÍDICA SUSTENTADA. LIMINAR DEFERIDA. Isenção do Imposto sobre a Propriedade de Veículos Automotores concedida pelo Estado-Membro aos proprietários de veículos destinados à exploração dos serviços de transporte escolar no Estado do Amapá, devidamente regularizados junto à Cooperativa de Transportes Escolares do Município de Macapá – COOTEM. Tratamento desigual entre contribuintes que se encontram em situação equivalente. Violação ao princípio da igualdade e da isonomia tributária. Art. 150, II da Constituição Federal. Medida liminar deferida.

42.2.2. IMPOSTOS FEDERAIS DA COMPETÊNCIA DA UNIÃO

Os impostos federais são os da competência tributária exclusiva da União. A União possui ainda a competência residual para instituir impostos extraordinários por motivo de guerra (art. 154, II, CF), poderá cobrar os empréstimos compulsórios (art. 148, CF) e as contribuições sociais (art. 149, CF).

O artigo 153 da Constituição Federal estabelece que:

> Compete à União instituir impostos sobre: I – importação de produtos estrangeiros; II – exportação, para o exterior, de produtos nacionais ou nacionalizados; III – renda e proventos de qualquer natureza; IV – produtos industrializados; V – operações de crédito, câmbio e seguro, ou relativas a títulos ou valores mobiliários; VI – propriedade territorial rural; VII – grandes fortunas, nos termos de lei complementar.

42.2.2.1. IMPOSTO DE IMPORTAÇÃO DE PRODUTOS ESTRANGEIROS

O imposto de Importação está previsto no artigo 153, I da Constituição Federal.

É um imposto de tributação de comércio exterior, utilizados como instrumentos de política econômica. Sua alíquota pode ser flexibilizada pelo Poder Executivo Federal.

42.2.2.1.1. JURISPRUDÊNCIA

> RE-AgR 443384 / ES – ESPÍRITO SANTO
> AG. REG. NO RECURSO EXTRAORDINÁRIO

Relator (a): Min. GILMAR MENDES
Julgamento: 30/10/2007 Órgão Julgador: Segunda Turma
DJe-152 DIVULG 29-11-2007 PUBLIC 30-11-2007
DJ 30-11-2007 PP-00109 EMENT VOL-02301-05 PP-00904
AGTE. (S): DM MOTORS DO BRASIL LTDA E OUTRO (A/S)
AGDO. (A/S): UNIÃO
Ementa
EMENTA: Agravo regimental em recurso extraordinário. 2. Imposto de importação. Decretos nos 1.427, 1.471 e 1.490, de 1995. Majoração de alíquota. Legalidade. Precedentes. 3. Agravo regimental a que se nega provimento.

42.2.2.2. *IMPOSTO DE EXPORTAÇÃO*

O imposto de Exportação está expresso no artigo 153, II da Constituição Federal e é um imposto de tributação do comércio exterior utilizado como instrumento de política econômica. Sua alíquota pode ser também flexibilizada pelo Poder Executivo Federal.

42.2.2.2.1. *JURISPRUDÊNCIA*

RE-AgR-ED 234954 / AL – ALAGOAS
EMB.DECL. NO AG. REG. NO RECURSO EXTRAORDINÁRIO
Relator (a): Min. MAURÍCIO CORRÊA
Julgamento: 03/06/2003 Órgão Julgador: Segunda Turma
DJ 24-10-2003 PP-00026 EMENT VOL-02129-02 PP-00615
EMBTE. (S): UNIÃO
EMBDO. (A/S): MENDO SAMPAIO S/A
Ementa
EMENTA: EMBARGOS DE DECLARAÇÃO NO AGRAVO REGIMENTAL NO RECURSO EXTRAORDINÁRIO. CONSTITUCIONAL. TRIBUTÁRIO. IMPOSTO DE EXPORTAÇÃO. FATO GERADOR. SISTEMA INTEGRADO DE COMÉRCIO EXTERIOR – SISCOMEX. ERRO MATERIAL. INEXISTÊNCIA. Exportação. Registro no sistema integrado de comércio exterior – SISCOMEX. Fato gerador. Ocorrência antes da edição das Resoluções 2112/94 e 2136/94, que majoraram a alíquota do tributo. Impossível a retroatividade desses diplomas normativos para alcançar as operações de exportação já registradas. Precedentes. Controvérsia acerca da existência de distinção entre Registro de Venda e Registro de Exportação. Erro material. Inexistência. Embargos de declaração rejeitados.

42.2.2.3. *IMPOSTO DE RENDA E PROVENTOS DE QUALQUER NATUREZA (IR)*

O artigo 153, III da Constituição trata do Imposto de Renda e Proventos de qualquer natureza.

Trata-se de um imposto que é o mais rentável de todos. Nele se configura toda a disponibilidade econômica e o rendimento de capital das pessoas físicas e jurídicas. Adquiriu posição constitucional na Constituição

Federal de 1934. Informa-se pelos critérios da generalidade, da universalidade e da progressividade, nos termos da lei.

42.2.2.3.1. JURISPRUDÊNCIA

RE-AgR 452930 / DF – DISTRITO FEDERAL
AG. REG. NO RECURSO EXTRAORDINÁRIO
Relator (a): Min. EROS GRAU
Julgamento: 17/06/2008 Órgão Julgador: Segunda Turma
DJe-142 DIVULG 31-07-2008 PUBLIC 01-08-2008
EMENT VOL-02326-06 PP-01204
AGTE. (S): EULALIA ALVES DOS SANTOS E OUTRO(A/S)
AGDO. (A/S): UNIÃO
Ementa
EMENTA: AGRAVO REGIMENTAL NO RECURSO EXTRAORDINÁRIO. TRIBUTÁRIO. IMPOSTO DE RENDA. TABELAS. CORREÇÃO MONETÁRIA. IMPOSSIBILIDADE. AUSÊNCIA DE PREVISÃO LEGAL. 1. O Supremo Tribunal Federal fixou jurisprudência no sentido de que a correção monetária, em matéria fiscal, é sempre dependente de lei que a preveja, não sendo facultado ao Poder Judiciário aplicá-la onde a lei não a determina, sob pena de substituir-se ao legislador. Precedentes. Agravo regimental a que se nega provimento.

42.2.2.4. IMPOSTO SOBRE PRODUTOS INDUSTRIALIZADOS (IPI)

Este imposto é tratado no artigo 153, IV da Constituição Federal.

Cuida da tributação industrial, regendo-se pelos princípios da não-cumulatividade e seletividade. O Poder Executivo pode alterar suas alíquotas por decreto, já que seus valores integram a composição dos preços por produtos tributados. O § 1º do artigo 153 verbera que: "É facultado ao Poder Executivo, atendidas as condições e os limites estabelecidos em lei, alterar as alíquotas dos impostos enumerados nos incisos I, II, IV e V".

A partir da Emenda Constitucional nº. 42/2003, a lei também passou a reduzir seu impacto sobre a aquisição de bens de capital.

42.2.2.4.1. JURISPRUDÊNCIA

RE-AgR 487739 / RS – RIO GRANDE DO SUL
AG. REG. NO RECURSO EXTRAORDINÁRIO
Relator (a): Min. GILMAR MENDES
Julgamento: 01/04/2008 Órgão Julgador: Segunda Turma
DJe-070 DIVULG 17-04-2008 PUBLIC 18-04-2008
EMENT VOL-02315-05 PP-01196
AGTE. (S): COOPERATIVA DE PRODUTORES DE CANA, AÇÚCAR E ÁLCOOL DO ESTADO DE SÃO PAULO LTDA – COPERSUCAR E OUTRO (A/S)
AGDO. (A/S): UNIÃO
Ementa
EMENTA: Agravo regimental em recurso extraordinário. 2. Imposto sobre

Produto Industrializado (IPI). Operação relativa a açúcar de cana. Alíquota. Lei no 8.393/91. Constitucionalidade. Precedentes. 3. Agravo regimental a que se nega provimento.

42.2.2.5. IMPOSTO SOBRE OPERAÇÕES FINANCEIRAS (IOF)

Trata-se de um imposto expresso no artigo 153, V da Constituição Federal e recai sobre operações de crédito, câmbio e seguro. Funciona como instrumento de política monetária. O Poder Executivo pode alterar suas alíquotas, ajustando-o à conjuntura inflacionária e à política de câmbio. Enquadra-se ao caso a tributação do ouro, quando definido em lei como ativo financeiro ou instrumento cambial (§ 5º, art. 153, CF).

Súmulas pertinentes ao caso do Eg. Superior Tribunal Federal:

Súmula 664: "É inconstitucional o inciso V do artigo 1º da Lei 8.033/1990, que instituiu a incidência do imposto nas operações de crédito, câmbio e seguros – IOF sobre saques efetuados em caderneta de poupança".

42.2.2.5.1. JURISPRUDÊNCIA

RE-AgR 243191 / SP – SÃO PAULO
AG. REG. NO RECURSO EXTRAORDINÁRIO
Relator (a): Min. JOAQUIM BARBOSA
Julgamento: 24/10/2006 Órgão Julgador: Segunda Turma
DJ 16-02-2007 PP-00074
EMENT VOL-02264-03 PP-00567
AGTE. (S): DIVA GIORDANO RICCÓ
AGDO. (A/S): UNIÃO
Ementa
EMENTA: AGRAVO REGIMENTAL. IMPOSTO SOBRE OPERAÇÕES FINANCEIRAS (IOF), NA MODALIDADE EMISSÃO, TRANSMISSÃO, PAGAMENTO OU RESGATE DE TÍTULOS OU VALORES MOBILIÁRIOS. CONSTITUCIONALIDADE DO ART. 1º, I, DA LEI 8.033/1990. A decisão agravada está em perfeita consonância com o entendimento firmado pelo Supremo Tribunal Federal no julgamento do RE 223.144. Agravo regimental

42.2.2.6. IMPOSTO SOBRE A PROPRIEDADE TERRITORIAL RURAL (ITR)

O Imposto sobre a Propriedade Territorial Rural está expresso no artigo 153, VI da Constituição Federal. Serve de instrumento auxiliar da política agrícola. É um tributo progressivo cujas alíquotas são fixadas em sentido contrário às propriedades improdutivas, que não cumpram sua função social (art. 184, CF). Não é cobrado nas pequenas glebas rurais, definidas em lei, exploradas pelo proprietário que não tem outro imóvel conforme o artigo 153, §4º da Constituição Federal:

O imposto previsto no inciso VI do caput:

> I – será progressivo e terá suas alíquotas fixadas de forma a desestimular a manutenção de propriedades improdutivas;
> II – não incidirá sobre pequenas glebas rurais, definidas em lei, quando as explore o proprietário que não possua outro imóvel;
> III – será fiscalizado e cobrado pelos Municípios que assim optarem, na forma da lei, dede que não implique redução do imposto ou qualquer outra forma de renúncia fiscal.

A Súmula 595 do Supremo Tribunal Federal verbera que: "É inconstitucional a taxa municipal de conservação de estradas de rodagem cuja base de cálculo seja idêntica à do imposto territorial rural".

42.2.2.6.1. JURISPRUDÊNCIA

> MS 24573 / DF – DISTRITO FEDERAL
> MANDADO DE SEGURANÇA
> Relator (a): Min. GILMAR MENDES
> Relator (a) p/ Acórdão: Min. EROS GRAU
> Julgamento: 12/06/2006 Órgão Julgador: Tribunal Pleno
> DJ 15-12-2006 PP-00081
> EMENT VOL-02260-01 PP-00160
> IMPTE. (S): ESTÁCIO DE SOUZA LEÃO FILHO
> IMPDO. (A/S): PRESIDENTE DA REPÚBLICA
> Ementa
> EMENTA: CONSTITUCIONAL. REFORMA AGRÁRIA. DESAPROPRIAÇÃO. MANDADO DE SEGURANÇA. LEGITIMIDADE DO CO-HERDEIRO PARA IMPETRAÇÃO [ART. 1º, § 2º, DA LEI N. 1.533/51]. SAISINE. MÚLTIPLA TITULARIDADE. PROPRIEDADE ÚNICA ATÉ A PARTILHA. ALTERAÇÃO DE JURISPRUDÊNCIA. ART. 46, § 6º, DO ESTATUTO DA TERRA. FINALIDADE ESTRITAMENTE TRIBUTÁRIA. FINALIDADE DO CADASTRO NO SNCR-INCRA. CONDOMÍNIO. AUSÊNCIA DE REGISTRO IMOBILIÁRIO DE PARTES CERTAS. UNIDADE DE EXPLORAÇÃO ECONÔMICA DO IMÓVEL RURAL. ART. 4º, I, DO ESTATUTO DA TERRA. VIABILIDADE DA DESAPROPRIAÇÃO. ART. 184, DA CONSTITUIÇÃO DO BRASIL. 2. Qualquer dos co-herdeiros é, à luz do que dispõe o art. 1º, § 2º, da Lei n. 1.533/51, parte legítima para a propositura do writ. 3. A saisine torna múltipla apenas a titularidade do imóvel rural, que permanece uma única propriedade até que sobrevenha a partilha [art. 1.791 e parágrafo único do vigente Código Civil]. 4. A finalidade do art. 46, § 6º, do Estatuto da Terra [Lei n. 4.504/64] é instrumentar o cálculo do coeficiente de progressividade do Imposto Territorial Rural – ITR. O preceito não deve ser usado como parâmetro de dimensionamento de imóveis rurais destinados à reforma agrária, matéria afeta à Lei n. 8.629/93. 5 A existência de condomínio sobre o imóvel rural não impede a desapropriação-sanção do art. 184 da Constituição do Brasil, cujo alvo é o imóvel rural que não esteja cumprindo sua função social. Precedente [MS n. 24.503, Relator o Ministro MARCO AURÉLIO, DJ de 05.09.2003]. 6. O cadastro efetivado pelo SNCR-INCRA possui caráter declaratório e tem por finalidade: i] o levantamento de dados necessários à aplicação dos critérios de lançamentos fiscais atribuídos ao INCRA e à

> concessão das isenções a eles relativas, previstas na Constituição e na legislação específica; e ii] o levantamento sistemático dos imóveis rurais, para conhecimento das condições vigentes na estrutura fundiária das várias regiões do País, visando à provisão de elementos que informem a orientação da política agrícola a ser promovida pelos órgãos competentes. 7. O conceito de imóvel rural do art. 4º, I, do Estatuto da Terra, contempla a unidade da exploração econômica do prédio rústico, distanciando-se da noção de propriedade rural. Precedente [MS n. 24.488, Relator o Ministro EROS GRAU, DJ de 03.06.2005]. 8. O registro público prevalece nos estritos termos de seu conteúdo, revestido de presunção iuris tantum. Não se pode tomar cada parte ideal do condomínio, averbada no registro imobiliário de forma abstrata, como propriedade distinta, para fins de reforma agrária. Precedentes [MS n. 22.591, Relator o Ministro MOREIRA ALVES, DJ de 14.11.2003 e MS n. 21.919, Relator o Ministro CELSO DE MELLO, DJ de 06.06.97]. Segurança denegada.

42.2.2.7. IMPOSTO SOBRE GRANDES FORTUNAS (IGF)

O artigo 153, VII da Constituição Federal trata deste imposto que até hoje não foi legislado. Deverá ser instituído por lei complementar, que deve definir-lhe o fato gerador e a base de cálculo, visa redistribuir rendas no Brasil. Na Espanha e na França é chamado de imposto sobre o luxo e sobre os grandes patrimônios.

42.2.3. IMPOSTOS ESTADUAIS E DISTRITAIS DE COMPETÊNCIA DOS ESTADOS E DO DISTRITO FEDERAL

Assegura o artigo 155 da Constituição Federal:

> Compete aos Estados e ao Distrito Federal instituir impostos sobre: I – transmissão causa mortis e doação, de quaisquer bens ou direitos; II – operações relativas à circulação de mercadorias e sobre prestações de serviços de transporte interestadual e intermunicipal e de comunicação, ainda que as operações e as prestações se iniciem no exterior; II – propriedade de veículos automotores.

Os impostos estaduais e distritais são da competência tributária exclusiva dos Estados e do Distrito Federal. No que diz respeito ao Distrito Federal cabe-lhe também os impostos municipais conforme preleciona o artigo 32 § 1º da Constituição Federal: "Ao Distrito Federal são atribuídas as competências legislativas reservadas aos Estados e Municípios".

Cabem ainda ao Distrito Federal as taxas de polícia e de serviços, a contribuição de iluminação pública e as receitas tributárias repartidas ao Fundo de Participação dos Estados (art. 147, 155, 159, I, "a", II e seus parágrafos todos da Constituição Federal).

42.2.3.1. IMPOSTO CAUSA MORTIS E DOAÇÃO

Os impostos *causa mortis* e doação é aquele que tem como fato gerador a transmissão, a causa de morte ou doação de quaisquer bens ou direitos. No Brasil a cobrança destes impostos iniciou-se com o Alvará de 17 de junho de 1809, com a décima da herança, ou do legado. A Carta de 1988, nos passos da Emenda Constitucional nº. 5, de 1962, separaram o imposto *causa mortis* do *inter vivos*, deixando este último na órbita municipal. O imposto *causa mortis* e doação pertence ao Estado da situação do bem, em se tratando de bens imóveis. Caso sejam bens móveis, títulos de crédito compete ao Estado onde se processar o inventário ou arrolamento, ou tiver domicílio o doador (art. 155, § 1º, I e II, CF), vejamos: "§ 1º, art. 155:

> O imposto previsto no inciso I: I – relativamente a bens imóveis e respectivos direitos, compete ao Estado da situação do bem ou ao distrito Federal; II – relativamente a bens móveis, títulos e créditos, compete ao Estado onde se processar o inventário ou arrolamento, ou tiver domicílio o doador, ou ao Distrito Federal.

Ainda o inciso III do § 1º do artigo 155 estabelece que:

> Terá a competência para sua instituição regulada por lei complementar: a) se o doador tiver domicílio ou residência no exterior; b) se o de cujus possuía bens, era residente ou domiciliado ou teve o seu inventário processado no exterior, e finalmente verbera o inciso IV do citado dispositivo constitucional que: "terá suas alíquotas máximas fixadas pelo Senado Federal". Verifica-se que estas alíquotas não poderão ser progressivas.

A Súmula 113/STF reza que: "O imposto de transmissão causa mortis é calculado sobre o valor dos bens na data da avaliação".

Ainda a Súmula 114/STF: "O imposto de transmissão causa mortis não é exigível antes da homologação do cálculo".

Segue a Súmula 115/STF: "Sobre os honorários do advogado contratado pelo inventariante, com a homologação do juiz, não incide o imposto de transmissão *causa mortis*".

A Súmula 331/STF: "É legítima a incidência do imposto de transmissão *causa mortis* no inventário por morte presumida".

42.2.3.1.1. JURISPRUDÊNCIA

RE-AgR 218086 / PE – PERNAMBUCO
AG. REG. NO RECURSO EXTRAORDINÁRIO
Relator (a): Min. SYDNEY SANCHES
Julgamento: 08/02/2000 Órgão Julgador: Primeira Turma
DJ 17-03-2000 PP-00021 EMENT VOL-01983-04 PP-00804
AGTE. : ESTADO DE PERNAMBUCO
Ementa

> EMENTA: – DIREITO CONSTITUCIONAL TRIBUTÁRIO E PROCESSUAL CIVIL. RECURSO EXTRAORDINÁRIO: ALÍQUOTA DO IMPOSTO DE TRANSMISSÃO "*CAUSA MORTIS*" E "INTER VIVOS" (DOAÇÃO), NO ESTADO DE PERNAMBUCO. ALEGAÇÃO DE OFENSA AO ART. 155, I, DA CONSTITUIÇÃO FEDERAL. 1. Como salientado na decisão agravada, "inexistem as alegadas ofensas ao artigo 155 e 1º da Carta Magna Federal, porquanto o acórdão recorrido não negou que o Estado-membro tenha competência para instituir impostos estaduais, nem que o Senado seja competente para fixar a alíquota máxima para os impostos de transmissão "mortis causa" e de doação, mas, sim, sustentou corretamente que ele, por força do artigo 150, I, da Carta Magna só pode aumentar tributo por lei estadual específica e não por meio de lei que se atrele genericamente a essa alíquota máxima fixada pelo Senado e varie posteriormente com ela, até porque o princípio da anterioridade, a que está sujeita essa lei estadual de aumento, diz respeito ao exercício financeiro em que ela haja sido publicada e não, "per relacionem", à resolução do Senado que aumentou o limite máximo da alíquota". 2. Precedentes de ambas as Turmas do STF, no mesmo sentido. 3. Agravo improvido.

42.2.3.2. IMPOSTO SOBRE CIRCULAÇÃO DE MERCADORIAS E SERVIÇOS (ICMS)

Verbera o artigo 155, II da Constituição já transcrito que compete aos Estados e ao Distrito Federal instituir impostos sobre operações relativas à circulação de mercadorias sobre prestações de serviços de transporte interestadual e intermunicipal e de comunicação, ainda que as operações e as prestações se iniciem no exterior.

O § 2º do artigo 155 estabelece que:

> O imposto previsto no inciso II atenderá o seguinte: I – será não-cumulativo, compensando-se o que for devido em cada operação relativa à circulação de mercadorias ou prestação de serviços como o montante cobrado nas anteriores pelo mesmo ou outro Estado ou pelo Distrito Federal; Ii – a isenção ou não-incidência, salvo determinação em contrário da legislação: a) não implicará crédito para a compensação como o montante devido nas operações ou prestações seguintes; b) acarretará a anulação do crédito relativo às operações anteriores; III – não poderá ser seletivo, em função da essencialidade das mercadorias e dos serviços; IV – resolução do Senado Federal, de iniciativa do Presidente da República ou de um terço dos Senadores, aprovada pela maioria absoluta de seus membros, estabelecerá as alíquotas aplicáveis às operações e prestações, interestaduais e de exportação; V- é facultado ao Senado Federal: a) estabelecer alíquota mínima nas operações internas, mediante resolução de iniciativa de um terço e aprovada pela maioria absoluta de seus membros; b) fixar alíquotas máximas nas mesmas operações para resolver conflito específico que envolva interesse de Estados, mediante resolução de iniciativa da maioria absoluta e aprovada por dois terços de seus membros; VI – salvo deliberação em contrário dos Estados e do Distrito Federal, nos termos do disposto no inciso XII, g, as alíquotas internas, nas operações relativas à circulação de mercadorias e nas prestações de serviços, não poderão ser inferiores às previstas para as operações

> interestaduais; VII – em relação às operações e prestações que destinem bens e serviços ao consumidor final localizado em outro Estado, adortar-se-á: a) a alíquota interestadual, quando o destinatário não for contribuinte dele. B) a alíquota interna, quando o destinatário não for contribuinte dele; VIII – na hipótese da alínea a do inciso anterior caberá ao Estado da localização do destinatário o imposto Correspondente à diferença entre a alíquota interna e a interestadual; IX – incidirá também: a) sobre a entrada de bem ou mercadoria importados do exterior por pessoa física ou jurídica, ainda que não seja contribuinte habitual do imposto, qualquer que seja a sua finalidade, assim como sobre serviço prestado no exterior, cabendo o imposto ao Estado onde estiver situado o domicílio ou o estabelecimento do destinatário da mercadoria, bem ou serviço; b) sobre o valor total da operação, quando mercadorias forem fornecidas com serviços não compreendidos na competência tributária dos Municípios; X – não incidirá: a) sobre operações que destinem mercadorias para o exterior, nem sobre serviços prestados a destinatários no exterior, assegurada a manutenção e o aproveitamento do montante do imposto cobrado nas operações e prestações anteriores; b) sobre operações que destinem a outros Estados petróleo, inclusive lubrificante, combustíveis líquidos e gasosos dele derivados e energia elétrica; c) sobre o ouro, nas hipóteses definidas no art. 153, § 5º; d) nas prestações de serviço de comunicação nas modalidades de radiodifusão sonora e de sons e imagens de recepção livre e gratuita; XI – não compreenderá em sua base de cálculo, o montante do imposto sobre produtos industrializados, quando a operação realizada entre contribuintes e relativa ao produto destinado à industrialização ou à comercialização, configure fato gerador dos dois impostos..."

Informa este princípio pelos princípios da não-cumulatividade e da seletividade, incidindo sobre: a) entrada de bens ou mercadoria importados do exterior por pessoa física ou jurídica, ainda que não seja contribuinte habitual do imposto, qualquer que seja a sua finalidade, assim como sobre o serviço prestado no exterior, cabendo o imposto ao Estado onde estiver situado o domicílio ou o estabelecimento do destinatário da mercadoria, bem ou serviço; b) o valor total da operação, quando mercadorias forem fornecidas com serviços não compreendidos na competência tributária dos Municípios.

Não incidirá os princípios da não-cumulatividade e da seletividade o imposto no caso de: a) operações que destinem mercadorias para o exterior, nem sobre serviços prestados a destinatários no exterior, assegurada a manutenção e o aproveitamento do montante do imposto cobrado nas operações e prestações anteriores; b) operações que destinem a outros Estados petróleo, inclusive lubrificantes, combustíveis líquidos e gasosos dele derivados, e energia elétrica; c) ouro, nas hipóteses definidas no artigo 153, § 5º, da Constituição Federal: "As regras necessárias à aplicação do disposto no § 4º, inclusive as relativas à apuração e à destinação do imposto, serão estabelecidas mediante deliberação dos Estados e do Distrito Federal, nos termos do § 2º, XII, g".

Seguem abaixo as Súmulas do Supremo Tribunal Federal pertinentes ao tema ICMS:

Súmula 574/STF: "Sem lei estadual que a estabeleça é ilegítima a cobrança do imposto de circulação de mercadorias sobre o fornecimento de alimentação e bebida em restaurante ou estabelecimento similar".
Súmula 662/STF: "É legítima a incidência do ICMS na comercialização de exemplares de obras cinematográficas, gravados em fitas de videocassete".
Súmula 573/STF: "Não constitui fato gerador do imposto de circulação de mercadorias a saída física de máquinas, utensílios e implementos a título de comodato".

42.2.3.1. JURISPRUDÊNCIA

RE 191454 / SP – SÃO PAULO
RECURSO EXTRAORDINÁRIO
Relator (a): Min. SEPÚLVEDA PERTENCE
Órgão Julgador: Primeira Turma
DJ 08-06-1999 PP-00046
EMENT VOL-01957-04 PP-00824
RECTE: ESTADO DE SÃO PAULO
RECDO. : SCREEN VIDEO LTDA
Ementa
I. Recurso extraordinário e recurso especial: interposição simultânea: inocorrência, na espécie, de prejuízo do extraordinário pelo não conhecimento ou negativa de seguimento do especial. II. Recurso extraordinário: prequestionamento: a interposição pertinente de embargos declaratórios satisfaz a exigência (Súmula 356) ainda que a omissão não venha a ser suprida pelo Tribunal a quo. Precedente (RE 210.638, DJ 19.6.98, Pertence). III. ICMS: incidência: comercialização, mediante oferta ao público, de fitas para "videocassete" gravadas em série. Tal como sucede com relação a programas de computador ou software (cf. RE 176626 Pertence, 11.12.98), a fita de vídeo pode ser o exemplar de uma obra oferecido ao público em geral – e nesse caso não seria lícito negar-lhe o qualificativo de mercadoria -, ou o produto final de um serviço realizado sob encomenda, para atender à necessidade específica de determinado consumidor, hipótese em que se sujeita à competência tributária dos municípios. Se há de fato, comercialização de filmes para "videocassete", não se caracteriza para fins de incidência do ISS a entrega do serviço

42.2.3.4. IMPOSTO SOBRE PROPRIEDADE DE VEÍCULOS AUTOMOTORES (IPVA)

O imposto sobre propriedade de veículos automotores está insculpido no artigo 155, III da Constituição Federal já expresso anteriormente.

Este imposto Estadual tem alíquotas mínimas fixadas pelo Senado Federal, as quais, a depender do tipo e uso do veículo, submetem-se a uma diferenciação.

42.2.3.4.1. JURISPRUDÊNCIA

> **RE**-AgR 414259 / MG – MINAS GERAIS
> AG. REG. NO RECURSO EXTRAORDINÁRIO
> Relator (a): Min. EROS GRAU
> Julgamento: 24/06/2008 Órgão Julgador: Segunda Turma
> DJe-152 DIVULG 14-08-2008 PUBLIC 15-08-2008
> EMENT VOL-02328-05 PP-00931
> AGTE. (S): DROGARIA ARAÚJO S/A E OUTRO (A/S)
> AGDO. (A/S): ESTADO DE MINAS GERAIS
> Ementa
> EMENTA: AGRAVO REGIMENTAL NO RECURSO EXTRAORDINÁRIO. IPVA. LEI ESTADUAL. ALÍQUOTAS DIFERENCIADAS EM RAZÃO DO TIPO DO VEÍCULO. 1. Os Estados-membros estão legitimados a editar normas gerais referentes ao IPVA, no exercício da competência concorrente prevista no artigo 24, § 3º, da Constituição do Brasil. 2. Não há tributo progressivo quando as alíquotas são diferenciadas segundo critérios que não levam em consideração a capacidade contributiva. Agravo Regimental a que se nega provimento.

42.2.4. IMPOSTO MUNICIPAIS DE COMPETÊNCIA DOS MUNICÍPIOS

Os impostos Municipais estão descritos no artigo 156 da Constituição Federal:

> Compete aos Municípios instituir impostos sobre: I – propriedade predial e territorial urbana; II – transmissão inter vivos, a qualquer título, por ato oneroso, de bens imóveis, por natureza ou acessão física, e de direitos reais sobre imóveis, exceto os de garantia, bem como cessão de direitos a sua aquisição; III – serviços de qualquer natureza, não compreendidos no art. 155, II, definidos em lei complementar.

42.2.4.1. IMPOSTO SOBRE A PROPRIEDADE PREDIAL E TERRITORIAL URBANA (IPTU)

O artigo 156, I já descrito da Constituição Federal dispõe sobre o Imposto sobre a Propriedade Predial e Territorial Urbana que se trata do gravame fiscal da propriedade urbana imóvel, com ou sem edificação. Sem prejuízo a progressividade no tempo a que se refere o artigo 182, § 4º, II, da *Lex Mater*, o IPTU poderá ser progressivo em razão do valor do imóvel e ter alíquotas diferentes de acordo com a localização e o uso do imóvel (art. 156, §1º, CF).

A Súmula 668/STF: "É inconstitucional a lei municipal que tenha estabelecido antes da Emenda Constitucional nº. 29/2000, alíquotas progressivas para o IPTU, salvo se destinada a assegurar o cumprimento da função social da propriedade urbana".

Segue a Súmula 539/STF: "É constitucional a lei do município que reduz o imposto predial urbano sobre imóvel ocupado pela residência do proprietário que não possua outro".

42.2.4.1.1. JURISPRUDÊNCIA

RE-AgR 338589 / ES – ESPÍRITO SANTO
AG. REG. NO RECURSO EXTRAORDINÁRIO
Relator (a): Min. EROS GRAU
Julgamento: 24/06/2008 Órgão Julgador: Segunda Turma
DJe-152 DIVULG 14-08-2008 PUBLIC 15-08-2008
EMENT VOL-02328-04 PP-00819
AGTE. (S): MUNICÍPIO DE VITÓRIA
AGDO. (A/S): ESPÓLIO DE MANASSÉS BALIEIRO DINIZ
Ementa
EMENTA: AGRAVO REGIMENTAL NO RECURSO EXTRAORDINÁRIO. IPTU. PROGRESSIVIDADE EXTRAFISCAL. ARTIGO 182, § 4º, II, DA CONSTITUIÇÃO DO BRASIL. 1. A cobrança do IPTU progressivo para fins extrafiscais, hipótese prevista no artigo 182, § 4º, inciso II, da CB/88, somente se tornou possível a partir da edição da Lei n. 10.257/01 [Estatuto da Cidade]. Agravo regimental a que se nega provimento.

42.2.4.2. IMPOSTO DE TRANSMISSÃO INTER VIVOS (ITBI)

O artigo 156, II da Constituição Federal estabelece o imposto de transmissão *inter vivos* e que tem como fato gerador a transmissão inter vivos, a qualquer título, por ato oneroso, de bens imóveis, por natureza ou acessão física, e de direitos reais sobre imóveis, exceto os de garantia, bem como cessão de direitos a sua aquisição. Esse imposto não incide sobre a transmissão de bens ou direitos incorporados ao patrimônio de pessoa jurídica em realização de capital, nem sobre a transmissão de bens ou direitos decorrentes de fusão, incorporação, cisão ou extinção de pessoa jurídica, salvo se, nesses casos, a atividade preponderante do adquirente for a compra e venda desses bens ou direitos, locação de bens imóveis ou arrendamento mercantil (art. 156, § 2º, I, CF). O imposto de transmissão *inter vivos* compete ao Município da situação do bem. Quando o imóvel situar-se no território de dois ou mais Municípios, a tributação deve ser proporcional à área e às benfeitorias em cada qual situadas.

Súmula 656/STF: "É inconstitucional a lei que estabelece alíquotas progressivas para o imposto de transmissão inter vivos de bens imóveis – ITBI com base no valor venal do imóvel".

42.2.4.2.1. JURISPRUDÊNCIA

AI-AgR 603309 / MG – MINAS GERAIS
AG. REG. NO AGRAVO DE INSTRUMENTO
Relator (a): Min. EROS GRAU
Julgamento: 18/12/2006 Órgão Julgador: Segunda Turma
DJ 23-02-2007 PP-00030
EMENT VOL-02265-08 PP-01552
AGTE. (S): MUNICÍPIO DE BELO HORIZONTE

AGDO. (A/S): ALYNE DE MATTEO VAZ E OUTRO (A/S)
Ementa
EMENTA: AGRAVO REGIMENTAL NO AGRAVO DE INSTRUMENTO. MATÉRIA INFRACONSTITUCIONAL. OFENSA INDIRETA À CONSTITUIÇÃO DO BRASIL. CONTRATO DE COMPROMISSO DE COMPRA E VENDA. NÃO-INCIDÊNCIA DO ITBI. 1. Controvérsia decidida à luz de normas infraconstitucionais. Ofensa indireta à Constituição do Brasil. 2. A celebração de contrato de compromisso de compra e venda não gera obrigação ao pagamento do ITBI. Agravo regimental a que se nega provimento.

42.2.4.3. IMPOSTO SOBRE QUALQUER NATUREZA (ISS)

Incluído no artigo 156, III da Constituição Federal remonta à Emenda nº. 18/65 à Carta de 1946. Cumpre à lei complementar indicar os serviços tributáveis pelo ISS, bem como fixar suas alíquotas máximas e mínimas, excluir da sua incidência exportações de serviços para o exterior e regular a forma e as condições como as isenções, os incentivos e os benefícios fiscais serão concedidos e revogados (art. 156, § 3º, CF)

42.2.4.3.1. JURISPRUDÊNCIA

RE-AgR 239360 / MG – MINAS GERAIS
AG. REG. NO RECURSO EXTRAORDINÁRIO
Relator (a): Min. EROS GRAU
Julgamento: 17/06/2008 Órgão Julgador: Segunda Turma
DJe-142 DIVULG 31-07-2008 PUBLIC 01-08-2008
EMENT VOL-02326-05 PP-01031
AGTE. (S): MUNICÍPIO DE BELO HORIZONTE
AGDO. (A/S): CONSTRUTORA SAVANA LTDA E OUTRA
Ementa
EMENTA: AGRAVO REGIMENTAL NO RECURSO EXTRAORDINÁRIO. ISS. ARTIGO 9º, § 2º, DO DECRETO-LEI N. 406/68. CONSTRUÇÃO CIVIL. 1. O preceito veiculado pelo § 2º do artigo 9º do Decreto-lei n. 406/68 não define isenção tributária, dizendo respeito exclusivamente à base de cálculo do ISS na hipótese de atividades de construção civil. Preceito recebido pela Constituição do Brasil. Precedentes. Agravo Regimental a que se nega provimento.

São, portanto, segundo o artigo 153 da Constituição Federal os impostos Federais: o imposto de importação (II) , imposto de exportação (IE), imposto de renda e proventos de qualquer natureza (IR), imposto sobre produtos industrializados (IPI) , imposto sobre operações financeiras (IOF), imposto sobre a propriedade territorial rural (ITR), e o imposto sobre grandes fortunas (IGF). Os impostos dos Estados e Distrito Federal conforme o artigo 155 do Diploma Maior são: imposto *causa mortis* e doação (ITCMD), imposto sobre circulação de mercadorias e serviços (ICMS), e, finalmente os impostos Municipais são: Imposto sobre a propriedade predial e territorial urbana (IPTU), imposto de transmissão intervivos (ITBI) e imposto sobre serviços de qualquer natureza (ISS). Ao Distrito Federal conforme o artigo 32 § 1 da Carta Política: Ao Distrito Federal são atribuídas as competências legislativas reservadas aos Estados e Municípios.

Com isso o Distrito Federal acumula a arrecadação dos Estados e Municípios conforme prelecionado constitucionalmente.

42.3. TAXAS

Taxas são tributos cuja obrigação tem por fato gerador o exercício do poder de polícia ou a utilização, efetiva ou potencia, de serviços públicos específicos e divisíveis, prestados ao contribuinte ou postos às sua disposição. À diferença do imposto, como se nota, o fato gerador da taxa é uma situação dependente de atividade estatal: o exercício do poder de polícia ou a oferta de serviço público ao contribuinte. São cobrados pela União, Estados, Distrito Federal e Municípios em razão dos respectivos poderes de polícia ou dos respectivos serviços públicos prestados ou postos à disposição do contribuinte, conforme determina o artigo 77 do Código tributário pátrio, assim vejamos:

O artigo 77 do Código Tributário Nacional verbera que:

> As taxas cobradas pela União, pelos Estados, pelo Distrito Federal ou pelos Municípios, no âmbito de suas respectivas atribuições, têm como fato gerador o exercício regular do poder de polícia, ou a utilização, efetiva ou potencial, de serviço público específico e divisível, prestado ao contribuinte ou posto à sua disposição.
>
> Parágrafo único. A taxa não pode ter base de cálculo ou fato gerador idênticos aos que correspondam a imposto, nem ser calculada em função do capital das empresas.

Ainda conceitua o artigo 78 do citado Código Tributário Nacional (CTN) que:

> Considera-se poder de polícia atividade da administração pública que, limitando ou disciplinando direito, interesse ou liberdade, regula a prática de ato ou abstenção de fato, em razão de interesse público concernente à segurança, à higiene, à ordem, aos costumes, à disciplina da produção e do mercado, ao exercício de atividades econômicas dependentes de concessão ou autorização do Poder Público, à tranqüilidade pública ou ao respeito à propriedade e aos direitos individuais ou coletivos.
>
> Parágrafo único. Considera-se regular o exercício do poder de polícia quando desempenhado pelo órgão competente nos limites da lei aplicável, com observância do processo legal e, tratando-se de atividade que a lei tenha como discricionária, sem abuso ou desvio de poder.

A taxa é um tributo contraprestacional segundo Bulos[3], posto que vinculado a uma prestação estatal específica em favor do contribuinte. É cobrada pela prestação de serviços públicos ou pelo exercício do poder de polícia.

Trata-se de um tributo vinculado, pois ao contrário do imposto, sua cobrança depende de uma atividade do Estado, ou em razão do exercício do poder de polícia, ou em decorrência da prestação efetiva ou potencial, de um serviço público conforme o Código Tributário Nacional.

O serviço público deve ser específico e divisível. Considera-se específico aquele serviço que pode ser destacado em unidade autônoma, e divisível o que é suscetível de utilização individual pelo contribuinte, não se confundindo com os serviços gerais.

Não se exige para a cobrança de taxa, que o contribuinte tenha-se utilizado efetivamente do serviço proporcionado pelo Estado: basta que tal serviço seja colocado à disposição do usuário.

42.3.1. JURISPRUDÊNCIA

> AI-AgR 489449 / RJ – RIO DE JANEIRO
> AG. REG. NO AGRAVO DE INSTRUMENTO
> Relator (a): Min. CEZAR PELUSO
> Julgamento: 23/10/2007 Órgão Julgador: Segunda Turma
> DJe-147 DIVULG 22-11-2007 PUBLIC 23-11-2007
> DJ 23-11-2007 PP-00097 EMENT VOL-02300-05 PP-00883
> AGTE. (S): MUNICÍPIO DO RIO DE JANEIRO
> AGDO. (A/S): EDMÉA DE SAN TIAGO DANTAS E OUTRO (A/S)
> Ementa
> EMENTA: RECURSO. Extraordinário. Inadmissibilidade. Controle difuso ou incidental de inconstitucionalidade. Leis municipais do Rio de Janeiro. Instituição de IPTU com alíquotas progressivas e de taxas de iluminação pública e de coleta de lixo e limpeza. Inconstitucionalidade declarada. Pretensão de atribuição de efeitos ex nunc. Contrariedade a jurisprudência assentada pelo Supremo. Seguimento negado a agravo de instrumento. Improvimento ao agravo regimental. Inaplicabilidade do art. 27 da Lei nº. 9.868/99. Não se conhece de recurso extraordinário tendente a atribuir efeitos ex nunc a declaração incidental de inconstitucionalidade de leis municipais do Rio de Janeiro que instituíram IPTU com alíquotas progressivas e taxas de iluminação pública, de coleta de lixo e de limpeza urbana.

42.4. CONTRIBUIÇÃO DE MELHORIA

A contribuição de melhoria (artigo 145, III, CF) é um tributo cuja obrigação tem por fato gerador a valorização de imóveis do contribuinte em decorrência da execução de obras públicas pela União, Estados, Distrito Federal ou Municípios.

---

3 BULOS, Uadi Lamêgo. Curso de Direito Constitucional, 2009, p. 1283.

O artigo 81 do Código Tributário Nacional define que:

> A contribuição de melhoria cobrada pela União, pelos Estados, pelo Distrito Federal ou pelos Municípios, no âmbito de suas respectivas atribuições, é instituída para fazer face ao custo de obras públicas de que decorra valorização imobiliária, tendo como limite total a despesa realizada e como limite individual o acréscimo de valor que da obra resultar para cada imóvel beneficiado.

A Contribuição de Melhoria segundo Agra[4] é decorrente dos benefícios proporcionados por obras públicas, realizadas pela União, Estado, Municípios e pelo Distrito Federal, no âmbito de suas atribuições. Dois são os requisitos para sua existência: a) realização de uma obra pública; b) que ela tenha acarretado uma valorização do imóvel.

Trata-se de tributo com identidade econômica própria, pois implica, necessariamente, na abordagem simultânea da receita e da despesa (obra pública) que a justifica. Em conseqüência, permite, ou exige procedimentos peculiares, radicalmente diversos daqueles aplicados aos impostos e às taxas: pode-se dizer que constitui quase um orçamento isolado, pois a concretização da obra, implícita no lançamento coerente do Tributo, implica em gasto de montante equivalente de recursos financeiros.

Outra peculiaridade deste tributo refere-se aos contribuintes, espacialmente delimitados pela própria natureza de seu fundamento (o benefício diferencial que, concretamente se refletirá em aumento de valor dos imóveis afetados pela obra).

42.4.1. JURISPRUDÊNCIA

RE 191495 / SP – SÃO PAULO
RECURSO EXTRAORDINÁRIO
Relator (a): Min. SYDNEY SANCHES
Julgamento: 15/12/1998 Órgão Julgador: Primeira Turma
DJ 08-10-1999 PP-00057 EMENT VOL-01966-02 PP-00408
RECTE. : ANTONIO RIBEIRO DE ANDRADE FILHO E OUTROS
RECDO. : COMPANHIA DE DESENVOLVIMENTO ECONOMICO DE MARILIA – CODEMAR
Ementa

EMENTA: – DIREITO CONSTITUCIONAL, ADMINISTRATIVO, COMERCIAL E PROCESSUAL CIVIL. OBRA PÚBLICA, DE INTERESSE DE PARTICULARES, REALIZADA POR SOCIEDADE DE ECONOMIA MISTA. COBRANÇA. MEDIANTE DUPLICATAS DE PRESTAÇÃO DE SERVIÇOS. CONCORDÂNCIA DOS INTERESSADOS, NO CONTRATO. ADMISSIBILIDADE. RECURSO EXTRAORDINÁRIO. 1. Os autores, ora recorrentes, concordaram com a prestação de serviços a ser feita pela recorrida, empresa de economia mista, bem assim com o preço por ela estipulado, responsabilizando-se pelo respectivo pagamento. 2. No julgamento do R.E. nº 150.507, não se

4 AGRA, Walber de Moura. Curso de Direito Constitucional 2ª Ed. 2007, p. 619.

mencionou essa concordância, de sorte que não pode ser invocado para a solução do caso presente. 3. Em caso análogo que coincide com a reproduzida nestes autos, a 1a. Turma desta Corte, no R.E. nº. 236.310-3- SP, relatado pelo Ministro SEPÚLVEDA PERTENCE, por votação unânime, decidiu, a 14.12.1998: "EMENTA: Obra pública: o particular que assumiu por contrato a obrigação de ressarcir a sociedade de economia mista executora dos custos de obra pública de seu interesse, não pode opor à validade da obrigação livremente contraída a possibilidade, em tese, da instituição para a hipótese de contribuição de melhoria." 4. Adotando-se, então, os fundamentos deduzidos nesse precedente, cuja matéria de fato e de direito coincide com a focalizada no acórdão extraordinariamente recorrido e considerando-se que, por isso mesmo, este não violou normas constitucionais, como a do art. 18, II, da E.C. n 1/69, o R.E. Resta não conhecido.

42.5. EMPRÉSTIMOS COMPULSÓRIOS

O artigo 148 da Constituição Federal vaticina que:

> A União, mediante lei complementar, poderá instituir empréstimos compulsórios: I – para atender a despesas extraordinárias, decorrentes de calamidade pública, de guerra externa ou sua iminência; II – no caso de investimento público de caráter urgente e de relevante interesse nacional, observado o disposto no art. 150, II, b.
>
> Parágrafo único: "A aplicação dos recursos provenientes de empréstimos compulsórios será vinculada à despesa que fundamentou sua instituição".

Somente na hipótese dos empréstimos compulsórios referentes no inciso II, do artigo 148 é que não se dispensa a exigência do princípio da anterioridade, o que vem reforçado pelo disposto no § 1º do artigo 153. O empréstimo compulsório é tributo que só pode ser instituído por lei complementar pela União, veda-se aos Estados e Municípios sua criação.

O empréstimo compulsório só pode ser instituído pela União, mediante lei complementar no caso de investimento público de caráter urgente e de relevante interesse nacional ou para atender a despesas extraordinárias, decorrentes de calamidade pública, de guerra externa ou sua iminência.

O empréstimo compulsório para investimento não poderá ser cobrado no mesmo exercício financeiro em que haja sido publicada a lei que o houver instituído. Um dos requisitos de legitimidade deste empréstimo é a urgência do investimento que financiará, mas a Constituição, incoerentemente, impede sua arrecadação imediata, ao vedar sua cobrança no mesmo exercício de sua instituição. O empréstimo, para os fins do art. 148, I, não está sujeito a essa limitação.

A Constituição, como as anteriores, não submeteu o empréstimo compulsório ao conceito de tributo ao dizer que a União, os Estados, o Distrito Federal e os Municípios poderão instituir os seguintes tributos, só indicou como tal, os impostos, as taxas e as contribuições de melhoria. Não incluiu aí o empréstimo compulsório. A teoria dominante, no entanto, o tem como um tipo de imposto; portanto, há de considerar normal não o ter inscrito no art. 145, CF, de vez que, segundo essa opinião, já se encontra no conceito de imposto.´

42.5.1. JURISPRUDÊNCIA

> AI-AgR 618070 / RS – RIO GRANDE DO SUL
> AG. REG. NO AGRAVO DE INSTRUMENTO
> Relator (a): Min. SEPÚLVEDA PERTENCE
> Julgamento: 06/02/2007 Órgão Julgador: Primeira Turma
> DJ 02-03-2007 PP-00034
> EMENT VOL-02266-06 PP-01262
> AGTE. (S): CENTRAIS ELÉTRICAS BRASILEIRAS S/A – ELETROBRÁS
> AGDO. (A/S): INDUSTRIAL COPICROMO E REVESTIMENTOS LTDA
> Ementa
> EMENTA: 1. Empréstimo compulsório sobre energia elétrica instituído pela L. 4.156/61: exigibilidade, nos termos do art. 34, § 12, ADCT (RE 146.615, Corrêa, Pleno, 30.6.95). 2. Recurso extraordinário: descabimento: questões relativas ao prazo de prescrição dos créditos da agravada, à incidência da correção monetária, aos juros e à taxa Selic, de âmbito infraconstitucional; alegada ofensa aos dispositivos constitucionais dados como violados, que, se houvesse, seria indireta ou reflexa: incidência do princípio da Súmula 636. 3. Agravo regimental manifestamente infundado: condenação da agravada ao pagamento de multa, nos termos do art. 557, § 2º, C.Pr.Civil.

42.6. CONTRIBUIÇÕES ESPECIAIS

Conforme dispõe o artigo 145, III e 149 ambos da Constituição Federal:

> Compete exclusivamente à União instituir contribuições sociais, de intervenção no domínio econômico e de interesse das categorias profissionais econômicas, como instrumento de sua atuação nas respectivas áreas, observado o disposto nos arts. 146, III e 150, I e III e sem prejuízo do previsto no art. 195, § 6º, relativamente à contribuições a que alude o dispositivo.

As Contribuições especiais são tributos destinados à realização de obras e serviços públicos indivisíveis, cobrados para beneficiar determinado grupo social. Equivalem a um terceiro gênero, pois se situam entre os impostos e taxas. São próximos aos impostos pois podem ser cobrados a partir do momento que o legislador as prevê, independentemente da vontade de o contribuinte desejar pagá-las ou não. Em contrapartida, deles se distanciam, pois, para serem cobradas, é preciso existir uma relação custo/benefício. Assemelham-se às taxas, em virtude da divisibilidade de ambas. Todavia, delas se apartam porque são cobradas a título contributivo.

Para Uadi Lamêgo Bulos[5] as contribuições sociais não são apenas as de melhoria (art. 145, III, CF). A despeito da dificuldade de serem classificadas e da insegurança do Supremo Tribunal Federal nesse particular, prossegue o autor citado, podemos extrair da própria constituição Federal o seguinte catálogo de contribuições especiais: a) contribuições de melhoria já falada acima; b) contribuições sociais (art. 149, caput, CF) que são contribuições devidas pela seguridade social e outros benefícios na área social, assegurados pelo Estado. Funciona como forma de financiamento direto da seguridade e dos direitos sociais. Ultimamente ampliou seu campo de atuação, abrangendo a modalidades de financiamento indireto e anômalo, como a COFINS, a CSLL e a CPMF. No ordenamento jurídico brasileiro são inúmeras as contribuições sociais. Elas têm natureza tributária, a despeito de trazerem a alcunha de parafiscalidade empregada em sua configuração existencial; c) contribuições econômicas prevista no artigo 149, caput da Constituição Federal é uma contraprestação em favor das categorias profissionais ou econômicas, caracterizadas por atos de intervenção no domínio econômico e de interesse de certa coletividade. Consubstanciam atividades de fiscalização, incentivo e planejamento do desenvolvimento nacional equilibrado (art. 174, CF). Englobam as contribuições de intervenção no domínio econômico (CIDE), cumprido um escopo constitucional impostergável, cuja cobrança, se necessária, não pode ficar para depois, sob pena de se tornar inválida.

As contribuições sociais são instituídas por lei federal. Contudo os Estados, o DF e os Municípios podem instituir contribuição social cobrada de seus servidores, para o custeio, em benefício destes, de sistemas de previdência e assistência social (art. 149, § 1º, CF). O Distrito Federal e os Municípios, a partir da EC nº. 39/2002 também podem instituir a Contribuição para o Custeio do Serviço de Iluminação Pública (COSIP), que deve observar os princípios da legalidade, da irretroatividade e da anterioridade.

O artigo 149 da Constituição Federal prevê as contribuições de intervenção no domínio econômico, de caráter extrafiscal que visa regular a economia, caracterizadas pela finalidade interventiva específica. Prevê ainda as contribuições profissionais (contribuição sindical), que são instituídas em favor de categorias profissionais ou econômicas tem caráter parafiscal, pois se destinam a suprir as necessidades das respectivas entidades representativas, e não a abastecer os cofres públicos. Ainda é prevista pela Constituição Federal no seu artigo 8º, IV, a contribuição confederativa sindical, que não tem natureza tributária e cujo montante é fixado em assembléia geral da respectiva categoria e não incide o princípio da legalidade tributária.

5 Idem p. 1194

A Súmula 666/STF assim dispõe: "a contribuição confederativa que trata o artigo 8º, Iv, da Constituição, só é exigível dos filiados ao sindicato respectivo". Ainda a Súmula do STJ de nº. 222 vaticina que: "compete à Justiça Comum processar e julgar as ações relativas à contribuição sindical".

42.6.1. JURISPRUDÊNCIA

RE-AgR 295992 / SC – SANTA CATARINA
AG. REG. NO RECURSO EXTRAORDINÁRIO
Relator (a): Min. EROS GRAU
Julgamento: 10/06/2008 Órgão Julgador: Segunda Turma
DJe-117 DIVULG 26-06-2008 PUBLIC 27-06-2008
EMENT VOL-02325-05 PP-00893
AGTE. (S): TEKA – TECELAGEM KUEHNRICH S/A
AGDO. (A/S): INSTITUTO NACIONAL DO SEGURO SOCIAL – INSS
Ementa

EMENTA: AGRAVO REGIMENTAL NO RECURSO EXTRAORDINÁRIO. CONTRIBUIÇÃO SOCIAL DESTINADA AO CUSTEITO DA SEGURIDADE SOCIAL. ANTERIORIDADE NONAGESIMAL. REDUÇÃO DO PRAZO DE RECOLHIMENTO. CONSTITUCIONALIDADE. PRECEDENTES. 1. O Supremo Tribunal Federal fixou entendimento no sentido de que a alteração do prazo para recolhimento das contribuições sociais, por não gerar criação ou majoração de tributo, não ofende o Princípio da Anterioridade Tributária [artigo 195, § 6º, CB/88]. Agravo regimental a que se nega provimento.

42.6.2. ORGANOGRAMA

impostos

Impostos Federais

- Imposto de Importação (II);
- Imposto de Exportação (IE);
- Imposto de Renda e proventos de qualquer Natureza (IR);
- Imposto sobre Produtos Industrializados (IPI);
- Imposto sobre Operação Financeira (IOF);
- Imposto sobre a Propriedade Territorial Rural (ITR);
- Imposto sobre Grandes Fortunas (IGV)

Impostos Estaduais

- imposto causa mortis e doação;
- imposto sobre circulação de mercadorias e serviços (ICMS);
- Imposto sobre a propriedade de veículos automotores (IPVA)

Impostos do Distrito Federal

- os impostos Estaduais e Municipais

50.6.3. ORGANOGRAMA 2

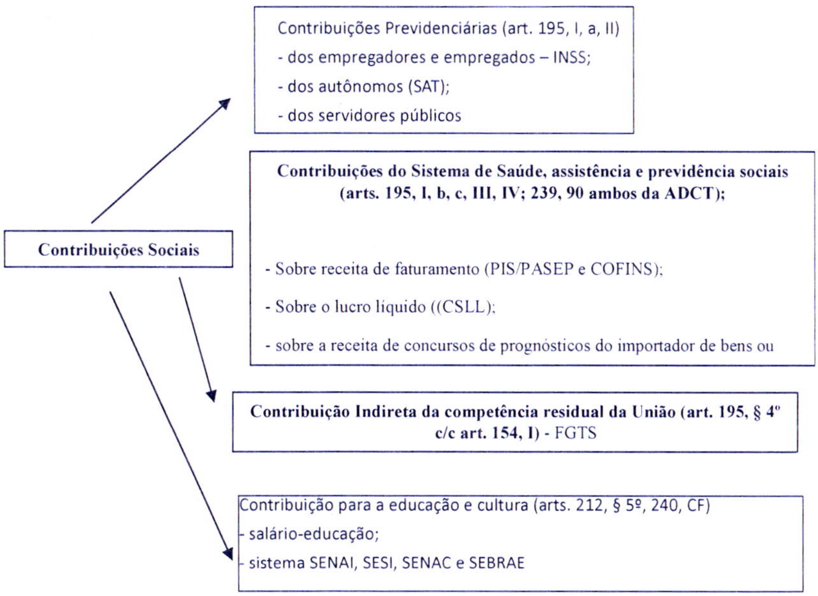

43

COMPETÊNCIA TRIBUTÁRIA

43.1. COMPETÊNCIA TRIBUTÁRIA

Competência Tributária segundo Chimenti, Capez, Rosa et Santos é o poder que a Constituição Federal atribui a determinado ente político para que institua um tributo descrevendo legislativamente sua hipótese de incidência, seu sujeito ativo, seu sujeito passivo, sua base de cálculo e sua alíquota.

O artigo 146 da Constituição Federal assegura que a função típica reservada á lei complementar pelo Sistema Tributário Nacional é detalhar as disposições constitucionais, explicitando regras capazes de solucionar os conflitos de competência entre os entes políticos, regulando as limitações constitucionais ao poder de tributar e estabelecendo normas gerais de Direito Tributário.

A Constituição também atribui à lei Complementar federal uma função especial que a competência residual e competência para impostos extraordinários e outras atribuídas no bojo do Preceito Maior.

43.2. LIMITES DO PODER DE TRIBUTAR. PRINCÍPIOS CONSTITUCIONAIS TRIBUTÁRIOS

A Constituição no seu artigo 150 estabelece alguns princípios que são princípios expressos, portanto, assim dita o artigo: "Sem prejuízo de outras garantias asseguradas ao contribuinte, é vedado à União, aos Estados, ao Distrito Federal e aos Municípios", vejamos a seguir.

Segundo José Afonso da Silva[1] o Sistema Tributário Nacional subordina-se a vários princípios, que configuram garantias constitucionais dos contribuintes, conforme reconhece o art. 150, sem prejuízo de outras e, em contrapartida, constituem limitações ao poder de tributar. Exprimem-se de forma de vedações constitucionais às entidades tributantes. Podemos classificá-las em: a) princípios gerais porque referidos a todos os tributos e contribuições do sistema tributário; b) princípios especiais previstos em razão de situações especiais; c) princípios específicos porquanto pertinentes a determinado tributo; d) imunidades tributárias.

Os princípios gerais são expressos ou decorrentes. São expressos: a) Princípio da reserva de lei ou da legalidade estrita.

1 Idem 602

43.2.1. PRINCÍPIO DA LEGALIDADE TRIBUTÁRIA (ART. 150, I, CF)

Dispõe o artigo 150, I da Constituição Federal: "exigir ou aumentar tributo sem lei que o estabeleça".

Também chamado de Princípio da reserva de lei tributária. É vedado à União, aos Estados, ao Distrito Federal e aos Municípios exigir ou aumentar tributo sem lei que o estabeleça. Entretanto, é facultado ao Poder Executivo, atendidas as condições e os limites estabelecidos em lei, alterar, por decreto, as alíquotas os impostos sobre importação, exportação produtos industrializados e operações financeiras (art. 153, § 1º, CLT), o que vale dizer respeito á legalidade genérica.

43.2.3. JURISPRUDÊNCIA

> RE-AgR 455817 / SC – SANTA CATARINA
> AG. REG. NO RECURSO EXTRAORDINÁRIO
> Relator (a): Min. CARLOS VELLOSO
> Julgamento: 06/09/2005 Órgão Julgador: Segunda Turma
> DJ 30-09-2005 PP-00051 EMENT VOL-02207-06 PP-01215
> AGTE. (S): ENGEFIBRA INDÚSTRIA E COMÉRCIO DE PLÁSTICOS LTDA
> AGDO. (A/S): INSTITUTO NACIONAL DO SEGURO SOCIAL – INSS
> Ementa
> EMENTA: – CONSTITUCIONAL. TRIBUTÁRIO. CONTRIBUIÇÃO: SEGURO DE ACIDENTE DO TRABALHO – SAT. Lei 7.787/89, arts. 3º e 4º; Lei 8.212/91, art. 22, II, redação da Lei 9.732/98. Decretos 612/92, 2.173/97 e 3.048/99. C.F., artigo 195, § 4º; art. 154, II; art. 5º, II; art. 150, I. I. – Contribuição para o custeio do Seguro de Acidente do Trabalho – SAT: Lei 7.787/89, art. 3º, II; Lei 8.212/91, art. 22, II: alegação no sentido de que são ofensivos ao art. 195, § 4º, c/c art. 154, I, da Constituição Federal: improcedência. Desnecessidade de observância da técnica da competência residual da União, C.F., art. 154, I. Desnecessidade de lei complementar para a instituição da contribuição para o SAT. II. – O art. 3º, II, da Lei 7.787/89 não é ofensivo ao princípio da igualdade, por isso que o art. 4º da mencionada Lei 7.787/89 cuidou de tratar desigualmente os desiguais. III. – As Leis 7.787/89, art. 3º, II, e 8.212/91, art. 22, II, definem, satisfatoriamente, todos os elementos capazes de fazer nascer a obrigação tributária válida. O fato de a lei deixar para o regulamento a complementação dos conceitos de "atividade preponderante" e "grau de risco leve, médio e grave" não implica ofensa ao princípio da legalidade genérica, C.F., art. 5º, II, e da legalidade tributária, C.F., art. 150, I. IV. – Se o regulamento vai além do conteúdo da lei, a questão não é de inconstitucionalidade, mas de ilegalidade, matéria que não integra o contencioso constitucional. V. – RE inadmitido. Agravo não provido.

43.3. PRINCÍPIO DA IGUALDADE TRIBUTÁRIA (ART. 150, II, CF)

O princípio da Igualdade Tributária expresso no artigo 150, II da Constituição Federal estabelece que: "instituir tratamento desigual entre contribuintes que se encontrem em situação equivalente, proibida qualquer distinção em razão de ocupação profissional ou função por eles exercida, independentemente da denominação jurídica dos rendimentos, títulos ou direitos".

Pelo princípio da igualdade, paridade ou isonomia tributária é proibido à União, aos Estados, Distrito Federal e Municípios instituir tratamento desigual entre contribuintes que se encontrem em situação equivalente, proibida qualquer distinção em razão de ocupação profissional ou função por eles exercida, independemente da denominação jurídica dos rendimentos, títulos ou direitos. Portanto, o princípio veda às referidas entidades tributantes instituir tratamento desigual entre contribuintes que se encontrem em situação equivalente, proibida qualquer distinção em razão de ocupação profissional ou função por eles exercida, independentemente da denominação jurídica dos rendimentos, títulos ou direitos; a norma se refere a qualquer tributo, mas é mais expressivamente dirigida aos impostos pessoais e o de renda; em relação a este, contudo, há que se levar em conta a regra da progressividade agora constitucionalidade no artigo 153, § 2º, Constituição Federal.

Se cuida da igualdade em sentido jurídico, como paridade de posição, com exclusão de qualquer privilégio de classe, religião e raça, de modo que os contribuintes que se encontrem em idêntica situação, sejam submetidos a idêntico regime fiscal que coincide com a generalidade da imposição, e que, para realizar a justiça fiscal depende de ser complementado com a igualdade me sentido econômico, fundada no princípio da capacidade contributiva.

O princípio da igualdade explicita que a uniformidade do tratamento deve ser observada entre aqueles que têm situação equivalente.

43.3.1. JURISPRUDÊNCIA

AÇÃO DIRETA DE INCONSTITUCIONALIDADE
Relator (a): Min. ELLEN GRACIE
Relator (a) p/ Acórdão: Min. CEZAR PELUSO
Julgamento: 18/08/2004 Órgão Julgador: Tribunal Pleno
DJ 18-02-2005 PP-00004 EMENT VOL-02180-03 PP-00450
RDDT n. 135, 2006, p. 216-218
REQTE. (S): ASSOCIAÇÃO NACIONAL DOS PROCURADORES DA REPÚBLICA – ANPR
REQDO. (A/S): CONGRESSO NACIONAL

Ementa

EMENTAS: 1. Inconstitucionalidade. Seguridade social. Servidor público. Vencimentos. Proventos de aposentadoria e pensões. Sujeição à incidência de contribuição previdenciária. Ofensa a direito adquirido no ato de aposentadoria. Não ocorrência. Contribuição social. Exigência patrimonial de natureza tributária. Inexistência de norma de imunidade tributária absoluta. Emenda Constitucional nº 41/2003 (art. 4º, caput). Regra não retroativa. Incidência sobre fatos geradores ocorridos depois do início de sua vigência. Precedentes da Corte. Inteligência dos arts. 5º, XXXVI, 146, III, 149, 150, I e III, 194, 195, caput, II e § 6º, da CF, e art. 4º, caput, da EC nº. 41/2003. No ordenamento jurídico vigente, não há norma, expressa nem sistemática, que atribua à con-

> dição jurídico-subjetiva da aposentadoria de servidor público o efeito de lhe gerar direito subjetivo como poder de subtrair ad aeternum a percepção dos respectivos proventos e pensões à incidência de lei tributária que, anterior ou ulterior, os submeta à incidência de contribuição previdencial. Noutras palavras, não há, em nosso ordenamento, nenhuma norma jurídica válida que, como efeito específico do fato jurídico da aposentadoria, lhe imunize os proventos e as pensões, de modo absoluto, à tributação de ordem constitucional, qualquer que seja a modalidade do tributo eleito, donde não haver, a respeito, direito adquirido com o aposentamento. 2. Inconstitucionalidade. Ação direta. Seguridade social. Servidor público. Vencimentos. Proventos de aposentadoria e pensões. Sujeição à incidência de contribuição previdenciária, por força de Emenda Constitucional. Ofensa a outros direitos e garantias individuais. Não ocorrência. Contribuição social. Exigência patrimonial de natureza tributária. Inexistência de norma de imunidade tributária absoluta. Regra não retroativa. Instrumento de atuação do Estado na área da previdência social. Obediência aos princípios da solidariedade e do equilíbrio financeiro e atuarial, bem como aos objetivos constitucionais de universalidade, equidade na forma de participação no custeio e diversidade da base de financiamento. Ação julgada improcedente em relação ao art. 4º, caput, da EC nº 41/2003. Votos vencidos. Aplicação dos arts. 149, caput, 150, I e III, 194, 195, caput, II e § 6º, e 201, caput, da CF. Não é inconstitucional o art. 4º, caput, da Emenda Constitucional nº. 41, de 19 de dezembro de 2003, que instituiu contribuição previdenciária sobre os proventos de aposentadoria e as pensões dos servidores públicos da União, dos Estados, do Distrito Federal e dos Municípios, incluídas suas autarquias e fundações. 3. Inconstitucionalidade. Ação direta. Emenda Constitucional (EC nº. 41/2003, art. 4º, § únic, I e II). Servidor público. Vencimentos. Proventos de aposentadoria e pensões. Sujeição à incidência de contribuição previdenciária. Bases de cálculo diferenciadas. Arbitrariedade. Tratamento discriminatório entre servidores e pensionistas da União, de um lado, e servidores e pensionistas dos Estados, do Distrito Federal e dos Municípios, de outro. Ofensa ao princípio constitucional da isonomia tributária, que é particularização do princípio fundamental da igualdade. Ação julgada procedente para declarar inconstitucionais as expressões "cinqüenta por cento do" e "sessenta por cento do", constante do art. 4º, § único, I e II, da EC nº. 41/2003. Aplicação dos arts. 145, § 1º, e 150, II, cc. art. 5º, caput e § 1º, e 60, § 4º, IV, da CF, com restabelecimento do caráter geral da regra do art. 40, § 18. São inconstitucionais as expressões "cinqüenta por cento do" e "sessenta por cento do", constantes do § único, incisos I e II, do art. 4º da Emenda Constitucional nº. 41, de 19 de dezembro de 2003, e tal pronúncia restabelece o caráter geral da regra do art. 40, § 18, da Constituição da República, com a redação dada por essa mesma Emenda.

43.3.2. PRINCÍPIO DA CAPACIDADE CONTRIBUTIVA (ART. 145, § 1º, CF)

Este princípio da Capacidade Contributiva está insculpido no artigo 145, § 1º da Constituição Federal que assim dispõe:

> Sempre que possível, os imposto terão caráter pessoal e serão graduados segundo a capacidade econômica do contribuinte, facultado à administração tri-

butária, especialmente para conferir efetividade a esses objetivos, identificar, respeitados os direitos individuais e nos termos da lei, o patrimônio, os rendimentos e as atividades econômicas do contribuinte".

Segundo Pessoa[2]

O princípio da capacidade contributiva ingressou no ordenamento jurídico brasileiro com a constituição de 1946. Seu artigo 202 dispunha: "Os tributos terão caráter pessoal, sempre que isso for possível, e serão graduados conforme a capacidade econômica do contribuinte". Esse princípio foi excluído dos textos de 1967/69 e novamente inscrito na constituição de 1988.

Também chamado por alguns teóricos de princípio da personalização tributária ou personalização dos impostos, uma vez que os impostos terão caráter pessoal e serão graduados segundo a capacidade econômica do contribuinte segundo a Constituição Federal. Portanto, o ônus tributário deve se distribuído na medida da capacidade econômica dos contribuintes, implica: a) uma base impositiva que seja capaz de medir a capacidade para suportar o encargo; b) alíquotas que igualem verdadeiramente esses ônus. A Justiça Fiscal ainda é um ideal a ser alcançado, não por si só, mas em conexão com um sistema de justiça econômica e social.

43.3.3. JURISPRUDÊNCIA

AI-AgR 688534 / SP – SÃO PAULO
AG. REG. NO AGRAVO DE INSTRUMENTO
Relator (a): Min. EROS GRAU
Julgamento: 04/03/2008 Órgão Julgador: Segunda Turma
DJe-065 DIVULG 10-04-2008 PUBLIC 11-04-2008
EMENT VOL-02314-14 PP-02908
AGTE. (S): EXTERMINSETO COMÉRCIO E SERVIÇOS LTDA – ME
AGDO. (A/S): UNIÃO
Ementa
EMENTA: AGRAVO REGIMENTAL NO AGRAVO DE INSTRUMENTO. CONTRIBUIÇÃO SOCIAL. EMPRESAS PRESTADORAS DE SERVIÇO CEDENTES DE MÃO-DE-OBRA. RETENÇÃO DE 11% SOBRE O VALOR DA NOTA FISCAL OU DA FATURA DE PRESTAÇÃO DE SERVIÇO. INCONSTITUCIONALIDADE. INEXISTÊNCIA. 2. O artigo 31 da Lei n. 8.212/91, alterado pela Lei n. 9.711/98, não viola o princípio da isonomia tributária, nem o da capacidade contributiva, contidos nos artigos 145, § 1º, e 150, II, da Constituição do Brasil. Agravo regimental a que se nega provimento.

2 PESSOA, Leonel Cesarino. O princípio da capacidade contributiva na jurisprudência do supremo tribunal federal disponível em http://www.scielo.br/pdf/rdgv/v5n1/a05v5n1.pdf acessado em 21.11.2016

43.3.4. PRINCÍPIO DA IRRETROATIVIDADE DA LEI TRIBUTÁRIA (ART. 150, III, A, CF)

Este princípio está expresso no artigo retromencionado que diz *in verbis:* "cobrar tributos: a) em relação a fatos geradores ocorridos antes do início da vigência da lei que os houver instituído ou aumentado".

Este princípio também é chamado de princípio da prévia definição legal do fato gerador pelo qual é vedado cobrar tributos em relação a fatos geradores ocorridos antes do início da vigência da lei que os houver instituído ou aumentado isto combinado com o princípio da anualidade significa que o tributo ou seus aumentos somente incidem sobre fatos geradores que ocorreram no exercício financeiro seguinte ao de sua instituição ou majoração.

Conforme Chimenti et all[3]:

> Os fatos geradores ocorridos antes do início da vigência da lei que houver instituído ou aumentado os tributos (estabelecida a hipótese de incidência ou a alíquota maior) não acarretam obrigações. A lei nova não se aplica aos fatos geradores já consumados (artigo 105, CTN).
>
> Quanto ao lançamento deve ser observada a legislação aplicável na data da ocorrência do fato gerador, ainda que posteriomente revogada ou modificada (artigo 144, CTN).

Portanto, é proibido à União, Estados, Distrito Federal e Municípios cobrar tributos em relação a fatos geradores ocorridos antes do início da vigência da lei que os houver instituído ou aumentado.

A Súmula 584/STF: "Ao imposto de renda calculado sobre os rendimentos do ano-base, aplica-se à lei vigente no exercício financeiro em que deve ser apresentada a declaração".

43.3.4.1. JURISPRUDÊNCIA

RE-AgR 445270 / SP – SÃO PAULO
AG. REG. NO RECURSO EXTRAORDINÁRIO
Relator (a): Min. ELLEN GRACIE
Julgamento: 07/03/2006 Órgão Julgador: Segunda Turma
DJ 31-03-2006 PP-00037
EMENT VOL-02227-04 PP-00692
AGTE. (S): ECIL S/A PRODUTOS E SISTEMAS DE MEDIÇÃO E CONTROLE
AGDO. (A/S): UNIÃO
Ementa
RECURSO EXTRAORDINÁRIO. AGRAVO REGIMENTAL. IMPOSTO DE RENDA. PESSOA JURÍDICA. BALANÇO. CORREÇÃO MONETÁRIA. LEI Nº. 8.088/90. 1.

3 Idem. P. 501

Conforme consignado pelo Plenário desta Corte no RE 201.465, não existe direito, fundado na Constituição, a índice de indexação real. 2. A mudança nos índices de correção monetária, com base em legislação superveniente, não constitui ofensa ao princípio do direito adquirido ou da irretroatividade tributária. Precedente: RE 200.844-AgR, DJ de 16.08.2002. 3. Agravo regimental improvido

43.3.5. PRINCÍPIO DA ANTERIORIDADE TRIBUTÁRIA (ART. 150, III, B, CF)

Consoante o artigo 150, III, b da Constituição Federal: "Cobrar tributos: [....] b) no mesmo exercício financeiro em que haja sido publicada a lei que os instituiu ou aumentou, observado o disposto n alínea b".

Segundo princípio da anterioridade tributária é proibido à União, aos Estados, ao Distrito Federal e aos Municípios cobrar tributos no mesmo exercício financeiro em que haja sido publicada a lei que os instituiu ou aumentou.

José Afonso da Silva[4] chama este princípio de anualidade do lançamento do tributo segundo o qual o lançamento do tributo está vinculado a cada exercício financeiro (1º de janeiro a 31 de dezembro de cada ano), o que tem importância para a situação temporal do fato gerador da obrigação tributária; mas não está mais condicionada a prévia autorização orçamentária, como foi tradicionalmente no nosso ordenamento constitucional, apenas se liga agora à anterioridade da lei criadora ou majoradora do tributo, em relação ao exercício financeiro em que deverá ser cobrado, como dispõe o artigo citado, que, no entanto, não se aplica aos impostos sobre a importação, a exportação, produtos industrializados, operações financeiras e impostos extraordinários.

O princípio da anualidade do lançamento do tributo é um desdobramento do próprio vetor da anterioridade tributária, porque de 1º de janeiro a 31 de dezembro de cada ano ocorre o lançamento dos tributos.

43.3.5.1. JURISPRUDÊNCIA

RE-AgR-ED 502555 / SP – SÃO PAULO
EMB.DECL. NO AG. REG. NO RECURSO EXTRAORDINÁRIO
Relator (a): Min. SEPÚLVEDA PERTENCE
Julgamento: 03/08/2007 Órgão Julgador: Primeira Turma
DJe-087 DIVULG 23-08-2007 PUBLIC 24-08-2007
DJ 24-08-2007 PP-00069
EMENT VOL-02286-15 PP-02884
EMBTE. (S): RAIA & CIA LTDA.
EMBDO. (A/S): UNIÃO
EMBDO. (A/S): CAIXA ECONÔMICA FEDERAL – CEF
Ementa

4 Idem p. 604

EMENTA: 1. Contribuições instituídas pela Lei Complementar 110/2001: legitimidade, conforme entendimento do STF no julgamento da ADIn 2.556-MC (Pleno, 9.10.2002, Moreira Alves, DJ 8.8.2003): inexigibilidade, contudo, no mesmo exercício em que publicada a lei instituidora. 2. Embargos de declaração acolhidos, para suprir omissão do acórdão embargado, no que tange à observância do princípio da anterioridade tributária e dar provimento parcial ao recurso extraordinário.

43.3.6. PRINCÍPIO DA CARÊNCIA TRIBUTÁRIA (ART. 150, III, C, CF)

Conforme preleciona o artigo 150, III, c da Constituição Federal: "antes de decorrido noventa dias da data em que haja sido publicada a lei que os instituiu ou aumentou, observado o disposto na alínea b".

É também chamado princípio da anterioridade nonagesimal ou noventena como chama Agra[5]:

> A noventena configura-se na vedação à União, Estados-membros, ao Distrito Federal e aos Municípios de cobrar tributos antes de decorridos noventa dias da data da publicação da lei que os instituiu ou aumentou, desde que seja observado o princípio da anterioridade tributária, que expressamente impede a cobrança de tributos no mesmo exercício financeiro em que haja sido publicada a lei que os instituiu ou aumentou.

É proibido à União, Estados, Distrito Federal e Municípios cobrar tributos antes decorridos noventa dias da data em que haja sido publicada a lei que os instituiu ou aumentou.

Neste espaço de tempo não se sujeitam à carência podendo ser instituídos, aumentados e cobrados ao longo do exercício financeiro os tributos assinalados no artigo 150, III, § 1º, da Constituição Federal. Acrescente-se a este rol os impostos sobre a propriedade de veículos automotores (art. 155, III, CF) e sobre a propriedade predial e Territorial Urbana (art. 156, I, CF).

Mas submetem-se ao prazo de carência tributária: a) os impostos federais sobre renda, propriedade territorial rural e grandes fortunas e todos os impostos, taxas e contribuições de melhoria estaduais e municipais, inclusive a contribuição de iluminação pública e de limpeza pública.

43.3.6.1. JURISPRUDÊNCIA

> ADI 3694 / AP – AMAPÁ
> AÇÃO DIRETA DE INCONSTITUCIONALIDADE
> Relator (a): Min. SEPÚLVEDA PERTENCE
> Julgamento: 20/09/2006 Órgão Julgador: Tribunal Pleno
> DJ 06-11-2006 PP-00030 EMENT VOL-02254-01 PP-00182

5 Idem, 2007. p. 626

RDDT n. 136, 2007, p. 221
REQTE. (S): CONSELHO FEDERAL DA ORDEM DOS ADVOGADOS DO BRASIL
REQDO. (A/S): GOVERNADOR DO ESTADO DO AMAPÁ
REQDO. (A/S): ASSEMBLÉIA LEGISLATIVA DO ESTADO DO AMAPÁ
Ementa
EMENTA: I. Ação direta de inconstitucionalidade: L. 959, do Estado do Amapá, publicada no DOE de 30.12. 2006, que dispõe sobre custas judiciais e emolumentos de serviços notariais e de registros públicos, cujo art. 47 – impugnado – determina que a "lei entrará em vigor no dia 1º de janeiro de 2006": procedência, em parte, para dar interpretação conforme à Constituição ao dispositivos questionado e declarar que, apesar de estar em vigor a partir de 1º de janeiro de 2006, a eficácia dessa norma, em relação aos dispositivos que aumentam ou instituem novas custas e emolumentos, se iniciará somente após 90 dias da sua publicação. II. Custas e emolumentos: serventias judiciais e extrajudiciais: natureza jurídica. É da jurisprudência do Tribunal que as custas e os emolumentos judiciais ou extrajudiciais tem caráter tributário de taxa. III. Lei tributária: prazo nonagesimal. Uma vez que o caso trata de taxas, devem observar-se as limitações constitucionais ao poder de tributar, dentre essas, a prevista no art. 150, III, c, com a redação dada pela EC 42/03 – prazo nonagesimal para que a lei tributária se torne eficaz.

43.4. PRINCÍPIO DA PROIBIÇÃO DE CONFISCO (ART. 150, IV, CF)

O artigo 150, IV da Constituição estabelece que: "[...] utilizar tributo com efeito de confisco...".

Este princípio constitui uma das causas de imunidade tributária, é defeso à União, aos Estados, ao Distrito Federal e aos Municípios utilizar tributo com efeito confiscatório. Este princípio também é chamado de princípio da proporcionalidade razoável, regra que veda utilizar tributo com efeito de confisco. Significa que o tributo não deve subtrair mais do que uma parte razoável do patrimônio ou da renda do contribuinte. É também conhecido como princípio constitucional da não-confiscatoriedade.

Conforme Chimenti et all[6] "o caráter confiscatório do tributo é analisado pelo Judiciário no caso concreto e deve considerar a carga tributária decorrente da totalidade dos tributos".

43.4.1. JURISPRUDÊNCIA

ADI-MC 1075 / DF – DISTRITO FEDERAL
MEDIDA CAUTELAR NA AÇÃO DIRETA DE INCONSTITUCIONALIDADE
Relator (a): Min. CELSO DE MELLO
Julgamento: 17/06/1998 Órgão Julgador: Tribunal Pleno
DJ 24-11-2006 PP-00059 EMENT VOL-02257-01 PP-00156
RDDT n. 139, 2007, p. 199-211

6 Idem. 2007, p. 505

RDDT n. 137, 2007, p. 236-237
REQTE: CONFEDERAÇÃO NACIONAL DO COMÉRCIO – CNC
REQDO: PRESIDENTE DA REPÚBLICA
REQDO: CONGRESSO NACIONAL
Ementa
E M E N T A: AÇÃO DIRETA DE INCONSTITUCIONALIDADE – LEI Nº 8.846/94 EDITADA PELA UNIÃO FEDERAL – ALEGAÇÃO DE OFENSA AOS POSTULADOS CONSTITUCIONAIS DA FEDERAÇÃO E DA SEPARAÇÃO DE PODERES – INOCORRÊNCIA – EXERCÍCIO, PELA UNIÃO FEDERAL, DE SUA COMPETÊNCIA IMPOSITIVA, COM ESTRITA OBSERVÂNCIA DOS LIMITES QUE DEFINEM ESSA ATRIBUIÇÃO NORMATIVA – DIPLOMA LEGISLATIVO QUE NÃO USURPA A ESFERA DE COMPETÊNCIA TRIBUTÁRIA DOS ESTADOS-MEMBROS E DOS MUNICÍPIOS – LEGITIMIDADE DO PODER REGULAMENTAR DEFERIDO AOS MINISTROS DE ESTADO -ATRIBUIÇÃO REGULAMENTAR DE SEGUNDO GRAU QUE POSSUI EXTRAÇÃO CONSTITUCIONAL (CF, ART. 87, PARÁGRAFO ÚNICO, II) – INOCORRÊNCIA DE OUTORGA, PELA LEI Nº 8.846/94, DE DELEGAÇÃO LEGISLATIVA AO MINISTRO DA FAZENDA – PODER REGULAMENTAR SECUNDÁRIO DESVESTIDO DE CONTEÚDO NORMATIVO PRIMÁRIO – TRANSGRESSÃO, NO ENTANTO, PELA LEI Nº 8.846/94 (ART. 3º E SEU PARÁGRAFO ÚNICO), AO PRINCÍPIO CONSTITUCIONAL DA NÃO--CONFISCATORIEDADE TRIBUTÁRIA – SUSPENSÃO CAUTELAR DA EFICÁCIA DE TAL PRECEITO LEGAL – MEDIDA CAUTELAR DEFERIDA, EM PARTE. A TRIBUTAÇÃO CONFISCATÓRIA É VEDADA PELA CONSTITUIÇÃO DA REPÚBLICA. – É cabível, em sede de controle normativo abstrato, a possibilidade de o Supremo Tribunal Federal examinar se determinado tributo ofende, ou não, o princípio constitucional da não-confiscatoriedade consagrado no art. 150, IV, da Constituição da República. Hipótese que versa o exame de diploma legislativo (Lei 8.846/94, art. 3º e seu parágrafo único) que instituiu multa fiscal de 300% (trezentos por cento). – A proibição constitucional do confisco em matéria tributária – ainda que se trate de multa fiscal resultante do inadimplemento, pelo contribuinte, de suas obrigações tributárias – nada mais representa senão a interdição, pela Carta Política, de qualquer pretensão governamental que possa conduzir, no campo da fiscalidade, à injusta apropriação estatal, no todo ou em parte, do patrimônio ou dos rendimentos dos contribuintes, comprometendo-lhes, pela insuportabilidade da carga tributária, o exercício do direito a uma existência digna, ou a prática de atividade profissional lícita ou, ainda, a regular satisfação de suas necessidades vitais básicas. – O Poder Público, especialmente em sede de tributação (mesmo tratando-se da definição do "quantum" pertinente ao valor das multas fiscais), não pode agir imoderadamente, pois a atividade governamental acha-se essencialmente condicionada pelo princípio da razoabilidade que se qualifica como verdadeiro parâmetro de aferição da constitucionalidade material dos atos estatais. O PODER REGULAMENTAR DEFERIDO AOS MINISTROS DE ESTADO, EMBORA DE EXTRAÇÃO CONSTITUCIONAL, NÃO LEGITIMA A EDIÇÃO DE ATOS NORMATIVOS DE CARÁTER PRIMÁRIO, ESTANDO NECESSARIAMENTE SUBORDINADO, NO QUE CONCERNE AO SEU EXERCÍCIO, CONTEÚDO E LIMITES, AO QUE PRESCREVEM AS LEIS E A CONSTITUIÇÃO DA REPÚBLICA. – A competência regulamentar deferida aos Ministros de Estado, mesmo sendo de segundo grau, possui inquestionável extração constitucional (CF, art. 87, parágrafo único, II), de tal modo que o poder jurídico de expedir instruções para a fiel execução das leis compõe, no quadro do sistema normativo vigente no Brasil, uma prerrogativa que também assiste, "ope constitutionis", a esses qualificados agentes au-

xiliares do Chefe do Poder Executivo da União. – As instruções regulamentares, quando emanarem de Ministro de Estado, qualificar-se-ão como regulamentos executivos, necessariamente subordinados aos limites jurídicos definidos na regra legal a cuja implementação elas se destinam, pois o exercício ministerial do poder regulamentar não pode transgredir a lei, seja para exigir o que esta não exigiu, seja para estabelecer distinções onde a própria lei não distinguiu, notadamente em tema de direito tributário. Doutrina. Jurisprudência. – Poder regulamentar e delegação legislativa: institutos de direito público que não se confundem. Inocorrência, no caso, de outorga, ao Ministro da Fazenda, de delegação legislativa. Reconhecimento de que lhe assiste a possibilidade de exercer competência regulamentar de caráter meramente secundário.

43.5. PRINCÍPIO DA LIBERDADE DE TRÁFEGO (ARTIGO 150, V, CF)

O artigo 150, V da Constituição Federal estabelece que: "[...] estabelecer limitações ao tráfego de pessoas ou bens, por meio de tributos interestaduais ou intermunicipais, ressalvada a cobrança de pedágio pela utilização de vias conservadas pelo Poder Público".

Este princípio constitui uma das causas de imunidade tributária, pois é vedado à União, aos Estados, ao Distrito Federal e aos Municípios estabelecer limitações ao tráfego de pessoas ou bens, por meio de tributos interestaduais ou intermunicipais, ressalvada a cobrança de pedágio pela utilização de vias conservadas pelo Poder Público.

Também chamado de princípio da ilimitabilidade do tráfego de pessoal e de bens por meio de tributos instestaduais ou intermunicipais, ressalvada a cobrança de pedágio pela utilização de vias conservadas pelo Poder Público. Essa é uma regra complementar do direito à livre circulação de pessoas e de bens. O pedágio não era considerado tributo, mas uma forma de preço público. Agora ao fazer a ressalva dele em relação aos tributos fica dúvida quanto à sua natureza. Enfim, ele está efetivamente no limiar do conceito de tributo, tudo dependendo de se dar ou não, razoável opção aos usuários quanto a outra via não sujeita ao pedágio; mas, na medida em que se expande a todas as rodovias, sua caracterização tributária se acentua, aduz José Afonso da Silva.[7]

43.6. PRINCÍPIOS CONSTITUCIONAIS TRIBUTÁRIOS DECORRENTES

Os princípios constitucionais tributários decorrentes são aqueles que provêm dos princípios expressos na Constituição Federal. Podem advir de outras partes da Constituição Federal e servem para complementar os princípios expressos citados.

7 Idem p. 604

São princípios Constitucionais Tributários Decorrentes os que veremos a seguir.

43.7. PRINCÍPIO DA UNIVERSALIDADE (ART. 153, §2°, I, CF)

Pelo princípio da Universalidade todos os que praticarem o fato gerador da obrigação tributária devem pagar o tributo respectivo, exceto nos casos de isenção, disciplinados em lei.

O princípio está disposto no artigo 153, § 2º, I, da Constituição Federal: "O imposto previsto no inciso IV: I – será seletivo, em função da essencialidade do produto [...].".

Este princípio é decorrente do artigo 19, III da constituição que significa que todo aquele que praticar o fato gerador da obrigação tributária deverá pagar o tributo respectivo, salvo casos expressos de isenção fiscal outorgada em lei que especifique as condições e os requisitos para sua concessão. A Constituição Federal verbera acerca da universalidade e a generalidade apenas em relação ao imposto sobre a renda (art. 153, § 2º, I, CF). Se fosse aplicável só a ele, seria um princípio específico, mas sendo uma regra que dimana do regime constitucional que veda fazer distinções entre brasileiros (art. 19, III, CF) temos como aplicável a qualquer tributo, não só ao imposto sobre a renda, mas prevendo especificamente para esse imposto, isso tem conseqüências especiais, como não admitir isenções senão também gerais e universais; quer dizer, se se dá isenção para determinado tipo ou classe de rendimento, todas as pessoas que auferirem-no também ficam isentas.

43.7.1. JURISPRUDÊNCIA

> RE-AgR 326995 / DF – DISTRITO FEDERAL
> AG. REG. NO RECURSO EXTRAORDINÁRIO
> Relator (a): Min. SEPÚLVEDA PERTENCE
> Julgamento: 30/05/2006 Órgão Julgador: Primeira Turma
> DJ 23-06-2006 PP-00048
> EMENT VOL-02238-02 PP-00377
> AGTE.(S): INSTITUTO ADVENTISTA DE JUBILAÇÃO E ASSISTÊNCIA
> AGDO. (A/S): UNIÃO
> Ementa
> EMENTA: Entidade de previdência privada: imunidade tributária (CF, art. 150, VI, c): inexistência. O STF, no RE 202.700 (Corrêa, DJ 1.3.2002), decidiu que o art. 150, VI, c, da Constituição Federal refere-se à entidade de assistência social, que traz ínsito em suas finalidades a observância dos princípios da universalidade, da generalidade e concede o benefício a toda a coletividade independentemente de contraprestação, característica que a agravante não possui.

43.8. PRINCÍPIO DA DESTINAÇÃO PÚBLICA DOS TRIBUTOS (ART. 145, CF)

Segundo o princípio da destinação pública dos tributos nenhum particular poderá exercer o poder de tributar. Só o Estado e mais ninguém detém o *munus* de impor exações, uma vez que não existe o "tributo privado". Como dispõe o preceito constitucional citado somente os entes federativos têm competência para instituir tributos.

Este princípio é considerado implícito pelos teóricos jurídicos, onde só para o Estado se tributa; não existe tributo privado. A Constituição não expressa, mas está implícito que esse poder extremo e fundamental corresponde aos encargos com o funcionamento dos serviços públicos ou exercícios das atribuições em que são investidas as três órbitas governamentais.

43.9. PRINCÍPIO DA NÃO-SURPRESA (ART. 150, II, CF C/C/ ART. 5º, II, CF)

Este princípio é um vetor de índice axiológico, extraído da ordenação racional e sistemática de um conjunto e normas que compõem o ordenamento jurídico nacional.

Não encontra expresso no bojo da Constituição Federal, o pórtico esflora de uma retórica constitucional, no sentido de que constitui lídimo reflexo do princípio da legalidade geral (art. 5º, II, CF), e da legalidade tributária (art. 150, I, CF) concretizando-se pelo vetor da anterioridade da lei tributária. Este vetor é uma das traduções para o princípio da não-surpresa, ou seja, o contribuinte não pode ser surpreendido pela improvisação, pela incerteza, pela insegurança, provenientes, inclusive, de atos emanados de autoridades pública, ainda quando praticados no exercício regular de suas atribuições. Este princípio é ínsito no Estado Democrático de Direito.

O princípio serve para balizar e orientar o intérprete perante situações práticas, podendo ser utilizado em diversas hipóteses.

43.9.1. JURISPRUDÊNCIA

RE-AgR 200844 / PR – PARANÁ
AG. REG. NO RECURSO EXTRAORDINÁRIO
Relator (a): Min. CELSO DE MELLO
Julgamento: 25/06/2002 Órgão Julgador: Segunda Turma
DJ 16-08-2002 PP-00092 EMENT VOL-02078-02 PP-00234
RTJ VOL-00195-02 PP-00635
AGTE: COMERCIAL DE PNEUS GODOY LTDA
AGDO: UNIÃO FEDERAL
Ementa
E M E N T A: RECURSO EXTRAORDINÁRIO – MATÉRIA TRIBUTÁRIA – SUBSTITUIÇÃO LEGAL DOS FATORES DE INDEXAÇÃO – ALEGADA OFENSA ÀS

GARANTIAS CONSTITUCIONAIS DO DIREITO ADQUIRIDO E DA ANTERIORIDADE TRIBUTÁRIA – INOCORRÊNCIA – SIMPLES ATUALIZAÇÃO MONETÁRIA QUE NÃO SE CONFUNDE COM MAJORAÇÃO DO TRIBUTO – RECURSO IMPROVIDO. – Não se revela lícito, ao Poder Judiciário, atuar na anômala condição de legislador positivo, para, em assim agindo, proceder à substituição de um fator de indexação, definido em lei, por outro, resultante de determinação judicial. Se tal fosse possível, o Poder Judiciário – que não dispõe de função legislativa – passaria a desempenhar atribuição que lhe é institucionalmente estranha (a de legislador positivo), usurpando, desse modo, no contexto de um sistema de poderes essencialmente limitados, competência que não lhe pertence, com evidente transgressão ao princípio constitucional da separação de poderes. Precedentes. – A modificação dos fatores de indexação, com base em legislação superveniente, não constitui desrespeito a situações jurídicas consolidadas (CF, art. 5º, XXXVI), nem transgressão ao postulado da não-surpresa, instrumentalmente garantido pela cláusula da anterioridade tributária (CF, art. 150, III, "b"). – O Estado não pode legislar abusivamente, eis que todas as normas emanadas do Poder Público – tratando-se, ou não, de matéria tributária – devem ajustar-se à cláusula que consagra, em sua dimensão material, o princípio do "substantive due process of law" (CF, art. 5º, LIV). O postulado da proporcionalidade qualifica-se como parâmetro de aferição da própria constitucionalidade material dos atos estatais. Hipótese em que a legislação tributária reveste-se do necessário coeficiente de razoabilidade. Precedentes.

A seguir passaremos a análise dos princípios chamados de especiais que são as vedações constantes dos artigos 151 e 152 ambos da Constituição Federal, são eles:

43.10. PRINCÍPIO DA UNIFORMIDADE TRIBUTÁRIA (151, I, CF)

O artigo 151, I da Constituição Federal assim dispõe:

> É vedado à União: I – instituir tributo que não seja uniforme em todo o território nacional ou que implique distinção ou preferência em relação a Estado, ao Distrito Federa ou a Município, em detrimento de outro, admitida a concessão de incentivos fiscais destinados a promover o equilíbrio do desenvolvimento sócio-econômico entre as diferentes regiões do País [...].

A Constituição, pelo princípio da uniformidade tributária, veda privilégios geográficos federais. Portanto, é proibido à União instituir tributo que não seja uniforme em todo o território nacional o que implique distinção ou preferências em relação a Estado, ao Distrito Federal ou a Municípios, em detrimento de outro, admitida a concessão de incentivos ficais destinados a promover o equilíbrio do desenvolvimento socio-econômicos entre as diferentes regiões do país.

Por fim é vedado à União instituir tributos que não sejam uniformes em todo o território nacional ou que implique distinção ou preferência em relação a Estado, ao Distrito Federal ou a Município, em detrimento de outro, admitida a concessão de incentivos fiscais destinados a promover o equilíbrio do desenvolvimento sócio-econômico entre as diferentes regiões do país. Este princípio se aplica aos tributos federais em geral e ao imposto sobre produto industrializado em particular. Ele encerra um sentido especial da política fiscal federalista.

43.10.1. JURISPRUDÊNCIA

ADI-MC 3936 / PR – PARANÁ
MEDIDA CAUTELAR NA AÇÃO DIRETA DE INCONSTITUCIONALIDADE
Relator (a): Min. GILMAR MENDES
Julgamento: 19/09/2007 Órgão Julgador: Tribunal Pleno
DJe-139 DIVULG 08-11-2007 PUBLIC 09-11-2007
DJ 09-11-2007 PP-00030 EMENT VOL-02297-02 PP-00215
REQTE. (S): GOVERNADOR DO ESTADO DO AMAZONAS
REQDO. (A/S): GOVERNADOR DO ESTADO DO PARANÁ
REQDO. (A/S): ASSEMBLÉIA LEGISLATIVA DO ESTADO DO PARANÁ
Ementa

EMENTA: Medida Cautelar em Ação Direta de Inconstitucionalidade. 2. Caráter normativo autônomo e abstrato dos dispositivos impugnados. Possibilidade de sua submissão ao controle abstrato de constitucionalidade. Precedentes. 3. ICMS. Guerra fiscal. Artigo 2º da Lei nº. 10.689/1993 do Estado do Paraná. Dispositivo que traduz permissão legal para que o Estado do Paraná, por meio de seu Poder Executivo, desencadeie a denominada "guerra fiscal", repelida por larga jurisprudência deste Tribunal. Precedentes. 4. Artigo 50, XXXII e XXXIII, e §§ 36, 37 e 38 do Decreto Estadual nº 5.141/2001. Ausência de convênio interestadual para a concessão de benefícios fiscais. Violação ao art. 155, §2º, XII, g, da CF/88. A ausência de convênio interestadual viola o art. 155, § 2º, incisos IV, V e VI, da CF. A Constituição é clara ao vedar aos Estados e ao Distrito Federal a fixação de alíquotas internas em patamares inferiores àquele instituído pelo Senado para a alíquota interestadual. Violação ao art. 152 da CF/88, que constitui o princípio da não-diferenciação ou da uniformidade tributária, que veda aos Estados, ao Distrito Federal e aos Municípios estabelecer diferença tributária entre bens e serviços, de qualquer natureza, em razão de sua procedência ou destino. 5. Medida cautelar deferida.

43.11. PRINCÍPIO DA LIMITABILIDADE DA TRIBUTAÇÃO DA RENDA DAS OBRIGAÇÕES DE DÍVIDA PÚBLICA ESTADUAL OU MUNICIPAL E OS PROVENTOS DE AGENTES DOS ESTADOS E MUNICÍPIOS OU PRINCÍPIO DA LIMITAÇÃO DE RENDAS (ART. 151, II, CF)

O artigo 151, II da Constituição Federal estabelece que: É vedado à União: [....] II – tributar a renda das obrigações da dívida pública dos Estados, do Distrito Federal e dos Municípios, bem como a remuneração e os proventos dos respectivos agentes públicos, em níveis superiores aos que fixar para sua obrigações e para seus agentes [;...].

Consoante ao preceituado a ao princípio elencado é proibido à União tributar a renda das obrigações da dívida pública dos Estados, do Distrito Federal e dos Municípios, bem como a remuneração e os proventos dos respectivos agentes públicos em níveis superiores aos que fixar para suas obrigações e para seus agentes.

43.12. PRINCÍPIO DO PODER DE ISENÇÃO (ART. 151, III, CF)

Este princípio está ínsito no artigo 151, III da Constituição Federal que assim afirma: "É vedado à União: [...] III – instituir isenções de tributos da competência dos Estados, do Distrito Federal ou dos Municípios".

Segundo este princípio a União não poderá instituir isenções de tributos da competência dos Estados, do Distrito Federal ou dos Municípios.

Para José Afonso da Silva[8] o princípio de que o poder de isentar é ínsito ao poder de tributar, segundo o qual quem tem o poder de impor determinado tributo é que tem o poder de estabelecer isenções. Esse, na verdade, é um princípio geral da tributação, que foi rompido pelo regime constitucional anterior que atribuía à União, o poder de estabelecer isenções de impostos estaduais ou municipais em certas circunstâncias. Oportunamente vem o artigo retromencionado e se dirige à União, daí a inclusão do princípio, para proibi-la de instituir isenções de tributos de competência dos Estados, Distrito Federal ou dos Municípios. É uma reação ao sistema anterior, sem necessidade, pois, para recuperar o princípio, bastava não autorizar a União a instituir isenções de tributos dessas entidades tributantes. A regra do artigo 155, § 2º, XII, "g", da Constituição Federal prevê que a lei complementar regule a forma como, mediante deliberação dos Estados e do Distrito Federal, isenções e outros benefícios sejam concedidos, não contraria o princípio, porque são as próprias entidades tributantes que vão deliberara sobre o assunto.

43.12.1. JURISPRUDÊNCIA

RE 229096 / RS – RIO GRANDE DO SUL
RECURSO EXTRAORDINÁRIO
Relator (a): Min. ILMAR GALVÃO
Julgamento: 16/08/2007 Órgão Julgador: Tribunal Pleno
DJe-065 DIVULG 10-04-2008 PUBLIC 11-04-2008
EMENT VOL-02314-05 PP-00985
RECTE: CENTRAL RIOGRANDENSE DE AGROINSUMOS LTDA
RECDO: ESTADO DO RIO GRANDE DO SUL
Ementa
EMENTA: DIREITO TRIBUTÁRIO. RECEPÇÃO PELA CONSTITUIÇÃO DA REPÚBLICA DE 1988 DO ACORDO GERAL DE TARIFAS E COMÉRCIO. ISENÇÃO DE TRIBUTO

8 Idem p. 606

ESTADUAL PREVISTA EM TRATADO INTERNACIONAL FIRMADO PELA REPÚBLICA FEDERATIVA DO BRASIL. ARTIGO 151, INCISO III, DA CONSTITUIÇÃO DA REPÚBLICA. ARTIGO 98 DO CÓDIGO TRIBUTÁRIO NACIONAL. NÃO CARACTERIZAÇÃO DE ISENÇÃO HETERÔNOMA. RECURSO EXTRAORDINÁRIO CONHECIDO E PROVIDO. 1. A isenção de tributos estaduais prevista no Acordo Geral de Tarifas e Comércio para as mercadorias importadas dos países signatários quando o similar nacional tiver o mesmo benefício foi recepcionada pela Constituição da República de 1988. 2. O artigo 98 do Código Tributário Nacional "possui caráter nacional, com eficácia para a União, os Estados e os Municípios" (voto do eminente Ministro Ilmar Galvão). 3. No direito internacional apenas a República Federativa do Brasil tem competência para firmar tratados (art. 52, § 2º, da Constituição da República), dela não dispondo a União, os Estados-membros ou os Municípios. O Presidente da República não subscreve tratados como Chefe de Governo, mas como Chefe de Estado, o que descaracteriza a existência de uma isenção heterônoma, vedada pelo art. 151, inc. III, da Constituição. 4. Recurso extraordinário conhecido e provido.

43.13. PRINCÍPIO DA NÃO-DIFERENCIAÇÃO TRIBUTÁRIA (ART. 152, CF)

Dita o artigo 152, da Constituição Federal: "É vedado aos Estados, ao Distrito Federal e aos Municípios estabelecer diferença tributária entre bens e serviços, de qualquer natureza, em razão de sua procedência ou destino".

Neste princípio os Estados, o Distrito Federal e os Municípios encontram-se proibidos de estipular diferença tributária entre bens e serviços, de qualquer natureza, em razão de sua procedência ou destino.

43.13.1. JURISPRUDÊNCIA

ADI-MC 3936 / PR – PARANÁ
MEDIDA CAUTELAR NA AÇÃO DIRETA DE INCONSTITUCIONALIDADE
Relator (a): Min. GILMAR MENDES
Julgamento: 19/09/2007 Órgão Julgador: Tribunal Pleno
DJe-139 DIVULG 08-11-2007 PUBLIC 09-11-2007
DJ 09-11-2007 PP-00030 EMENT VOL-02297-02 PP-00215
REQTE. (S): GOVERNADOR DO ESTADO DO AMAZONAS
REQDO. (A/S): GOVERNADOR DO ESTADO DO PARANÁ
REQDO. (A/S): ASSEMBLÉIA LEGISLATIVA DO ESTADO DO PARANÁ
Ementa
EMENTA: Medida Cautelar em Ação Direta de Inconstitucionalidade. 2. Caráter normativo autônomo e abstrato dos dispositivos impugnados. Possibilidade de sua submissão ao controle abstrato de constitucionalidade. Precedentes. 3. ICMS. Guerra fiscal. Artigo 2º da Lei nº. 10.689/1993 do Estado do Paraná. Dispositivo que traduz permissão legal para que o Estado do Paraná, por meio de seu Poder Executivo, desencadeie a denominada "guerra fiscal", repelida por larga jurisprudência deste Tribunal. Precedentes. 4. Artigo 50, XXXII e XXXIII, e §§ 36, 37 e 38 do Decreto Estadual nº 5.141/2001. Ausência de convênio interestadual para a concessão de benefícios fiscais. Violação ao art. 155, §2º, XII, g,

da CF/88. A ausência de convênio interestadual viola o art. 155, § 2º, incisos IV, V e VI, da CF. A Constituição é clara ao vedar aos Estados e ao Distrito Federal a fixação de alíquotas internas em patamares inferiores àquele instituído pelo Senado para a alíquota interestadual. Violação ao art. 152 da CF/88, que constitui o princípio da não-diferenciação ou da uniformidade tributária, que veda aos Estados, ao Distrito Federal e aos Municípios estabelecer diferença tributária entre bens e serviços, de qualquer natureza, em razão de sua procedência ou destino. 5. Medida cautelar deferida.

A seguir trataremos dos princípios Constitucionais tributários específicos que são aqueles que se dirigem a determinado tributo.

43.14. PRINCÍPIO DA PROGRESSIVIDADE (ART. 153, § 2º, I; 156, § 1º; 182, § 4º, II TODOS DA CONSTITUIÇÃO FEDERAL)

O artigo 153, § 2º, I da Constituição Federal afirma que: "O imposto previsto no inciso III: I – será informado pelos critérios da generalidade, da universalidade e da progressividade, na forma da lei".

O imposto previsto no inciso III do artigo 153 é o imposto de renda e proventos de qualquer natureza (IR).

O artigo 156, § 1º da Constituição Federal verbera que: "Sem prejuízo da progressividade no tempo a que se refere o artigo 182, § 4º, II, o imposto previsto no inciso I poderá: I – ser progressivo em razão do valor do imóvel [...]". Trata-se do Imposto de Propriedade Predial e Territorial Urbana (IPTU).

O imposto progressivo é aquele cuja alíquota aumenta à medida que aumenta o ingresso ou a base imponível.

A Súmula 668/STF: "É inconstitucional a lei municipal que tenha estabelecido antes da Emenda Constitucional nº. 29/2000, alíquotas progressivas para o IPTU, salvo se destinada assegurar o cumprimento da função social da propriedade urbana".

43.14.1. JURISPRUDÊNCIA

RE 238671 / SP – SÃO PAULO
RECURSO EXTRAORDINÁRIO
Relator (a): Min. MAURÍCIO CORRÊA
Julgamento: 30/10/2001 Órgão Julgador: Segunda Turma
DJ 15-02-2002 PP-00016 EMENT VOL-02057-01 PP-00072
RECTE: GRÁFICA MARTINI S/A
RECDO: MUNICÍPIO DE SÃO PAULO
Ementa
EMENTA: RECURSO EXTRAORDINÁRIO. CONSTITUCIONAL. TRIBUTÁRIO. LEI Nº. 11.334/92. IPTU. ISENÇÃO. INCONSTITUCIONALIDADE. ALEGAÇÃO DE TRATAR-SE DE "MASCARADA" PROGRESSIVIDADE TRIBUTÁRIA. PROVIMENTO "IN PEJUS". IMPOSSIBILIDADE. 1. Progressividade do tributo e isenção. Institutos distintos. O primeiro constitui sanção imposta pelo inadequado aproveitamento da pro-

priedade, nos termos em que dispuser a lei federal; o segundo diz respeito à observância à capacidade contributiva do contribuinte. 2. Lei Municipal nº. 11.334/92. IPTU. Fixação de alíquota única para a sua cobrança e concessão de isenções diferenciadas, nos termos e condições previstos na norma. Não resignação apenas contra o sistema de isenções. Eventual conhecimento do recurso. Conseqüência: provimento *in pejus*. Recurso extraordinário não conhecido.

RE 212558 / RS – RIO GRANDE DO SUL
RECURSO EXTRAORDINÁRIO
Relator (a): Min. ELLEN GRACIE
Julgamento: 29/06/2004 Órgão Julgador: Segunda Turma
DJ 13-08-2004 PP-00284 EMENT VOL-02159-01 PP-00066
RTJ VOL-00193-02 PP-00746
RECTE. : EDEL EMPRESA DE ENGENHARIA S/A E OUTROS
RECDO. : MUNICÍPIO DE PORTO ALEGRE
Ementa
RECURSO EXTRAORDINÁRIO. IPTU. MUNICÍPIO DE PORTO ALEGRE. LC 285/92. MUDANÇA NA PLANTA DE VALORES. ALÍQUOTA PROGRESSIVA. IMÓVEL RESIDENCIAL E NÃO-RESIDENCIAL. DIFERENÇA NA BASE DE CÁLCULO. 1. O Tribunal a quo, ao analisar a legislação tributária do Município de Porto Alegre, concluiu que a majoração na base de cálculo do IPTU se deu mediante a aprovação da competente lei complementar. Afastada a alegação de ofensa ao princípio da legalidade. 2. Antes da edição da EC nº. 29/2000, este Supremo Tribunal decidiu que é inconstitucional qualquer progressividade do IPTU, que não atenda exclusivamente ao disposto no artigo 156, § 1º, aplicado com as limitações expressamente constantes dos §§ 2º e 4º do artigo 182, ambos da Constituição Federal. Súmula nº. 668. 3. O acórdão recorrido, além de julgar legítima a norma que diminuiu apenas base de cálculo do IPTU incidente sobre imóveis residenciais, entendeu que eventual declaração de sua inconstitucionalidade em nada aproveitaria aos recorrentes. Apenas o primeiro destes fundamentos foi impugnado no extraordinário. Incidência da Súmula STF nº 283. 4. Recurso extraordinário conhecido em parte e, nessa parte, provido, para afastar a cobrança de alíquotas progressivas do IPTU.

43.15. PRINCÍPIO DA NÃO-CUMULATIVIDADE DO IMPOSTO (ART. 153, IV, § 3º, II; 155, II, § 2º, I TODOS DA CONSTITUIÇÃO FEDERAL)

Este princípio é aplicável sobre produtos industrializados e sobre operações relativas à circulação de mercadorias e prestação de serviços, segundo o qual será compensado o que for devido em cada operação com o montante cobrado nas operações anteriores. Na prática, isso se faz mediante um sistema de crédito, pelo qual o contribuinte se credita de todo o imposto que pagou ao adquirir os produtos (ou matéria-prima, no caso de IPI) ou mercadorias ou serviços (no caso do ICMS) em dado espaço de temp (um mês..) fixado em lei, ao mesmo tempo em que debita todo o imposto incidente sobre as saídas dos produtos ou mercadorias dos seus estabelecimentos no mesmo período, e no momento de recolher os impostos do período é feita a compensação entre o crédito e o débito, recolhendo ele a diferença a mais ou continuando com crédito para o período seguinte se o crédito for maior. Vale dizer, em cada operação o imposto incide efetivamente sobre o valor adicionado.

Concluindo é o princípio que incide nos impostos sobre produtos industrializados e sobre operações relativas à circulação de mercadorias e prestação de serviços.

43.15.1. JURISPRUDÊNCIA

AC-QO 1852 / CE – CEARÁ
QUESTÃO DE ORDEM EM AÇÃO CAUTELAR
Relator (a): Min. JOAQUIM BARBOSA
Julgamento: 04/12/2007 Órgão Julgador: Segunda Turma
DJe-165 DIVULG 18-12-2007 PUBLIC 19-12-2007
DJ 19-12-2007 PP-00064 EMENT VOL-02304-01 PP-00010
REQTE. (S): ENGEPACK EMBALAGENS SÃO PAULO S/A
REQDO. (A/S): UNIÃO
Ementa
EMENTA: RECURSO EXTRAORDINÁRIO. EFEITO SUSPENSIVO. CONSTITUCIONAL. TRIBUTÁRIO. IMPOSTO SOBRE PRODUTOS INDUSTRIALIZADOS – IPI. CRÉDITO. VEDAÇÃO À CUMULATIVIDADE. OPERAÇÕES DE AQUISIÇÃO DE INSUMOS ISENTAS DE TRIBUTAÇÃO. PROCESSUAL CIVIL. 1. Ação cautelar destinada a suspender a exigibilidade de débitos tributários oriundos da desconstituição de créditos fundados no princípio da não-cumulatividade, aplicável às operações de aquisição de insumos isentas de tributação pelo IPI. 2. Reconhecida a existência de relevante controvérsia constitucional. Discussão acerca da aplicabilidade da orientação firmada por ocasião do julgamento do RE 353.657 (rel. min. Marco Aurélio) às operações isentas ou da manutenção da orientação firmada durante o julgamento do RE 212.484 (rel. p/ acórdão min. Nelson Jobim, Pleno). 3. Medida liminar concedida para suspender a exigibilidade dos débitos tributários pertinentes à desconsideração dos créditos de IPI relativos à aplicação do princípio da vedação à cumulatividade, e calculados com base nas operações de aquisição de insumos isentas, cuja validade se discute em recurso extraordinário. 4. Medida liminar referendada.

43.16. PRINCÍPIO DA SELETIVIDADE DO IMPOSTO (ART. 153, IV, E § 3º, I, CF)

Este princípio é aplicável obrigatoriamente ao imposto sobre produto industrializado, nos termos dos preceitos constitucionais retro mencionados, segundo o qual esse imposto será seletivo em função da essencialidade do produto, sendo facultada a sua aplicação ao imposto sobre circulação de mercadorias e prestação de serviços, em função da essencialidade desses objetos (art. 155, § 2º, III, CF) o que permite o estabelecimento de alíquotas diversas para esses produtos, mercadorias e serviços tributados, tendo em vista sua necessidade, utilidade e superfluidade, fatores que caracterizam genericamente graus de essencialidade.

Mas este princípio também pode ser aplicado ao imposto sobre circulação de mercadorias e prestação de serviços, em virtude da essencialidade das mercadorias e dos serviços (art. 155, § 2º, III, CF).

43.16.1. JURISPRUDÊNCIA

RE 370682 / SC – SANTA CATARINA
RECURSO EXTRAORDINÁRIO
Relator (a): Min. ILMAR GALVÃO
Julgamento: 25/06/2007 Órgão Julgador: Tribunal Pleno
DJe-165 DIVULG 18-12-2007 PUBLIC 19-12-2007
DJ 19-12-2007 PP-00024 EMENT VOL-02304-03 PP-00392
RECTE. (S): UNIÃO
RECDO. (A/S): INDÚSTRIA DE EMBALAGENS PLÁSTICAS GUARÁ LTDA
Ementa
EMENTA: Recurso extraordinário. Tributário. 2. IPI. Crédito Presumido. Insumos sujeitos à alíquota zero ou não tributados. Inexistência. 3. Os princípios da não--cumulatividade e da seletividade não ensejam direito de crédito presumido de IPI para o contribuinte adquirente de insumos não tributados ou sujeitos **à alíquota zero. 4. Recurso extraordinário provido.**

43.17. ORGANOGRAMA

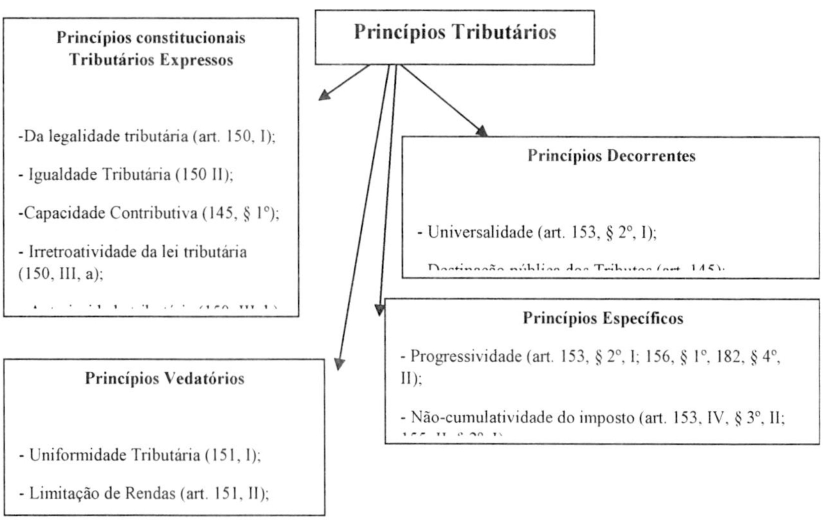

44

IMUNIDADES FISCAIS

As imunidades fiscais instituídas por razões de privilégios ou de considerações de interesse geral (neutralidade religiosa, econômicos, sociais ou políticos), excluem a atuação do poder de tributar. Nas hipóteses imunes de tributação, inocorre fato gerador da obrigação tributária. Nisso diferem imunidades de isenções, pois, relativamente a estas, dá-se o fato gerador da obrigação tributária, mas o contribuinte fica apenas isento do pagamento do tributo. As imunidades configuram privilégios de natureza constitucional e não pode estender-se além das hipóteses expressamente previstas na Constituição, que, em seu artigo 150, VI, veda à União, Estados, Distrito Federal e Municípios instituir impostos sobre: a) patrimônio, renda ou serviços, uns dos outros; b) templos de qualquer culto; c) patrimônio, renda ou serviços dos partidos políticos, inclusive suas fundações, das entidades sindicais dos trabalhadores, das instituições de educação, assistência social, sem fins lucrativos, atendidos os requisitos da lei; d) livros, jornais, periódicos e papel destinado a sua impressão.

Só existe a imunidade em relação aos impostos. A imunidade não beneficiará as taxas nem a contribuição de melhoria nem as demais contribuições fiscais ou parafiscais conforme constitucionalmente estabelecido.

Existem outras modalidades também de imunidades específicas, que se acham em hipóteses descritas no bojo da Constituição Federal sobre a não-incidência. À Exemplo dispõe o artigo 153, § 3º, III da Constituição Federal: "*não* incidirá sobre produtos industrializados destinados ao exterior". No caso trata-se do imposto previsto no artigo 153, IV, do dispositivo constitucional que é o imposto de produtos industrializados (IPI) e ainda, o artigo 153, § 4º, II, Constituição Federal: "não incidirá sobre pequenas glebas rurais, definidas em lei quando explore o proprietário que não possua outro imóvel". Neste caso, estamos falando do imposto expresso no artigo 153, VI constitucional que é o imposto de Propriedade Territorial Rural (ITR). Ainda o § 2ºº, X do artigo 155:

> Não incidirá: sobre operações que destinem mercadorias para o exterior nem sobre serviços prestados a destinatários no exterior, assegurada a manutenção e o aproveitamento do montante do imposto cobrado nas operações e prestações anteriores; b) sobre operações que destinem a outros Estados petróleo, inclusive lubrificantes, combustíveis líquidos e gasosos dele derivados e energia elétrica; c) sobre o ouro, nas hipóteses definidas no art. 153, § 5º; d) nas prestações de serviço de comunicação nas modalidades de radiodifusão sonora e de sons e imagens de recepção livre e gratuita.

44.1. JURISPRUDÊNCIA

AC-QO 1851 / RO – RONDÔNIAQUESTÃO DE ORDEM EM AÇÃO CAUTELAR
Relator (a): Min. ELLEN GRACIE
Julgamento: 17/06/2008 Órgão Julgador: Segunda Turma
DJe-142 DIVULG 31-07-2008 PUBLIC 01-08-2008
EMENT VOL-02326-01 PP-00196
REQTE. (S): COMPANHIA DE ÁGUAS E ESGOTOS DE RONDÔNIA – CAERD
REQDO. (A/S): MUNICÍPIO DE PORTO VELHO
Ementa
RECURSO EXTRAORDINÁRIO. CONCESSÃO DE EFEITO SUSPENSIVO. PRESENÇA DOS PRESSUPOSTOS AUTORIZADORES DA TUTELA. AÇÃO CAUTELAR SUBMETIDA A REFERENDO. TRIBUTÁRIO. IMUNIDADE RECÍPROCA. ART. 150, VI, a, DA CONSTITUIÇÃO FEDERAL. 1. Plausibilidade jurídica do pedido (fumus boni juris) diante do entendimento firmado por este Tribunal quando do julgamento do RE 407.099/RS, rel. Min. Carlos Velloso, 2ª Turma, DJ 06.8.2004, no sentido de que as empresas públicas e sociedades de economia mista prestadoras de serviço público de prestação obrigatória e exclusiva do Estado são abrangidas pela imunidade tributária recíproca prevista no art. 150, VI, a, da Constituição Federal. 2. Exigibilidade imediata do tributo questionado no feito originário, a caracterizar o risco de dano irreparável ou de difícil reparação (periculum in mora). 3. Decisão cautelar referendada.

RE 179893 / SP – SÃO PAULO
RECURSO EXTRAORDINÁRIO
Relator (a): Min. MENEZES DIREITO
Julgamento: 15/04/2008 Órgão Julgador: Primeira Turma
DJe-097 DIVULG 29-05-2008 PUBLIC 30-05-2008
EMENT VOL-02321-02 PP-00256
RECTE: ESTADO DE SÃO PAULO
RECDO: CEDIBRA EDITORA BRASILEIRA LTDA
Ementa
EMENTA Álbum de figurinha. Imunidade tributária. art. 150, VI, "d", da Constituição Federal. Precedentes da Suprema Corte. 1. Os álbuns de figurinhas e os respectivos cromos adesivos estão alcançados pela imunidade tributária prevista no artigo 150, VI, "d", da Constituição Federal. 2. Recurso extraordinário desprovido.

AI-AgR 637299 / RJ – RIO DE JANEIRO
AG. REG. NO AGRAVO DE INSTRUMENTO
Relator (a): Min. CELSO DE MELLO
Julgamento: 18/09/2007 Órgão Julgador: Segunda Turma
DJe-117 DIVULG 04-10-2007 PUBLIC 05-10-2007
DJ 05-10-2007 PP-00027 EMENT VOL-02292-05 PP-00945
RT v. 97, n. 868, 2008, p. 169-171
AGTE. (S): CLÍNICA ORTOPÉDICA SANTA LÚCIA LTDA S/C
AGDO. (A/S): UNIÃO
Ementa
E M E N T A: AGRAVO DE INSTRUMENTO – SOCIEDADE CIVIL DE PRESTAÇÃO DE SERVIÇOS PROFISSIONAIS RELATIVOS AO EXERCÍCIO DE PROFISSÃO LEGALMENTE

REGULAMENTADA – COFINS – MODALIDADE DE CONTRIBUIÇÃO SOCIAL – OUTORGA DE ISENÇÃO POR LEI COMPLEMENTAR (LC Nº. 70/91) – MATÉRIA NÃO SUBMETIDA À RESERVA CONSTITUCIONAL DE LEI COMPLEMENTAR – CONSEQÜENTE POSSIBILIDADE DE UTILIZAÇÃO DE LEI ORDINÁRIA (LEI Nº. 9.430/96) PARA REVOGAR, DE MODO VÁLIDO, A ISENÇÃO ANTERIORMENTE CONCEDIDA PELA LC Nº. 70/91 – INEXISTÊNCIA DE VIOLAÇÃO CONSTITUCIONAL – A QUESTÃO CONCERNENTE ÀS RELAÇÕES ENTRE A LEI COMPLEMENTAR E A LEI ORDINÁRIA – INEXISTÊNCIA DE VÍNCULO HIERÁRQUICO-NORMATIVO ENTRE A LEI COMPLEMENTAR E A LEI ORDINÁRIA – ESPÉCIES LEGISLATIVAS QUE POSSUEM CAMPOS DE ATUAÇÃO MATERIALMENTE DISTINTOS – DOUTRINA – PRECEDENTES (STF) – RECURSO DE AGRAVO IMPROVIDO.

RE-AgR 370590 / RJ – RIO DE JANEIRO
AG. REG. NO RECURSO EXTRAORDINÁRIO
Relator (a): Min. EROS GRAU
Julgamento: 29/04/2008 Órgão Julgador: Segunda Turma
DJe-088 DIVULG 15-05-2008 PUBLIC 16-05-2008
EMENT VOL-02319-06 PP-01258
AGTE. (S): BANCO CAMBIAL S/A E OUTRO (A/S)
AGDO. (A/S): UNIÃO
Ementa
EMENTA: AGRAVO REGIMENTAL NO RECURSO EXTRAORDINÁRIO. CONTRIBUIÇÃO SOCIAL SOBRE O LUCRO. INSTITUIÇÕES FINANCEIRAS. ALÍQUOTAS DIFERENCIADAS. ISONOMIA. EQUIPARAÇÃO OU SUPRESSÃO. IMPOSSIBILIDADE JURÍDICA DO PEDIDO. 1. A declaração de inconstitucionalidade dos textos normativos que estabelecem distinção entre as alíquotas recolhidas, a título de contribuição social, das instituições financeiras e aquelas oriundas das empresas jurídicas em geral teria como conseqüência normativa ou a equiparação dos percentuais ou a sua supressão. Ambas as hipóteses devem ser afastadas, dado que o STF não pode atuar como legislador positivo nem conceder isenções tributárias. Daí a impossibilidade jurídica do pedido formulado no recurso extraordinário. Agravo regimental a que se nega provimento.

44.2. ORGANOGRAMA

Imunidades	Isenções
- Privilégios de Natureza Constitucional **- Não beneficiará taxas nem Contribuição de Melhorias** - sobre patrimônio, renda ou serviços uns dos outros entes Federativos; - templos de qualquer natureza; - patrimônio, renda ou serviços dos partidos políticos, inclusive suas funções, das entidades sindicais dos trabalhadores, das instituições de educação e de assistência social, sem fins lucrativos; - livros, jornais, periódicos e o papel destinado a sua impressão	**- Dá-se o fato gerador da obrigação tributária, mas o contribuinte fica apenas isento do pagamento do tributo.** **- causa impeditiva do nascimento do tributo.** **- concedida por lei ordinária** **- concedida por lei Complementar em casos especiais** **- se revoga a isenção através de lei**

45

REPARTIÇÃO DAS RECEITAS TRIBUTÁRIAS

O significado de repartição das receitas tributárias é a técnica pela qual uma entidade participação da receita tributária da outra; por seu intermédio, e faz a distribuição ou discriminação das rendas pelo produto. O tema está abordado no artigo 157 da Constituição Federal que previu uma cooperação financeira entre as entidades autônomas da Federação, o que a doutrina chama de federalismo cooperativo.

A Constituição adotou uma discriminação exaustiva, integral e completa. Contemplou rígida e taxativamente as quatro entidades autônomas da Federação: União, Estados, Distrito Federal e Municípios. A cada uma conferiu competência expressa para instituir impostos, taxas e contribuição de melhoria. A Constituição indica o tributo em que cada entidade deve instituir; depois a descrição pelo produto ou derivada pela qual uma das entidades reparte sua receita com outras, ou vendo do outro lado, estas participam na receita daquelas (art. 157), porquanto a entidade beneficiado não recebe poder tributário direto, mas sim o produto de seu exercício atribuído à competência alheia. E essa atribuição não pode ser modificada por lei ordinária nem por lei complementar. Excepcionalmente admitiu a competência residual e a de necessidade, reservando à União, no art. 154, do poder de instituir outros impostos, mediante lei complementar, desde que não tenham fato gerador nem base de cálculo idêntica aos discriminados nos arts. 153, 155, 156, todos da Constituição Federal e, desde que sejam não-cumulativos e impostos extraordinários na iminência ou no caso de guerra externa.

Existe ainda a discriminação pela fonte que se classifica em três categorias, são elas: a) competência exclusiva; b) competência nominalmente comum; c) competência residual e a discriminação pelo produto se classificam em: a) participação em impostos de decretação de uma entidade e percepção por outras; b) participação em impostos de receita partilhada segundo a capacidade da entidade beneficiada; c) participação em fundos. O federalismo cooperativo inaugurou-se entre nós no texto Constitucional de 1934, embora a participação na receita tributária só tenha vindo com a Lei Constitucional nº. 4/40, época em que vigorava a Carta de 1937. Com a Constituição de 1946, ampliou-se o cooperativismo financeiro, algo que foi assimilado pelo constituinte de 1967 e sobremodo aperfeiçoado na Constituição de 1988. O federalismo cooperativo foi aprimorado em três técnicas ou modalidades de repartições da receita tributária, são elas:

a) Participação no produto de impostos decretados pela União e percepção por outras (art. 157, I e 158, I todos da CF). É o caso em que os recursos, arrecadados pela própria entidade beneficiada, integram dede logo seu patrimônio. Pertence aos Estados, Distrito Federal e Municípios o produto da arrecadação do imposto da União sobre renda e proventos de qualquer natureza, incidente na fonte, sobre rendimentos pagos, a qualquer título, por eles, suas autarquias e pelas fundações que instituírem e mantiverem;
b) Participação no produto de impostos de receita partilhada segundo a capacidade da entidade beneficiada, (arts. 158, II a IV e parágrafo único; 159, III, CF). É o caso em que a participação se realiza por meio de uma percentagem no produto da arrecadação coletada pela entidade titular do poder tributante, e devolvido o *quantum* respectivo às entidades beneficiadas, porque a elas pertence de direito e pode ser exigido até judicialmente. Pertencem aos Municípios 50% do produto da arrecadação do imposto da União sobre propriedade territorial rural, relativamente aos imóveis neles situados, cabendo a totalidade na hipótese da opção a que se refere o art. 153, § 4º, III; 50% do produto da arrecadação do imposto do Estado sobre a propriedade de veículos automotores licenciados em seus territórios; 25% do produto da arrecadação do imposto do Estado sobre operações relativas à circulação de mercadorias e sobre prestações de serviços de transporte interestadual e intermunicipal e de comunicação. Nessa hipótese, as parcelas de receita pertencentes aos Municípios, mencionadas no inciso IV, serão creditadas conforme os seguintes critérios: 3/4, no mínimo, na proporção do valor adicionado nas operações relativas à circulação de mercadorias e nas prestações de serviços realizadas em seus territórios; até ¼ de acordo com o que dispuser lei estadual ou, no caso dos Territórios, lei federal. Finalmente, a União entregará para os Estados e o Distrito Federal, na forma da lei, 29% do produto da arrecadação da contribuição de intervenção no domínio econômico relativa às atividades de importação ou comercialização de petróleo e seus derivados, gás natural e álcool combustível (art. 159, III, CF);
c) Participação em fundos (art. 159, I, a, b, c). A entidade beneficiada tem uma expectativa de receber certa quantia de fundo, conforme critério de redistribuição geográfica de rendas que tais fundos visam realizar. a União entregará do produto da arrecadação dos impostos sobre renda e proventos de qualquer natureza e sobre produto industrializado 48% na seguinte forma: 21,5% ao Fundo de Participação dos Estados e do Distrito Federal; 1% ao Fundo de Participação dos Municípios que será entregue no primeiro decêndio do mês de dezembro de cada ano. (EC nº. 55/2007)

Predomina o critério da repartição em favor da entidade participante, mas é possível distinguir as modalidades como visto.

45.1. NORMAS DE CONTROLE E DISCIPLINA DA REPARTIÇÃO DE RECEITA TRIBUTÁRIA

Cabe à lei complementar estabelecer as regras e disciplina do sistema de repartição de receitas, impondo-se ao Tribunal de Contas da União a tarefa de efetuar o cálculo das quotas referentes aos fundos de participação. Veda-se a retenção ou qualquer restrição à entrega e ao emprego das receitas repartidas aos Estados, Distrito Federal e Municípios, compreendidos os adicionais e acréscimos relativos a impostos (art. 160). Significa que os recursos recebidos, por transferências de receitas, por todas as formas de participação pertencem às entidades beneficiadas que os podem utilizar do modo que lhes melhor aprouver.

Para fins de controle conforme o artigo 162 da Constituição Federal a União, os Estados, o Distrito Federal e os Municípios divulgarão até o último dia do mês subseqüente ao da arrecadação, os montantes de cada um dos tributos arrecadados, os recursos recebidos, os valores de origem tributária entregues e a entregar e a expressão numérica dos critérios de rateio, com a exigência de que os dados divulgados pela União serão discriminados por Estado e por Municípios, e também Distrito Federal; os dos Estados, por Município.

45.2. ORGANOGRAMA

Repartição das Receitas Tributárias

Pertencem aos Estados e ao DF

- produto da arrecadação do imposto de Renda pago pelas autarquias e fundações;

- 20% do produto da arrecadação de impostos não previstos e arrecadados pela União

Estados entregarão aos Municípios

- 25% dos recursos do IPI

- 25% dos recursos de arrecadação da contribuição de intervenção no domínio econômico

Pertencem aos Municípios

- Produto da arrecadação do Imposto de Renda pago por suas autarquias e fundações;

- 50% da arrecadação do ITR (Imposto Territorial Rural);

- 50% sobre o IPVA (imposto de propriedade de veículos automotores licenciados em seu território);

- 25% do ICMS (imposto de circulação de mercadoria e serviços) que serão aplicadas:

1) ¾ nas operações relativas à circulação de mercadorias e nas prestações de serviços;

2) ¼ como dispuser a lei federal

A União entregará

IR:

a) 21 inteiros e 5 décimos ao Fundo de Participação do Estado e do DF;

b) 22 inteiros e cinco décimos ao Fundo de Participação dos Municípios;

c) 3% programas de financiamento ao setor produtivo da Região Norte, Nordeste, e Centro-Oeste;

IPI:

10% aos Estados e DF;

29% **da contribuição de intervenção no domínio econômico** aos Estados e DF

45.3. JURISPRUDÊNCIA

ADI-MC 2405 / RS – RIO GRANDE DO SUL
MEDIDA CAUTELAR NA AÇÃO DIRETA DE INCONSTITUCIONALIDADE
Relator (a): Min. CARLOS BRITTO
Julgamento: 06/11/2002 Órgão Julgador: Tribunal Pleno
DJ 17-02-2006 PP-00054
EMENT VOL-02221-01 PP-00071
LEXSTF v. 28, n. 327, 2006, p. 14-56
REQTE. GOVERNADOR DO ESTADO DO RIO GRANDE DO SUL
REQDA: ASSEMBLÉIA LEGISLATIVA DO ESTADO DO RIO GRANDE DO SUL
Ementa

EMENTA: Ação direta de inconstitucionalidade: medida cautelar: L. estadual (RS) 11.475, de 28 de abril de 2000, que introduz alterações em leis estaduais (6.537/73 e 9.298/91) que regulam o procedimento fiscal administrativo do Estado e a cobrança judicial de créditos inscritos em dívida ativa da fazenda pública estadual, bem como prevê a dação em pagamento como modalidade de extinção de crédito tributário. I – Extinção de crédito tributário criação de nova modalidade (dação em pagamento) por lei estadual: possibilidade do Estado-membro estabelecer regras específicas de quitação de seus próprios créditos tributários. Alteração do entendimento firmado na ADInMC 1917-DF, 18.12.98, Marco Aurélio, DJ 19.09.2003: consequente ausência de plausibilidade da alegação de ofensa ao art. 146, III, b, da Constituição Federal, que reserva à lei complementar o estabelecimento de normas gerais reguladoras dos modos de extinção e suspensão da exigibilidade de crédito tributário. II – Extinção do crédito tributário: moratória e transação: implausibilidade da alegação de ofensa dos artigos 150, § 6º e 155, § 2º, XII, g, da CF, por não se tratar de favores fiscais. III – Independência e Separação dos Poderes: processo legislativo: iniciativa das leis: competência privativa do Chefe do Executivo. Plausibilidade da alegação de inconstitucionalidade de expressões e dispositivos da lei estadual questionada, de iniciativa parlamentar, que dispõem sobre criação, estruturação e atribuições de órgãos específicos da Administração Pública, criação de cargos e funções públicos e estabelecimento de rotinas e procedimentos administrativos, que são de iniciativa reservada ao Chefe do Poder Executivo (CF, art. 61, § 1º, II, e), bem como dos que invadem competência privativa do Chefe do Executivo (CF, art. 84, II). Consequente deferimento da suspensão cautelar da eficácia de expressões e dispositivos da lei questionada. IV – Participação dos Municípios na arrecadação de tributos estaduais. 1. IPVA – Interpretação conforme, sem redução de texto, para suspensão da eficácia da aplicação do § 3º do art. 114, introduzido na L. 6.537/73 pela L. 11.475/2000, com relação ao IPVA, tendo em vista que, ao dispor que "na data da efetivação do respectivo registro no órgão competente deverá ser creditado, à conta dos municípios, 25% do montante do crédito tributário extinto", interfere no sistema constitucional de repartição do produto da arrecadação do IPVA (50%). 2. Deferimento da suspensão cautelar do § 3º do art. 4º da L. 11.475/2000 ("Os títulos recebidos referentes às parcelas pertencentes aos municípios, previstas no inciso IV do art. 158 da Constituição Federal, serão convertidos em moeda, corrente nacional e repassados a esses, pela Secretaria da Fazenda, no dia do resgate dos certificados"), pois a norma deixa ao Estado a possibilidade de somente repassar aos Municípios os 25% do ICMS só quando do vencimento final do título, que eventualmente pode ter sido negociado. V – Precatório e cessão de crédito tributário: plausibilidade da alegação de ofensa ao art. 100, da CF, pelos arts. 5º e seu parágrafo único e 6º, ambos da lei impugnada, que concedem permissão para pessoas físicas cederem a pessoas jurídicas créditos contra o Estado decorrentes de sentença judicial, bem como admitem a utilização destes precatórios na compensação dos tributos: deferimento da suspensão cautelar dos mencionados preceitos legais. VI – Licitação (CF, art. 37, XXI) – não ofende o dispositivo constitucional o art. 129 da L. 6.537/73 c/ a red. L. 11.475/00 – que autoriza a alienação dos bens objetos de dação por valor nunca inferior ao que foi recebido e prevê a aquisição de tais bens por município, mediante o pagamento em prestações a serem descontadas das quotas de participação do ICMS. VII – Demais dispositivos cuja suspensão cautelar foi indeferida.

46

FINANÇAS PÚBLICAS E ORÇAMENTO

O artigo 163 da Constituição Federal dispõe que:

> *Lei Complementar disporá sobre: I – finanças públicas; II – dívida pública externa e interna, incluída a das autarquias , fundações e demais entidades controladas pelo Poder Público; III – concessão de garantias pelas entidades públicas; IV – emissão e resgate de títulos da dívida pública; V – fiscalização financeira da administração pública direta e indireta; VI – operações de câmbio realizadas por órgãos e entidades da União, Estados, do Distrito Federal e dos Municípios; VII – compatibilização das funções das instituições oficiais de crédito da União, resguardadas as características e condições operacionais plenas das voltadas ao desenvolvimento regional.*

O estudo das finanças públicas e do sistema orçamentário deve proceder-se de forma conjunta, pois a técnica utilizada pela Constituição Federal fez com que tais matérias fossem tratadas num mesmo capítulo. O capítulo de finanças públicas disposto na Constituição Federal trata segundo Agra[1] das normas gerais sobre dívida pública, emissão e resgate de títulos públicos, fiscalização financeira da administração pública direta e indireta, enfim, regulamenta de forma genérica a matéria constitucional relacionada às receitas e às despesas públicas.

Finanças públicas significa dizer segundo Chimenti et all[2] é a expressão que caracteriza o conjunto de regras pelas quais o Estado planeja e administra os ingressos e as saídas de recursos financeiros.

As finanças públicas foram transferidas para a responsabilidade do Congresso Nacional, ficando fora da esfera de atribuições do Chefe do Executivo. Entende-se daí a competência exclusiva do Banco Central para expedir moedas em nome da União (art. 164, caput, CF).

O § 1º do artigo 164 dispõe que:

> É vedado ao banco central conceder, direta ou indiretamente empréstimos ao Tesouro Nacional e a qualquer órgão ou entidade que não seja instituição financeira". Ainda dispõe o § 2º, do mesmo dispositivo: "O banco central poderá comprar e vender títulos de emissão do Tesouro Nacional com o objetivo de regular a oferta de moeda ou a taxa de juros.

1 AGRA, Walber de Moura. Curso de Direito Constitucional, 2007, pg. 643.

2 Idem, 2007, p. 511.

Ainda segue o § 3º do dispositivo retro mencionado que: "As disponibilidades de caixa da União serão depositadas no Banco Central; as do Estado, do Distrito Federal, dos Municípios e dos órgãos ou entidades do Poder Público e das empresas por ele controladas, em instituições financeiras oficiais, ressalvados os casos previstos em lei".

As normas gerais sobre finanças públicas estão dispostas nos artigos 163 e 164 da Constituição Federal. Destaca-se o artigo 163, I a VII pelo qual a lei complementar disporá sobre: finanças públicas; dívidas públicas externa e interna incluída a das autarquias, fundações e demais entidades controladas pelo Poder Público; concessão de garantias pelas entidades públicas; emissão e resgate de títulos da dívida pública; fiscalização financeira da Administração Pública direta e indireta; operações de câmbio realizadas por órgãos e entidades da União, dos Estados, do Distrito Federal e dos Municípios e, compatibilização das funções das instituições oficiais de crédito da União, resguardas as características e condições operacionais plenas das voltadas ao desenvolvimento regional.

47

BANCO CENTRAL

Cabe ao Banco Central observar as determinações previstas nos artigos. 21, VII e 164 ambos da Constituição Federal.

Pelo artigo 21, VII da Constituição Federal compete exclusivamente à União emitir moedas, bem como legislar sobre sistema monetário. Essa disposição combinada com o artigo 164 caput, reforça a missão do Banco Central de exercer a dita competência da União, cumprindo-lhe a atribuição exclusiva de emitir moedas.

É vedado ao Banco Central conceder, direta ou indiretamente, empréstimos ao Tesouro Nacional e a qualquer órgão ou entidade que não seja instituição financeira (art. 164, § 1º, CF).

Todavia, poderá comprar e vender títulos de emissão do Tesouro Nacional, precisamente para regular a oferta de moeda ou taxa de juros (art. 164, § 2º, CF).

Ainda, as disponibilidades de caixa da União serão depositadas no Banco Central. Já as dos Estados e do Distrito Federal e dos Municípios, dos órgãos ou entidades do Poder Público e das empresas por ele controladas devem ser depositadas em instituições financeiras oficiais, ressalvada as hipóteses admitidas pela lei (art. 164, § 3º, CF).

A lei exceptiva é a lei ordinária federal, de caráter nacional.

As disponibilidades de caixa da União serão depositadas no banco central; as dos Estados, do Distrito Federal, dos Municípios e órgãos ou entidades do Pode Público e das empresas por ele controladas, hão de ser depositados em instituições oficiais, ressalvado os casos previstos em lei.

48

ORÇAMENTO

Orçamento segundo Bulos[1]:

> Orçamento é palavra de origem incerta, para uns orçar, encontrando a sua etimologia no latim *ordior, orsus sum, oridir*. Outros entendem que a expressão *promna* do italiano *orzare*. O vocábulo exterioriza a ideia de computar, planizar, avaliar, urdir, tecer, calcular, isto é, fazer o cálculo, apreciar a despesa. Para designar o signo orçamento, os ingleses e os franceses usavam o termo budget, derivado de *bougette,* significando pequena bolsa de couro para viagem. Já os espanhóis e argentinos empregavam *pressupuesto*, os italianos *bilancio* e os alemães *haushaltsplan.*
> A palavra orçamento exterioriza a idéia de orçar, computar, planizar, avaliar, urdir, tecer, calcular, isto, fazer cálculo, apreciar a despesa.

Zimmermann[2] afirma que:

> Existem três elementos que repercutem no orçamento: o econômico; o político, e o jurídico. O elemento econômico indica o fato de que o Estado estará fazendo uma previsão de sua gestão orçamentária. O elemento político caracteriza-se pela autorização desta gestão. E, o elemento jurídico, por fim, indica os diversos sistemas jurídicos que versam sobre os efeitos próprios dos orçamentos.

A Constituição Federal tratou do tema orçamento no artigo 165 que dispõe que: "Leis de iniciativa do Poder Executivo estabelecerão; I – o plano plurianual; II – as diretrizes orçamentárias III – os orçamentos anuais".

Orçamento é o ato pelo que prevê e autoriza a receita e a despesa da União, Estados, Distrito Federal e Municípios, por certo lapso de tempo. O orçamento público é o instrumento que documenta a atividade financeira das entidades estatais, contendo a receita e o cálculo das despesas autorizadas para o funcionamento dos serviços públicos e outros fins projetados pelos governos (Lei 4.320/64).

O sistema orçamentário encontra fundamento constitucional nos arts. 165 a 169. O primeiro desse dispositivo indica os instrumentos normativos do sistema: a lei complementar de caráter financeiro, a lei do plano plurianual, a lei de diretrizes orçamentárias e a lei orçamentária anual (lei do orçamento anual).

A lei que instituir o plano plurianual (art. 165, § 1º e 166§ 6º) estabelecerá, de forma regionalizada, as diretrizes, objetivos e metas da

---

1 Idem, 4ª Ed. 2009, p. 1314.

2 ZIMMERMANN, Augusto. Curso de Direito Constitucional. 3ª Ed. 2004, p. 674

Administração Pública Federal para as despesas de capital e outras delas decorrentes e para as relativas aos programas de duração continuada. É a lei complementar de caráter financeiro, vista acima, que vai definir vigência, prazos e modo de elaboração do plano plurianual, que é um plano de investimentos, com o qual deverão estar em consonância todos os planos e programas nacionais, regionais e setoriais previstos na Constituição Federal (art. 48, IV e 165, § 4º).

A lei referida esta prevista no § 9º do artigo 165 que dispõe:

> Cabe à lei complementar: I – dispor sobre o exercício financeiro, a vigência, os prazos, a elaboração, organização do plano plurianual, da lei de diretrizes orçamentárias e da lei orçamentária anual; II – estabelecer normas de gestão financeira e patrimonial da administração direta e indireta, bem como condições para a instituição e funcionamento de fundos.

Trata-se de uma lei normativa permanente com características de lei sobre as leis do sistema, já que todas, que são de caráter temporário, nela deverão fundamentar-se.

A Lei de Diretrizes Orçamentárias compreenderá as metas e prioridades da Administração Pública federal, incluindo as despesas de capital para o exercício financeiro subseqüente, orientará a elaboração da lei orçamentária anual, disporá sobre as alterações na legislação tributária e estabelecerá a política de aplicação das agências financeiras oficiais de fomento (art. 165, § 2º). É uma lei anual. Não se estabelece quando ela deve ser submetida ao Congresso Nacional. Dispõe apenas a Carta Política que o seu projeto, assim como a lei do plano plurianual e do orçamento anual, seja enviado pelo Presidente da República ao Congresso Nacional, nos termos da lei complementar de caráter financeiro. È a lei que vai dar as metas e prioridades há de constar do orçamento anual.

A Lei Orçamentária Anual englobará três orçamentos: I – o orçamento fiscal referentes aos Poderes da União, seus fundos, órgãos e entidades da administração direta e indireta; II – o orçamento de investimento das empresas em que a União, direta ou indiretamente, detenha a maioria do capital social com direito a voto; III – o orçamento da seguridade social, abrangendo todas, as entidades e órgãos a ela vinculados, da administração direta ou indireta, bem como os fundos e fundações instituídos e mantidos pelo Poder Público.

49

ORÇAMENTO PÚBLICO NA CONSTITUIÇÃO DE 1988

Conforme prescrito o artigo 165 da Constituição veio a tratar sobre o orçamento. O § 1º do citado dispositivo constitucional apregoa que: "A lei que instituir o plano plurianual estabelecerá, de forma regionalizada, as diretrizes, objetivos e metas da administração pública federal para as despesas de capital e outras delas decorrentes e para as relativas aos programas de duração continuada".

Acrescenta o § 2º do dispositivo mencionado que:

> A lei de diretrizes orçamentárias compreenderá as metas e prioridades da administração pública federal, incluindo as despesas de capital para o exercício financeiro subseqüente, orientará a elaboração da lei orçamentária anula, disporá sobre as alterações na legislação tributária e estabelecerá a política de aplicação das agências financeiras oficiais de fomento.

Segue o § 3º: "O Poder Executivo publicará, até trinta dias após o encerramento de cada bimestre, relatório resumido da execução orçamentária". Finalmente o § 4º verbera que: "Os planos e programas nacionais, regionais e setoriais previstos nesta Constituição serão elaborados em consonância com o plano plurianual e apreciados pelo Congresso Nacional".

A Constituição Federal ao tratar do assunto orçamento delimitou e regulou as finanças, entretanto, necessário se faz uma lei a que submeta a disciplina da sua receita e da sua despesa.

50

ORÇAMENTO PROGRAMA

Trata-se de um planejamento estrutural porque todos os planos e programas têm suas estruturas estabelecidas segundo o plano plurianual (art. 165, § 4º). Essa integração de orçamento público com o econômico garante a necessária coordenação entre a política fiscal (intervencionismo indireto) e a política econômica (intervencionismo direto). A política fiscal é parte da política econômica, igualmente o plano financeiro do Estado deve fazer parte do plano econômico do país. Ainda, o equilíbrio financeiro nas finanças modernas se há de estabelecer em relação ao equilíbrio econômico geral, aquela integração é absolutamente indispensável. Esta configuração é que dá a característica de orçamento-programa.

Orçamento programa segundo Bulos[1] surgiu da ideia de criar um orçamento que interferisse na reestruturação da economia estatal. Isso porque o orçamento clássico não objetivava promover a ação direta do Estado na economia.

Seu caráter é dinâmico, não se trata de justaposição de planos, mas de uma vinculação permanente e contínua, que não admite interrupção, sendo que os planos mais gerais e globais abrangem os mais concretos e a execução destes leva à materialização daquele.

Depende da concepção do orçamento a fixação do que deve conter. Qualquer que seja o orçamento deve estar contido o conteúdo básico a estimativa da receita e a autorização da despesa que são apresentadas em forma de partidas dobradas em seu aspecto contábil.

O Orçamento é uma peça de Governo complexa pois trata-se de um processo e o conjunto integrado de documentos pelos quais se elaboram se expressam, se aprovam, se executam e se avaliam os planos e programas de obras, serviços e encargos governamentais, com estimativa da receita e fixação das despesas de cada exercício financeiro.

A Constituição de 1988 consagrou um sistema orçamentário nacional onde encontramos os critérios para a edição de atos normativos que, hierarquicamente, interligam-se para dar à Administração Pública um planejamento orçamentário funcional a longo, médio e curto prazo.

Receita pública segundo a lei de orçamento é o conjunto de recursos financeiros que entram pelos cofres do Estado, de acordo com a lei orçamentária. Ela engendra as rendas (recursos próprios provenientes dos tributos e

1 Idem, 4ª Ed. 2009, p. 1321

preços privativos da entidade estatal) e os demais ingressos, como aqueles decorrentes de tributos partilhados, fundos de qualquer natureza e origem, empréstimos, financiamentos, subvenções e doações.

Despesa pública é a parte do orçamento que autoriza a execução de gastos para remunerar servidores, adquirir bens, executar obras e empreendimentos. Designa também a aplicação lícita de certa quantia de dinheiro, pela autoridade ou agente competente, em prol do bem público.

A ideia de despesa pública está atrelada ao princípio da legalidade pois além de impor autorização legislativa para que ela se efetive, os gastos devem ser autorizados (art. 165, § 8º).

São espécies de orçamento público e as leis de iniciativa do Executivo: a) Orçamento financeiro ou lei complementar financeira uma vez que é nela que as outras leis deverão fundamentar-se (lei plurianual, lei de diretrizes orçamentária e lei orçamentária anual). É a lei das leis. Seu caráter é permanente; b) lei plurianual estabelece de forma regionalizada as diretrizes, os objetivos e as metas da Administração Pública federal para as despesas de capital e outras delas decorrentes e para as relativas aos programas de duração continuada (art. 165, § 1º). Designa o plano relativo às despesas de capital naqueles programas de duração continuada, que excedam o orçamento anual em que foram iniciadas; c) Lei de Diretrizes Orçamentária tem uma duração maior do que as leis que regulamenta o exercício financeiro anual; d) Lei Orçamentária Anual faz a estimativa das receitas e das despesas da União.

51

PRINCÍPIOS ORÇAMENTÁRIOS CONSTITUCIONAIS

Como veremos a seguir os princípios orçamentários constitucionais que informa o orçamento público referem-se uns a seu conteúdo (princípio da exclusividade) e outras à sua forma. Sofreram transformações com a mudança do orçamento clássico para o orçamento-programa, embora nominalmente seja os mesmos, exceção feita ao princípio da programação que não poderia existir no orçamento tradicional.

Os princípios segundo José Afonso da Silva[1] foram elaborados segundo as finanças clássicas, destinados, de um lado e principalmente, a reforçar a utilização do orçamento como instrumento de controle parlamentar e democrático sobre a atividade financeira do executivo e, de outro lado, a orientar a elaboração, aprovação e execução do orçamento.

51.1. PRINCÍPIO DA EXCLUSIVIDADE OU DA PUREZA ORÇAMENTÁRIA

A Lei orçamentária Anual não conterá dispositivo estranho à previsão de receita e fixação de despesas. A exclusividade evita o orçamento que trazia em si matérias que não eram de natureza orçamentária. As matérias impertinentes eram denominadas "caudas orçamentárias".

Este princípio foi introduzido na Constituição de 1891. Hoje o princípio encontra-se no artigo 165, § 8º: "A lei orçamentária anual não conterá dispositivo estranho à receita e à fixação da despesa, não se incluindo na proibição a autorização, a abertura de créditos suplementares e contratação de operações de crédito ainda por antecipação de receita, nos termos da lei".

Verifica-se que a lei orçamentária não pode conter dispositivo estranha à fixação da despesa e à previsão da receita. Este princípio é um meio de evitar que se incluam n a lei orçamentária normas relativas a outros campos jurídicos, tais como as que modificam ou ampliam, o Código Civil, etc.

1 Idem p. 623

51.1.1. JURISPRUDÊNCIA

AI-AgR 366317 / MG – MINAS GERAIS
AG. REG. NO AGRAVO DE INSTRUMENTO
Relator (a): Min. MOREIRA ALVES
Julgamento: 14/05/2002 Órgão Julgador: Primeira Turma
DJ 14-06-2002 PP-00138 EMENT VOL-02073-10 PP-02063
AGTE. : BANFORT BANCO FORTALEZA S/A (EM LIQUIDAÇÃO)
AGDO. : MUNICÍPIO DE POTÉ
Ementa
EMENTA: Agravo regimental. – As alegações de ofensa ao artigo 5º, LIV e LV, da Carta Magna são indiretas ou reflexas, não dando margem, assim, ao recurso extraordinário. – Se, para a aplicação do artigo 167, IV, combinado com o artigo 165, § 8º, é necessária, como exceção ao princípio da exclusividade de objeto da lei orçamentária anual, a autorização desta para a prestação de garantias às operações de crédito por antecipação de receita, e o acórdão recorrido nega a existência dessa autorização, para se chegar a conclusão contrária a que ele chegou será mister o exame prévio dessa lei, não servindo para isso o recurso extraordinário. Agravo a que se nega provimento.

51.2. PRINCÍPIO DA PROGRAMAÇÃO

Os objetivos, metas e fins do orçamento seguem uma linha programática adrede planejada. O cerne do princípio constitucional da programação finca-se nessa realidade, precisamente para cooperar com a ação governamental, pautada na realização de um programa de trabalho.

O artigo 165, § 4º afirma que: "Os planos e programas nacionais, regionais e setoriais previstos nesta Constituição serão elaborados em consonância com o plano plurianual e apreciados pelo Congresso Nacional".

O orçamento moderno deve ter conteúdo e forma de programação, que implica, em primeiro lugar a formulação de objetivos e o estudo das alternativas da ação futura para alcançar os fins da atividade governamental; em segundo lugar na redução dessas alternativas de um número muito amplo ou pequeno na prossecução do curso da ação adotada através do programa de trabalho.

Este princípio está ligado ao plano de ação governamental.

51.2.1. JURISPRUDÊNCIA

ADI 2592 / RO – RONDÔNIA
AÇÃO DIRETA DE INCONSTITUCIONALIDADE
Relator (a): Min. SYDNEY SANCHES
Julgamento: 23/04/2003 Órgão Julgador: Tribunal Pleno
DJ 23-05-2003 PP-00030 EMENT VOL-02111-08 PP-01644
REQTE: GOVERNADOR DO ESTADO DE RONDÔNIA
REQDA MESA DIRETORA DA ASSEMBLÉIA LEGISLATIVA DO ESTADO DE RONDÔNIA

Ementa

EMENTA: DIREITO CONSTITUCIONAL E PENAL. AÇÃO DIRETA DE INCONSTITUCIONALIDADE DO § 3º DO ART. 136-A DA CONSTITUIÇÃO ESTADUAL DE RONDÔNIA, INTRODUZIDO PELA EMENDA CONSTITUCIONAL Nº. 21, DE 23.08.2001, E QUE DEFINE, COMO CRIME DE RESPONSABILIDADE DO GOVERNADOR DO ESTADO, "A NÃO EXECUÇÃO DA PROGRAMAÇÃO ORÇAMENTÁRIA, DECORRENTE DE EMENDAS PARLAMENTARES". ALEGAÇÃO DE VIOLAÇÃO AOS ARTIGOS 22, INCISO I, E 85, PARÁGRAFO ÚNICO, DA CONSTITUIÇÃO FEDERAL. 1. A jurisprudência do STF é firme no sentido de que compete à União legislar sobre crime de responsabilidade (art. 22, I, e art. 85, parágrafo único, da C.F.). 2. No caso, a norma impugnada violou tais dispositivos. 3. Ação Direta de Inconstitucionalidade julgada procedente. 4. Plenário. Decisão unânime.

51.3. PRINCÍPIO DO EQUILÍBRIO ORÇAMENTÁRIO

Pelo princípio do equilíbrio orçamentário expressava-se que gastar segundo Bulos[2] só o essencial, só aquilo que já foi arrecadado e jamais arrecadar além do estritamente necessário, para não sacrificar o bolso do contribuinte, desequilibrando as receitas e as despesas.

Iniciou-se com a Constituição de 1967 não se mantendo na Emenda Constituição nº. 1/69 e na Constituição atual não foi positivado, mas não quer dizer que não autoriza sua aplicabilidade. Está previsto de modo implícito.

Este princípio consubstancia-se na relação de equivalência entre o montante das despesas autorizadas e o volume da receita prevista para o exercício financeiro. Tratava-se da igualdade matemática entre ingressos e gastos públicos.

O desequilíbrio verifica-se: a) quando o montante da despesa autorizada for superior à receita estimada, ocorrendo o *déficit*; b) quando a estimativa da receita supera a despesa autorizada, caso em que se tem *superavit*. Ambas são formas condenadas.

51.3.1. JURISPRUDÊNCIA

AI-AgR 487075 / RS – RIO GRANDE DO SUL
AG. REG. NO AGRAVO DE INSTRUMENTO
Relator (a): Min. RICARDO LEWANDOWSKI
Julgamento: 27/11/2007 Órgão Julgador: Primeira Turma
DJe-165 DIVULG 18-12-2007 PUBLIC 19-12-2007
DJ 19-12-2007 PP-00025 EMENT VOL-02304-04 PP-00709
AGTE. (S): MARNOELY PEREIRA DE OLIVEIRA E OUTRO (A/S)
AGDO. (A/S): INSTITUTO NACIONAL DO SEGURO SOCIAL – INSS
Ementa

EMENTA: CONSTITUCIONAL. TRIBUTÁRIO. AGRAVO REGIMENTAL EM AGRAVO DE INSTRUMENTO. REGIME GERAL DE PREVIDÊNCIA SOCIAL.

2 BULOS. 2009, P. 1325

CONTRIBUIÇÃO SOCIAL. REPERCUSSÃO POSITIVA DA CONTRIBUIÇÃO SOCIAL. CONSTITUCIONALIDADE DA COBRANÇA. INSTRUMENTO DE ATUAÇÃO DO ESTADO NA ÁREA DE PREVIDÊNCIA. INSTITUIÇÃO MEDIANTE LEI ORDINÁRIA. CONSTITUCIONALIDADE. ALEGADA OFENSA AO ART. 201, CAPUT, § 11. OFENSA REFLEXA. AGRAVO IMPROVIDO. I – Esta Corte entende que o tributo previsto no art. 195, II, da Constituição Federal, classifica-se como contribuição social, diferenciando-se, portanto, das taxas e impostos. II – A referida contribuição social é instrumento de atuação do Estado na área de previdência social e sua exigência se dá em "obediência aos princípios da solidariedade e do equilíbrio financeiro e atuarial, bem como aos objetivos constitucionais de universalidade, equidade na forma de participação no custeio e diversidade da base de financiamento". III – Esta Corte entende ser possível a instituição de contribuição de seguridade social por meio de Lei Ordinária. IV – A apreciação dos temas constitucionais depende do prévio exame de normas infraconstitucionais. Afronta indireta à Constituição. V – Precedentes. VI – Agravo regimental improvido.

51.4. PRINCÍPIO DA ANUALIDADE

A Lei orçamentária deve estabelecer uma programação anual de receitas e despesas.

No Brasil o ano orçamentário coincide com o ano civil (1º de janeiro a 31 de dezembro, Lei 4.320/64). Com isso, a cada ano o Poder Legislativo é capaz de identificar a situação orçamentária do País, direcionando de forma atualizada as ações pertinentes à obtenção de receitas e autorização de despesas.

Significa o princípio que o orçamento deve ser executado num período financeiro determinado.

Estabelece o artigo 165, § 9, I da Constituição Federal: "Cabe à lei complementar: I – dispor sobre o exercício financeiro, a vigência, os prazos, a elaboração e organização do plano plurianual, da lei de diretrizes orçamentárias e da lei orçamentária anual".

Também conhecido como princípio da lei ânua[3], nasceu do expediente político de se obrigar os monarcas a convocarem o parlamento, pelo menos, uma vez por ano. Vigora entre nós desde a Constituição de 1824, enunciando que as disposições do orçamento perdem, de imediato, a sua vigência no último dia do exercício financeiro, e as dotações que não seguirem essa data caducam, caem em exercício findo não podendo mais ser pagas.

O orçamento é previsão, programação de atividades e projetos a serem realizados no futuro. Como tal, supõe periodicidade que tem interesse: a) do ponto de vista político, por conceder ao Congresso Nacional a oportunidade de intervir periodicamente na atividade financeira, quer aprovando a proposta de orçamento para o período seguinte quer fiscalizando a administração financeira do governo e tomando-lhes as contas; b) do ponto de vista

3 Bulos. 2009, p. 1326

financeiro porque marca um período durante o qual se efetuam a arrecadação e a contabilização dos ingressos e se comprometem as despesas autorizadas, encerrando as contas públicas em determinado momento; c) do ponto de vista econômico, para o fim de influir nas flutuações dos ciclos econômicos.

51.4.1. JURISPRUDÊNCIA

> RE 64944 / SP – SÃO PAULO
> RECURSO EXTRAORDINÁRIO
> Relator (a): Min. BARROS MONTEIRO
> Julgamento: 11/03/1969 Órgão Julgador: PRIMEIRA TURMA
> DJ 05-05-1969
> Ementa
> EXECUTIVO FISCAL. SENDO A ANUALIDADE CARACTERISTICA INSEPARAVEL DA EXIGÊNCIA DE AUTORIZAÇÃO ORCAMENTARIA, NÃO PODIA A LEI MUNICIPAL REVOGA-LA. RECURSO EXTRAORDINÁRIO INTERPOSTO, ADEMAIS, EM CAUSA DE ALÇADA. NÃO CONHECIMENTO

51.5. PRINCÍPIO DA UNIDADE

O artigo 165, § 5º da Constituição Federal reza que:

> A lei orçamentária anual compreenderá: I – o orçamento fiscal referente aos Poderes da União, seus fundos, órgãos e entidades da administração direta e indireta, inclusive fundações instituídas e mantidas pelo Poder Público; II – o orçamento de investimento das empresas em que a União, direta ou indiretamente, detenha a maioria do capital social com direito a voto.

O orçamento deve ser elaborado de maneira harmônica ainda que por vezes uma vez que não é possível a realização por peça única.

A Constituição de 1946 assentava que todas as contas orçamentárias deveriam constar em um só documento e de uma única caixa. Consistia em apresentar o orçamento de tal forma que fosse suficiente fazer duas somas para obterem-se o total das despesas e o total das receitas e uma subtração entre os dois totais para saber se o mesmo continha um equilíbrio, um excedente de receita (superávit) ou déficit.

Com a evolução do projeto orçamentário tornou impossível cumprir esse princípio tal como era formulado, porque foram surgindo orçamentos paralelos (de autarquias, de entidades paraestatais, de autonomias administrativas etc.). Além de surgir uma multiplicidade de orçamentos dentro do orçamento geral. Enfim, o princípio da unidade orçamentária, na concepção do orçamento-programa não se preocupa com a unidade documental; ao contrário postula que tais documentos orçamentários se subordinem a uma unidade de orientação política, numa hierarquização unitária dos objetivos a serrem atingidos e na uniformidade de estrutura do sistema integrado.

51.5.1. JURISPRUDÊNCIA

RE 271601 / RN – RIO GRANDE DO NORTE
RECURSO EXTRAORDINÁRIO
Relator (a): Min. MOREIRA ALVES
Julgamento: 12/11/2002 Órgão Julgador: Primeira Turma
DJ 13-12-2002 PP-00076 EMENT VOL-02095-02 PP-00393
RECTE: ESTADO DO RIO GRANDE DO NORTE
RECDOS. RAIMUNDA BEZERRA E OUTROS
Ementa
EMENTA: – Recurso extraordinário. Conversão em URV dos valores fixados em cruzeiro real. Competência privativa da União para legislar sobre direito monetário. – Em caso análogo ao presente e também relativo ao Estado do Rio Grande do Norte, esta Primeira Turma, ao julgar o RE 291.188, manteve o acórdão do Tribunal de Justiça do referido Estado que, afastando a aplicação da legislação estadual em sentido diverso, impôs, na conversão dos vencimentos dos servidores estaduais de cruzeiro real para URV, a incidência do disposto na Lei Federal 8.880/94, e rejeitou a alegação do Estado do Rio Grande do Norte no sentido de que os Estados-membros teriam competência para adaptar a legislação federal à sua realidade por força de sua autonomia política e do princípio da previsão orçamentária. – Anteriormente, o Pleno deste Tribunal, ao apreciar a Suspensão de Segurança 665-AgR, Min. Octavio Gallotti, 29.09.94, decidiu pela "extensão, a servidores estaduais, independentemente de lei local, de norma editada pela União, a respeito da conversão de vencimentos em unidades reais de valor (URVs)", na forma disciplinada pela Lei 8.880, de 1994, em face da competência privativa da União para legislar sobre o sistema monetário. Dessa orientação não divergiu o acórdão recorrido. Recurso extraordinário não conhecido.

51.6. PRINCÍPIO DA UNIVERSALIDADE

O artigo 165, § 5º expressa este princípio da universalidade. Mediante sua observância, a lei orçamentária anual deverá compreender o orçamento fiscal, o orçamento de investimento das empresas, o orçamento da seguridade social e os que se ligam ao plano plurianual. Este, por seu turno, inter-relaciona-se com os planos e programas nacionais, regionais e setoriais.

Este princípio é indispensável à organização e administração dos orçamentos públicos, completando-se, inevitavelmente, com a regra do orçamento bruto, pelo qual as parcelas da receita e das despesas não devem ser deduzidas, mas sim incluídas no orçamento anual dos Poderes, fundos, órgãos e entidades da Administração direta e indireta.

Traduzido no artigo 6º, da Lei nº. 4.320/64 e relativo ao conteúdo do orçamento estabelece que a lei orçamentária deva explicitar todas as receitas (estimadas) e despesas (autorizadas) dos Poderes, seus fundos, órgãos e entidades da Administração direta e indireta, inclusive fundações mantidas e instituídas pelo Poder Público, por seus valores totais (brutos), vedadas quaisquer deduções.

O princípio hodiernamente é entendido num sentido menos formal. O orçamento-programa não o repele. O importante é reunir todos os elementos substantivos necessários à articulação do programa total do governo; especialmente um orçamento deve conter explicações sobre os propósitos que o governo deseja lograr, as formas de organização, os métodos de trabalho, as medidas de qualidade, a utilização do pessoa, além das descrições quantitativas dos custos, produtividade, tempo, espaço, receitas e despesas. Deverão ser incluídos no orçamento os aspectos do programa de cada órgão, principalmente aqueles que envolvam qualquer transação financeira. A universalidade adquire características de totalização, de globalização, transformando-se em princípio do orçamento global.

51.6.1. JURISPRUDÊNCIA

ADI 3105 / DF – DISTRITO FEDERAL
AÇÃO DIRETA DE INCONSTITUCIONALIDADE
Relator (a): Min. ELLEN GRACIE
Relator (a) p/ Acórdão: Min. CEZAR PELUSO
Julgamento: 18/08/2004 Órgão Julgador: Tribunal Pleno
DJ 18-02-2005 PP-00004 EMENT VOL-02180-02 PP-00123
RTJ VOL-00193-01 PP-00137
RDDT n. 140, 2007, p. 202-203
REQTE. (S): ASSOCIAÇÃO NACIONAL DOS MEMBROS DO MINISTÉRIO PÚBLICO – CONAMP
REQDO. (A/S): CONGRESSO NACIONAL
Ementa

EMENTAS: 1. Inconstitucionalidade. Seguridade social. Servidor público. Vencimentos. Proventos de aposentadoria e pensões. Sujeição à incidência de contribuição previdenciária. Ofensa a direito adquirido no ato de aposentadoria. Não ocorrência. Contribuição social. Exigência patrimonial de natureza tributária. Inexistência de norma de imunidade tributária absoluta. Emenda Constitucional nº 41/2003 (art. 4º, caput). Regra não retroativa. Incidência sobre fatos geradores ocorridos depois do início de sua vigência. Precedentes da Corte. Inteligência dos arts. 5º, XXXVI, 146, III, 149, 150, I e III, 194, 195, caput, II e § 6º, da CF, e art. 4º, caput, da EC nº. 41/2003. No ordenamento jurídico vigente, não há norma, expressa nem sistemática, que atribua à condição jurídico-subjetiva da aposentadoria de servidor público o efeito de lhe gerar direito subjetivo como poder de subtrair ad aeternum a percepção dos respectivos proventos e pensões à incidência de lei tributária que, anterior ou ulterior, os submeta à incidência de contribuição previdencial. Noutras palavras, não há, em nosso ordenamento, nenhuma norma jurídica válida que, como efeito específico do fato jurídico da aposentadoria, lhe imunize os proventos e as pensões, de modo absoluto, à tributação de ordem constitucional, qualquer que seja a modalidade do tributo eleito, donde não haver, a respeito, direito adquirido com o aposentamento. 2. Inconstitucionalidade. Ação direta. Seguridade social. Servidor público. Vencimentos. Proventos de aposentadoria e pensões. Sujeição à incidência de contribuição previdenciária, por força de Emenda Constitucional. Ofensa a outros direitos e garantias individuais. Não ocorrência. Contribuição social. Exigência patrimonial de natureza tributária. Inexistência de norma de imunidade tributária absoluta. Regra não retroativa. Instrumento de atuação do Estado na área da previdência social. Obediência aos princípios da solidariedade e do equilíbrio financeiro e atuarial, bem como aos objetivos constitucionais de universalidade, equidade na forma de participação no custeio e diversidade da base de financiamento. Ação julgada improcedente em relação ao art. 4º, caput, da EC nº. 41/2003. Votos vencidos. Aplicação dos arts. 149, caput, 150, I e III, 194, 195, caput, II e § 6º, e 201, caput, da CF. Não é inconstitucional o art. 4º, caput, da Emenda Constitucional nº. 41, de 19 de dezembro de 2003, que instituiu contribuição previdenciária sobre os proventos de aposentadoria e as pensões dos servidores públicos da União, dos Estados, do Distrito Federal e dos Municípios, incluídas suas autarquias e fundações. 3. Inconstitucionalidade. Ação direta. Emenda Constitucional (EC nº. 41/2003, art. 4º, § únic, I e II). Servidor público. Vencimentos. Proventos de aposentadoria e pensões. Sujeição à incidência de contribuição previdenciária. Bases de cálculo diferenciadas. Arbitrariedade. Tratamento discriminatório entre servidores e pensionistas da União, de um lado, e servidores e pensionistas dos Estados, do Distrito Federal e dos Municípios, de outro. Ofensa ao princípio constitucional da isonomia tributária, que é particularização do princípio fundamental da igualdade. Ação julgada procedente para declarar inconstitucionais as expressões "cinqüenta por cento do" e "sessenta por cento do", constante do art. 4º, § único, I e II, da EC nº. 41/2003. Aplicação dos arts. 145, § 1º, e 150, II, cc. art. 5º, caput e § 1º, e 60, § 4º, IV, da CF, com restabelecimento do caráter geral da regra do art. 40, § 18. São inconstitucionais as expressões "cinqüenta por cento do" e "sessenta por cento do", constantes do § único, incisos I e II, do art. 4º da Emenda Constitucional nº. 41, de 19 de dezembro de 2003, e tal pronúncia restabelece o caráter geral da regra do art. 40, § 18, da Constituição da República, com a redação dada por essa mesma Emenda.

51.7. PRINCÍPIO DA LEGALIDADE

O artigo 165 estabelece que: "Leis de iniciativa do Poder Executivo estabelecerão [...]".

Este princípio em matéria orçamentária tem o mesmo fundamento do princípio da legalidade geral, segundo o qual a Administração se subordina aos ditames da lei.

Não se limita a legalidade apenas ao artigo 165, mas inclui os planos, programas, operações e abertura de crédito, transposição, remanejamento ou transferência de recursos de uma programação para outra ou de um órgão para outro e a instituição de fundos.

51.7.1. JURISPRUDÊNCIA

MS 12096 /
MANDADO DE SEGURANÇA
Relator (a): Min. HERMES LIMA
Julgamento: 09/10/1963 Órgão Julgador: TRIBUNAL PLENO
DJ 10-09-1984 PP-03259 EMENT VOL-00593-02 PP-00432

Ementa

EXIGÊNCIA DO IMPOSTO EM LEI POSTERIOR A PREVISÃO ORCAMENTARIA, MAS DATADAS DE ANTES DA ENTRADA, EM VIGOR, DO EXERCÍCIO FINANCEIRO. LEGALIDADE DA COBRANÇA.

51.8. PRINCÍPIO DA NÃO-VINCULAÇÃO OU NÃO-AFETAÇÃO E DA QUANTIFICAÇÃO DOS CRÉDITOS ORÇAMENTÁRIOS

O princípio da não-vinculação ou da não afetação da receita está traduzido no artigo 167, IV, da CF que:

> A vinculação de receita de impostos a órgão, fundo ou despesa, ressalvada a repartição do produto da arrecadação dos impostos a que se referem os arts. 158 e 159, a destinação de recursos para as ações e serviços públicos de saúde, para manutenção e desenvolvimento do ensino e para realização de atividades a administração tributária, como determinado, respectivamente pelos arts. 198, § 2º, 212 e 37, XXII, e a prestação de garantias às operações de crédito por antecipação de receita, previstas no artigo 165, § 8º, bem como o disposto no § 4º deste artigo.

O objetivo do princípio da quantificação dos créditos orçamentários, ou seja, quantificação daquilo que o Executivo está autorizado a gastar, que também é uma vedação orçamentária é reforçar o papel dos orçamentos no controle parlamentar da atividade financeira do Executivo.

Ao fiscalizar os limites dos gastos do Executivo até quanto o Executivo poderá gastar, o Poder Legislativo estará aplicando o princípio constitucional da quantificação dos créditos orçamentários. Esta tarefa vem amparada pela Constituição Federal no artigo 167, VII ao vedar "a concessão ou utilização de créditos ilimitados", vejamos: "São vedados: [....] VII – a concessão ou utilização de créditos ilimitados [...]".

Portanto, incumbe ao Chefe do Poder Executivo (art. 84, XXIII) enviar ao Congresso Nacional a proposta orçamentária, dentro do prazo a ser estipulado pela lei complementar (art. 165, § 9º).

A regra que veda a concessão ou utilização de créditos ilimitados impede a fixação da despesa por critério indexado, bem como a autorização para atualização monetária do orçamento, pois em tais casos temos formas de fixação de despesas indefinidas que equivalem a tornar ilimitados os créditos autorizados. Este princípio também está vinculado ao do orçamento bruto que só pode materializar-se mediante a quantificação expressa em totais definidos em moeda corrente.

51.9. PRINCIPIO DO ESTORNO

Previsto no artigo 167, VI da Constituição Federal que vaticina que: "São vedados: [...].VI – a transposição, o remanejamento ou a transferência de recursos de uma categoria de programação para outra ou de um órgão para outro, sem prévia autorização legislativa....".

É vedada a transposição, o remanejamento ou a transferência de recursos de uma categoria de programação para outra ou de um órgão para outro, salvo se houver prévia autorização legislativa (normalmente em forma de crédito suplementar).

51.10. PRINCÍPIO CONSTITUCIONAL DA PLURIANUALIDADE DAS DESPESAS DE INVESTIMENTO

Este princípio vincula-se ao orçamento-programa, estando previsto no § 1º do artigo 167: "nenhum investimento cuja execução ultrapasse o exercício financeiro poderá ser iniciado sem prévia inclusão no plano plurianual, ou sem lei que autorize a inclusão, sob pena de crime de responsabilidade".

É o plano plurianual que estabelecerá as diretrizes, objetivos e metas da Administração Pública federa para as despesas de capital e outras delas decorrentes, ficando claro que investimento algum poderá transgredir o prazo previsto. Este princípio não colide com o pórtico do princípio da anualidade orçamentária. O próprio plano plurianual, com suas metas, programas de duração continuada, despesas de capital, executa-se anualmente.

Ambos os princípios constitucional da plurianualidade das despesas e da anualidade se completam harmonicamente porque o plano plurianual é exercitado por intermédio da anualidade a qual lhe confere operacionalidade.

51.10.1. JURISPRUDÊNCIA

ADI-MC 1759 / SC – SANTA CATARINA
MEDIDA CAUTELAR NA AÇÃO DIRETA DE INCONSTITUCIONALIDADE
Relator (a): Min. NÉRI DA SILVEIRA
Julgamento: 12/03/1998 Órgão Julgador: Tribunal Pleno
DJ 06-04-2001 PP-00066 EMENT VOL-02026-03 PP-00497
REQTE GOVERNADOR DO ESTADO DE SANTA CATARINA
REQDA: ASSEMBLÉIA LEGISLATIVA DO ESTADO DE SANTA CATARINA
Ementa
EMENTA: – Ação direta de inconstitucionalidade. 2. Inciso V, do § 3º, do art. 120, da Constituição do Estado de Santa Catarina, com redação dada pela Emenda Constitucional nº 14. Alegação de afronta aos arts. 2º, 61, § 1º, II, alínea b; 165, § 2º; 166, § 3º, I e § 4º; e 167, IV, da Constituição Federal. 3. Competência exclusiva do Poder Executivo iniciar o processo legislativo das matérias pertinentes ao Plano Plurianual, às Diretrizes Orçamentárias e aos Orçamentos Anuais. Precedentes: ADIN 103 e ADIN 550. 4. Relevantes os fundamentos da inicial e conveniente a suspensão da vigência da norma impugnada. 5. Medida liminar deferida, para suspender, até decisão final da ação direta, a vigência do inciso V do § 3º do art. 120, da Constituição do Estado de Santa Catarina, na redação dada pela Emenda Constitucional nº. 14, de 10.11.1997.

52

ELABORAÇÃO DAS LEIS ORÇAMENTÁRIAS

O orçamento é um ato legislativo. O orçamento é lei. Assim a elaboração orçamentária tem configuração singular. O processo legislativo no que diz respeito aos orçamentos públicos possui normas legais e regimentais, que conferem à tramitação parlamentar do orçamento um rito especial, mais sumário do que o da feitura das outras leis. Deve se levar em consideração o caráter temporário das leis orçamentárias *ex vi* do princípio da anualidade, por exemplo.

As leis orçamentárias são de iniciativa vinculada, porque a autoridade que tem o poder de iniciativa sobre estas leis, o Chefe do Poder. Executivo, deverá remeter a proposta do orçamento ao Congresso Nacional dentro do prazo previsto na legislação.

Conforme preceitua o § 9º, do artigo 165 incumbe ao Chefe do Poder Executivo enviar ao Congresso Nacional a proposta orçamentária dentro do prazo a ser estipulado por lei complementar.

As leis orçamentárias estão previstas no dispositivo constitucional art. 165. Sua formação sujeita a procedimentos especiais. Pela sua natureza de leis temporária são de iniciativa legislativa vinculada, quer dizer que no tempo definido, a autoridade que se comete o poder de iniciativa delas, que é o Presidente da República por força do disposto nos artigos 165 e 166 terá que tomar as providências necessárias à remessa do respectivo projeto (proposta) ao Congresso Nacional. O artigo 166 repete essa determinação acrescentando que essa remessa se faça nos termos da lei complementar a que se refere o artigo 165, § 9º, que, é o que vai fixar o exercício financeiro, a vigência, os prazos, a elaboração e organização dessas leis.

O processo da formação das leis orçamentárias será apreciado pelas duas Casas do Congresso Nacional, na forma do regimento comum. Recebido o projeto a matéria será submetida à Comissão mista permanente composta de Deputados e Senadores que caberá examiná-lo e sobre ele emitir parecer.

Se tratar de proposta de Emenda ao projeto de lei do orçamento anual ou a projetos que o modifiquem, somente podem ser aprovado caso: I – sejam compatíveis com o plano plurianual e com a lei de diretrizes orçamentárias; II – indiquem os recursos necessários, admitidos apenas os provenientes de anulação de despesa, que não sejam de dotações para pessoal e seus encargos, serviços da dívida, transferências tributárias constitucionais para Estados, Distrito Federal e Municípios; III – sejam relacionadas com a correção de erros ou omissões ou com os dispositivos do texto do mesmo projeto.

Se as emendas se destinarem a modificar o projeto de lei de diretrizes orçamentárias, só poderão ser aprovadas quando compatíveis com o plano plurianual.

Em se tratando de projeto de lei de plano plurianual, o processo de emendas se rege pelas regras do artigo 63, I, segundo o qual não será admitido o aumento de despesas previstas nos projetos de iniciativa exclusiva do Presidente da República, ressalvado o disposto no artigo 166, §§ 3º e 4º, parágrafos esses que se referem às emendas aos projetos de lei do orçamento anual e de diretrizes orçamentárias. O plano plurianual não entra aí. Logo, este não pode sofrer emendas que lhe aumentem as despesas.

Os projetos de lei e as propostas de emendas serão votados pelo Plenário das duas Casas do Congresso Nacional, nos termos do artigo 166, aplicadas as demais normas do processo legislativo (artigos 63 a 68) no que não contrariar o disposto no s artigos 165 a 169, sendo aprovados se submeterão a sanção presidencial ou rejeitadas serão arquivados. O Presidente da República poderá vetar no todo ou em parte qualquer desses projetos.

É cediço que a Constituição Federal não admite a rejeição do projeto de lei de diretrizes orçamentárias, porque declara, expressamente, que a sessão legislativa não será interrompida sem a aprovação do projeto de lei de diretrizes orçamentárias (art. 57, § 2º). Entretanto, admite a possibilidade da rejeição do projeto de lei orçamentária anual, quando, no art. 166, § 8º estatui que os recursos que, em decorrência de veto, emenda ou rejeição do projeto de lei orçamentária anual, ficarem sem despesas correspondentes poderão ser utilizados, conforme o caso, mediante créditos especiais ou suplementares, com prévia e específica autorização legislativa.

A conseqüência da rejeição do projeto de lei orçamentária anual é que a Administração fica sem orçamento, pois não pode ser aprovado outro. Não é possível elaborar orçamento para o mesmo exercício financeiro.

53

DA ORDEM ECONÔMICA E FINANCEIRA

Ordem Econômica e Financeira é o conjunto de normas constitucionais que regulam as relações monetárias entre indivíduos e destes com o Estado.

Seu objetivo é organizar os elementos ligados à distribuição efetiva de bens, serviços, circulação de riquezas e uso da propriedade.

Foi a Constituição Mexicana de 1917 e alemã de 1919 (Weimar) que se iniciou a expressa inclusão de capítulo destinado à regulação da economia (ou da vida econômica).

A Constituição brasileira de 1946 e a Carta Constitucional de 1967 instauraram as primeiras regulações diretamente voltadas para a ordem econômica e o modelo foi seguido e aprimorado com o sistema constitucional de 1988. Constituição econômica é a parte da constituição total, encarregada de estatuir preceitos reguladores dos direitos e deveres dos agentes econômicos, delimitando, assim o regime financeiro do Estado. É o conjunto de normas constitucionais disciplinadoras da atividade econômica, sob o prisma material significa o conteúdo fundamental das normas disciplinadoras da atividade econômica.

A ordem econômica é fundada na valorização do trabalho humano e na iniciativa privada e o constituinte elegeu postulados nitidamente sociais para conformá-la. Tem por fim que assegurar a todos uma existência digna, conforme os ditames da justiça social, respeitando, dentre outros, os direitos do consumidor, o maio ambiente, e exigindo que a propriedade cumpra o seu papel social. O sistema, desse modo, indica ser a Constituição eclética e dirigente, consagradora de economia de mercado, capitalista, mas preocupada com valores sociais.

O Constituinte de 1988 optou por um ordenamento econômico composto. Portanto a ordem econômica está impregnada de princípios. Indica uma postura híbrida, porque consagra uma espécie de paralelismo de princípios. Nesse contexto aparece o Estado capitalista, apoiado na propriedade privada dos meios de produção e na livre iniciativa. Por suas variáveis a ordem econômica deve ser interpretada mediante exegese construtiva e sistemática, de modo a integrar os princípios gerais que a norteiam, com vistas a eliminar os conflitos.

As bases constitucionais do sistema econômica encontram-se nos artigos 170 à 192, compreendidos em quatro capítulos: 1) Princípios da atividade Econômica; 2) Política Urbana; 3) Política Agrícola e fundiária e sobre Reforma Agrária e 4) Sistema Financeiro nacional.

54

PRINCÍPIOS GERAIS DA ATIVIDADE ECONÔMICA

Os princípios gerais da atividade econômica são núcleos de diretrizes ligados à apropriação privada dos meios de produção e à livre iniciativa, que consubstanciam a ordem capitalista. Esses princípios insculpidos no artigo 170, além de constituírem normas-síntese informadoras do sistema econômico do Estado, equivalem aos fundamentos sobre os quais devemos interpretá-lo. O artigo 170 da Constituição Federal assim determina: "A ordem econômica, fundada na valorização do trabalho e na livre iniciativa, tem por fim assegurar a todos existência digna, conforme ditamos da justiça social, observados os seguintes princípios [...]".

Falaremos de cada princípio isoladamente.

54.1. SOBERANIA NACIONAL

A soberania Nacional traduz a ideia de formação de um capitalismo nacional autônomo, sem ingerências externas. O artigo 1º da Constituição Federal dá a soberania como um dos fundamentos da República Federativa do Brasil, pois o Estado Democrático de Direito necessita da soberania Estatal e ainda o artigo 4º coloca a independência nacional como princípio de suas relações internacionais. Então quando o artigo 17 declara que a soberania nacional é um dos princípios da ordem econômica, isso terá de ter conseqüências específicas nesse campo. Tratar-se-á de soberania nacional econômica. Na verdade isto significa que a ordem econômica brasileira, terá que empreender a ruptura de sua dependência em relação aos centros capitalistas desenvolvidos. O constituinte de 1988 quer um capitalismo nacional autônomo que não seja dependente de outros países. Para isto tem que se levar em conta a construção do Estado Democrático de Direito, no qual envolve direitos fundamentais do homem que não aceita as desigualdades.

54.1.1. JURISPRUDÊNCIA

MS 23452 / RJ – RIO DE JANEIRO
MANDADO DE SEGURANÇA
Relator (a): Min. CELSO DE MELLO
Julgamento: 16/09/1999 Órgão Julgador: Tribunal Pleno
DJ 12-05-2000 PP-00020 EMENT VOL-01990-01 PP-00086
IMPTE. : LUIZ CARLOS BARRETTI JUNIOR
IMPDO. : PRESIDENTE DA COMISSÃO PARLAMENTAR DE INQUÉRITO

Ementa

E M E N T A: COMISSÃO PARLAMENTAR DE INQUÉRITO – PODERES DE INVESTIGAÇÃO (CF, ART. 58, §3º) – LIMITAÇÕES CONSTITUCIONAIS – LEGITIMIDADE DO CONTROLE JURISDICIONAL – POSSIBILIDADE DE A CPI ORDENAR, POR AUTORIDADE PRÓPRIA, A QUEBRA DOS SIGILOS BANCÁRIO, FISCAL E TELEFÔNICO – NECESSIDADE DE FUNDAMENTAÇÃO DO ATO DELIBERATIVO – DELIBERAÇÃO DA CPI QUE, SEM FUNDAMENTAÇÃO, ORDENOU MEDIDAS DE RESTRIÇÃO A DIREITOS – MANDADO DE SEGURANÇA DEFERIDO. COMISSÃO PARLAMENTAR DE INQUÉRITO – COMPETÊNCIA ORIGINÁRIA DO SUPREMO TRIBUNAL FEDERAL. – Compete ao Supremo Tribunal Federal processar e julgar, em sede originária, mandados de segurança e habeas corpus impetrados contra Comissões Parlamentares de Inquérito constituídas no âmbito do Congresso Nacional ou no de qualquer de suas Casas. É que a Comissão Parlamentar de Inquérito, enquanto projeção orgânica do Poder Legislativo da União, nada mais é senão a longa manus do próprio Congresso Nacional ou das Casas que o compõem, sujeitando-se, em conseqüência, em tema de mandado de segurança ou de habeas corpus, ao controle jurisdicional originário do Supremo Tribunal Federal (CF, art. 102, I, "d" e "i"). Precedentes. O CONTROLE JURISDICIONAL DE ABUSOS PRATICADOS POR COMISSÃO PARLAMENTAR DE INQUÉRITO NÃO OFENDE O PRINCÍPIO DA SEPARAÇÃO DE PODERES. – A essência do postulado da divisão funcional do poder, além de derivar da necessidade de conter os excessos dos órgãos que compõem o aparelho de Estado, representa o princípio conservador das liberdades do cidadão e constitui o meio mais adequado para tornar efetivos e reais os direitos e garantias proclamados pela Constituição. Esse princípio, que tem assento no art. 2º da Carta Política, não pode constituir e nem qualificar-se como um inaceitável manto protetor de comportamentos abusivos e arbitrários, por parte de qualquer agente do Poder Público ou de qualquer instituição estatal. – O Poder Judiciário, quando intervém para assegurar as franquias constitucionais e para garantir a integridade e a supremacia da Constituição, desempenha, de maneira plenamente legítima, as atribuições que lhe conferiu a própria Carta da República. O regular exercício da função jurisdicional, por isso mesmo, desde que pautado pelo respeito à Constituição, não transgride o princípio da separação de poderes. Desse modo, não se revela lícito afirmar, na hipótese de desvios jurídico-constitucionais nas quais incida uma Comissão Parlamentar de Inquérito, que o exercício da atividade de controle jurisdicional possa traduzir situação de ilegítima interferência na esfera de outro Poder da República. O CONTROLE DO PODER CONSTITUI UMA EXIGÊNCIA DE ORDEM POLÍTICO-JURÍDICA ESSENCIAL AO REGIME DEMOCRÁTICO. – O sistema constitucional brasileiro, ao consagrar o princípio da limitação de poderes, teve por objetivo instituir modelo destinado a impedir a formação de instâncias hegemônicas de poder no âmbito do Estado, em ordem a neutralizar, no plano político-jurídico, a possibilidade de dominação institucional de qualquer dos Poderes da República sobre os demais órgãos da soberania nacional. Com a finalidade de obstar que o exercício abusivo das prerrogativas estatais possa conduzir a práticas que transgridam o regime das liberdades públicas e que sufoquem, pela opressão do poder, os direitos e garantias individuais, atribuiu-se, ao Poder Judiciário, a função eminente de controlar os excessos cometidos por qualquer das esferas governamentais, inclusive aqueles praticados por Comissão Parlamentar de Inquérito, quando incidir em abuso de poder ou em desvios inconstitucionais, no desempenho de sua competência investigatória. OS PODERES DAS COMISSÕES PARLAMENTARES DE INQUÉRITO, EMBORA AMPLOS, NÃO SÃO ILIMITADOS E NEM ABSOLUTOS. – Nenhum dos Poderes da República está acima da Constituição. No regime político que consagra o Estado democrático de direito, os atos emanados de qualquer Comissão Parlamentar de Inquérito, quando praticados com desrespeito à Lei Fundamental, submetem-se ao controle jurisdicional (CF, art. 5º, XXXV). As Comissões Parlamentares de Inquérito não têm mais poderes do que aqueles que lhes são outorgados pela Constituição e pelas leis da República. É essencial reconhecer que os poderes das Comissões Parlamentares de Inquérito – precisamente porque não são absolutos – sofrem as restrições impostas pela Constituição da República e encontram limite nos direitos fundamentais do cidadão, que só podem ser afetados nas hipóteses e na forma que a Carta Política estabelecer. Doutrina. Precedentes. LIMITAÇÕES AOS PODERES INVESTIGATÓRIOS DA COMISSÃO PARLAMENTAR DE INQUÉRITO. – A Constituição da República, ao outorgar às Comissões Parlamentares de Inquérito "poderes de investigação próprios das autoridades judiciais" (art. 58, § 3º), claramente delimitou a natureza de suas atribuições institucionais, restringindo-as, unicamente, ao campo da indagação probatória, com absoluta exclusão de quaisquer outras prerrogativas que se incluem, ordinariamente, na esfera de competência dos magistrados e Tribunais, inclusive aquelas que decorrem do poder geral de cautela conferido aos juízes, como o poder de decretar a indisponibilidade dos bens pertencentes a pessoas sujeitas à investigação parlamentar. A circunstância de os poderes investigatórios de uma CPI serem essencialmente limitados levou a jurisprudência constitucional do Supremo Tribunal Federal a advertir que as Comissões Parlamentares de Inquérito não podem formular acusações e nem punir delitos (RDA 199/205, Rel. Min. PAULO BROSSARD), nem desrespeitar o privilégio contra a auto-incriminação que assiste a qualquer indiciado ou testemunha (RDA 196/197, Rel. Min. CELSO DE MELLO – HC 79.244-DF, Rel. Min. SEPÚLVEDA PERTENCE), nem decretar a prisão de qualquer pessoa, exceto nas hipóteses de flagrância (RDA 196/195, Rel. Min. CELSO DE MELLO – RDA 199/205, Rel. Min. PAULO BROSSARD). OS DIREITOS E GARANTIAS INDIVIDUAIS NÃO TÊM CARÁTER ABSOLUTO. Não há, no sistema constitucional brasileiro, direitos ou garantias que se revistam de caráter absoluto, mesmo porque razões de relevante interesse público ou exigências derivadas do princípio de convivência das liberdades legitimam, ainda que excepcionalmente, a adoção, por parte dos órgãos estatais, de medidas restritivas das prerrogativas individuais ou coletivas, desde que respeitados os termos estabelecidos pela própria Constituição. O estatuto constitucional das liberdades públicas, ao delinear o regime jurídico a que estas estão sujeitas – e considerado o substrato ético que as informa – permite que sobre elas incidam limitações de ordem jurídica, destinadas, de um lado, a proteger a integridade do interesse social e, de outro, a assegurar a coexistência harmoniosa das liberdades, pois nenhum direito ou garantia pode ser exercido em detrimento da ordem pública ou com desrespeito aos direitos e garantias de terceiros. A QUEBRA DO SIGILO CONSTITUI PODER INERENTE À COMPETÊNCIA INVESTIGATÓRIA DAS COMISSÕES PARLAMENTARES DE INQUÉRITO. – O sigilo bancário, o sigilo fiscal e o sigilo telefônico (sigilo este que incide sobre os dados/registros telefônicos e que não se identifica com a inviolabilidade das comunicações telefônicas) – ainda que representem projeções específicas do direito à intimidade, fundado no art. 5º, X, da Carta Política – não se revelam oponíveis, em nosso sistema jurídico, às Comissões Parlamentares de Inquérito, eis que o ato que lhes decreta a quebra traduz natural derivação dos poderes de investigação que foram conferidos, pela própria Constituição da República, aos órgãos de investigação parlamentar. As Comissões Parlamentares de Inquérito, no entanto, para decretarem, legitimamente, por autoridade própria, a quebra do sigilo bancário, do sigilo fiscal e/ou do sigilo telefônico, relativamente a pessoas por elas investigadas, devem demonstrar, a partir de meros indícios, a existência concreta de causa provável que legitime a medida excepcional (ruptura da esfera de intimidade de quem se acha sob investigação), justificando a necessidade de sua efetivação no procedimento de ampla investigação dos fatos determinados que deram causa à instauração do inquérito parlamentar, sem prejuízo de ulterior controle jurisdicional dos atos em referência (CF, art. 5º, XXXV). – As deliberações de qualquer Comissão Parlamentar de Inquérito, à semelhança do que também ocorre com as decisões judiciais (RTJ 140/514), quando destituídas de motivação, mostram-se írritas e despojadas de eficácia jurídica, pois nenhuma medida restritiva de direitos pode ser adotada pelo Poder Público, sem que o ato que a decreta seja adequadamente fundamentado pela autoridade estatal. – O caráter privilegiado das relações Advogado-cliente: a questão do sigilo profissional do Advogado, enquanto depositário de informações confidenciais resultantes de suas relações com o cliente. MOTIVAÇÃO PER RELATIONEM CONSTANTE DA DELIBERAÇÃO EMANADA DA COMISSÃO PARLAMENTAR DE INQUÉRITO. Tratando-se de motivação per relationem, impõe-se à Comissão Parlamentar de Inquérito – quando esta faz remissão a elementos de fundamentação existentes aliunde ou constantes de outra peça – demonstrar a efetiva existência do documento consubstanciador da exposição das razões de fato e de direito que justificariam o ato decisório praticado, em ordem a propiciar, não apenas o conhecimento do que se contém no relato expositivo, mas, sobretudo, para viabilizar o controle jurisdicional da decisão adotada pela CPI. É que tais fundamentos – considerada a remissão a eles feita – passam a incorporar-se ao próprio ato decisório ou deliberativo que a eles se reportou. Não se revela viável indicar, a posteriori, já no âmbito do processo de mandado de segurança, as razões que deveriam ter sido expostas por ocasião da deliberação tomada pela Comissão Parlamentar de Inquérito, pois a existência contemporânea da motivação – e não a sua justificação tardia – constitui pressuposto de legitimação da própria resolução adotada pelo órgão de investigação legislativa, especialmente quando esse ato deliberativo implicar ruptura da cláusula de reserva pertinente a dados sigilosos. A QUESTÃO DA DIVULGAÇÃO DOS DADOS RESERVADOS E O DEVER DE PRESERVAÇÃO DOS REGISTROS SIGILOSOS. – A Comissão Parlamentar de Inquérito, embora disponha, ex propria auctoritate, de competência para ter acesso a dados reservados, não pode, agindo arbitrariamente, conferir indevida publicidade a registros sobre os quais incide a cláusula de reserva derivada do sigilo bancário, do sigilo fiscal e do sigilo telefônico. Com a transmissão das informações pertinentes aos dados reservados, transmite-se à Comissão Parlamentar de Inquérito – enquanto depositária desses elementos informativos -, a nota de confidencialidade relativa aos registros sigilosos. Constitui conduta altamente censurável – com todas as conseqüências jurídicas (inclusive aquelas de ordem penal) que dela possam resultar – a transgressão, por qualquer membro de uma Comissão Parlamentar de Inquérito, do dever jurídico de respeitar e de preservar o sigilo concernente aos dados a ela transmitidos. Havendo justa causa – e achando-se configurada a necessidade de revelar os dados sigilosos, seja no relatório final dos trabalhos da Comissão Parlamentar de Inquérito (como razão justificadora da adoção de medidas a serem implementadas pelo Poder Público), seja para efeito das comunicações destinadas ao Ministério Público ou a outros órgãos do Poder Público, para os fins a que se refere o art. 58, § 3º, da Constituição, seja, ainda, por razões imperiosas ditadas pelo interesse social – a divulgação do segredo, precisamente porque legitimada pelos fins que a motivaram, não configurará situação de ilicitude, muito embora traduza providência revestida de absoluto grau de excepcionalidade. POSTULADO CONSTITUCIONAL DA RESERVA DE JURISDIÇÃO: UM TEMA AINDA PENDENTE DE DEFINIÇÃO PELO SUPREMO TRIBUNAL FEDERAL. O postulado da reserva constitucional de jurisdição importa em submeter, à esfera única de decisão dos magistrados, a prática de determinados atos cuja realização, por efeito de explícita determinação constante do próprio texto da Carta Política, somente pode emanar do juiz, e não de terceiros, inclusive daqueles a quem se haja eventualmente atribuído o exercício de "poderes de investigação próprios das autoridades judiciais". A cláusula constitucional da reserva de jurisdição – que incide sobre determinadas matérias, como a busca domiciliar (CF, art. 5º, XI), a interceptação telefônica (CF, art. 5º, XII) e a decretação da prisão de qualquer pessoa, ressalvada a hipótese de flagrância (CF, art. 5º, LXI) – traduz a noção de que, nesses temas específicos, assiste ao Poder Judiciário, não apenas o direito de proferir a última palavra, mas, sobretudo, a prerrogativa de dizer, desde logo, a primeira palavra, excluindo-se, desse modo, por força e autoridade do que dispõe a própria Constituição, a possibilidade do exercício de iguais atribuições, por parte de quaisquer outros órgãos ou autoridades do Estado. Doutrina. – O princípio constitucional da reserva de jurisdição, embora reconhecido por cinco (5) Juízes do Supremo Tribunal Federal – Min. CELSO DE MELLO (Relator), Min. MARCO AURÉLIO, Min. SEPÚLVEDA PERTENCE, Min. NÉRI DA SILVEIRA e Min. CARLOS VELLOSO (Presidente) – não foi objeto de consideração por parte dos demais eminentes Ministros do Supremo Tribunal Federal, que entenderam suficiente, para efeito de concessão do writ mandamental, a falta de motivação do ato impugnado.

55

PROPRIEDADE PRIVADA E FUNÇÃO SOCIAL DA PROPRIEDADE

O artigo 170, II da Constituição Federal consagra a propriedade privada como um dos princípios da atividade Econômica que denota a índole do sistema econômico, que se funda na iniciativa privada. O princípio da função social da propriedade está combinado com o artigo 5º, XXIII e 186 ambos da Constituição Federal. A propriedade tem que cumprir a sua função social, ou seja, seu uso deve ser ou para moradia, ou para atividades lícitas no que diz respeito ao uso da propriedade privada.

O Princípio da propriedade privada envolve a propriedade privada dos meios de produção e o fato mesmo de conceituar empresa, de admitir investimentos de capital estrangeiro ainda que sujeito à disciplina da lei, de reconhecer o poder econômico como elemento atuante no mercado e a excepcionalidade da exploração direta da atividade econômica pelo Estado, tudo isto bem mostra que a Constituição é capitalista. Mas abre caminho às transformações da sociedade com base em alguns instrumentos e mecanismos sociais e populares que consagrou.

55.1. JURISPRUDÊNCIA

AI-AgR 478903 / RJ – RIO DE JANEIRO
AG. REG. NO AGRAVO DE INSTRUMENTO
Relator (a): Min. MENEZES DIREITO
Julgamento: 10/06/2008 Órgão Julgador: Primeira Turma
DJe-147 DIVULG 07-08-2008 PUBLIC 08-08-2008
EMENT VOL-02327-02 PP-00330
AGTE. (S): MUNICÍPIO DO RIO DE JANEIRO
AGDO. (A/S): RUBIS ALVES DE ARAÚJO
Ementa

EMENTA Agravo regimental no agravo de instrumento. Tributário. IPTU. Progressividade anterior à EC nº. 29/2000. Declaração de inconstitucionalidade. Efeitos ex nunc. Impossibilidade. Precedentes. 1. É inconstitucional lei municipal que tenha estabelecido, antes da EC nº. 29/2000, alíquotas progressivas para o IPTU, salvo se destinadas a assegurar o cumprimento da função social da propriedade urbana (Súmula nº. 668/STF) 2. Pacífica a jurisprudência desta Corte no sentido da impossibilidade de aplicação de efeitos ex nunc, nos termos do artigo 27 da Lei nº 9.868/99, à declaração de inconstitucionalidade de legislação do Município do Rio de Janeiro que, anteriormente à EC nº. 29/2000, instituiu o IPTU na forma progressiva. 3. Agravo regimental desprovido, com aplicação de multa.

55.2. LIVRE CONCORRÊNCIA

O princípio da livre concorrência não constou nas constituições anteriores, vindo implícita na liberdade de iniciativa. É compatível com o abuso do poder econômico. A Constituição Federal não combate nem nega o exercício legal do poder econômico, porém, o seu uso desmensurado e anti-social enseja a intervenção do estado para coibir excesso. Práticas abusivas derivadas do capitalismo monopolista, dos cartéis, dos oligopólios, não encontram respaldo constitucional.

A Súmula 646/STF: "Ofende o princípio da livre concorrência lei municipal que impede a instalação de estabelecimentos comerciais do mesmo ramo em determinada área".

O artigo 173, § 4º estatui que: "A lei reprimirá o abuso do poder econômico que vise à dominação dos mercados, à eliminação da concorrência e ao aumento arbitrário dos lucros".

A Lei nº. 8.884/94 instituiu a CADE – Conselho Administrativo de Defesa Econômica, órgão administrativo que tem entre seus objetivos zelar pela livre concorrência.

A prática abusiva decorre do capitalismo monopolista que é o que condena nossa Carta Política, como inclusive fator de intervenção do Estado na economia, para manter a economia de livre mercado. Pululam leis antitrustes, sem eficácia.

55.2.1. JURISPRUDÊNCIA

HC 91285 / SP – SÃO PAULO
HABEAS CORPUS
Relator (a): Min. CARLOS BRITTO
Julgamento: 13/11/2007 Órgão Julgador: Primeira Turma
DJe-074 DIVULG 24-04-2008 PUBLIC 25-04-2008
EMENT VOL-02316-04 PP-00816
PACTE. (S): CLÉVIO FERNANDO DEGASPARI
IMPTE. (S): CEZAR ROBERTO BITENCOURT E OUTRO (A/S)
COATOR (A/S)(ES): SUPERIOR TRIBUNAL DE JUSTIÇA

Ementa

EMENTA: HABEAS CORPUS. PRISÃO PREVENTIVA. DECRETO MULTIPLAMENTE FUNDAMENTADO: GARANTIA DA ORDEM PÚBLICA; CONVENIÊNCIA DA INSTRUÇÃO CRIMINAL; NECESSIDADE DE ASSEGURAR A APLICAÇÃO DA LEI PENAL; GARANTIA DA ORDEM ECONÔMICA. IDONEIDADE DOS FUNDAMENTOS. LASTRO FACTUAL IDÔNEO A JUSTIFICAR A CONSTRIÇÃO CAUTELAR DO PACIENTE. ORDEM DENEGADA. 1. A prisão preventiva pode ser decretada para evitar que o acusado pratique novos delitos. O decreto preventivo contém dados concretos quanto à periculosidade do paciente e da quadrilha de cujo comando faz parte. Ordem pública a se traduzir na tutela dos superiores bens jurídicos da incolumidade das pessoas e do patrimônio, constituindo-se explícito "dever do Estado, direito e responsabilidade de todos" (art. 144 da CF/88). Precedentes: HC 82.149, Ministra Ellen Gracie; HC 82.684, Ministro Maurício Corrêa; e HC 83.157,

Ministro Marco Aurélio. 2. O interrogatório do paciente por meio do "Acordo de Cooperação entre Brasil e Estados Unidos para Questões Criminais", mediante entrevista telefônica, não surtiu o efeito pretendido pela defesa. Presença de lastro factual idôneo a justificar a segregação preventiva pela conveniência da instrução criminal. Relatos de ameaças a testemunhas e de que a organização criminosa se vale de procedimentos violentos para o alcance de seus objetivos ilícitos. 3. A garantia da ordem econômica autoriza a custódia cautelar, se as atividades ilícitas do grupo criminoso a que, supostamente, pertence o paciente repercutem negativamente no comércio lícito e, portanto, alcançam um indeterminando contingente de trabalhadores e comerciantes honestos. Vulneração do princípio constitucional da livre concorrência. 4. Risco evidente de que se fruste a aplicação da lei penal, decorrente de condições objetivas do caso concreto, notadamente a infiltração da suposta quadrilha em outros países (Uruguai e Estados Unidos). 5. Ordem denegada.

55.3. PRINCÍPIOS DE INTEGRAÇÃO

Os princípios de Integração são os expressos no artigo 170 da Constituição Federal são a defesa do consumidor; defesa do meio ambiente, a redução das desigualdades regionais e sociais e a busca do pleno emprego. São chamados por José Afonso da Silva[1] de princípios de integração porque entende o autor todos estão dirigidos a resolver os problemas da marginalização regional ou social.

Todos estão dispostos na Constituição Federal em tratamento particular.

Ao inscrever a defesa do consumidor entre os princípios cardinais da ordem econômica, o constituinte pautou-se na liberdade de mercado que não permite abusos aos direitos dos consumidores. Quem não detiver o poder de produzir ou controlar os meios de produção não se sujeita ao arbítrio daqueles que o detêm. Praticar livremente o exercício da atividade empresarial não significa anular direitos de pessoas físicas ou jurídicas, que adquirem ou utilizam produtos ou serviços como destinatários finais. Portanto adredemente se faz necessário amparar a parte mais fraca das relações de consumo, o consumidor.

Quanto a defesa do meio ambiente o princípio engloba o tratamento diferenciado conforme o impacto ambiental dos produtos e serviços e de seus processos de elaboração e prestação. A defesa do meio ambiente corrobora um limite ao exercício da livre iniciativa e da livre concorrência. A redução das desigualdades sociais constitui um princípio regente na ordem econômica e que existem mecanismos tributários e orçamentários para implementar esse princípio. Por fim a busca do pleno emprego é ainda um objetivo a ser alcançado, o Estado tem procurado tratar do assunto, mas visto realisticamente este propósito está longe de ser alcançado.

1 Idem p. 675

55.3.1. JURISPRUDÊNCIA

ADI 2832 / PR – PARANÁ
AÇÃO DIRETA DE INCONSTITUCIONALIDADE
Relator (a): Min. RICARDO LEWANDOWSKI
Julgamento: 07/05/2008 Órgão Julgador: Tribunal Pleno
DJe-112 DIVULG 19-06-2008 PUBLIC 20-06-2008
EMENT VOL-02324-01 PP-00170
REQTE. (S): CONFEDERAÇÃO NACIONAL DA INDÚSTRIA – CNI
REQDO. (A/S): GOVERNADOR DO ESTADO DO PARANÁ
REQDO. (A/S): ASSEMBLÉIA LEGISLATIVA DO ESTADO DO PARANÁ
Ementa
EMENTA: DIREITO CONSTITUCIONAL E ADMINISTRATIVO. ADI CONTRA LEI PARANAENSE 13.519, DE 8 DE ABRIL DE 2002, QUE ESTABELECE OBRIGATORIEDADE DE INFORMAÇÃO, CONFORME ESPECIFICA, NOS RÓTULOS DE EMBALAGENS DE CAFÉ COMERCIALIZADO NO PARANÁ. ALEGAÇÃO DE OFENSA AOS ARTS. 22, I e VIII, 170, CAPUT, IV, E PARÁGRAFO ÚNICO, E 174 DA CONSTITUIÇÃO FEDERAL. PROTEÇÃO AO CONSUMIDOR. OFENSA INDIRETA. AÇÃO JULGADA PARCIALMENTE PROCEDENTE. I – Não há usurpação de competência da União para legislar sobre direito comercial e comércio interestadual porque o ato normativo impugnado buscou, tão-somente, assegurar a proteção ao consumidor. II – Precedente deste Tribunal (ADI 1.980, Rel. Min. Sydney Sanches) no sentido de que não invade esfera de competência da União, para legislar sobre normas gerais, lei paranaense que assegura ao consumidor o direito de obter informações sobre produtos combustíveis. III – Afronta ao texto constitucional indireta na medida em que se mostra indispensável o exame de conteúdo de outras normas infraconstitucionais, no caso, o Código do Consumidor. IV – Inocorre delegação de poder de fiscalização a particulares quando se verifica que a norma impugnada estabelece que os selos de qualidade serão emitidos por entidades vinculadas à Administração Pública estadual. V – Ação julgada parcialmente procedente apenas no ponto em que a lei impugnada estende os seus efeitos a outras unidades da Federação

HC 92440 / MT – MATO GROSSO
HABEAS CORPUS
Relator (a): Min. ELLEN GRACIE
Julgamento: 26/08/2008 Órgão Julgador: Segunda Turma
DJe-172 DIVULG 11-09-2008 PUBLIC 12-09-2008
EMENT VOL-02332-03 PP-00458
PACTE. (S): DIRCEU BENVENUTTI
PACTE. (S): CECÍLIA DE BARROS ROCHA
IMPTE. (S): EDUARDO MAHON E OUTRO (A/S)
COATOR (A/S) (ES): SUPERIOR TRIBUNAL DE JUSTIÇA
Ementa
DIREITO PROCESSUAL PENAL. HABEAS CORPUS. NULIDADE DE PROCESSO. ALEGAÇÃO DE LITISPENDÊNCIA. INOCORRÊNCIA. ORGANIZAÇÃO CRIMINOSA E OUTROS CRIMES. CONVENIÊNCIA NO OFERECIMENTO DE MAIS DE UMA DENÚNCIA. POSSIBILIDADE. SUSPEIÇÃO DO JUIZ. INEXISTÊNCIA. DENEGAÇÃO. 1. As questões controvertidas nestes autos consistem: a) na suposta repetição da narração dos mesmos fatos em três denúncias formalmente distintas (ne bis in idem); b) na inépcia de duas denúncias oferecidas contra os pacientes por

falta de individualização das condutas; c) na indispensabilidade da suspensão dos processos devido à suspeição do magistrado. 2. Vários são os fatos e inúmeras são as pessoas supostamente envolvidas na prática dos ilícitos narrados nas peças acusatórias. Duzentas pessoas teriam contribuído, eficazmente, para formação de uma organização criminosa voltada à prática de crimes contra o meio ambiente e de crimes contra a Administração Publica, com possível envolvimento de servidores públicos, empresários, madeireiros e despachantes. Foram constatadas inúmeras ocorrências de fatos complexos, intrincados, a revelar a necessidade de tratamento especial na análise e depuração do material probatório colhido na fase inquisitorial. 3. Como dominus litis, o Ministério Público entendeu oportuna a separação de determinados fatos relacionados à referida Operação Curupira e, assim, formulou distintas denúncias. Tal opção decorreu da indispensabilidade de otimização dos trabalhos de condução dos processos. 4. Não há bis in idem na hipótese em questão, tratando-se apenas de medida adotada pelo órgão do Parquet para viabilizar o regular processamento da causa, inclusive e especialmente em prol da ampla defesa dos denunciados, entre os quais se encontram os pacientes. 5. Não há qualquer violação às garantias processuais – tampouco cerceamento de defesa – na condução dos três processos de modo autônomo e independente, sendo claro que o Direito Processual Penal contempla a facultatividade da separação dos processos quando as infrações tiverem sido praticadas em circunstâncias de tempo ou de lugar diferentes, ou, quando pelo excessivo número de acusados e para não lhes prolongar a prisão provisória, ou por outro motivo relevante (CPP, art. 80). Se é possível a separação dos processos nas hipóteses acima elencadas, não há qualquer óbice a que, desde o início – por força do juízo de valor feito pelo dominus litis, que é o Ministério Público – sejam tratados separadamente os fatos correspondentes às possíveis figuras típicas delituosas, como ocorreu no presente caso. 6. Há clara narração de atos concretos relacionados **à** possíveis práticas de crimes contra o meio ambiente, contra a Administração Pública e de formação de quadrilha. No contexto da narrativa dos fatos, tal como feita pelo Ministério Público Federal, considero que há justa causa para a deflagração e prosseguimento da ação penal contra os pacientes, não se tratando de denúncia inepta, seja formal ou materialmente. 7. Não há obrigatoriedade da suspensão do processo devido à simples argüição da suspeição do juiz no âmbito do Código de Processo Penal. A circunstância de o juiz federal haver prolatado sentença contra os pacientes não o torna suspeito para conhecer e julgar outras demandas envolvendo os mesmos denunciados e condenados no primeiro caso já julgado. 8. A mera indicação do paciente como investigado pela prática de outros crimes relacionados à organização criminosa não representa formulação de juízo de valor acerca de outras imputações existentes contra Dirceu, inocorrendo qualquer uma das hipóteses previstas no art. 254, do Código de Processo Penal. 9. Habeas corpus denegado.

ADI 3576 / RS – RIO GRANDE DO SUL
AÇÃO DIRETA DE INCONSTITUCIONALIDADE
Relator (a): Min. ELLEN GRACIE
Julgamento: 22/11/2006 Órgão Julgador: Tribunal Pleno
DJ 02-02-2007 PP-00071 EMENT VOL-02262-02 PP-00376
RDDT n. 139, 2007, p. 179-184
REQTE. (S): PROCURADOR-GERAL DA REPÚBLICA
REQDO. (A/S): GOVERNADOR DO ESTADO DO RIO GRANDE DO SUL

REQDO. (A/S): ASSEMBLÉIA LEGISLATIVA DO ESTADO DO RIO GRANDE DO SUL
Ementa
AÇÃO DIRETA DE INCONSTITUCIONALIDADE. LEI ESTADUAL 12.223, DE 03.01.05. FUNDO PARTILHADO DE COMBATE ÀS DESIGUALDADES SOCIAIS E REGIONAIS DO ESTADO DO RIO GRANDE DO SUL. CONCESSÃO DE CRÉDITO FISCAL PRESUMIDO DE ICMS CORRESPONDENTE AO MONTANTE DESTINADO AO FUNDO PELAS EMPRESAS CONTRIBUINTES DO REFERIDO TRIBUTO. ALEGAÇÃO DE OFENSA AO ART. 155, § 2º, XII, G, DA CONSTITUIÇÃO FEDERAL. INOCORRÊNCIA. CAUSA DE PEDIR ABERTA. ART. 167, IV, DA CARTA MAGNA. VINCULAÇÃO DE RECEITA PROVENIENTE DA ARRECADAÇÃO DE IMPOSTO A FUNDO ESPECÍFICO. VEDAÇÃO EXPRESSA. 1. Alegação de ofensa constitucional reflexa, manifestada, num primeiro plano, perante a LC 24/75, afastada, pois o que se busca, na espécie, é a demonstração de uma direta e frontal violação à norma expressamente prevista no art. 155, § 2º, XII, g, da Constituição Federal, que proíbe a outorga de isenção, incentivo ou benefício fiscal em matéria de ICMS sem o consenso da Federação. Precedentes: ADI 1.587, rel. Min. Octavio Gallotti, e ADI 2.157-MC, rel. Min. Moreira Alves. 2. O Diploma impugnado não representa verdadeiro e unilateral favor fiscal conferido a determinado setor da atividade econômica local, pois, conforme consta do caput de seu art. 5º, somente o valor efetivamente depositado a título de contribuição para o Fundo criado é que poderá ser deduzido, na forma de crédito fiscal presumido, do montante de ICMS a ser pago pelas empresas contribuintes. 3. As normas em estudo, ao possibilitarem o direcionamento, pelos contribuintes, do valor devido a título de ICMS para o chamado Fundo Partilhado de Combate às Desigualdades Sociais e Regionais do Estado do Rio Grande do Sul, compensando-se, em contrapartida, o valor despendido sob a forma de crédito fiscal presumido, criaram, na verdade, um mecanismo de redirecionamento da receita de ICMS para a satisfação de finalidades específicas e predeterminadas, procedimento incompatível, salvo as exceções expressamente elencadas no art. 167, IV, da Carta Magna, com a natureza dessa espécie tributária. Precedentes: ADI 1.750-MC, rel. Min. Nelson Jobim, ADI 2.823-MC, rel. Min. Ilmar Galvão e ADI 2.848-MC, rel. Min. Ilmar Galvão. 4. Ação direta cujo pedido se julga procedente.

56

PRINCÍPIO DO TRATAMENTO FAVORECIDO PARA EMPRESAS DE PEQUENO PORTE

Este princípio do tratamento favorecido para empresas de pequeno porte corrobora no sentido de tais empresas devam ser sediadas no Brasil e constituídas sob as leis pátrias. A Emenda Constitucional nº. 6/95, que revogou o artigo 171 da Constituição Federal, foi profunda, pois alterou o conceito de empresa brasileira, que passou a ser somente as empresas brasileiras, as estrangeiras, as multinacionais e as transnacionais. A diferença entre elas é formal. A empresa deve se organizar no território brasileiro, conforme as leis nacionais, possuindo sede no Brasil.

Com a supressão pela Emenda nº. 6/95 do conceito de empresa brasileira de capital nacional, assim como os privilégios e preferências que acompanhavam tal status. Logo, acabou com o tratamento diferenciado entre empresas brasileiras de capital nacional e empresas brasileiras de capital estrangeiro.

A Constituição previu dois tipos de microempresas (art. 179): a) micro (Lei nº. 9.317/96); b) pequeno porte (Lei nº. 9.841/99). As diferenças entre micro empresa e empresa de pequeno porte são: a) microempresas são pessoas jurídicas e firma mercantil individual que tiver receita bruta anual igual ou inferior a R$ 244.000,00 (duzentos e quarenta e quatro mil reais); b) empresa de pequeno porte **é** a pessoa jurídica e firma mercantil e firma individual não enquadrada como microempresa. Tem receita bruta anual superior a R$ 244.000,00 (duzentos e quarenta e quatro mil reais).

56.1. JURISPRUDÊNCIA

ADI 1537 / DF – DISTRITO FEDERAL
AÇÃO DIRETA DE INCONSTITUCIONALIDADE
Relator (a): Min. SYDNEY SANCHES
Julgamento: 12/12/1996 Órgão Julgador: TRIBUNAL PLENO
DJ 13-06-1997 PP-26689 EMENT VOL-01873-02 PP-00324
REQTE. : PARTIDO DA MOBILIZAÇÃO NACIONAL – PMN
REQDO. : PRESIDENTE DA REPÚBLICA
Ementa

DIREITO CONSTITUCIONAL. DECRETO REGULAMENTAR. AÇÃO DIRETA DE INCONSTITUCIONALIDADE: ARTIGOS 2º E 3º DO DECRETO Nº. 1.350, DE 28.12.1994: CONSELHO DELIBERATIVO DO SEBRAE. ARTIGO 84, INCISO IV, DA CONSTITUIÇÃO FEDERAL. 1. O Decreto nº. 1.350, de 28.12.1994, dispõe sobre a participação, no Conselho Deliberativo do SEBRAE, de entidades representativas de micro e empresas de pequeno porte. 2. Visou o Decreto a regulamentar o art.

10 da Lei nº. 8.029, de 12.04.1990, com a redação dada pela lei nº. 8.154, de 28.12.1990, como nele está expresso. 3. Trata-se, pois, de Decreto meramente regulamentar. E não autônomo, como sustenta o autor. 4. Se, nos dispositivos impugnados, entrou em conflito com a Lei regulamentada, poderá ter incidido em ilegalidade. Não, diretamente, em inconstitucionalidade. 5. Em situações como essa, pacífica é a jurisprudência do STF, no sentido de não admitir Ação Direta de Inconstitucionalidade de Decreto regulamentar, que desrespeite ou afronte a Lei regulamentada, podendo eventuais interessados valerem-se da via própria, na instância judiciária competente, para provocar o controle difuso de legalidade. 6. Ação não conhecida, prejudicado o requerimento de medida cautelar.

57

NORMAS CONSTITUCIONAIS DA ATIVIDADE ECONÔMICA

O artigo 172 da Constituição Federal prescreve que: "A lei disciplinará, com base no interesse nacional, os investimentos de capital estrangeiro, incentivará os reinvestimentos e regulará a remessa de lucros". Cumpre a lei ordinária disciplinar sobre os investimentos de capital estrangeiro, incentivando os reivestimentos e regulando a remessa. O artigo 173 afirma que: "Ressalvados os casos previstos nesta Constituição, a exploração direta de atividade econômica pelo Estado só será permitida quando necessária aos imperativos da segurança nacional ou a relevante interesse coletivo, conforme definidos em lei".

A exploração direta de atividade econômica pelo Estado só é permitida se não comprometer a soberania brasileira e os interesses da sociedade. Com o Estado Democrático de Direito o Estado reconhece a exploração direta da atividade econômica, delimitando a esfera de iniciativa econômica pública e privada. Para exploração da atividade econômica o Estado deverá observar os imperativos da segurança nacional e o relevante interesse coletivo.

O § 1º do artigo 173 reza que:

> A lei estabelecerá o estatuto jurídico da empresa pública, da sociedade de economia mista e de suas subsidiárias que explorem atividade econômica de produção ou comercialização de bens ou de prestação de serviços, dispondo sobre: I – sua função social e formas de fiscalização pelo Estado e pela sociedade; II – a sujeição ao regime jurídico próprio das empresas privadas, inclusive quanto aos direitos e obrigações civis, comerciais, trabalhistas e tributários; III – licitação e contratação de obras, serviços, compras e alienações, observados os princípios da Administração Pública; IV – a constituição e o funcionamento dos conselhos de administração e fiscal, com a participação de acionistas minoritários; V – os mandatos, a avaliação de desempenho e a responsabilidade dos administrados.

Somente por lei ordinária estabelecerá o estatuto jurídico das empresas ligadas ao Poder Público, sendo certo que deverão ser respeitadas certas determinações constitucionais para esse estatuto a ser previsto em lei. O § 2º do artigo 173 prevê: "As empresas públicas e as sociedades de economia mista não poderão gozar de privilégios fiscais não extensivos às do setor privado". O preceituado pelo § 2º do citado dispositivo somente alcança as empresas públicas e as sociedades de economia mista que explorem atividade econômica em sentido estrito. Não se aplica àquelas que prestam serviço público, não sujeito às obrigações tributárias às quais se sujeitam as empresas privadas. As empresas públicas, sociedade de econômica mista e outras entidades estatais que prestem serviço público podem gozar de privilégios fiscais, ainda que não extensivos a empresas privadas prestadoras de serviço público em regime de concessão ou permissão. § 3º do artigo 173: "A lei regulamentará as relações da empresa pública com o Estado e a sociedade". § 4º artigo 173: "A lei reprimirá o abuso do poder econômico que vise à dominação dos mercados, à eliminação da concorrência e ao aumento arbitrário dos lucros".

57.1. MONOPÓLIOS

A Constituição proíbe os monopólios e os oligopólios privados, ao estabelecer no artigo retro mencionado que a lei reprimirá o abuso de poder econômico que vise à dominação dos mercados, à eliminação da concorrência e ao aumento arbitrário de lucros.

O monopólio público ficou limitado nos artigo 176, § 1º e 177 ambos da Constituição Federal:

> A pesquisa e a lavra de recursos minerais e o aproveitamento dos potenciais a que se refere o caput deste artigo somente poderão ser efetuados mediante autorização ou concessão da União, no interesse nacional, por brasileiros ou empresa constituída sob as leis brasileiras e que tenha sua sede e administração no País, na forma da lei, que estabelecerá as condições específicas quando essas atividades desenvolverem em faixa de fronteira ou terras indígenas.

Ainda o Art. 177:

> Constitui monopólio da União: I – a pesquisa e a lavra das jazidas de petróleo e gás natural e outros hidrocarbonetos fluídos; II – a refinação do petróleo nacional ou estrangeiro; III – a importação e exportação dos produtos e derivados básicos resultantes das atividades previstas nos incisos anteriores; IV – o transporte marítimo do petróleo bruto de origem nacional ou de derivados básicos de petróleo produzidos no País, bem assim o transporte, por meio de conduto, de petróleo bruto, seus derivados e gás natural de qualquer origem; V – a pesquisa, a lavra, o enriquecimento, o reprocessamento, a industrialização e o comércio de minérios e minerais nucleares e seus derivados, com exceção dos radioisótopos cuja produção, comercialização e utilização poderão ser autorizadas sob regime de permissão, conforme as alíneas b e c do inciso XXIII do caput do art. 21 desta Constituição Federal.

A Constituição Federal determinou que o legislador ordinário regulasse o transporte e o uso de materiais radioativos no território nacional, bem como combata o abuso do poder econômico que vise a dominação dos mercados.

57.1.2. JURISPRUDÊNCIA

ADI 3273 / DF – DISTRITO FEDERAL
AÇÃO DIRETA DE INCONSTITUCIONALIDADE
Relator (a): Min. CARLOS BRITTO
Relator (a) p/ Acórdão: Min. EROS GRAU
Julgamento: 16/03/2005 Órgão Julgador: Tribunal Pleno
DJ 02-03-2007 PP-00025
EMENT VOL-02266-01 PP-00102
REQTE. (S): GOVERNADOR DO ESTADO DO PARANÁ e outros
Ementa

EMENTA: CONSTITUCIONAL. MONOPÓLIO. CONCEITO E CLASSIFICAÇÃO. PETRÓLEO, GÁS NATURAL E OUTROS HIDROCARBONETOS FLUÍDOS. BENS DE PROPRIEDADE EXCLUSIVA DA UNIÃO. ART. 20, DA CB/88. MONOPÓLIO DA ATIVIDADE DE EXPLORAÇÃO DO PETRÓLEO, DO GÁS NATURAL E DE OUTROS HIDROCARBONETOS FLUÍDOS. ART. 177, I a IV e §§ 1º E 2º, DA CB/88. REGIME DE MONOPÓLIO ESPECÍFICO EM RELAÇÃO AO ART. 176 DA CONSTITUIÇÃO. DISTINÇÃO ENTRE AS PROPRIEDADES A QUE RESPEITAM OS ARTS. 177 E 176, DA CB/88. PETROBRAS. SUJEIÇÃO AO REGIME JURÍDICO DAS EMPRESAS PRIVADAS [ART. 173, § 1º, II, DA CB/88]. EXPLORAÇÃO DE ATIVIDADE ECONÔMICA EM SENTIDO ESTRITO E PRESTAÇÃO DE SERVIÇO PÚBLICO. ART. 26, § 3º, DA LEI N. 9.478/97. MATÉRIA DE LEI FEDERAL. ART. 60, CAPUT, DA LEI N. 9.478/97. CONSTITUCIONALIDADE. COMERCIALIZAÇÃO ADMINISTRADA POR AUTARQUIA FEDERAL [ANP]. EXPORTAÇÃO AUTORIZADA SOMENTE SE OBSERVADAS AS POLÍTICAS DO CNPE, APROVADAS PELO PRESIDENTE DA REPÚBLICA [ART. 84, II, DA CB/88]. 1. O conceito de monopólio pressupõe apenas um agente apto a desenvolver as atividades econômicas a ele correspondentes. Não se presta a explicitar características da propriedade, que é sempre exclusiva, sendo redundantes e desprovidas de significado as expressões "monopólio da propriedade" ou "monopólio do bem". 2. Os monopólios legais dividem-se em duas espécies: (i) os que visam a impelir o agente econômico ao investimento --- a propriedade industrial, monopólio privado; e (ii) os que instrumentam a atuação do Estado na economia. 3. A Constituição do Brasil enumera atividades que consubstanciam monopólio da União [art. 177] e os bens que são de sua exclusiva propriedade [art. 20]. 4. A existência ou o desenvolvimento de uma atividade econômica sem que a propriedade do bem empregado no processo produtivo ou comercial seja concomitantemente detida pelo agente daquela atividade não ofende a Constituição. O conceito de atividade econômica [enquanto atividade empresarial] prescinde da propriedade dos bens de produção. 5. A propriedade não consubstancia uma instituição única, mas o conjunto de várias instituições, relacionadas a diversos tipos de bens e conformadas segundo distintos conjuntos normativos --- distintos regimes --- aplicáveis a cada um deles. 6. A distinção entre atividade e propriedade permite que o domínio do resultado da lavra das jazidas de petróleo, de gás natural e de outros hidrocarbonetos fluídos possa ser atribuída a terceiros pela União, sem qualquer ofensa à reserva de monopólio [art. 177 da CB/88]. 7. A propriedade dos produtos ou serviços da atividade não pode ser tida como abrangida pelo monopólio do desenvolvimento de determinadas atividades econômicas. 8. A propriedade do produto da lavra das jazidas minerais atribuídas ao concessionário pelo preceito do art. 176 da Constituição do Brasil é inerente ao modo de produção capitalista. A propriedade sobre o produto da exploração é plena, desde que exista concessão de lavra regularmente outorgada. 9. Embora o art. 20, IX, da CB/88 estabeleça que os recursos minerais, inclusive os do subsolo, são bens da União, o art. 176 garante ao concessionário da lavra a propriedade do produto de sua exploração. 10. Tanto as atividades previstas no art. 176 quanto as contratações de empresas estatais ou privadas, nos termos do disposto no § 1º do art. 177 da Constituição, seriam materialmente impossíveis se os concessionários e contratados, respectivamente, não pudessem apropriar-se, direta ou indiretamente, do produto da exploração das jazidas. 11. A EC 9/95 permite que a União transfira ao seu contratado os riscos e resultados da atividade e a propriedade do produto da exploração de jazidas de petróleo e de gás natural, observadas as normais legais. 12. Os preceitos veiculados pelos § 1º e 2º do art. 177 da Constituição do Brasil são específicos em relação ao art. 176, de modo que as empresas estatais ou privadas a que se refere o § 1º não podem ser chamadas de "concessionárias". Trata-se de titulares de um tipo de propriedade diverso daquele do qual são titulares os concessionários das jazidas e recursos minerais a que respeita o art. 176 da Constituição do Brasil. 13. A propriedade de que se cuida, no caso do petróleo e do gás natural, não é plena, mas relativa; sua comercialização é administrada pela União mediante a atuação de uma autarquia, a Agência Nacional do Petróleo – ANP. 14. A Petrobras não é prestadora de serviço público. Não pode ser concebida como delegada da União. Explora atividade econômica em sentido estrito, sujeitando-se ao regime jurídico das empresas privadas [§ 1º, II, do art. 173 da CB/88]. Atua em regime de competição com empresas privadas que se disponham a disputar, no âmbito de procedimentos licitatórios [art. 37, XXI, da CB/88], as contratações previstas no § 1º do art. 177 da Constituição do Brasil. 15. O art. 26, § 3º, da Lei n. 9.478/97, dá regulação ao chamado silêncio da Administração. Matéria infraconstitucional, sem ofensa direta à Constituição. 16. Os preceitos dos arts. 28, I e III; 43, parágrafo único; e 51, parágrafo único, da Lei n. 9.478/98 são próprios às contratações de que se cuida, admitidas expressamente pelo § 2º do art. 177 da CB. 17. A opção pelo tipo de contrato a ser celebrado com as empresas que vierem a atuar no mercado petrolífero não cabe ao Poder Judiciário: este não pode se imiscuir em decisões de caráter político. 18. Não há falar-se em inconstitucionalidade do art. 60, caput, da Lei n. 9.478/97. O preceito exige, para a exportação do produto da exploração da atividade petrolífera, seja atendido o disposto no art. 4º da Lei n. 8.176/91, observadas as políticas aprovadas pelo Presidente da República, propostas pelo Conselho Nacional de Política Energética – CNPE [art. 84, II, da CB/88]. 19. Ação direta julgada improcedente

58

INTERVENÇÃO DO ESTADO NO DOMÍNIO ECONÔMICO (ART. 174)

Reza o artigo 174 da Constituição Federal:

> Como agente normativo e regulador da atividade econômica, o Estado exercerá, na forma da lei, as funções de fiscalização, incentivo e planejamento sendo este determinante para o setor público e indicativo para o setor privado.
> § 1º: A lei estabelecerá as diretrizes e bases do planejamento do desenvolvimento nacional equilibrado, o qual incorporará e compatibilizará os planos nacionais e regionais de desenvolvimento.
> § 2º: A lei apoiará e estimulará o cooperativismo e outras formas de associações.
> § 3º: O Estado favorecerá a organização da atividade garimpeira em cooperativas, levando em conta a proteção do meio ambiente e a promoção econômico-social dos garimpeiros.
> § 4º: As cooperativas as que se refere o parágrafo anterior terão prioridade na autorização ou concessão para pesquisa e lavra dos recursos e jazidas e minerais garimpáveis, nas áreas onde estejam atuando, e naquelas fixadas de acordo com o artigo 21, XXV, na forma da lei.

Pela intervenção no domínio econômico o Estado ocupa o posto de agente normativo regulador da atividade econômica. Significa dizer que o Estado exerce as funções de fiscalização, incentivo e planejamento essencial para o setor público, servindo de indicativo para o campo privado. Conforme o artigo 174 declara que o Estado exercerá sua atividade de agente normativo e regulador, na forma da lei. Não se quer, com isso, dizer que a intervenção, nesses termos dependa sempre de lei em cada caso específico. De fato, não se exige lei em cada caso para estimular e apoiar a iniciativa privada na organização e exploração da atividade econômica. Essas intervenções todas se realizam mediante ato administrativo, embora não possam efetivar-se senão de acordo com a previsão legal. As limitações como ingerência disciplinadora, constituem formas de intervenção por via de regulamentação legal, mas o fomento nem sempre demanda lei, tal a implantação de infra-estrutura, a concessão de financiamento por instituições oficiais, o apoio tecnológico. A repressão do abuso do poder econômico é uma das formas mais drásticas de intervenção no domínio econômico e, no entanto não é feito mediante lei.

Planejamento econômico é um processo técnico instrumentado para transformar a realidade existente nos objetivos e metas estabelecidas. Trata-se de um processo de intervenção estatal no domínio econômico. O planejamento econômico se projeta através de planos e metas como prevê o § 1º do artigo 174 da Constituição Federal: "A lei estabelecerá as diretrizes e bases do planejamento do desenvolvimento nacional equilibrado, o qual incorporará e compatibilizará os planos nacionais e regionais de desenvolvimento".

Também cabe o apoio e estimulo ao cooperativismo dentre outras formas de associação (art. 174, § 2º, CF). Também caberá ao Estado favorecer e organizar a atividade garimpeira em cooperativas, levando em conta a proteção do meio ambiente e a promoção econômico-social dos garimpeiros conforme o artigo 174, § 3º, da Carta Maior. Verifica-se no artigo 174, § 4º do dispositivo constitucional que as cooperativas têm prioridade na autorização ou concessão para pesquisa e lavra dos recursos e jazidas de minerais garimpáveis, nas áreas onde estejam atuando, e naquelas fixadas de acordo com o artigo 21, XXV, CF, nos termos da lei.

58.1. EXPLORAÇÃO DE SERVIÇOS PÚBLICOS (ART. 175, CF)

Serviço público significa aquele realizado para satisfazer as necessidades básicas da coletividade, nos casos indicados na Constituição Federal. O artigo 175 da Constituição Federal determina que: "incumbe ao Poder Público, na forma da lei, diretamente ou sob regime de concessão ou permissão, sempre através de licitação, a prestação de serviços públicos".

O preceituado constitucional estabelece os princípios do regime da concessão e permissão de serviços públicos a empresas particulares, devendo-se observar o seguinte: a) é o Poder Público que deve prestar os serviços, diretamente ou sob regime de concessão ou permissão; b) deve ser implementado por meio de licitação; c) lei formal ordinária deverá regulamentar; c) o conteúdo da lei ordinária deve conter conforme o parágrafo único do citado artigo:

> A leis disporá sobre: I – o regime das empresas concessionárias e permissionárias de serviços públicos, o caráter especial de seu contrato e de sua prorrogação, bem como as condições de caducidade, fiscalização e rescisão da concessão ou permissão; II – os direitos do usuário; III – política tarifária; IV – obrigação de manter serviço adequado.

Concessão é o contrato administrativo cuja formação engendra um vínculo bilateral, oneroso, precedido de licitação, entre o poder concedente e o concessionário e permissão é o ato administrativo discricionário, precário, unilateralmente revogável, embora, na prática, possa dar-se a curto prazo, inexistindo a revogação.

58.2. EXPLORAÇÃO DOS RECURSOS MINERAIS E ENERGIA HIDRÁULICA (ART. 176, CF)

O artigo 176 da Constituição Federal verbera que: "As jazidas, em lavra ou não, e demais recursos minerais e os potenciais de energia hidráulica constituem propriedade distinta da do solo, para efeitos de exploração ou aproveitamento, e pertencem à União, garantida ao concessionário a propriedade do produto da lavra". Como se observa embora pertencentes à União é o concessionário que detém a propriedade do produto da lavra, que é inerente ao modo de produção social capitalista. O § 1º do citado dispositivo constitucional elenca que

> A pesquisa e a lavra de recursos minerais e o aproveitamento dos potenciais a que se refere o caput deste artigo somente poderão ser efetuados mediante autorização ou concessão da União, no interesse nacional, por brasileiros ou empresa constituída sob as leis brasileira e que tenha sua sede e administração na forma da lei, que estabelecerá as condições específicas quando essas atividades desenvolverem em faixa de fronteira ou terras indígenas.
> A pesquisa somente poderá ser feita mediante autorização da União e no interesse nacional e por brasileiro ou empresa constituída sob as leis brasileiras. Embora o solo e o subsolo pertençam ao proprietário este deverá ter a autorização citada para qualquer tipo de pesquisa e lavra.

58.3. MONOPÓLIO

O artigo 177 da Constituição Federal elenca o rol de monopólio da União que é a pesquisa e a lavra das jazidas de petróleo e gás natural e outros hidrocarbonetos fluídos; a importação e exportação dos produtos e derivados básicos resultantes das atividades previstas nos incisos anteriores; o transporte marítimo do petróleo bruto de origem nacional ou de derivados básicos de petróleo produzidos no País, bem assim o transporte, por meio de conduto, de petróleo bruto, seus derivados e gás natural de qualquer origem; a pesquisa, a lavra, o enriquecimento, e reprocessamento, a industrialização, e o comércio de minérios e minerais nucleares e seus derivados, com exceção dos radioisótopos cuja produção, comercialização e utilização poderão ser autorizadas sob regime de permissão, conforme as alíneas b e c do inciso XXIII do caput do art. 21 desta Constituição Federal.

O monopólio está banido com a Carta de 1988, mas o monopólio público, por interesse nacional, está restrito definido pelo artigo citado.

A União poderá contratar com empresas estatais ou privadas a realização das atividades previstas na pesquisa e na lavra das jazidas de petróleo e gás natural e outros hidrocarbonetos fluidos e o transporte marítimo do petróleo bruto de origem nacional ou de derivados básicos de petróleo produzidos no País, bem assim o transporte, por meio de conduto, de petróleo bruto, seus derivados e gás natural de qualquer origem, conforme dispõe o § 1º do artigo 177, CF.

O § 2º do artigo 177 da Constituição Federal determina que a lei, no caso, a ordinária disporá sobre: I 0 garantia do fornecimento dos derivados de petróleo em todo o território nacional; II – as condições de contratação; II – estrutura e atribuições do órgão regulador do monopólio da União.

Finalmente o § 3º dispõe que a lei disporá sobre o transporte e a utilização de materiais radioativos no território nacional. Materiais radioativos é matéria de interesse da União e ela quem deve tratar sobre o assunto.

A contribuição de intervenção de petróleo, gás natural e álcool combustível deverão atender dois requisitos: 1) a alíquota de contribuição poderá ser: a) diferenciada por produto ou uso; b) reduzida e restabelecida por ato do Poder Executivo, não se lhe aplicando o disposto no artigo 150, III, b; II – os recursos arrecadados serão destinados: a) ao pagamento de subsídios a preços ou transportes de álcool combustível natural e seus derivados e derivados de petróleo; b) ao financiamento de projetos ambientais relacionados com a indústria do petróleo e do gás; c) ao financiamento de programas de infra-estrutura de transportes, conforme o § 4º, artigo 177, CF.

A Carta de 1988 procurou dificultar a formação de monopólios e de oligopólios.

58.4. ORDENAÇÃO DE TRANSPORTES (ART. 178, CF)

O artigo 178 dispõe que: "a lei disporá sobre a ordenação dos transportes aéreo, aquático e terrestre, devendo, quanto à ordenação do transporte internacional, observar os acordos firmados pela União, atendido o princípio da reciprocidade". Importante salientar que no que diz respeito ao transporte aquático a lei deverá estabelecer condições em que o transporte de mercadorias na cabotagem e na navegação interior poderão ser feitos por embarcações nacionais e estrangeiras. Quanto ao transporte internacional este deverá observar os acordos firmados pela União observando o princípio da reciprocidade, que significa direitos iguais, vantagens iguais, para os países signatários das convenções, tratados ou acordos de direito das gentes. Se um determinado País conceder um benefício especial ao transportador ou transporte brasileiro, o Brasil deverá retribuir da mesma forma e proporção.

58.5. MICROEMPRESAS E EMPRESAS DE PEQUENO PORTE (ART. 179, CF)

A União, os Estados, o Distrito Federal e os Municípios dispensarão às microempresas e às empresas de pequeno porte, assim definidas em lei, tratamento jurídico diferenciado, visando a incentivá-las pela simplificação de suas obrigações administrativas, tributárias, previdenciárias e creditícias ou pela eliminação ou redução destas por meio de lei, conforme dispõe o dispositivo constitucional artigo 179.

Este incentivo previsto em nada fere o princípio da isonomia tributária. Cabe a lei simplificar, reduzir, eliminar encargos administrativos, tributários, previdenciários e creditícios.

58.6. INCENTIVO AO TURISMO (ART. 180, CF)

Admite o artigo 180 da Constituição Federal que: "A União, os Estados, o Distrito Federal e os Municípios promoverão e incentivarão o turismo como fator de desenvolvimento social e econômico". Com este dispositivo a Constituição Federal promove um incentivo ao turismo como fator de desenvolvimento social e econômico e podemos observar que existem alguns Municípios que tem o turismo como uma fonte de renda de desenvolvimento social e econômico, podemos citar Ouro Preto, Marina, Goiás Velho, Pirenópolis, em Goiás. Cidades que detém seu crescimento social e econômico através da arrecadação pelo turismo.

58.7. REQUISIÇÃO DE DOCUMENTO OU INFORMAÇÃO COMERCIAL (ART. 181, CF)

O atendimento de requisição de documento ou informação de natureza comercial, feita por autoridade administrativa ou judiciária estrangeira, a pessoa física ou jurídica residente ou domiciliada no País dependerá de autorização do Poder competente. Em caso de requisição de documento ou informação de natureza comercial está vinculada a autorização do Poder competente. É uma forma de a Administração Pública fiscalizar as informações comerciais.

59

POLÍTICA URBANA

O artigo 182 da Constituição Federal consagra a política urbana: "A política de desenvolvimento urbano, executada pelo Poder Público municipal, conforme diretrizes gerais fixadas em lei tem por objetivo ordenar o pleno desenvolvimento das funções sociais da cidade e garantir o bem-estar de seus habitantes". A política urbana existe para que hajam providências que objetivem ordenar os espaços habitáveis, organizando todas as áreas em que o ser humano exerce funções sociais indispensáveis à sua sobrevivência, isto é, habitação, trabalho, recreação e circulação. Visa proporcionar uma melhor condição de vida ao homem dentro do contexto social em que habita. Esta política de desenvolvimento urbano está fixada na Lei nº. 10.257/01 onde estão definidas as diretrizes gerais. As diretrizes gerais norteiam a política de desenvolvimento urbano, que se liga a política de desenvolvimento nacional.

O § 1º do citado dispositivo constitucional verbera que: "O plano diretor, aprovado pela Câmara Municipal, obrigatório para cidades com mais de vinte mil habitantes, é o instrumento básico da política de desenvolvimento e de expansão urbana".

Todo o Município, conforme prelecionado constitucionalmente, com mais de 20.000,00 (vinte mil habitantes) deve ter aprovado pela Câmara Municipal o chamado Plano Diretor que é o instrumento básico para o ordenamento urbano da Município e da política de desenvolvimento e expansão da área. O § 2º do dispositivo constitucional elencado determina que: "a propriedade urbana cumpre sua função social quando atende às exigências fundamentais de ordenação da cidade expressas no plano diretor".

A função social da propriedade é regra máxima do direito de propriedade. Ela traduz a idéia de realização concreta das quatro bases do urbanismo: habitação, trabalho, recreação e circulação.

O § 3º do artigo 182 determina que: "As desapropriações de imóveis urbanos serão feitas com prévia e justa indenização em dinheiro". Conceitua-se a desapropriação como um direito do Estado que se traduz em procedimento regido pelo Direito Constitucional-Administrativo, visando à imposição de um sacrifício total, por justa causa, de determinado direito patrimonial, particular ou público – respeitada a hierarquia -, tendo como finalidade a aquisição pelo Poder Público ou de quem, delegadamente, cumpra o seu papel, por intermédio de indenização que há de ser prévia e justa, efetuado o pagamento em dinheiro, com as ressalvas constitucionais expressas.

A desapropriação é forma originária de aquisição da propriedade, o que significa que é, por si mesma, suficiente para instaurar a propriedade em favor do Poder Público, independentemente de qualquer vinculação com o título jurídico anterior proprietário. Assim, tal como na usucapião, ocupação, especificação, ou acessão, é irrelevante a vontade do proprietário, pois não é transmitente do imóvel bem como pouco interessa o título que possua, se justo ou injusto, de boa ou má-fé. A desapropriação clássica ou ordinária, em que se evidencia a *supremacia do interesse público sobre o particular*, realizada mediante indenização prévia, justa e em dinheiro, tendo como pressupostos a utilidade pública, a necessidade pública, e o interesse social. Tem fundamento no art. 5º, XXIV, da CF, sendo que os referidos pressupostos, ou melhor, as hipóteses que se configuram como de necessidade ou utilidade pública, ou de interesse social, são definidos na legislação ordinária. Destacam-se o Decreto-lei nº. 3.365/1941, que dispõe sobre os casos de desapropriação por utilidade pública, englobando aí os casos de necessidade pública (art. 5º), e a Lei 4.132/1962, que define os casos de desapropriação por interesse social.

A CF ainda contempla a desapropriação extraordinária, que é realizada quando o bem particular, que está sendo desapropriado, *não está cumprindo a sua função social*. Nesta, há indenização, mas não será prévia, nem em dinheiro. Cuida-se de desapropriação com caráter sancionatório, verificando-se em duas hipóteses. A primeira delas é a que consta do art. 182, § 4º, III, da CF, denominada de *desapropriação urbanística*. Essa forma expropriatória é prevista como a que pode ser adotada a título de penalização ao proprietário do solo urbano que não atender a exigência de promover o adequado aproveitamento de sua propriedade ao plano diretor municipal, estando o imóvel subutilizado ou não utilizado. Assim, o Poder Público municipal, mediante lei específica, poderá promover essa desapropriação, observada a gradação imposta no art. 8.º da Lei 10.257/2001 (Estatuto da Cidade), sendo o pagamento da indenização feito mediante títulos da dívida pública, com prazo de resgate de até dez anos, em parcelas anuais, iguais e sucessivas, assegurados o valor real da indenização e os juros legais.

A outra hipótese de desapropriação extraordinária, quando a propriedade não esteja cumprindo a sua função social, é prevista nos arts. 184 a 186 da CF, denominada pela doutrina de *desapropriação rural*. Tem o objetivo de permitir a perda da propriedade de imóveis rurais para fins de reforma agrária. A indenização será paga em títulos da dívida agrária, com cláusula de preservação do valor real, resgatáveis no prazo de até vinte anos, a partir do segundo ano de sua emissão, sendo que as benfeitorias úteis e necessárias serão indenizadas em dinheiro. Possui disciplina na Lei 8.629/1993, e ainda na Lei Complementar 76/1993.

Há, por fim, a desapropriação prevista no art. 243 da CF, chamada de desapropriação confiscatória, por não conferir ao expropriado direito indenizatório. A perda da propriedade nesse caso tem como pressuposto a utilização da propriedade para cultura ilegal de plantas psicotrópicas. Após a expropriação, conforme o procedimento disciplinado na Lei 8.257/91 são essas áreas destinadas a assentamento de colonos com vistas ao cultivo de produtos alimentícios e medicamentosos.

Cumpre mencionar, ainda, a nova figura trazida pelos §§4.º e 5.º do art. 1.228, CC/2002, que vem sendo denominada por alguns doutrinadores como desapropriação judicial, na qual há a perda da propriedade diante posse ininterrupta e de boa-fé, por mais de cinco anos, de considerável número de pessoas, mediante o pagamento de indenização. Embora não se confunda com a usucapião, que não requer contrapartida econômica, essa nova figura também não se identifica por completo com a desapropriação propriamente dita, que tem como expropriante o Poder Público, passando o bem à dominialidade pública (embora posteriormente possa ter destinação diversa). Assim, sua disciplina será dada pelo direito privado, em que pese o seu caráter coletivo, pois se verificará no interesse particular, dos possuidores.

§ 4º do artigo 182, da Constituição Federal verbera que:

> É facultado ao Poder Público municipal, mediante lei específica para área incluída no plano diretor, exigir, nos termos da lei federal, do proprietário do solo urbano não edificado, subutilizado ou não utilizado, que promova seu adequado aproveitamento, sob pena, sucessivamente de: I parcelamento ou edificação compulsórios; II – imposto sobre a propriedade predial e territorial urbana progressivo no tempo; III – desapropriação com pagamento mediante títulos da dívida pública de emissão previamente aprovada pelo Senado Federal, com prazo de resgate de até dez anos, em parcelas anuais, iguais e sucessivas, assegurados o valor real da indenização e os juros legais.

Observe que a lei federal é que vai dispor sobre o assunto de aproveitamento do solo urbano inaproveitado. O imposto progressivo é gradual, subindo ao longo do tempo, observado o princípio da anualidade, que limitará esse aumento uma vez ao ano. A progressividade não poderá gerar confisco.

O usucapião pró-moradia previsto no artigo 183 assim dispõe: "Aquele que possuir como sua área urbana de até duzentos metros quadrados, por cinco anos, ininterruptamente e sem oposição, utilizando-a para sua moradia ou de sua família, adquirir-lhe-á o domínio, desde que não seja proprietário de outro imóvel urbano ou rural". Também conhecido como usucapião de solo urbano, pró-casa, pro morare ou urbano especial conforme deflagra Agra[1]

O Brasil, desde sua colonização, foi um país predominantemente agrícola. A maior parte da população concentrava-se no campo, onde era maior a demanda de força de trabalho para atender às necessidades da produção.

1 idem. 2009, p. 664

A urbanização tornou-se um problema social, afetando a todos os países, por diversas razões, colhendo tanto as sociedades industriais como as em via de desenvolvimento. A usucapião é a aquisição do domínio pela posse prolongada, na forma da lei, tendo como objetivo de acabar com a incerteza da propriedade, assim como assegurar a paz social pelo reconhecimento da propriedade com relação àquela pessoa que de longa data é o seu possuidor conforme predispõe o texto constitucional.

Ocorre na usucapião, simultaneamente, a perda do direito do antigo proprietário e a aquisição de um novo direito por parte do usucapiente. Esta nova relação jurídica não deriva da anterior. Poderíamos dizer que é uma forma originária de aquisição da propriedade. Sendo um instituto de grande alcance social, pelo meio do qual o possuidor do imóvel chega a adquirir-lhe o domínio. A atual Constituição de 1988 trouxe para seu seio a usucapião *pro labore*, criando a modalidade urbana, a usucapião *pro morare*, absolutamente desconhecida em nosso ordenamento jurídico até então.

A Súmula 340/STF afirma que: "Desde a vigência do Código Civil, os bens dominicais, como os demais bens públicos, não podem ser adquiridos por usucapião".

Ainda a Súmula 193/STJ: "O direito de uso de linha telefônica pode ser adquirido por usucapião".

O § 1º do artigo 183 verbera que: "O título de domínio e a concessão de uso serão conferidos ao homem ou mulher, ou a ambos, independentemente do estado civil".

§ 2º do artigo 182: "Esse direito não será reconhecido ao mesmo possuidor mais de uma vez".

Finalmente estabelece o § 3º do artigo 183 da Constituição Federal que os imóveis públicos não serão adquiridos por usucapião.

59.1. JURISPRUDÊNCIA

AI-AgR 638139 / MG – MINAS GERAIS
AG. REG. NO AGRAVO DE INSTRUMENTO
Relator (a): Min. EROS GRAU
Julgamento: 12/06/2007 Órgão Julgador: Segunda Turma
DJe-047 DIVULG 28-06-2007 PUBLIC 29-06-2007
DJ 29-06-2007 PP-00105 EMENT VOL-02282-32 PP-06538
RNDJ v. 8, n. 93, 2007, p. 79-80
AGTE. (S): WILSON GOMES SCALIONI
AGDO. (A/S): ECONOMIA DE CRÉDITO IMOBILIÁRIO S/A – ECONOMISA
Ementa

EMENTA: AGRAVO REGIMENTAL NO AGRAVO DE INSTRUMENTO. USUCAPIÃO URBANO. REQUISITOS. REEXAME DE PROVAS. IMPOSSIBILIDADE EM RECURSO EXTRAORDINÁRIO. 1. Não foram preenchidos os requisitos exigidos para aquisição da propriedade através de usucapião urbano. 2. Necessidade de Reexaminar fatos e provas. Inviabilidade do recurso extraordinário. Súmula n. 279 do STF.

Agravo regimental a que se nega provimento
RE-AgR 344385 / PR – PARANÁ
AG. REG. NO RECURSO EXTRAORDINÁRIO
Relator (a): Min. JOAQUIM BARBOSA
Julgamento: 21/02/2006 Órgão Julgador: Segunda Turma
DJ 05-05-2006 PP-00035
EMENT VOL-02231-03 PP-00517
AGTE. (S): MARIA HELENA LIMA DOMINGOS
AGDO. (A/S): CAIXA ECONÔMICA FEDERAL – CEF
Ementa
EMENTA: AGRAVO REGIMENTAL. USUCAPIÃO URBANO. ART. 183 DA CONSTITUIÇÃO FEDERAL. REEXAME DE FATOS E PROVAS. SÚMULA 279. Para se chegar a conclusão diversa daquela a que chegou o acórdão recorrido, seria necessário reexaminar os fatos da causa, o que é vedado na esfera do recurso extraordinário, de acordo com a Súmula 279/STF. Agravo regimental a que se nega provimento.

RE 93465 / SP – SÃO PAULO
RECURSO EXTRAORDINÁRIO
Relator (a): Min. CORDEIRO GUERRA
Julgamento: 23/06/1981 Órgão Julgador: SEGUNDA TURMA
DJ 16-10-1981 PP-00311 EMENT VOL-01230-02 PP-00474
RTJ VOL-00101-01 PP-00316
Ementa
DESAPROPRIAÇÃO. INDENIZAÇÃO NÃO CONCEDIDA NO TOCANTE A ÁREA "NON AEDIFICANDI", SITUADA EM ZONA URBANA, EM QUE HÁ PREDIO CONSTRUIDO REGULARMENTE ANTES DA DESAPROPRIAÇÃO, O QUAL NÃO SERÁ ATINGIDO PELA RESTRIÇÃO ADMINISTRATIVA POSTERIORMENTE SURGIDA. INEXISTÊNCIA DE OFENSA AO PARAGRAFO 22 DO ARTIGO 153 DA CONSTITUIÇÃO FEDERAL. DISSIDIO DE JURISPRUDÊNCIA NÃO DEMONSTRADO. RECURSO EXTRAORDINÁRIO NÃO CONHECIDO.

60

POLÍTICA AGRÍCOLA, FUNDIÁRIA E REFORMA AGRÁRIA

A política agrícola esculpida no artigo 184 da Constituição Federal determina que:

> Compete à União desapropriar por interesse social, para fins de reforma agrária, o imóvel rural que não esteja cumprindo sua função social, mediante prévia e justa indenização em títulos da dívida agrária, com cláusula de preservação do valor real, resgatáveis o prazo de até vinte anos, a partir do segundo ano de emissão, e cuja utilização será definida em lei.

Este artigo traz no seu bojo os preceitos constitucionais que possibilitam a intervenção do Poder Público visando dar cumprimento à função social da propriedade. O fato importante é a produtividade, o direito da propriedade rural mais que um bem patrimonial é um bem de produção.

O artigo 185 da Constituição Federal afirma que: "São insuscetíveis de desapropriação para fins de reforma agrária: I – a pequena e média propriedade rural, assim definida em lei, desde que seu proprietário não possua outra; II – a propriedade produtiva". Parágrafo único, artigo 185: "A lei garantirá tratamento especial a propriedade produtiva e fixará normas para o cumprimento dos requisitos relativos a sua função social". O artigo 186 do mesmo texto constitucional estabelece quando deve ser cumprida a função social da propriedade rural no caso quando atender as seguintes exigências: I – aproveitamento racional e adequado; II – utilização adequada dos recursos naturais disponíveis e preservação do meio ambiente; III – observância das disposições que regulam as relações de trabalho; IV – exploração que favoreça o bem-estar dos proprietários e dos trabalhadores

A Política agrícola, cujas ações devem ser compatibilizadas com as da reforma agrária, será planejada e executada na forma da lei, com a participação efetiva do setor de produção, envolvendo produtores e trabalhadores rurais, bem como dos setores de comercialização, de armazenamento e de transportes, levando em conta, especialmente, os instrumentos creditícios e fiscais, os preços compatíveis com os custos de produção e a garantia de comercialização, o incentivo à pesquisa e à tecnologia, o seguro agrícola, o cooperativismo, a eletrificação rural e irrigação e a habitação para o trabalhador rural (art. 187, CF). Este artigo citado é uma norma programática na medida em que prevê especificações em lei ordinária. Neste artigo, a Constituição deixa claro que política agrícola, reforma agrária, financeira e técnica e outros estímulos não caracterizam reforma agrária, pois não importa em intervenção na repartição da propriedade e da renda da terra. Incluem-se no planejamento agrícola as atividades agroindustriais, agropecuárias, pesqueiras e florestais (§ 1º, artigo 187, CF). Serão compatibilizadas as ações de política agrícola e de reforma agrária (§ 2º, art. 187, CF).

O artigo 188 da Constituição trata que: "A destinação de terras públicas e devolutas será compatibilizada com a política agrícola e com o plano nacional de reforma agrária".

Terras devolutas são aquelas terras sem dono, adéspotas, *res nullius*, que não tinham sido dadas e não pertenciam a ninguém, destituídas de cultura e povoamento. A definição mais recente para o tema é que são aquelas terras que se distanciam do patrimônio das pessoas jurídicas de Direito Público, sem se incorporar, a qualquer título, ao patrimônio dos particulares.

O § 1º do artigo 188 da Constituição Federal estabelece que: "A alienação ou a concessão, a qualquer título, de terras públicas com área superior a dois mil e quinhentos hectares a pessoa física ou jurídica, ainda que por interposta pessoa, dependerá de prévia aprovação do Congresso Nacional". Excetuam-se as alienações ou as concessões de terras públicas para fins de reforma agrária *ex vi* do dispositivo constitucional citado, § 2º.

Quanto ao artigo 189, Constituição Federal: "Os beneficiários da distribuição de imóveis rurais pela reforma agrária receberão títulos de domínio ou de concessão de uso, inegociáveis pelo prazo de dez anos".

Tal inegociabilidade defluiu do fato de que a reforma agrária visa difundir a propriedade e não comercializá-la. Portanto é previsível que seus beneficiários não possam dela dispor pelo período de 10 anos. O Título de domínio e a concessão de uso serão conferidos ao homem ou à mulher, ou a ambos independentemente do estado civil, nos termos e condições previstos em lei (parágrafo único, artigo 189, CF).

O artigo 190 estabelece que a lei regulará e limitará a aquisição ou o arrendamento de propriedade rural por pessoa física ou jurídica estrangeira e estabelecerá os casos que dependerão de autorização do Congresso Nacional.

O artigo 191, da Constituição Federal prevê o usucapião *pro-labore* que é aquele que não sendo proprietário de imóvel rural ou urbano, possua como seu, por cinco anos ininterruptos, sem oposição, área de terra, em zona rural, não superior a cinqüenta hectares, tornando-a produtiva por seu trabalho ou de sua família, tendo nela sua moradia. O título se justifica tendo em vista que decorre do fato de a área ter sido tornada produtiva pelo trabalho do beneficiário ou de sua família. Não é cabível, entretanto, usucapião de imóvel público (parágrafo único, artigo 191, CF).

O usucapião *pro-labore* diz respeito exclusivamente a áreas rurais. Esta se distingue das urbanas pelo aproveitamento econômico. Não se leva em conta a localização, mas a produtividade.

61

SISTEMA FINANCEIRO NACIONAL

O artigo 192 da Constituição Federal trata que:

> O Sistema Financeiro Nacional, estruturado de forma a promover o desenvolvimento equilibrado do País e a servir aos interesses da coletividade, em todas as partes que o compõem, abrangendo as cooperativas de crédito, será regulado por leis complementares que disporão, inclusive, sobre a participação do capital estrangeiro nas instituições que o integram.

Dentro do Sistema Financeiro Nacional estão incluídas as instituições financeiras (públicas e privadas), as bolsas de valores, as cooperativas de crédito e as companhias de seguro, de previdência privada e de capitalização. O Sistema Financeiro Nacional é regulado por lei complementar, atualmente é regulamentado pela Lei nº. 4.595/64. A nomeação do presidente e dos diretores do Banco Central compete ao Presidente da República após aprovação prévia dos nomes pelo Senado Federal (artigo 84, XIV e 52, III, d, ambos da Constituição Federal). Compete ao Banco Central entre outras funções emitir moeda o autorizar a Casa da Moeda a fazê-lo (artigo 164, CF).

O Constituinte de 1988 consagrou dois grupos normativos reguladores dos assuntos financeiros do Estado: o público e o parapúblico. No primeiro grupo os preceitos constitucionais disciplinam as finanças públicas e o orçamento público (art. 163 a 169, CF). O segundo grupo as normas constitucionais regem o Sistema Financeiro Nacional (artigos 164 a 192, CF), estabelecendo pautas jurídicas norteadoras das instituições financeiras creditícias, públicas ou privadas, de seguro, de previdência privada e capitalização que se sujeitam ao controle do Poder Público.

O artigo 406 do novo Código Civil estabelece que, regra geral, os juros serão fixados segundo a taxa que estiver em vigor para a mora do pagamento de impostos devidos à Fazenda Nacional. Considerando que a taxa Selic não é fixada por lei e embute a própria atualização monetária, os juros deverão ser os juros legais previstos no artigo 161 do Código Tributário Nacional de 1% ao mês.

61.1. JURISPRUDÊNCIA

AI-AgR 713488 / PR – PARANÁ
AG. REG. NO AGRAVO DE INSTRUMENTO
Relator (a): Min. EROS GRAU
Julgamento: 24/06/2008 Órgão Julgador: Segunda Turma

DJe-152 DIVULG 14-08-2008 PUBLIC 15-08-2008
EMENT VOL-02328-09 PP-01885
AGTE. (S): MERCADO VIDEIRA LTDA
AGDO. (A/S): INSTITUTO NACIONAL DO SEGURO SOCIAL – INSS
Ementa
EMENTA: AGRAVO REGIMENTAL NO AGRAVO DE INSTRUMENTO. TRIBUTÁRIO. UTILIZAÇÃO DA TAXA SELIC SOBRE DÉBITOS TRIBUTÁRIOS. MATÉRIA INFRACONSTITUCIONAL. JUROS. LIMITAÇÃO. ARTIGO 192, § 3º, DA CONSTITUIÇÃO DO BRASIL. 1. A controvérsia relativa à aplicação da taxa SELIC sobre débitos tributários reside no âmbito infraconstitucional, circunstância que impede a admissão do recurso extraordinário. 2. O Pleno deste Tribunal já decidiu que o artigo 192, § 3º, da Constituição do Brasil, que limita as taxas de juros em 12% ao ano, necessita de regulamentação [ADI n. 4, Relator o Ministro Sydney Sanches, DJ de 25.6.93]. Agravo regimental a que se nega provimento.

62

DA ORDEM SOCIAL

Ordem Social significa o conjunto de preceitos constitucionais que implementam os direitos previstos no art. 6º da Constituição. O artigo 193 reza que: "A ordem social tem como base o primado do trabalho, e com e como objetivo o bem-estar e a justiças sociais". Pela primeira vez a Constituição Federal disciplinou a Ordem Social. Na Constituição do Império do Brasil de 1824 não existiam as matérias que hoje são disciplinadas na Ordem Econômica e na Ordem Social.

Após a proclamação da república, em 22 de junho de 1890 veio a lume o Decreto nº. 510, que deu vigência à Constituição que transformou as antigas Províncias em Estados Federados. Seus artigos 72 a 75 trouxeram a "Declaração de direitos" relativos a direitos e garantias individuais. Em 11 de novembro de 1930, pelo Decreto nº. 19.398 foi instituído o Governo Provisório dos Estados Unidos do Brasil, de 24 de fevereiro de 1891, não disciplinou sistematicamente a Ordem Econômica e a Ordem Social e nos artigos 72 a 78 novamente veiculou a "Declaração de Direitos". Em 11 de novembro de 1930, pelo Decreto nº. 19.398 foi instituído o Governo Provisório dos Estados Unidos do Brasil. O Congresso Nacional, as Assembléias Legislativas dos Estados e das Câmaras Municipais foram dissolvidos por Getúlio Vargas, que, além das funções e atribuições do Poder Executivo, assumiu as do Poder Legislativo, e restringiu a atuação do Poder Judiciário. O referido decreto suspendeu as garantias constitucionais, salvo o *habeas corpus* em casos de crimes comuns. A Constituição de 16 de junho de 1934, produto da Assembléia Nacional Constituinte eleita em 15 de novembro de 1933, introduziu pela primeira vez na história do Direito Constitucional brasileiro um Título dedicado à disciplina da Ordem Econômica e Social, o que já ocorrera na Constituição de Weimar. O artigo 115 dispôs: "A Ordem Econômica deve ser organizada conforme os princípios da Justiça e as necessidades da vida nacional, de modo que possibilite à todos existência digna. Dentro desses limites, é garantida a liberdade econômica".

O parágrafo único do citado dispositivo tratava que: "Os Poderes Públicos verificarão, periodicamente, o padrão de vida nas varias regiões do País". A Justiça Social e a existência digna ganharam sede constitucional, e o artigo 121 referiu-se à proteção social do trabalhador. Além dos direitos relativos à relação de emprego, foram garantidos os direitos à assistência médica e sanitária ao trabalhador e à gestante, e previdência social de caráter contributivo, destinada á cobertura de contingências como velhice, invalidez, morte. A Constituição de 1934 criou a Justiça do Trabalho.

Os direitos sociais não estavam incluídos nos direitos e garantias individuais previstos na Constituição de 1967, que se restringiam aos direitos relativos à liberdade. Só tiveram disciplina os direitos previstos no artigo 165, voltados para os trabalhadores que mantivessem relação de emprego. Eram considerados direitos de natureza econômica, integrantes da política econômica do Estado.

A Constituição de 1988, entretanto, separou em sistemas diversos a Ordem Econômica e a Ordem Social. A separação entre Ordem Social e Ordem Econômica tem por fim tornar efetivas as normas constitucionais garantidoras dos direitos sociais, e implantar um Estado de Direito Social. Trabalho e justiça social são relevantes nas duas Ordens. Por um lado a Constituição abriga o modelo capitalista, por outro lado, exige que o capital esteja a serviço da justiça social. A ordem social tem como primado o trabalho e, como objetivos, o bem-estar e a justiça social. Privilegia o texto constitucional o trabalho nas suas relações com o capital, visando precipuamente à realização da justiça social. O capital constitui, pois, instrumento para a promoção do bem-estar dos indivíduos, e não um fim em si mesmo.

63

DA SEGURIDADE SOCIAL

O artigo 194 estabelece que: "A seguridade social compreende um conjunto integrado de ações de iniciativa dos Poderes Públicos e da sociedade, destinadas a assegurar os direitos relativos à saúde, à previdência e à assistência social".

Seguridade social é um instrumento de bem-estar, destinado a garantir os mínimos necessários à subsistência, reduzindo as desigualdades resultantes da falta de recursos financeiros, conduzindo à justiça social. A seguridade social compreende um conjunto integrado de ações de iniciativa dos Poderes Públicos e da sociedade, destinadas a assegurar os direitos relativos à saúde, à previdência e à assistência social (artigo 194, CF). A Seguridade Social é regida pelos princípios da (parágrafo único, artigo 194, CF):

> a) universalidade da cobertura (universalidade subjetiva) e do atendimento (universalidade objetiva), o vetor da universalidade tanto em seu aspecto subjetivo (cobertura) como no seu aspecto objetivo (atendimento), constitui um ideal a ser alcançado. Por seu intermédio, todos, indistintamente, devem gozar dos sérvios prestados pelo sistema de seguridade social. Brasileiros, bem como estrangeiros aqui residentes ou domiciliados, aí se incluem, no sentido de terem direito à mais ampla segurança potencial e efetiva;
>
> b) uniformidade e equivalência dos benefícios (igualdade), eis a igualdade de benefícios. Trata-se de uma derivação de outros objetivos fundamentais para a República, dentre os quais reduzir as desigualdades sociais, promovendo o bem de todos. Não é justo privilegiar uma parcela da população em detrimento da outra;
>
> c) seletividade e distributividade na prestação dos benefícios e serviços, que fundam-se no primado da isonomia jurídica, que autoriza tratamento desigual aos desiguais, na medida de suas desigualdades;
>
> d) irredutibilidade do valor dos benefícios, eis um direito mínimo que a Constituição confere aos desvinculados do setor produtivo, aos enfermos, pensionistas, aposentados ou quantos sobrevivam da assistência social;
>
> e) equidade na forma de participação no custeio, eis uma forma de conclamar toda a sociedade a participar, direta ou indiretamente, do financiamento do sistema nacional de seguridade;
>
> f) caráter democrático e descentralizado da administração, mediante gestão quadripartite, com participação dos trabalhadores, dos empregadores, dos aposentados e do Governo nos órgãos colegiados. A finalidade advinda da Emenda Constitucional nº. 20/98 que estabeleceu a gestão quatripartite, com ampla participação.

A Seguridade Social será custeada por toda a sociedade, de forma direta e indireta, nos termos da lei, mediante recursos provenientes da

União, neles compreendidos os impostos de sua competência residual, dos Estados, do Distrito Federal e dos Municípios, das contribuições sociais dos empregadores e dos trabalhadores, sobre a receita de concursos de prognósticos, e do importador de bens ou serviços do exterior, ou de quem a lei a ele equiparar (art. 195, CF). A Seguridade Social é o instrumento de que o Estado se utiliza para a liberação das necessidades sociais, na forma determinada pelo Direito. O ordenamento jurídico delimita o rol das necessidades protegidas e dos beneficiários dessa proteção. Deve fornecer proteção que garanta os mínimos vitais, a proteção das necessidades básicas que, se não supridas, comprometem a existência digna do indivíduo e de sua família. O conceito de seguridade social só pode abranger proteção previdenciária e assistencial (saúde e assistência social), proteção das contingências geradoras das necessidades sociais definidas em dado ordenamento jurídico.

O financiamento da seguridade social é mantido pelas seguintes contribuições sociais (art. 195, I a IV, CF):

I – do empregador, da empresa e da entidade a ela equiparada na forma da lei, incidentes sobre a folha de salários e demais rendimentos do trabalho pagos ou creditados, a qualquer título, à pessoa física que lhe preste serviço, mesmo sem vínculo empregatício, a receita ou o faturamento e o lucro. A Súmula 688/STF: "é legítima a incidência da contribuição previdenciária sobre o 13º salário";

II – do trabalhador e dos demais segurados da previdência social, não incidindo contribuição sobre aposentadoria e pensão concedidas pelo regime geral de previdência social de que trata o art. 201;

III – sobre a receita de concursos de prognósticos, ou seja sobre a receita dos jogos de loteria, mega sena etc...;

IV – do importador de bens ou serviços do exterior, ou de quem a lei a ele equiparar.

O artigo 195 da Constituição chamou atenção de toda a sociedade a contribuir para o financiamento da seguridade social. A solidariedade social ganhou foro constitucional, com o que todos são chamados a contribuir na medida de sua capacidade. O § 9º do artigo 195 verbera que: "As contribuições sociais previstas no inciso I do caput deste artigo poderão ter alíquotas ou bases de cálculo diferenciadas, em razão da atividade econômica, da utilização intensiva de mão-de-obra, do porte da empresa ou da condição estrutural do mercado de trabalho"

Ainda o § 11º do artigo 195 afirma que: "É vedada a concessão de remissão ou anistia das contribuições sociais de que tratam os incisos I, a e II deste artigo, para débitos em montante superior ao fixado em lei complementar".§ 12º do artigo 195: "A lei definirá os setores de atividade econômica para os quais as contribuições incidentes na forma dos incisos I, b; e IV caput, serão não-cumulativas". Finalmente, aplica-se o disposto no § 12º inclusive na hipótese de substituição gradual, total ou parcial da contribuição incidente na forma do inciso I, a, pela incidente sobre a receita ou o faturamento (§13º, artigo 195, CF). O § 1º do artigo 195 determina que: "As receitas dos Estados, do Distrito Federal e dos Municípios destinadas à seguridade social constarão dos respectivos orçamentos, não integrando do orçamento da União". O artigo 22, XXIII da Constituição estabelece que: "Compete privativamente à União legislar sobre: [....] XXIII –Seguridade Social [...]". Cabe à União a competência para legislar sobre Seguridade Social e as receitas dos Estados, Distrito Federal e Municípios constarão dos respectivos orçamentos.

§ 2º do citado dispositivo constitucional:

> A proposta de orçamento da seguridade social será elaborada de forma integrada pelos órgãos responsáveis pela saúde, previdência social e assistência social, tendo em vista as metas e prioridades estabelecidas na lei de diretrizes orçamentárias, assegurada a cada área a gestão de seus recursos.

A Seguridade Social é um conjunto de ações integradas que assegura os direitos relativos à saúde, previdência e assistência social, portanto a proposta de orçamento será elaborada de forma a integrar os órgãos responsáveis por estes segmentos para que haja um entrosamento entre os direitos e deveres a atender as necessidades da sociedade. § 3º do artigo 195: "A pessoa jurídica em débito com o sistema da seguridade social, como estabelecido em lei, não poderá contratar com o Poder Público nem dele receber benefícios ou incentivos fiscais".

Significa dizer que o a pessoa jurídica privada que não honrar seus compromissos com a seguridade social não poderá participar de licitações nem se beneficiar de incentivos fiscais promovidos pelo Governo. A lei poderá instituir outras fontes destinadas a garantir a manutenção ou expansão da seguridade social, obedecido ao disposto no artigo 154, I (§4º, 195, CF). Quanto mais arrecadação melhor para o sistema de seguridade social que a todo o momento enfrenta problemas de caixa para se manter e atender todas as demandas. Nenhum benefício ou serviço da seguridade social poderá ser criado, majorado ou estendido sem a correspondente fonte de custeio total (art. 195, § 5º, CF). Os benefícios para serem criados deverão ter fonte de custeio previsto legalmente uma vez que a seguridade opera com planejamento de orçamento.

63.1. PRINCÍPIO DA ANTERIORIDADE NONAGESIMAL

As contribuições sociais de que trata este artigo só poderão ser exigidas após decorridos noventa dias da data da publicação da lei que as houver instituído ou modificado, não se lhes aplicando o disposto no artigo 150, II, b (princípio da anterioridade tributária que é aplicação do tributo no exercício seguinte da publicação da lei tributária). É o chamado princípio da anterioridade nonagesimal. No caso de um aumento da alíquota da contribuição, a obediência ao prazo de 90 dias favorece aos contribuintes, ou seja, aos próprios usuários do sistema (§ 6º, 195, CF).

O princípio da anterioridade mínima de 90 dias proíbe que sejam cobrados contribuições sociais antes de decorridos 90 dias da data de publicação da lei que os instituiu ou aumentou. Isso qualificou o princípio da anterioridade porque não basta que a lei que majore ou institua impostos seja anterior ao exercício financeiro. É necessário que a norma aguarde 90 dias para que irradie seus efeitos, garantindo mais segurança ao contribuinte.

63.2. ISENÇÕES DA CONTRIBUIÇÃO SOCIAL

O § 7º do artigo 195 determina que: "São isentas de contribuição para a seguridade social as entidades beneficentes de assistência social que atendam às exigências estabelecidas em lei".

Verifica-se que as entidades beneficentes de assistência social estão isentas do pagamento das contribuições para a seguridade social, mas observe que devem atender as exigências previstas em lei.

A lei é a lei ordinária que definirá as condições para a isenção.

63.3. CONTRIBUIÇÃO EM ATIVIDADE EM REGIME DE ECONOMIA FAMILIAR

O § 8º do artigo 195 da Constituição Federal estabelece que:

> O produtor, o parceiro, o meeiro e o arrendatário rurais e o pescador artesanal, bem como os respectivos cônjuges, que exerçam suas atividades em regime de economia familiar, sem empregados permanentes, contribuirão para a seguridade social mediante a aplicação de uma alíquota sobre o resultado da comercialização da produção e farão jus aos benefícios nos termos da lei.

Na condição de produtor, parceiro, meeiro e arrendatário rural e, ainda o pescador artesanal e seus cônjuges que exerçam atividade em regime de economia familiar e que não possuem empregados, ou seja, trabalham por conta própria, ou se possuem empregados não são permanentes tendo em vista que a safra ou a pesca são colhidas ou pescados em épocas determinadas não podendo gerar contrato de trabalho por prazo indeterminado. Visando a proteção a estes trabalhadores a Constituição Federal garantiu que o pagamento à seguridade social será feito sob a alíquota aplicada no resultado da comercialização da produção e com isto, estes trabalhadores citados no § 8º serão beneficiados pelo regime da seguridade social.

63.4. JURISPRUDÊNCIA

RE-AgR 295992 / SC – SANTA CATARINAAG. REG. NO RECURSO EXTRAORDINÁRIO
Relator (a): Min. EROS GRAU
Julgamento: 10/06/2008 Órgão Julgador: Segunda Turma
DJe-117 DIVULG 26-06-2008 PUBLIC 27-06-2008
EMENT VOL-02325-05 PP-00893
AGTE. (S): TEKA – TECELAGEM KUEHNRICH S/A
AGDO. (A/S): INSTITUTO NACIONAL DO SEGURO SOCIAL – INSS
Ementa
EMENTA: AGRAVO REGIMENTAL NO RECURSO EXTRAORDINÁRIO. CONTRIBUIÇÃO SOCIAL DESTINADA AO CUSTEITO DA SEGURIDADE SOCIAL. ANTERIORIDADE NONAGESIMAL. REDUÇÃO DO PRAZO DE RECOLHIMENTO. CONSTITUCIONALIDADE. PRECEDENTES. 1. O Supremo Tribunal Federal fixou entendimento no sentido de que a alteração do prazo para recolhimento das contribuições sociais, por não gerar criação ou majoração de tributo, não ofende o Princípio da Anterioridade Tributária [artigo 195, § 6º, CB/88]. Agravo regimental a que se nega provimento.

AI-AgR 445678 / DF – DISTRITO FEDERAL
AG. REG. NO AGRAVO DE INSTRUMENTO
Relator (a): Min. SEPÚLVEDA PERTENCE
Julgamento: 30/05/2006 Órgão Julgador: Primeira Turma
DJ 23-06-2006 PP-00042
EMENT VOL-02238-03 PP-00633
AGTE. (S): DISTRITO FEDERAL
AGDO. (A/S): ANA MARIA STAMILLO ALIMENTI E SOUZA PINTO
Ementa
EMENTA: Servidores públicos do Distrito Federal: legitimidade da majoração da contribuição previdenciária determinada pela MPr 560/94 e suas reedições, observado o princípio da anterioridade nonagesimal, contado o prazo a partir da edição da referida medida provisória. Precedentes

63.5. HISTÓRIA

Segundo Chimenti et all[1]

> a Primeira Guerra Mundial arruinou os sistemas de seguro social de toda a Europa consumindo-lhes os fundos de reserva. Acentua-se a questão social sendo necessário encontrar mecanismos de implantação de justiça social de forma universal. Em 1919, pelo Tratado de Versailles, foi fundada a Repartição Internacional do Trabalho – *Bureau International Du Travail* (BIT) a qual, realizou a primeira Conferência Internacional do Trabalho que propiciou o desenvolvimento da previdência social e sua implantação em todos os países signatários do Tratado. Nesta primeira conferência foi adotada a Recomendação para o seguro-desemprego, e nas que se seguiram foi recomendada a extensão do seguro

1 CHIMENTI et all.4ª Ed. 2007. P. 548

> social aos trabalhadores da agricultura, o "seguro-doença" aos trabalhadores da agricultura, indústria e comércio e posteriormente foram estendidos os seguros por velhice, invalidez e morte. Em 1934 o seguro contra o desemprego.

A Constituição do Império de 1824, no Brasil, garantiu os socorros públicos. Um dos primeiros atos do Governo Provisório da República foi o levantamento das pensões pagas pelo Imperador Pedro II, as suas próprias expensas, tendo concluído que era pequeno o número de benefícios pagos, não havendo grandes ônus para o Estado em decorrência da assistência pública. Da assistência pública passou-se à fase do seguro social, em decorrência da questão social e das conquistas da Revolução Francesa. A primeira forma de seguro foi o seguro marítimo, data do século XVII, surgiu em decorrência das reivindicações dos comerciantes italianos. Era diferente da mutualidade, com outras bases jurídicas. O seguro privado deu força ao surgimento de diversas outras formas de cobertura: o seguro de vida, seguro contra danos, contra invalidez, contra acidentes, contra doenças etc. As empresas seguradoras, ao contrário das mútuas, tinham fins lucrativos, utilizavam cálculos atuariais, de modo que tivessem sustentáculo financeiro e pudessem ter confiabilidade como instrumentos de progresso social.

Segundo Batich[2]

> No Brasil o seguro social, que protege a maior parte da população inserida no mercade de trabalho do setor privado, é administrado pelo Estado, todavia, surgiu graças à iniciativa dos trabalhsdores. Nas primeiras décadas do século XX, empregados de uma mesma empresa sem a participação do poder público, instituíram fundos de auxílio mútuo, nos quais também o emrpegador colaborava, de forma a garantirem meios de subsistência quando não dosse possível se manterem no trabalho por motivos de doença ou velhice.
> A assunção do Estado na gerência do sistema previdenciário brasileiro foi lenta e gradual. O primeiro ato governamental de intervenção nesta área ocorreu em 1923 com a promulgação da Lei Eloy Chaves, determinando a criação de uma Caixa de Aposentadorias e Pensões – CAP, para os trabalhadores de ferrovias. Entretanto, eram sociedades civis em que a ingerência do setor público era mínima, cabendo sua adminitraçã0 a um colegiado composto de empregados e empregadores. As CAPs expandiram-se para outras categorias funcionais assalariadas, chegando a serem instaladas cerca de 180 caixas de aposentadorias no Brasil. A ordem de criação deste tipo de instituição previdenciária sempre foi determinada pela capacidade de mobilização e reivindicação dos trabalhadores por melhores condições de trabalho. Assim, o fato de os trabalhadores de ferrovia terem inaugurado o sistema deve-se menos a importância, para a economia nacional das atividades que desenvolviam, baseadas na exportação

2 BATICH, Mariana. Previdência do trabalhador: Uma trajetória inesperada. Disponível em http://www.scielo.br/scielo.php?script=sci_arttext&pid=S0102-88392004000300004&lng=pt&nrm=iso acessado em 04.06.2015

de produtos primários, do que a sua capacidade de mobilização para reivindicações de natureza trabalhista. Por este motivo, a previdência para o trabalhador rural não era cogitada, embora fosse elemento fundamental na produção do café, principal produto de exportação do país. Com as transformações econômicas da década de 30 e a crise no mercado internacional do setor de exportação cafeeira, toma corpo um processo de crescimento industrial intenso, em que é marcante a presença das classes assalariadas urbanas reivindicando melhores condições de vida, o que levou o Estado a iniciar um processo de interferência nas relações trabalhistas, de forma a conciliar conflitos entre capital e trabalho. Nesse contexto, o poder público expandiu sua interferência como responsável pela proteção social dos trabalhadores, determinando que as CAPs baseadas em vínculos de trabalhdores por empresa, fossem substituídas por outro tipo de instituição, aglutinando categorias profissinais e abrangendo todo o território nacional. A administração previdenciária deixou de ser então de responsabilidade de cada CAP, passando para a alçada do Estado, que instituiu pela primeira vez na história do seu orçamento de custeio os recursos necessários para desempenhar as novas tarefas, tornando necessária e legítima sua intervenção sobre os mecanismos de arrecadação e gestão das entidades previdenciárias. A primeira instituição desse tipo, o Instituto de Aposentadoria e Pensões dos Marítimos – IAPM, surgiu em 1933 e destinava-se a agrear as CAPs dos marítimos. Ao longo da década foram criados outros institutos para as categorias dos comerciários (1934), bancários (1935), industriários (1938) e os empregados em transportes e cargas (1938).

Bismarck, na Prússia, em 1883, fez nascer o seguro social com a Lei do Seguro-Doença, que criou o seguro-enfermidade e hoje é considerado o primeiro plano de previdência social de que se tem notícia na história sobre o assunto. Iniciava-s, a nova conceituação de proteção social, fortalecendo-se o seguro e estendendo-se a cobertura a riscos de doença, acidente, invalidez, velhice, viuvez, orfandade, desemprego. Trata-se de direito subjetivo dos trabalhadores em geral. O seguro criado por Bismarck foi adotado por toda a Europa, em especial pela Áustria (1888), pela França (1894), pela Hungria (1900), por Luxemburgo (1901), pela Noruega (1909), pela Suécia e pela Holanda (1913) e pela Inglaterra (1911).

A Declaração dos Direitos do Homem em 1948 previu o direito à segurança e propiciou o reconhecimento internacional da necessidade de existência de um sistema de seguridade social. Sob a égide do artigo 194 da Constituição Federal é erigida a estrutura da Seguridade Social a qual organizada sob forma de gestão pública, permite a participação e o controle da sociedade civil, representada por suas entidades de classe, trabalhadores, empregadores, aposentados, pensionistas e pela comunidade em geral.

63.6. ORGANOGRAMA

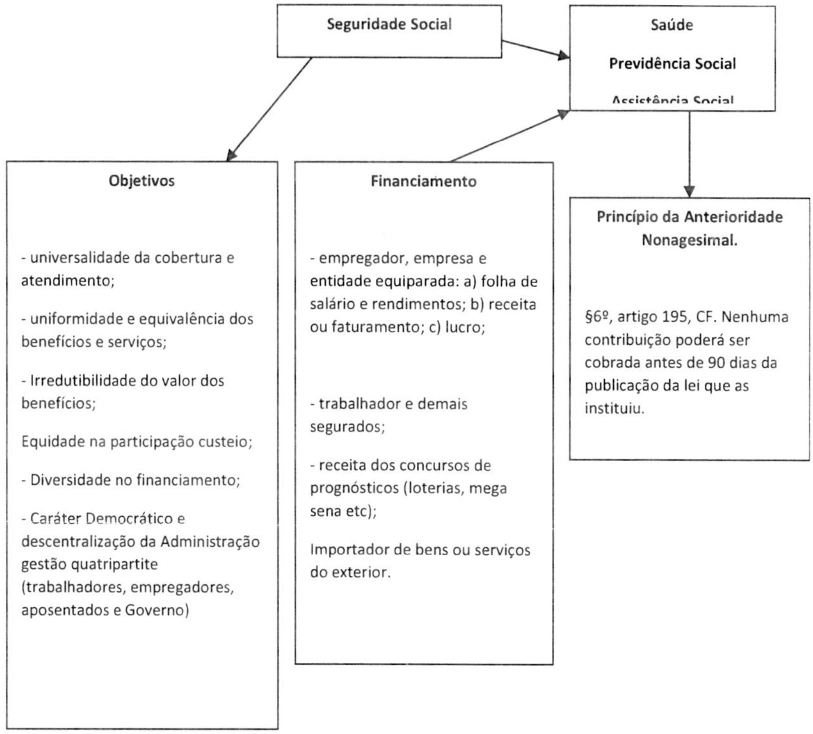

64

SAÚDE

O artigo 196 estabelece que: "A saúde é direito de todos e dever do Estado, garantido mediante políticas sociais econômicas que visem à redução do risco de doença e de outros agravos e ao acesso universal igualitário às ações e serviços para sua promoção, proteção e recuperação". Trata-se de um direito subjetivo de todos quantos necessitarem e não de ações de benemerência. Ao Estado cumpre socorrer todos os que se encontrem em situação de ameaça de dano ou de dano consumado à sua saúde.

A Constituição Federal deu relevância pública, expressão utilizada para acentuar o compromisso que o País deve ter com a saúde de seu povo, às ações e serviços de saúde (art. 197, CF) e impôs ao Poder Público dispor, nos termos da lei, sobre sua regulamentação, fiscalização e controle. Os serviços de assistência à saúde podem ser executados diretamente pelo Estado ou por terceiros e também por pessoa física ou jurídica de direito privado.

A assistência à saúde independe de filiação ao sistema ou de contribuição do titular do direito subjetivo. O § 1º do artigo 198 determina que "o financiamento do sistema único de saúde será feito com recursos do orçamento da seguridade social, da União, dos Estados, do Distrito Federal e dos Municípios, além de outras fontes e terão as seguintes diretrizes: I – descentralização, com direção única em cada esfera de governo; II – atendimento integral, com prioridade para as atividades preventivas, sem prejuízo dos serviços assistenciais; III – participação da comunidade".

Saúde é o estado de completo bem estar físico, mental e espiritual do homem e não apenas a ausência de afecções e doenças. Acompanha a saúde a nutrição, ou seja, o complexo processo que vai da produção de alimentos até a absorção qualitativa e quantitativa indispensável à vida humana.

O Texto de 1988 elevou a saúde à condição de direito fundamental. Seguiu o exemplo da Carta Italiana de 1948 e do Texto português de 1976. Isso revela a preocupação de constitucionalizar a saúde, vinculando-a à seguridade social, pois os constituintes compreenderam que a vida humana é bem supremo que merece um amplo amparo. As diretrizes elencadas pelo artigo 198 demonstram que a saúde é um direito constitucional difuso de toda a comunidade e um direito social básico do indivíduo.

Tais entidades (União, Estado, Distrito Federal e Municípios) devem aplicar anualmente recursos mínimos para manter o Sistema Único de Saúde (§ 2º, 198, CF).

A Lei complementar, que será reavaliada pelo menos a cada cinco anos, estabelecerá o rateio desses recursos, estabelecendo o percentual a ser aplicado na área da saúde pelas entidades federativas (§ 3º, 198, CF). Os gestores locais do Sistema Único de Saúde poderão admitir agentes comunitários de saúde e agentes de combate às endemias por meio de processo seletivo público, de acordo com a natureza e complexidade de suas atribuições e requisitos específicos para sua atuação (§ 4º, 198, CF). A Lei ordinária federal disporá sobre o regime jurídico e a regulamentação das atividades de agente comunitário de saúde e agente de combate às endemias (§ 5º, 198, CF).

Além das hipóteses previstas no § 1º do art. 41 e no § 4º do artigo 169 da Constituição Federal, o servidor que exerça funções equivalentes às de agente comunitário de saúde ou de agente de combate às endemias poderá perder o cargo em caso de descumprimento dos requisitos específicos, fixados em lei, para o seu exercício (§ 6º, art.198, CF).

Ressalte-se que ao lado do Sistema Único de Saúde (SUS) a Constituição Federal também determinou que a assistência à saúde é livre à iniciativa privada (199, CF).

Os planos de seguro privados de assistência à saúde são regidos pela Lei nº. 9.656/98.

As entidades sem fins lucrativos e principalmente, de natureza filantrópica, podem associar-se ao SUS, por meio de contrato de direito público ou convênio (§ 1º, 199, CF).

Entretanto é proibida a destinação de recursos públicos para auxílios ou subvenções às instituições privadas com fins lucrativos, haja vista o respeito à moralidade administrativa (§ 2º, 199, CF).

O previsto no artigo 200 da Constituição Federal determina que:

> Ao Sistema único de saúde compete, além de outras atribuições, nos termos da lei: I – controlar e fiscalizar procedimentos, produtos e substâncias de interesse para a saúde e participar da produção de medicamentos, equipamentos, imunobiológicos, hemoderivados e outros insumos; II – executar as ações de vigilância sanitária e epidemiológica, bem como as de saúde do trabalhador; III – ordenar a formação de recursos humanos na área de saúde; IV – participar da formulação da política e da execução das ações de saneamento básico; V – incrementar em sua área de atuação o desenvolvi mento científico e tecnológico; VI – fiscalizar e inspecionar alimentos, compreendidos o controle de seu teor nutricional, bem como bebidas e águas para consumo humano; VII – participar de controle e fiscalização da produção, transporte, guarda e utilização de substâncias e produtos psicoativos, tóxicos e radioativos; VIII – colaborar na proteção do meio ambiente, nele compreendido o do trabalho.

A Lei nº. 8.080/90 criou o Sistema Único de Saúde financiado com recursos do orçamento da seguridade social, da União, dos Estados, do Distrito federal e dos Municípios, além de outras fontes.

A meta constitucional é a descentralização da gestão do SUS. Os serviços executados pelo SUS podem ser diretamente ou com a participação complementar da iniciativa privada e serão organizados de forma regionalizada e hierarquizada em níveis de complexidade crescente.

O responsável pelas ações e serviços de saúde é o Poder Público. Quando a Constituição Federal verbera ações e serviços público de saúde está distinguindo da assistência à saúde pela iniciativa privada, que ela também admite, e cujas instituições poderão participar complementarmente ao sistema único de saúde, mas é vedada a destinação de recursos públicos para auxílios ou subvenções às instituições privadas com fins lucrativos.

64.1. JURISPRUDÊNCIA

RE-AgR 399806 / RS – RIO GRANDE DO SUL
AG. REG. NO RECURSO EXTRAORDINÁRIO
Relator (a): Min. JOAQUIM BARBOSA
Julgamento: 01/03/2005 Órgão Julgador: Segunda Turma
DJ 27-05-2005 PP-00028 EMENT VOL-02193-02 PP-00370
AGTE. (S): INSTITUTO DE PREVIDÊNCIA DO ESTADO DO RIO GRANDE DO SUL – IPERGS
AGDO. (A/S): GEORGINA FREITAS DOS SANTOS
Ementa
EMENTA: AGRAVO REGIMENTAL EM RECURSO EXTRAORDINÁRIO. CUSTEIO DA ASSISTÊNCIA MÉDICA DIFERENCIADA. ESTADO DO RIO GRANDE DO SUL. LEI ESTADUAL 7.672/1982. NATUREZA DO TRIBUTO. ESPÉCIE VINCULADA AO FINANCIAMENTO DA SEGURIDADE SOCIAL. O custeio da assistência médica diferenciada presente no estado do Rio Grande do Sul, por se tratar de ação voltada a assegurar direitos relativos à saúde, é espécie vinculada ao financiamento da seguridade social e, portanto, conforme decidido por esta Corte na ADI 2.010-MC (rel. min. Celso de Mello), não pode ser aplicada aos aposentados e pensionistas. Agravo regimental a que se nega provimento.

ADI-MC 1920 / BA – BAHIA
MEDIDA CAUTELAR NA AÇÃO DIRETA DE INCONSTITUCIONALIDADE
Relator (a): Min. NELSON JOBIM
Julgamento: 23/06/1999 Órgão Julgador: Tribunal Pleno
DJ 20-09-2002 PP-00088 EMENT VOL-02083-02 PP-00287
RTJ VOL-00183-02 PP-00579
REQTE: PARTIDO DEMOCRÁTICO TRABALHISTA – PDT e outros
Ementa
EMENTA: CONSTITUCIONAL. LEI 7.249/98 DO ESTADO DA BAHIA. CRIA SISTEMA PRÓPRIO DE SEGURIDADE SOCIAL QUE COMPREENDE PREVIDÊNCIA, ASSISTÊNCIA SOCIAL E ASSISTÊNCIA À SAÚDE. INSTITUI CONTRIBUIÇÃO COMPULSÓRIA DOS SERVIDORES DO ESTADO PARA A SAÚDE. IMPOSSIBILIDADE. INTELIGÊNCIA DO ART. 149, PARÁGRAFO ÚNICO DA CF. REGRA DE EXCEÇÃO QUE SE INTERPRETA RESTRITIVAMENTE. INATACÁVEL O ART. 5º POIS APENAS RELACIONA OS SEGURADOS OBRIGATÓRIOS, NÃO QUALIFICA A CONTRIBUIÇÃO

65

PREVIDÊNCIA SOCIAL

A previdência social compreende prestações de dois tipos: benefícios e serviços. Os benefícios previdenciários são prestações pecuniárias aos segurados e a qualquer pessoa que contribua para a previdência social na forma dos planos previdenciários e são os seguintes: I – auxílio-doença, maternidade, reclusão e funeral (art. 201 – I-III, CF); salário-desemprego (art. 7º, II e 201, IV e 239, todos da CF); III – pensão por morte do segurado, homem ou mulher, ao cônjuge ou companheiro e dependentes, que não poderá ter valor inferior ao salário mínimo (art. 201, V, § 2º, CF); IV – aposentadoria que é o mais importante dos benefícios, e é direito de todos os trabalhadores (art. 7º, XXIV, CF) à inatividade remunerada com proventos calculados na forma da constituição nos seguintes casos: a) invalidez; b) velhice (65 anos de idade para homem e 60 anos para mulher, reduzido em cinco anos o limite de idade para os trabalhadores rurais de ambos os sexos e para os que exerçam suas atividades em regime de economia familiar, neste incluídos o produtor rural , o garimpeiro e o pescador artesanal; c) tempo de serviços: 1) após 35 anos de trabalho, ao homem e após 30 anos de trabalho se mulher, ou em tempo inferior se sujeitos a trabalhos sob condições especiais que prejudiquem a saúde ou a integridade física (insalubridade); 2) após 30 anos de exercício de magistério (professor) e após 25 anos se mulher-professora por efetivo exercício na função de magistério do ensino infantil e fundamental e médio (§ 8º, artigo 201, CF).

O § 9º do artigo 201 assegura que para efeito de aposentadoria, é assegurada a contagem recíproca do tempo de contribuição na administração pública e na atividade privada, rural e urbana, hipótese em que os diversos regimes de previdência social se compensarão financeiramente, segundo critérios estabelecidos em lei.

Os serviços previdenciários são as prestações assistenciais: médica, farmacêutica, odontológica, hospitalar, social e de reeducação ou readaptação profissional.

A Lei nº. 8.213/91 dispõe sobre os planos de benefícios da Previdência Social.

O artigo 24 da Constituição Federal estabelece que: "Compete à União, aos Estados e ao Distrito Federal legislar concorrentemente sobre:.[....] XIII – previdência social.[...].".

Verifica-se que na competência concorrente não foi contemplado o Município, portanto restando apenas à União, Estados, Distrito Federal legislar sobre o assunto naquilo que for de seu interesse.

Atualmente há três tipos de regimes de previdência social: o regime geral de previdência social (RGPS), chamado de Previdência Pública, o regime facultativo complementar (RFC) que corresponde à Previdência Privada e os regimes próprios de militares e de servidores públicos. No Regime Geral de Previdência Social – RGPS, há dois tipos de segurados: os obrigatórios e os facultativos. Os segurados obrigatórios são aqueles que, por força de lei, tem o dever de contribuir. São segurados obrigatórios Comuns: a) empregados; b) domésticos; c) trabalhadores avulsos; d) contribuintes individuais autônomos; e) trabalhadores eventuais; f) empresários. Segurados obrigatórios Especiais: a) empregados rurais e o produtor; b) parceiro; c) meeiro; d) arrendatário; e) pescador artesanal

Os segurados obrigatórios comuns contribuem conforme o salário que recebem. Os contribuintes individuais contribuem com uma alíquota única de 20%. Por sua vez, os segurados especiais contribuem com 2,00% para a seguridade social e com 0,1% para prevenção de riscos de acidente do trabalho.

Dentro do RGPS há ainda os segurados facultativos, que são aqueles que optam em se filiar à Previdência Social, como a dona de casa, o síndico de condomínio, quando não remunerado, o estudante a partir de 16 anos, o bolsista e o estagiário e o bolsista de pós-graduação. O Regime Facultativo Complementar (RFC) ou Regime de Previdência Privada, é regido pela Lei Complementar 109/01.

E, por último, há o regime especial dos servidores públicos, que constitui o alvo maior da reforma. Atualmente o servidor público contribui com 11% de tudo o que recebe, tendo direito a uma aposentadoria correspondente aos vencimentos, ou seja, aos valores a que fazia jus na ativa. Com a reforma, o servidor público passará a contribuir de acordo com o teto de R$ 1.869,34, deixando de receber os valores integrais da ativa quando da aposentadoria.

66

ASSISTÊNCIA SOCIAL

A assistência social não tem natureza de seguro social, porque não depende de contribuição. Os benefícios e serviços serão prestados a quem deles necessitar caracterizados: a) pela proteção à família, à maternidade, à velhice, à infância e à adolescência, compreendidos os carentes; b) a promoção da integração ao trabalho; c) a habilitação e reabilitação das pessoas portadoras de deficiência e a promoção de sua integração à vida comunitária; d) a garantia de um salário mínimo mensal à pessoa portadora de necessidades especiais; e) ao idoso que comprove não possuir meios de prover a própria manutenção ou de tê-la provida por sua família, conforme dispuser a lei (art. 203, I-V, CF).

A assistência social é financiada com recursos do orçamento da seguridade social, além de outras fontes, e organizada com base nas seguintes diretrizes: a) descentralização político-administrativa, cabendo a Coordenação e execução dos respectivos programas às esferas estaduais e municipais, bem como a entidades beneficentes e de assistência social; b) participação da população por meio de organizações representativas, na formulação das políticas e no controle das ações em todos os níveis. (art. 204, CF).

O parágrafo único do artigo 204 estabelece que:

> É facultado aos Estados e ao Distrito Federal vincular a programa de apoio à inclusão e promoção social até cinco décimos por cento de sua receita tributária líquida, vedada a aplicação desses recursos no pagamento de: I – despesas com pessoal e encargos sociais; II – serviço da dívida; III – qualquer outra despesa corrente não vinculada diretamente aos investimentos ou ações apoiados.

66.1. JURISPRUDÊNCIA

RE-AgR 241757 / MA – MARANHÃO
AG. REG. NO RECURSO EXTRAORDINÁRIO
Relator (a): Min. MAURÍCIO CORRÊA
Julgamento: 29/06/1999 Órgão Julgador: Segunda Turma
DJ 24-04-2001 PP-00129 EMENT VOL-02027-10 PP-02180
AGTE. : ASSOCIAÇÃO DOS DEFICIENTES AUDITIVOS DO MARANHÃO – ADAMA.
AGDO. : MUNICÍPIO DE SÃO LUÍS.
Ementa
EMENTA: AGRAVO REGIMENTAL EM RECURSO EXTRAORDINÁRIO. CONSTITUCIONAL. ADMINISTRATIVO. ENTIDADE PRIVADA DE ASSISTÊNCIA SOCIAL. PRESTAÇÃO DE ENSINO ESPECIALIZADO. REPASSE DE VERBAS DESTINADAS À EDUCAÇÃO. INEXISTÊNCIA DE CONVÊNIO. IMPOSSIBILIDADE. ENSINO FUNDAMENTAL A PORTADORES DE DEFICIÊNCIA. NÃO-OFERECIMENTO

PELO PODER PÚBLICO. CONSEQÜÊNCIA. PAGAMENTO DAS DESPESAS REALIZADAS PELA IMPETRANTE. PRETENSÃO INCABÍVEL. SÚMULA 269-STF. 1. Os recursos públicos, por disposição constitucional, serão repassados às escolas públicas, podendo ser dirigidos às comunitárias, confessionais ou filantrópicas, definidas em lei, que comprovem finalidade não lucrativa e apliquem seus excedentes financeiros em educação e, ainda, que assegurem a destinação de seu patrimônio a outras instituições de idêntica natureza, ou ao poder público, no caso de encerramento de suas atividades. 2. Entidade privada declarada de utilidade pública pelo Governo Federal e reconhecida como de assistência social sem fins lucrativos. Repasse de verbas destinadas à educação. Necessidade de se observar as condições impostas pela Carta da República e de estabelecer convênio com o poder público. 2.1. Repasse de recursos financeiros por decisão judicial. Impossibilidade de o Poder Judiciário imiscuir-se na liberdade do ente público de celebrar contratos administrativos. Direito líquido e certo. Inexistência. 3. Ensino obrigatório a portadores de deficiência. Não- oferecimento pelo poder público. Conseqüência: imputação de responsabilidade à autoridade competente. Apuração. Necessidade de produção de provas. Mandado de Segurança. Inadequação da via eleita. 4. Comprometimento do poder público com o pagamento de dívida contraída por entidade privada na realização de trabalho social, de competência estatal. Pretensão incabível. O mandado de segurança não é sucedâneo de ação de cobrança. Incidência da Súmula 269/STF. Agravo regimental não-provido.

67

DA EDUCAÇÃO, DA CULTURA E DO DESPORTO

O artigo 205 dispõe que: "A educação, direito de todos e dever do Estado e da família, será promovida e incentivada com a colaboração da sociedade, visando ao pleno desenvolvimento da pessoa, seu preparo para o exercício da cidadania e sua qualificação para o trabalho".

São princípios referentes ao ensino: I – igualdade de condições, para o acesso e permanência na escola; II – liberdade de aprender, ensinar, pesquisar e divulgar o pensamento, a arte e o saber; III – pluralismo de idéias e de concepções pedagógicas e coexistência de instituições públicas e privadas de ensino; IV – gratuidade do ensino público em estabelecimentos oficiais; V- valorização dos profissionais da educação escolar, garantidos, na forma da lei, planos de carreira, com ingresso exclusivamente por concurso público de provas e títulos, aos das redes públicas; VI – gestão democrática do ensino público, na forma da lei; VII – garantia de padrão de qualidade; VIII – piso salarial profissional nacional para os profissionais da educação escolar pública, nos termos da lei federal (art. 206, CF).

São chamados de direitos públicos subjetivos, porquanto equivalem a pretensões jurídicas dos indivíduos exigirem do Estado a execução (*facere*) ou a omissão (não *facere*) de certa prerrogativa, em virtude do que preconiza a norma jurídica. O sujeito ativo pode ser o próprio Estado ou os particulares. É da competência privativa da União legislar sobre diretrizes e bases da educação nacional (art. 22, XXIV, CF), e ainda possui competência concorrente os Estados e Distrito Federal sobre temas educacionais (art. 24, IX, CF). A educação em nosso país é um programa a ser perseguido. O saber, através da educação é o caminho para evolução do homem. Não basta apenas informar o conteúdo a educação também deve estar comprometida com a formação do educando. Envolve muito mais do que simples conhecimento dos escritos em livros, vai além tratamos da formação do indivíduo como ser inserido no seu contexto social e participante da efetividade do comprometimento do Estado democrático de direito.

67.1. PRINCÍPIO DA INDISSOCIABILIDADE ENTRE ENSINO, PESQUISA E EXTENSÃO E AUTONOMIA UNIVERSITÁRIA

O artigo 207 da Constituição Federal admite que: "As universidades gozam de autonomia didático-científica-administrativa e de gestão financeira e patrimonial e obedecerão ao princípio de indissociabilidade entre ensino, pesquisa e extensão".

O princípio da indissociabilidade das atividades de ensino, pesquisa e extensão é fundamental no fazer acadêmico. A relação entre o ensino e a extensão conduz a mudanças no processo pedagógico, pois alunos e professores constituem-se em sujeitos do ato de aprender. Ao mesmo tempo em que a extensão possibilita a democratização do saber acadêmico, por meio dela, este saber retorna à universidade, testado e reelaborado. A relação entre pesquisa e extensão ocorre quando a produção do conhecimento é capaz de contribuir para a transformação da sociedade. A extensão, como via de interação entre universidade e sociedade, constitui-se em elemento capaz de operacionalizar a relação entre teoria e prática.

É facultado às universidades admitir professores, técnicos e cientistas estrangeiros na forma da lei (§ 1º, art. 207, CF).

A carta de 1988 desdobrou a autonomia universitária em três espécies complementares: a) autonomia didático-científica onde as universidades têm autonomia para criar cursos, organizar simpósios, fazer vestibulares, elaborar currículos e programas de fomento à cultura, à ciência e à tecnologia, sem necessidade de qualquer autorização do Conselho Federal de Educação, desde que respeitadas as leis, bem como as resoluções administrativas do próprio Conselho; b) autonomia administrativa onde o perfil organizacional das universidades, com laboratórios, bibliotecas, hospitais, exige que os administradores tenham liberdade para trabalhar; c) autonomia de gestão financeira e patrimonial que possibilita o pleno exercício da liberdade acadêmica, pela elaboração da proposta orçamentária.

67.1.1. JURISPRUDÊNCIA

RE 331285 / SP – SÃO PAULO
RECURSO EXTRAORDINÁRIO
Relator (a): Min. ILMAR GALVÃO
Julgamento: 25/03/2003 Órgão Julgador: Primeira Turma
DJ 02-05-2003 PP-00039 EMENT VOL-02108-04 PP-00776
RECTE: UNIVERSIDADE DE SÃO PAULO – USP
RECDOS: SILVINO ALVES DE CARVALHO E OUTROS
Ementa

EMENTA: AUTARQUIA ESTADUAL UNIVERSITÁRIA. SERVIDORES PÚBLICOS. EXTENSÃO DE VANTAGEM GENERICAMENTE CONCEDIDA. ALEGADA OFENSA AO ART. 207 DA CONSTITUIÇÃO FEDERAL. O fato de gozarem as universidades da autonomia que lhes é constitucionalmente garantida não retira das autarquias dedicadas a esse mister a qualidade de integrantes da administração indireta, nem afasta, em conseqüência, a aplicação, a seus servidores, do regime jurídico comum a todo o funcionalismo, inclusive as regras remuneratórias. Recurso não conhecido.

67.2. GARANTIAS CONSTITUCIONAIS DA EDUCAÇÃO

O artigo 208 assevera que:

> O dever do Estado com a educação será efetivado mediante a garantia de: I – ensino fundamental obrigatório e gratuito, assegurada, inclusive, sua oferta gratuita para todos os que a ele não tiveram acesso na idade própria; II – progressiva universalização do ensino médio gratuito; III – atendimento educacional especializado aos portadores de deficiência, preferencialmente na rede regular de ensino; IV – educação infantil, em creche e pré-escola, às crianças até 5 (cinco) anos de idade; V – acesso aos níveis mais elevados do ensino, da pesquisa e da criação artística, segundo a capacidade de cada um; VI – oferta de ensino noturno regular, adequado às condições do educando; VII – atendimento ao educando, no ensino fundamental, através de programas suplementares de material didático-escolar, transporte, alimentação e assistência à saúde.

O acesso ao ensino obrigatório e gratuito é direito público subjetivo. Por isso, o seu não-oferecimento pelo Poder Público, ou sua oferta irregular, importa responsabilidade da autoridade competente (art. 208, §§ 1º e 2º, CF). Demais disso, compete ao Poder Público recensear os educandos no ensino fundamental, fazer-lhes a chamada e zelar, junto aos pais ou responsáveis, pela freqüência à escola (art. 208, § 3º, CF).

O ensino é livro à iniciativa privada, atendidas as seguintes condições conforme o artigo 209, CF, quais sejam: I – cumprimento das normas gerais da educação nacional; e II – autorização e avaliação de qualidade pelo Poder Público. Essa autorização não é ato administrativo discricionário, e sim vinculado. Trata-se, na realidade, de uma certificação, mediante a qual se verificará se a instituição de ensino cumpre as exigências legais e constitucionais.

Serão fixados conteúdos mínimos para o ensino fundamental, de maneira a assegurar formação básica comum e respeito aos valores culturais e artísticos, nacionais e regionais (art. 210, CF).

O § 1º do artigo 210 salienta que o constituinte destacou o ensino religioso, de matrícula facultativa, mas que constitui disciplina dos horários normais das escolas públicas de ensino fundamental.

O ensino fundamental regula será ministrado em língua portuguesa assegurada às comunidades indígenas também a utilização de suas línguas maternas e processos próprios de aprendizagem (art. 210, § 2º, CF). Corroborando com o artigo 13 da Constituição Federal que diz: "A língua portuguesa é o idioma oficial da República Federativa do Brasil".

Cabem à União, os Estados, o Distrito Federal e os Municípios organizarem em regime de colaboração seus sistemas de ensino (art. 211, CF).

A Carta de 1988 prevê os seguintes sistemas de ensino: a) sistema federal de ensino (art. 211, § 1º, CF), organizado pela União, à qual cumpre financiar as instituições de ensino públicas federais, exercendo atividade redistributiva e supletiva. O objetivo do sistema federal é garantir a igualdade de oportunidades educacionais e o padrão mínimo de qualidade do ensino. Para tanto, cumpre à União assistir, técnica e financeiramente, as demais entidades federativas, isto é, Estados, Distrito Federal e Municípios; b) **sistema estadual de ensino** (art. 211, § 3º, CF) onde tem em vista, precipuamente, o ensino fundamental e médio. Na organização de seu sistema de ensino, cumpre ao Estado-membro definir formas de colaboração para universalizar o ensino obrigatório (211, § 4º, CF); c) **sistema municipal de ensino** (art. 211, § 2º, CF) onde os Municípios atuarão prioritariamente no ensino fundamental e na educação infantil. Na organização de seu sistema de ensino, o Município definirá formas de colaboração para universalizar o ensino obrigatório (art. 211, § 4º, CF) (grifos nossos).

O § 5º do artigo 211, da Constituição Federal assevera que: "A educação básica pública atenderá prioritariamente ao ensino regular". A Constituição de 1988 distribuiu o repasse de verbas de cada entidade federativa para educação da seguinte forma: a) A União deve aplicar todo o ano, nunca menos de 18% de sua receita, advinda de transferências; b) os Estados o Distrito Federal e os Municípios têm obrigação de aplicar, no mínimo, 25% de sua receita, proveniente de transferências (art. 212, CF).

Conforme os §§ 1º e 2º da Constituição Federal a parcela da arrecadação de impostos transferida pela União aos Estados, ao Distrito Federal e aos Municípios, ou pelos Estados aos respectivos Municípios, não é considerada, para efeito do cálculo previsto no art. 212, receito do governo que a transferir. A distribuição dos recursos públicos assegurará prioridade ao atendimento das necessidades do ensino obrigatório, nos termos do plano nacional de educação (art. 212, § 3º, CF).

Os programas suplementares de alimentação e assistência à saúde, previstos no art. 208, VII, serão financiados, com recursos provenientes de contribuições sociais e outros recursos orçamentários (§ 4º, art. 212, CF). A educação básica pública terá como fonte adicional de financiamento a contribuição social do salário-educação, recolhida pelas empresas na forma da lei (art. 212, § 5º, CF). O § 6º do artigo 212, da Constituição Federal admite que as cotas estaduais e municipais da arrecadação da contribuição social do salário-educação serão distribuídas proporcionalmente ao número de alunos matriculados na educação básica nas respectivas redes públicas de ensino.

67.3. DESTINAÇÃO DOS RECURSOS PÚBLICOS NO SETOR EDUCATIVO

O artigo 213 da Constituição previu que:

> Os recursos públicos serão destinados às escolas públicas, podendo ser dirigidos a escolas comunitárias, confessionais ou filantrópicas, definidas em lei, que: I – comprovem finalidade não-lucrativa e apliquem seus excedentes financeiros em

> educação; II – assegure a destinação de seu patrimônio a outra escola comunitária, filantrópica ou confessional, ou ao Poder Público, no caso de encerramento de suas atividades.

Os recursos públicos podem ser destinados a bolsas de estudos para o ensino fundamental e médio, na forma da lei. Nesse caso, deve-se demonstrar insuficiência de recursos, ficando o Poder Público obrigado a investir prioritariamente na expansão de sua rede na localidade (§ 1º, artigo 213, CF). As atividades universitárias de pesquisa e extensão também podem receber apoio financeiro do Poder Público (§ 2º, artigo 213, CF).

O artigo 214 trata do plano nacional de educação no qual a lei estabelecerá sua duração plurianual, visando à articulação e ao desenvolvimento do ensino em seus diversos níveis e à integração das ações do Poder Público que conduzam à: I – erradicação do analfabetismo; II – universalização do atendimento escolar; III – melhoria da qualidade do ensino; IV – formação para o trabalho; V – promoção humanística, científica e tecnológica do País.

Quero deixar registrado neste capítulo a importância da educação para um País, mas não só educação de informação, mas educação de formação. Formação do aluno como cidadão, pessoa inserida num contexto social no qual predomina o diálogo, a postura do indivíduo, a forma como lidar no seio de sua sociedade. Enfim, não adianta investir em nada mais (tecnologia, saúde, ambiente etc...) se não se investir numa educação de qualidade e formação critica que desenvolva um cidadão autônomo e não um ser autômato. Não se pode falar em crescimento econômico se a sociedade está carente de compromisso educacional. Não basta ter as leis, temos que ter o compromisso. Educação sempre foi o norte para uma sociedade mais próspera. Estes artigos da Constituição que proclamam a educação deveriam ser mais bem vistos por nossos Governantes e pela nossa sociedade. Educação que falo aqui não é distribuição de diplomas, mas concretização de conhecimento e responsabilização pelo saber. Temos que rever todos os métodos para que o Brasil consiga cumprir com o preceituado nos artigos expostos neste capítulo.

68

CULTURA

A cultura está expressa no artigo 215 que reza: "O Estado garantirá a todos o pleno exercício dos direitos culturais e acesso às fontes da cultura nacional, e apoiará e incentivará a valorização e a difusão das manifestações culturais". Cabe ao Estado proteger as manifestações das culturas populares, indígenas e afro-brasileiras, e das de outros grupos participantes do processo civilizatório nacional (§1º, art. 215, CF). A lei disporá sobre a fixação de datas comemorativas de alta significação para os diferentes segmentos étnicos nacionais (§ 2º, art. 215, CF).

A lei estabelecerá o Plano Nacional de Cultura, de duração plurianual visando ao desenvolvimento cultural do País e à integração das ações do poder público que conduzem à: I – defesa e valorização do patrimônio cultural brasileiro; II – produção, promoção e difusão de bens culturais; III – formação de pessoal qualificado para a gestão da cultura em suas múltiplas dimensões; IV – democratização do acesso aos bens de cultura; V – valorização da diversidade étnica e regional (§ 3º, art. 215, CF).

O artigo 23, incisos III e IV da Constituição Federal verbera que:

> É competência comum da União, dos Estados, do Distrito Federal e dos Municípios: [....] III – proteger os documentos, as obras e outros bens de valor histórico, artístico, cultural, os monumentos, as paisagens naturais notáveis e os sítios arqueológicos; IV – impedir a evasão, a destruição e a descaracterização de obras de arte e de outros bens de valor histórico, artístico ou cultural.

No sentido aplicado pelo legislador originário a cultura é uma palavra polissêmica que significa: a) todo o fazer humano, incluindo-se uma qualificação ou aptidão espiritual. Daí as manifestações artísticas, poéticas, intelectuais, científicas, musicais etc... Esta primeira acepção surgiu com a Constituição de 1934; b) cultura é o conjunto de hábitos do homem na vida em sociedade, condicionando seu comportamento, suas reações, seu modo de ser.

O patrimônio cultural brasileiro tratado no artigo 216 da Constituição Federal, constitui-se de bens de natureza material e imaterial, tomados individualmente ou em conjunto, portadores de referência à identidade, à ação, à memória dos diferentes grupos formadores da sociedade brasileira, nos quais incluem: I – formas de expressão; II – modo de criar, fazer e viver; III – criações científicas, artísticas e tecnológicas; IV – obras, objetos, documentos, edificações e demais espaços destinados às manifestações artístico-culturais; V – conjuntos urbanos e sítios de valor histórico, paisagísticos, artístico, arqueológico, paleontológico, ecológico e científico.

Caberá ao Poder Público com a colaboração da comunidade, promover e proteger o patrimônio cultura brasileiro, por meio de inventário, registros, vigilância, tombamento e desapropriação e de outras formas de acautelamento e preservação (§ 1º, art. 216, CF).

§ 2º, art. 216, CF: "Cabem à Administração pública, na forma da lei, a gestão da documentação governamental e as providências para franquear sua consulta a quantos delta necessitem".

A lei estabelecerá incentivos para a produção e o conhecimento de bens e valores culturais (art.216, § 3º, CF). Cabe a lei ordinária conferir à Administração Pública atribuições para gerir a documentação governamental, franqueando sua consulta a quantos dela necessitarem e, ainda punir danos e ameaças ao patrimônio cultural (§ 4º, art. 216, CF). No § 5º do artigo 216 fica tombados todos os documentos e os sítios detentores de reminiscências históricas dos antigos quilombos. Tombar é o ato de tutelar o patrimônio público, advém do Direito português no qual tombar era inscrever o bem no "Livro da Torre do Tombo". O tombamento é o ato administrativo posto ao dispor do Poder Público para a efetiva proteção do patrimônio cultural e natural do País, cujo efeito precípuo é transforma em interesse jurídico o valor contido na coisa.

O artigo 216, § 6º da Constituição Federal admite que:

> É facultado aos Estados e ao Distrito Federal vincular a fundo estadual de fomento à cultura até cinco décimos por cento de sua receita tributária líquida, para o financiamento de programas e projetos culturais, vedada a aplicação desses recursos no pagamento de: I – despesas com pessoal e encargo sociais; II – serviço da dívida; III – qualquer outra despesa corrente não vinculada diretamente aos investimentos ou ações apoiados"

69

DESPORTO

Preceitua o artigo 217 da Carta Maior que:

> É dever do Estado fomentar práticas desportivas formais e não-formais, como direito de cada um, observados: I – a autonomia das entidades desportivas dirigentes e associações quanto a sua organização e funcionamento; II – a destinação de recursos públicos para a promoção prioritária do desporto educacional e, em casos específicos, para a do desporto de alto rendimento; III – o tratamento diferenciado para o desporto profissional e o não-profissional; IV – a proteção e o incentivo às manifestações desportivas de criação nacional.

Com estes princípios constitucionais desportivos, enumerados taxativamente, o constituinte conferiu amplitude às práticas esportivas. É cediço que o esporte além de ser fator de harmonia física e psíquica para o homem é também forma de incentivar ao jovem a ocupar no futuro uma profissão com o desenvolvimento de suas atividades físicas e, até forma de retirar aqueles menores abandonados das ruas tendo em vista o fator socializante que o esporte é capaz de proporcionar e a auto-estima que confere ao ser humano em busca do bem estar saudável.

69.1. Justiça Desportiva

O § 1º do artigo 217 estabelece que: "O Poder Judiciário só admitirá ações relativas à disciplina e às competições desportivas após esgotarem-se as instâncias da justiça desportiva, reguladas em lei".

A Justiça desportiva é uma Justiça administrativa e terá o prazo de 60 (sessenta) dias, contados da instauração do processo para proferir a decisão final (§ 2º, art. 217, CF).

A Constituição Federal de 1988 valorizou a Justiça Desportiva ao determinar que o Poder Judiciário só possa aceitar ações relativas à disciplina e às competições desportivas após tais fatos terem sido objeto de apreciação final em suas instâncias. Contudo, frisa o constitucionalista, a Constituição impôs um prazo máximo para que a Justiça Desportiva profira uma decisão final a respeito das ações a ela submetidas. Se decorrerem 60 dias da instauração do processo, sem que a Justiça Desportiva dê solução final à controvérsia, poderá então o Poder Judiciário conhecer a mesma ação.

Atualmente, a organização da Justiça Desportiva no Brasil é disciplinada pela "Lei Pelé" e pela norma que a regulamentou, ou seja, o Decreto nº. 2.574, de 29 de abril de 1998. Algumas leis e medidas provisórias editadas posteriormente alteraram alguns pontos da "Lei Pelé", como é o caso da Lei nº. 9.981, de 14 de julho de 2000, e das medidas provisórias nº 2.141, de 23 de março de 2001, nº. 2.123, de 30 de março de 2001, e nº. 2.141-3, de 21 de junho de 2001.

Integram a Justiça Desportiva três instâncias de julgamento: como última instância, há o Superior Tribunal de Justiça Desportiva (STJD), funcionando junto às entidades nacionais de administração do desporto. Como segunda instância há os Tribunais de Justiça Desportiva (TJD), funcionando junto às entidades estaduais, regionais e municipais de administração do desporto, e, dentro da estrutura do TJD, há as Comissões Disciplinares, que representam a primeira instância (art. 52). Desta forma, os processos na Justiça Desportiva são primeiro analisados, via de regra, nas Comissões Disciplinares.

Em todas as suas instâncias, a Justiça Desportiva tem competência para processar e julgar as questões previstas nos Códigos de Justiça Desportiva, sempre assegurados a ampla defesa e o contraditório (art. 52). Das decisões proferidas pela Comissão Disciplinar caberá recurso ao Tribunal de Justiça Desportiva, e das decisões do TJD caberá recurso ao Superior Tribunal de Justiça Desportiva, nas hipóteses previstas nos respectivos Códigos de Justiça Desportiva, específico de cada modalidade.

Junto ao Superior Tribunal de Justiça Desportiva, para julgamento envolvendo competições interestaduais ou nacionais, e aos Tribunais de Justiça Desportiva, funcionarão tantas Comissões Disciplinares quantas se fizerem necessárias (art. 53).

Recorrendo ao exemplo do futebol, as instâncias da Justiça Desportiva ficam assim compostas: para cada liga municipal e cada federação estadual, além das ligas e associações regionais, há a possibilidade de criação de um TJD, com suas respectivas Comissões Disciplinares. Essa disposição está garantida no artigo 50, da "Lei Pelé", que faculta às "ligas constituir seus próprios órgãos judicantes desportivos, com atuação restrita às suas competições". Já o STJD funcionará junto à CBF.

Para garantir a autonomia da Justiça Desportiva, a "Lei Pelé", sua regulamentação e a legislação posterior que a alterou instituíram um novo sistema para possibilitar a composição dessas entidades. Anteriormente, os auditores, como são chamados os membros da Justiça Desportiva, eram escolhidos na forma das disposições contidas nos estatutos das entidades de administração do desporto, ou seja, havia grande ingerência dos "cartolas" na formação da Justiça Desportiva. Com a "Lei Pelé", essa realidade foi modificada.

Em seu artigo 55, em seu "caput", incisos e parágrafos, o artigo 55, da "Lei Pelé", normatiza que o Superior Tribunal de Justiça Desportiva e os Tribunais de Justiça Desportiva são compostos por nove membros. Já a formação dessas instâncias não estará mais sujeita aos estatutos das entidades de administração desportiva, mas sim obedecerão os seguintes critérios, contidos nos incisos do artigo 55: dois indicados pela entidade de administração do desporto, dois indicados pelas entidades de prática desportiva que participem de competições oficiais da divisão principal, dois advogados com notório saber jurídico desportivo indicados pela Ordem dos Advogados do Brasil, um representante dos árbitros por estes indicado e dois representantes dos atletas, por estes indicados.

Quanto às Comissões Disciplinares, estas são compostas cada qual de cinco membros. Não há possibilidade de um mesmo auditor pertencer às Comissões Disciplinares e às instâncias superiores da Justiça Desportiva. A composição das Comissões Disciplinares é determinada pelas instâncias superiores a que elas estão vinculadas, seja o TJD ou STJD (art. 53). O mandato dos membros dos Tribunais de Justiça Desportiva terá duração máxima de quatro anos, permitida apenas uma recondução. (art. 55, parágrafo 2º). Aos dirigentes desportivos das entidades de administração e das entidades de prática é vedado o exercício de cargo ou função na Justiça Desportiva, exceção feita aos membros dos conselhos deliberativos das entidades de prática desportiva (artigo 55, parágrafo 3º). Os membros dos Tribunais de Justiça Desportiva poderão ser bacharéis em Direito ou pessoas de notório saber jurídico, e de conduta ilibada (artigo 55, parágrafo 4º). Apesar de não estar implícito, os auditores membros das Comissões Disciplinares devem se enquadrar nas exigências prescritas nos parágrafos do artigo 55, da Lei "Pelé". A função de auditor da Justiça Desportiva é considerada de relevante interesse público (art. 54).

Por fim, vale destacar que junto à Justiça Desportiva atua a Procuradoria Desportiva, órgão que equivale ao Ministério Público frente à Justiça. Da mesma forma que o Ministério Público não integra o Poder Judiciário, a Procuradoria não faz parte da Justiça Desportiva. A organização e competência da Procuradoria estão descritas nos Códigos de Justiça Desportiva, específico de cada modalidade, bem como nos estatutos das entidades de administração desportiva. Finalmente o § 3º do artigo 217 examina que: "O Poder Público incentivará o lazer, como forma de promoção social".

69.2. JURISPRUDÊNCIA

AI-AgR 123747 / SP – SÃO PAULO
AG. REG. NO AGRAVO DE INSTRUMENTO
Relator (a): Min. DJACI FALCAO
Julgamento: 04/03/1988 Órgão Julgador: SEGUNDA TURMA
DJ 25-03-1988 PP-06385 EMENT VOL-01495-05 PP-00978
Ementa

- TRABALHISTA. LEI 6.354/76. JUSTIÇA DESPORTIVA. ESGOTAMENTO DA INSTÂNCIA. INOCORRENCIA DA OFENSA AO ART. 153, PARAGRAFO 1, 2 E 3, DA C.F. MATÉRIA DECIDIDA A LUZ DA LEI ORDINARIA. AGRAVO REGIMENTAL IMPROVIDO.

MS 25938 / DF – DISTRITO FEDERAL
MANDADO DE SEGURANÇA
Relator (a): Min. CÁRMEN LÚCIA
Julgamento: 24/04/2008 Órgão Julgador: Tribunal Pleno
DJe-172 DIVULG 11-09-2008 PUBLIC 12-09-2008
EMENT VOL-02332-02 PP-00370
IMPTE. (S): ANTONIO AUGUSTO DE TOLEDO GASPAR E OUTRO(A/S)
IMPDO. (A/S): CONSELHO NACIONAL DE JUSTIÇA
Ementa

EMENTA: MANDADO DE SEGURANÇA. RESOLUÇÃO N. 10/2005, DO CONSELHO NACIONAL DE JUSTIÇA. VEDAÇÃO AO EXERCÍCIO DE FUNÇÕES, POR PARTE DOS MAGISTRADOS, EM TRIBUNAIS DE JUSTIÇA DESPORTIVA E SUAS COMISSÕES DISCIPLINARES. ESTABELECIMENTO DE PRAZO PARA DESLIGAMENTO. NORMA PROIBITIVA DE EFEITOS CONCRETOS. INAPLICABILIDADE DA SÚMULA N. 266 DO SUPREMO TRIBUNAL FEDERAL. IMPOSSIBILIDADE DE ACUMULAÇÃO DO CARGO DE JUIZ COM QUALQUER OUTRO, EXCETO O DE MAGISTÉRIO. 1. A proibição jurídica é sempre uma ordem, que há de ser cumprida sem que qualquer outro provimento administrativo tenha de ser praticado. O efeito proibitivo da conduta – acumulação do cargo de integrante do Poder Judiciário com outro, mesmo sendo este o da Justiça Desportiva – dá-se a partir da vigência da ordem e impede que o ato de acumulação seja tolerado. 2. A Resolução n. 10/2005, do Conselho Nacional de Justiça, consubstancia norma proibitiva, que incide, direta e imediatamente, no patrimônio dos bens juridicamente tutelados dos magistrados que desempenham funções na Justiça Desportiva e é caracterizada pela auto-executoriedade, prescindindo da prática de qualquer outro ato administrativo para que as suas determinações operem efeitos imediatos na condição jurídico-funcional dos Impetrantes. Inaplicabilidade da Súmula n. 266 do Supremo Tribunal Federal. 3. As vedações formais impostas constitucionalmente aos magistrados objetivam, de um lado, proteger o próprio Poder Judiciário, de modo que seus integrantes sejam dotados de condições de total independência e, de outra parte, garantir que os juízes dediquem-se, integralmente, às funções inerentes ao cargo, proibindo que a dispersão com outras atividades deixe em menor valia e cuidado o desempenho da atividade jurisdicional, que é função essencial do Estado e direito fundamental do jurisdicionado. 4. O art. 95, parágrafo único, inc. I, da Constituição da República vinculou-se a uma proibição geral de acumulação do cargo de juiz com qualquer outro, de qualquer natureza ou feição, salvo uma de magistério. 5. Segurança denegada.

70

DA CIÊNCIA E TECNOLOGIA

É incumbência do Estado promover e incentivar o desenvolvimento científico, a pesquisa e a capacitação tecnológica (art. 218, CF). A Constituição distingue a pesquisa em pesquisa científica básica, que receberá tratamento prioritário do Estado, tendo em vista o bem público e o progresso da ciência, e pesquisa tecnológica que deverá voltar-se preponderantemente para a solução dos problemas brasileiros e para o desenvolvimento do sistema produtivo nacional e regional; para tanto o Estado apoiará e estimulará a formação de recursos humanos nessas áreas do saber. (§§§ 1º, 2º e 3º, CF).

A lei apoiará e estimulará as empresas que invistam em pesquisa, criação de tecnologia adequada ao País, formação e aperfeiçoamento de seus recursos humanos e que pratiquem sistemas de remuneração que assegurem ao empregado, desvinculada do salário, participação nos ganhos econômicos, resultantes da produtividade de seu trabalho (§ 4º, art. 218, CF). É facultado aos Estados e ao Distrito Federal vincular parcela de sua receita orçamentária a entidades públicas de fomento ao ensino e à pesquisa científica e tecnológica (§ 5º, 218, CF).

A regra do artigo 219 estatui que: "O mercado interno integra o patrimônio nacional e será incentivado de modo a viabilizar o desenvolvimento cultural e sócio-econômico, o bem-estar da população e a autonomia tecnológica do País, nos termos de lei federal". É uma regra de ordem econômica mais do que de ciência e tecnologia, na qual a intervenção do domínio econômico encontra importante fundamento para o controle do mercado interno.

O CNPq (Conselho Nacional de Desenvolvimento Científico e Tecnológico) é a autarquia que promove o fomento a ciência e a tecnologia, regulamentado pela Lei nº. 9.257/96.

71

COMUNICAÇÃO SOCIAL

O artigo 220 estabelece que: "A manifestação do pensamento, a criação, a expressão e a informação, sob qualquer forma, processo ou veículo não sofrerão qualquer restrição, observado o disposto nesta Constituição".

A liberdade de expressão também é cláusula pétrea e garantido pelo artigo 5º, em vários incisos (IV, V, X, XIII e XIV, CF).

A liberdade de informação jornalística só pode ser limitada pela vedação do anonimato; pelo exercício do direito de resposta; pelo dever de indenização por dano material, moral ou à imagem; pelo respeito à intimidade, à vida privada; à honra e á imagem das pessoas; pelo cumprimento dos necessários requisitos para o exercício de trabalho, ofício ou profissão.

É vedado toda e qualquer censura de natureza política, ideológica e artística (§ 2º, art. 220, CF).

Conforme Uadi Lamêgo Bulos[1], a liberdade de comunicação social possui um sentido lato e outro strito: a) sentido lato é aquele que abrange toda e qualquer forma de exteriorização do pensamento escrito ou oral. Essa foi a dimensão que o a Carta Maior imprimiu à matéria (art. 220, CF). Tal amplitude fez da imprensa um veículo que interfere, de maneira direta, na opinião pública, sendo, na prática, pouquíssimos condicionamentos a que está sujeita. Mas isso não significa a outorga de uma liberdade irresponsável, absoluta, destituída de qualquer critério ou parâmetro legal. Daí o dever dos Poderes Públicos estabelecerem requisitos lógicos, baseados no bom senso, para avaliar o alcance e a exata medida do poder de informar ou do direito de manifestar o pensamento. Há valores constitucionais a serem preservados, dentre eles a dignidade da pessoa humana, o respeito ao meio ambiente, os direitos das crianças e dos adolescentes, da família, dos idosos, dentre inúmeros outros que devem ser respeitados pelos meios de comunicação; b) sentido estrito é o ato de emitir idéias, veiculadas em jornais, revistas, rádios ou televisões. Em rigor, insere-se na própria acepção lata.

A liberdade de comunicação social é um corolário da livre manifestação do pensamento, em suas imbricações mais profundas. Abrange a criação, a expressão e a informação, sob qualquer forma, processo ou veículo. § 3º do artigo 220 preleciona que:

> Compete à lei federal: I – regular as diversões e espetáculos públicos, cabendo ao Poder Público informar sobre a natureza deles, as faixas etárias a que não se

1 Idem p. 1312

> recomendem, locais e horários em que sua apresentação se mostre inadequada; II – estabelecer os meios legais que garantam à pessoa e à família a possibilidade de se defenderem de programas ou programações de rádio e televisão que contrariem o disposto no art. 221, bem como da propaganda de produtos, práticas e serviços que possam ser nocivos à saúde e ao meio ambiente.

A proibição de propagandas nocivas está expressa no artigo 220, § 4º que assim verbera: "A propaganda comercia de tabaco, bebidas alcoólicas, agrotóxicos, medicamentos e terapias estará sujeita a restrições legais, nos termos do inciso II do parágrafo anterior, e conterá, sempre que necessário advertência sobre os malefícios decorrentes de seu uso".

O § 5º do artigo 220 da Constituição estipula que os meios de comunicação não podem, direta ou indiretamente, ser objeto de monopólio ou oligopólio. O intuito da vedação é fazer prevalecer a multiplicidade dos agentes informadores. Visa primar pelo regime democrático, no sentido de permitir a presença livre e igualitária de todas as correntes ideológicas, sem que haja monopólio ou oligopólio das fontes de comunicação. O § 6º do artigo 220 estabelece que a publicação de veículo impresso de comunicação independe de licença de autoridade". Por isto a liberdade de impressos para divulgação de produtos, informativos e outras expressões de divulgação.

71.1. PRINCÍPIOS CONSTITUCIONAIS DOS MEIOS DE COMUNICAÇÃO

O artigo 221 da Constituição Federal enumera os princípios constitucionais dos meios de comunicação, assim dispõe:

> A produção e a programação das emissoras de rádio e televisão atenderão aos seguintes princípios: I – preferência a finalidade educativas, artísticas, culturais e informativas; II – promoção de cultura nacional e regional e estímulo à produção independente que objetive sua divulgação; III – regionalização da produção cultural, artística e jornalística, conforme percentuais estabelecidos em lei; IV – respeito aos valores éticos e sociais a pessoa e da família.

Conforme dispõe o preceituado dentre os princípios esculpidos podemos observar o respeito aos valores éticos e sociais a pessoa e da família. Este princípio é norteador para definirmos quais são os valores éticos e sociais da família nos dias de hoje? O que os meios de comunicação veiculam? O que passa na televisão são os valores inseridos nos contextos familiares brasileiros? Como estão os valores da família e da pessoa nos dias de hoje no Brasil? Há muita coisa a ser observada e dialogada para que haja um contexto que seja ético e moral e nos ditames da família brasileira.

71.2. PROPRIEDADE DE EMPRESA JORNALÍSTICA, DE RADIODIFUSÃO SONORA E de sons e imagens

O artigo 222 da Constituição Federal estabelece que: "A propriedade de empresa jornalística e de radiodifusão sonora e de sons e imagens é privativa de brasileiros natos ou naturalizados há mais de 10 (dez) anos, ou de pessoas jurídicas constituídas sob as leis brasileiras e que tenham sede no País".

É cediço que 70% do capital total e do capital votante das empresas jornalísticas e de radiodifusão sonora e de sons e imagens deverá pertencer, direta ou indiretamente, a brasileiros natos ou naturalizados há mais de dez anos, que exercerão obrigatoriamente a gestão das atividades e estabelecerão o conteúdo da programação.(§ 1º, art. 222, CF). A responsabilidade editorial e as atividades de seleção e direção da programação veiculada são privativas de brasileiros natos ou naturalizados há mais de 10 (dez) anos, em qualquer meio de comunicação social (§ 2º, art. 222, CF). Também deverão ser observados os princípios estatuídos no artigo 221 pelos meios de comunicação eletrônica (§ 3º, art. 222, CF).

A participação do capital estrangeiro nas empresas jornalísticas e de radiodifusão sonora e de sons e imagens deverá ser disciplinada por lei ordinária federal. Sempre que houver alteração no controle societário das empresas jornalísticas e de radiodifusão sonora e de sons e imagens será comunicado ao Congresso Nacional a mudança (§ 5º, 222, CF).

71.3. PRINCÍPIO DA COMPLEMENTARIDADE

O artigo 223 estatui que: "Compete ao Poder Executivo outorgar e renovar concessão, permissão e autorização para o serviço de radiodifusão sonora e de sons e imagens, observado o princípio da complementaridade dos sistemas privado, público e estatal".

O Congresso Nacional apreciará o ato no prazo do artigo 64, §§ 2º e 4º, a contar do recebimento da mensagem (art. 223, § 1º, CF). Para aprovação e não-renovação é necessário o voto nominal de pelo menos 2/5 do Congresso Nacional. Todavia, para a aprovação da concessão, dado o silêncio do art. 223, § 2º, da Constituição Federal, basta a maioria simples. O ato de outorga ou renovação somente produzirá efeitos legais após deliberação do Congresso Nacional (art. 223, § 3º, CF). Antes de vencido o prazo o cancelamento da concessão ou permissão depende de decisão judicial (art. 223, § 4º, CF). O prazo da concessão ou permissão será de dez anos para as emissoras de rádio e de quinze para as de televisão (§ 5º, 223, CF).

O artigo 224 estabelece que: "Para os efeitos do disposto neste capítulo, o Congresso Nacional instituirá como órgão auxiliar, o Conselho de Comunicação Social, na forma da lei".

O direito de antena estabelecido pela Carta Magna é a prerrogativa que o ordenamento jurídico confere às empresas de comunicação para que elas possam instalar-se e funcionar plenamente, a fim de difundir suas mensagens. Em Portugal, a terminologia designa o direito de resposta e de réplica política.

No Brasil, o direito de antena é a possibilidade de capital ou transmitir informações por meio de ondas mecânicas ou eletromagnéticas. Por meio de ondas mecânicas, a comunicação se propaga diretamente pelo ar, como no caso dos alto-falantes, colocados nos locais de uso comum do povo (praças, bairros, centros comunitários etc..).

Entretanto, o direito de antena encontra limitações constitucionais.

O princípio da complementaridade dos sistemas de radiodifusão (privado, público e estatal), contido no art. 223 da Constituição, exige um novo modelo de disciplina dos serviços de televisão para além do paradigma clássico voltado unicamente ao serviço público de televisão por radiodifusão, associado à reserva da atividade em favor do Estado. O novo modelo, que ora se defende, considera que os serviços de televisão devem ser classificados como: (i) serviço público privativo do Estado (sistema de radiodifusão estatal), (ii) serviço público não privativo (sistema de radiodifusão público) e (iii) atividade econômica em sentido estrito (sistema de radiodifusão privado).

A Constituição impõe a complementaridade entre os setores de televisão por radiodifusão privado, público e estatal, o que, evidentemente, implica harmonia e colaboração entre as estruturas de comunicação social. Em outras palavras, garante-se o equilíbrio apropriado entre os campos de comunicação social com funções diferenciadas, porém, complementares, haja vista as diferenças de fundamentos, evitando-se, assim, distorções arbitrárias no processo de comunicação social.

Trata-se de uma manifestação particular do princípio do pluralismo no campo da comunicação social por meio da radiodifusão em prol da estruturação policêntrica do sistema de radiodifusão, isto é, em favor da diversidade das fontes de informação e da multiplicidade de conteúdos audiovisuais para a sociedade brasileira. Vale dizer, a interpretação da referida norma constitucional deve ser feita com base no princípio do pluralismo nos seus âmbitos quantitativo (pluralidade de estruturas organizacionais comunicativas) e qualitativo (pluralidade de conteúdo audiovisual diverso). Assim deve ser porque tal norma tem por função a oferta equilibrada de programas de televisão nos setores privado, público e estatal, cabendo ao Estado a adoção de normas e procedimentos para cumprir tal tarefa, que logo a seguir serão expostos. A organização dos sistemas de televisão por radiodifusão há de ser feita pelo Estado, no exercício de sua função regulatória (art. 174), conforme os objetivos da regulação. Há, aqui, uma forte conexão entre o princípio da complementaridade dos sistemas de radiodifusão e o conceito de regulação. A idéia de complementaridade representa a negação de uma relação de hierarquia entre os sistemas de radiodifusão; e, por conseqüência, requer a funcionalidade integrada dentro do sistema de comunicação social.

O princípio da complementaridade exige, ainda, a fixação de critérios de facilitação do acesso prioritário às freqüências do espaço eletromagnético pelo setor público e pelo setor estatal. Isto porque, em face da hegemonia da radiodifusão privada em nosso País, há o dever de que as freqüências disponíveis para uso de canais de televisão sejam, preferencialmente, outorgadas aos setores estatal e público (aqueles responsáveis pela prestação de serviços públicos privativos e não privativos do Estado), pois em relação aos mesmos existem maiores exigências em favor dos interesses públicos e das obrigações constitucionais. Trata-se de uma medida de correção das oportunidades comunicativas no interior da comunicação social, sendo que a própria noção de regulação é que ampara tal medida de planejamento administrativo quanto à gestão do espaço radioelétrico, voltada ao equilíbrio entre os sistemas.

Enfim, a atribuição prioritária de freqüências justifica-se em razão da prestação do serviço público. Este, é importante destacar, não se limita à correção das falhas estruturais e (ou) conjunturais do sistema de radiodifusão privado (mercado de televisão). A sua função consiste em atuar mesmo quando o sistema comercial, hipoteticamente, funciona bem. Vale dizer, a existência do regime de serviço público de televisão não está atrelada às falhas do mercado (um paradigma liberal); ao contrário, sua causa originária encontra-se em razões que o transcendem, alcançando bens não-econômicos que necessitam de difusão perante o público em geral, daí a exigência do desempenho da função estatal de distribuição dos bens, por exemplo, culturais.

Os serviços públicos consistem em importante mecanismo de garantia dos direitos fundamentais. Alerte-se, contudo, que não se trata do único meio de satisfação dos mesmos. Nesse sentido, o serviço público de televisão é uma das formas de realização dos direitos à liberdade de expressão, liberdade artística, informação (inclusive informação jornalística), culturais, à educação e à comunicação social, entre outros. No sistema de radiodifusão estatal, há maior espaço para a realização do direito dos cidadãos à informação de caráter institucional e, ao mesmo tempo, de cumprimento do dever do Estado em termos de comunicação institucional. Isto implica na possibilidade de criação e manutenção de canais de televisão para atendimento da referida obrigação. Já o sistema de radiodifusão público possibilita a concretização dos direitos à educação e à cultura, por intermédio das televisões educativas, e especialmente, no caso das televisões comunitárias, o exercício direto pelos cidadãos das liberdades de expressão e de comunicação social. Em outras palavras, o sistema público é o âmbito, por excelência, para a realização dos direitos sociais relacionados à educação e à cultura. Por sua vez, no sistema privado há maior autonomia privada das emissoras de televisão quanto à execução dos aludidos direitos em função de sua liberdade de radiodifusão e, conseqüentemente, sua liberdade de programação. Os princípios constitucionais catalogados no art. 221 da CF, relacionados à produção e à programação das emissoras de rádio e televisão consistem em manifestação especial dos direitos fundamentais à liberdade de expressão artística, à educação, à cultura e à informação jornalística, livre iniciativa e dignidade da pessoa humana, o que será visto mais à frente em item específico.

O eixo de estruturação dos três sistemas de radiodifusão consiste na liberdade de comunicação. Esta manifesta-se, de modo especial, no campo da comunicação social (arts. 220 a 224, da CF), no entanto, não se confunde com a liberdade de comunicação pessoal ou de âmbito coletivo (art. 5.°, IX, CF). Com efeito, é sintomático que o princípio da complementaridade esteja contemplado no capítulo constitucional dedicado à Comunicação Social. Portanto, em virtude disso, os "sistemas de comunicação de massa" atuam como mecanismos de realização das liberdades comunicativas asseguradas aos cidadãos e à sociedade. Tais liberdades servem tanto à autodeterminação individual quanto à autodeterminação democrática do povo brasileiro. Daí a imprescindibilidade da pluralidade das fontes de informação em um País proclamado como Estado Democrático de Direito em garantia da livre formação da opinião pública.

71.4. JURISPRUDÊNCIA

HC 82424 / RS – RIO GRANDE DO SUL
HABEAS CORPUS
Relator (a): Min. MOREIRA ALVES
Relator (a) p/ Acórdão: Min. MAURÍCIO CORRÊA
Julgamento: 17/09/2003 Órgão Julgador: Tribunal Pleno
DJ 19-03-2004 PP-00017 EMENT VOL-02144-03 PP-00524
PACTE. SIEGFRIED ELLWANGER
IMPTES: WERNER CANTALÍCIO JOÃO BECKER
COATOR: SUPERIOR TRIBUNAL DE JUSTIÇA
Ementa

EMENTA: HABEAS-CORPUS. PUBLICAÇÃO DE LIVROS: ANTI-SEMITISMO. RACISMO. CRIME IMPRESCRITÍVEL. CONCEITUAÇÃO. ABRANGÊNCIA CONSTITUCIONAL. LIBERDADE DE EXPRESSÃO. LIMITES. ORDEM DENEGADA. 1. Escrever, editar, divulgar e comerciar livros "fazendo apologia de idéias preconceituosas e discriminatórias" contra a comunidade judaica (Lei 7716/89, artigo 20, na redação dada pela Lei 8081/90) constitui crime de racismo sujeito às cláusulas de inafiançabilidade e imprescritibilidade (CF, artigo 5º, XLII). 2. Aplicação do princípio da prescritibilidade geral dos crimes: se os judeus não são uma raça, segue-se que contra eles não pode haver discriminação capaz de ensejar a exceção constitucional de imprescritibilidade. Inconsistência da premissa. 3. Raça humana. Subdivisão. Inexistência. Com a definição e o mapeamento do genoma humano, cientificamente não existem distinções entre os homens, seja pela segmentação da pele, formato dos olhos, altura, pêlos ou por quaisquer outras características físicas, visto que todos se qualificam como espécie humana. Não há diferenças biológicas entre os seres humanos. Na essência são todos iguais. 4. Raça e racismo. A divisão dos seres humanos em raças resulta de um processo de conteúdo meramente político-social. Desse pressuposto origina-se o racismo que, por sua vez, gera a discriminação e o preconceito segregacionista. 5. Fundamento do núcleo do pensamento do nacional-socialismo de que os judeus e os arianos formam raças distintas. Os primeiros seriam raça inferior, nefasta e infecta, características suficientes para justificar a segregação e o extermínio: inconciabilidade com os padrões éticos e morais definidos na Carta Política do Brasil e do mundo contemporâneo, sob os quais se ergue e se harmoniza o estado democrático. Estigmas que por si só evidenciam crime de racismo. Concepção atentatória dos princípios nos quais se erige e se organiza a sociedade humana, baseada na respeitabilidade e dignidade do ser humano e de sua pacífica convivência no meio social. Condutas e evocações aéticas e imorais que implicam repulsiva ação estatal por se revestirem de densa intolerabilidade, de sorte a afrontar o ordenamento infraconstitucional e constitucional do País. 6. Adesão do Brasil a tratados e acordos multilaterais, que energicamente repudiam quaisquer discriminações raciais, aí compreendidas as distinções entre os homens por restrições ou preferências oriundas de raça, cor, credo, descendência ou origem nacional ou étnica, inspiradas na pretensa superioridade de um povo sobre outro, de que são exemplos a xenofobia, "negrofobia", "islamafobia" e o anti-semitismo. 7. A Constituição Federal de 1988 impôs aos agentes de delitos dessa natureza, pela gravidade e repulsividade da ofensa, a cláusula de imprescritibilidade, para que fique, ad perpetuam rei memoriam, verberado o repúdio e a abjeção da sociedade nacional à sua prática. 8. Racismo. Abrangência. Compatibilização dos conceitos etimológicos, etnológicos, sociológicos, antropológicos ou biológicos, de modo a construir a definição jurídico-constitucional do termo. Interpretação teleológica e sistêmica da Constituição Federal, conjugando fatores e circunstâncias históricas, políticas e sociais que regeram sua formação e aplicação, a fim de obter-se o real sentido e alcance da norma. 9. Direito comparado. A exemplo do Brasil as legislações de países organizados sob a égide do estado moderno de direito democrático igualmente adotam em seu ordenamento legal punições para delitos que estimulem e propaguem segregação racial. Manifestações da Suprema Corte Norte-Americana, da Câmara dos Lordes da Inglaterra e da Corte de Apelação da Califórnia nos Estados Unidos que consagraram entendimento que aplicam sanções àqueles que transgridem as regras de boa convivência social com grupos humanos que simbolizem a prática de racismo. 10. A edição e publicação de obras escritas veiculando idéias anti-semitas, que buscam resgatar e dar credibilidade à concepção racial definida pelo regime nazista, negadoras e subversoras de fatos históricos incontroversos como o holocausto, consubstanciadas na pretensa inferioridade e desqualificação do povo judeu, equivalem à incitação ao discrímen com acentuado conteúdo racista, reforçadas pelas conseqüências históricas dos atos em que se baseiam. 11. Explícita conduta do agente responsável pelo agravo revelador de manifesto dolo, baseada na equivocada premissa de que os judeus não só são uma raça, mas, mais do que isso, um segmento racial atávica e geneticamente menor e pernicioso. 12. Discriminação que, no caso, se evidencia como deliberada e dirigida especificamente aos judeus, que configura ato ilícito de prática de racismo, com as conseqüências gravosas que o acompanham. 13. Liberdade de expressão. Garantia constitucional que não se tem como absoluta. Limites morais e jurídicos. O direito à livre expressão não pode abrigar, em sua abrangência, manifestações de conteúdo imoral que implicam ilicitude penal. 14. As liberdades públicas não são incondicionais, por isso devem ser exercidas de maneira harmônica, observados os limites definidos na própria Constituição Federal (CF, artigo 5º, § 2º, primeira parte). O preceito fundamental de liberdade de expressão não consagra o «direito à incitação ao racismo», dado que um direito individual não pode constituir-se em salvaguarda de condutas ilícitas, como sucede com os delitos contra a honra. Prevalência dos princípios da dignidade da pessoa humana e da igualdade jurídica. 15. «Existe um nexo estreito entre a imprescritibilidade, este tempo jurídico que se escoa sem encontrar termo, e a memória, apelo do passado à disposição dos vivos, triunfo da lembrança sobre o esquecimento». No estado de direito democrático devem ser intransigentemente respeitados os princípios que garantem a prevalência dos direitos humanos. Jamais podem se apagar da memória dos povos que se pretendam justos os atos repulsivos do passado que permitiram e incentivaram o ódio entre iguais por motivos raciais de torpeza inominável. 16. A ausência de prescrição nos crimes de racismo justifica-se como alerta grave para as gerações de hoje e de amanhã, para que se impeça a reinstauração de velhos e ultrapassados conceitos que a consciência jurídica e histórica não mais admitem. Ordem denegada.

72

MEIO AMBIENTE

O artigo 225 da Constituição Federal inaugura o tema sobre o meio ambiente: "Todos têm direito ao meio ambiente ecologicamente equilibrado, bem de uso comum do povo e essencial à sadia qualidade de vida, impondo-se ao Poder Público e à coletividade o dever de defendê-lo e preservá-lo para as presentes e futuras gerações". O capítulo atinente ao meio ambiente é um dos mais avançados e modernos das Constituições brasileiras e estrangeiras. A preocupação com o meio ambiente é de todos os seres humanos do planeta. Se quisermos continuar a perpetuar nossa espécies precisamos controlar e cuidar do meio ambiente. A primeira vez que se ouviu falar em preocupação com o meio ambiente foi nos Estados Unidos da América com o *National Environmental Policy*. Depois veio a conferência das Nações Unidas que reunindo em Estocolmo no ano de 1972 aprovou a Declaração de Estocolmo que foi o primeiro documento internacional que firmou vinte e seis princípios na área ambiental.

Segundo Agra[1]

> Etimologicamente "ambiente" vem do latim ambiens que significa rodear, envolver. É o meio em que vivemos, englobando os elementos naturais e os elementos que foram modificados e criados pelo homem. O meio ambiente é um patrimônio público, "bem de uso comum do povo", devendo ser protegido para o uso coletivo (artigo 225, caput, da CF).

Diversos fatores contribuíram para a preservação do meio ambiente, são eles: a) necessidade de preservar florestas e animais ameaçados de extinção; b) combate à poluição das águas e da atmosfera; c) melhoria da qualidade de vida nas metrópoles; d) controle de atividades econômicas ou estratégicas predatórias e nocivas à saúde de todos; e) promoção do desenvolvimento sustentável, no intuito de garantir renovação constante dos estoques de recursos. No Brasil a matéria só recebeu atenção na Constituição de 1988. Para o constituinte de 1988 o meio ambiente ecologicamente equilibrado é direito de todos, caracterizado, assim, pela universalidade dos direitos sociais. É bem de uso comum do povo e essencial à vida sadia e de qualidade, caracterizando um direito de terceira geração, que deve ser defendido e preservado pelo Poder Público e pela comunidade para as presentes e futuras gerações.

---

1 Ibidem, 2007, p. 694

O § 1º do artigo 225 da Constituição Federal impõe ao Poder Público ações destinadas a assegurar a efetividade do direito ao meio ambiente ecologicamente equilibrado. Há extensa regulamentação infraconstitucional no setor, como o Código de Caça, Código de Pesca, Código Florestal e a Lei de Crimes Ambientais (Lei nº. 9.605/98).

Cabe ao Poder Público para assegurar a efetividade desses direitos: I – preservar e restaurar os processos ecológicos essenciais e prover o manejo ecológico das espécies e ecossistemas; II – preservar a diversidade e a integridade do patrimônio genético do País e fiscalizar as entidades dedicadas à pesquisa e manipulação de material genético; III – definir, em todas as unidades da Federação, espaços territoriais e seus componentes a serem especialmente protegidos, sendo a alteração e a supressão permitidas somente através de lei, vedada qualquer utilização que comprometa a integridade dos atributos que justifiquem sua proteção; Iv – exigir, na forma da lei, para instalação de obra ou atividade potencialmente causadora de significativa degradação do meio ambiente, estudo prévio de impacto ambiente, a que se dará publicidade; V – controlar a produção, a comercialização e o emprego de técnicas, métodos e substâncias que comportem risco para a vida, a qualidade de vida e o meio ambiente; VI – promover a educação ambiental em todos os níveis de ensino e conscientização pública para a preservação do meio ambiente; VII – proteger a fauna e a flora, vedadas, na forma da lei, as práticas que coloquem em risco sua função ecológica, provoquem a extinção de espécies ou submetam os animais a crueldade.

Meio ambiente é o complexo de relações entre o mundo natural e os seres vivos. Ecologia é o campo do domínio científico encarregado de estudar a interação do homem com a natureza.

Conforme preleciona o artigo 225 o meio ambiente é um bem jurídico autônomo e difuso tendo em vista que não se funda num vínculo jurídico determinado, específico, mas dados genéricos contingentes, acidentais e modificáveis.

Quem explorar recursos minerais fica obrigado a recuperar o meio ambiente degradado, de acordo com solução técnica exigida pelo órgão público competente, na forma da lei (art. 225, § 2º, CF).

De acordo com o § 3º do artigo 225: "As condutas e atividades consideradas lesivas ao meio ambiente sujeitarão os infratores, pessoas físicas ou jurídicas, a sanções penais e administrativa, independentemente da obrigação de reparar os danos causados". A interpretação das normas constitucionais ambientais comporta exegese sistemática, para que sejam conciliadas com os demais princípios da Constituição. As condutas e atividades consideradas lesivas ao meio ambiente sujeitarão os infratores, pessoas físicas ou jurídicas, a sanções penais e administrativas, independentemente da obrigação de reparar os danos causados. Temos aí a chamada responsabilidade penal de pessoas jurídicas e a responsabilidade objetiva por dano ambiental, que trata da pessoa física que poderá ser condenada a reparação, basta que pratique o ato ilícito, dando margem à aplicação da doutrina tradicional da responsabilidade subjetiva fundada na culpa do agente. O mesmo vale para o ato ilícito ou devidamente licenciado, que ensejou o dano ambiental. Nesse caso, o que importa não é culpa, porém a relação de causalidade entre o ato e o resultado danoso (§ 3º, art. 225, CF).

A floresta Amazônica brasileira, a Mata Atlântica, a Serra do Mar, o Pantanal Mato-Grossense e a Zona Costeira são patrimônio nacional e sua utilização far-se-á na forma da lei, dentro de condições que assegurem a preservação do meio ambiente, inclusive quanto ao uso dos recursos naturais (§ 4º, art. 225, CF).

São indisponíveis as terras devolutas ou arrecadadas pelo estado, por ações discriminatórias, necessárias a proteção dos ecossistemas naturais. Importa assinar aqui que as terras devolutas são indisponíveis, porque não podem ser alienadas, vendidas, doadas, oferecidas em pagamento ou permutadas. O processo discriminatório será administrativo ou judicial, precisamente para separar as terras devolutas das propriedades particulares (§ 5º, art. 225, CF).

As usinas que operem com reator nuclear deverão ter sua localização definida em lei federal, sem o que não poderão ser instaladas (§ 6º, art. 225, CF).

72.1. JURISPRUDÊNCIA

HC 92440 / MT – MATO GROSSO
HABEAS CORPUS
Relator (a): Min. ELLEN GRACIE
Julgamento: 26/08/2008 Órgão Julgador: Segunda Turma
DJe-172 DIVULG 11-09-2008 PUBLIC 12-09-2008
EMENT VOL-02332-03 PP-00458
PACTE. (S): DIRCEU BENVENUTTI
PACTE. (S): CECÍLIA DE BARROS ROCHA
IMPTE. (S): EDUARDO MAHON E OUTRO(A/S)
COATOR (A/S)(ES): SUPERIOR TRIBUNAL DE JUSTIÇA
Ementa

DIREITO PROCESSUAL PENAL. HABEAS CORPUS. NULIDADE DE PROCESSO. ALEGAÇÃO DE LITISPENDÊNCIA. INOCORRÊNCIA. ORGANIZAÇÃO CRIMINOSA E OUTROS CRIMES. CONVENIÊNCIA NO OFERECIMENTO DE MAIS DE UMA DENÚNCIA. POSSIBILIDADE. SUSPEIÇÃO DO JUIZ. INEXISTÊNCIA. DENEGAÇÃO. 1. As questões controvertidas nestes autos consistem: a) na suposta repetição da narração dos mesmos fatos em três denúncias formalmente distintas (ne bis in idem); b) na inépcia de duas denúncias oferecidas contra os pacientes por falta de individualização das condutas; c) na indispensabilidade da suspensão dos processos devido à suspeição do magistrado. 2. Vários são os fatos e inúmeras são as pessoas supostamente envolvidas na prática dos ilícitos narrados nas peças acusatórias. Duzentas pessoas teriam contribuído, eficazmente, para formação de uma organização criminosa voltada à prática de crimes contra o meio ambiente e de crimes contra a Administração Publica, com possível envolvimento de servidores públicos, empresários, madeireiros e despachantes. Foram constatadas inúmeras ocorrências de fatos complexos, intrincados, a revelar a necessidade de tratamento especial na análise e depuração do material probatório colhido na fase inquisitorial. 3. Como *dominus litis,* o Ministério Público entendeu oportuna a separação de determinados fatos relacionados à referida Operação Curupira e, assim, formulou distintas denúncias. Tal opção decorreu da indispensabilidade de otimização dos trabalhos de condução dos processos. 4. Não há bis in idem na hipótese em questão, tratando-se apenas de medida adotada pelo órgão do Parquet para viabilizar o regular processamento da causa, inclusive e especialmente em prol da ampla defesa dos denunciados, entre os quais se encontram os pacientes. 5. Não há qualquer violação às garantias processuais – tampouco cerceamento de defesa – na condução dos três processos de modo autônomo e independente, sendo claro que o Direito Processual Penal contempla a facultatividade da separação dos processos quando as infrações tiverem sido praticadas em circunstâncias de tempo ou de lugar diferentes, ou, quando pelo excessivo número de acusados e para não lhes prolongar a prisão provisória, ou por outro motivo relevante (CPP, art. 80). Se é possível a separação dos processos nas hipóteses acima elencadas, não há qualquer óbice a que, desde o início – por força do juízo de valor feito pelo *dominus litis,* que é o Ministério Público – sejam tratados separadamente os fatos correspondentes às possíveis figuras típicas delituosas, como ocorreu no presente caso. 6. Há clara narração de atos concretos relacionados **à** possíveis práticas de crimes contra o meio ambiente, contra a Administração Pública e de formação de quadrilha. No contexto da narrativa dos fatos, tal como feita pelo Ministério Público Federal, considero que há justa causa para a deflagração e prosseguimento da ação penal contra os pacientes, não se tratando de denúncia inepta, seja formal ou materialmente. 7. Não há obrigatoriedade da suspensão do processo devido à simples argüição da suspeição do juiz no âmbito do Código de Processo Penal. A circunstância de o juiz federal haver prolatado sentença contra os pacientes não o torna suspeito para conhecer e julgar outras demandas envolvendo os mesmos denunciados e condenados no primeiro caso já julgado. 8. A mera indicação do paciente como investigado pela prática de outros crimes relacionados à organização criminosa não representa formulação de juízo de valor acerca de outras imputações existentes contra Dirceu, inocorrendo qualquer uma das hipóteses previstas no art. 254, do Código de Processo Penal. 9. Habeas corpus denegado.

RE 464893 / GO – GOIÁS
RECURSO EXTRAORDINÁRIO
Relator (a): Min. JOAQUIM BARBOSA
Julgamento: 20/05/2008 Órgão Julgador: Segunda Turma
DJe-142 DIVULG 31-07-2008 PUBLIC 01-08-2008
EMENT VOL-02326-06 PP-01268
RECTE. (S): DELFINO OCLÉCIO MACHADO
RECDO. (A/S): MINISTÉRIO PÚBLICO DO ESTADO DE GOIÁS
Ementa

EMENTA: RECURSO EXTRAORDINÁRIO. PENAL. PROCESSUAL PENAL. MINISTÉRIO PÚBLICO. OFERECIMENTO DE DENÚNCIA COM BASE EM INQUÉRITO CIVIL PÚBLICO. VIABILIDADE. RECURSO DESPROVIDO. 1. Denúncia oferecida com base em elementos colhidos no bojo de Inquérito Civil Público destinado à apuração de danos ao meio ambiente. Viabilidade. 2. O Ministério Público pode oferecer denúncia independentemente de investigação policial, desde que possua os elementos mínimos de convicção quanto à materialidade e aos indícios de autoria, como no caso (artigo 46, §1°, do CPP). 3. Recurso a que se nega provimento.

ADI 3378 / DF – DISTRITO FEDERAL
AÇÃO DIRETA DE INCONSTITUCIONALIDADE
Relator (a): Min. CARLOS BRITTO
Julgamento: 09/04/2008 Órgão Julgador: Tribunal Pleno
DJe-112 DIVULG 19-06-2008 PUBLIC 20-06-2008
EMENT VOL-02324-02 PP-00242
REQTE. (S): CONFEDERAÇÃO NACIONAL DA INDÚSTRIA
REQDO. (A/S): PRESIDENTE DA REPÚBLICA
REQDO. (A/S): CONGRESSO NACIONAL
INTDO. (A/S): INSTITUTO BRASILEIRO DE PETRÓLEO E GÁS – IBP
Ementa
EMENTA: AÇÃO DIRETA DE INCONSTITUCIONALIDADE. ART. 36 E SEUS §§ 1º, 2º E 3º DA LEI Nº. 9.985, DE 18 DE JULHO DE 2000. CONSTITUCIONALIDADE DA COMPENSAÇÃO DEVIDA PELA IMPLANTAÇÃO DE EMPREENDIMENTOS DE SIGNIFICATIVO IMPACTO AMBIENTAL. INCONSTITUCIONALIDADE PARCIAL DO § 1º DO ART. 36. 1. O compartilhamento-compensação ambiental de que trata o art. 36 da Lei nº 9.985/2000 não ofende o princípio da legalidade, dado haver sido a própria lei que previu o modo de financiamento dos gastos com as unidades de conservação da natureza. De igual forma, não há violação ao princípio da separação dos Poderes, por não se tratar de delegação do Poder Legislativo para o Executivo impor deveres aos administrados. 2. Compete ao órgão licenciador fixar o quantum da compensação, de acordo com a compostura do impacto ambiental a ser dimensionado no relatório – EIA/RIMA. 3. O art. 36 da Lei nº 9.985/2000 densifica o princípio usuário-pagador, este a significar um mecanismo de assunção partilhada da responsabilidade social pelos custos ambientais derivados da atividade econômica. 4. Inexistente desrespeito ao postulado da razoabilidade. Compensação ambiental que se revela como instrumento adequado à defesa e preservação do meio ambiente para as presentes e futuras gerações, não havendo outro meio eficaz para atingir essa finalidade constitucional. Medida amplamente compensada pelos benefícios que sempre resultam de um meio ambiente ecologicamente garantido em sua higidez. 5. Inconstitucionalidade da expressão "não pode ser inferior a meio por cento dos custos totais previstos para a implantação do empreendimento", no § 1º do art. 36 da Lei nº 9.985/2000. O valor da compensação-compartilhamento é de ser fixado proporcionalmente ao impacto ambiental, após estudo em que se assegurem o contraditório e a ampla defesa. Prescindibilidade da fixação de percentual sobre os custos do empreendimento. 6. Ação parcialmente procedente.

Rp 1130 / RS – RIO GRANDE DO SUL
REPRESENTAÇÃO
Relator (a): Min. NÉRI DA SILVEIRA
Julgamento: 26/09/1984 Órgão Julgador: TRIBUNAL PLENO
DJ 30-11-1984 PP-10438 EMENT VOL-01360-01 PP-00028
Ementa

REPRESENTAÇÃO. EMENDA CONSTITUCIONAL DE ESTADO-MEMBRO, QUE ESTABELECE DISPOSIÇÕES REFERENTES A AUTORIZAÇÃO DA ASSEMBLÉIA LEGISLATIVA E AO REFERENDUM DA POPULAÇÃO DO ESTADO, COM VISTAS A IMPLANTAÇÃO DE USINAS DESTINADAS A PRODUÇÃO DE ENERGIA NUCLEAR NO TERRITÓRIO ESTADUAL, BEM ASSIM DE INSTALAÇÕES PARA PROCESSAMENTO OU ARMAZENAMENTO DE MATERIAL RADIOATIVO, QUE LHES FOREM COMPLEMENTARES. E DA COMPETÊNCIA EXCLUSIVA DA UNIÃO LEGISLAR SOBRE ENERGIA NUCLEAR, NOS TERMOS DO ART-8., XVII, LETRA "I", DA CONSTITUIÇÃO FEDERAL. LEI FEDERAL N. 6803, DE 2.7.1980, ART-10 E PAR-2.. A COMPETÊNCIA PARA AUTORIZAR E LOCALIZAR INSTALAÇÕES NUCLEARES, NO PAÍS, E EXCLUSIVAMENTE DA UNIÃO. SE NÃO SE RESERVA, ASSIM, AOS ESTADOS-MEMBROS COMPETÊNCIA PARA LEGISLAR, SEQUER SUPLETIVAMENTE, SOBRE ENERGIA NUCLEAR, CERTO ESTA QUE NÃO PODERAO FAZE-LO POR MEIO DE EMENDA CONSTITUCIONAL. A LIMITAÇÃO CONSTITUCIONAL DE COMPETÊNCIA LEGISLATIVA ABRANGE, EM RAZÃO DA MATÉRIA, O PODER DE EMENDA, NO ESTADO-MEMBRO. FERE, TAMBÉM, A EMENDA CONSTITUCIONAL ESTADUAL IMPUGNADA O PROCESSO LEGISLATIVO DEFINIDO NA CONSTITUIÇÃO FEDERAL, QUE DEVE SER RESPEITADO PELOS ESTADOS-MEMBROS (CONSTITUIÇÃO FEDERAL, ARTS-13, III, E 20). REPRESENTAÇÃO JULGADA PROCEDENTE, DECLARANDO-SE A INCONSTITUCIONALIDADE DE EMENDA N. 16, DE 6.11.1980, A CONSTITUIÇÃO DO ESTADO DO RIO GRANDE DO SUL.

73

FAMÍLIA, CRIANÇA, O ADOLESCENTE E O IDOSO

73.1. DA FAMÍLIA

O artigo 226 da Constituição Federal e seguintes consagrou o tema acerca da família, criança, adolescente e o idoso, vejamos: "A família, base da sociedade, tem especial proteção do Estado". A instituição família é a base do Estado, é nela que são inseridos os valores, a ética, o amor, é o primeiro contato do ser humano com a sociedade e com seu *modus vivendi*, portanto deve ser muito bem programada de modo a estabelecer um relação harmoniosa e saudável entre os membros que dela fazem parte.

Família segundo Bulos[1] designa "os laços de paternidade, maternidade e filiação. O ambiente familiar é composto dos pais e filhos, irmãos, do homem e da mulher em união estável, de um dos filhos com ambos os pais ou com apenas um deles, esta concepção é usada no âmbito do Direito Privado". Também pode ser considerada família o conjunto de pessoas ligadas pelos laços de parentesco, com descendência comum e de afinidade (tios, primos, sobrinhos, cunhados etc...), esta outra concepção é utilizada no âmbito do Direito Público.

O casamento religioso tem efeito civil, nos termos da lei (§ 1º, art. 226, CF). Antigamente deveria se casar no Cartório e quem quisesse poderia depois casar no religioso, mas era imprescindível o casamento no civil para ter validade. Com a atual Carta Política o casamento no religioso tem efeitos civis para todos os fins. Com a nova Carta Política ampliou o rol de modelos de família. Existe o modelo constituído pelo casamento civil ou religioso com efeitos civis e a união estável entre homem e mulher, onde a lei deverá facilitar a sua conversão em casamento. Existe a família formada por qualquer dos pais e seus descendentes (art. 226, §4º, CF).

Súmula 380/STF: "*Comprovada à existência de sociedade de fato entre os concubinos, é cabível a sua dissolução judicial, com a partilha do patrimônio adquirido pelo esforço comum*".

Hodiernamente existem vários outros modelos familiares, até jurisprudencialmente já se admite a união homoafetiva (homossexual), formada por duas pessoas do mesmo sexo.

---

1 Ibidem. 2009. p. 1429

Em recente discussão sobre o assunto através da ADI 3.300 decidiu o Supremo Tribunal Federal:

ADI 3300 MC/DF* RELATOR: MIN. CELSO DE MELLO EMENTA: UNIÃO CIVIL ENTRE PESSOAS DO MESMO SEXO. ALTA RELEVÂNCIA SOCIAL E JURÍDICO-CONSTITUCIONAL DA QUESTÃO PERTINENTE ÀS UNIÕES HOMOAFETIVAS. PRETENDIDA QUALIFICAÇÃO DE TAIS UNIÕES COMO ENTIDADES FAMILIARES. DOUTRINA. ALEGADA CONSTITUCIONALIDADE DO ART. 1º DA LEI Nº. 9.278/96. NORMA LEGAL DERROGADA PELA SUPERVENIÊNCIA DO ART. 1.723 DO NOVO CÓDIGO CIVIL (2002), QUE NÃO FOI OBJETO DE IMPUGNAÇÃO NESTA SEDE DE CONTROLE ABSTRATO. INVIABILIDADE, POR TAL RAZÃO, DA AÇÃO DIRETA. IMPOSSIBILIDADE JURÍDICA, DE OUTRO LADO, DE SE PROCEDER À FISCALIZAÇÃO NORMATIVA ABSTRATA DE NORMAS CONSTITUCIONAIS ORIGINÁRIAS (CF, ART. 226, § 3º, NO CASO). DOUTRINA. JURISPRUDÊNCIA (STF). NECESSIDADE, CONTUDO, DE SE DISCUTIR O TEMA DAS UNIÕES ESTÁVEIS HOMOAFETIVAS, INCLUSIVE PARA EFEITO DE SUA SUBSUNÇÃO AO CONCEITO DE ENTIDADE FAMILIAR: MATÉRIA A SER VEICULADA EM SEDE DE ADPF? DECISÃO:

A Associação da Parada do Orgulho dos Gays, Lésbicas, Bissexuais e Transgêneros de São Paulo e a Associação de Incentivo à Educação e Saúde de São Paulo – que sustentam, de um lado, o caráter fundamental do direito personalíssimo à orientação sexual e que defendem, de outro, a qualificação jurídica, como entidade familiar, das uniões homoafetivas – buscam a declaração de inconstitucionalidade do art. 1º da Lei n 9.278/96, que, ao regular o § 3º do art. 226 da Constituição, reconheceu, unicamente, como entidade familiar, "a união estável entre o homem e a mulher, configurada na convivência pública, contínua e duradoura e estabelecida com o objetivo de constituição de família" (grifei). As entidades autoras da presente ação direta apóiam a sua pretensão de inconstitucionalidade na alegação de que a norma ora questionada (Lei nº. 9.278/96, art. 1º), em cláusula impregnada de conteúdo discriminatório, excluiu, injustamente, do âmbito de especial proteção que a Lei Fundamental dispensa às comunidades familiares, as uniões entre pessoas do mesmo sexo pautadas por relações homoafetivas. Impõe-se examinar, preliminarmente, se se revela cabível, ou não, no caso, a instauração do processo objetivo de fiscalização normativa abstrata. É que ocorre, na espécie, circunstância juridicamente relevante que não pode deixar de ser considerada, desde logo, pelo Relator da causa. Refiro-me ao fato de que a norma legal em questão, tal como positivada, resultou derrogada em face da superveniência do novo Código Civil, cujo art. 1.723, ao disciplinar o tema da união estável, reproduziu, em seus aspectos essenciais, o mesmo conteúdo normativo inscrito no ora impugnado art. 1º da Lei nº 9.278/96. Uma simples análise comparativa dos dispositivos ora mencionados, considerada a identidade de seu conteúdo material, evidencia que o art. 1.723 do Código Civil (Lei nº 10.406/2002) efetivamente derrogou o art. 1º da Lei nº 9.278/96: Código Civil (2002) "Art. 1.723. É reconhecida como entidade familiar a união estável entre o homem e a mulher, configurada na convivência pública, contínua e duradoura e estabelecida com o objetivo de constituição de família." Lei nº 9.278/96 "Art. 1º. É reconhecida como entidade familiar a convivência duradoura, pública e contínua de um homem e uma mulher, estabelecida com objetivo de constituição de família." Extremamente significativa, a tal respeito, a observação de CARLOS ROBERTO GONÇALVES ("Direito Civil Brasileiro – Direito de Família", vol. VI/536, item n. 3, 2005, Saraiva): "Restaram revogadas as mencionadas Leis n. 8.971/94 e n. 9.278/96 em face da inclusão da matéria no âmbito do Código Civil de 2002, que fez significativa mudança, inserindo o título referente à união estável no Livro de Família e incorporando, em cinco artigos (1.723 a 1.727), os princípios básicos das aludidas leis, bem como introduzindo disposições esparsas em outros capítulos quanto a certos efeitos, como nos casos de obrigação alimentar (art. 1.694)." (grifei). A ocorrência da derrogação do art. 1º da Lei nº 9.278/96 – também reconhecida por diversos autores (HELDER MARTINEZ DAL COL, "A União Estável perante o Novo Código Civil", "in" RT 818/11-35, 33, item n. 8; RODRIGO DA CUNHA PEREIRA, "Comentários ao Novo Código Civil", vol. XX/3-5, 2004, Forense) – torna inviável, na espécie, porque destituído de objeto, o próprio controle abstrato concernente ao preceito normativo em questão. É que a regra legal ora impugnada na presente ação direta já não mais vigorava quando da instauração deste processo de fiscalização concentrada de constitucionalidade. O reconhecimento da inadmissibilidade do processo de fiscalização normativa abstrata, nos casos em que o ajuizamento da ação direta tenha sido precedido – como sucede na espécie – da própria revogação do ato estatal que se pretende impugnar, tem o beneplácito da jurisprudência desta Corte Suprema (RTJ 105/477, Rel. Min. NÉRI DA SILVEIRA – RTJ 111/546, Rel. Min. SOARES MUÑOZ – ADI 784/SC, Rel. Min. MOREIRA ALVES): "Constitucional. Representação de inconstitucionalidade. Não tem objeto, se, antes do ajuizamento da argüição, revogada a norma inquinada de inconstitucional." (RTJ 107/928, Rel. Min. DECIO MIRANDA – grifei) "(...) também não pode ser a presente ação conhecida (...), tendo em vista que a jurisprudência desta Corte já firmou o princípio (...) de que não é admissível a apreciação, em juízo abstrato, da constitucionalidade ou da inconstitucionalidade de norma jurídica revogada antes da instauração do processo de controle (...)." (RTJ 145/136, Rel. Min. MOREIRA ALVES – grifei) Cabe indagar, neste ponto, embora esse pleito não tenha sido deduzido pelas entidades autoras, se se mostraria possível, na espécie, o ajuizamento de ação direta de inconstitucionalidade proposta com o objetivo de questionar a validade jurídica do próprio § 3º do art. 226 da Constituição da República. A jurisprudência do Supremo Tribunal Federal firmou-se no sentido de não admitir, em sede de fiscalização normativa abstrata, o exame de constitucionalidade de uma norma constitucional originária, como o é aquela inscrita no § 3º do art. 226 da Constituição: "- A tese de que há hierarquia entre normas constitucionais originárias dando azo à declaração de inconstitucionalidade de umas em face de outras é incompossível com o sistema de Constituição rígida. – Na atual Carta Magna, 'compete ao Supremo Tribunal Federal, precipuamente, a guarda da Constituição' (artigo 102, 'caput'), o que implica dizer que essa jurisdição lhe é atribuída para impedir que se desrespeite a Constituição como um todo, e não para, com relação a ela, exercer o papel de fiscal do Poder Constituinte originário, a fim de verificar se este teria, ou não, violado os princípios de direito suprapositivo que ele próprio havia incluído no texto da mesma Constituição. - Por outro lado, as cláusulas pétreas não podem ser invocadas para sustentação da tese da inconstitucionalidade de normas constitucionais inferiores em face de normas constitucionais superiores, porquanto a

Constituição as prevê apenas como limites ao Poder Constituinte derivado ao rever ou ao emendar a Constituição elaborada pelo Poder Constituinte originário, e não como abarcando normas cuja observância se impôs ao próprio Poder Constituinte originário com relação às outras que não sejam consideradas como cláusulas pétreas, e, portanto, possam ser emendadas. Ação não conhecida, por impossibilidade jurídica do pedido." (RTJ 163/872-873, Rel. Min. MOREIRA ALVES, Pleno – grifei) Vale assinalar, ainda, a propósito do tema, que esse entendimento – impossibilidade jurídica de controle abstrato de constitucionalidade de normas constitucionais originárias – reflete-se, por igual, no magistério da doutrina (GILMAR FERREIRA MENDES, "Jurisdição Constitucional", p. 178, item n. 2, 4ª ed., 2004, Saraiva; ALEXANDRE DE MORAES, "Constituição do Brasil Interpretada", p. 2.333/2.334, item n. 1.8, 2ª ed., 2003, Atlas; OLAVO ALVES FERREIRA, "Controle de Constitucionalidade e seus Efeitos", p. 42, item n. 1.3.2.1, 2003, Editora Método; GUILHERME PEÑA DE MORAES, "Direito Constitucional – Teoria da Constituição", p. 192, item n. 3.1, 2003, Lumen Juris; PAULO BONAVIDES, "Inconstitucionalidade de Preceito Constitucional", "in" "Revista Trimestral de Direito Público", vol. 7/58-81, Malheiros; JORGE MIRANDA, "Manual de Direito Constitucional", tomo II/287-288 e 290-291, item n. 72, 2ª ed., 1988, Coimbra Editora). Não obstante as razões de ordem estritamente formal, que tornam insuscetível de conhecimento a presente ação direta, mas considerando a extrema importância jurídico-social da matéria – cuja apreciação talvez pudesse viabilizar-se em sede de argüição de descumprimento de preceito fundamental -, cumpre registrar, quanto à tese sustentada pelas entidades autoras, que o magistério da doutrina, apoiando-se em valiosa hermenêutica construtiva, utilizando-se da analogia e invocando princípios fundamentais (como os da dignidade da pessoa humana, da liberdade, da autodeterminação, da igualdade, do pluralismo, da intimidade, da não-discriminação e da busca da felicidade), tem revelado admirável percepção do alto significado de que se revestem tanto o reconhecimento do direito personalíssimo à orientação sexual, de um lado, quanto a proclamação da legitimidade ético-jurídica da união homoafetiva como entidade familiar, de outro, em ordem a permitir que se extraiam, em favor de parceiros homossexuais, relevantes conseqüências no plano do Direito e na esfera das relações sociais. Essa visão do tema, que tem a virtude de superar, neste início de terceiro milênio, incompreensíveis resistências sociais e institucionais fundadas em fórmulas preconceituosas inadmissíveis, vem sendo externada, como anteriormente enfatizado, por eminentes autores, cuja análise de tão significativas questões tem colocado em evidência, com absoluta correção, a necessidade de se atribuir verdadeiro estatuto de cidadania às uniões estáveis homoafetivas (LUIZ EDSON FACHIN, "Direito de Família –Elementos críticos à luz do novo Código Civil brasileiro", p. 119/127, item n. 4, 2003, Renovar; LUIZ SALEM VARELLA/IRENE INNWINKL SALEM VARELLA, "Homoerotismo no Direito Brasileiro e Universal – Parceria Civil entre Pessoas do mesmo Sexo", 2000, Agá Juris Editora, ROGER RAUPP RIOS,"A Homossexualidade no Direito", p. 97/128, item n. 4, 2001, Livraria do Advogado Editora – ESMAFE/RS; ANA CARLA HARMATIUK MATOS, "União entre Pessoas do mesmo Sexo: aspectos jurídicos e sociais", p. 161/162, Del Rey, 2004; VIVIANE GIRARDI, "Famílias Contemporâneas, Filiação e Afeto: a possibilidade jurídica da Adoção por Homossexuais", Livraria do Advogado

Editora, 2005; TAÍSA RIBEIRO FERNANDES, "Uniões Homossexuais: efeitos jurídicos", Editora Método, São Paulo; JOSÉ CARLOS TEIXEIRA GIORGIS, "A Natureza Jurídica da Relação Homoerótica", "in" "Revista da AJURIS" nº 88, tomo I, p. 224/252, dez/2002, v.g.). Cumpre referir, neste ponto, a notável lição ministrada pela eminente Desembargadora MARIA BERENICE DIAS ("União Homossexual: O Preconceito & a Justiça", p. 71/83 e p. 85/99, 97, 3ª ed., 2006, Livraria do Advogado Editora), cujas reflexões sobre o tema merecem especial destaque: "A Constituição outorgou especial proteção à família, independentemente da celebração do casamento, bem como às famílias monoparentais. Mas a família não se define exclusivamente em razão do vínculo entre um homem e uma mulher ou da convivência dos ascendentes com seus descendentes. Também o convívio de pessoas do mesmo sexo ou de sexos diferentes, ligadas por laços afetivos, sem conotação sexual, cabe ser reconhecido como entidade familiar. A prole ou a capacidade procriativa não são essenciais para que a convivência de duas pessoas mereça a proteção legal, descabendo deixar fora do conceito de família as relações homoafetivas. Presentes os requisitos de vida em comum, coabitação, mútua assistência, é de se concederem os mesmos direitos e se imporem iguais obrigações a todos os vínculos de afeto que tenham idênticas características. Enquanto a lei não acompanha a evolução da sociedade, a mudança de mentalidade, a evolução do conceito de moralidade, ninguém, muito menos os juízes, pode fechar os olhos a essas novas realidades. Posturas preconceituosas ou discriminatórias geram grandes injustiças. Descabe confundir questões jurídicas com questões de caráter moral ou de conteúdo meramente religioso. Essa responsabilidade de ver o novo assumiu a Justiça ao emprestar juridicidade às uniões extraconjugais. Deve, agora, mostrar igual independência e coragem quanto às uniões de pessoas do mesmo sexo. Ambas são relações afetivas, vínculos em que há comprometimento amoroso. Assim, impositivo reconhecer a existência de um gênero de união estável que comporta mais de uma espécie: união estável heteroafetiva e união estável homoafetiva. Ambas merecem ser reconhecidas como entidade familiar. Havendo convivência duradoura, pública e contínua entre duas pessoas, estabelecida com o objetivo de constituição de família, mister reconhecer a existência de uma união estável. Independente do sexo dos parceiros, fazem jus à mesma proteção. Ao menos até que o legislador regulamente as uniões homoafetivas – como já fez a maioria dos países do mundo civilizado -, incumbe ao Judiciário emprestar-lhes visibilidade e assegurar-lhes os mesmos direitos que merecem as demais relações afetivas. Essa é a missão fundamental da jurisprudência, que necessita desempenhar seu papel de agente transformador dos estagnados conceitos da sociedade. (...) (grifei) Vale rememorar, finalmente, ante o caráter seminal de que se acham impregnados, notáveis julgamentos, que, emanados do E. Tribunal de Justiça do Estado do Rio Grande do Sul e do E. Tribunal Regional Federal da 4ª Região acham-se consubstanciados em acórdãos assim ementados: "Relação homoerótica – União estável – Aplicação dos princípios constitucionais da dignidade humana e da igualdade – Analogia – Princípios gerais do direito – Visão abrangente das entidades familiares – Regras de inclusão (...) – Inteligência dos arts. 1.723, 1.725 e 1.658 do Código Civil de 2002 – Precedentes jurisprudenciais. Constitui união estável a relação fática entre duas mulheres, configurada na convivência pública, contínua, duradoura e estabelecida com o objetivo de constituir verdadeira família, observados os deveres de lealdade, respeito e mútua assistência. Superados os preconceitos que afetam ditas realidades, aplicam-se, os princípios constitucionais da dignidade da pessoa, da igualdade, além da analogia e dos princípios gerais do direito, além da contemporânea modelagem das entidades familiares em sistema aberto argamassado em regras de inclusão. Assim, definida a natureza do convívio, opera-se a partilha dos bens segundo o regime da comunhão parcial. Apelações desprovidas." (Apelação Cível 70005488812, Rel. Des. JOSÉ CARLOS TEIXEIRA GIORGIS, 7ª Câmara Civil – grifei) "(...) 6. A exclusão dos benefícios previdenciários, em razão da orientação sexual, além de discriminatória, retira da proteção estatal pessoas que, por imperativo constitucional, deveriam encontrar-se por ela abrangidas. 7. Ventilar-se a possibilidade de desrespeito ou prejuízo a alguém, em função de sua orientação sexual, seria dispensar tratamento indigno ao ser humano. Não se pode, simplesmente, ignorar a condição pessoal do indivíduo, legitimamente constitutiva de sua identidade pessoal (na qual, sem sombra de dúvida, se inclui a orientação sexual), como se tal aspecto não tivesse relação com a dignidade humana. 8. As noções de casamento e amor vêm mudando ao longo da história ocidental, assumindo contornos e formas de manifestação e institucionalização plurívocos e multifacetados, que num movimento de transformação permanente colocam homens e mulheres em face de distintas possibilidades de materialização das trocas afetivas e sexuais. 9. A aceitação das uniões homossexuais é um fenômeno mundial – em alguns países de forma mais implícita – com o alargamento da compreensão do conceito de família dentro das regras já existentes; em outros de maneira explícita, com a modificação do ordenamento jurídico feita de modo a abarcar legalmente a união afetiva entre pessoas do mesmo sexo. 10. O Poder Judiciário não pode se fechar às transformações sociais, que, pela sua própria dinâmica, muitas vezes se antecipam às modificações legislativas. 11. Uma vez reconhecida, numa interpretação dos princípios norteadores da constituição pátria, a união entre homossexuais como possível de ser abarcada dentro do conceito de entidade familiar e afastados quaisquer impedimentos de natureza atuarial, deve a relação da Previdência para com os casais de mesmo sexo dar-se nos mesmos moldes das uniões estáveis entre heterossexuais, devendo ser exigido dos primeiros o mesmo que se exige dos segundos para fins de comprovação do vínculo afetivo e dependência econômica presumida entre os casais (...), quando do processamento dos pedidos de pensão por morte e auxílio-reclusão." (Revista do TRF/4ª Região, vol. 57/309-348, 310, Rel. Des. Federal João Batista Pinto Silveira – grifei) Concluo a minha decisão. E, ao fazê-lo, não posso deixar de considerar que a ocorrência de insuperável razão de ordem formal (esta ADIN impugna norma legal já revogada) torna inviável a presente ação direta, o que me leva a declarar extinto este processo (RTJ 139/53 – RTJ 168/174-175), ainda que se trate, como na espécie, de processo de fiscalização normativa abstrata (RTJ 139/67), sem prejuízo, no entanto, da utilização de meio processual adequado à discussão, "in abstracto" – considerado o que dispõe o art. 1.723 do Código Civil –, da relevantíssima tese pertinente ao reconhecimento, como entidade familiar, das uniões estáveis homoafetivas. Arquivem-se os presentes autos. Publique-se. Brasília, 03 de fevereiro de 2006. Ministro CELSO DE MELLO Relator * decisão pendente de publicação

É cediço que o modelo familiar do passado se transformou não só em um modelo, mas em outros vários modelos. O importante é que no seio da família constituída tenham sido inseridos os valores morais, éticos e familiares que a os responsáveis por este núcleo estejam presentes e participantes da vida da sociedade no que diz respeito a educação, saúde etc. A primeira previsão constitucional de família surgiu na Carta de 1934. Depois vieram as Cartas de 1937, 1946 e 1967 onde se referiam a família legal, só ostentando o rótulo família aqueles grupos familiais originários do casamento civil. Inclusive os filhos tidos fora do casamento não eram considerados legítimos, pela antiga ordem Civil pátria, o que hoje não mais ocorre. Hoje o § 6º do artigo 227 da Constituição Federal determina que: "Os filhos havidos ou não da relação do casamento, ou por adoção, terão os mesmos direitos e qualificações, proibidas quaisquer designações discriminatórias relativas à filiação". O § 5º do artigo 226 da Constituição Federal assimila que: "Os direitos e deveres, referentes à sociedade conjugal são exercidos igualmente pelo homem e pela mulher". Trata-se neste caso da guarda compartilhada, tanto no caso do homem e mulher coabitarem no mesmo local ou em locais separados. Ou seja, os direitos e deveres da sociedade conjugal são de responsabilidade tanto do homem quanto da mulher responsáveis pela sociedade feita ou desfeita. A igualdade constitucional entre o homem e a mulher, indica que o poder familiar deve ser exercido em igualdade de condições. Que o princípio do melhor interesse do menor, deve ser respeitado; e também, que o planejamento familiar é do casal. Assim, conjugando os princípios citados, e respeitando os vários posicionamentos à respeito da nova redação dada ao artigo 1.584, do Código Civil, entendo que a intenção, o espírito do legislador, alcançou o seu fim. Mas, a efetividade não será alcançada. A dignidade do casal poderá ser arranhada, com a imposição de uma guarda compartilha (ex-cônjuges, que ainda não digeriram o fim do casamento, sentarem juntos para resolver a escola, o médico, etc. dos filhos.).

O § 6º do artigo 226 da Constituição Federal admite que: "O casamento civil pode ser dissolvido pelo divórcio, após prévia separação judicial por ais de um ano nos casos expressos em lei, ou comprovada separação de fato por mais de dois anos".

A fmaília cuja estabilidade se fixou, inegavelmente, a partir da Lei 6.5015, de 26 de dezembro de 1977, nascida com o advento da Emenda Constitucional nº 0, de 28 de junho de 1977 mudou bastante ao longos desses anos. O polêmico instituto jurídico do divórcio, por 30 anos, buscando atender aos relevantes interesses sociais, dos cônjuges, dos filhos e da família, sob a proteção do Estado, evoluiu após a Constituição Federal de 1988 (art. 226, § 6º) com a edição da Lei 7.841, de 17 de outubro de 1989, da Lei 8.408, de 13 de fevereiro de 1992, e da Lei 10.406 de 10 de janeiro de 2002 (Novo Código Civil, arts 1.571, IV, 1.579, 1.580, 1.581, 1.583, 1.584) passaram a definir a matéria em comento. O legislador não podia ficar inerte nem indiferente à marcha da história, diante de tantas mudanças impostas aos novos grupos de formação familiar. Muitas vezes as leis não conseguem acompanhar as mudanças impostas socialmente e a trasnformação dos modelos societários familiares. Com a Lei 6.515/77 o instituto da dissolução do casamento pelo divórcio passou por algumas transformações, de modo a atender os reclamos das pessoas e da realidade social. O divórcio à brasileira se condicionou no tempo da separação judicial (3 anos) e de separação de fato (5 anos) atendidas as regras inseridas nos arts. 4º e 5º, por mútuo consentimento, após 2 anos de casamento, ou por conduta desonrosa ou por qualquer ato que importe em grave violação dos deveres do casamento e tornem insurpotável a vida em comum, além da ruptura da vida em comum por mais de 5 anos sem possibilidade de sua reconstituição e por conta de grave doença mental do cônjuge, que torne impossível a continuação da vida em comum depois de 5 anos de reconhecimento da enfermidade de cura improvável, reprovada a hipótese da doença contagiosa, inserida no projeto originário. Tratava-se dos denominados divórcio-sanção, divórcio-falência e divórcio-remédio, que o legislador aprovou sob inspiração do direito francês. Com a promulgação da Carta Polítcia de 1988, por força do Art. 226, § 6º, da Lei do Divórcio foi alterada pelas Leis 7.841/89 e 8.408/92 para se adaptar ao texto maior, que soa: O casamento civil pode ser dissolvido pelo divórcio, após prévia separação judicial por mais de um ano nos casos expressos em lei, ou comprovada separação de fato por mais de dois anos. Assim constata-se que o tempo foi suficiente para consolidar o instituto do divórcio, reduzindo-se os prazos antes vigenes, no ímpeto de atender as exigências da família moderna, que conseguiu quebrar velhos tabus e discriminações odiosas, sob o manto de uma nova realidade social, cultural e econômica insculpida num novo Estado de Direito Democrático.

Esse traçado evolutivo, ao longo dos últimos lustros, atingiu o Novo Código Civil, que define o divórcio no seu art. 1.571, IV, §§ 1º e 2º, observando-se ainda o art. 1.572 *usque* art. 1.582, donde se introduziram profundas alterações na Lei nº 6.515/77, ainda que presentes graves retrocessos no chamado Estatuto Familiar, se interpretando o princípio basilar da dignidade da pessoa humana aliado ao princípio da igualdade em direitos e obrigações entre homens e mulheres, principalmente na relação conjugal, além do reconhecimento da pluralidade de opções para a formação da família, da não discriminação entre os filhos não importando sua origem, que se somam ao princípio da paternidade responsável e do melhor interesse da criança (Convenção Internacional dos Direitos da Criança, ONU, 1989). O direito codificado retroagiu ao tempo das Ordenações, editando o art. 1.573, onde, desnecessariamente arrola seis incisos e um parágrafo para justificar a impossibilidade da vida em comum, que autoriza a separação judicial e o divórcio. A partir do adultério, que foi excluído do Código Penal até a conduta desonrosa e de outros fatos que tornem impossível a vida em comum, tem-se um rol inútil para motivar o divórcio-sanção, fincado na culpa de um dos cônjuges, afora o divórcio-falência (com prazo reduzido de 5 anos para 1 ano) e o divórcio-remédio (cujo prazo foi reduzido de 4 anos para 2 anos da comprovação da doença mental de cura improvável), previstos na Lei 6.515/77.

Vale destacar a opinião dos teóricos contrários ao retrocesso da norma substativa ao ressuscitar os mitos da culpa nos termos do artigo 317 do Código Civil de 1916, revogado pela própria Lei nº 6.515/77, que dispunha como motivos a serem considerados a avaliação da separação motivadora por culpa de um dos cônjuges. O que lá havia foi repetido integralmente no artigo 1.573, acrescendo-se ainda dois itens: a condenação por crime infamante e uma cláusula geral de má conduta do Cônjuge culpado que permitirá ao juiz considerar a possibilidade da separação culposa ou não.

Portanto, a norma infraconstitucional deu lugar ao princípio maior da dignidade da pessoa humana (art. 1º, III, da CF/88) ao lado da garantia da livre determinação (art 5º, da CF/88) ao lado da garantia da livre determinação (art. 5º, da CF/88), pois é impossível aceitar-se que se limite o direito de qualquer cidadão casado a não permanecer casado, reconhecendo-se o casamento como vínculo dissolúvel (art. 226 § 6º da CF/88), sem cogitar da motivação, mas apenas pelo decurso do tempo.

Aliás, destaque-se aqui o direito francês e italiano, que aprovam o divórcio exclusivamente por não haver mais condições de se manter a vida em comum, além da hipótese de motivo grave que afete a convivência conjugal e possa resultar em prejuízo para a prole. O que importa, sempre é a affectio maritalis razão fundamental para a manutenção do vínculo conjugal, se prescindido da culpa para justificar a separação ou o divórcio.

A Constituição outrora proibia o divórcio direto, de acordo com o antigo parágrafo 6º, do artigo 226. Neste momento, quem pensava em se divorciar restavam dois caminhos: entrar com ação de separação judicial e, em um ano depois da sentença, convertê-la em divórcio; ou então ficar dois anos separados, de fato, mas casado no papel. Neste caso, era preciso provar a separação de corpus, com apresentação de testemunhas que respondiam a perguntas sobre a situação do casal. Após a comprovação de que não estavam mais juntos e, cumprido o prazo, o divórcio era decretado. Hoje com a nova redação do dispositivo constitucional que diz: "O casamento civil pode ser dissolvido pelo divórcio". Neste caso a separação judicial ficou no passado. Quanto ao divórcio realizado nos Cartórios civis a mudança vale para as separações e divórcios consensuais, quando não há filhos menores, conforme a Lei nº 11.441/07. O § 7º do artigo 226 da Constituição federal propõe regras de planejamento familiar e paternidade responsável fundado nos princípios da dignidade da pessoa humana e da paternidade responsável, assim dispõe: "o planejamneto familiar é livre decisão do casal, competindo ao Estado propiciar recursos educacionais e científicos para o exercício desse direito, vedada qualquer forma coercitiva por parte de instituições oficiais ou privadas.

No intuito de preservá-la e respeitar a liberdade de seus integrantes, a nossa Constituição Federal, partindo dos princípios da dignidade da pessoa humana e da paternidade responsável, dispõe que o planejamento familiar é livre decisão do casal, competindo ao Estado propiciar recursos educacionais e científicos para o exercício desse direito. Para tanto, não admite qualquer forma coercitiva por parte de instituições oficiais ou privadas. Nos termos da lei, o planejamento familiar é direito do cidadão. Este planejamento deve ser entendido como o conjunto de ações de regulação da fecundidade que garanta direitos iguais de constituição, limitação ou aumento da prole pela mulher, pelo homem ou pelo casal. Dentro de uma visão de atendimento global à saúde, o Estado deve se preocupar com as ações de atenção à mulher, ao homem ou ao casal, cabendo ao SUS – Sistema Único de Saúde, em todos os níveis, instituir e manter os programas essenciais que cumpram esta finalidade (pré-natal, parto, controle das doenças sexualmente transmissíveis, controle e prevenção do câncer cérvico-uterino etc.). Além disso, com a colaboração de toda a sociedade, deve promover ações preventivas e educativas que possibilitem o acesso igualitário a informações, meios, métodos e técnicas disponíveis para a regulação da fecundidade.

Para fins de planejamento familiar são válidos todos os métodos e técnicas de concepção e contracepção legais e cientificamente aceitos, desde que não coloquem em risco a vida e a saúde das pessoas e lhes garanta a liberdade de opção.

O § 8º do artigo 226 estabelece que: "O Estado assegurará a assistência à família na pessoa de cada um dos que a integrem, criando mecanismos para coibir a violência no âmbito de suas relações".

A Lei nº. 11.340, de 7 de agosto de 2006, criou mecanismos para coibir a violência doméstica e familiar contra a mulher, nos termos do § 8º do art. 226 da Constituição Federal, da Convenção sobre a Eliminação de Todas as Formas de Discriminação contra as Mulheres e da Convenção Interamericana para Prevenir, Punir e Erradicar a Violência contra a Mulher; dispõe sobre a criação dos Juizados de Violência Doméstica e Familiar contra a Mulher; altera o Código de Processo Penal, o Código Penal e a Lei de Execução Penal; e dá outras providências. Com a publicação desta lei torna mais rigorosa a pena contra quem agride mulheres e foi batizada em homenagem a Maria da Penha Maia, vítima que se transformou em símbolo da luta contra violência doméstica.

Em 1983, o marido de Maria da Penha Maia, o professor universitário Marco Antonio Herredia, tentou matá-la duas vezes. Na primeira vez deu um tiro e ela ficou paraplégica. Na segunda, tentou eletrocutá-la. Na ocasião, ela tinha 38 anos e três filhas, entre 6 e 2 anos de idade.

A investigação começou em junho do mesmo ano, mas a denúncia só foi apresentada ao Ministério Público Estadual em setembro de 1984. Oito anos depois, Herredia foi condenado a oito anos de prisão, mas usou de recursos jurídicos para protelar o cumprimento da pena. O caso chegou à Comissão Interamericana dos Direitos Humanos da Organização dos Estados Americanos (OEA), que acatou, pela primeira vez, a denúncia de um crime de violência doméstica. Herredia foi preso em 28 de outubro de 2002 e cumpriu dois anos de prisão. Hoje, está em liberdade. Após as tentativas de homicídio, Maria da Penha Maia começou a atuar em movimentos sociais contra violência e impunidade e hoje é coordenadora de Estudos, Pesquisas e Publicações da Associação de Parentes e Amigos de Vítimas de Violência (APAVV) no seu estado, o Ceará. Disse a vítima sobre a lei: "Eu acho que a sociedade estava aguardando essa lei. A mulher não tem mais vergonha (de denunciar). Ela não tinha condição de denunciar e se atendida na preservação da sua vida", lembrou. Maia recomenda que a mulher denuncie a partir da primeira agressão. "Não adianta conviver. Porque a cada dia essa agressão vai aumentar e terminar em assassinato." O caso de Maria da Penha Maia não é isolado no Brasil, muitas mulheres sofrem agressão dentro de casa. O espancamento atinge quatro mulheres por minuto no Brasil. E, muitas mulheres não denunciam por medo ou vergonha de se expor.

A Lei de Combate à Violência Contra a Mulher estipula, ainda, a criação de juizados especiais criminais para esse tipo de crime, pelos tribunais de Justiça dos estados e do Distrito Federal. Além disso, as investigações serão mais detalhadas, com depoimentos também de testemunhas. Atualmente, o crime de violência doméstica é considerado de "menor potencial ofensivo" e julgado nos juizados especiais criminais junto com causas como briga de vizinho e acidente de trânsito. Marido que bate na mulher pode ser preso em flagrante e ficar três anos detido. A Lei de Violência Doméstica e Familiar contra a Mulher aumentou de um para três anos o tempo máximo de prisão – o mínimo foi reduzido de seis meses para três meses. A nova lei altera o Código Penal e permite que agressores sejam presos em flagrante ou tenham a prisão preventiva decretada. Também acaba com as penas pecuniárias, aquelas em que o réu é condenado a pagar cestas básicas ou multas. Altera ainda a Lei de Execuções Penais para permitir que o juiz determine o comparecimento obrigatório do agressor a programas de recuperação e reeducação. A lei também traz uma série de medidas para proteger a mulher agredida, que está em situação de agressão ou corre risco de vida. Entre elas, a saída do agressor de casa, a proteção dos filhos e o direito de a mulher reaver seus bens e cancelar procurações feitas em nome do agressor. A violência psicológica passa a ser caracterizada também como violência doméstica.

A mulher poderá também ficar seis meses afastada do trabalho sem perder o emprego se for constatada a necessidade de manutenção de sua integridade física ou psicológica. Será criado também um juizado especial de Violência Doméstica e Familiar contra a Mulher para dar mais agilidade aos processos.

73.2. DA CRIANÇA E DO ADOLESCENTE

O artigo 227 da Constituição Federal vaticina que:

> É dever da família, da sociedade e do Estado assegurar à criança e ao adolescente, com absoluta prioridade, o direito à vida, à saúde, à alimentação, à educação, ao lazer, à profissionalização, à cultura, à dignidade, ao respeito, è liberdade e à convivência familiar e comunitária, além de colocá-los a salvo de toda a forma de negligência, discriminação, exploração, violência, crueldade e opressão.

A Constituição Federal de 1988 em seu artigo 227 diz que é dever do Estado, da família e da sociedade proporcionar a convivência familiar. O Código Civil de 2002 no artigo 1634, II afirma que compete aos pais ter os filhos menores em sua companhia e guarda; o artigo 1632 alerta que a separação judicial, o divórcio e a dissolução da união estável não alteram as relações entre pais e filhos e os pais cabem o direito de ter os filhos em sua companhia. O Estatuto da Criança e do Adolescente no seu artigo 4º repete o que aduz o texto Constitucional e ainda no artigo 16 determina o direito de liberdade e no artigo 19 estatui acerca do direito à convivência familiar. É dever do Estado promover programas de assistência integral à saúde da criança e do adolescente, admitida a participação de entidades não governamentais (§1º, art. 227, CF).

Para o cumprimento do caput do artigo 227 embasado na doutrina da proteção integral, presente no ordenamento ordinário, o constituinte determinou que devessem ser obedecidos os seguintes preceitos: I – aplicação de percentual dos recursos públicos destinados à saúde na assistência materno-infantil (art. 227, I, CF); II – criação de programas de prevenção e atendimento especializado para os portadores de deficiência física, sensorial ou mental, bem como de integração social do adolescente portador de deficiência, mediante o treinamento para o trabalho e a convivência, e a facilitação do acesso aos bens e serviços coletivos, com a eliminação de preconceitos e obstáculos arquitetônicos (art. 227, II, CF).

O § 2º do artigo 227 estabelece que: *"A lei disporá sobre normas de construção dos logradouros e dos edifícios de uso público e de fabricação de veículos de transporte coletivo, a fim de garantir acesso adequado às pessoas portadoras de deficiência".* Cumpre ao legislador ordinário disciplinar a construção de logradouros, de edifícios de uso público, e a fabricação de veículos de transporte coletivo para garantir aceso adequado às pessoas portadoras de deficiência.

O tema da acessibilidade é uma das questões centrais para a qualidade de vida e o pleno exercício da cidadania pelas pessoas portadoras de deficiências – PPDs. Com efeito, as dificuldades de locomoção nas vias públicas e de acesso aos transportes públicos, a par de inúmeros constrangimentos, frequentemente inviabilizam o exercício pelas PPDs dos direitos à educação, à saúde e ao trabalho.

Nos termos do art. 2º da Lei n.º 10.098/2000, acessibilidade é a possibilidade e condição de alcance para utilização, com segurança e autonomia, dos espaços, mobiliários e equipamentos urbanos, das edificações, dos transportes e dos sistemas e meios de comunicação, por pessoa portadora de deficiência ou com mobilidade reduzida.

Do ponto de vista das técnicas de engenharia e arquitetura, as condições para assegurar a acessibilidade encontram-se descritas em diversas normas da Associação Brasileira de Normas Técnicas – ABNT, tais como:

> a) NBR 9050 – Acessibilidade a Edificações Mobiliário, Espaços e Equipamentos Urbanos;
> b) NBR 13994 – Elevadores de Passageiros – Elevadores para Transportes de Pessoa Portadora de Deficiência;
> c) NBR 14020 – Acessibilidade a Pessoa Portadora de Deficiência – Trem de Longo Percurso;
> d) NBR 14021 – Transporte – Acessibilidade no sistema de trem urbano ou metropolitano;
> e) NBR 14022 – Acessibilidade a Pessoa Portadora de Deficiência em Ônibus e Trólebus para Atendimento Urbano e Intermunicipal;
> f) NBR 14273 – Acessibilidade a Pessoa Portadora de Deficiência no Transporte Aéreo Comercial; e
> g) NBR 15250 – Acessibilidade em caixa de auto-atendimento bancário

É considerada PPD pessoa portadora de deficiência, nos termos do Decreto n.º 5.296/2004, a que possui limitação ou incapacidade para o desempenho de atividade e se enquadra nas seguintes categorias: a) deficiência física: alteração completa ou parcial de um ou mais segmentos do corpo humano, acarretando o comprometimento da função física, apresentando-se sob a forma de paraplegia, paraparesia, monoplegia, monoparesia, tetraplegia, tetraparesia, triplegia, triparesia, hemiplegia, hemiparesia, ostomia, amputação ou ausência de membro, paralisia cerebral, nanismo, membros com deformidade congênita ou adquirida, exceto as deformidades estéticas e as que não produzam dificuldades para o desempenho de funções; b) deficiência auditiva: perda bilateral, parcial ou total, de quarenta e um decibéis (dB) ou mais, aferida por audiograma nas freqüências de 500Hz, 1.000Hz, 2.000Hz e 3.000Hz; c) deficiência visual: cegueira, na qual a acuidade visual é igual ou menor que 0,05 no melhor olho, com a melhor correção óptica; a baixa visão, que significa acuidade visual entre 0,3 e 0,05 no melhor olho, com a melhor correção óptica; os casos nos quais a somatória da medida do campo visual em ambos os olhos for igual ou menor que 60°; ou a ocorrência simultânea de quaisquer das condições anteriores; d) deficiência mental: funcionamento intelectual significativamente inferior à média, com manifestação antes dos dezoito anos e limitações associadas a duas ou mais áreas de habilidades adaptativas, tais como: 1. comunicação; 2. cuidado pessoal; 3. habilidades sociais; 4. utilização dos recursos da comunidade; 5. saúde e segurança; 6. habilidades acadêmicas; 7. lazer; e 8. trabalho; e) deficiência múltipla – associação de duas ou mais deficiências.

Esse imenso contingente de brasileiros tem o direito à acessibilidade assegurado por dois dispositivos da Carta Magna: Art. 227. [...] § 2º – A lei disporá sobre normas de construção dos logradouros e dos edifícios de uso público e de fabricação de veículos de transporte coletivo, a fim de garantir acesso adequado às pessoas portadoras de deficiência e Art. 244. A lei disporá sobre a adaptação dos logradouros, dos edifícios de uso público e dos veículos de transporte coletivo atualmente existentes a fim de garantir acesso adequado às pessoas portadoras de deficiência, conforme o disposto no artigo 227, § 2º.

Como se vê, os mandamentos são complementares: o § 2º do art. 227 destina-se aos novos empreendimentos, como logradouros e edifícios de uso público, assim como à fabricação de novos veículos de transporte coletivo; por sua vez, o art. 244 cuida da adaptação dos logradouros, dos edifícios de uso público e dos veículos de transporte coletivo existentes anteriormente à promulgação da Carta. Em ambas as situações, são idênticas a intenção do constituinte: garantir acesso adequado às pessoas portadoras de deficiência.

A lei n.º 10.098/2000 estabelece normas gerais e critérios básicos para a promoção da acessibilidade das pessoas portadoras de deficiência ou com mobilidade reduzida, e dá outras providências. Conforme seu art. 1º, a promoção da acessibilidade das pessoas portadoras de deficiência ou com mobilidade reduzida será alcançada mediante a supressão de barreiras e de obstáculos nas vias e espaços públicos, no mobiliário urbano, na construção e reforma de edifícios e nos meios de transporte e de comunicação

Em 2004, foi editado o Decreto n.º 5.296/2004, que regulamentou a Lei n.º 10.098/2000. Conforme tais diplomas: a) o planejamento e a urbanização das vias públicas, dos parques e dos demais espaços de uso público deverão ser concebidos e executados de forma a torná-los acessíveis para as pessoas portadoras de deficiência ou com mobilidade reduzida; b) as vias públicas, os parques e os demais espaços de uso público existentes, assim como as respectivas instalações de serviços e mobiliários urbanos deverão ser adaptados, obedecendo-se ordem de prioridade que vise à maior eficiência das modificações, no sentido de promover mais ampla acessibilidade às pessoas portadoras de deficiência ou com mobilidade reduzida; c) o projeto e o traçado dos elementos de urbanização públicos e privados de uso comunitário, nestes compreendidos os itinerários e as passagens de pedestres, os percursos de entrada e de saída de veículos, as escadas e rampas, deverão observar os parâmetros estabelecidos pelas normas técnicas de acessibilidade da Associação Brasileira de Normas Técnicas – ABNT; d) os banheiros de uso público existentes ou a construir em parques, praças, jardins e espaços livres públicos deverão ser acessíveis e dispor, pelo menos, de um sanitário e um lavatório que atendam às especificações das normas técnicas da ABNT; e e) todas as áreas de estacionamento de veículos, localizadas em vias ou em espaços públicos, deverão ser reservadas vagas próximas dos acessos de circulação de pedestres, devidamente sinalizadas, para veículos que transportem pessoas portadoras de deficiência com dificuldade de locomoção.

Ademais, são previstas normas para instalação de semáforos, postes de sinalização e similares, cabines telefônicas, fontes públicas, lixeiras, toldos, marquises, quiosques e quaisquer outros elementos de mobiliário urbano. No que concerne a construção, ampliação ou reforma de edifícios públicos ou privados destinados ao uso coletivo, tais obras deverão ser executadas de modo que sejam ou se tornem acessíveis às pessoas portadoras de deficiência ou com mobilidade reduzida, incluindo os seguintes requisitos: a) nas áreas externas ou internas da edificação, destinadas a garagem e a estacionamento de uso público, deverão ser reservadas vagas próximas dos acessos de circulação de pedestres, devidamente sinalizadas, para veículos que transportem pessoas portadoras de deficiência com dificuldade de locomoção permanente; b) pelo menos um dos acessos ao interior da edificação deverá estar livre de barreiras arquitetônicas e de obstáculos que impeçam ou dificultem a acessibilidade de pessoa portadora de deficiência ou com mobilidade reduzida; c) pelo menos um dos itinerários que comuniquem horizontal e verticalmente todas as dependências e serviços do edifício, entre si e com o exterior, deverá cumprir os requisitos de acessibilidade de que trata esta Lei; e d) os edifícios deverão dispor, pelo menos, de um banheiro acessível, distribuindo-se seus equipamentos e acessórios de maneira que possam ser utilizados por pessoa portadora de deficiência ou com mobilidade reduzida.

Finalmente, o art. 23 da Lei estipulou que a Administração Pública federal direta e indireta destinará, anualmente, a partir de 2001, dotação orçamentária para as adaptações, eliminações e supressões de barreiras arquitetônicas existentes nos edifícios de uso público de sua propriedade e naqueles que estejam sob sua administração ou uso. Por sua vez, o Decreto condiciona ao cumprimento de suas disposições, sempre que houver interação com a matéria nele regulamentada: I – a aprovação de projeto de natureza arquitetônica e urbanística, de comunicação e informação, de transporte coletivo, bem como a execução de qualquer tipo de obra, quando tenham destinação pública ou coletiva; II – a outorga de concessão, permissão, autorização ou habilitação de qualquer natureza; III – a aprovação de financiamento de projetos com a utilização de recursos públicos, dentre eles os projetos de natureza arquitetônica e urbanística, os tocantes à comunicação e informação e os referentes ao transporte coletivo, por meio de qualquer instrumento, tais como convênio, acordo, ajuste, contrato ou similar; e IV – a concessão de aval da União na obtenção de empréstimos e financiamentos internacionais por entes públicos ou privados.

O § 3º do artigo 227 da Constituição Federal profetiza que:

> O direito a proteção especial abrangerá os seguintes aspectos: I – idade mínimo de quatorze anos para admissão ao trabalho, observado o disposto no art. 7º, XXXIII; II – garantia de direitos previdenciários e trabalhistas; III – garantia de acesso do trabalhador adolescente à escola; Iv – garantia de pleno e formal conhecimento da atribuição de ato infracional, igualdade na relação processual e defesa técnica por profissional habilitado, segundo dispuser a legislação tutelar específica; V – obediência aos princípios da brevidade, excepcionalidade e respeito à condição peculiar de pessoa em desenvolvimento, quando da aplicação de qualquer medida privativa da liberdade; VI – estímulo do Poder Público, através de assistência jurídica, incentivos fiscais e subsídios, nos termos da lei, ao acolhimento, sob a forma de guarda, de criança ou adolescente órfão ou abandonado; VII – programas de prevenção e atendimento especializado à criança e ao adolescente de entorpecentes e drogas afins.

O § 4º do artigo 227 da Constituição Federal deixou aos auspícios do legislador ordinário o encargo de punir severamente, o abuso, a violência e a exploração sexual da criança e do adolescente.

O Estatuto da Criança e do Adolescente, Lei nº. 8.069/90 tipifica crimes praticados contra as crianças. O abuso, a violência e a exploração sexual contra menores têm sido coibidos severamente. O Estado está procurando estar vigilante para evitar estes males a um ser que deveria estar sendo protegido pelos adultos e sofrendo estes abusos. O abuso infantil, ou maltrato infantil, é o abuso físico e/ou psicológico de uma criança, por parte de seus pais – sejam biológicos ou adotivos – por outro adulto que possui a guarda da criança, ou mesmo por outro adultos próximos à criança (parentes e professores, por exemplo). O abuso infantil envolve a negligência por parte do adulto em cuidar do bem-estar da criança, como alimentação ou abrigo. Também comumente envolve agressões psicológicas como xingamentos ou palavras que causam danos psicológicos à criança, e/ou agressões de caráter físico como espancamento, queimaduras ou abuso sexual.

O § 5º do artigo 227 da Constituição Federal estabelece que: "A adoção será assistida pelo Poder Público, na forma da lei, que estabelecerá casos e condições de sua efetivação por parte de estrangeiros".

A adoção é a modalidade artificial de filiação que busca imitar a filiação natural, este ato civil nada mais é do que aceitar um estranho na qualidade de filho, pois não resulta de uma relação biológica, mas de manifestação de vontade ou de sentença judicial. A filiação natural repousa sobre o vínculo de sangue enquanto a adoção é uma filiação exclusivamente jurídica que se sustenta sobre uma relação afetiva. A adoção é, portanto, um ato jurídico que cria relações de paternidade e filiação entre duas pessoas e este ato faz com que uma pessoa passe a gozar do estado de filho de outra pessoa.

Uma definição no sentido mais natural é conceber um lar a crianças necessitadas e abandonadas em face de várias circunstâncias, como a orfandade, a pobreza, o desinteresse dos pais biológicos e os desajustes sociais que desencadeiam no mundo atual. A adoção visa dar as crianças e adolescentes desprovidos de família um ambiente de convivência mais humana, onde outras pessoas irão satisfazer ou atender aos pedidos afetivos, materiais e sociais.

A adoção, na modernidade, preenche duas finalidades fundamentais: dar filhos àqueles que não os podem ter biologicamente e dar pais as pessoas desamparadas. Isto visto a condição a que se refere o art. 1.625 do CC: "Somente será admitida a adoção que constituir efetivo benefício para o adotando." O art. 43 da Lei 8.069/90 diz: "A adoção será deferida quando apresentar reais vantagens para o adotando e fundar-se em motivos legítimos." Ao decretar uma adoção, o ponto central de exame do juiz será o adotando e os benefícios que a adoção poderá lhe trazer.

O Código de Hamurabi traz em seu parágrafo 185: "Se um *awilum* (capaz) adotar uma criança desde seu nascimento e a criar; essa criança adotada não poderá ser reclamada." E no parágrafo 186: "Se um *awilum* adotou uma criança e, depois que a adotou, ela continuou a reclamar por seu pai ou sua mãe, essa criança adotada deverá voltar à casa de seu pai".

As regras para a adoção devem respeitar o Código Civil constantes nos artigos 1.618 a 1.629 e o Estatuto da Criança e do Adolescente nos artigos 39 a 52. O art. 42 da Lei 8.069/90 diz que: "Podem adotar os maiores de vinte e um anos, independentemente de estado civil". O Código Civil de 2.002 baixou o limite para a adoção, o art. 1.618 instrui: "Só a pessoa maior de 18 (dezoito) anos pode adotar".

Sobre a adoção por pessoas casadas, o § 2º do art. 42 da Lei nº. 8.069/90 determina:

> A adoção por ambos os cônjuges ou concubinos poderá ser formalizada, desde que um deles tenha completado vinte e um anos de idade, comprovada a estabilidade da família". Por sua vez, estão no parágrafo único do art. 1.618 do Código Civil: "a adoção por ambos os cônjuges ou companheiros poderá ser formalizada, desde que um deles tenha completado 18 (dezoito) anos de idade, comprovada a estabilidade familiar.

Contempla o art. 1.622 do CC/2002 a adoção por cônjuges ou companheiros:

> Ninguém pode ser adotado por duas pessoas, salvo se forem marido e mulher, ou se viverem em união estável". È prevista, também no parágrafo único do citado artigo, reeditando regra inserida no § 4º da Lei nº. 8.069/90 adoção por adotantes divorciados ou judicialmente separados: "Os divorciados e os judicialmente separados poderão adotar conjuntamente, contanto que acordem sobre a guarda e o regime de visitas, e desde que o estágio de convivência tenha sido iniciado na constância da sociedade conjugal.

O Código Civil determina que haja uma diferença de idade entre o adotante e o adotado. O art. 1.619 é categórico: "O adotante há e ser pelo menos 16 (dezesseis) anos mais velho que o adotado". De outro lado, o Estatuto da Criança e do adolescente impunha igual diferença de, pelo menos, 16 (dezesseis) anos entre o adotante e o adotado, o § 3º do art. 42 diz: "O adotante há de ser, pelo menos, dezesseis anos mais velho do que o adotando."

Requisito indispensável para a adoção é o consentimento de ambos os pais biológicos, mesmo se um desses exerce sozinho o poder familiar, se o adotando for menor ou incapaz, nesse caso menor com 12 (doze) anos incompletos. De acordo com o artigo 1.621 do Código Civil: "A adoção depende de consentimento dos pais ou dos representantes legais, de quem se deseja adotar, e da concordância deste, se contar mais de doze anos." O § 1º deste artigo trata da dispensa de consentimento, onde diz: "O consentimento será dispensado em relação à criança ou adolescente cujos pais sejam desconhecidos ou tenham sido destituídos do poder familiar". Igual matéria trata o Estatuto da Criança e do adolescente em seu art. 45 que diz: "A adoção depende do consentimento dos pais ou do representante legal do adotando." Os § § 1º e 2º dispõem sobre o consentimento. O § 1º diz: "O consentimento será dispensado em relação à criança ou adolescente cujos pais sejam desconhecidos ou tenham sido destituídos do pátrio poder." O § 2º trata: "Em se tratando de adotando maior de doze anos de idade, será também necessária o seu consentimento." Quanto ao menor desamparado, o Código Civil extingue o consentimento". Não há necessidade do consentimento do representante legal do menor, se provado que se trata de infante exposto, ou de menor cujos pais sejam desconhecidos ou tenham sido destituídos do poder familiar, sem nomeação de tutor; ou de órfão não reclamado por qualquer parente, por mais de 1(um) ano.

Há, no Código Civil em vigor, a regra estabelecida no art. 1.623: "a adoção obedecerá a processo judicial, observados os requisitos estabelecidos neste Código". Frente ao atual direito brasileiro, sempre é necessário o caminho judicial. O artigo 227 da Carta Magna traz em seu § 5º, 1ª parte: "A adoção será assistida pelo Poder Público, na forma da lei".

Traz o art. 44 da Lei nº. 8.069/90: "Enquanto não der conta de sua administração e saldar o seu alcance, não pode o tutor ou curador adotar o pupilo ou o curatelado." O Código Civil, em seu art. 1.620 conservou o mesmo princípio: "Enquanto não der contas de sua administração e não saldar o débito, não poderá o tutor ou curador adotar o pupilo ou o curatelado". È necessário salvaguardar o interesse dos menores visa impedir que, com a adoção, o administrador de bens alheios se locupletar indevidamente, convém acrescentar que o tutor o curador, antes de promoverem a formalização da adoção, devem exonerar-se do cargo que exercem.

Adotando o tutor o curador, e tendo o adotado progenitores, não se prescinde do consentimento destes, isto porque nunca desaparece o interesse dos pais pelos filhos. Do exercício do poder familiar, o Código Civil traz em seu art. 1.634, II que: "Compete aos pais, quanto à pessoa dos filhos menores, tê-los em sua companhia e guarda".

Antes a Lei nº. 8.069/90 e o atual Código Civil, não era admissível a alteração completa da filiação sangüínea, com repercussão, inclusive nos avós. O art. 47, § 1º da Lei nº. 8.069/90 traz: "A inscrição consignará o nome dos adotantes como pais, bem como o nome de seus ascendentes". O art. 1.627 do atual Código Civil permite até trocar o nome do adotado: "A decisão confere ao adotado o sobrenome do adotante, podendo determinar a modificação de seu prenome, se menor, a pedido do adotante ou do adotado".

Antecedente de muita importância na adoção é o estágio de convivência. O art. 46 e seus parágrafos da lei nº. 8.069/90 traz como deverá ser o estágio: Art. 46. A adoção será precedida de estágio de convivência com a criança ou adolescente, pelo prazo que a autoridade judiciária fixar, observadas as peculiaridades do caso.

§ 1º O estágio de convivência poderá ser dispensado se o adotando não tiver mais de um ano de idade ou se, qualquer que seja a sua idade, já estiver na companhia do adotante durante tempo suficiente para se poder avaliar a conveniência da constituição do vínculo. § 2º Em caso de adoção por estrangeiro residente ou domiciliado fora do País, o estágio de convivência, cumprido no território nacional, será de no mínimo quinze dias para crianças de até dois anos de idade, e de no mínimo trinta dias quando se tratar de adotando acima de dois anos de idade.

Esse estágio poderá ser dispensado, como normatiza o art. 46, § 1º da Lei nº. 8.069/90. Não há prazo na lei, caberá ao juiz fixá-lo.

O envio de crianças ao exterior somente é permitida com autorização judicial. No sentido de coibir abusos, a Constituição de 1988 foi expressa ao mencionar que a adoção será assistida pelo Poder Público, com menção expressa ás condições de efetivação por parte de estrangeiros, isto posto no art. 227, § 5º.

A Lei nº. 8.069/90 também dispõe sobre a adoção pedida por estrangeiro, o art. 51 e seu parágrafos instruem:

Art. 51 Cuidando-se de pedido de adoção formulado por estrangeiro residente ou domiciliado fora do País observar-se-á o disposto no art. 31.

§ 1º O candidato deverá comprovar, mediante documento expedido pela autoridade competente do respectivo domicílio, estar devidamente habilitado à adoção, consoante as leis do seu país, bem como apresentar estudo psicossocial elaborado por agência especializada e credenciada no país de origem. § 2º A autoridade judiciária, de ofício ou a requerimento do Ministério Público, poderá determinar a apresentação do texto pertinente à legislação estrangeira, acompanhado de prova da respectiva vigência. § 3º Os documentos em língua estrangeira serão juntados aos autos, devidamente autenticados pela autoridade consular, observados os tratados e convenções internacionais, e acompanhados da respectiva tradução, por tradutor público juramentado. § 4º Antes de consumada a adoção não será permitida a saída do adotando do território nacional.

O art. 52 do mesmo Diploma Legal dispõe sobre estudo prévio da adoção:

> A adoção internacional poderá ser condicionada a estudo prévio e análise de uma comissão estadual judiciária de adoção, que fornecerá o respectivo laudo de habilitação para instruir o processo competente. Parágrafo único. Competirá à comissão manter registro centralizado de interessados estrangeiros em adoção.

O Código Civil, em seu art. 1.629 rege: "a adoção por estrangeiro obedecerá aos casos e condições que forem estabelecidas em lei".

A adoção é objeto de regras internacionais. O Brasil é signatário da Convenção sobre Cooperação Internacional e proteção de Crianças e adolescentes em Matéria de Adoção Internacional, concluída em Haia, em 29 de maio de 1993. Essa convenção foi ratificada pilo Brasil por meio do Decreto Legislativo nº. 3.087/99.

O art. 48 da Lei nº. 8.069/90 determina que: "A adoção é irrevogável". Igual matéria é tratada no Código Civil em seus artigos 1.621, §2º: *"O consentimento previsto no caput é revogável até a publicação da sentença constitutiva da adoção"*. E o artigo 1.628, 1ª parte que diz: "Os efeitos da adoção começam a partir do trânsito em julgado da sentença [...]". Mesmo que ocorra a morte dos adotantes, os pais naturais não retomarão o poder familiar, uma vez que a família do adotado deixa de ser a sua família de sangue e passa a ser a família do adotante.

Para regular essa matéria, foi inserida na Lei nº. 8.069/90, em seu art. 50 que diz: "Art. 50. A autoridade judiciária manterá, em cada comarca ou foro regional, um registro de crianças e adolescentes em condições de serem adotados e outro de pessoas interessadas na adoção. § 1º O deferimento da inscrição dar-se-á após prévia consulta aos órgãos técnicos do juizado e ouvido o Ministério Público. § 2º Não será deferida a inscrição se o interessado não satisfazer os requisitos legais, ou verificada qualquer das hipóteses previstas no art. 29.

O processo de adoção, regido pelo Capítulo III, Seção II, da lei n° 8.069/90, que trata "Dos Procedimentos", e sua seção IV que fala sobre a "Colocação em Família Substituta", é um procedimento especial por parte do Poder Público e requer uma apreciação demorada para ser formalizada. A competência para processar e julgar os casos de adoção é do Juiz da Infância e da Juventude ou juiz que exerça essa função, conforme revê a Lei nº. 8.069/90: Art. 148. A Justiça da Infância e da Juventude é competente para: III. Conhecer de pedidos de adoção e seus incidentes. Para tratar do foro para tal ato, o art. 147, I e II da mesma lei diz: Art. 147. A competência será determinada: I. Pelo domicílio dos pais ou responsável, II. Pelo lugar onde se encontre a criança ou adolescente, á falta dos pais ou responsável.

Inúmeros são os efeitos da adoção. Primeiro desaparecem todas as ligações com a família natural, todos os limes com a família original são esquecidos e apagados. O parentesco agora são os da família do adotante. Diz o art. 1.626 do Código Civil: "A adoção atribui a situação de filho ao adotado, desligando-o de qualquer vínculo com os pais e parentes consangüíneos, salvo quanto aos impedimentos para o casamento".

O adotado é equiparado nos direitos e obrigações ao filho sangüíneo, nesta ordem, assegura-se a ele o direito a alimentos e assume os deveres de assistência aos pais adotivos. O novo vínculo de filiação é definitivo, isto é, ao pode o adotado desligar-se do vínculo da adoção. Quanto ao direito sucessório, dada a completa igualdade, os direitos hereditários envolvem também a sucessão dos avôs e dos colaterais, tudo identicamente como acontece na filiação biológica. Diante disso, desaparece qualquer parentesco com os pais consangüíneos. Por outras palavras, na há sucessão por morte, eis que afastados os laços de parentesco. Nem o direito a alimento subsiste.

O § 6º do artigo 227 da Constituição Federal profetiza que: "Os filhos, havidos ou não da relação do casamento ou por adoção, terão os mesmos direitos e qualificações, proibidas quaisquer designações discriminatórias relativas à filiação".

Antigamente o filho havido fora da constância do casamento era conhecido como filho ilegítimo ou filho bastardo. Estes filhos extramatrimoniais, denominados *liberi iniusti*, classificavam-se em *spurii* ou *vulgo quaesiti* ou *vulgo conceptus* e *naturales liberi*.

A situação ou estado de filho espúrio era circunstância de absoluto desprestígio em face do direito romano que não admitiu a ação de investigação de paternidade, não permitindo, pois, que o espúrio pudesse agir judicialmente contra o seu pai, em busca do reconhecimento.

De modo especial, no que tange à igualdade dos direitos dos filhos, o § 6º do art. 227 da CF/88 implica numa única resposta à pergunta sobre a categoria dos filhos, hoje. Assim, a lei reconhece apenas duas categorias, ao sabor da análise do assunto filiação, isto é, aqueles que são filhos, e aqueles que não o são. De tal sorte que, em face da proibição constitucional no que concerne às designações discriminatórias, perde completamente o sentido, sob o prisma do Direito, os adjetivos legítimos, legitimados, ilegítimos, incestuosos, adulterinos, naturais, espúrios e adotivos. Reconhece, a ordem constitucional, a ampla igualdade entre os filhos, quer os biológicos, havidos na relação do casamento ou não, quer os não-biológicos, que integram a categoria dos adotivos.

Fixando o raciocínio sobre estes que são os filhos havidos fora do casamento, não há, hodiernamente, qualquer restrição ao se afirmar que a filiação é autárquica, ou seja, tudo quanto se argúi para estabelecer a relação é a existência do nexo biológico. Assim, o casamento ou não-casamento dos genitores é irrelevante – quer entre si, quer cada qual de *per si* considerado em frente de outra pessoa – para defraudar a situação jurídica dos filhos, que é única. Certamente o maior avanço, a conquista mais saudável, a maior justiça trazida pelo rompimento com a discriminação outrora existente, funda-se na ampla possibilidade de reconhecimento dos filhos havidos em circunstância extra matrimonial. Assim, desde a promulgação do novo texto constitucional, todos os filhos podem ser reconhecidos, voluntária ou judicialmente, por via de ação pessoal, vitalícia, imprescritível, transmissível a herdeiros em algumas hipóteses, e independentemente de qualquer situação, restrição ou dúvida. Apenas, acrescente-se, hoje o reconhecimento afigura-se com uma particularidade relevante, qual seja, operar-se-á por meio de ação que tenha por objeto precípuo, a certeza da relação biológica.

Na verdade, o § 6º do art. 227 da Constituição Federal é dispositivo de aplicabilidade imediata, uma vez que o texto não faz ressalva legal que pudesse admitir interpretação em contrário. O constituinte teve a intenção – nos parece indene de dúvida -, de igualar os filhos, sem opor restrições. De tal sorte, a norma constitucional superveniente fez com que a norma infraconstitucional perdesse a eficácia, restando desprovida de aplicabilidade.

Finalmente o § 7º estabelece que: "No atendimento dos direitos da criança e do adolescente levar-se-á em consideração o disposto no art. 204".

O artigo 204 da Constituição trata das ações governamentais na área de assistência sócia que serão realizadas com orçamento da seguridade social, previstos no artigo 195, além de outras fontes, e organizadas com base nas diretrizes estabelecidas constitucionalmente.

O artigo 228 da Constituição Federal preconiza que: "São penalmente ininputável os menores de dezoito anos, sujeitos às normas da Legislação especial".

O menor de 18 anos, portanto, não comete crime, e sim ato infracional; a ele não se aplicam penas, e sim medidas socio-educativas. Estas são as seguintes: (art. 112, ECA) advertência; obrigação de reparar o dano; prestação de serviços à comunidade; liberdade assistida; inserção em regime de semiliberdade; internação em estabelecimento educacional; além de outras, mais leves, como por exemplo, encaminhamento aos pais ou responsável;

orientação, apoio e acompanhamento temporários; matrícula e freqüência obrigatórias em estabelecimento oficial de ensino fundamental; requisição de tratamento médico, psicológico ou psiquiátrico, em regime hospitalar ou ambulatorial; colocação em família substituta, etc.

O Código Penal Brasileiro não define expressamente o que vem a ser imputabilidade, mas o seu conceito pode ser extraído indiretamente, na medida em que são estabelecidos, nos artigos 26 e 27, os casos de inimputabilidade.Art. 26. É isento de pena o agente que, por doença mental ou desenvolvimento incompleto ou retardado, era, ao tempo da ação ou da omissão, inteiramente incapaz de entender o caráter ilícito do fato ou de determinar-se de acordo com esse entendimento. Art. 27. "Os menores de 18 (dezoito) anos são penalmente inimputáveis, ficando sujeitos às normas estabelecidas na legislação especial".

Assim, imputabilidade pode ser conceituada como a possibilidade de imputar, ou seja, atribuir responsabilidade frente a uma determinada lei. É considerado imputável, portanto, aquele que possui a capacidade de entender o caráter criminoso do seu ato e de determinar-se de acordo com esse entendimento – sendo, pois, a vontade livre do homem o fundamento da imputabilidade.

73.3. DO IDOSO

Prossegue o artigo 229 da Constituição Federal constatando que: "Os pais têm o dever de assistir, criar e educar os filhos menores, e os filhos maiores têm o dever de ajudar e amparar os pais na velhice, carência ou enfermidade".

Este artigo me causa certo constrangimento. Procuro nos meus trabalhos não emitir juízo de valor, mas neste caso não poderia deixar de fazê-lo. Não seria já uma condição natural dos pais assistirem, criarem e educarem seus filhos e após a velhice serem amparados por estes filhos que tanto se dedicaram ao longo da vida? O que está acontecendo com nossa sociedade que este tema deva ser tratado em nível de Constituição Federal. As leis refletem a sociedade, seu comportamento, seus valores. Entendo a necessidade, por um lado, pela deficiência do sistema público, em atender à todos na velhice e a disposição constitucional caracteriza uma forma de conscientizar aos filhos de também cuidarem de seus pais. Mas não deveria ser uma atitude espontânea? Natural?

Ainda o artigo 230 constitucional que: "A família, a sociedade e o Estado têm o dever de amparar as pessoas idosas, assegurando sua participação na comunidade, defendendo sua dignidade e bem-estar e garantido-lhes o direito à vida".

Esta previsão constitucional é consectária: no Preâmbulo da Constituição Federal temos a preocupação com o bem-estar da sociedade.

No artigo 1º, inciso II da Constituição Federal temos o direito da dignidade da pessoa humana e o artigo 196 nos remete ao direito à saúde. O § 1º do artigo 130 estabelece que os programas de amparo aos idosos sejam executados preferencialmente em seus lares.

A Lei nº. 10.741/03 dispõe sobre o Estatuto do Idoso. Dentre as muitas conquistas alcançadas pelo Estatuto do idoso temos o atendimento preferencial no Sistema Único de Saúde (SUS). Ainda a distribuição de remédios aos idosos, principalmente os de uso continuado (hipertensão, diabetes etc.), deve ser gratuita, assim como a de próteses e órteses. Os planos de saúde não podem reajustar as mensalidades de acordo com o critério da idade. O idoso internado ou em observação em qualquer unidade de saúde tem direito a acompanhante, pelo tempo determinado pelo profissional de saúde que o atende. Os maiores de 65 anos têm direito ao transporte coletivo público gratuito, conforme preconiza o § 2º do artigo 230 da Constituição Federal. A carteira de identidade é o comprovante exigido. Nos veículos de transporte coletivo é obrigatória a reserva de 10% dos assentos para os idosos, com aviso legível. Nos transportes coletivos interestaduais, o estatuto garante a reserva de duas vagas gratuitas em cada veículo para idosos com renda igual ou inferior a dois salários mínimos. Se o número de idosos exceder o previsto, eles devem ter 50% de desconto no valor da passagem, considerando-se sua renda.

Nenhum idoso poderá ser objeto de negligência, discriminação, violência, crueldade ou opressão. Quem discriminar o idoso, impedindo ou dificultando seu acesso a operações bancárias, aos meios de transporte ou a qualquer outro meio de exercer sua cidadania pode ser condenado e a pena varia de seis meses a um ano de reclusão, além de multa.

Famílias que abandonem o idoso em hospitais e casas de saúde, sem dar respaldo para suas necessidades básicas, podem ser condenadas a pena de seis meses a três anos de detenção e multa. Para os casos de idosos submetidos a condições desumanas, privados da alimentação e de cuidados indispensáveis, a pena para os responsáveis é de dois meses a um ano de prisão, além de multa. Se houver a morte do idoso, a punição será de 4 a 12 anos de reclusão.

Qualquer pessoa que se aproprie ou desvie bens, cartão magnético (de conta bancária ou de crédito), pensão ou qualquer rendimento do idoso é passível de condenação, com pena que varia de um a quatro anos de prisão, além de multa. O dirigente de instituição de atendimento ao idoso responde civil e criminalmente pelos atos praticados contra o idoso.

A fiscalização dessas instituições fica a cargo do Conselho Municipal do Idoso de cada cidade, da Vigilância Sanitária e do Ministério Público. A punição em caso de mau atendimento aos idosos vai de advertência e multa até a interdição da unidade e a proibição do atendimento aos idosos.

Todo idoso tem direito a 50% de desconto em atividades de cultura, esporte e lazer.

É proibida a discriminação por idade e a fixação de limite máximo de idade na contratação de empregados, sendo passível de punição quem o fizer. O primeiro critério de desempate em concurso público é o da idade, com preferência para os concorrentes com idade mais avançada.

É obrigatória a reserva de 3% das unidades residenciais para os idosos nos programas habitacionais públicos ou subsidiados por recursos públicos.

73.4. JURISPRUDÊNCIA

HC 88788 / SP – SÃO PAULO
HABEAS CORPUS
Relator (a): Min. JOAQUIM BARBOSA
Julgamento: 22/04/2008 Órgão Julgador: Segunda Turma
DJe-117 DIVULG 26-06-2008 PUBLIC 27-06-2008
EMENT VOL-02325-02 PP-00372
PACTE. (S): JOSÉ DIEGO DE ANDRADE PEREIRA
IMPTE. (S): PGE-SP – PATRÍCIA HELENA MASSA ARZABE (ASSISTÊNCIA JUDICIÁRIA)
COATOR (A/S)(ES): SUPERIOR TRIBUNAL DE JUSTIÇA
Ementa

EMENTA: HABEAS CORPUS. ESTATUTO DA CRIANÇA E DO ADOLESCENTE. DESCUMPRIMENTO DE MEDIDA SÓCIO-EDUCATIVA. INTERNAÇÃO-SANÇÃO. LEGITIMIDADE. INSTITUTO DA PRESCRIÇÃO. APLICABILIDADE. PARÂMETRO. PENA MÁXIMA COMINADA AO TIPO LEGAL. REDUÇÃO DO PRAZO PRESCRICIONAL À METADE COM BASE NO ART. 115 DO CÓDIGO PENAL. HIPÓTESE DE CRIME DE ROUBO. PRESCRIÇÃO NÃO CONSUMADA, NA ESPÉCIE. AUSÊNCIA DE CONSTRANGIMENTO ILEGAL. ORDEM DENEGADA. 1. Não incide a irregularidade apontada pela impetrante, no sentido de que a medida de internação-sanção teria sido decretada antes do envio de precatória para a comarca onde o paciente estaria residindo. Constam informações nos autos de que a execução da medida de liberdade assistida foi deprecada e, diante da devolução da carta precatória, a medida extrema veio a ser decretada. 2. O instituto da prescrição não é incompatível com a natureza não-penal das medidas sócio-educativas. Jurisprudência pacífica no sentido da prescritibilidade das medidas de segurança, que também não têm natureza de pena, na estrita acepção do termo. 3. Os casos de imprescritibilidade devem ser, apenas, aqueles expressamente previstos em lei. Se o Estatuto da Criança e do Adolescente não estabelece a imprescritibilidade das medidas sócio-educativas, devem elas se submeter à regra geral, como determina o art. 12 do Código Penal. 4. O transcurso do tempo, para um adolescente que está formando sua personalidade, produz efeitos muito mais profundos do que para pessoa já biologicamente madura, o que milita em favor da aplicabilidade do instituto da prescrição. 5. O parâmetro adotado pelo Superior Tribunal de Justiça para o cálculo da prescrição foi o da pena máxima cominada em abstrato ao tipo penal correspondente ao ato infracional praticado pelo adolescente, combinado com a regra do art. 115 do Código Penal, que reduz à metade o prazo prescricional quando o agente é menor de vinte e um anos à época dos fatos. 6. Referida solução é a que se mostra mais adequada, por respeitar os princípios da separação de poderes e da reserva legal. 7. A adoção de outros critérios, como a idade limite de dezoito ou vinte e um anos e/ou os prazos não cabais previstos no Estatuto da Criança e do Adolescente para duração inicial das medidas, além de criar um tertium genus, conduz a diferenças de tratamento entre pessoas em situações idênticas (no caso da idade máxima) e a distorções incompatíveis com nosso ordenamento jurídico (no caso dos prazos iniciais das medidas), deixando de considerar a gravidade em si do fato praticado, tal como considerada pelo legislador. 8. No caso concreto, o acórdão do Superior Tribunal de Justiça não merece qualquer reparo, não tendo se aperfeiçoado a prescrição até o presente momento. 9. Ordem denegada.

RE 561936 / PR – PARANÁ
RECURSO EXTRAORDINÁRIO
Relator (a): Min. CEZAR PELUSO
Julgamento: 15/04/2008 Órgão Julgador: Segunda Turma
DJe-083 DIVULG 08-05-2008 PUBLIC 09-05-2008
EMENT VOL-02318-06 PP-01210
RECTE. (S): INSTITUTO NACIONAL DO SEGURO SOCIAL – INSS
RECDO. (A/S): JOSÉ ALVES DA CUNHA
Ementa
EMENTA: RECURSO. Extraordinário. Benefício de prestação continuada. Art. 203, V, da CF/88. Critério objetivo para concessão de benefício. Art. 20, § 3º, da Lei nº. 8.742/93 c.c. art. 34, § único, da Lei nº. 10.741/2003. Violação ao entendimento adotado no julgamento da ADI nº. 1.232/DF. Inexistência. Recurso extraordinário não provido. Não contraria o entendimento adotado pela Corte no julgamento da ADI nº. 1.232/DF, a dedução da renda proveniente de benefício assistencial recebido por outro membro da entidade familiar (art. 34, § único, do Estatuto do Idoso), para fins de aferição do critério objetivo previsto no art. 20, § 3º, da Lei nº. 8.742/93 (renda familiar mensal per capita inferior a 1/4 do salário-mínimo).

74

DOS ÍNDIOS

O artigo 231 da constituição Federal afirma que: "São reconhecidos aos índios sua organização social, costumes, línguas e crenças e tradições, e os direitos originários, sobre as terras que tradicionalmente ocupam, competindo à União demarcá-las, proteger e fazer respeitar todos os seus bens".

O "Estatuto do Índio" nome como ficou conhecida a lei 6.001. Promulgada em 1973, dispõe sobre as relações do Estado e da sociedade brasileira com os índios. Em linhas gerais, o Estatuto seguiu um princípio estabelecido pelo velho Código Civil brasileiro (de 1916): de que os índios, sendo "relativamente capazes", deveriam ser tutelados por um órgão indigenista estatal (de 1910 a 1967, o Serviço de Proteção ao Índio/SPI; atualmente, a Fundação Nacional do Índio/Funai) até que eles estivessem "integrados à comunhão nacional", ou seja, à sociedade brasileira.

Em ENo ano de 1988 veio a nova Constituição brasileira, e um dos seu principais avanços foi o capítulo que consagrou os direitos indígenas. Rompendo uma tradição secular, ela reconheceu aos índios direitos permanentes. Eles já não teriam que ser incorporados à comunhão nacional, ou serem forçados a assimilar a nossa cultura. Suas organizações sociais, línguas, tradições e os seus direitos originários às terras que ocupam, passaram a ser permanentemente reconhecidos.

A Constituição estabelece que a União deva proteger esses direitos, mas não fala em tutela, em órgão indigenista ou em incapacidade dos índios. Ao contrário, no seu Artigo 232, ela diz que "os índios, suas comunidades e organizações, são partes legítimas para ingressar em juízo, em defesa dos seus direitos e interesses". Significa que os índios podem, inclusive, entrar em juízo contra o próprio Estado, o seu suposto tutor.

O § 1º do artigo 231 da Constituição Federal estabelece que:

> São terras tradicionalmente ocupadas pelos índios as por eles habitadas em caráter permanente, as utilizadas para suas atividades produtivas, as imprescindíveis à preservação dos recursos ambientais necessários a seu bem-estar e as necessárias a sua reprodução física e cultural, segundo seus usos, costumes e tradições.

A Carta de 1988 é apelidada por alguns doutrinadores de "Constituição do Índio", pois foi a que mais se preocupou com o indigenato, inspirando outras Constituições da América Latina como Paraguai e Colômbia. Chama-se indigenato conforme Bulos[1] a fonte primária da posse das terras originariamente pertencentes aos índios. Por seu intermédio, reservam-se aos índios as terás que lhes pertenciam, as quais não são devolutas, mas originariamente reservadas. O indigenato encontra sua origem no Alvará de 1º de abril de 1680 ratificado pela lei de 6.6.1755, que estabeleceu uma reserva de terras aos índios, senhores primários e naturais delas. A fonte deste reconhecimento está na Carta de 1934. A previsão do indigenato na Constituição de 1988 demonstra que as relações das comunidades indígenas com suas terras excede o âmbito privatístico. As terras indígenas não são fontes de negócios, nem negociatas, porque constituem seu *habitat*, seu *modus vivendi*.

O § 1º do artigo 231 já citado estabelece que:

> São terras tradicionalmente ocupadas pelos índios: a) as por eles habitadas em caráter permanente; b) as utilizadas para suas atividades produtivas; c) as imprescindíveis à preservação dos recursos ambientais necessários a seu bem estar e; d) as necessárias a sua reprodução física e cultural, segundo seus usos, costumes e tradições.

As terras tradicionalmente ocupadas pelos índios destinam-se a sua posse permanente, cabendo-lhes o usufruto exclusivo das riquezas do solo, dos rios e dos lagos nelas existentes, *ex vi* do § 2º do artigo 231 da Constituição Federal. O usufruto referido não é apenas a simples posse ou poder de fato sobre a coisa (*ius possessionis*), mas sim o poder de direito, o senhorio dos índios sobre as terras que por tradição, sempre ocuparam (*ius possidendi*). A exclusividade do usufruto, a que alude a norma constitucional, é oriunda do uso e fruição da coisa, enquanto habitat dos índios, segundo seus costumes, crenças e tradições. O aproveitamento dos recursos hídricos, incluídos os potenciais energéticos, a pesquisa e a lavra das riquezas minerais em terras indígenas só podem ser efetivados com autorização do Congresso Nacional, ouvidas as comunidades afetadas, ficando-lhes assegurada participação nos resultados da lavra, na forma da lei (art. 231, § 3º, CF). A Constituição proibiu o acesso de garimpeiros às terras indígenas (§ 7º, 231, CF). As terras indígenas são inalienáveis e indisponíveis, e os direitos sobre elas são imprescritíveis (§ 4º, 231, CF).

74.1. PRINCÍPIO DA IRREMOVIBILIDADE DOS ÍNDIOS OU IRREMOVIBILIDADE INDÍGENA

O § 5º do artigo 231 da Constituição Federal determina que:

1 Idem 2009. p. 1445

> É vedada a remoção dos grupos indígenas de suas terras, salvo, ad referendum do Congresso Nacional, em caso de catástrofe ou epidemia que ponha em risco sua população, ou no interesse da soberania do País, após deliberação do Congresso Nacional, garantido, em qualquer hipótese, o retorno imediato logo que cesse o risco.

Como se pode observar pelo exposto é proibido qualquer tipo de remoção de grupos indígenas de suas terras, salvo em caso de doença, catástrofe ou qualquer situação que ponha em risco a comunidade indígena, mas logo que cessar o risco os índios devem retornar às suas terras sem nenhum prejuízo.

74.2. OCUPAÇÃO, DOMÍNIO E POSSE DAS TERRAS INDÍGENAS

São nulos e extintos, não produzindo efeitos jurídicos, os atos que tenham por objeto a ocupação, o domínio e a posse das terras indígenas ou a exploração das riquezas naturais do solo, dos rios e dos lagos nelas existentes (art. 231, § 6º, 1º parte, CF).

Diante de relevante interesse público da União, a lei complementar poderá excepcionar essa regra, não gerando a nulidade e a extinção direito a indenização ou ações contra a União, salvo, na forma da lei, quanto às benfeitorias derivadas da ocupação de boa-fé (art. 231, § 6º, 2º parte, CF).

O Ato das Disposições Constitucionais Transitórias (ADCT) no artigo 67 previu o prazo de cinco anos, contados a partir de 5 de outubro de 1988, para a União concluir a demarcação das terras indígenas.

O artigo 232 da Constituição Federal conclui que: "Os índios, suas comunidades e organizações são partes legítimas para ingressar em juízo em defesa de seus direitos e interesses, intervindo o Ministério Público em todos os atos do processo".

O artigo 129, inciso V da Constituição Federal estabelece que: "São funções institucionais do Ministério Público: [...] V – defender judicialmente os direitos e interesses da populações indígenas [...]".

O artigo 109, XI da Constituição Federal prescreve que: "Aos juízes federais compete processar e julgar: [...] XI – a disputa sobre direitos indígenas".

74.3. JURISPRUDÊNCIA

AC-MC-AgR 1794 / RR – RORAIMA
AG. REG. NA MEDIDA CAUTELAR EM AÇÃO CAUTELAR
Relator (a): Min. CARLOS BRITTO
Julgamento: 21/02/2008 Órgão Julgador: Tribunal Pleno
DJe-065 DIVULG 10-04-2008 PUBLIC 11-04-2008
EMENT VOL-02314-02 PP-00307
AGTE. (S): ESTADO DE RORAIMA
AGDO. (A/S): UNIÃO

AGDO. (A/S): FUNDAÇÃO NACIONAL DO ÍNDIO-FUNAI

Ementa

EMENTA: DIREITO PROCESSUAL. AÇÃO CAUTELAR PREPARATÓRIA. RESERVA INDÍGENA RAPOSA SERRA DO SOL. AGRAVO REGIMENTAL CONTRA DECISÃO QUE INDEFERIU A LIMINAR REQUERIDA PELO ESTADO DE RORAIMA. ART. 6º DO CPC. ART. 63 DA LEI Nº. 6.001/73. 1. Decisão que se mantém pela não-comprovação do perigo da demora e pela multiplicidade de ações da mesma natureza, a sugerir litispendência. Suposta ocorrência de defesa de direito alheio -- dos agricultores -- em nome próprio, em afronta ao art. 6º do CPC. 2. Por outro lado, o art. 63 da Lei nº. 6.001/73 (Estatuto do Índio) veda a concessão de liminar "em causas que envolvam interesse de silvícolas ou do Patrimônio indígena, sem prévia audiência da União e do órgão de proteção ao índio". 3. Agravo regimental desprovido.

MS 25483 / DF – DISTRITO FEDERAL
MANDADO DE SEGURANÇA
Relator (a): Min. CARLOS BRITTO
Julgamento: 04/06/2007 Órgão Julgador: Tribunal Pleno
DJe-101 DIVULG 13-09-2007 PUBLIC 14-09-2007
DJ 14-09-2007 PP-00032
EMENT VOL-02289-01 PP-00173
IMPTE. (S): ITIKAWA INDÚSTRIA E COMERCIO LTDA E OUTRO(A/S)
IMPDO. (A/S): PRESIDENTE DA REPÚBLICA
Ementa

EMENTA: MANDADO DE SEGURANÇA. HOMOLOGAÇÃO DO PROCEDIMENTO ADMINISTRATIVO DE DEMARCAÇÃO DAS TERRAS INDÍGENAS RAPOSA SERRA DO SOL. IMPRESTABILIDADE DO LAUDO ANTROPOLÓGICO. TERRAS TRADICIONALMENTE OCUPADAS POR ÍNDIOS. DIREITO ADQUIRIDO À POSSE E AO DOMÍNIO DAS TERRAS OCUPADAS IMEMORIALMENTE PELOS IMPETRANTES. COMPETÊNCIA PARA A HOMOLOGAÇÃO. GARANTIA DO DEVIDO PROCESSO LEGAL ADMINISTRATIVO. BOA-FÉ ADMINISTRATIVA. ACESSO À JUSTIÇA. INADEQUAÇÃO DA VIA PROCESSUALMENTE ESTREITA DO MANDADO DE SEGURANÇA. AUSÊNCIA DE DIREITO LÍQUIDO E CERTO. A apreciação de questões como o tamanho das fazendas dos impetrantes, a data do ingresso deles nas terras em causa, a ocupação pelos índios e o laudo antropológico (realizado no bojo do processo administrativo de demarcação), tudo isso é próprio das vias ordinárias e de seus amplos espaços probatórios. Mandado de segurança não conhecido, no ponto. Cabe à União demarcar as terras tradicionalmente ocupadas pelos índios (caput do artigo 231 da Constituição Federal). Donde competir ao Presidente da República homologar tal demarcação administrativa. A manifestação do Conselho de Defesa Nacional não é requisito de validade da demarcação de terras indígenas, mesmo daquelas situadas em região de fronteira. Não há que se falar em supressão das garantias do contraditório e da ampla defesa se aos impetrantes foi dada a oportunidade de que trata o artigo 9º do Decreto 1.775/96 (MS 24.045, Rel. Min. Joaquim Barbosa). Na ausência de ordem judicial a impedir a realização ou execução de atos, a Administração Pública segue no seu dinâmico existir, baseada nas determinações constitucionais e legais. O procedimento administrativo de demarcação das terras indígenas Raposa Serra do Sol não é mais do que o proceder conforme a natureza jurídica da Administração Pública, timbrada pelo auto-impulso e pela auto-executoriedade. Mandado de

Segurança parcialmente conhecido para se denegar a segurança.
RE 183188 / MS – MATO GROSSO DO SUL
RECURSO EXTRAORDINÁRIO
Relator (a): Min. CELSO DE MELLO
Julgamento: 10/12/1996 Órgão Julgador: Primeira Turma
DJ 14-02-1997 PP-01988 EMENT VOL-01857-02 PP-00272
RECTE. : COMUNIDADE INDIGENA DE JAGUAPIRE
RECTE. : FUNDAÇÃO NACIONAL DO INDIO – FUNAI
RECTE. : MINISTÉRIO PÚBLICO FEDERAL
RECTE. : UNIÃO FEDERAL
RECDO. : OCTAVIO JUNQUEIRA LEITE DE MORAES E CONJUGE
Ementa
E M E N T A: RECURSO EXTRAORDINÁRIO – REINTEGRAÇÃO DE POSSE – ÁREA DEMARCADA PELA FUNAI – DEMARCAÇÃO ADMINISTRATIVA HOMOLOGADA PELO PRESIDENTE DA REPÚBLICA – AÇÃO POSSESSÓRIA PROMOVIDA POR PARTICULARES CONTRA SILVÍCOLAS DE ALDEIA INDÍGENA E CONTRA A FUNAI – INTERVENÇÃO DA UNIÃO FEDERAL – DISPUTA SOBRE DIREITOS INDÍGENAS – INCOMPETÊNCIA DA JUSTIÇA ESTADUAL – NULIDADE DOS ATOS DECISÓRIOS – ENCAMINHAMENTO DO PROCESSO À JUSTIÇA FEDERAL – RE CONHECIDO E PROVIDO. AÇÃO POSSESSÓRIA – INTERVENÇÃO DA UNIÃO FEDERAL – DESLOCAMENTO NECESSÁRIO DA CAUSA PARA A JUSTIÇA FEDERAL. – O ingresso da União Federal numa causa, vindicando posição processual definida (RTJ 46/73 – RTJ 51/242), gera a incompetência absoluta da Justiça local (RT 505/109), pois não se inclui na esfera de atribuições jurisdicionais dos magistrados e Tribunais estaduais o poder para aferir a legitimidade do interesse da União Federal, em determinado processo (RTJ 93/1291 – RTJ 95/447 – RTJ 101/419). A legitimidade do interesse manifestado pela União só pode ser verificada, em cada caso ocorrente, pela própria Justiça Federal (RTJ 101/881), pois, para esse específico fim, é que ela foi instituída (RTJ 78/398): para dizer se, na causa, há ou não há interesse jurídico da União. FUNDAÇÃO NACIONAL DO ÍNDIO (FUNAI) – NATUREZA JURÍDICA. – A Fundação Nacional do Índio – FUNAI constitui pessoa jurídica de direito público interno. Trata-se de fundação de direito público que se qualifica como entidade governamental dotada de capacidade administrativa, integrante da Administração Pública descentralizada da União, subsumindo-se, no plano de sua organização institucional, ao conceito de típica autarquia fundacional, como tem sido reiteradamente proclamado pela jurisprudência do Supremo Tribunal Federal, inclusive para o efeito de reconhecer, nas causas em que essa instituição intervém ou atua, a caracterização da competência jurisdicional da Justiça Federal (RTJ 126/103 – RTJ 127/426 – RTJ 134/88 – RTJ 136/92 – RTJ 139/131). Tratando-se de entidade autárquica instituída pela União Federal, torna-se evidente que, nas causas contra ela instauradas, incide, de maneira plena, a regra constitucional de competência da Justiça Federal inscrita no art. 109, I, da Carta Política. DISPUTA SOBRE DIREITOS INDÍGENAS – **ÁREA DEMARCADA PELA FUNAI** – DEMARCAÇÃO ADMINISTRATIVA HOMOLOGADA PELO PRESIDENTE DA REPÚBLICA. – A Constituição promulgada em l988 introduziu nova regra de competência, ampliando a esfera de atribuições jurisdicionais da Justiça Federal, que se acha, agora, investida de poder para também apreciar "a disputa sobre direitos indígenas" (CF, art. 109, XI). Essa regra de competência jurisdicional – que traduz expressiva inovação da Carta Política de l988 – impõe o deslocamento, para o âmbito de cognição da Justiça Federal, de todas as controvérsias, que,

versando a questão dos direitos indígenas, venham a ser suscitadas em função de situações específicas. – A importância jurídica da demarcação administrativa homologada pelo Presidente da República – ato estatal que se reveste de presunção juris tantum de legitimidade e de veracidade – reside na circunstância de que as terras tradicionalmente ocupadas pelos índios, embora pertencentes ao patrimônio da União (CF, art. 20, XI), acham-se afetadas, por efeito de destinação constitucional, a fins específicos voltados, unicamente, à proteção jurídica, social, antropológica, econômica e cultural dos índios, dos grupos indígenas e das comunidades tribais. A QUESTÃO DAS TERRAS INDÍGENAS – SUA FINALIDADE INSTITUCIONAL. – As terras tradicionalmente ocupadas pelos índios incluem-se no domínio constitucional da União Federal. As áreas por elas abrangidas são inalienáveis, indisponíveis e insuscetíveis de prescrição aquisitiva. A Carta Política, com a outorga dominial atribuída à União, criou, para esta, uma propriedade vinculada ou reservada, que se destina a garantir aos índios o exercício dos direitos que lhes foram reconhecidos constitucionalmente (CF, art. 231, §§ 2º, 3º e 7º), visando, desse modo, a proporcionar às comunidades indígenas bem-estar e condições necessárias à sua reprodução física e cultural, segundo seus usos, costumes e tradições. A disputa pela posse permanente e pela riqueza das terras tradicionalmente ocupadas pelos índios constitui o núcleo fundamental da questão indígena no Brasil. A competência jurisdicional para dirimir controvérsias pertinentes aos direitos indígenas pertence à Justiça Federal comum.

75

DISPOSIÇÕES CONSTITUCIONAIS GERAIS

As disposições Constitucionais Gerais são normas jurídicas impessoais, abstratas, imperativas, incumbidas de erigir pautas de comportamento amplas, aplicáveis a situações certas, mutáveis, mas também passageiras e até contingentes. É um complemento à Constituição Federal. Determinados assuntos que, pelo mais variados motivos, não puderam ser encaixados ao longo do articulado constitucional, são inseridos na *Lex Mater* sob a forma de disposição geral. O conteúdo estampado nas disposições constitucionais gerais é dos mais variados (arts. 234 à 250). As Disposições gerais são aquela que interessam a toda a Constituição e que não foram objeto de capítulo especial.

O artigo 234 cuida das vedações à União, como determina que é vedado à União, direta ou indiretamente, assumir, em decorrência da criação de Estado, encargo referentes a despesas com pessoal inativo e com encargos e amortizações da dívida interna ou externa da administração pública, inclusive da indireta. O artigo 235 e seus incisos assevera acerca da criação de novos Estados e as normas básicas para este fim e a composição para sua criação com formação de Assembléia Legislativa, Governo, Tribunal de Contas, Tribunal de Justiça e desembargadores dentre outras medidas.

O artigo 236 estabelece que os serviços notarias e de registro serão exercidos em caráter privado por delegação do Poder Público. Trata-se de posição geral que inova substancialmente o regime anterior de serventias extrajudiciais. Destaca-se que os serviços notariais foram privatizados, nada obstante os atos dos notários e registradores submeterem-se à fiscalização pelo Poder Judiciário. Serão regulados em lei as atividades, a responsabilidade civil e criminal dos notários, dos oficiais de registro e de seus prepostos.

Dispõe o § 3º do artigo 236 que o ingresso na atividade notarial e de registro depende de concurso público de provas e títulos, não se permitindo que qualquer serventia fique vaga por mais de seis meses, sem abertura de concurso de provimento ou de remoção.

O artigo 237 das Disposições Gerais afirma que: "A fiscalização e o controle sobre o comércio exterior, essenciais à defesa dos interesses fazendários nacionais, serão exercidos pelo Ministério da Fazenda". O assunto tratado no dispositivo 237 foi enfrentado pelo Supremo Tribunal Federal em tema de importação de pneus e veículos usados. Quanto a importação de pneus usados a Corte concluiu que "o princípio da razoabilidade constitucional é conducente a ter-se como válida a regência da proibição via Portaria, não sendo de se exigir lei, em sentido formal e material, especificadora, de forma exaustiva, de bens passíveis, ou não, de importação". (RE 226.461, DJ 12/11/1998).

O artigo 238 admite que a lei ordenará a venda e revenda de combustíveis de petróleo, álcool carburante e outros combustíveis derivados de matérias-primas renováveis, respeitados os princípios desta Constituição. Dos recursos arrecadados, pelo menos 40% serão destinados a financiar programas de desenvolvimento econômico, através do Banco Nacional de Desenvolvimento Econômico e Social, com critérios de remuneração que lhes preservem o valor.

Dispõe o artigo 239 sobre o destino da arrecadação da contribuição para o PIS (Programa de Integração Social). Insere-se norma de eficácia plena e imediata mediante a recepção de legislação anterior, o que, no mesmo artigo se condicionou a disciplina da lei futura não foi a continuidade da cobrança da exação, mas apenas como explícito na parte final do dispositivo, os termos em que a sua arrecadação seria utilizada no financiamento do programa de seguro-desemprego e do abandono.

O artigo 240 admite que ficam ressalvadas do disposto no artigo 195 as atuais contribuições compulsórias dos empregadores sobre a folha de salários, destinadas às entidades privadas de serviço social e de formação profissional vinculadas ao sistema sindical. Uadi Lamêgo Bulos[1] afirma que é contribuição de intervenção no domínio econômico, não obstante a lei a ela se referir como adicional às alíquotas das contribuições sociais relativas às entidades de que trata o art. 1º do Decreto-Lei nº. 2.318/86, SESI, SENAI, SESC, SENAC. Não se inclui a contribuição do SEBRAE no rol do art. 240 da Carta Magna.

O artigo 241 das Disposições Gerais afirma que:

> A União, os Estados, o Distrito Federal e os Municípios disciplinarão por meio de lei os consórcios públicos e os convênios de cooperação entre os entes federados, autorizando a gestão associada de serviços públicos, bem como a transferência total ou parcial de encargos, serviços, pessoal e bens essenciais à continuidade dos serviços transferidos.

Este enunciado previu a edição de leis federais, estaduais, distritais e municipais, conforme o caso, para disciplinar a cooperação entre essas entidades. Nesse passo, autorizou, a gestão associada de serviços públicos através de consórcios públicos e convênios de cooperação.

O artigo 242 aduz quanto a exceção ao princípio da gratuidade do ensino público em estabelecimento oficiais que não se aplica às instituições educacionais criadas por lei estadual ou municipal e existentes a partir de 5 de outubro de 1988, que não sejam total ou preponderantemente mantidas

1 Idem p. 1351

com recursos públicos. O Colégio D. Pedro II, localizado no Rio de Janeiro, passará a ser mantido pela órbita federal.

O artigo 243 das Disposições Gerais afirma que:

> As glebas de qualquer região do País onde forem localizadas culturas ilegais de plantas psicotrópicas serão imediatamente expropriadas e especificamente destinadas ao assentamento de colonos, para o cultivo de produtos alimentícios e medicamentosos, sem qualquer indenização ao proprietário e sem prejuízo de outras sanções prevista em lei.

O parágrafo único do artigo citado estabelece que:

> Todo e qualquer bem de valor econômico apreendido em decorrência do tráfico ilícito de entorpecentes e drogas afins, será confiscado e reverterá em benefício de instituições e pessoal especializado no tratamento e recuperação de viciados e no aparelhamento e custeio de atividades de fiscalização, controle, prevenção e repressão do crime de tráfico dessas substâncias.

A expropriação de glebas pelo cultivo de plantas psicotrópicas é importante ainda mais com a expropriação da gleba para uso de assentamento de colonos para atividade agrícola e de produtos medicamentosos com o fim de cumprir a finalidade social da propriedade como determina o artigo 5º, XXIII, da Constituição Federal.

O artigo 244 vem complementar o artigo 227 da Constituição Federal ao tratar da adaptação dos logradouros, dos edifícios de uso público e dos veículos de transporte coletivo atualmente existentes a fim de garantir acesso adequado às pessoas portadoras de deficiência. Segue o artigo 245 das Disposições Gerais: "A lei disporá sobre hipóteses e condições em que o Poder Público dará assistência aos herdeiros e dependentes carentes de pessoas vitimadas por crime doloso, sem prejuízo da responsabilidade civil do autor do ilícito".

É cediço que a violência tem sido objeto de estudos por parte do Poder Público como um fator oriundo da desigualdade social que assola o nosso país. Entretanto, cabe ao Poder Público dar assistência àqueles que sofreram com a perda de familiares por crime doloso.

O artigo 246 aduz que é vedada a adoção de medida provisória na regulamentação de artigo da Constituição cuja redação tenha sido alterada por meio de emenda promulgada entre 1º de janeiro de 1995 e 15 de agosto de 1995. A redação desse enunciado normativo adveio da Emenda Constitucional nº. 32/01 cujo objetivo foi alargar o lapso temporal que proíbe a adoção de medidas provisórias.

O artigo 247 prevê que as leis previstas nos artigos 41, § 1º, III e 169, § 7º, estabelecerão critérios e garantias especiais para a perda do cargo pelo servidor público estável que, em decorrência das atribuições de seu cargo efetivo, desenvolva atividades exclusivas de Estado e ainda, na hipótese de insuficiência de desempenho, a perda do cargo somente ocorrerá mediante processo administrativo em que lhe sejam assegurados o contraditório e a ampla defesa.

Artigo 248 adveio com a Emenda Constitucional nº. 20/98 que aduz que os benefícios pagos, a qualquer título, pelo órgão responsável pelo regime geral de previdência social, ainda que à conta do tesouro Nacional e os não sujeitos ao limite máximo de valor fixado para os benefícios concedidos por esse regime observarão os limites fixados no art. 37, XI da Carta Magna.

Os artigos 249 e 240 das Disposições gerais vêm a tratar dos fundos de contribuições, bens, direitos e ativos que foram acrescentados pela Emenda nº. 20/98 que dispôs sobre duas regras: 1) assegurar recursos para o pagamento de proventos de aposentadoria e pensões concedidas aos respectivos servidores e seus dependentes, em adição aos recursos dos respectivos tesouros, a união, os Estados, o Distrito Federal e os Municípios poderão constituir fundos integrados pelos recursos provenientes de contribuições e por bens, direitos e ativos de qualquer natureza, mediante lei que disporá sobre a natureza e administração desses fundos e; 2) assegurar recursos para o pagamento dos benefícios concedidos pelo regime geral de previdência social, em adição aos recursos de sua arrecadação, a União poderão constituir fundos integrados por bens, direitos e ativos de qualquer natureza, mediante lei que disporá sobre a natureza e administração desse fundo.

Observem que os temas abordados nas Disposições Transitórias são variáveis e de diversas naturezas, complementando o bojo do texto Maior naquilo que ficou faltante e que é relevante.

75.1. JURISPRUDÊNCIA

ADI 1461 / AP – AMAPÁ
AÇÃO DIRETA DE INCONSTITUCIONALIDADE
Relator (a): Min. MAURÍCIO CORRÊA
Relator (a) p/ Acórdão: Min. GILMAR MENDES
Julgamento: 12/09/2007 Órgão Julgador: Tribunal Pleno
DJe-126 DIVULG 18-10-2007 PUBLIC 19-10-2007
DJ 19-10-2007 PP-00027 EMENT VOL-02294-01 PP-00071
REQTE: CONSELHO FEDERAL DA ORDEM DOS ADVOGADOS DO BRASIL
REQDO: ASSEMBLÉIA LEGISLATIVA DO ESTADO DO AMAPÁ
Ementa

EMENTA: Ação Direta de Inconstitucionalidade. 2. Subsídio mensal e vitalício a ser concedido a ex-Governadores do Estado do Amapá. 3. Artigo 356 e §§ 1º e 2º das Disposições Constitucionais Gerais da Constituição do Estado do Amapá, com a redação conferida pela EC nº. 3/1995, revogado pela Emenda Constitucional nº 35, de 21 de março de 2006. 4. Ação direta julgada prejudicada ante a perda do objeto.

ADI 3853 / MS – MATO GROSSO DO SUL
AÇÃO DIRETA DE INCONSTITUCIONALIDADE
Relator (a): Min. CÁRMEN LÚCIA
Julgamento: 12/09/2007 Órgão Julgador: Tribunal Pleno
DJe-131 DIVULG 25-10-2007 PUBLIC 26-10-2007
DJ 26-10-2007 PP-00029 EMENT VOL-02295-04 PP-00632
REQTE. (S): CONSELHO FEDERAL DA ORDEM DOS ADVOGADOS DO BRASIL
REQDO. (A/S): ASSEMBLÉIA LEGISLATIVA DO ESTADO DE MATO GROSSO DO SUL
Ementa

EMENTA: AÇÃO DIRETA DE INCONSTITUCIONALIDADE. EMENDA CONSTITUCIONAL N. 35, DE 20 DE DEZEMBRO DE 2006, DA CONSTITUIÇÃO DO ESTADO DE MATO GROSSO DO SUL. ACRÉSCIMO DO ART. 29-A, CAPUT e §§ 1º, 2º E 3º, DO ATO DAS DISPOSIÇÕES CONSTITUCIONAIS GERAIS E TRANSITÓRIAS DA CONSTITUIÇÃO SUL-MATO-GROSSENSE. INSTITUIÇÃO DE SUBSÍDIO MENSAL E VITALÍCIO AOS EX-GOVERNADORES DAQUELE ESTADO, DE NATUREZA IDÊNTICA AO PERCEBIDO PELO ATUAL CHEFE DO PODER EXECUTIVO ESTADUAL. GARANTIA DE PENSÃO AO CÔNJUGE SUPÉRSTITE, NA METADE DO VALOR PERCEBIDO EM VIDA PELO TITULAR. 1. Segundo a nova redação acrescentada ao Ato das Disposições Constitucionais Gerais e Transitórias da Constituição de Mato Grosso do Sul, introduzida pela Emenda Constitucional n. 35/2006, os ex-Governadores sul-mato-grossenses que exerceram mandato integral, em 'caráter permanente', receberiam subsídio mensal e vitalício, igual ao percebido pelo Governador do Estado. Previsão de que esse benefício seria transferido ao cônjuge supérstite, reduzido à metade do valor devido ao titular. 2. No vigente ordenamento republicano e democrático brasileiro, os cargos políticos de chefia do Poder Executivo não são exercidos nem ocupados 'em caráter permanente', por serem os mandatos temporários e seus ocupantes, transitórios. 3. Conquanto a norma faça menção ao termo 'benefício', não se tem configurado esse instituto de direito administrativo e previdenciário, que requer atual e presente desempenho de cargo público. 4. Afronta o equilíbrio federativo e os princípios da igualdade, da impessoalidade, da moralidade pública e da responsabilidade dos gastos públicos (arts. 1º, 5º, caput, 25, § 1º, 37, caput e inc. XIII, 169, § 1º, inc. I e II, e 195, § 5º, da Constituição da República). 5. Precedentes. 6. Ação direta de inconstitucionalidade julgada procedente para declarar a inconstitucionalidade do art. 29-A e seus parágrafos do Ato das Disposições Constitucionais Gerais e Transitórias da Constituição do Estado de Mato Grosso do Sul.

76

ATO DAS DISPOSIÇÕES CONSTITUCIONAIS TRANSITÓRIAS (ADCT)

As disposições constitucionais transitórias interligam-se com o princípio da recepção. Significa dizer que as normas jurídicas editadas na vigência da ordem anterior são recebidas e adaptadas ao novo ordenamento jurídico, naquilo que se conformar a ele. As disposições transitórias participam de técnica jurídica da intertemporalidade, sobressaindo daí o caráter passageiro e até precário, que ostentam. Ao cumprir seu mister, desvanecem-se, perdem a razão de existir, porque solucionaram conflitos entre normas antigas e normas atuais, conciliando os efeitos imediatos e os efeitos retroativos disseminados.

A Constituição de hoje sofreu já muitas reformas. O Brasil tem mudado bastante e o mundo também e as leis devem acompanhar estas mudanças. E o Ato das Disposições Transitórias tem servido para cada momento, de caráter passageiro suprir naquilo que foi determinado por aquele período.

76.1. JURISPRUDÊNCIA

RE-AgR 387367 / RJ – RIO DE JANEIRO
AG. REG. NO RECURSO EXTRAORDINÁRIO
Relator (a): Min. CÁRMEN LÚCIA
Julgamento: 08/04/2008 Órgão Julgador: Primeira Turma
DJe-083 DIVULG 08-05-2008 PUBLIC 09-05-2008
EMENT VOL-02318-03 PP-00558
AGTE. (S): ISAURA SOARES MOUTINHO
AGDO. (A/S): INSTITUTO NACIONAL DO SEGURO SOCIAL – INSS
Ementa
EMENTA: AGRAVO REGIMENTAL NO RECURSO EXTRAORDINÁRIO. PREVIDENCIÁRIO. REVISÃO DE BENEFÍCIO. AGRAVO REGIMENTAL AO QUAL SE NEGA PROVIMENTO. O acórdão proferido pelo Tribunal Regional Federal da 2ª Região divergiu da orientação deste Supremo Tribunal, ao determinar a aplicação do art. 58 do Ato das Disposições Constitucionais Transitórias, do art. 202 da Constituição e da Lei n. 8.213/91, a benefício concedido em data anterior à promulgação da Constituição da República de 1988. Precedentes.

ADI 307 / CE – CEARÁ
AÇÃO DIRETA DE INCONSTITUCIONALIDADE
Relator (a): Min. EROS GRAU
Julgamento: 13/02/2008 Órgão Julgador: Tribunal Pleno
DJe-112 DIVULG 19-06-2008 PUBLIC 20-06-2008
EMENT VOL-02324-01 PP-00018

REQTE.: PROCURADOR-GERAL DA REPÚBLICA
REQDO: ASSEMBLÉIA LEGISLATIVA DO ESTADO DO CEARÁ
Ementa

EMENTA: AÇÃO DIRETA DE INCONSTITUCIONALIDADE. ARTIGO 20, INCISO V; ARTIGO 30, CAPUT; ARTIGO 33, §§ 1º E 2º; ARTIGO 35, CAPUT E § 3º; ARTIGO 37, §§ 6º A 9º; ARTIGO 38, §§ 2º E 3º; ARTIGO 42, CAPUT E § 1º, TODOS DA CONSTITUIÇÃO DO ESTADO DO CEARÁ. ARTIGO 25 DO ATO DAS DISPOSIÇÕES CONSTITUCIONAIS TRANSITÓRIAS. PRINCÍPIO DA AUTONOMIA MUNICIPAL. VIOLAÇÃO DO DISPOSTO NOS ARTIGOS 38, INCISO III, E 29, INCISO V, DA CONSTITUIÇÃO DO BRASIL. 1. Ação direta não conhecida no que concerne ao artigo 25 do Ato das Disposições Constitucionais Transitórias da Constituição do Estado do Ceará. O preceito foi declarado inconstitucional no julgamento da ADI n. 289, Relator o Ministro SEPÚLVEDA PERTENCE. 2. Pedido prejudicado em relação ao artigo 33, §§ 1º e 2º, e ao artigo 42, caput e seu § 1º, em razão da alteração substancial decorrente das Emendas à Constituição do Estado do Ceará ns. 6/91 e 47/01, 3. Pedido prejudicado também em relação aos §§ 6º a 8º do artigo 37 da Constituição do Estado do Ceará, na medida em que a EC 19/98 submeteu os subsídios dos ocupantes de mandato eletivo a nova disciplina. 4. O artigo 30 da Constituição cearense impõe aos Municípios o encargo de transportar da zona rural para a sede do Município, ou Distrito mais próximo, alunos carentes matriculados a partir da 5ª série do ensino fundamental. Indevida ingerência na prestação de serviço público municipal. O preceito afronta a autonomia municipal. 5. Inconstitucionalidade do § 3º do artigo 35 da Constituição estadual em razão de afronta à autonomia municipal. 6. Ação direta não-conhecida em relação ao artigo 25 do Ato das Disposições Constitucionais Transitórias. Pedido prejudicado em relação ao artigo 33, §§ 1º e 2º, ao artigo 42, caput e seu § 1º, todos da Constituição estadual. Pedido julgado improcedente no que toca ao artigo 20, inciso V, da Constituição do Estado de Ceará. Pedido julgado procedente, em parte, para declarar inconstitucionais: o artigo 30; o § 3º do artigo 35; os §§ 6º a 9º do artigo 37; e os §§ 2º e 3º do artigo 38, todos da Constituição do Estado do Ceará.

77

EXERCÍCIO DE FIXAÇÃO DA MATÉRIA

1. Sobre a propriedade, na Constituição Federal, é correto afirmar que:

a) A propriedade particular, em nenhuma hipótese poderá ser usada pelo Poder Público, uma vez, que é assegurado ao proprietário o direito de privacidade.

b) Poderá, em alguns casos, ser desapropriada por necessidade ou utilidade pública, ou por interesse social.

c) Deverá atender a sua função judicial, estabelecida por órgão competente.

d) A propriedade rural, em qualquer tempo, poderá ser penhorada como pagamento de débitos decorrentes de sua atividade produtiva, visando o não inadimplemento de seu proprietário.

Resposta: Letra B. A Constituição Federal no artigo 5º, XXIV estabelece ser possível a desapropriação por necessidade ou utilidade pública, ou por interesse social, mediante justa e prévia indenização em dinheiro, ressalvados os casos previstos na Constituição.

2. República Federativa do Brasil não tem como fundamento:

a) soberania.

b) o pluralismo político.

c) cidadania.

d) garantia do desenvolvimento nacional.

Resposta: Letra D. O artigo 3º, II da CF. Dentre os objetivos da Carta Maior está a garantia do desenvolvimento nacional.

3. O princípio da igualdade estabelecido no art. 5° da Constituição Federal, traz garantias aos brasileiros e estrangeiros residentes no Brasil, não sendo uma delas:

a) dignidade da pessoa humana.

b) liberdade.

c) propriedade.

d) inviolabilidade do direito a vida.

Resposta: Letra A. O Princípio da dignidade da pessoa humana configura um dos fundamentos da República Federativa do Brasil (artigo 1º, III, CF)

4. Entre os direitos e deveres invioláveis não se encontra:

a) a intimidade e a vida privada.

b) a imagem das pessoas.

c) a casa do indivíduo, no caso de flagrante delito.

d) a liberdade de consciência e de crença.

Resposta: Letra C. A casa é asilo inviolável do indivíduo, porém em caso de flagrante delito, desastre, prestação de socorro, ou se durante o dia, por determinação judicial, poderá ser violável. (artigo 5º, inciso XI, CF)

5. Assinale a alternativa incorreta. As penas não poderão ser:

a) de caráter perpétuo.

b) de banimento.

c) de perda de bens e valores.

d) cruéis.

Resposta: Letra C. Artigo 43, II, do Código Penal. Trata-se de um tipo de pena restritiva de direito.

6. Assinale a alternativa falsa com relação aos direitos e deveres individuais e coletivos.

a) Ninguém poderá ser submetido a tortura, mesmo se soldados de exércitos rivais, em casos de guerra declarada.

b) A manifestação do pensamento é livre, desde que não aja a pessoa no anonimato.

c) Cabe censura, dos órgãos competentes, a expressão da atividade intelectual, artística, científica e de comunicação, para que não ocorram em desacordo com os princípios e garantias estabelecidos nessa Constituição.

d) Somente em virtude de lei, uma pessoa poderá ser obrigada a fazer ou deixar de fazer alguma coisa.

Resposta: Letra C. Artigo 5º. IX, da CF.

7. Dentre os princípios que regem as relações internacionais da República Federativa, não se encontra:

a) promover o bem de todos, sem preconceitos de origem, raça, sexo, cor e qualquer forma de discriminação;

b) independência nacional;

c) defesa da paz;

d) concessão de asilo político.

Resposta: Letra A. Artigo 3º, IV, CF.

8. A individualização da pena será regulamentada por lei. E dentre as penas admissíveis, não figura:

a) multa.

b) privação ou restrição de liberdade.

c) de trabalhos forçados.

d) prestação social alternativa.

Resposta: Letra C. Artigo 5º, XLVII, "c", da CF.

9. Assinale dentre as afirmativas expostas, a sentença verdadeira em relação dos direitos e deveres individuais e coletivos:

a) o exercício de qualquer trabalho ou profissão, deverá ser estabelecido por lei a cada cidadão, independentemente da qualificação profissional que possuir.

b) é garantido a todos o acesso à informação, sendo sempre sua fonte pública a todos, uma vez que no art. 5° é vedado o anonimato.

c) é plena a liberdade de associações para fins lícitos e paramilitares.

d) é livre a locomoção em tempo de paz, no território nacional, permitindo a todos entrarem, saírem ou permanecerem nele com seus bens.

Resposta: Letra D. Artigo 5º, XV, da CF

10. Assinale a alternativa correta:

I- Qualquer cidadão é parte legítima para propor ação popular que vise a anular ato lesivo ao patrimônio público.

II- O Estado prestará assistência judiciária gratuita aos que comprovarem insuficiência de recursos.

III- São gratuitas as ações de habeas corpus e habeas data.

a) Todas alternativas são falsas.

b) Nenhuma alternativa é falsa.

c) As alternativas II e III são falsas.

d) As alternativas I e III são falsas.

Resposta: Letra B. Artigo 5º, LXXIII, LXXIV e LXVII da CF.

11. A todos são assegurados independentemente do pagamento de taxas, alguns direitos no art. 5° da Constituição, dentre esses figura:

a) o direito de pleitear em juízo qualquer pretensão judicial que vise a satisfação de uma obrigação de fazer, perante particular, fundado na instituição da plenitude de defesa;

b) arguir o direito de herança, em qualquer tempo;

c) o direito de petição aos Poderes Públicos em defesas de direitos ou contra abuso de poder e ilegalidade;

d) o direito de requerer aos órgãos jurisdicionais a assistência gratuita.

Resposta: Letra C. Artigo 5º, XXXIV, CF

12. Não é permitido, segundo o art. 5° da Constituição Federal:

a) reunirem-se todos, sem armas e pacificamente em locais abertos ao público, independentemente de autorização, sendo que não atrapalhe reuniões já previamente convocadas ao mesmo local, desde que avise anteriormente a autoridade.

b) a dissolução ou suspensão compulsória de atividades da associação por simples decisão judicial desde que transitada em julgado.

c) compelir alguém a associar-se ou a permanecer associado de algo.

d) a criação de associações independem de autorização, sendo vedada a interferência estatal em seu funcionamento.

Resposta: Letra C. Artigo 5º, XX, da CF. As outras alternativas versam sobre o artigo 5º, incisos XVI, XIX e XVIII todos da CF.

13. A propriedade intelectual garantem:

a) a propriedade industrial e os direitos do autor.

b) a criação particular e a industrial.

c) o direito da indústria para com os criadores intelectuais.

d) a posse de meios para a criação intelectual de projetos.

Resposta: Letra A. Artigo 5º, incisos XXVII, XXVIII e XXIX da Constituição Federal

14. Assinale a alternativa certa:

I- É permitida, segundo a lei, a extradição de estrangeiro por crimes políticos ou de opinião.

II- Ninguém será considerado culpado até o trânsito em julgado da sentença penal condenatória.

III- Pode ser aceita prova por meio ilícito, visando sempre a obtenção da verdade real.

a) As alternativas I e II estão incorretas.

b) As alternativas II e III estão incorretas.

c) As alternativas I e III estão incorretas.

d) Todas alternativas estão incorretas.

Resposta: Letra C. Artigo 5º, LII e LVI, da CF

15. Assinale a alternativa falsa. A lei, segundo o art. 5° da CF:

a) admite a punição de qualquer forma de discriminação atentatória dos direitos e liberdades fundamentais, com privação de finais de semana.

b) considera crimes inafiançáveis e insuscetíveis de graça ou anistia o tráfico ilícito de entorpecentes.

c) não prejudicará o direito adquirido e a coisa julgada.

d) regulará a individualização das penas.

Resposta: Letra A. Artigo 5º, inciso XLI, da CF.

16. No tocante das regras sobre a prisão, não é certo afirmar que:

a) a prisão ilegal será imediatamente relaxada pela autoridade judiciária.

b) o preso tem direito à identificação dos responsáveis por sua prisão ou por seu interrogatório policial.

c) poderá ser levado a prisão ou ser mantido preso, cidadão, mesmo quando a lei admitir liberdade provisória, com ou sem fiança.

d) não haverá prisão civil por dívida, salvo se por prestação de alimentos.

Resposta: Letra C. Artigo 5º, inciso LXVI, da CF.

17. A Constituição de 1988, reconhece a instituição do júri, porém não assegura:

a) o sigilo de votações.

b) a competência para o julgamento dos crimes dolosos e culposos contra a vida.

c) a soberania dos veredictos.

d) a plenitude de defesa.

Resposta: Letra B. Artigo 5º, XXXVIII, da CF.

18. Dentre os remédios constitucionais é correto afirmar que:

a) habeas data será concedido para proteger direito líquido e certo, não amparado pelo habeas corpus, quando o responsável pela ilegalidade ou abuso de poder for a autoridade pública;

b) mandado de segurança é concedido sempre que a falta de norma regulamentadora torne inviável o exercício dos direitos e liberdades constitucionais e das prerrogativas inerentes à nacionalidade, à soberania e à cidadania;

c) mandado de injunção será concedido para assegurar o conhecimento de informações relativas à pessoa do impetrante ou até mesmo, para a retificação de dados, em alguns casos;

d) habeas corpus é concedido sempre que alguém sofrer ou se achar ameaçado de sofrer violência ou coação em sua liberdade de locomoção.

Resposta: Letra D. Artigo 5º, inciso LXVIII, da CF.

19. Assinale a alternativa correta:

I- A lei penal não retroagirá, senão em benefício do réu.
II- A prática do racismo constitui crime inafiançável e imprescritível.
III- Haverá juízos ou Tribunais de Exceção.

a) Somente a alternativa I está correta.

b) As alternativas II e III estão corretas.

c) As alternativas I e II estão corretas.

d) Todas alternativas estão corretas.

Resposta: Letra C. Artigo 5º, inciso XXXVII, "d" da CF.

20. É certo afirmar que:

a) no direito penal, as penas poderão passar da pessoa do condenado para seus sucessores.

b) haverá pena de morte, no caso de crime doloso contra o chefe do poder executivo, no caso o Presidente da República.

c) O brasileiro nato poderá ser extraditado se cometer crime de ordem social em país diverso.

d) às presidiárias são asseguradas as condições para que possam permanecer com seus filhos durante o período da amamentação.

Resposta: Letra D. Artigo 5º, inciso XLV, XLVII e LI da CF

21. As imunidades não se estendem:

a) aos serviços públicos concedidos, podendo o seu tratamento tributário ser estabelecido por lei pelo poder concedente, relativamente aos tributos de sua competência;

b) à renda, patrimônio ou serviços vinculados às finalidades essenciais das autarquias, que ficam sujeitos aos tributos respectivos;

c) aos serviços dos partidos políticos vinculados às suas finalidades essenciais;

d) livros, jornais, periódicos e o papel destinado a sua impressão; ;

e) templos de qualquer culto.

Resposta: A. O artigo 150, VI da Constituição Federal estabelece que: "Sem prejuízo de outras garantias asseguradas aos contribuintes, é vedado à União, aos Estados, ao Distrito Federal e aos Municípios: VI – instituir impostos sobre: a) patrimônio, renda ou serviços uns dos outros; b) templos de qualquer culto; c) patrimônio, renda ou serviços dos partidos políticos, inclusive suas fundações, das entidades sindicais dos trabalhadores, das instituições de educação e de assistência social, sem fins lucrativos, atendidos os requisitos da lei; d) livros, jornais, periódicos e o papel destinado a sua impressão"

22. Competência dos Estados e do Distrito Federal para instituição do Imposto sobre Operações de Circulação de Mercadorias (ICM) é:

a) privativa no sentido de que nenhum outro ente político da Federação pode arrecadar esse mesmo tributo;

b) comum a Estados-Membros e Municípios, uma vez que o ente municipal participa do produto de sua arrecadação;

c) privativa, mas pode ser exercida pelo Município, em caso de omissão do Estado, uma vez que o ente político local participa do produto de sua arrecadação;

d) privativa, mas não exclui o exercício da competência residual da União, para instituir imposto sobre a operação de circulação jurídica de bem imóvel situado no Distrito Federal;

e) privativa, mas não exclui a instituição do mesmo tributo pela União, nos Territórios, ou ainda no exercício de sua competência extraordinária.

Resposta: E. O artigo 155 da Constituição Federal estabelece que compete aos Estados e ao Distrito Federal instituir impostos sobre: ...II – operações relativas à circulação de mercadorias e sobre prestação de serviços de transporte interestadual e intermunicipal e de comunicação, ainda que as operações e as prestações se iniciam no exterior.

23. O imposto sobre propriedade predial e territorial urbana, progressivo no tempo, é constitucionalmente autorizado para os casos de:

a) propriedade imobiliária que cumpra a sua função social;

b) solo urbano não edificado ou não utilizado;

c) propriedade rural que não utiliza adequadamente os recursos naturais;

d) cessão de direitos reais sobre imóvel

Resposta: B. A Constituição Federal determina que os Municípios com mais de 20 mil habitantes terão, como instrumento básico da política de desenvolvimento e de expansão urbana, plano diretor aprovado pela Câmara Municipal. A propriedade urbana deverá cumprir sua função social conforme as exigências fundamentais de ordenação da cidade expressas no plano diretor. Será facultado ao município, mediante lei específica para área incluída no plano diretor, exigir, nos termos da lei federal, do proprietário do solo urbano não edificado, subutilizado ou não utilizado, que promova seu adequado aproveitamento, sob pena, sucessivamente de: I – parcelamento ou edificação compulsória; II – imposto sobre a propriedade predial e territorial urbana progressivo no tempo.

24. São todos tributos reconhecidos pela Constituição Federal de 5-10-1988:

a) impostos, taxas e contribuição de melhoria;

b) impostos, taxas, contribuição de melhoria, empréstimo compulsório e contribuições sociais;

c) taxa de luz, telefone e pedágio;

d) IR, IPTU, IPVA, ICM e ICMS

Resposta: B. O artigo 145 da Constituição Federal e o artigo 5º do Código Tributário Nacional indicam três espécies tributárias, quais sejam: os impostos, as taxas e as contribuições de melhoria. Entretanto, há doutrinadores que, entendem que o empréstimo compulsório e as contribuições de melhoria também são espécies de tributos, com base nos arts. 148 e 149 da Constituição Federal e o artigo 217 do Código Tributário Nacional.

25. As leis orçamentárias da União são:

a) Orçamento Participativo, Orçamento da Administração Direta e Indireta;

b) Orçamento da União, Estados, Municípios e Distrito federal;

c) Plano de Metas, Lei de Diretrizes Orçamentárias e Orçamento Anual;

d) Plano Plurianual, Lei de Diretrizes Orçamentárias e Orçamento Anual

Resposta: D. Estas três espécies orçamentárias estão interligadas entre si e constituem um sistema. No entanto cada uma delas possui finalidades próprias e específicas. O plano plurianual tem como finalidade estabelecer diretrizes, objetivos e metas à Administração Pública Federal de forma regionalizada, com vigência quadrienal. A lei de Diretrizes orçamentárias tem como finalidade a definição de metas e prioridades da Administração Pública Federal; a orientação e elaboração da lei orçamentária anulam, dispondo sobre as alterações na legislação tributária e o estabelecimento da política de aplicação das agências financeiras oficiais de fomento. O orçamento anual tem como finalidade a programação da vida econômica do Estado, estimando receitas e programando despesas. Ressalte-se que as despesas devem ter autorização legal.

26. Analise as seguintes frases:

I- Nenhum benefício ou serviço da seguridade social poderá ser criado, majorado ou estendido, sem a correspondente fonte de custeio total, exceto aqueles relacionados com a saúde do trabalhador;

II- A assistência do Sistema Único de Saúde não é integral, abrangendo a redução dos riscos de doenças e outros agravos, assim como também os serviços diagnósticos e de recuperação;

III- A assistência à saúde é livre para a iniciativa privada, podendo esta participar do Sistema Único de Saúde, de forma complementar

Em face do texto Constitucional, sobre as afirmações acima se pode afirmar que:

a) As afirmativas II e III estão corretas;

b) Somente a afirmativa III está correta;

c) As três afirmativas estão corretas;

d) As afirmativas I e II estão corretas

Resposta: B. O artigo 195, § 5º da CF, prescreve que nenhum benefício ou serviço da seguridade social poderá ser criado, majorado ou estendido sem a correspondente fonte de custeio total. O art. 188 da CF estabelece que as ações e serviços públicos de saúde integram uma rede regionalizada e hierarquizada e constituem um sistema único, organizado de acordo com as seguintes diretrizes: a) descentralização, com direção única em cada esfera de governo; b) atendimento integral, com prioridade para as atividades preventivas sem prejuízo dos serviços assistenciais e c) participação da comunidade. Já o art. 199, § 1º, da CF, prescreve que a assistência à saúde é livre à iniciativa privada e poderão participar de forma complementar do sistema único de saúde, segundo diretrizes deste, mediante contrato de direito público ou convênio, tendo preferência as entidades filantrópicas e as sem fins lucrativos.

27. O Sistema Financeiro Nacional será regulado em lei:

a) ordinária, que fixará critérios restritos para a movimentação das cadernetas de poupança;

b) ordinária, que disciplinará os interesses nacionais em matéria financeira;

c) complementar que disporá sobre funcionamento dos estabelecimentos da previdência;

d) complementar que fixará a taxa máxima de juros a ser cobrada pelas instituições financeiras autorizadas a funcionar no país.

Resposta: C. O artigo 192, II, da CF prevê que o sistema financeiro nacional será registrado em lei complementar para dispor sobre autorização e funcionamento dos estabelecimentos de seguro, resseguro, previdência e capitalização, bem como do órgão oficial fiscalizador. É uma norma constitucional de eficácia limitada, que necessita de regulamentação para ter plena aplicabilidade.

28. O divórcio direto é possível depois de decorrido o lapso de:

a) dois anos de separação judicial;

b) um ano de separação judicial;

c) cinco anos de separação de fato;

d) dois anos de separação de fato.

Resposta: D. A Constituição Federal prescreve que: O casamento civil pode ser dissolvido pelo divórcio, após prévia separação judicial por mais de um ano nos casos expressos em lei, ou comprovada separação de fato por mais de dois anos (art. 226, § 6º, CF).

29. Nos princípios constitucionais do orçamento público

a) Enquadram-se os da exclusividade, da anualidade e da unidade.

b) Não se enquadram os princípios da eficiência e da universalidade.

c) Enquadra-se o princípio da vinculação da receita de impostos a órgão, fundo ou despesa.

d) O princípio da legalidade é o único que se estende aos planos plurianuais.

Resposta: A. Consoante os artigo 165 e seguintes da Constituição Federal que prevêem orçamentos anuais, a unidade e exclusividade.

30. O controle externo das contas do Chefe do Poder Executivo é função

a) Das Câmaras Municipais, nos Municípios, com o auxílio dos respectivos Tribunais de Contas.

b) Dos Tribunais de Contas, sujeito à prévia apreciação do Poder Legislativo.

c) Exclusiva do Poder Judiciário.

d) De natureza jurisdicional, em face de caber ao Congresso Nacional sustar os atos normativos do Poder Executivo que exorbitem o seu poder regulamentar

Resposta: A. consoante o artigo 31, § 1º da CF: "O controle externo da Câmara Municipal será exercido com o auxílio dos Tribunais de Contas dos Estados ou do Município ou dos Conselhos ou Tribunais de Contas dos Municípios onde houver.

31. O Estado pode atuar como empresário, no domínio econômico, quando se tratar de:

a) imperativo de serviço público;

b) monopólio outorgado à União;

c) determinação da lei infraconstitucional;

d) defesa da função social da propriedade

Resposta B. O artigo 177 da Constituição Federal prescreve que: "*constituem monopólio da União: I – a pesquisa e a lavra das jazidas de petróleo e gás natural e outros hidrocarbonetos fluidos; II – a refinação do petróleo nacional ou estrangeiro; III – a importação e exportação dos produtos e derivados básicos resultantes das atividades previstas nos incisos anteriores; IV – o transporte marítimo do petróleo bruto de origem nacional ou de derivados básicos de petróleo produzidos no País, bem assim o transporte, por meio de conduto, de petróleo bruto, seus derivados e gás natural de qualquer origem; v) a pesquisa, a lavra, o enriquecimento, o reprocessamento, a industrialização e o comércio de minérios e minerais nucleares e seus derivados*".

32. É incorreto afirmar que a lei reprimirá o abuso do poder econômico que vise:

a) a dominação dos mercados;

b) a eliminação da concorrência;

c) o aumento arbitrário de lucros;

d) a instalação de uma economia de mercado

Resposta: D. A Constituição Federal estabelece que a lei reprimirá o abuso do poder econômico que vise à dominação dos mercados, à eliminação da concorrência e ao aumento arbitrário dos lucros (art. 173, §4º,CF).

33. Sobre a desapropriação por interesse social, assinale a alternativa correta:

a) não são isentas de impostos federais, estaduais e municipais as operações de transferências de imóveis desapropriados para fins de reforma agrária;

b) o decreto que declarar o imóvel como de interesse social para fins de reforma agrária não autoriza a União a propor a ação de desapropriação que depende de autorização do Congresso Nacional;

c) cabe à lei complementar estabelecer procedimento contraditório especial de rito sumário, para o processo judicial de desapropriação;

d) compete ao Estado-membro desapropriar por interesse social, para fins de reforma agrária, o imóvel rural que não esteja cumprindo sua função social

Resposta: C. A União tem competência para desapropriar por interesse social, para fins de reforma agrária, o imóvel que não esteja cumprindo sua função social, mediante prévia e justa indenização em títulos da dívida agrária., com cláusula de preservação do valor real, resgatáveis no prazo de até vinte anos, a partir do segundo ano de sua emissão, cuja utilização será definida em lei. Eventuais benfeitorias úteis e necessárias são indenizáveis em dinheiro. O decreto que declarar o imóvel como de interesse social, para fins de reforma agrária, deverá autorizar a União a propor a ação de desapropriação. O procedimento contraditório especial, de rito sumário, para o processo judicial de desapropriação deverá ser estabelecido em lei complementar. Finalmente, serão isentas de impostos federais, estaduais e municipais as operações de transferência de imóveis desapropriados para fins de reforma agrária (art. 184, § 3º, CF)

34. É incorreto afirmar que a lei reprimirá o abuso do poder econômico que vise:

a) a dominação dos mercados;

b) a eliminação da concorrência;

c) o aumento arbitrário dos lucros;

d) a instalação de uma economia de mercado

Resposta: D. Conforme o artigo 173, § 4º da Constituição Federal a lei reprimirá o abuso do poder econômico que vise à dominação dos mercados, à eliminação da concorrência e ao aumento arbitrário dos lucros.

35. Compete privativamente à União legislar sobre:

a) direito civil, penal e comercial;

b) direito civil, administrativo e do trabalho;

c) direito processual, eleitoral e previdenciário;

d) direito processual, penal e tributário

Resposta: A. O artigo 22, I da Constituição Federal na competência privativa da União há a possibilidade de lei complementar autorizar os Estados-membros a legislarem sobre questões específicas das matérias relacionadas no preceito elencado.

36. A competência exclusiva do Congresso Nacional para convocar plesbicito deverá ser processada por:

a) resolução do Congresso;

b) decretos legislativos;

c) regimentos internos;

d) leis complementares

Resposta: B. O decreto legislativo é espécie normativa com previsão na Constituição 9art. 59, VI) destinada a veicular as matérias de competência exclusiva do Congresso Nacional, previstas no artigo 49, CF.

37. Empregados de uma sociedade de economia mista podem ser demitidos como qualquer empregado de empresa privada?

a) não, a não ser mediante compensação indenizatória;

b) sim, porque nos termos do artigo 173 da Constituição Federal, sociedades de economia mista sujeitam-se ao regime próprio das empresas privadas, inclusive quanto às obrigações trabalhistas;

c) sim, porque as sociedades de economia mista não precisam realizar concurso público para contratar empregados;

d) não, é preciso a instauração de um processo regular, com direito á defesa, para apuração da falta cometida ou de sua inadequação às suas atividades

Resposta: D. conforme o artigo 37, II e 41, § 1º, II ambos da CF. O capítulo VII da CF trata dos princípios que norteiam a administração pública. Refere-se à administração pública direta, indireta (autárquica, empresa pública e sociedade de economia mista) ou fundacional. O ingresso na carreira pública depende de aprovação prévia em concurso público de provas ou de provas e títulos, de acordo com a natureza e a complexidade do cargo ou emprego, na forma estabelecida em lei. Portanto, a regra geral é o ingresso do servidos público por concurso. O empregado de uma sociedade de economia mista somente poderá ser demitido mediante procedimento administrativo em que lhe seja assegurada ampla defesa.

38. Lei estadual autoriza menor de 18 anos a usar e conduzir veículo automotor. Esta lei:

a) é inconstitucional porque nos termos do art. 23 XII da Constituição Federal, União, Estados, Distrito Federal e Municípios têm competência comum para estabelecerem e implantarem política de educação para a segurança do trânsito;

b) é inconstitucional porque a União tem competência privativa para legislar sobre trânsito e transporte;

c) é inconstitucional porque cabe aos Municípios legislar sobre assunto de interesse local;

d) é inconstitucional porque a competência da União para legislar sobre normas gerais exclui a competência suplementar dos Estados.

Resposta: B. O artigo 22, XI da CF prevê como competência privativa da união legislar sobre trânsito e transporte. Há a possibilidade de lei complementar autorizar os Estados-membros a legislar sobre questões específicas das matérias relacionadas no artigo 22, CF.

39. Constitui monopólio da União:

a) a refinação de petróleo estrangeiro;

b) a exploração direta ou por concessão dos serviços locais de gás canalizado;

c) o legislar sobre proteção do meio ambiente;

d) a fiscalização e controle do sistema único de saúde

Resposta: A. O artigo 177, II da Constituição Federal afirma que constitui monopólio da União: a) a pesquisa e a lavra das jazidas de petróleo e gás natural e outros hidocarbonetos fluídos; b) a refinação do petróleo nacional ou estrangeiro; c) a importação e exportação dos produtos e derivados básicos resultantes das atividades previstas nos itens anteriores; d) o transporte marítimo do petróleo bruto de origem nacional ou de derivados básicos de petróleo produzidos no país, bem assim o transporte, por meio de conduto, de petróleo bruto, seus derivados e gás natural de qualquer origem: e) a pesquisa, a lavra o enriquecimento, o reprocessamento, a industrialização e o comércio de minérios e minerais nucleares e seus derivados

40. A Constituição não poderá ser emendada:

a) se a proposta de emenda tiver obtido três quintos dos votos dos membros da Câmara e do Senado, em dois turnos;

b) para abolir medidas provisórias;

c) se houver intervenção estadual em municípios;

d) na vigência da intervenção federal.

Resposta: D. Trata-se de limitação circunstancial ao poder constituinte derivado reformador que determina a impossibilidade de emenda à constituição na vigência de intervenção federal, de estado de defesa ou de estado de sítio.

41. Na hipótese de um Estado-membro da federação pretender legislar sobre direito eleitoral,

a) dependerá de lei complementar federal que autorize os Estados a legislar sobre questões específicas da matéria.

b) não poderá atingir seu objetivo, por se tratar de competência privativa da União, nos termos da Constituição da República.

c) poderia fazê-lo, desde que inexistisse lei federal sobre a matéria.

d) terá a lei estadual sua eficácia eventualmente suspensa naquilo que for contrária a lei federal superveniente.

e) poderia exercer competência legislativa plena, para atender a suas peculiaridades, desde que inexistisse lei federal sobre normas gerais na matéria.

Resposta: **A.** Artigo 22, I, da CF

42. Em 9 de janeiro de 2012, foi promulgada, no Estado de São Paulo, a Lei complementar no 1.166, criando a Região Metropolitana do Vale do Paraíba e Litoral Norte, integrada por 39 Municípios paulistas. Dentre outras previsões, estabelece a referida lei complementar que a instituição da Região Metropolitana em questão tem por objetivo promover a integração do planejamento e da execução das funções públicas de interesse comum aos entes públicos atuantes na região. Considerada a disciplina da matéria na Constituição da República, é correto afirmar que

a) o Estado não poderia ter criado uma Região Metropolitana, pois a Constituição somente o autoriza a instituir aglomerações urbanas e microrregiões.

b) a Região Metropolitana poderia ter sido criada por lei ordinária, não sendo necessária lei complementar para esse fim.

c) a criação da Região Metropolitana por lei estadual somente será válida se houver sido realizada consulta prévia, mediante plebiscito, às populações dos Municípios envolvidos.

d) a instituição da Região Metropolitana não autoriza a execução de funções públicas de interesse comum aos Municípios envolvidos, mas tão somente sua organização e planejamento.

e) a forma de instituição da Região Metropolitana e o objetivo mencionado são compatíveis com as disposições constitucionais a esse respeito.

Resposta: Letra E.

43. Serão constitucionais leis estaduais que disponham sobre direito tributário, financeiro, penitenciário, econômico e urbanístico, matérias que se inserem no âmbito da competência concorrente da União, dos estados e do DF.
Gabarito: correto.
Comentários:
Compete à União, aos Estados e ao DF legislar concorrentemente sobre "*direito tributário, financeiro, penitenciário, econômico e urbanístico*" (art. 24, I). Logo, a questão encontra-se correta, pois os Estados podem legislar sobre esses temas (embora para estabelecer normas específicas, respeitada a legislação federal sobre normas gerais, se houver: art. 24, §§ 1º a 3º).

44. No tocante à organização do Estado brasileiro, a CF atribuiu à União a competência privativa para legislar sobre consórcios e sorteios, razão pela qual é inconstitucional a lei ou ato normativo estadual que institua loteria no âmbito do estado.
Gabarito: Correto.
Comentários:
Nos termos do art. 22, XX, compete privativamente à União legislar sobre "sistemas de consórcios e sorteios". A Súmula Vinculante nº 2 complementa essa disposição, interpretando-a no sentido de que "*É INCONSTITUCIONAL A LEI OU ATO NORMATIVO ESTADUAL OU DISTRITAL QUE DISPONHA SOBRE SISTEMAS DE CONSÓRCIOS E SORTEIOS, INCLUSIVE BINGOS E LOTERIAS*".

45. Assinale a alternativa correta:

a) ao Presidente da República compete suspender a execução de lei declarada inconstitucional pelo Supremo Tribunal Federal;

b) ao Presidente da Câmara dos Deputados compete suspender a execução de lei declarada inconstitucional pelo Supremo Tribunal Federal;

c) ao Conselho da República compete suspender a execução de lei declarada inconstitucional pelo Supremo Tribunal Federal;

d) ao Senado Federal compete suspender a execução de lei declarada inconstitucional pelo Supremo Tribunal Federal.

Resposta: Letra D.

46. Controle de constitucionalidade por via de exceção é o chamado:

a) controle misto, adotado no Brasil, onde convivem harmonicamente os controles difuso e abstrato.

b) controle abstrato, que tem como característica a discussão da lei em tese e como objeto leis ou atos normativos federais e estaduais.

c) controle difuso, que tem como características a existência de um caso concreto e a produção de efeitos erga omnes.

d) controle difuso, que tem como características a existência de um caso concreto e a produção de efeitos inter partes.

Resposta: Letra D.

47. A omissão inconstitucional pode ser atacada por meio de:

a) representação de inconstitucionalidade.

b) ação direta de inconstitucionalidade em face de ato normativo.

c) ação declaratória de constitucionalidade.

d) mandado de injunção.

Resposta: Letra D.

48. O sistema brasileiro de controle de constitucionalidade

a) cuida apenas da inconstitucionalidade por ação.

b) apenas admite o controle concentrado.

c) atribui competência para processar apenas ao STF.

d) acolhe o critério de controle difuso por via de exceção.

Resposta: Letra D.

49. Parecer normativo da Consultoria Geral da República, aprovado pelo Presidente da República,

a) pode ser objeto de impugnação mediante ação direta de inconstitucionalidade.

b) não pode ser objeto de ação direta de inconstitucionalidade, porque tem natureza administrativa.

c) só pode ser objeto de controle de legalidade, não de constitucionalidade.

d) só pode ser impugnado em controle difuso de constitucionalidade.

Resposta: Letra A.

50. A decisão proferida na Ação Direta de Inconstitucionalidade

a) declara nula a norma impugnada, produzindo efeitos entre as partes.

b) produz efeitos ex tunc.

c) produz efeitos vinculante e erga omnes.

d) produz efeitos vinculante e ex nunc.

Resposta: Letra B.

51. Ação Declaratória de Constitucionalidade visando declarar a constitucionalidade de determinada Emenda à Constituição Federal não poderá ser proposta pelo Procurador-Geral da República no dia seguinte à promulgação da referida lei porque

a) Emenda à Constituição Federal não pode ser objeto de Ação Declaratória de Constitucionalidade, uma vez que é produzida pelo Poder Constituinte Reformador.

b) o Procurador-Geral da República não é parte legítima para propor Ação Declaratória de Constitucionalidade, atuando no processo, apenas, como "fiscal da lei".

c) não existiria controvérsia judicial, requisito indispensável à propositura de Ação Declaratória de Constitucionalidade.

d) somente atos infraconstitucionais podem ser objeto de Ação Declaratória de Constitucionalidade, deles excluída, portanto, a Emenda à Constituição Federal.

Resposta: Letra C.

52. A arguição de descumprimento de preceito fundamental, prevista no art. 102, § 1º, da Constituição Federal, tem

a) como legitimados os mesmos da Ação Direta de Inconstitucionalidade.

b) como legitimados os mesmos da Ação Declaratória de Constitucionalidade.

c) por objetivo exclusivo reparar lesão a preceito fundamental resultante de lei ou ato normativo federal e estadual.

d) por objetivo exclusivo evitar lesão a preceito fundamental resultante de ato da administração federal e estadual.

Resposta: Letra A.

53. A decisão proferida pelo Supremo Tribunal Federal em Ação Direta de Inconstitucionalidade que declarar a inconstitucionalidade de

tratado internacional, devidamente ratificado e promulgado pelo Estado brasileiro,

a) será nula, uma vez que tratados internacionais não podem ser objeto de Ação Direta de Inconstitucionalidade.

b) produzirá apenas efeitos "ex tunc", uma vez que, pelo princípio da soberania, os Estados estrangeiros não poderão ser vinculados ao cumprimento de tal decisão.

c) dependerá de posterior manifestação do Senado Federal para suspender a execução do tratado na ordem jurídica interna.

d) produzirá efeitos "erga omnes" e vinculante, resultando na inaplicação do tratado na ordem jurídica interna.

Resposta: Letra D

54. A Ação Declaratória de Constitucionalidade, proposta pela Mesa do Senado e que tenha por objeto Decreto do Presidente da República regulamentando lei federal, *a priori*,

a) deve ser julgada procedente, pois não apresenta nenhum vício de ordem processual.

b) deve ser julgada procedente, pois, mesmo diante de eventual afronta à Constituição Federal, o julgamento improcedente implicaria declaração de inconstitucionalidade do ato, o que não é possível nessa espécie de ação que tem por finalidade a declaração da constitucionalidade da norma.

c) não deve ser conhecida, porquanto se está diante de questão de ilegalidade e não de inconstitucionalidade.

d) não deve ser conhecida, pois o Presidente do Senado, e não a Mesa, é legitimado para propor a ação.

Resposta: Letra C

55. Normas de estabilidade constitucional são definidas como:

a) Regras que estruturam o Poder, organizando o Estado (regras materialmente constitucionais).

b) Regras que limitam o Poder (direito e garantias fundamentais).

c) Regras relacionadas com a ordem econômica e social.

d) Regras que visam assegurar a supremacia da Constituição, a solução de conflitos constitucionais e a solução de crises.

Resposta: Letra D. As normas de estabilidade constitucional visam assegurar a supremacia da Carta Maior, a solução de conflitos e a solução de crises.

Todas essas prerrogativas constam da Constituição Cidadão de modo a garantir o Estado Democrático de Direito.

56. O poder constituinte originário:

a) É subordinado, visto que deve observar as cláusulas pétreas.

b) É autônomo, visto que não se submete a limitações de natureza material.

c) É condicionado, visto que se submete a condicionamentos formais.

d) Todas as alternativas anteriores estão corretas.

Resposta: Letra B. O poder constituinte originário tem como características a inicialidade, autonomia e incondicionalidade. Ele não está subordinado a nenhuma outra ordem ou poder, não se limita e delibera de forma que achar melhor e não está submetido a condicionamentos formais e materiais.

57.O sistema brasileiro de constitucionalidade:

a) Cuida apenas da inconstitucionalidade por ação.

b) Apenas admite o controle concentrado.

c) Atribui competência para processar apenas ao STF.

d) Acolhe o critério de controle difuso por exceção.

Resposta: Letra D. O sistema brasileiro de constitucionalidade é realizado por meio do controle de constitucionalidade difuso e concentrado, o primeiro no caso concreto e o segundo de lei abstrata. O efeito do controle difuso é entre as partes e no controle concentrado é *"erga omnes"*, para todos.

58. O Presidente da República participa do processo de elaboração das leis:

a) Com sua aquiescência aos termos do projeto de lei.

b) Pela sua discordância dos termos do projeto de lei.

c) Quando veta parcialmente um projeto de lei.

d) Pela iniciativa, sanção e veto.

Resposta: Letra D. Artigo 84, III, IV e V da Constituição Federal.

59. A cláusula de reserva de plenário consiste na obrigatoriedade:

a) De todos os tribunais declararem a inconstitucionalidade de lei ou ato normativo apenas pelo voto da maioria absoluta de seus membros ou dos membros do respectivo órgão especial, sob pena de nulidade do julgamento.

b) De toda demanda que envolva questão constitucional ser apreciada, em sessão plenária, pelo Supremo Tribunal Federal, sob pena de nulidade do julgamento.

c) De o Supremo Tribunal Federal declarar a inconstitucionalidade de lei ou ato normativo pelo voto da maioria absoluta de seus membros, sob pena de nulidade do julgamento.

d) De o Supremo Tribunal Federal declarar a inconstitucionalidade de lei ou ato normativo pelo voto da maioria absoluta de seus membros, sem que a inobservância implique nulidade do julgamento.

Resposta: Letra A. Artigo 97 da constituição Federal. Chamada "Cláusula de Reserva de Plenário".

60. A soberania popular poderá ser exercida através:

a) Do voto direto e secreto.

b) Do plebiscito.

c) Da iniciativa popular.

d) Todas as alternativas anteriores estão corretas.

Resposta: Letra D. Artigo 14 da Constituição Federal.

61. Nos crimes de responsabilidade, admitida a acusação contra o Presidente da República, por dois terços da Câmara dos Deputados, será ele submetido ao julgamento perante o:

a) Supremo Tribunal Federal.

b) Conselho de Defesa Nacional.

c) Senado Federal.

d) Congresso Nacional.

Resposta: Letra C. Artigo 86, caput da Constituição Federal.

62. O mandado de injunção:

a) Pode ser concedido sempre que a falta de norma reguladora tornar inviável o exercício dos direitos e liberdades constitucionais e das prerrogativas inerentes à nacionalidade, à soberania e à cidadania.

b) Apenas pessoas físicas podem impetrar mandado de injunção, tendo em vista, que assegura direitos individuais.

c) O sujeito passivo é a União, por se tratar de ofensa aos direitos assegurados pela Constituição Federal.

d) Deve ser impetrado perante o juiz de primeira instância, que fará o juízo de admissibilidade.

Resposta: Letra A. Artigo 5º, LXXI, da Constituição Federal.

63. A pena de morte:

a) Não pode ser aplica em nenhuma hipótese por expressa proibição da Constituição Federal.

b) Pode ser instituída em nosso ordenamento jurídico através de plebiscito.

c) É permitida como forma de eutanásia.

d) Não é possível sua introdução por Emenda Constitucional, visto que o direito à vida é direito individual.

Resposta: Letra D. Artigo 60, § 4º da Constituição Federal. Cláusula Pétrea.

64. A intervenção federal ou estadual:

a) É medida de interesse nacional que consiste no afastamento, pela União ou pelos Estados, das prerrogativas totais ou parciais da autonomia dos Estados ou Municípios, prevalecendo a vontade do interventor.

b) As hipóteses que legitimam a intervenção são taxativas, não admitindo ampliação.

c) Cessados os motivos de intervenção, as autoridades afastadas de seus cargos a estes voltarão, salvo impedimento legal.

d) Todas as respostas anteriores estão corretas.

Resposta: Letra D. Artigo 36, § 4º da Constituição Federal.

65. A lei Z, elaborada recentemente pelo Poder Legislativo do Município M, foi promulgada e passou a produzir seus efeitos regulares após a Câmara Municipal ter derrubado o veto aposta pelo Prefeito. A peculiaridade é que o conteúdo da lei é praticamente idêntico ao de outras leis que foram editadas em milhares de outros Municípios, o que lhe atribui inegável relevância. Inconformado com a derrubada do veto, o Prefeito do Município M, partindo da premissa de que a lei Z possui diversas normas violadoras da ordem constitucional federal, pretende que sua inconstitucionalidade seja submetida à apreciação do STF.

A partir das informações acima, assinale a opção que se encontra em consonância com o sistema de controle de constitucionalidade adotado no Brasil

a) O Prefeito do Município M, como agente legitimado pela Constituição Federal, está habilitado a propor argüição de descumprimento de preceito fundamental questionando a constitucionalidade dos dispositivos que entende violadores da ordem constitucional federal;

b) A temática pode ser objeto de ação direta de inconstitucionalidade ou de argüição de descumprimento de preceito fundamentos, se proposta por qualquer um dos legitimados pelo artigo 103 da Constituição Federal.

c) A lei Z não poderá ser objeto de ação, pela via concentrada, perante o STF, já que, de acordo com o sistema de controle de constitucionalidade adotado no Brasil, atos normativos municipais só podem ser objeto de controle, caso se utilize como paradigma de confronto a Constituição Federal, pela via difusa.

d) Os dispositivos normativos da Lei Z, sem desconsiderar a possibilidade de ser realizado o controle incidental pela via difusa, podem ser objeto de controle por via de argüição de descumprimento de preceito fundamental, se proposta por qualquer um dos legitimados pelo artigo 103 da Constituição Federal

Resposta: Letra D. A Lei Z (lei municipal) pode ser objeto de ADPF perante o STF. E, também é possível que seja realizado o controle incidental de constitucionalidade da Lei Z perante o STF.

66. Ao proferir um discurso em sua cidade natal, José, deputado federal pelo Estado E, afirma, de forma contundente que um país democrático tem por regra inviolável escolher o Chefe do Poder Executivo, por meio de eleições diretas. Complementa a sua fala afirmando que o Brasil poderia ser considerado um país democrático, já que a Constituição Cidadã de 1988 não prevê eleição de Presidente pela via indireta.
Segunda a Constituição da República, o deputado está:

a) Equivocado, pois há previsão de eleição indireta somente na eventualidade de vacância do cargo de Presidente da República nos últimos seis meses do seu mandato;

b) Correto, pois, sendo o voto direto cláusula pétrea prevista na Constituição, não pode haver situação constitucional que possibilite o uso do voto indireto;

c) Equivocado, pois há previsão de eleição indireta no caso de vacância dos cargos de Presidente e Vice-Presidente da República nos últimos dois anos de mandato.

d) Correto, pois não há previsão de eleição indireta em caso de vacância, já que o cargo de Presidente da República viria a ser ocupado pelo Presidente da Câmara dos Deputados.

Resposta: Letra C. Quando ocorre a dupla vacância ou seja a vacância simultânea dos cargos de Presidente e Vice-Presidente da República nos dois últimos anos do mandato presidencial serão feitas eleições indiretas pelo Congresso Nacional após a última vaga.

67. A Assembléia Legislativa do Estado M, ao constatar a ausência de normas gerais sobre matéria em que a União, os Estados e o Distrito Federal possuem competência legislativa concorrente, resolve tomar providências no sentido de legislar sobre o tema, preenchendo os vazios normativos

decorrentes dessa lacuna. Assim, dois anos após a Lei E/2013 ter sido promulgada pelo Estado M, o Congresso Nacional promulga a lei F/2015, estabelecendo normas gerais sobre a matéria.
Sobre esse caso, assinale a afirmativa correta.

a) A Lei E/2013 foi devidamente revogada pela Lei F/2015, posto não ser admissível, no caso, que norma estadual pudesse preservar a sua eficácia diante da promulgação de norma federal a respeito da mesma temática.

b) A Lei E/2013 perde a sua eficácia somente naquilo que contrariar as normas gerais introduzidas pela Lei F/2015, mantendo eficácia a parte que, compatível com a Lei F/2015, seja suplementar a ela.

c) A Lei F/2015 não poderá viger no território do Estado M, já que a edição anterior da Lei E/2013, veiculando normas específicas, afasta eficácia das normas gerais editadas pela União, em momento posterior.

d) A competência legislativa concorrente, por ser uma espécie de competência comum entre todos os entes federativos, pode ser usada indistintamente por qualquer deles, prevalecendo, no caso de conflito, a lei posterior, editada pelo Estado ou pela União.

Resposta: Letra B. Artigo 24 da Constituição Federal.

68. A lei complementar difere da lei ordinária no seguinte aspecto:

a) aprovação pela maioria qualificada de 2/3 dos membros de cada Casa.

b) existência de campo material estabelecido pela Constituição Federal.

c) necessidade de discussão e votação em dois turnos, em cada uma das Casas.

d) não pode ser objeto de iniciativa popular.

Resposta: Letra B. Artigo 61 da Constituição Federal.

69. No processo legislativo brasileiro, a iniciativa conjunta corresponde à competência conferida

a) a qualquer membro ou Comissão da Câmara dos Deputados, do Senado Federal ou do Congresso Nacional, bem como ao Presidente da República para deflagrar o processo legislativo.

b) ao Presidente da República e ao Procurador-Geral da República para iniciar o processo legislativo sobre lei que disponha sobre a organização do Ministério Público da União.

c) aos Presidentes da República, da Câmara dos Deputados, do Senado Federal e do Supremo Tribunal Federal para fixar o subsídio dos Ministros do Supremo Tribunal Federal.

d) ao Supremo Tribunal Federal, aos Tribunais Superiores e aos Tribunais de Justiça para alterar o número de membros dos tribunais inferiores.

Resposta: Letra C. Artigo 49 da Constituição Federal.

70. No processo de criação de lei ordinária, seu projeto

a) será sempre iniciado na Câmara dos Deputados.

b) poderá ser vetado pelo Presidente da República, no caso de relevância e urgência.

c) será aprovado por maioria simples, presente a totalidade dos membros de cada uma das Casas.

d) poderá ser emendado, salvo quando importar aumento de despesas em projetos de iniciativa exclusiva do Presidente.

Resposta: Letra D. Artigo 63 da Constituição Federal

71. Projeto de lei estadual, disciplinando as atribuições dos órgãos integrantes da Administração Pública Estadual, é vetado pelo Governador do Estado por vício de iniciativa. A rejeição do veto governamental pela Assembléia Legislativa

a) convalida eventual vício no processo legislativo.

b) usurpa a iniciativa legislativa exclusiva do Governador.

c) restaura a autonomia do Poder Legislativo.

d) traduz vício jurídico que impede a vigência do ato legislativo.

Resposta: Letra B. Devido ao princípio da simetria, as hipóteses previstas na CF de iniciativa do Presidente da República devem ser observados em todos os aspectos da federação (estadual, municipal e distrital). E de iniciativa do governador legislar sobre as atribuições da Administração Pública Estadual. No caso do exercício há vicio de iniciativa uma vez que não compete a Assembléia Legislativa legislar sobre a matéria citada, motivo pelo qual o veto deve ser mantido. A rejeição ao veto usurpa a iniciativa exclusiva do governador.

72. Face a comoção grave de repercussão nacional, sendo decretado o estado de sítio, Alberto, brasileiro maior e capaz e domiciliado no Estado de Roraima, resolveu se mudar para o Estado do Rio Grande do Sul, porém ao chegar no aeroporto, Otávio, agente da Polícia Federal, legalmente e no exercício de atribuições do Poder Público, proibiu a sua locomoção para outro Estado, mantendo-o contra sua vontade no Estado de Roraima. Segundo a Constituição Federal, Alberto, na vigência do estado de sítio

a) Poderá viajar desde que impetre habeas corpus ao Superior Tribunal de Justiça, cuja competência é originária.

b) Tem direito líquido e certo e, assim, impetrará habeas corpus ao Presidente do Tribunal de Justiça do Estado de Roraima, que permitirá sua viagem.

c) Não terá que se sujeitar a ordem da autoridade desde que impetre habeas corpus ao Supremo Tribunal Federal, cuja competência é originária.

d) Em regra, terá que se sujeitar a ordem da autoridade e deverá permanecer no Estado de Roraima

Resposta: D. Artigo 139 da Constituição Federal

73. No tocante ao Estado de Defesa considere:

I. Decretado o estado de defesa ou sua prorrogação, o Presidente da República, dentro de quarenta e oito horas, submeterá o ato com a respectiva justificação ao Congresso Nacional, que decidirá por maioria absoluta.

II. O tempo de duração do estado de defesa não será superior a noventa dias, podendo ser prorrogado uma vez, por igual período, se persistirem as razões que justificaram a sua decretação.

III. Na vigência do estado de defesa a prisão por crime contra o Estado, determinada pelo executor da medida, será por este comunicada imediatamente ao juiz competente, que a relaxará, se não for legal, facultado ao preso requerer exame de corpo de delito à autoridade policial.

IV. Na vigência do estado de defesa a prisão ou detenção de qualquer pessoa não poderá ser superior a dez dias, salvo quando autorizada pelo Poder Judiciário, sendo vedada a incomunicabilidade do preso.

Está correto o que se afirma APENAS em

a) I e II.

b) II e IV.

c) II e III

d) III e IV.

Resposta: Letra D. Artigo 136 da Constituição Federal

74. Considerando as disposições constitucionais relativas à defesa do Estado e das instituições democráticas, assinale a opção correta.

a) A polícia federal detém competência para exercer, com exclusividade, as funções de polícia judiciária da União.

b) A decretação pelo presidente da República de estado de sítio nos casos de declaração de estado de guerra ou resposta a agressão armada estrangeira prescinde da autorização do Congresso Nacional.

c) A competência para legislar sobre vencimentos dos membros das polícias civil e militar do DF é concorrente, de modo que tanto a União quanto o DF podem dispor sobre o tema.

d) A supressão do direito de reunião inclui-se entre as medidas coercitivas cuja adoção se admite na vigência do estado de defesa.

e) A decretação do estado de sítio com fundamento em comoção grave de repercussão nacional enseja a suspensão da liberdade de reunião e da liberdade de locomoção, mas não o estabelecimento de restrições em relação à liberdade de imprensa, radiodifusão e televisão.

Resposta: Letra. A. Artigo 136 e seguintes da Constituição Federal.

BIBLIOGRAFIA

ALEXY, Robert, tradução Luís Afonso Heck. *Constitucionalismo Discursivo*. PORTO ALEGRE: livraria do Advogado, 2008;

AGRA, Walber de Moura. *Curso de Direito Constitucional*. 2ª ed. RIO DE JANEIRO: Forense, 2007;

BANDEIRA DE MELLO, Celso Antonio. *Apontamentos sobre os agentes e órgãos públicos*. SÃO PAULO: rt 1975;

BANDEIRA DE MELLO, Oswaldo Aranha. *A Teoria das Constituições rígidas*. SÃO PAULO: Bushatsky, 1980;

BARACHO, José Alfreto de Oliveira. *Teoria Geral da Cidadania*. SÃO PAULO: Saraiva 1995;

BATICH, Mariana. Previdência do trabalhador: Uma trajetória inesperada. Disponível em http://www.scielo.br/scielo.php?script=sci_arttext&pid=S0102-88392004000300004&lng=pt&nrm=iso acessado em 04.06.2015

BONAVIDES, Paulo. *Curso de Direito Constitucional*. 8ª ed. SÃO PAULO: Malheiros 1998;

BULOS, Uadi Lammêgo. *Curso de Direito Constitucional*. SÃO PAULO: Saravia 2007;

CANOTILHO, J.J.Gomes. *Direito Constitucional e Teoria da Constituição*. 7ª ed. COIMBRA: Almedina 2003;

CARVALHO, Kildare Gonçalves. *Direito Constitucional*. 11ª ed. BELO HORIZONTE: Del Rey 2005;

CHIMENTI, Ricardo Cunha; CAPEZ, Fernando; ROSA, Márcio Elias. SANTOS, Marisa. *Curso de Direito Constitucional*. 4ª ed. SÃO PAULO: Saraiva 2007;

CRETELLA Jr, José. *Elementos de Direito Constitucional*. 3ª ed. SÃO PAULO: RT 2000;

DINIZ, Maria Helena. *Constituição de 1988: legitimidade, vigência e eficácia, supremacia*. SÃO PUALO: Atlas, 1989;

DORIA, Sampaio. Comentários à Constituição de 1946. SÃO PAULO: Max Limonad, 1960 v. 3;

FERRAZ JÚNIOR, Tércio Sampaio. *Interpretação e Estudos da Constituição de 1988*. SÃO PAULO: Atlas 1990;

FIGUEIREDO, Marcelo. *Teoria Geral do Estado*. 2ª ed. SÃO PAULO: Atlas 2007;

HABERMAS, Jurguen. *Direito e Democracia – Entre a Facticidade e a validade*. Trad. Flávio Beno Siebeneichler. RIO DE JANEIRO: Tempos Brasileiros 1997, 2 v.;

HESSE, Konrad. *Elementos de Direito Constitucional da República Federal da Alemanha*. PORTO ALEGRE: Fabris Editor, 1991;

HORTA, Raul Machado. *Direito Constitucional*. BELO HORIZONTE: Del Rey 1999;

LASSALE, Ferdinand. *A Essência da Constituição*. 6ª ed. RIO DE JANEIRO: Lúmen Juris 2001;

LENZA, Pedro. *Direito Constitucional Esquematizado*. 9ª ed. SÃO PAULO: Método 2005;

LOCKE, John. *El Estado Moderno*. Trad. Teodoro Gozáles Garcia. BUENOS AIRES: ABeledo-Perrot 1970;

MARÇAL, Patrícia Fontes. *Estudo Comparado do Preâmbulo da Constituição Federal*. RIO DE JANEIRO: Forense 2000;

MARINHO, Josaphat. *A Margem da constituinte*. BRASILIA: Livraria e Editora Brasília, 1992;

MACEDO, Dimas. *Política e Constituição*. RIO DE JANEIRO: Lúmen Juris. 2003;

MENDES, Gilmar Ferreira. *Controle de Constitucionalidade: aspectos jurídicos e políticos*. SÃO PAULO: Saraiva 1990;

MIRANDA, Jorge. *Teoria do Estado e da Constituição*. RIO DE JANEIRO: Forense 2007;

________*Manual de Direito Constitucional*. COIMBRA: Coimbra Editora 1997;

MORAES, Alexandre. *Direito Constitucional*. 16ª ed. SÃO PAULO: Atlas 2004;

MORAES, Guilherme Penha de. *Direito Constitucional. Teoria da Constituição*. 2ª ed. RIO DE JANEIRO: Lúmen Juris 2004;

NETO, Manoel Jorge e Silva. *Direito Constitucional. Tomo I. Teoria da Constituição. Controle de Constitucionalidade*. RIO DE JANEIRO: Lúmen Iuris 2004;

NISHIYAMA, Adolfo Mamoru. Questões Comentadas de Direito Constitucional. Exame da OAB. SÃO PAULO: Atlas 2002

PESSOA, Leonel Cesarino. O princípio da capacidade contributiva na jurisprudência do supremo tribunal federal disponível em http://www.scielo.br/pdf/rdgv/v5n1/a05v5n1.pdf acessado em 21.11.2016

SILVA, José Afonso da. *Curso de Direito Constitucional Positivo*. 9ª ed. SÃO PAULO: Malheiros, 1992

TAVARES, André Ramos. *Curso de Direito Constitucional*. SÃO PAULO: Saraiva 2002;

TEMER, Michel. *Elementos de Direito Constitucional*. 13ª ed. SÃO PAULO: Malheiros 1997;

ZIMMERMAN, Augusto. *Curso de Direito Constitucional*. 3ª ed. RIO DE JANEIRO: Lumen juris 2004

Constituições Brasileiras. Volumes I, II, III, IV, V, VI, VI-a. Senado Federal 2001/2002;

Sites pesquisados:

http://www.senado.gov.br/web/cegraf/ril/pdf/pdf_165/r165-11.pdf pesquisado em 14.ago.2008;

http://www6.tjmg.gov.br/ejef/files/publicacoes/palestras/sumula_vinculante.pdf pesquisado em 14.ago.2008;

http://www.puc-rio.br/sobrepuc/depto/direito/pet_jur/cafpatrz.html pesquisado em 14.ago.2008;

http://www.radio97fm.kit.net/habeasmodelo.htm pesquisado em 14.ago.2008;

http://www.boletimjuridico.com.br/pecas/peticao.asp?id=27 pesquisado em 14.08.2008;

http://www.agenciabrasil.gov.br/noticias/2007/10/25/materia.2007-10-25.4509085818/view pesquisado em 26.ago.2008;

http://jus2.uol.com.br/doutrina/texto.asp?id=9534 pesquisado em 29.ago.2008;

http://jus2.uol.com.br/doutrina/texto.asp?id=2932 pesquisado em 31.ago.2008; http://jus2.uol.com.br/doutrina/texto.asp?id=3077 pesquisado em 02.set.2008;

http://bdjur.stj.gov.br/dspace/bitstream/2011/16869/1/Transcend%C3%AAncia_Motivos_Determinantes_For%C3%A7a_Normativa.pdf pesquisado em 03.set.2008;

http://jus2.uol.com.br/doutrina/texto.asp?id=2596&p=2 pesquisado em 03.set.2008.

http://www.jfrn.gov.br/doutrina/doutrina223.doc pesquisado em 15.09.2008

http://jus2.uol.com.br/doutrina/texto.asp?id=10463 pesquisado em 17.09.2008 http://www.parana-online.com.br/canal/direito-e-justica/news/276059/ pesquisado em 18.09.2008

http://www.raul.pro.br/artigos/planej.doc pesquisado em 18.09.2008

http://jus2.uol.com.br/doutrina/texto.asp?id=9167 pesquisado em 18.09.2008

http://www.pailegal.net/fatiss.asp?rvTextoId=1183371062 pesquisado em 19.09.2008

http://jus2.uol.com.br/doutrina/texto.asp?id=528 pesquisado em 19.09.2008